論點・東洋史學

一本掌握！
橫跨歐亞非大陸的歷史學關鍵課題

吉澤誠一郎———監修
Seiichiro Yoshizawa

石川博樹、太田淳、太田信宏、
小笠原弘幸、宮宅潔、四日市康博 等———編著

鄭天恩———譯

論点・東洋史学
アジア・アフリカへの問い158

前言

　　歷史研究究竟是怎樣一回事？關於這點，大家總會在腦海裡，不自覺描繪出屬於自己的印象吧！比方說，要和古代文獻與文件解讀搏鬥、意圖闡明嶄新事實，或許會浮現這種史家正在奮戰的形象也說不定，而這確實也是歷史研究第一線，給人鮮明印象的一種形象。

　　但是，我可以明確地說，事實上這本書所要正面處理的「論點」，才是歷史研究中有趣的核心。所謂論點，是迄今為止的研究者認為重要、對其歷史意義抱持強烈關心、還不時成為論爭焦點的概念與解釋方法。本書所列舉的項目，可以說是在這些論點中，至今仍以現在進行式持續受到質問的事物。

　　迄今為止刊行的歷史概論書籍與通史，可說多如過江之鯽。這樣的書籍，在整理和提供迄今為止逐漸明瞭的研究成果方面，具有很大的意義。可是，就算讀了再多概論與通史，要理解「歷史研究究竟是怎樣一回事」，還是很困難。

　　事實上，作為討論「歷史研究究竟是怎樣一回事」的書籍與教學科目，也有「史學導論」這種範疇。所謂「史學導論」，是針對歷史學作為一門學問的依據，追溯其根本原理並加以討論的科目。這種抽象的「史學導論」雖然也很重要，但果然我們還是需要一本能夠圍繞具體的「論點」，回顧先人終其一生進行考究與論爭的來龍去脈，並站在這樣的基礎上，更進一步展開自己的研究，在這方面給予重點提示的書籍。

　　這本書所要致力的，正是這樣一個方向。因此，對於想要從具體事例，理解「歷史研究究竟是怎麼一回事」的廣大讀者，應該可以回應各位的期待吧！

　　各項目是由跨頁的兩頁所構成。首先在「背景」中，對這個事項進行簡單的概述，接著再深入好幾個「論點」，最後透過「探究的重點」這個問題，提供給大家對這個項目，進行更深一層理解的線索。在旁注中，會針對值得注目的語句加上解說。同時也在卷末附上了日文的參考文獻，並隨著項目需要彙整了外文文獻。

　　至於這當中的各個項目，也都和其他項目有所關連，這點會以「關連項目」來加以呈現。

　　本書的構想，是要作為已經刊行、由金澤周作監修的《論點・西洋史學》（Minerva書房，2020年；繁體中文版為臺灣商務，2023年）的姊妹篇。雖然「西洋史」是什麼，也不是簡單可以回答的問題，但事實上，「東洋史」的概念，恐怕更加模糊不清。這次我們大膽地廣義來理解「東洋史」，大致指的是從歐亞非整體的歷史，扣除掉相當於「西洋史」的部分。為什麼現在會採用這種「東洋史」的看法，擔任監修的吉澤誠一郎在「序說」中，對這點有加以說明。再者，「序說」雖然是針對其他作為研究前提必要的重點進行論述，但若是關心個別論點的人，把「序說」暫且擱下，也完全沒有問題。

　　整體而言，本書雖然包含了158個項目，但實際上，我們認為應該列舉的「論點」其實還有很多。建議各位在寫畢業論文的時候，也要試著整理出屬於自己的「論點」。

本書是在Minerva書房的岡崎麻優子小姐細心周到的編輯下，誕生出來的產物，在此謹致由衷的感謝。

2021年晚秋

編者代表　吉澤誠一郎

目　次

序說

吉澤誠一郎

1 東洋史學是什麼？

　　東洋史學是什麼？其實，東洋史學並不能說是一門自我完滿的學術領域。要和經濟學或社會學等同並列的，應該是歷史學才對。一門學問要能成立，獨自的方法論必定不可或缺，而歷史學就擁有這種方法論。相對於此，東洋史學因為並沒有所謂「獨自的研究方法」，所以把東洋史學當成歷史學其中一部分的研究領域，這種便宜行事的指涉用語，說起來是可行的。

　　說到底，東洋史學其實是日本人發明的學術領域。明治時代的學者，將歷史學區分為國史、東洋史、西洋史3個區塊；國史指的是日本歷史，西洋史指的是歐洲（有時包含美國）歷史，東洋史則大致上包含了廣義的亞洲歷史。為什麼會產生出這樣的區分呢？

　　生活在明治時代，以歐化為職志的人們，經常使用一本由帕雷（Peter Parley，本名為古德里奇〔Samuel Goodrich〕）所著的《萬國史》（Universal History），當作英語教科書。帕雷是一位美國人的筆名，這本書自亞當和夏娃寫起，從當時美國人理解世界的角度，來談論世界史（主要是兒童取向）。這本書確實包含了對於日本在內等亞洲地區的概觀，但根本還是在介紹歐美的歷史。帕雷的《萬國史》雖是美國的通俗著作，但歐洲學者更加正式的專門研究，也還是以古希臘羅馬到19世紀的歐洲歷史為主要探討對象。

　　明治時代的學者在這樣的狀況下，從自我形成的問題意識出發，開始探究歐洲（有時包含美國）的歷史，這就是西洋史學。只要一覽堪稱本書姊妹作的《論點・西洋史學》所處理的範圍，就可以看出我們現在仍然保有濃烈明治色彩的架構。

　　可是，作為日本的學者，是不能站在「只有歐美的歷史才算歷史」這種立場。因此，把日本的歷史當成研究對象加以確立，遂成為必要且理所當然之事，這就是國史學。今日在很多情況下，都會把國史學更名為「日本史學」，但我並不清楚這樣做的理由何在。無論如何，依循「日本這個國家是自古一以貫之的存在」這種日本人的常識，來進行本國史的研究，並對日本人發出信息，這種基本態度大抵自明治以來一直堅持下來。

　　相對於前兩者，不知該說幸還是不幸，東洋史學的定義直至今日，仍然可說相當曖昧。東洋史學也是起源於明治時代。在大學中正式設立「東洋史學」這項專門領域，大約是從明治末年開始（京都帝國大學在1907年、東京帝國大學是在1910年設置）。可是這個時候，東洋史學這門學問，還稱不上有建立起清楚明瞭的內在涵義。之所以如此，雖然和地理範圍上的「東洋」定義困難也有關係，但說到底還是因為沒有可以依循的學問架構之故。

　　讓我們來看看桑原隲藏在大學開設正式講座前，為中等教育撰寫的教科書《中等東洋史》吧！桑原和之後的內藤湖南，並稱為京都帝國大學東洋史學的創始者。在這本《中等東洋史》中，有學者那珂通世撰寫的一篇序文（1898年），這篇序文是這樣寫的：

單單敘述歐洲盛衰，卻冠以世界史或萬國史之名，這當中的不合理，實在毋須多言。世界的開化說到底並非歐洲人的專利。東洋各國，特別是皇國、支那、印度等國，在人類社會的發達上，其風化所及的範圍之廣，亦無可置疑。且皇國位於東洋之東端，不論既往、現在或將來，皆與東洋諸國關係最密，因此身為國民者，不可不具備對東洋古來盛衰沿革之明晰智識；這正是在尋常中學的歷史科中，於國史、西洋史之間，加開東洋史這一科目的緣由。近年東洋史著作，風行於世者頗多，但都只是詳述支那的盛衰，對塞外事變卻有所忽略，特別是在東西兩洋的連鎖，以及中亞的興亡等方面，幾乎完全省略，因而在考慮亞洲古今大勢之際，不免有不夠充分之處。為此，我常常感到遺憾。[1]

正因為《中等東洋史》實現了跨越這些缺點的論述，所以才受到那珂推崇。這篇序文指出對日本國民而言，不只是歐洲史，理解「東洋古來盛衰沿革」，也是不可或缺之事。還有另一個值得注目的主張，那就是要理解「亞洲古今大勢」，光靠中國史並不夠充分，還需要有關「塞外」和「中亞」的敘述。

事實上，戰前東洋史學非常重視的研究對象，包括了歐亞大陸東方地帶的歷史地理、各民族的興亡史、還有東西交流史。在這當中，可以看出想企圖藉此跨越以中國歷代王朝興替為歷史主軸的史觀。另一方面，我們也可以說，它其實暗含了「日本歷史在更廣大的脈絡中該如何定位」的問題意識。

我常常遇到學生指摘，說「把世界史分成東洋史與西洋史，實在很奇怪」。我也覺得這種主張有一定的道理。但是，就像從以上說明可以得知的，明治時代的人們說到底是出於「光有國史和西洋史並不充分」的動機，才構想出東洋史。他們最終的期待，大概是把國史、東洋史和西洋史調和，描繪出完整的歷史樣貌吧！所以我們未必能說，「所謂的世界史是從一開始就存在，只是分成東洋史與西洋史而已」。

相反地，把「如何超越並克服國史與西洋史的架構，構想出一套世界史」，看成是明治以來東洋史學被賦予的未完課題，或許更為恰當。確實，桑原的《中等東洋史》主要處理的範圍，只局限於歐亞大陸的東半部，如果目標是要充分描述世界史，那理所當然必須更進一步，探究西亞與非洲的歷史。

可是，要踏上這條道路還很遠。東洋史家宮崎市定回想起大正末年的學生時代時，描述了要理解東洋史（特別是古代史），卻陷入沒有適合閱讀的書籍這般困境：

> 說到底，東洋並沒有像西洋所說的「歷史」這種事物存在嗎？不，應該沒有這回事才對。如果沒有這回事，那就是沒有人書寫而已。既然如此，那該由誰來書寫呢？等待某人著手書寫，也是一種方法，但既然已經立志專攻東洋史，那自己就必須分擔這個責任。……於是我認為，最優先該做的事，就是把東洋史這門科目，至少提升到西洋史的高度。[2]

宮崎就這樣一邊認真學習西洋史，一邊構想著將東西比較放入視野的世界史樣貌。

接著在第二次世界大戰後，出現了從相當迥異的立場，來討論「東洋」歷史性格的觀點。1949年，法制史學者仁井田陞做了以下的陳述：

將迄今為止雖說勉強有交流、但更毋寧說是「一盤散沙」的東洋，放在世界史的環境內、讓其凝聚成一種立場，是西洋近代資本主義針對東洋的攻勢。東洋在近代西洋面前，基本上是處於平等的態勢。在這層意義上，東洋整體具備了共通的立場。另外，站在這種立場上的東洋不管願不願意，都必須和近代西洋展開對決，因此在達成近代化、跨越這種近代這一課題的意義上，它們又有了新的共通立場。[3]

仁井田論述的整體主旨是要指出前近代的亞洲，具備著專制統治的特徵，並強調其落後性。這種說法至少對我而言，有很多地方是難以接受的。話雖如此，這段引用的文章所謂近代東洋是站在「共通的立場」上，這種極其樂觀的論述讓我印象深刻。仁井田雖然大致上是假定用「亞洲」來做這樣的陳述，但按照同樣的邏輯，我們也完全可以把非洲囊括進「東洋」當中。

可是在此同時，20世紀下半葉的歷史，並沒有照著仁井田的期待展開。我們都體驗過這群未必能夠達成「跨越近代這個課題」、甚至也沒有「共通立場」的亞洲人們是如何激烈地對立。既然如此，我們對於21世紀又該抱持怎樣的展望呢？

非洲研究者峯陽一在最近的著作中，提出了將非洲和亞洲合在一起的「亞非」這一概念。峯基於人口動態的分析，指出在21世紀的世界中，非洲與亞洲所占位置的重要性；他暗示說：「要如何組織對話來討論關於非洲人與亞洲人該走的未來，將會決定今後的世界形貌。」他又說，「將亞非團結起來的根據，是出於不再讓殖民地統治重演的認識」，也就是針對「該如何以相互理解和民主主義為基礎，建構起一種連繫」來進行討論。[4]雖然事實上我們可以看成在仁井田提出的問題無法解決的情況下，再度提起的一種論點，但他把仁井田沒有放入視野的非洲，其重要性納入考量，這點仍然值得注目。

事實上，亞洲與非洲現在也有多樣的連結。人類學者小川沙也加就調查了香港活動的坦尚尼亞人，她所關注的是重慶大廈。我曾經居住過的重慶大廈，過去是香港便宜旅宿的代名詞，現在則是來自非洲的商人之重要據點（從以前開始也有很多南亞系的人）。就像小川闡明的，中國製的衣物、日本的中古車等商品，在非洲有很大的需求，因此參與這種貿易，就成為獲取財富的機會。[5]另一方面，中國政府推進的「一帶一路」政策，也是整頓、掌握歐亞與非洲流通網的宏偉計畫。

確實，商人的活動與各國政府的戰略都是流動的事物，要產生出穩固的地域共同體，可能性其實很低。但是，本書以21世紀的方式，重新解釋東洋史學的意義，的確可以說是在廣闊的視野裡展望亞洲與非洲的歷史，並建立起一種現實的基礎。

2. 話語和歷史

小說家中島敦的短篇〈文字禍〉（1942年初次刊行），是以古代美索不達米亞的史家為題材。作為主角的老博士，奉亞述王的命令，進行有關「文字之靈」的研究。所謂「文字之靈」，是將文字紀錄的影響，用象徵的方式來表現的產物，會引發各式各樣的文明病（比方說，和活生生的現實產生疏離）。當然，這裡的文字，是指記錄在黏土板上的楔形文字。

有一天，一位年輕的史家來到老博士身邊，問他「歷史是什麼？」儘管可以舉具體的例子來說明，但老博士卻答不出來。於是，年輕的史家又換了問題：「歷史是過去曾經存在的事物嗎？還是說，只是黏土板上的文字而已？」

這個問題，簡直就像是把「狩獵獅子」和「狩獵獅子的浮雕」混為一談……博士雖然有這種感覺，卻沒能明確說出口，於是做了這樣的回答：「歷史就是把過去存在的事情，記載在黏土板上的產物。這兩者不是一樣的嗎？」

「難道不會有漏寫的東西嗎？」史家又問。

「漏寫？別開玩笑了，沒有寫下的東西，就是不存在的東西。沒有發芽的種子，說到底就是打從一開始就不存在，不是嗎？歷史就是這塊黏土板上的事啦！」[6]

這位老博士雖然有意識到狩獵獅子與呈現狩獵景象的浮雕之間的區別，但他還是把過去發生的事情與其紀錄，混淆成同樣的東西了。從這個故事的世界觀來看，老博士可以說是也被「文字之靈」玩弄了吧！

就像這樣，過去存在的事物、關於它所留存的紀錄、以及後世歷史學家所進行的歷史敘述，三者之間其實有著錯綜複雜的關係。歷史學家是基於史料來對過去進行探究。事實上，歷史學家所依據的並不只是文件或文獻等史料，還包括遺物（物證）與體驗者、目擊者的證言。當然，盡力排除假情報，對「這份文件是否真實、這項證言是否值得信賴」等嚴格來衡量，也是不可或缺的。

可是，不論如何努力，我們仍然不可能獲得足以完全知曉過去事件的線索。過去或許曾經存在的史料，會因為各式各樣的偶然而喪失，也會被人刻意廢棄。更重要的是，過去發生的事情，照理說是不可能全部都會在後世留下痕跡。即使如此，我們仍然要說「歷史就是這塊黏土板上的事」嗎？

這篇〈文字禍〉所暗示的，是「過去的事件是透過文字紀錄，才會變成可掌握的事態」這一事實。照老博士的說法，就是「只要文字的精靈曾經抓住某種事件，並將之以自己的姿態呈現出來，這起事件就已經獲得了不滅的生命。反之，沒有被文字精靈有力的手觸碰到的事物，不管是怎樣的事物，其存在都必然會消失」[7]這樣一回事。

在這裡，因為是以文字的靈力為主題，所以透過文字進行記錄，自然會成為討論的焦點；但是，若用更一般的思考方式來看，過去的事件首先是透過某種語言表現，才成為後世的人們能夠理解的事物，這樣的見解或許也可以成立。因此，「歷史就是這塊黏土板上的事」指的是，對史家而言可以接近的並不是過去發生的事件本身，而是將之以話語表現，然後加以記錄的事物。若是如此，那我們也不得不接受「沒寫下來的事，就是不存在」這樣的結論了吧？

事實上，這在哲學中是有關「存在論」的問題。若是現今存在的事物，我們可以透過眼睛所見、伸手可及來掌握，但過去「曾經存在」的事物，我們是不可能直接透過知覺來掌握。關於這點，繼而會被提起的一種解釋是，「所謂歷史，和針對過去的語言表現（說話）間，有著不可分割的關係」。這樣的視角轉換，稱為「語言轉向」。相對於此，若是把這種依據語言表現的觀點推到極致，就會出現高呼「不存在過去的客觀史實」這種異論的學者。[8]如果過去的事件都不是確實存在的，那歷史研究的意義不就消失了嗎？

確實，對哲學家而言，要議論過去事物的「存在」是一件很難的事，但這個難題說實話，並不會那麼造成歷史學家的困擾。畢竟，哲學探討的是「過去曾經存在」這件事是什麼意思，歷史家則可以從過去的事「曾經存在」這點，去進行思考與探究。[9]

當然，歷史學家也相當清楚，關於過去的事會有各式各樣、彼此並不一致的見解，但在大部分情況下，我們都會尊重對同樣事象不同的見解。因此，我們是針對這種多樣見解的真偽與妥當性，加以

明確釐清與思考。換言之，過去的事實「曾經存在」這件事本身，是歷史家共通的設想，並成為討論的前提。實際成為問題的是史料的可信度，以及與其他事件的整合性等具體的考察方法。

毋寧說，問題在掌握歷史的視角中，如果有制約我們見解的事物存在，那是什麼？生活在21世紀的我等視角，真的能夠確切掌握過去人們的種種嗎？關於這點，值得我們再稍微思考一下。

3. 歷史敘述與文明

用楔形文字和甲骨文記下來的史料，是古代文明的產物。在過去的世界中，留下豐富文字紀錄的社會，和不到這種程度的社會，有著明顯的差異。當然，即使在「無文字社會」中，也有歷史意識的存在，因此從今日的立場來看，對其進行的歷史探究也是有意義的。[10]但是，當實際開始進行歷史探究的時候，留下滔滔文字史料的社會，和沒有這種史料的社會之間，並不能採取同樣的作業手段，這是很容易可以推定的事。不只如此，針對意圖透過文字、有體系地敘述過去事物的社會，或許也能加以限定。

從這樣的論點更進一步，就會出現「歷史敘述說到底有著複數且相異的形態，彼此之間無法融合」的這種想法。在蒙古史等領域留下顯著成果的東洋史家岡田英弘，就做了這樣的敘述：

> 歷史雖是構成文明的文化要素之一，但未必所有文明都具備了歷史這一要素。雖有都市生活、文字、紀錄，卻沒有歷史的文明，反而比較普通。歷史是沿著時間軸，對世界進行整合性掌握的精神產物。故此，擁有歷史這種文化根底，從時間和空間兩方面來掌握世界、把時間和空間等值看待，這樣的看法並非每一個文明共通的事物。不是從其他文明借用、而是具有固有歷史文化的文明，只有地中海文明和中國文明兩者而已。不只如此，這種歷史會由地中海文明的希羅多德、中國文明的司馬遷兩位天才創造出來，大概只是偶然的產物。[11]

這樣的發言，感覺有點大膽挑釁的味道，因此也很容易被指責不夠完備。好比當我們思考地中海文明的歷史文化起源時，比起希羅多德的《歷史》，更應該重視《舊約聖經》的影響力，不是嗎？[12]

話雖如此，岡田的主張果然還是蘊含著難以忽視的論點。簡單來說，他的主張就是「掌握歷史的基本形態」並非人類共通，而是成立於古代、只局限於幾項事物的存在。據岡田所言，《史記》決定了歷史在中國文明中的性格，「之後沿襲《史記》的形式、陸續出現的『正史』，都只是持續對這個時代、那個時代，描述以皇帝為中心的世界而已」。[13]因為敘述架構欠缺變化，即使有新的現象出現，也沒辦法確切地敘述，這是岡田的批判。

如果岡田的主張是妥當的，那世界史這種東西就沒有成立餘地了嗎？這或許是個現在仍未塵埃落定的問題。更重要的是，現在我們用來作為前提的學院派歷史學，其學問基礎乃是仰賴近代歐美的歷史學，關於這點，又該怎麼思考比較好呢？在這裡，我們不能忘記的是，這種歷史學其實納入了19世紀西歐或美國的價值觀與秩序形象。那麼說到底，這又真的能為人類提供普遍的歷史認識嗎？

說起來，甚至連日語的「歷史」這個詞彙，也是翻譯自歐美詞彙。在古代的漢籍中，雖然勉強可以找到「歷史」這個語彙，但和現在的用法還是有點差異。明治初年，洋學者西周在《百學連環》中介紹了各式各樣的學問領域，其中採用了「歷史」這個表現方式，從而產生了很大的影響力。今天不

只是日語，包括中文、韓語、越南語，都採用了幾乎同樣意義的「歷史」這個詞彙。

那麼，在受到歐美的刺激下，中國文明的歷史觀又有什麼變化呢？首先值得一看的，是清末政論家梁啟超自1902年開始連載的一連串論文「新史學」。梁啟超對「舊史學」予以嚴厲的批判，特別指出有問題的地方，是以王朝存在為主軸、討論正統的架構。梁啟超認為不該以王朝興替，而該注目在一貫存在的「國民」身上，以此來掌握歷史才對。[14]

梁啟超的這種摸索，是一種企圖超越岡田所批判、自《史記》以來固有歷史形態的真摯嘗試。而這種超越王朝興替、致力於掌握被認為實際存在的「國民」歷史的做法，也可以說是在構想一種跟英、法、德等國的國民史相等的「中國史」。

這種和民族主義關係密不可分的歷史觀，其本身就包含了意識形態在內。但是，今日的日本歷史學，仍然廣泛承認自古代一貫延續下來的「日本史」這種看法。即使在西洋史領域中，事實上對英、法、德各國史的研究也還是主流，因此過度強調梁啟超的嘗試裡的意識形態性質，其實是不公平的。

現在中國廣泛承認的歷史觀，究竟是王朝更替史觀、梁啟超式的國民史觀、還是兩者的折衷？要回答這點其實並不容易，但現在的中國歷史學，在某種程度上是「具有中國特色的事物」，也很難否定這點的可能性。試著這樣思考一下，就會發現要邁向真正意義上的世界史形象，仍然還有很長的一段路要走。或者說，是否有必要致力去追尋「普遍的世界史形象」這一事物？這個問題，大概也會隨之而生吧！

4. 歷史研究的客觀性是什麼？——以宗教為例

歷史研究不只是一門學問，還必須基於能夠說服立場相異人士的依據和邏輯來加以推展。可是，這件事其實並沒有那麼容易。在這裡，就讓我們主要以宗教為事例，來試著思考這一點。

印度哲學的研究者中村元，在關於佛陀（釋尊）的著作序文中，做了這樣的陳述：

> 所謂佛傳當中有很多神話的要素，就算被認定為釋尊說法的教誨中，也有非常多是後世附加假託的部分。將這種後代附加的要素盡量排除、在可能的範圍內用接近事實的方式，呈現出作為歷史人物的釋尊生涯，這是我們致力的方向。[15]

這是針對佛陀這位人物，展現出的一種迫近人物實像的態度，要將依循各式各樣超自然故事所創造出來，並在之後時代不斷添加的產物，盡可能加以去除。

在這件事上，中村元的意圖並不是要否定佛陀的權威，相反地是在進行一種不論是否為佛教徒，追尋人類共通精神遺產的作業，這點令人感到興味深長。中村元接著又這樣說：

> ……渴望求道、確立人生觀的人，會期望面向和既有教團無關的古今哲人、思想家，受其教誨、甚至是與之對決。在這種傾向不斷增強的情況下，即使不是佛教徒的人們當中，也會出現想聆聽釋尊教誨的人，這是理所當然的。……但是，為了端正這種精神上的要求，對於擁有歷史人格的佛陀實際是如何活動、又是如何說法這點，就必須透過學問予以正確解明，並釐清在這當中傳達的精神。[16]

於是，中村元批判分析了原典（在這裡是指原始佛典），並參照考古學的成果，從而掌握住去除神話要素、「擁有歷史人格的佛陀」。中村元的這種態度，可以視為是一方面追求作為學問的客觀性，一方面又捧起宗教價值的一種途徑。

　　相對於此，主要研究伊斯蘭教的宗教學者中村廣治郎，則對「宗教研究的客觀性是什麼」這點，展現了有點不同的研究取徑。中村廣治郎以伊斯蘭教徒深信《古蘭經》為神的話語這點為例，來展開他的議論。中村廣治郎批判說，把《古蘭經》當成穆罕默德個人的思想表現來分析的學者，他們的說法其實是價值不中立的。那是偏離伊斯蘭教徒對《古蘭經》的理解、「展現出19世紀理性主義立場的典型做法」。但是另一方面，，要非伊斯蘭教徒的學者在相信《古蘭經》是神的話語這個基礎上來議論，其實也很困難。

　　當直面這個困難的時候，中村廣治郎採用並提示的途徑是：「當我們要理解有著宗教性質的人作為**主體的宗教者**所展開的行動，這時候比起基於**這個人**是「有所意圖」的前提去解讀，更重要的在於是否切合**事實**這點」（強調處是原文所加）。[17]這段話有點艱澀難解，簡單來說就是針對「信仰伊斯蘭教的人所具備的理解，究竟是怎樣一回事」，向研究者提出應當確切關心的建言。就算針對穆罕默德個人的人物形象與思想形成，做了再多討論，也沒辦法理解作為宗教的伊斯蘭教。

　　從這個視角來看，即使是中村元為了迫近佛陀實像，遭到捨棄的超自然故事等事物，研究者也應該真摯地加以面對才是。這樣的研究真的有可能達成嗎？

　　再舉一個例子，讓我們試著看看阿拉伯史家佐藤次高對聖者易卜拉欣傳說的研究。易卜拉欣是西元8世紀的人物，在蘇菲主義（伊斯蘭神祕主義）的立場中，被視為聖者。蘇菲主義的特徵，是追求與神（真主）的直接接觸，並依照各教團制定的修行勉力為之。

　　根據佐藤的說法，關於易卜拉欣的實際形象，流傳下來的史料絕不豐富；但是，歷經數世紀的傳承後，卻創造出包含奇蹟故事在內，關於聖者易卜拉欣的種種傳說：

> 迄今為止，我對於構成易卜拉欣傳說的故事，大多以「被創造出來的事物」來介紹。事實上，關於各個故事，究竟哪些是基於事實的產物，哪些又是完全憑空創造出來的東西，要確定是不可能的。但是，即使是基於事實的故事，也是慢慢從微小的事實演變成豐富的故事，是歷經漫長年月慢慢建立起來的產物，這是無庸置疑的。[18]

　　所以，這種故事的形成，具有怎樣的歷史意義呢？佐藤表示：「這種故事的蒐集與創作過程，同時也是將易卜拉欣從一位平凡的穆斯林，搖身一變成為超凡脫俗聖者的過程。」[19]換言之，隨著蘇菲主義增強其影響力，感受到神更接近身邊的人們熱情高漲。在這種過程中，對聖者的憧憬產生了如此的故事。不只如此，對聖者墓地的參拜也流行起來。信者們懷抱著期望疾病康復，或是祈求孩子等心願，向聖者拜託，希望他能代為傳達給神。

　　這裡介紹的參拜聖者廟雖然是一種社會現象，但把它理解為人們信仰的樣貌並進行解釋，也是可能的。於此，不是針對聖者易卜拉欣的實像，而是分析其傳說的這種取徑，還是有效。

　　再者，在這裡要附帶一提的是，要掌握宗教這個概念其實有其困難。西洋中古史家千葉敏之，就對將用宗教異同來區分中古世界這樣的觀點表示憂心，並做了以下的陳述：

西洋近代以基督教為標準，分析世界上的信仰世界，並藉由各式各樣的指標——崇拜對象的性質（超越者）、宗教發生的形式（啟示、創始者、自然發生）、聖典與教義、祭祀與典禮、信徒的組織等——在有體系的「宗教」概念下進行分類。可是，不只是佛教、伊斯蘭教、儒教等大範圍傳播的信仰，零星散布在世界之中的各種信仰，都不能順當應用這種西洋近代的標準。甚至基督教本身在中古世紀，也存在著無法用「宗教」這個概念輕易掌握的特徵。[20]

因此，千葉提倡用「信仰」這個詞彙來理解中古社會。其實我相當能夠理解千葉的問題意識，但是仍有兩個問題不能不指出來。

第一個是，思考近代宗教的時候，說到底還是存在著「西洋近代的標準」。而隨著基督教持續傳教，亞非各式各樣的信仰也產生了被迫要和「西洋近代標準」對抗的事態。

另一點是，日語裡「宗教」這個概念，也具有其獨特的意義。確實，它的源頭是英語religion等詞彙的翻譯用語，但在明治時代的思想環境中，也變得帶有一種獨特的意義。[21]日語的宗教，並不見得就等於歐美社會的產物本身。

故此，要定義宗教這個詞彙其實很難。經常有人提出「儒教是宗教嗎」這個問題，但並沒有標準答案。這並不是因為儒教本身有甚麼問題，而是宗教這個概念並不明確之故。也會有人主張「伊斯蘭不是宗教」，但這也是因為用比較狹隘的方式來定義宗教，從而指出它並不合乎標準。針對這種局限性的指摘相當多，但也很欠缺說服力。

5. 國家是什麼？

就跟「宗教」一樣，當我們想要用現代的詞彙解釋過去的事情時，總會遇到困難。這次我們就試著從「國家」這個例子來思考。

在某本歷史學辭典上查詢「國家」這個條目，會得到以下的定義：

> 指16世紀形成於西歐，並於此後5世紀間覆蓋地表、成為世界規模政治體制的近代主權國家。古代和中古——比如說希臘城邦、橫跨諸多地區的專制帝國等（將這些稱呼為國家，其實是一種誤用）和近代國家的區別，包括了地域的限定性（領土）、稱為臣民或國民的人員構成，以及對外、對內的主權（及行使這種權力的政府）。（後略）[22]

按照這種解釋，就會變成「16世紀之前，世界上不管哪裡都沒有國家」。不只如此，就這段解說的立場而言，將18世紀的鄂圖曼帝國或是清朝稱為國家，也是一種「詞彙的誤用」。在這裡令人感覺奇妙的是，我在迄今為止所見的清朝漢文史料中，記得曾經屢屢看到「國家」這個詞彙登場。這個「國家」，大致上指的都是清朝。

這個條目的執筆者，事實上在上述的引文後面，又針對「國家」的語源做了陳述：

> 「國家」在中文裡，是依據「國是君主的家產」這個觀念創造出來的詞彙；在日本的德川幕藩體制下，「國家」就意味著各藩，但在維新後，被用來當成歐洲語state等字詞的翻譯用語。

這樣的解釋雖然有些許不正確之處，[23]但指出在過去的中文和日語之中，「國家」的使用和上述引文中「近代主權國家」意義相異這點，是可以認同的。可是，讓我感到格格不入的一點是，按照這種解釋，18世紀的清朝人稱呼「國家」是對的，但現代人稱呼18世紀的清朝為「國家」，就會變成「詞彙的誤用」。

說到底，我認為只有「近代主權國家」值得稱為國家，這種解釋不只頗為偏狹，而且還很奇妙。首先值得思考的一點是，將國家這個擁有廣泛涵義的詞彙，為了限定其性質而創造出「近代主權國家」這種用語。若是如此，則國家就是「近代主權國家」的換句話說，這未免太奇怪了。

這個例子暗示了我們，歷史研究有兩個值得深思熟慮的層次：第一個問題是，將史料上所見的話語和現代概念分開考量是必要的，但仔細理解史料本身使用的話語之餘，要怎麼透過現代用語表現出來才好？另一個難題是，如果我們的發想和21世紀的社會情勢與價值觀密不可分，那我們真的能夠相對地去客觀論述過去的事件嗎？當我們在使用國家這個詞彙時，腦海裡想的是「現代的國家」，從而假定「過去有與之相似的東西」來加以比附。批判這種做法是「詞彙的誤用」說起來簡單，但就實際問題而言，我們真能完全不用這樣的類比，去考慮過去的事情嗎？

從這樣的問題意識出發，有人就試著對過去存在的國家類型，創造出特別的概念來加以說明。在東南亞史方面這樣做的，有石井米雄、櫻井由躬雄撰寫的通史。他們提起了「努卡拉」（Negara）、「勐」（Mueang）、「普拉」（日語為プラ，音譯）等國家概念。比方說，「勐」是源自泰語，意指在盆地中以農業為基礎的國家類型。再者，比他們更早之前，美國的人類學者紀爾茲（Clifford Geertz）針對19世紀的峇里島，提出了「劇場國家」的概念。「劇場國家」特別注目作為社會秩序模範來呈現的宮廷禮儀，並強調它和作為權力機構的國家之間有所差異。除此之外，有人為了解釋東南亞政體的不安定性，以及大小政權並存、變動不斷的樣貌，也使用了「銀河系」或「曼荼羅」等概念。[24]

對東南亞國家樣貌的豐富摸索，使得東南亞史研究即便在近代國家的形成方面，也是一個提供重要貢獻的基礎。最廣為人知的就是美國東南亞史家安德森（Benedict Anderson）所提出作為「想像共同體」的近代國家論。[25]這項議論對「印刷資本主義與殖民地官僚制，是透過怎樣的過程產生出民族主義」做了解釋，並產生很大的影響力，而最強烈被意識到的就是印尼的國家建構。當然，比方說20世紀下半葉獨立的非洲各國中，作為民族國家的凝聚力就不見得那麼強，國內的民族對立還不時會激化；因為也有這樣的事例，所以還是必須重新加以質問，安德森民主主義論的有效性。

再者，維尼查谷（Thongchai Winichakul）注意到近代暹羅王權對地圖的編纂，從而強調劃定領域的作用與近代國家形成關係的學說，也對凸顯自古以來泰國王權連續性的史觀，做了嚴厲的批判。[26]另一方面，近代國家對領土的劃定，也可以視為將跨越泰國、寮國、柬埔寨、緬甸、越南、中國、印度，那些居住在山地的人們納入各自國家的一種嘗試。將這個地區稱為「贊米亞」（Zomia）、注意到這些逃脫國家束縛的人們的歷史，是美國的政治學者斯科特（James Scott）。斯科特指出，「當東南亞大陸地區的人們要追溯過往大部分的歷史之際，最大的障礙就是國家」，從而致力於相對化以國家存在為前提的歷史觀。[27]

以上各式各樣的嘗試都不斷反覆質問國家這個概念。從這裡也可以明白看出，最初引用的辭典條目中，那種對「國家」的解釋，並非眾多研究者所共有的看法。國家這個概念之所以無法精準規範，大概是因為以下的理由所致吧！在政治上，權力要取得正當性，不可或缺的是眾人在某種程度上的接受。人們是透過某種文化背景所帶來的意義體系，去認知權力的正當性。因為這種意義體系相當多樣

化，所以要跨越時代和地區來設定共通的國家概念，其實相當困難。

再者，也有其他注意到軍事力作為國家屬性的視角。關於這點，過去曾有人使用「赤裸裸的暴力」這樣的詞彙來描述。但是，就像日本考古學的成果所示，即使在維繫軍事力方面，毋寧說從「英雄式的領導者形象」這種印象的觀點來分析，也是必要的。[28]即使是20世紀的世界大戰中，質問發動戰爭的國家的權力正當性，自是不在話下，也從未欠缺對於士兵為何從軍的思考。將由徵兵構成的軍隊視為「赤裸裸的暴力」，這種看法未免太過單純了。

6. 大歷史與全球史

將人類歷史作為整體來掌握，或是把放在宇宙與地球的歷史中來定位，這樣的嘗試是最近歷史學的大潮流。「大歷史」這個概念，是歷史學者克里斯欽（David Christian）等人所提出，意圖在從宇宙誕生到現今的漫長視野中，掌握人類的歷史。[29]

生態學者兼地理學者戴蒙（Jared Diamond），試圖透過地勢與環境，從多元的角度來掌握人類文明的誕生；他的著作雖然常被指出細節上有錯誤，但影響力仍相當之大。特別是對於大洋洲在歷史上地位有著深刻思考這點，我認為是他的特色所在。[30]

說到底，人類文明的發祥是否起自單一源頭，長久以來在歷史學中都一直是個問題。比方說，1921年，瑞典地質學者安特生（Johan Gunnar Andersson）在中國河南省仰韶遺跡發掘出來的彩陶，就認為有受到西亞方面的影響與啟發，由此產生了「是否存在著經由中亞展開的東西文化交流」假說。[31]另一方面，在考古學者當中也有人指出，「歐亞大陸的東方和西方因為受到自然環境制約，從文化的發展就可以看出很大差異」。[32]

先前提及的宮崎市定，就看到東、西洋出現類似的歷史發展，從而抱持著這樣的想法：「中國的古代史並非是與其他世界的地區隔絕、獨自發達起來。雖然沒有具體的證明，不過彼此相互聯繫、或先或後興起；雖然年代上稍微有點偏離，結果都可以追溯出同樣的經過，這是毫無疑問的。」[33]在這段話中，他暗示了「隱約存在東西交流，從而使得各地的歷史發展，呈現出相似的事物」這一點。要嚴密考證這種相似性其實很困難，可是這種大局觀，正是宮崎市定史學的魅力所在。

宮崎指出「日本橋底下的水和泰晤士河相通，江戶人呼吸的空氣，是巴黎婦人吐出的氣息」，[34]提醒我們注意各地的共時性。這樣的共時性，假如沒有實際東西交流的情況下是否就不存在，也可以說是一個課題。

不管怎麼說，從史前時代開始，歐亞非就很有可能透過陸路與海路，展開相當大範圍的交流。7世紀以降，伊斯蘭教的傳播與尊奉該教的政權擴張，以及13世紀的蒙古征服，都更進一步促進了歐亞的大範圍交流。儘管如此，就推進美洲大陸的貿易等方面來看，果然還是15～16世紀西班牙、葡萄牙的航海征服事業，在世界史上的意義更為重大。

在這裡，我們有必要試著思考「全球史」這種觀點。所謂全球史，一言以蔽之，就是著重在人類歷史與全世界的關連上，並試著加以掌握。[35]在稱得上「全球」這個形容詞的範圍內彼此相互影響，堪稱劃時代的時期，果然還是歐洲人殖民加勒比海群島與美洲大陸的16世紀吧！

亞洲史的研究者，有很多人都對於過度評價16世紀葡萄牙人等來航的歷史意義，表示反感。確實，利用季風的亞洲海上交易，在歐洲人參與之前就已經相當盛行。再者，像加勒比地區或是美洲大

陸這樣，遭到歐洲人大範圍軍事壓制，以及原住民社會遭到傳染病重大打擊等現象，幾乎不曾出現在16世紀的非洲與亞洲（相反地，歐洲人飽受非洲、亞洲的疾病所苦，也受到既有的王朝所壓迫）。

即使如此，很難否定的是16～17世紀初的時代，跨越大陸的國際商業確實很活躍。美洲大陸產的銀在大陸間流通，就是明顯的例子。加拿大的中國史家卜正民（Timothy Brook），就以17世紀荷蘭畫家維梅爾畫作上描繪的事物為題材，描寫出「全球化世界的黎明」。以「荷蘭東印度公司的活動，透過商業將世界聯繫起來」這點為基礎，他一方面描繪出明朝文人評論瓷器的趣味世界，一方面也描繪出法國人為了追尋做帽子用的河狸毛皮，深入加拿大的熱情。不論何者，都在出身於台夫特（Delft）的維梅爾筆下的繪畫中，留下了痕跡。[36]

這裡必須要留意的是，簡略地使用「世界一體化」這樣的表現方式會招致誤解。確實，即使日本在「鎖國」時代，也有輸入印度的棉布，且圖樣漂亮相當受歡迎，[37]但我們不能因此就說，日本社會和印度社會走上了相似的發展方向。景德鎮和伊萬里的瓷器不管在歐洲的銷售通路如何擴大，本身都沒有在歐洲帶來巨大的社會變動。

岸本美緒指出，17～18世紀在世界各地所面臨的課題，是怎麼解決「後16世紀的共通問題」。這個課題是「究竟該如何重建受到16世紀商品經濟衝擊，產生重大動搖的社會秩序」，其中包含了民族、宗教與國家整合的問題、市場經濟與財政的問題、王權與中間團體的問題等。據岸本所言，「17世紀逐漸收攏了16世紀以來極度的混亂之後，這個問題便以全球的共時性之姿，成為實實在在的課題。」儘管如此，對於這個問題，在世界各地卻有各式各樣的答案。比方說日本的對應，是採「鎖國」等傾向內斂社會的做法；相對地，清朝則在維持對外開放經濟的同時，也致力保持和緩的整合。[38]

從別的角度思考國際經濟動向方面，可以試著參照松井透的研究。松井分析17～18世紀英國的貿易統計後，指出跨越大西洋與美洲大陸貿易的重要性增加。就這樣，「形成了以歐洲資本主義發展為主軸的世界市場，首先達成了環大西洋的規模。」可是，在亞洲的情況卻有所不同。「確實，歐洲對當地產物的需求與潛在需求與日俱增。可是不管如何擴大，這種『大』從亞洲市場圈整體來看，不過是一小部分的程度而已，而且亞洲對歐洲產品的需求，更是小得不值一提。」[39]

松井指出英國東印度公司在印度與伊朗銷售貨物的辛勞。之所以如此，是因為必須取得具體的經驗和知識來處理品質多樣的商品。理所當然地，在累積知識之餘還要負責流通的商人團體，比方說英國人要打進亞美尼亞商人的商圈，必然會相當辛苦。可是在邁入18世紀下半葉後，隨著當地權力的動搖，英國商館也陸續建立起穩定的基礎。[40]

就這樣，在邁入19世紀上半葉後，在亞洲，特別是英國勢力有了顯著的擴張。只是，若研究過大英帝國史，就會發現討論全球史這件事，其實會變成一種單一的見解。縱貫整個17～18世紀，歐洲各國都是一邊相互對抗、一邊持續競爭要獲得海外據點與殖民地。18世紀歐洲各國展開激烈的戰爭，帶來了軍事技術的發展。為了抑制他國的優勢，必須確保自己的據點，這種狀況即使到了19世紀依然沒有改變。亞洲和非洲的殖民地化，並不盡然只能用經濟利益來解釋，而是必須考慮到歐洲強大國家爭相搶占據點的一面。

這樣的殖民地統治，雖說無意把當地社會變得跟本國社會一樣，但為了歐洲行政官員與企業家的生活，還是建造了殖民地都市。除此之外，他們也設置了以養成當地人才為目標的教育機構，來承擔殖民地的統治。

另一方面，鄂圖曼帝國、清朝、暹羅、日本等國，為了對抗歐洲各國，也開始選擇性地引進歐洲

的社會制度。就這樣，社會制度的共通性以世界的規模增長，這個現象或許可以說是19世紀的特徵。但，也不可忽視汽船與電信造就的運輸和通信緊密化。故此，把19世紀視為「世界邁向一體化的時代」，可說相當貼切。

當然，從20世紀末到21世紀這一時期誕生出的全球化，與19世紀的「世界一體化」之間，有共通也有相異的地方。故此，我們不能仰仗輕率的類比，而是應該探問19世紀的歷史形象，給予了全球史怎樣的提示。

再者，在如何相對化近代史中有著主流地位的國史，這個課題的意識也囊括在全球史這個視角當中。羽田正構想的「新世界史」，也是抱持相同看法的做法：

> 明確來說，這是基於地球主義的思考方式，是為了地球市民的世界史。「地球主義」是什麼呢？
> 就是重視作為我們生活舞台的地球，從地球市民的立場，設法解決現在地球上產生的政治、經
> 濟、社會、環境等各式各樣問題的態度。[41]

現在的全球史潮流，可以說就像羽田所言，能夠誕生出一種「新的世界史」。雖然是否能達成還是未知數，但至少還要處理以下兩個論點：其一是該如何理解包含全球化在內，發展至今的權力性？單單讚美隨著世界交流發展、創造出共通的制度這點，只會變成一種強加的世界史。另外不可或缺的一點是，充分考慮地球環境與人類之間關係的歷史研究。

就第二點來說，環境史這個研究領域就顯得相當重要。迄今為止，雖然已經有許多獲得重要成果的嘗試，好比上田信就從老虎的角度重新思考中國史，[42]但今後這個領域仍然大有可為。

7. 為什麼要進行歷史研究？

最後，讓我們來試著思考「為什麼要進行歷史研究」這個問題。因此，我想再次舉出梁啟超的「新史學」。梁啟超之所以批判「舊史學」是無用之物，因為他認為這對於自己規定出來、史學本應促進國民形成的作用，派不上用場。他認為史學應該是「國民之明鏡、愛國心之泉源」。

相對於此，大約同時代的學者王國維則說，「欲學術之發達，必視學術為目的，而不視為手段而後可」，暗中批判了梁啟超的主張。雖然不見得是以「新史學」為直接標的，但王國維的立場用現在的話來說，就是「為學問而學問」的理想，而不像梁啟超這樣把它視為某種手段，從而討論有用無用的問題。[43]

確實，梁啟超的歷史論，不管怎麼說都有點恣意妄為了。比方說，梁啟超寫的《中國之武士道》（1904）這本書，在列舉武士道的代表人物時，用了孔子來說明。孔子在魯國的外交交涉中展現了勇敢活躍的一面，可以說體現了武士道。在這之前，孔子大多被定位為「文」而非「武」的立場，但梁啟超大膽逆轉這個觀念，從而積極宣傳「在中國也應該要重視軍事力」的價值觀。

從今日的立場來看，王國維的批評或許是正當的。特別是，如果為了「何者有用」而展開研究，不只很容易只取出對自己有利的結論，也有偏離客觀研究的危險。對學問研究而言重要的是，跨越立場的差異，產生出兼具說服力與客觀性的成果。若是只求對某種特定目的有用，那對沒有抱持相同目的的人而言，只會產生無益甚至有害的影響。從這層意義上來說，「為學問而學問」這個標語，其實

是不可或缺的。

可是，不管怎麼想，我們大概都不可能在不帶任何價值觀與意圖的情況下進行研究。不只如此，從某種問題意識來展開研究，才可能對過去人們的思考方式獲得深刻的理解。[44] 雖說要「為學問而學問」，但契合某種社會意義，毋寧說才是正常的狀況。在這裡應該要思考的是，學問的客觀性與社會角色的關係。

有時候，學生會問老師說：「您覺得為什麼要進行歷史研究呢？」這時候老師的回答常常是：「為了從歷史中得到教訓。」但按照我的見解，這樣的回答雖然正確，但並不完全正確。基於歷史研究的成果，確實有可能獲得某種「歷史的教訓」。可是我們也必須注意，別人從同樣的研究成果中，也有可能獲得別種教訓。[45]

比方說，透過歷史研究，我們可以得知某碑文是為了稱讚當時的權力者，而過度陳述了戰爭勝利的功績。從這當中雖可以得到「權力者不能為了自我正當化而欺瞞他人」這種教訓，但或許也會有人得出「為了提升自己的權勢，就算說謊也要盡力自我宣傳」的教訓。不只如此，也可能會引出「就算是頌揚權勢的權力者，他所在的國家也會滅亡，由此應知世事無常」的想法。不論好戰的思想還是和平主義的理念，都可以透過同一塊碑文來解釋。

這樣一想就可以察知，歷史研究所能提供的教訓，並非深藏於歷史研究本身，其實是利用其成果的人隨自己方便所引導出來的產物。說到底，超越立場的不同而被接受的客觀成果，本身就具有多方解讀的可能性。但是，像這樣將過去的事件比附到現在來理解，未必就沒有意義；相反地，透過這種方式，有時候我們也能對人類社會的樣貌，產生更深一層的認識。

歷史研究並不是朝著某種特定的有用性致力為之。正因為如此，它才具有身為學問的存在價值及其有用性。

注釋：

1. 《桑原隲蔵全集》第4卷，岩波書店，1968年，頁3。
2. 宮崎市定〈私の中国古代史研究歴〉《宮崎市定全集》第17卷，岩波書店，1993年，頁404-405，初版為1985年。
3. 仁井田陞〈東洋とは何か〉《世界の歴史（3）東洋》每日新聞社，1949年，頁384。重新收錄在仁井田陞《東洋とは何か》東京大學出版会，1968年，頁27。
4. 峯陽一《2100年の世界地図——アフラシアの時代》岩波書店，2019年，引用部分為頁20與頁149。
5. 小川さやか，《チョンキンマンションのボスは知っている——アングラ経済の人類学》春秋社，2019年。
6. 中島敦《山月記、李陵　他九篇》岩波書店，1994年，頁128。
7. 同上。
8. 關於這項論爭的代表性著作，可以舉出：遲塚忠躬《史學概論》東京大學出版会，2010年，特別是頁167-213；《野家啓一》岩波書店，2016年。
9. 關於這件事為什麼具有一定正當性，在吉澤誠一郎的著作中有提到：〈歴史叙述としての自伝〉《中国——社会と文化》18號，2003年。
10. 川田順造《無文字社会の歴史——西アフリカ・モシ族の事例を中心に》岩波書店，1976年。
11. 岡田英弘〈中国文明における歴史〉岡田英弘等編《歴史のある文明・歴史のない文明》筑摩書房，1992年，頁21。
12. 關於西亞以及地中海地區歷史敘述的起源，請參照：蔀勇造《歴史意識の芽生えと歴史記述の始まり》山川

出版社，2004年。

13. 岡田英弘，前引論文，頁14。

14. 吉澤誠一郎〈中国における近代史学の形成──梁啓超「新史学」再読〉《歴史学研究》863號，2010年。

15. 中村元《釈尊の生涯》平凡社，2003年，頁11，初版為1963年。

16. 同上，頁15-16。

17. 中村廣治郎〈理解の学としての宗教学──問題提起のための一試論〉田丸德善編《講座宗教学（1）宗教理解への道》東京大學出版会，引用部分為頁140、147。

18. 佐藤次高《聖者イブラーヒーム伝説》角川書店，2001年，頁151。

19. 同上。

20. 千葉敏之〈巨大信仰圏の出現〉千葉敏之編《歴史の転換期（4）1187年──巨大信仰圏の出現》山川出版社，2019年，頁7-8。繁體中文版為臺灣商務出版，《歷史的轉換期4：1187年‧巨大信仰圈的出現》，2021年。

21. 山口輝臣《明治国家と宗教》東京大學出版会，1999年，頁29-55。島薗進〈近代日本における「宗教」概念の受容〉島薗進、鶴岡賀雄編《「宗教」再考》ぺりかん社，2004年。渡辺浩〈「宗教」とは何だったのか──明治前期の日本人にとって〉《東アジアにおける王権と思想》増補新装版，東京大學出版會，2016年。

22. 田口富久治〈国家〉，西川正雄等編《角川世界史辞典》角川学芸出版，2001年，頁340。

23. 比方說，「國家是君主的家產」這種解釋是否正確，其實有很大的疑問。請參照：尾形勇《中国古代の「家」と国家──皇帝支配下の秩序構造》岩波書店，1979年。

24. 石井米雄、桜井由躬雄《東南アジア世界の形成》講談社，1985年。ギアツ（Clifford Geertz，小泉潤二譯）《ヌガラ──19世紀バリの劇場国家》みすず書房，1990年。關於這方面有各式各樣國家論，桃木至朗的著作中有所概述：《歴史世界としての東南アジア》山川出版社，1996年。

25. ベネディクト・アンダーソン（Benedict Anderson，白石沙耶、白石隆譯）《想像の共同体──ナショナリズムの起源と流行》増補版，NTT出版，1997年。

26. トンチャイ・ウィニッチャクン（Thongchai Winichakul，石井米雄譯）《地図がつくったタイ──国民国家誕生の歴史》明石書店，2003年。

27. ジェームズ・C・スコット（James C. Scott，佐藤仁監譯）《ゾミア──脱国家の世界史》みすず書房，2013年。引用部分為頁33。

28. 松木武彦《人はなぜ戦うのか──考古学からみた戦争》講談社，2001年。

29. デヴィッド・クリスチャン（David Christian）等著《ビッグヒストリー　われわれはどこから来て、どこへ行くのか──宇宙開闢から138億年の「人間」史》明石書店，2016年。

30. ジャレド・ダイアモンド（Jared Diamond，倉骨彰譯）《銃・病原菌・鉄》草思社，2000年。

31. J・G・アンダーソン（Johan Gunnar Andersson，松崎壽和譯）《黄土地帯──先史中国の自然科学とその文化》全譯新版，六興出版，1987年，頁354-361。

32. 藤本強《東は東、西は西──文化の考古学》平凡社，1994年。

33. 宮崎市定〈《中国古代史論》まえがき〉《宮崎市定全集》第21卷，岩波書店，1994年，頁693，初版為1988年。

34. 宮崎市定〈《東洋的近世》はしがき〉《宮崎市定全集》第2卷，岩波書店，1992年，頁134，初版為1950年。此外，這篇引文中的「日本橋」，指的是橫跨大阪道頓堀川的橋名。如果當成江戶時代的日本橋來思考的話，這對句子就顯得不自然了。

35. 關於全球史研究的簡單概觀，請參照：水島司《グローバル・ヒストリー入門》山川出版社，2010年。

36. ティモシー・ブルック（Timothy Brook，本野英一譯）《フェルメールの帽子──作品から読み解くグローバル化の夜明け》岩波書店，2014年。

37. 重松伸司《マドラス物語──海道のインド文化誌》中央公論社，1993年，頁2-26。

38. 岸本美緒〈18世紀の中国と世界〉《風俗と時代観》研文出版，2012年，初版為2001年。引用部分為頁125、

126。關於清朝的開放性格，則請參照：岸本美緒，〈清朝とユーラシア〉，歷史学研究会編《講座世界史（2）近代世界への道》東京大學出版会，1995年。

39. 松井透《世界市場の形成》岩波書店，1991年，頁150-151。

40. 同上，頁151-180。

41. 羽田正《世界市場の形成——地球市民のための構想》岩波書店，2011年，頁92。

42. 上田信《トラが語る中国史——エコロジカル・ヒストリーの可能性》山川出版社，2002年。

43. 吉澤誠一郎，前引〈中国における近代史学の形成〉

44. 關於這樣的論點，我建議一讀增淵龍夫的著作：《歷史家の同時代史的考察について》岩波書店，1983年。

45. 關於這種教訓的有用性問題，在遲塚忠躬前引著作中有縝密的說明，請參見該書頁45-47、93-95。

— I 文明與國家的形成 —

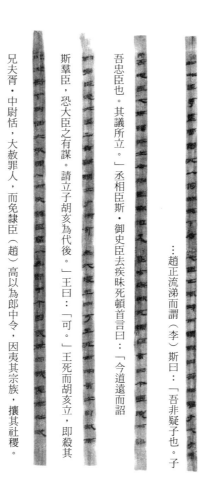

「趙正書」（部分）

「趙正書」全部由50片竹簡所構成，圖示的部分是第14～17簡的照片與釋文。這段內容是丞相李斯等人回答「趙正＝秦始皇」的諮詢，請始皇立胡亥為繼承人，並獲得始皇的認可；其內容和《史記》中李斯等人擱置秦始皇的遺言、擁立胡亥的逸聞完全相左。這份史料一貫稱始皇為「王」，由此可知是在不承認他為「皇帝」的立場下寫成。（宮宅潔）
出處：北京大學出土文獻研究所，《北京大學藏西漢竹書（參）》上海古籍出版社，2015年。

兄夫胥‧中尉恬，大赦罪人，而免隸臣（趙）高以為郎中令，因夷其宗族，擴其社稷。

斯羣臣，恐大臣之有謀。請立子胡亥為代後。」王曰：「可。」王死而胡亥立，即殺其

吾忠臣也。其議所立。」丞相臣斯‧御史臣去疾昧死頓首言曰：「今道遠而詔

…趙正流涕而謂（李）斯曰：「吾非疑子也。」子

‧ 簡介 ‧

智人（Homo sapiens），一般認為是起源自非洲。人類適應世界各地多樣的生態環境，培育出多采多姿的文化。在好幾個地區誕生了文明和國家，這些文明和國家向更廣大的範圍擴張影響力，彼此之間也不斷產生衝突。而這種文明與國家的盛衰，與宗教有關的情況也屢見不鮮。（吉澤誠一郎）

古代美索不達米亞的王權

王是怎樣的存在？

①

柴田大輔

【關連項目：伊斯蘭以前的阿拉伯、金字塔時代、中央歐亞的語言與文字】

背 景

　　西元前4千年紀，在相當於今日伊拉克南部的下美索不達米亞，都市急遽形成並發展起來。當中也建立起烏魯克這樣的巨大都市，大約前3500年左右，楔形文字的原型在這個都市中被發明出來。一開始政權都是只統治都市和其腹地的都市國家，但到了前3千年紀下半葉，誕生了統治複數都市的領域國家，各式各樣政權反覆興亡。大致上來說，這些政權都是以王為頂點，透過王宮組織來運作，因此王作為統治者的權能、職務相關的王權理念，在古代美索不達米亞史的研究中，堪稱是最重要的課題之一。王權研究的線索除了王的稱號，還包括王的祈禱、王所參加的祭祀儀式、與王關連的神話、以及王的圖像等，種類繁多不一而足。

論 點

1. 與眾神關係的

　　對古代美索不達米亞的王權而言，最重要關心的就是與神的關係，因此和王權相關的研究，大多也歸結到神與王的問題上。不管都市國家還是領域國家，在神學理念上都認為國土、人民的所有者是神——都市國家方面是指都市的守護神、大型領域國家方面則是被稱為「眾神之王」的**恩利爾神**◁1或**馬爾杜克神**◁2之類的最高神。除了一部分的例外，王本身並沒有被神格化，他的定位是接受神的委任，成為統治國土和人民的代理人。另一方面，王最大的責任義務，則是供養眾神，也就是要保護和援助作為神之「家」的神殿。

　　對眾神的祭祀，是由神殿中的祭司來執行，神殿作為一個組織與王宮有著明確的區別。但是，王、王宮與祭司、神殿的關係，會隨著時代與地區而有所不同。比方說在前2千年紀以降的巴比倫，王雖是恩利爾神與馬爾杜克神權威的代表，但祭祀恩利爾和馬爾杜克等眾神，則是完全交給神殿中的祭司負責，即使是王有參與祭祀儀式的場合，也經常需要祭司居中仲介。同時，王作為神殿的贊助者，要從外部為祭祀提供財政支援，並從外敵手中守護神殿。但另一方面，繁榮於前2千年紀下半葉到前1千年紀上半葉的亞述，雖然和巴比倫一樣，王宮和神殿組織之間有著明確區隔，但王也兼任國家神亞述的大祭司，所以重要的祭祀儀式在形式上都得於王的指揮下執行。換言之，在巴比倫，神的代理人與神的仲介人是分開的；但在亞述，兩者在王身上合而為一。

▷1　**恩利爾神**
前3千年紀以來的最高神，下美索不達米亞中部的尼普爾（Nippur）祭祀的神明。有一種學說認為，以恩利爾神祭祀為紐帶的都市聯盟，早在前3千年紀上半葉就已存在。

▷2　**馬爾杜克神**
巴比倫市的守護神。原本巴比倫市不過是個小都市，馬爾杜克神也不是位重要的神。但在前2千年紀上半葉巴比倫市掌握霸權之後，馬爾杜克神在神學上的地位也跟著上升，最晚在前2千年紀末，就已經升到最高神的地位。

2. 神話與祭儀

神話與祭祀儀式是有關王權的各項課題中，特別值得注目的部分。在古代美索不達米亞世界中繼承下來的神話，包含了許多以眾神的王權為主題的作品，像是尼努爾塔神（Ninurta）的《盧伽爾》（Lugal-e）與馬爾杜克神的《埃努瑪·埃利什》（Enuma Elish）等。這些作品的架構都是威脅眾神之王地位的敵人出現、受眾神之王委託的年輕英雄神討伐敵人、年輕英雄神的凱旋與晉昇——有時就會即位為下一代之王。這些作品也形成有關人類世界王權的論述中最重要的素材。與這類神話相連的祭祀儀式，會在祭祀眾神之王的神殿中舉行，王也會參與其中。最著名的祭祀儀式是前2千年紀末期以降，每年正月（春分左右）在巴比倫舉行的馬爾杜克神儀式。巴比倫王會親臨現場，再現《埃努瑪·埃利什》的儀式，藉此更新馬爾杜克神與巴比倫王的王權。除此之外，神話中的尼努爾塔神與馬爾杜克神是王的理想形象，在亞述王的碑文中，也有將現實中與敵對勢力的戰爭，和神話中的眾神之戰連結起來的敘述。這些與王權有密切關係的神話與祭祀儀式，會在國家主導的神學及儀式改革中被修改或創造出來。巴比倫王**尼布甲尼撒1世**（前1125～1104年在位）與亞述王**西拿基立**（前704～681年在位）**統治期間都做了諸多改革**。這時候會改寫神話的內容，重新解釋祭祀的儀式，各方勢力也會不斷以神話和祭祀儀式的論述為舞台，展開權力鬥爭。

3. 王朝的繼承關注

繼承王位的一族，也就是王朝，同樣是王權重要的基礎。會明確意識到王的血統，從而編纂出一覽過去君王的王表。王表不單是歷史紀錄，還回溯過去來展現王朝的正統性。最古老的王表，是前3千年紀末期烏爾第3王朝時代編成的《蘇美王表》，從神話時代起列舉了下美索不達米亞的君王與王朝。之後的巴比倫與亞述，也編纂了各式各樣的王表。王位原則上是父死子繼，但其繼承屢屢成為引發內亂的導火線。故此，他們設計出於先王在位期間就讓下一任王即王太子位，好順利繼承的策略，但還是有很多正統後繼者以外的人物，靠政治力或軍事力來篡奪王位。在這種場合，就需要獨自的說法來誹謗過去的諸王，確保新王的正統性。

4. 王權論述的代理人

以上這類有關王權的論述，大部分都要歸諸於當時一群稱為「學者」（阿卡德語為 ummânu）、擁有學識的人。這些學者在王宮與神殿中服勤，也擔負國家的宗教政策與神殿中的神學和祭祀儀式等事務，還建構起超越地區的學者網絡。從現代的視角來看，這些令人不禁稱呼為宗教、學術、咒術、文學等專門知識所構成的學識傳統，透過學者的圈子，超越時代和地區而繼承下來。而王權也是這種學識傳統中關心的重點之一。

▷3 **尼布甲尼撒1世與西拿基立（Sennacherib）的祭祀改革**

前12世紀中葉，埃蘭（Elam）的王古迪爾－納夫特（Kutir-Nahhunte）將馬爾杜克神像，擄回埃蘭的首都蘇薩（Susa）。一般認為尼布甲尼撒1世成功奪回了這座神像，並趁此機會進行重大改革，編纂了《埃努瑪·埃利什》，並創立了馬爾杜克祭祀。前689年，西拿基立政權徹底破壞了巴比倫。不只如此，他為了取代馬爾杜克、改行以亞述的國家神亞述為頂點的神學和祭祀儀式，還把馬爾杜克祭祀解釋為異端，並將亞述改寫為《埃努瑪·埃利什》的主人翁。

探究的重點

(1) 在特定國家中，有關王權的論述是如何形成的？

(2) 在古代美索不達米亞的知識傳統中，王權扮演了怎樣的角色？

伊斯蘭以前的阿拉伯

② 該如何掌握其歷史意義？   蔀勇造

【關連項目：古代美索不達米亞的王權、所謂「伊斯蘭世界」這個詞彙、穆罕默德】

背景

不只伊斯蘭激進派的活動、歐美各國間伊斯蘭系移民和當地居民的摩擦屢屢登上報章媒體，在日本，來自伊斯蘭圈的勞動者數量也有增加的趨勢，因此理解伊斯蘭教與信奉它的人們，其必要性與日俱增。當然在日本，也有好幾位專攻阿拉伯歷史的學者，追溯這個宗教的起源、教祖穆罕默德的生涯，並關注其成長活動的時代與社會，或是聚焦在伊斯蘭興起前後的麥加。但事實上，阿拉伯在伊斯蘭興起以前，存在著比其興起後到今日為止更加悠久的歷史。解析這段歷史，毫無疑問是在考察伊斯蘭的興起背景與成因上不可或缺的部分，但關於這個領域的研究者卻極為稀少。

論點

1. 阿拉伯是什麼　隨著7世紀開始的征服活動，信奉伊斯蘭教的人們從阿拉伯半島入侵各地，與被征服地區的居民混血，直至今天。儘管征服者在人口上占壓倒性的少數，但如今從伊拉克到摩洛哥這塊地區還是廣泛被稱為「阿拉伯世界」。之所以如此，關鍵是因為征服者的語言阿拉伯語，也就是伊斯蘭聖典《古蘭經》用的語言，為被征服者所接受的緣故。

現在，講阿拉伯語的穆斯林占多數的地區，一般都稱之為阿拉伯世界，而「阿拉伯只有一個」這樣的口號，也屢屢迴盪在我們耳邊；但現實正好與這句口號恰巧相反，阿拉伯各個勢力每當發生事情，便會反覆展開對立抗爭，而從這個地區在伊斯蘭化以降的歷史，也可以明白看到這一點。

說到底，阿拉伯究竟是什麼呢？原本阿拉伯人的日常語言就是阿拉伯語，所以「因為說阿拉伯語，就稱為阿拉伯人」這件事，照理說是不對的。回溯古代，當初被稱為「阿拉伯」的是怎樣一群人、之後這個稱呼所指的對象又有什麼變化，以及伊斯蘭的征服活動以降，又產生了如何的改變？透過理解這件事，多少能夠化解一點我們對現今所謂「阿拉伯世界」的誤解。

2. 在古代東方史中的定位　若說日本在談論阿拉伯的歷史時，盡是與伊斯蘭相關的內容，這樣的講法一點都不為過。可是就如上面所述，事實上在伊斯蘭之前，光是從文字資料追溯，就有大約1500年的歷史。阿拉伯在地理上，位於東方世界的南端；加上和北方的文明先進地帶之間被廣大的沙漠阻斷，所以是這個世界中文明化最遲的地區。但是隨著使用**駱駝**來越過沙漠的商隊貿易展開，以文字為首的文物從北方流入，帶來了文明化，而都市

▷1　駱駝
阿拉伯的駱駝屬於單峰駱駝，當初和羊與山羊一樣是為了食用而家畜化，但在前12世紀左右，人們開始試著為牠裝上可以背負行李的鞍，結果使得越過沙漠的長距離商隊貿易成為可能。

與國家也隨之建立。

　　阿拉伯古代文明在半島南部，以現在葉門地區為中心興盛的時期，相當於北方長久繁榮的古代東方文明邁向終結的時期。當馬其頓王亞歷山大滅亡古代東方最後的帝國——波斯阿契美尼德王朝之後，這一帶受到希臘人所統治，文化也進入受其強烈影響的希臘化時代。就像這樣，終於在古代東方文明最後期文明化、屬於所謂落後地帶的阿拉伯，不久後誕生出引領下個時代的新宗教，以及信奉這個宗教的勢力。

　　以這樣的進程為依據，該怎樣定位古代東方史中的古代阿拉伯歷史呢？這是一個重要的課題。

3. 伊斯蘭興起的關鍵因素

　　關於伊斯蘭誕生的關鍵，一般主流的說法都認為是商業都市麥加在經濟繁榮的同時，也導致了當地居民貧富落差擴大，特別是身為社會弱者的寡婦與孤兒，更是陷於困境。為此苦惱的穆罕默德，在思索解決之道的煩悶中受到神的啟示，從而創立了這個宗教。

　　但是這種社會矛盾不分東西洋，在任何時代都存在，並非這個時期麥加特有的現象。也有人提出批判，認為「說到底依照史料，實在很難主張麥加的經濟到底有多繁榮」。故此，關於伊斯蘭誕生之關鍵的主流說法，並不能輕率地照單全收。從同時期在阿拉伯半島各地，也有與穆罕默德對抗的先知出現，且各自都有一定支持者來看，要用麥加這座都市的特殊狀況來解釋新宗教的興起實在沒什麼道理；相反地，我認為理解人們面對當時阿拉伯半島所處危機的反應，，或許才是真正的關鍵所在。

　　當時的阿拉伯，正處於薩珊王朝、拜占庭帝國、還有將南部葉門化為屬國的衣索比亞**阿克蘇姆王國**這東方三列強的夾縫間，陷入困境。為圖脫離這種困局，阿拉伯各地同步掀起了新宗教運動。最後在競爭中獲勝、支持穆罕默德的勢力，在這之後乘勢踏足半島之外，壯大發展——我們可以做出這樣的解釋。

　　不論如何，要顛覆主流說法並不容易，但今後各種討論的交流，相當值得期待。

▷2　**阿克蘇姆王國**
（Aksum）
位在現今的衣索比亞北部到厄利垂亞（Eritrea）地區，自前1千年紀末開始的約800年間，以阿克蘇姆這座城市為中心，繁盛一時的王國。極盛期將葉門屬國化，並與薩珊王朝競逐印度洋貿易的利益。

探究的重點

(1) 支撐古代阿拉伯各王國繁榮的經濟基礎是什麼？

(2) 這些王國衰退的原因又是什麼？

(3) 伊斯蘭之前的阿拉伯，與之後的阿拉伯歷史之間有連續性嗎？

祆教

(3) 教祖提供了什麼訊息？   青木 健

【關連項目：中央歐亞的語言與文字】

背 景

　　西元前1000年左右，中亞某處應當真有其人的教祖查拉圖斯特拉（瑣羅亞斯德），改革古代伊朗多神教的教誨，建立了祆教的核心。其內容被彙整在詩文〈迦泰〉（Gathas）中，並隨著口述傳統不斷附加新的內容。關於其解讀並無定說，但一般都認為是主張阿胡拉・馬茲達崇拜與二元論。之後，祆教慢慢在伊朗高原上普及，其推手也從中亞的原始教團，轉換成發祥於伊朗西北部的**神官團**[1]。在這過程中，拜火、曝葬、近親結婚，以及屠殺邪惡生物等儀式，陸陸續續完備了起來。

　　作為**哈卡馬尼修王朝**[2]（西元前550～330年）統治階級的波斯人，將阿烏拉・馬茲達（古波斯語）當成保證王權的最高神加以崇敬，但他們是否屬於祆教徒則不是很確定。在薩珊王朝（224～651年）初期到中期，帝國境內雖然崇拜歐夫爾馬茲多（Ohrmazd，中古波斯語的阿胡拉・馬茲達），但同時也崇拜時間之神祖爾宛（Zurvan），所以他們是否屬於祆教徒，仍然不明。到了6世紀下半葉，神官團開始將口述傳統寫成書籍，編輯了聖典《阿維斯塔》。在這個時點，祆教完全確立。但是在這之後不久，薩珊王朝為阿拉伯穆斯林所滅，祆教的勢力一落千丈。現在，逃亡到印度西海岸的祆教徒子孫，以**帕西人**[3]之名在活動。

論 點

1. 教祖是什麼時代的哪裡人？

關於查拉圖斯特拉究竟是歷史上真實存在的人物，還是擬人化的自然現象，一直有著根深蒂固的爭論。如果他是真實存在的人，那麼推定其在世年代，應該是西元前1000年左右。這個時間雖然是根據教祖親自傳授的〈迦泰〉在語言學上的發展階段來推斷，但因為幾乎沒有留下古代伊朗語的資料，所以是以姊妹言語——吠陀語比較後獲得的結論。此外，教祖的活躍地點，推定是中亞的塔吉克周邊。這是因為〈迦泰〉中只表明有遊牧生活，所以要避開興盛於中亞、留有都市遺跡的**巴克特里亞・馬爾吉阿納文明體**（BMAC）[4]範圍的情況下，不得不將之限定於比較偏僻的山岳地區。

2. 教祖提供了什麼訊息？

6世紀完成的《阿維斯塔》，是以教祖在西元前1000年左右，用古代東伊朗語詠頌的詩文〈迦泰〉為核心，歷經好幾世代累積下來的口述傳統集合體。在《阿維斯塔》成立的時點，已經無法正確理解〈迦泰〉使用的語言，要理解古老的口述傳統也有困難。不

▷1　**神官團（Magos）**
在米底亞（Medes）地區興盛的宗教集團。

▷2　**哈卡馬尼修王朝（Haxāmaniš）**
即希臘語的阿契美尼德王朝。在庫魯希大帝（Kuruš，古代波斯語，即居魯士大帝）領導下，首次統一東方的世界帝國。

▷3　**帕西人（Parsis）**
10世紀從伊朗逃往到印度的祆教徒。

▷4　**BMAC**
西元前2000年左右，興盛於奧克蘇斯河（Oxos，即阿姆河）流域的文明遺跡。

只如此，相較於整個口述傳統都使用古代東伊朗語（研究上稱為阿維斯塔語），《阿維斯塔》的編纂是在西伊朗語的大本營波斯州，因此更增添理解的困難。故此，雖然在《阿維斯塔》中，有加入用中古波斯語寫成的《詮釋書》（*Zend*），但從現在的研究來看，它與本文也未必一致。由於這樣的狀況，祆教與其說是教義和聖典為中心的創唱宗教，不如說是發展成以拜火、曝葬、近親結婚等伊朗人傳統儀式為中心的儀式宗教。

3. 是波斯帝國的國教嗎？

在哈卡馬尼修王朝與薩珊王朝的碑文中，作為保證王權的最高神，都出現了阿烏拉・馬茲達或歐夫爾馬茲多（兩者都是指阿胡拉・馬茲達）的名號。可是，教祖查拉圖斯特拉的名字卻完全沒有出現過，也沒有詳細的教義解說，因此崇拜阿胡拉・馬茲達和祆教是否可以等同視之，就成了問題。

讓這個問題複雜化的關鍵因素還有兩個：第一，相對於這個時期的伊朗人完全不曾提及查拉圖斯特拉之名，希臘化時代的希臘人作家卻頻繁提及查拉圖斯特拉，還屢屢執筆撰寫假的查拉圖斯特拉文獻。對身為外部觀察者的希臘人而言，查拉圖斯特拉的存在是一種假定的事物。第二，在3世紀上半葉興盛的摩尼教伊朗語經典中，稱最高神為祖爾宛，其第一騎士為歐夫爾馬茲多。換言之，摩尼教教祖摩尼嘗試於伊朗人中傳教的當下，普及的最高神是祖爾宛。

就這樣，兩個波斯帝國統治階層的宗教，究竟是崇拜阿胡拉・馬茲達、還是**祖爾宛主義**[5]、又或是祆教？說到底，三者之間的關係究竟是怎麼一回事，很值得探究。由於人們假設祆教是對基督教與大乘佛教的成立有很大影響的宗教，因此其實際情況還有待解明。

▷5　**祖爾宛主義**
把時間之神祖爾宛當成最高神崇拜的古伊朗宗教。從二元論的祆教來看，被認為是異端宗派。

探究的重點

(1) 教祖的在世年代為何？又在哪裡活躍？

(2) 教祖提供了什麼訊息？

(3) 祆教是波斯帝國的國教嗎？

金字塔時代

④

金字塔是什麼？

大城道則

【關連項目：古代美索不達米亞的王權、阿瑪納革命】

背景

　　作為古埃及文明象徵的金字塔，雖然持續在埃及各地建造，時間跨度達1000年以上，但高100公尺前後的大型金字塔、亦即所謂「金字塔時代」這個詞彙的象徵──吉薩三大金字塔，則是集中在古王國時代的第4王朝時建造。要打造金字塔這種巨大的高層建築物，不可或缺的要有達到中央集權化的國家參與。技術力的進步、足以驅使人力的豐富糧食、再加上統治者／國王的魅力，產生出立於傳統之上的新發想，而金字塔就是其中最極致的表現。既然如此，那麼古埃及人是如何看待金字塔的呢？古希臘、羅馬人又是怎樣理解金字塔，並向周遭的人介紹它的呢？

論點

1. 希羅多德的記述與公共事業假說　　巨大金字塔被認為是在約1世紀以前，由擁有極大權力的古埃及王，強制驅使國民和奴隸勞動建造的建築，這是**希羅多德**▷1為首的後世記載中認為的主要原因：

> 強制全部的埃及人進行勞動。常有高達10萬的人數，每3個月輪班從事勞役。直到完成金字塔為止，花費20年之久。

▷1　**希羅多德**
西元前480年左右，誕生於哈利卡那索斯（Halicarnassus）的希臘史家。他用九卷篇幅講述波希戰爭的《歷史》中，介紹了埃及的歷史、地理、文化與習俗。

　　希羅多德是西元前5世紀的人，和吉薩大金字塔建造的時期，相隔有超過2000年之久，所以在實際情況的關係上變得曖昧不清，也是無可厚非之事。因此，雖然他的記述很重要且不容忽視，但也不能百分之百信任。

　　另一方面，關於金字塔的建造，有「尼羅河水量經常上漲，導致無法進行農耕的時期之失業政策」一說。簡單來說，埃及人是領取實物支付的薪資（麵包、洋蔥、啤酒等），臨時來打工勞動。可是，這種金字塔＝公共事業假說的根據相當薄弱。儘管我們可以接受「金字塔並非強制勞動建造出來」的意見，但失業對策或農閒期臨時打工的說法，還是很難讓人接受。金字塔是集結當時世界最高技術造出來的產物，要建造它需要各式各樣具有高度技術的人員，絕非農民空閒之餘就能完成的任務。即使是搬運石材等單純的勞動，應該也需要有如軍隊般紀律的勞動力。還有一點是，埃及農民有相當高的可能性，其實不需要打臨時工。尼羅河終年豐饒，根本不用全年勞動；不全年勞動就無法過活，不過是現代人可悲的發想罷了。

2. 「金字塔銘文」所描述的金字塔

要了解金字塔本身具備的意義，其中一個線索，或許就是古埃及最古老的宗教文獻——**金字塔銘文**^{▷2}。在這篇銘文中，金字塔被描述成「死去的王昇天的階梯」，而作為階梯的金字塔，則被認為是「王為了到達天界，要沿著太陽光線向上攀登」。換言之，對古埃及人而言，金字塔就是「讓死去的王得以昇天的光之階梯」。在金字塔銘文首次以聖書體，刻在第5王朝烏納斯王（Unas）的金字塔內壁以前，應該是在王埋葬之際按照習俗，為了王死後的安寧，由神官口頭吟唱吧！當時埃及的來世觀與生死觀，王死後會昇天、成為星辰，和太陽神拉一起乘著船巡視星空。故此，雖然有各式各樣方法可以實際達到這一點，建設金字塔的建設只是其中一種手段，同時無疑也是將「死去的王登上天界的光之階梯」，用肉眼可見形式呈現出來。也有人說，金字塔是在創世神話中登場、從混沌中出現的最初陸地——「最初之丘」的象徵。

3. 金字塔具有的意義

金字塔毫無疑問具備了陵墓的機能。從內部發現的部分木乃伊、石棺，以及保存死者內臟的卡諾卜罈等等，都可以明瞭這點。可是在此同時，它並不等同於我們現代人對「陵墓」的定義而已。我們知道有像**斯奈夫魯王**^{▷3}那樣建造複數金字塔的王，因此也存在著內部並無石棺的金字塔。因為沒有辦法確定有無埋葬的痕跡，所以要將其單純解釋成空墓（cenotaph）的證據也很不充分。要了解金字塔具備的意義，不只要從內外詳細調查金字塔本體，還必須要將目光投向建造之初的時代背景、自然環境，乃至於來生觀、生死觀和宗教觀。從建造於薩卡拉（Saqqara）、以埃及最古老金字塔聞名的尼特傑里赫特（Netjerikhet，又稱左塞爾〔Zoser〕）王階梯金字塔，到斯奈夫魯王所建造的3座形狀各異之金字塔，最後是規模最大、被認為是真正完成型的金字塔，也就是位於吉薩的古夫王大金字塔，這並不只是肉眼可見在外觀上的發展階段，而是立足於葬送觀念與宗教上的變革。關於這方面的討論，仍有待今後的探究。

▷2　**金字塔銘文**
（pyramid texts）
在古王國時代後半，於9座金字塔的內壁上用聖書體刻下的埃及最古老宗教文獻。這些銘文作為王在來世的復活及冥界有關的指南，被認為是後來「死者之書」的原型。

▷3　**斯奈夫魯王**
（Sneferu）
建造了3座規模高100公尺的金字塔（梅杜姆〔Medium〕的崩塌金字塔、達蘇爾〔Dahshur〕的屈折金字塔與紅色金字塔），是古王國時代的大王。以建造吉薩大金字塔的古夫王之父而聞名。

探究的重點

(1) 為什麼西元前3千年紀中葉會開始建造金字塔？

(2) 創世神話的「最初之丘」和金字塔的關係為何？

(3) 金字塔為之後的世界帶來了怎樣的影響？

阿瑪納革命

⑤ 世界最古老的一神教是什麼？

大城道則

【關連項目：古代美索不達米亞的王權、金字塔時代】

背景

　　以尼羅河為核心繁榮的古埃及文明，是個從天空到冥界、從臥室到廚房，存在著成千上萬神明的多神教世界。太陽神拉、或是拉與阿蒙神融合的阿蒙・拉神，是萬神殿眾神的頂點。在這樣的世界觀下，人們過著日常的每一天。每當他們進行祭祀的時候，都是在崇拜將眾神變得肉眼可見的神像，或是眾神棲息的巨大神殿群。然而，在這3000年悠久壯闊的歷史洪流中，有一個時期以「只崇拜一位神明」而為人所知。最終這種信仰只維持了一段時間，就因為人們不接受而遭到廢棄，但它還是被當成先於猶太教的「最古老一神教」，屢屢引發討論。

論點

1. 古埃及的多神教世界

　　在天空中有女神努特伸展全身覆蓋蒼穹，而豐饒的尼羅河被視為雙性神哈匹（Hapy），至於在大地上則橫躺著蓋布（Geb）這位神明。通往冥界的引路人、擁有胡狼容貌的阿努比斯神，會將死者引往彼世，最終由冥界之王歐西里斯對死者進行「最後的審判[▷1]」。古埃及人描繪出的世界觀，可以說是基於典型多神教世界創造出來。守護生產與幼兒的貝斯神（Bes）、掌管智慧與學問的托特神等，擁有特定性質而受人崇拜的神，以及與來世信仰、生死觀相連的眾神，祂們活躍的空間，就是古埃及這個場域。

　　理解這個多神教世界最大的線索就是「歐西里斯神話[▷2]」。作為古埃及一大敘事詩的這部神話當中，眾神簡直就跟人一樣，會感到痛苦和快樂，有時還會嫉妒。因為嫉妒而殺害哥哥歐西里斯的賽特，以及祈願死去丈夫歐西里斯復活的妻子伊西斯，祂們的一舉一動不論是透過口述傳統的神話，或是視覺表達的戲劇，作為傳統在古埃及人的生活與社會中生根。可是，出現過唯一一位破壞了這項傳統的人物，那就是被稱為「異端之王」的阿肯那頓。

2. 阿肯那頓王與阿頓神崇拜

　　古埃及新王國時代第18王朝的國王，崇拜著國家神阿蒙・拉，並在祂的護持下統治國家。當時埃及以強大軍事力為後盾，推動著領土擴張政策。故此，每當和敵國戰爭獲得勝利的時候，他們就會獻上以金銀為首的莫大貢品與土地給神殿，感謝帶來勝利的阿蒙・拉神。逐漸獲得權力的阿蒙・拉神官團，凌駕在王權之上控制權勢。這種來自宗教方面的威脅，在阿肯那頓的父親阿蒙霍特普3世（Amenhotep III）、甚

至是祖父圖特摩斯4世（Thutmose IV）時期，就已經形成嚴重的問題。在這樣的情況下，阿肯那頓雖然以「阿蒙霍特普4世」的身分即位，但為了抑制據點位在底比斯、政治影響力日益增大的阿蒙・拉神官團的力量，必須要採取某種重大的決策才行。

　　於是，阿肯那頓否定了以阿蒙・拉為頂點的埃及傳統多神教世界，轉換成對**唯一神阿頓**的崇拜。事實上他所推行的是從阿蒙霍特普4世（「阿蒙滿意者」之意）改名為阿肯那頓（「對阿頓神有益者」之意），並從底比斯遷都到新都阿肯塔頓（Akhetaten），這種前所未聞的大政策。現在稱為泰爾・埃爾—阿瑪納（Tell el-Amarna）的阿肯塔頓，是只為阿頓神建造的都城。阿頓神殿為了讓太陽光線籠罩，沒有蓋屋頂，加上急於建造之故，各處建築物都沒有使用大型石材，大多是小型石材或曬乾的磚頭。由此可見，阿肯那頓為了逃脫阿蒙・拉神官團的影響力，只求能盡早遷都。這兩項政策最大的目的，都是為了削弱擁有過大權力的阿蒙・拉神官團之影響力。

3. 阿瑪納革命的結局與最古老的一神教　　但是，否定傳統的阿肯那頓在統治第17年時，從官方紀錄中消失了。之後在他的兒子圖坦卡頓（「阿頓的形象」）統治時期，王都遭到破壞後徹底放棄，而埃及的首都遷回傳統的行政中心孟斐斯。圖坦卡頓則將自己的名字改回圖坦卡門，回到以阿蒙・拉神為中心的傳統多神教世界。這大概是因為只靠年少國王的力量想活下去，除了迎合舊勢力以外別無他法吧！

　　當然所有的失敗，或許和阿肯那頓的猝死脫離不了關係；又或許就像一直以來都有人指出阿肯那頓的統治能力低落，甚至在精神和肉體上有先天的問題（比方說馬凡氏症〔Marfan syndrome〕等），但比較妥當的看法是，要在短時間打破持續1700年的傳統，說到底還是難如登天。

　　只是阿肯那頓王的阿瑪納革命，卻在意想不到的地方受到後世矚目。阿肯那頓被認為是比摩西更早提倡一神教的人物。現代世界的趨勢受到猶太教、基督教、伊斯蘭三大一神教深刻影響，因此會對堪稱其起源的人物產生興趣，也是理所當然。

▷3　**唯一神阿頓**
不像其他古埃及的神明通常是上半身為動物、下半身為人類的外表，阿頓的形象是一個浮在天空中的太陽圓盤，會用複數人手的意象來描繪向大地傾注的太陽光線。

探究的重點

(1) 對於阿瑪納革命的原因，還能提出其他說法嗎？

(2) 阿瑪納革命對後世造成了什麼影響？

(3) 阿肯那頓可以稱得上「比摩西更早的第一位一神教提倡者」嗎？

無文字社會的歷史

6

有可能研究撒哈拉沙漠以南的非洲史嗎？　　　　　石川博樹

【關連項目：現代非洲的衝突】

背　景

　　非洲大陸中，位在撒哈拉沙漠以南的地區被稱為「撒哈拉以南非洲」。德意志哲學家黑格爾（1770～1830年）視撒哈拉以南非洲的居民為「既沒有發展、也沒有形成文化」的存在，並斷言當地是「欠缺歷史的封閉地區」。不只如此，在19世紀實證主義史學成形的過程中，有著非常強烈的傾向，將欠缺文字紀錄的撒哈拉以南非洲排除在歷史學研究對象以外。但另一方面，作為歐洲各國瓜分殖民地的結果，歐洲研究者開始嘗試使用口述傳統等資料，來復原撒哈拉以南非洲各個地區的過去。在20世紀中葉以降的去殖民化，不斷摸索建構一個嶄新的撒哈拉以南非洲的歷史全貌，嘗試克服由歐洲人所創立、充滿種族歧視文明論的學說。

論　點

1. 口述傳統能作為史料嗎？

　　即便是撒哈拉以南非洲，有些地方在歐洲人到來以前，就已經在使用文字；但在大多數的地區中，文字都是隨著歐洲人的腳步到來。在歐洲各國結束殖民地瓜分的20世紀初期以降，撒哈拉以南非洲全境都留下了文字紀錄。要使用這各種文字紀錄進行歷史研究，不用說自然是可行之事。

　　過去在撒哈拉以南非洲存在著許多不曾使用文字的無文字社會。要知曉這些不存在於外來者文字紀錄裡的無文字社會，重要的就是口述傳統。由於傳承的過程中很有可能會出現落差，因此口述傳統不能滿足實證主義史學中作為史料的條件。但在撒哈拉以南非洲的無文字社會研究中，口述傳統留下的資訊相當寶貴，因此有許多研究者都用來進行相關的歷史研究。

　　隨著深入研究口述傳統，日漸明瞭其特質與無文字社會獨特的傳達資訊方式，比利時出身的歷史學者萬思那（Jan Vansina）倡應積極利用口述傳統來研究撒哈拉沙漠以南的非洲史。萬思那藉由口述傳統作為主要史料，研究非洲大陸中央地帶的歷史；他在1985年發表的《作為歷史的口述傳統》（*Oral Tradition as History*），展現了如何將口述傳統應用在歷史研究的方法論，廣受好評。

　　在這之後，撒哈拉以南非洲史的研究順次進展，也運用了其他領域的研究方法。在2019年出版的《牛津非洲史研究方法論百科全書》（*Oxford Encyclopedia of African Historiography*）中，就列舉了過去半世紀間，撒哈拉以南非洲史的研究方法，如考古學、歷史語言學、民族誌、口述傳統等；至於近年運用的研究方

法，則包括了植物考古學、動物考古學、人口學、**遙測**[1]、GIS[2]等。口述傳統的重要性雖然獲得認可，但也認知到其作為史料的極限，因此現在都會整合各種研究方法的成果，來探討撒哈拉以南非洲的無文字社會。

2. 有克服種族歧視的文明論了嗎？

針對撒哈拉以南非洲很多地域的歷史研究，都是歐洲人在殖民地統治時期著手進行的討論。20世紀中葉以降，隨著撒哈拉以南非洲不斷去殖民化，也逐漸摸索當地嶄新的歷史面貌。由聯合國教科文組織出版的《非洲通史》（*General History of Africa*, 1981-1993）就是這類摸索的產物。這項計畫的目的之一，就是要克服由歐洲人創造、帶有種族歧視文明論的學說，消除將撒哈拉以南非洲為「世界歷史中孤立的停滯地區」的歧見。

這類種族歧視文明論為依據的學說，超越研究上的爭議，對現實社會產生深刻影響，可以舉盧安達史的論爭為例。

近代歐洲以「白人」的優越為前提，提倡種族歧視文明論，並把「黑人」看成是「沒有能力創造文明的人種」。19世紀造訪盧安達王國的歐洲人，將居民大致區分為圖西（Tutsis）與胡圖族（Hutu），前者是王族，並且根據口述傳統得知，他們是從北方南下的民族。將當地化為殖民地的德國及後來的比利時，基於口述傳統和種族歧視文明論，主張這樣的說法：「首先是**班圖人的大遷徙**[3]中，黑人農民胡圖人抵達了盧安達，接著與黑人不同、身為更加優秀人種的畜牧民圖西人從北方南下，征服了胡圖人，從而建立了盧安達王國。」比利時根據這樣的說法，雇用圖西族來協助統治，結果造成兩族之間的對立，成為1994年盧安達大屠殺的遠因。

圖西人南下說雖然遭到批判，但直到1980年代都還是盧安達史的定說，要等到1990年代以降才正式受到批判。美國歷史學者熊布倫（David Schoenbrun）就基於歷史語言學與考古學的成果，否定了圖西人南下說，主張在班圖人大遷徙中到達盧安達的集團，隨著謀生方式不同而分化，最後演變成圖西人與胡圖人。在盧安達大屠殺後，這種說法遂成定論。

關於這場盧安達史的論爭，將殘存在撒哈拉沙漠以南的種族歧視文明論的痕跡，以及研究無文字社會歷史的困難，直接擺到了我們眼前。

▷1　遙測
利用照片、輻射計、雷射等各種手段，從遠距離進行種種計測的技術。一般指的是用人造衛星、飛機等，對地表進行的觀測。在歷史研究中，則被應用在復原古代氣候和環境，以及探查遺跡等方面。

▷2　GIS
地理資訊系統（Geographic Information System）的簡稱，是綜合統整分析數位地圖上的地理及其附加資訊的技術。

▷3　班圖人大遷徙
以非洲大陸中央到南部為舞台，展開的大規模民族遷徙。現在總稱為班圖語的語群分布，就被認為是這次民族遷徙的產物。

探究的重點

(1) 針對缺乏文字紀錄的集團，什麼樣的歷史研究方法才算適當？
(2) 近代歐洲的種族理論，對歷史研究產生了怎樣的影響？

印度河文明

7

其發展與滅亡的關鍵因素為何？

小茄子川步

【關連項目：古代美索不達米亞的王權】

背景

印度河文明在西元前2600年左右，以現在的巴基斯坦與西北印度為中心建立起來的南亞最古老文明社會。摩亨佐達羅和哈拉帕（兩者占地面積都約為80公頃）、**卡利巴甘**（20公頃）、**朵拉維拉**（20公頃）等古代都市為中心，印度河文明在南北1500公里、東西1800公里的廣大範圍上發展，歷經社會、經濟和文化的變動後，推定於前1900年左右滅亡。這個文明社會興起到滅亡的時代，就稱為「印度河文明時期」。

在這個文明社會中，並沒有辦法辨識出諸多事物的存在，例如：王與王墓、中央集權的社會架構、集約勞動的灌溉事業、軍隊與戰爭的痕跡，乃至於遍及整個社會的強大宗教。因此，雖然印度河文明被稱為是「古代四大文明」之一，但其社會架構與作為美索不達米亞文明、埃及文明、中國文明代名詞的「國家」之間，可能有著很大的差異。

論點

1. 印度河文明為何、又是怎樣建立起來的？

關於印度河文明的建立，可以舉出外來傳播和土生土長兩種說法。這個文明的發現可以追溯到1920年代，但直到1960年代為止，主流架構都是以惠勒（Mortimer Wheeler）所謂「思想長出了翅膀」為代表的外來傳播說。這種說法認為發展出美索不達米亞文明的都市，其優異的思想傳播到**印度河平原**，從而成為催化劑，在當地產生出文明社會。故此，研究者便積極嘗試探索兩個文明之間的共通性。

可是隨著考古學調查的進展，證明印度河平原在文明社會建立之前，各地就發展出深具地域特色的文化，讓外來傳播說漸漸站不住腳。1970年時，穆加爾（M. R. Mughal）提倡的土生土長說（早期哈拉帕文化說）成為新的潮流，其認為由於印度河平原的生產力順利成長，奠定了文明的基礎。現在，透過發掘最早能追溯到前6千年紀的早期農耕村落**梅赫爾格爾**，南亞農耕、畜牧的起源，也都可以用土生土長說來加以解釋。

確實，印度河文明的建立，並不是單純用外來傳播說就能解釋的現象。關於印度河平原在文明建立以前，各地域文化的實際情況，以及南亞最古老都市摩亨佐達羅的出現，凡此種種都有必要進行深入探索。

2. 在怎樣的架構下才誕生出別具特色的社會？

由印度河式印章與**印度河文字**、統一的度量衡體系、紅玉髓製的珠子，以及稱為「有角神」的宗

▷1 **卡利巴甘**（Kalibangan）
位在印度拉賈斯坦邦（Rajastan）北部的岡格阿納加爾（Ganganagar）地區，哈拉帕就位於其西方200公里處。東方120公里處，則有另一處都市遺跡巴納瓦里（Banawali，20公頃），目前確認是這個地區在文明時期以前就一直有人居住的據點。

▷2 **朵拉維拉**（Dholavira）
位在印度古吉拉特邦（Gujarat）的刻赤（Kutch）地區，距離其西北的摩亨佐達羅距離有450公里之遠。包含圍繞遺跡的旱季儲水槽在內，面積大約有40公頃。和同地區的洛塔（Lothal，5公頃）一樣，目前認為是經由波斯灣來進行海上交易的據點。

▷3 **印度河平原**
指稱印度河流域的平原地帶，以及與之接壤的山脈、丘陵前緣交會的地區。

▷4 **梅赫爾格爾**（Mehrgarh）
位在巴基斯坦中部的卡契平原北方，地處波倫山口（Bolan Pass）下到平原的位置，是座早期的農耕村落。與在俾路支（Balochistan）丘陵地帶發展的早期農耕文化有很深的關連性。能夠追溯這個地方從西元前6千年紀到前3千年紀的發展與變遷過程。

教象徵等所構成，代表印度河文明社會諸多特色的物質文化之一，就是哈拉帕文化。哈拉帕文化分布範圍相當廣，其社會的構造普遍認為是所謂以都市為中心的都市國家（或稱早期國家），為有著一致性的文明社會。另一方面，與美索不達米亞和波斯灣沿岸等西方世界之間的貿易，也作為該文明發展的關鍵而受到重視。

可是隨著調查研究的推進，漸漸明白哈拉帕文化並不像表面上那樣具一致性。即使進入文明時期，仍然可以看到長久以來潛藏在地域社會的基礎、表現傳統地域文化特色的**多樣性**⁶。迄今為止，我們已經確認了大約1070處屬於印度河文明時期的遺跡。在這當中，大約只有50處左右的遺跡發現了剛才提到的哈拉帕文化的特徵，像是擁有**大浴場**⁷等大型建築、以摩亨佐達羅為首的幾處都市，以及與之關係密切的遺跡；而占其餘百分之95以上的1020處中、小型聚落中，幾乎沒有看過哈拉帕文化的主要元素。為數甚少來自西方世界的出土遺物，也都限定在那幾處都市遺跡。換言之，被認為是「文明」的諸多要素其實是少數派，只是分布在極度限定的空間範圍內而已。

這樣的狀況告訴我們，前述的通論並沒有反映事實。關於沒有建立「國家」的印度河文明社會架構及其發展樣貌，包括都市與農村在其中代表的角色和關係，都必須靠著日漸積累的資料，持續進行研究。

3. 為何滅亡？

過去曾經有人提倡雅利安人入侵造成破壞的理論，但因為這種說法在年代上有扞格之處，因此現在已經被完全否定了。如今有力的說法認為環境變遷是其中關鍵因素。在印度河文明開始衰退的前3千年紀下半葉，世界邁入氣候暖化的時代。加上這個時期發生的地殼變動，造成印度河改道，以及**薩拉斯瓦蒂河（加格加爾－哈克拉河）**⁸整條斷絕。此外，也有人指出印度河河口地帶隆起，以及信德（Sindh）地區長期發生大規模洪水的可能性。

之後在南亞社會中傳承下來的印度河文明遺緒，並非是具有都市特徵的哈拉帕文化，而僅止於農業耕作、製作陶器和建造房屋的方法。這樣的狀況就暗示了印度河文明社會的滅亡，與都市的消失有著密切關連。以環境變遷為開端，印度河文明的社會放棄了都市，以及各都市之間的聯絡網絡。在這之後，浮上檯面的就是以諸多舊有傳統地域文化為代表，不存在都市的小範圍地域社會。

只是，儘管我們知道環境變動是滅亡的主因，但印度河文明衰退期的社會樣貌，仍有許多有待挖掘的課題。

▷5　**印度河文字**
基本上是以平均2－5個字的形式，刻在印章等物品上，尚未解讀的文字約有400個左右，其中8成是在都市遺跡出土。有人透過電腦分析，認為在文法的特徵上與達羅毗荼語（Dravida）有一致的地方。

▷6　**多樣性**
作為各地域特徵的文化多樣性，是奠基於各種環境的差異之上。在主要作物方面，有依靠麥類（冬作），也有以豆子和雜糧（冬作、夏作）為主的地區。

▷7　**大浴場**
目前認為與權力和宗教有關。摩亨佐達羅擁有被視為大浴場和穀倉的大型建築，以及具備城寨機能的區域，但實際情況仍然不明。

▷8　**薩拉斯瓦蒂河（加格加爾－哈克拉河）**（Sarasvati, Ghaggar-Hakra）
加格拉爾河源於印度北部的喜馬拉雅山麓，在印度河文明時期流向西南方，於塔爾沙漠與哈克拉河匯流，是一條和印度河成對的河川。

探究的重點

(1)印度河文明的特徵是什麼？
(2)印度河文明在人類史上具有怎樣的意義？

扶南、林邑、占婆

8

東南亞古代國家是如何形成？

山形真理子

【關連項目：東南亞的印度化、三佛齊、吳哥】

背景

　　西元後1千年紀上半葉，東南亞各地出現了古代國家，但於中國史書中留下最豐富紀錄的是其中的扶南和林邑。扶南被認為在西元1世紀興起於現今柬埔寨南部到越南南部的湄公河三角洲。按照中國史書的紀錄，林邑則在2世紀末獨立，位在現今的越南中部，與東漢政權的南端接壤。林邑是占婆的中國名稱，至於占婆這個印度風的國名，首次登場於6世紀末到7世紀初的一篇受賜碑文上。關於扶南、林邑、占婆的歷史研究，首開先河的是法屬印度支那時期的東方學者，而日本學者在戰前也開始投入相關的研究。1948年法國的東方學者賽代斯（George Cœdès），將扶南、林邑、占婆解釋成「印度化」的國家。現在的看法則認為，早期東南亞國家的形成並非透過「印度化」，而是源自在地社會的自我發展，並選擇性接納了外來文明，而後這種重視在地化的看法便逐漸成為定論。文獻學、建築史及美術史的研究成果，加上1990年代起活躍的考古學調查，帶來了支撐這種新歷史觀的有力證據。

論點

1. 湄公河三角洲遺跡調查的進展

　　扶南方面，以湄公河三角洲為中心，不斷推動許多遺跡的調查，包括推定為王都的柬埔寨南部茶膠省吳哥波雷（Borei）遺跡、可能是扶南外港的越南南部安江省喔呎（Óc Eo）遺跡等。吳哥從前4世紀的鐵器時代早期開始，就發現有居住的痕跡。在越南考古學的編年裡，喔呎遺跡則是自西元1世紀開始有人居住。從1～3世紀，人們慢慢在低濕的三角洲地帶開拓出居住地區。沿著水路陸續出土了許多能讓人遙想當時生活情境的痕跡，如房舍的木柱、滿是陶器碎片的場所，以及被認為是碼頭的成排木樁與船槳等。與水路鄰接之處也發現了包含大量玻璃珠在內的珠子作坊遺跡。不只利用水上交通來輸出手工業製品，還藉此輸入外來的人事物。4世紀以降，三角洲地帶建起磚造或石造的宗教建築物，進入各地都有出土印度教神像和佛像的時代。

2. 從考古學的角度理解林邑成立的來龍去脈

　　推定為林邑王都的越南中部廣南省茶喬（Trà Kiệu）遺跡，其發掘調查給了我們重要的啟發。在茶喬所在的秋盆河流域，以**甕棺墓**為特徵的鐵器時代文化在西元1世紀衰退，之後在2世紀時出現了覆蓋中國式瓦片的木造建築。覆蓋瓦片的堅固建築物暗示了宮殿或官署的存在。這讓人不禁想到中國文化與技術人員，在鐵器時代下地

▷1　**甕棺墓**
指用大型的甕埋葬死者的墳墓。在東南亞靠近南海周邊的鐵器時代遺跡中，出土了許多甕棺墓。這些甕雖然多半是成人的墓葬，但也有小孩的甕棺墓，同時也有一甕裝入複數遺體的例子。甕棺墓在幾乎同時代（彌生時代）的北九州也很盛行。

區性政治權力萌芽的時候，從北方流入的狀況。3世紀中葉，茶喬的**瓦當**[2]上雕刻了人面紋，這種圖樣和中國江蘇省南京市出土瓦片上的紋飾相當類似（圖為廣南省灘川縣沙黃文化‧占婆博物館所藏資料，筆者繪製）。可以理解為林邑也採用了三國時代吳國都城普及的瓦片圖樣。另一方面，從茶喬往內陸14公里處的美

人面紋瓦當的實際測量圖（越南中部，茶喬遺跡出土，西元3世紀，直徑15公分）

▷2　**瓦當**
傳播到東亞整體的中國式屋瓦，基本上有筒瓦和平瓦兩種類型，透過兩者的組合來覆蓋整片屋頂。在屋簷部分使用的圓瓦稱為瓦當，其前端會雕上紋路。這種紋路隨著時代與地區而產生許多樣式。

山（Mỹ Sơn）遺跡，留有一篇4世紀下半葉到5世紀，另有一說是5世紀末到6世紀初的碑文，上面記載了范胡達王（Bhadravarman）在此地首次供奉濕婆神的事蹟。

3. 從「地方」來理解國家的空間架構

林邑或占婆並非單一中心的國家，而是擁王自立的複數地方政權所組成的鬆散聯合，目前這種解釋已成定論。在這之上得以研究構成古代國家的地方政體，以及它們彼此之間的關係。1977年，考古學家布朗森（Bennet Bronson）指出在東南亞地區的河川流域常會形成一個交易體系，其中心的河岸港口都市一面與海外交易，一面與其他沿河港口競爭，是種算是「沿河政權」、頗具特色的社會經濟模式。這種模式假設的地理環境和越南中部頗為吻合，因此眾人開始高度關心這些構成占婆的沿河政權。直到現在為止，我們嘗試對廣南省的秋盆河、平定省的昆河（Côn River）、富安省的沱浪江等流域的都城、寺院、陶窯、聚落、港、碑文等進行地毯式的調查。我們使用GIS累積了各式各樣在空間上的情報，建立遺跡之間的網絡，從而分析整個流域如何展開都市化。在發掘調查昆河流域的中心都城丹茶（Thành Cha）遺跡、沱浪江流域丹洪遺跡的過程中，出土了與秋盆河茶喬遺跡同一類的遺物。隨著逐漸明瞭跨越地區共享的物質文化範圍，就有可能找出代表林邑（占婆）聯合政體的指標，劃分出其擴張的領域。

探究的重點

(1) 在新的理解上，「印度化」是自何時、又是如何展開的？

(2) 為了理解東南亞古代國家形成的過程，能否整合考古學、文獻學、建築史、美術史等多方面的研究？

東南亞的印度化

什麼是印度化？

青山亨

【關連項目：扶南、林邑、占婆、吳哥、東南亞的民族國家】

背　景

　　從今日東南亞的主要宗教分布來看，大陸方面是上座部佛教，島嶼（群島）方面則是伊斯蘭教的勢力範圍；除此之外，在越南還有中國傳來的大乘佛教，菲律賓則有天主教。但是回溯到古代，在柬埔寨有印度教寺院吳哥窟（後來改建為上座部佛教寺院），印尼則有大乘佛教遺跡婆羅浮屠；由此可知，不管是在大陸還是島嶼，其核心地區都曾受到印度文明重大影響。戈岱司將這種接納印度文明的過程稱為「東南亞的印度化」，並整理了印度教與佛教信仰、《羅摩衍那》與《摩訶婆羅多》等傳達神話體系的文獻、伴隨法典而來的印度王權觀念等，透過梵語傳播的過程。不只如此，塞迦曆及南印度系婆羅米文字的傳入都相當重要；一開始這種文字是用來記錄梵語，但後來成為記錄當地語言的手段。印度化成立的前提是印度洋和南海之間有著活絡的海上交易，但另一面則是與中國陸地接壤的越南，出現了中國化的京族與印度化的占族之間的摩擦；遠離海上交易幹道的菲律賓，從鄰接的馬來世界傳進了已消化過的印度元素；與上座部佛教化的斯里蘭卡有交流密切的緬甸，則是透過巴利語來接受印度文化。以上這些都是必須留意的地方。

論　點

▷1　原史時代
（Protohistory）
指史前時代和歷史時代之間的過渡期。

1. 印度化是從何時、又是怎樣展開的？　在漢籍和銘文中，顯示東南亞印度化的史料，大概是出現於4世紀左右（扶南、占婆等）；而根據考古學的調查進展，則證明了自**原史時代**起，東南亞自身發展的文化，就透過孟加拉灣與印度之間有著長期的物質交流。只是，與其說原史時代即為印度化的開端，不如說是處在印度化的醞釀階段。5世紀左右，北印度的笈多王朝達到鼎盛；他們將梵語定為宮廷行政、文藝活動的官方語言，將印度古典文化廣傳到南印度與東南亞。波洛克（Sheldon Pollock）就著眼在這點，將印度化解釋為「梵文國際（Sanskrit cosmopolis）的擴大」。另一方面，庫爾克（Hermann Kulke）則重視推動印度化的主體，討論東南亞早期國家的地方掌權者，為了獲得整合地區的正當性，邀請婆羅門和佛教僧侶前來，「主動推進印度化」。

2. 為什麼印度化也可說是「在地化」？　殖民地宗主國的研究者普遍有一種傾向，那就是認為印度化的東南亞中所見的在地要素，都是偏離純正印度化的墮落行為；但就像勒爾（Jacob C. van Leur）早已指出，不同於歐洲伴隨著軍事征服的羅馬化，東南亞的印度化並不是一種文化移植，而是東南亞方面

主動選擇的文化受容（比方說，只在形式上接受了**瓦爾那制**^{◁2}）。沃爾特斯（Oliver William Wolters）就主張所謂的印度化，其實只是印度文化的在地化而已。

在印度化的地區裡，留下較多文獻資料的爪哇，從9世紀左右開始用當地語言來書寫文獻。14世紀興盛的爪哇王國滿者伯夷，在文藝領域上創作出自行改編印度題材，還有以爪哇為舞台的作品；他們透過基於**密續**^{◁3}的不二一元論，主張印度教和佛教的教誨在終極層次上，其實是同一種真理（當地語言稱為「Bhinneka Tunggal Ika」〔存異求同〕），換言之就是將外來傳入的印度文化當作爪哇人自身的文化，獨立來發展。

3. 印度化如何被納入民族國家的記憶裡？　　印度化對現代東南亞社會也有很大的影響。在印度化地區建立的民族國家中，舉凡國家象徵、王室儀式、大量借用自梵語的語言、來自梵語的人名、印度系文字的使用，以及源自印度的文藝題材等，都可以看到印度化的影響。

殖民地時期的荷蘭透過研究文獻和遺跡，釐清了滿者伯夷的真實狀態，並以過去文化遺產的保護者自居；但印尼獨立後，殖民時期接受荷式教育的知識分子，在提倡恢復古代祖先榮耀的言論下，將滿者伯夷納入了民族史當中。前述的「Bhinneka Tunggal Ika」也重新解讀成將多數民族整合為一個民族國家的核心綱領——「存異求同」。在李伯曼（Victor Lieberman）所謂的**「憲政國家」**^{◁4}裡，滿者伯夷和吳哥是其中數一數二具代表性的印度化王國，但其具備的歷史面貌，在與獨立前的宗主國及獨立後的鄰近國家對抗的過程中，為民族國家提供了相關的歷史資源，這點十分重要。

▷2　**瓦爾那制（Varṇa）**
將社會分成婆羅門、剎帝利、吠舍、首陀羅4個階層，是種姓制度的根本。

▷3　**密續**
追求自己與至高存在合一的印度教和佛教共通的神祕思想。

▷4　**憲政國家**
李伯曼的用語，指東南亞在*交易時代*之前，已經很繁榮的內陸型農業大國。

探究的重點

(1) 當我們比較古代史中東南亞的印度化、日耳曼的羅馬化，以及東亞的中國化時，有哪些共通與相異之處？

(2) 在東南亞（越南除外）為什麼不是中國化，而是印度化較早獲得進展？

(3) 東南亞的印度化，為現代民族國家提供了怎樣的歷史資源？

夏朝

⑩ 究竟真的存在嗎？

佐藤 信彌

【關連項目：周朝的封建制與滅亡】

背景

　　夏，文獻上認為是中國最初的王朝。根據傳說，此前的君王都不是親子世襲，而是禪讓給優秀的臣子來繼承。可是夏在初代的王禹死後，王位由他的兒子啟來繼承，直到後來暴君桀為殷的湯王所滅，殷朝取而代之為止，整整17代都是禹的子孫繼承王位。

　　前近代的人們一直深信夏王朝的存在，可是在邁入近代後，隨著對文獻記載抱持懷疑、批判態度，也就是所謂「疑古」學風的傳播，殷朝與夏朝是否真的存在，都打上了大大的問號。不過在殷朝方面，19世紀末發現了記載歷代殷王名號的甲骨文，1928年起發掘殷代後期都城殷墟，都讓懷疑殷朝是否真的存在的人日漸減少。

論點

1. 探尋夏朝王都的行動

　　中華人民共和國成立後，中國考古學界便開始了探尋「夏墟」，也就是夏朝王都的行動。按照文獻，夏朝王都所在的地區，應該是散布在河南省中部或山西省南部等地方。徐旭生在1959年前往其中位於河南省中部的遺跡進行探查；他認為河南省偃師市的二里頭遺址，搞不好是殷朝湯王的都城。接獲徐旭生的報告後，他所隸屬的中國科學院考古研究所，遂開始對二里頭遺跡進行正式的發掘調查；在那裡，他們發現了宮殿的建築遺構，以及許多被認為在祭祀儀式上使用的青銅器與玉器。

　　之後鄒衡發表了〈試論夏文化〉，認為**二里頭文化**[▷1]比殷朝更早，且不同於殷文化的系統，因此應該定位為夏文化。正因如此，二里頭遺址並非殷朝湯王的都城，很有可能是夏朝的都城。

　　1983年發現了和二里頭遺址同樣位在偃師的**偃師商城**[▷2]（商是殷的別稱），從而產生了「這裡才是湯王的都城，湯王滅了定都在二里頭的夏朝之後，為了統治夏的遺民，而建造了這座城池」的見解。隨著偃師商城的發現，二里頭遺址遂被認定為「夏朝最後的王都」。不僅如此，也在河南省登封市發現了二里頭以外的王都，比定為禹都陽城的王城崗遺址。

　　在中國**夏商周斷代工程**[▷3]這個國家計畫中，針對二里頭遺址與王城崗遺址的出土文物進行了年代測定，並從文獻中夏朝的存續了「471年」這個數字來考慮，結果推定禹到桀的17代王，全都是真實存在的；至於夏朝的斷代，應該是前2070～前1600年左右。

▷1　**二里頭文化**
從二里頭遺址出土的陶器與青銅器形制等，辨識出來的考古學特徵。就像日本考古學的繩文文化與彌生文化一樣，在中國考古學中，也有依照陶器等形制分類來設定的考古學文化。

▷2　**偃師商城**
殷代前期的都城遺跡，位在二里頭遺址往東約6公里處。此外，河南省鄭州市的鄭州商城，也被認為是同時期的殷朝都城遺跡。關於鄭州商城與偃師商城的先後關係及性質差異，有著各式各樣的討論。

▷3　**夏商周斷代工程**
自1996～2000年推行的計畫，目的是要確定夏、商、西周三代的年代。此外，殷代和西周王朝的存續時間，分別推定為前1600～前1046年、前1046～前771年。

2. **從考古學立場出發的認可**　在中國以外（包含日本），一直以來夏朝是否真實存在，都抱持否定的態度。畢竟與殷朝的情況不同，在二里頭遺址等地，並沒有出土像有記載王名的甲骨文那樣，同一時代的文字材料。羅泰（Lothar von Falkenhausen）就批判中國考古學太過依賴傳世文獻的記述（如「論點1」所述），這是一種「中國考古學的文獻學傾向」。

可是進入2000年代後，日本也出現了從考古學立場，認可夏朝真的存在的動向。比方說岡村秀典就從二里頭遺址發現的宮殿建築遺構，以及玉器、青銅器等，推斷存在王君臨其上的朝廷，和以朝廷為舞台集結眾多臣下，使用玉器和青銅器進行的宮廷儀式。宮廷儀式是用來賦予君臣關係的秩序，藉此可以得知已誕生了王權，並存在將儀式和身分秩序制度化的禮制。因此，以二里頭遺址作為王都的國家，應該就是早於殷朝的中國最初王朝，也就是相當於文獻上的夏朝。

3. **文獻學與考古學之間的距離**　只是岡村認為文獻中所見的夏王譜系和故事，都是戰國時代創造出來在政治上利用的產物，所以對此有所保留。再者，飯島武次也指出中國的考古學者不使用「夏朝文化」而使用「夏文化」一詞，多少也是有意識到夏王朝相關的文獻記載有著不真實的地方存在。也有一些研究者避開使用「夏」這個稱呼；比方說發掘二里頭遺址的許宏在《何以中國》一書中，就斷然稱呼這個以二里頭遺跡為王都的國家為「二里頭國家」。

可是，當考古學家漸漸確信夏朝為實際存在的同時，中國的文獻學還是經常自顧自地使用「夏」或「夏朝」這個詞彙，甚至毫無批判地把文獻中關於夏朝的記載拿來當史料引用。話雖如此，倒也出現了像孫慶偉《鼏宅禹跡》那樣，從考古學立場出發、積極肯定文獻記載，透過將考古發掘與研究成果結合，重新建構夏代「信史」的研究。

探究的重點

(1) 談到「夏王朝實際存在」的情況，夏商周斷代工程和岡村秀典的說法，在隱含的細節上有著怎樣的相異之處？

(2) 關於夏王朝的譜系與故事，都是戰國時代為了政治用途而編造出來的；關於這點，究竟是怎麼一回事呢？試舉出具體事例進行說明。

(3) 究竟該如何定義文獻學與考古學之間的關係呢？試參考日本與海外的事例來討論。

周朝的封建制與滅亡

11

新發現的材料能改變歷史的面貌嗎？

水野 卓

【關連項目：夏朝、中華與夷狄、秦始皇】

▷1　契的出生神話
殷的始祖契，其母名為簡
狄。簡狄在河中洗澡的時
候，吞下一顆燕子生下的
蛋，於是懷孕生下了契。
這是《史記·殷本紀》開
頭的神話。

▷2　后稷的出生譚
周的始祖后稷，其母名為
姜嫄。姜嫄在荒野漫步的
時候，發現一個巨人的腳
印，踩上去後便懷孕，生
下了后稷。這是《史記
·周本紀》開頭的神話。

背　景

打算從傳世文獻研究殷代與周代（特別是西周）的時候，都會以《史記》的〈殷本紀〉和〈周本紀〉為基本史料。殷會從其始祖**契的出生神話**[1]開始，接著是湯王征討夏朝、以及歷代諸王的事蹟，最後是紂王的暴虐，以及殷周的王朝交替。西周則是從始祖**后稷的出生神話**[2]開始，文王、武王，以及包含共和時期的歷代周王事蹟，最後會以幽王和褒姒的故事為中心，講述王朝的覆滅。但是，現在如果只用這些傳世文獻來研究殷史與西周史，那是絕對不行的，因為還必須活用作為同時代材料的出土文獻才行，如19世紀末發現的甲骨文，以及自古以來便已為人所知的青銅器銘文（金文）。

在殷周史中，這些出土文獻與傳世文獻之間有著怎樣的關連？新發現的資料與傳世文獻之間又有著如何的關係？關心這點的同時，想試著特別舉出西周史的「論點」。

論　點

1. 封建制的實際狀態

周朝的「封建制」是連日本高中教科書都會提到、相當有名的統治制度。從傳世文獻來看，《史記》有提到分封諸侯，《春秋左氏傳》（《左傳》）也有談及分封諸侯，「以藩屏周」。不管哪本書的成書時間，都與被認為施行封建的周初相距甚遠。不過，透過20世紀出土的青銅器「宜侯夨簋」與「克罍」，明瞭在宜和燕兩地實行封建的情況；再者，如同佐藤信彌所介紹，透過近年出土的青銅器「曾侯與鐘」，也確認了曾的祖先之封建有關的敘述。這是就是透過出土文獻來佐證傳世文獻的例子。

另一方面，與封建制有關的還有傳世文獻《孟子》、《禮記》中記載的「五等爵制」。這是透過公侯伯子男的爵位，將諸侯劃分等級，講述春秋時期的傳世文獻《春秋》、《左傳》中登場的諸侯，也都是按照這五等爵制來區分（例如：宋公、鄭伯）。但是，過去郭沫若就對此抱持疑義，竹內康浩和吉本道雅比較《春秋》記載的爵位和金文，也指出其中有不一致的狀況；佐藤信彌根據封建相關的金文記述，指出裡面只出現「侯」這個字。這是傳世文獻未必反映實情，必須仰賴出土文獻來貼近史實的例子。

2. 周的東遷

完善封建制等統治體制的西周，也迎來了滅亡的時刻。平王重振了周朝，開啟了東周。這時候，平王將都城從鎬京遷到東方的洛邑，這就是廣為人知的「平王東遷」。

在這段時間發生的事情，《史記‧周本紀》描述受到褒姒誘惑的幽王，做出了**類似「狼來了」故事的舉動**^{▷3}；結果，幽王遭犬戎所殺，繼承王位的平王遷都，重振周朝。〈周本紀〉以外的記載，除了共同都描述了為犬戎所滅、遷都東方，還加上了秦在其中活躍的文字。關於這段西周到東周的轉換期，貝塚茂樹以中國學者的說法為基礎，認為按《左傳》記載，在幽王與平王之間還有一位「攜王」。並且根據唐代《春秋左傳正義》所引用的**《汲冢書紀年》**^{▷4}內容，在幽王死後應該是攜王和平王並立，各擁其主的諸侯捲入了王位紛爭。

只是，《左傳》的記載很簡潔，而《汲冢書紀年》現也不存，所以沒有更多的進展；但是現在清華大學收藏的戰國時代竹簡之一《繫年》（收錄在《清華大學藏戰國竹簡（貳）》）中，記載了東遷的狀況。在這當中，一部分諸侯支持幽王之弟攜惠王，晉文侯則擁立平王，陷入並立的局面；最後攜惠王為晉文侯所殺，平王遷都東方，進入東周時期。中國在這方面發表了為數眾多的研究，日本則有吉本道雅重新回顧了既有研究，佐藤信彌也提出了相關的觀點，讓討論再度熱絡。這是傳世文獻陷入瓶頸，而新出土材料重新注入活水的例子。

3. 作為研究史料的傳世文獻　　關於「封建制」，隨著今後新青銅器的發現，蘊含著發掘出其具體樣貌的可能性。另一方面，後代傳世文獻與透過金文明瞭的狀況之間，有著何種關係，也是研究的對象。關於「平王東遷」，《繫年》的成書年代就算再怎麼早，最多也只到戰國中期，因此引發了研究討論「作為戰國中期的認知，為什麼會出現這樣的傳承？」至於殷史與西周史整體而言，照理說應該是依循甲骨文和金文所闡述的歷史「事實」寫成的傳世文獻，為什麼及如何變為現今所見的樣貌，這一點也是往後研究的「論點」。

▷3　**類似「狼來了」故事的舉動**
幽王寵愛的褒姒，無論如何都不笑。有一次，幽王點起告知敵人來襲的烽火，諸侯急忙趕到，但什麼事都沒發生。褒姒看到這副景象就笑了起來。此後，幽王好幾次點起烽火，從而喪失了諸侯的信任，最後當敵人真的攻來之際，得不到諸侯相助的周朝就此滅亡。

▷4　**《汲冢書紀年》**
在晉代的汲郡（現在的河南省），發現了一座認為是戰國時代魏王的墓。裡面有記載著從傳說時代到魏襄王歷史的竹簡。只是，這些竹簡在唐代與北宋時代散佚，現在我們能見到的，就只有從唐代《史記索隱》等引用文字中復原的部分。又名《竹書紀年》。

探究的重點

(1) 透過出土文獻能如何驗證傳世文獻的內容？
(2) 中國古代史研究中是如何運用傳世文獻，又與新發現的材料有什麼連結？

中華與夷狄

12

如何理解中國世界的形成？

渡邊英幸

【關連項目：漢的冊封體制、唐的冊封體制、高麗自尊的象徵】

背 景

中華，是指涉和稱呼中國文明所屬國家、地區、人群——以中國、夏、華夏、中夏等表現——的總稱。西周時代左右，出現了指涉周朝中心地帶的「中華」原型，接著在春秋、戰國時代，這個架構擴大成囊括**中原地區**各國在內的整體，之後歷經秦漢時代的統一，以王朝、中國本土、**漢族**為核心的中華意識，遂成定局。就像現在也使用的「中華民族」這個稱呼所示，是用來指涉中國傳統的國家、領域、民族。相對於此，夷狄則是用來稱呼位於中華邊陲或外部的異文化集團——**夷**、蠻、戎、狄、胡等——的總稱。兩者被視為兩極相對的存在，而討論其間差異與應有關係的思想，則稱為「華夷思想」。

論 點

1. 掌握中華的方法——民族乎？觀念乎？

近代以來，中國不斷反覆探討自己的國家、民族的起源與發展。他們假定存在一個作為漢族、中華民族根源的集團「華夏族」，透過分析神話傳說考證歷史地理，討論其分布地區與文化，以及與異民族集團之間的關係。

另一方面，從戰前到戰後，日本學界為了理解中國的本質，一直在研究有關「中華思想」與「天下」概念的政治思想史，並針對其特質與成立時期，以及相關的傳世文獻，進行史料考察。特別是以《左傳》為首關於春秋時代的文獻留下相當多記述，因此成為研究的焦點。

1980年代以降，在中國也出現了從歷史角度來分析「中華觀念擴大」的研究，還有將其整合到過往民族史的論述。在日本，則是從中國的民族史研究衍生出去，出現了「東夷、西戎、南蠻、北狄混合後，產生了中國」這樣的說法。此外，1975年發現的**雲夢睡虎地秦簡**中，看到了秦國的中華概念＝「夏」的事例，因而受到研究者的矚目。

1990年代以降，中國對中華民族的關心高漲，跨時代的研究也不斷增加。歐美和臺灣則引進人類學的族群（ethnic）研究，著重在春秋戰國時代農耕民與遊牧民的界線，以及中原各國之間的聯繫，從而產生聚焦在華夏意識、記憶的形成與擴大的動態研究。

2000年代的日本，奠基於過往累積的許多細緻史料考察，從春秋、戰國時代中原各國的關係出發，對中華的形成展開實證性的研究。除此之外，也有考古學的研究從動物骨頭的分析出發，討論中原華夏與邊境夷狄地區的形成。

▷1　**中原地區**
中原地區雖然會隨著研究者或文字的脈絡，在範圍上有所不同，但一般多指以黃河中游流域為中心，從黃河流域到長江以北的沖積平原。

▷2　**漢族**
漢族是居住在中國國內的多數人口，約占總人口的92%。雖然很難定義，不過一般是指具備漢語、漢文化，並認為自己是漢族的人們。

▷3　**夷**
原本是用「尸」來表記，是周朝和諸侯國的人們對住在邊陲異文化集團的稱呼。「夷」原本是指住在江淮平原的人們，但後來轉為指稱東北亞的居民。

▷4　**雲夢睡虎地秦簡**
1975年，在湖北省雲夢縣睡虎地第11號秦墓出土的竹簡資料，推定埋葬時間是在西元前217年左右。其中包含了解說戰國時代秦國法條與法律的文書、名為《編年記》的年表，以及稱作《日書》的占卜書等。

　　大多數研究者都同意，將中原諸侯國統稱為「中華」的概念是在春秋時代形成；只是關於個別史料的解讀、時代性的評價，乃至於與往後時代的連續性，彼此的見解大不相同。今後有必要對照文字史料與考古資料，探討戰國、秦漢時代國家的居民組成與疆界管理，來討論中國世界的成立。

2. 投向夷狄的視線　　將被記述成「夷狄」的人們當成歷史學對象來處理的時候，會顯得困難重重。之所以如此，是因為相關的史料大多受限於是中華方面殘留的內容，都是偏向觀念、道德的產物。長久以來，這種研究就分成好幾種切入視角。一個是民族史：中國自民國時期以降，一直關注「戎」、「夷」等特定「少數民族」，不斷整理和研究其地理分布與民族遷徙。

　　第二個視角是討論「戎」、「夷」，或是「蠻夷」、「戎狄」等詞彙本身，研究這些詞彙指涉的對象與用法、地理分布、蘊含的觀念、以及在歷史上的發展。

　　第三個視角則是去對照考古資料。別具特色的出土材料在中原地區的邊陲各地不斷增加，研究者試圖用這些文化類型的民族歸屬（族屬），去對應夷狄集團。

　　由於夷狄方面留下的資料相當之少，因此自然有其必要進行多方探討。我們必須認清考古學的文化，與文獻上出現的集團分別屬於不同的概念，才能排除武斷的推測，達到整合性的研究。

3. 華夷思想的成立　　「華夷思想」的邏輯可以分為四個類型：棄絕（中華視夷狄為禽獸，加以攻擊、摒棄）、同化（認可夷狄能透過學習文化，進化成中華，並以融合兩者為職志）、**羈縻**[◁5]（中華透過**冊封**、**朝貢**[◁6]等手段來控制夷狄）、易位（強調華夷地位的互換，正當化異民族出身的君王）。這些概念在春秋戰國時代確立原型，之後為歷代王朝統治者與制定政策者繼承，在討論異民族的統治政策及與周邊諸國關係時，作為說明解釋的準則。

　　在考察華夷思想上重要的是，要看透是從何時、由誰、在怎樣的脈絡下建構起來的產物。中華和夷狄的關係，是在王朝國家與周邊諸國、多數與少數、中原與邊陲地區、定居農耕與遊牧畜牧……等各式各樣脈絡下，適用與建構起來。為了從歷史上來理解華夷思想，依循各個時代的實際狀態來解釋，就變得很重要。此外，「天下」觀念與現實外交關係、禮儀之間的關連也是重要的主題。

▷5　**羈縻**
所謂羈縻，原本指的是牽繫牛馬的絡頭與韁繩；這裡是用來指中國王朝的皇帝透過恩德與懲罰，控制異民族與周邊諸國。唐代間接統治臣服的異民族時，會設置羈縻府州，但這也只是羈縻的其中一種類型。

▷6　**冊封、朝貢**
冊封是中國王朝的皇帝，給予周邊國家的君長官爵、官位來承認其地位。朝貢是周邊諸國向中國派遣使節，繳納貢物並收取回禮（回賜）的禮儀性外交關係。參照 I-15 注2與 III-25 注1。

探究的重點

(1) 如何把握中華觀念的起源與展開？

(2) 華夷思想對中國與周邊諸國的關係，產生了怎樣的影響？

(3) 現代中國用了怎樣的方式來掌握中華民族與華夏族的概念？

秦始皇

13

我們能貼近第一位皇帝的真實面貌嗎？

宮宅潔

【關連項目：周王朝的封建與滅亡、漢的郡國制】

背　景

在周王權威衰退、各地諸侯國相互爭霸的春秋戰國時代，秦在西方逐漸累積實力後，錄用法家辯論家**商鞅**[1]來完善國家體制，開始涉足東方。之後秦王政（後來的始皇）即位，陸續消滅了其他諸侯國，在西元前221年統一中國。收下這一勝利的嬴政，用「皇帝」這個稱號取代一直以來的「王」，在全境施行**郡縣制***，更進一步實行統一度量衡等各式各樣的新政策。另一方面，他也持續推行以開疆拓土為目標的軍事政策，向北方遊牧國家匈奴與南方異民族派遣遠征軍，並為了防備匈奴入侵，在北方修建萬里長城。對秦這些「暴政」的不滿——嚴格的法治主義、無視地區特性的強制直轄統治、過重的稅役負擔，在秦始皇死後爆發，小規模的農民叛亂很快擴展到中國全境，導致秦朝滅亡。

論　點

1. 《史記》傳達的內容是「史實」嗎？　　秦代史研究的根本史料是司馬遷的《史記》，上面「背景」所述的內容，基本上也是依據《史記》而來。然而《史記》所記的內容，並不見得全是事實。比方宮崎市定就分析了《李斯列傳》（侍奉始皇的法家政治家），認為當作列傳素材的史料，其實包含了當時民間流傳的「故事」。栗原朋信則著眼在《史記》中使用「始皇」的例子，秦始皇在死後才被稱為「始皇」，生前只稱為「皇帝」，從這點來批判含有這個詞彙的記載，多有虛構的性質。

近年北京大學公開的竹簡中，有一篇題為**《趙正書》**[2]的文本，記載秦始皇崩殂與二世皇帝即位的來龍去脈，和《史記》的敘述完全不同。伴隨著新史料的增加，《史記》的記述不再是絕對，開始思索書寫材料的記事來歷，以及司馬遷個人取捨材料的立場，更進一步來探求史實。

2. 「苛酷法治主義」的實際狀況　　以《史記》為首的漢代史書，在談論秦的歷史時，往往會有包含虛構的部分；之所以如此，是因為他們身處在滅秦而立的漢朝，為了盡可能正統化漢的統治，所以會有意地貶低秦朝。至於反覆強調秦朝法治的苛酷，也有很大的可能性是為了讓人認定「秦之所以短命滅亡，就是因為這個緣故」。確實，秦朝拔擢法家知識分子、引進新制度、並致力於採用嚴格的刑罰。但是，這種制度改革與法治的滲透，應該是在戰國時代支撐秦崛起的要素；既然如此，那為什麼同樣的政策在統一後會招致帝國的瓦解呢？

▷1　**商鞅**
衛國出身的政治家，法家學者。響應秦孝公（西元前381～前338年）招募而進入秦國，獲得孝公信任，主導了稱為「變法」的國家制度改革。透過這種改革，完善了秦國的戶籍制度、軍功報酬制度，以及地方行政制度。

*　**郡縣制**
參照 I-14 。

▷2　**《趙正書》**
2009年，北京大學獲贈3000多片竹簡，其中一份文本就是這篇《趙正書》。裡面記載了從秦始皇逝世到二世皇帝統治期間的逸聞，比方說秦始皇後繼者方面就和《史記》的記述相異，是在秦始皇同意下選擇出來的。

1975年，發現**睡虎地秦簡**後，人們明顯開始對秦的「苛酷法治」投以懷疑的目光。比方說，按照過往的史料，秦代有抽脅（拔掉肋骨）、烹刑等眾多殘酷的死刑；但按照睡虎地秦簡中的法律條文，秦代主要的死刑只有腰斬和棄市（斬首）兩種，也不曾發現有實行過烹刑等的痕跡。相反地，秦的法律設計非常合理，相當細心注意不讓按照犯罪輕重判處的刑罰失去平衡。絕對不是輕微犯罪就處以死刑，這樣蠻不講理的法律。故此，對於「法治」是秦滅亡主因的這種說法，絕不能只看表面，一味照單全收。

3. 統一政策與滅亡的背景　推行**度量衡、貨幣、文字的統一**[3]，將郡縣制的直轄統治強加在新占領地上，都認為是秦早早滅亡的理由。但是近年來，也有人對這些統一政策的劃時代性與實際效用抱持著疑問。比如鶴間和幸就提出，度量衡與文字的統一早在秦始皇以前就有進行，貨幣統一實際執行的效力相當可議，還有郡縣制統治範圍其實只限於作為新占領地據點的都市等質疑。

如果苛酷的刑罰與強制的統一政策都不是滅亡的要因，那麼秦朝剩下的「暴政」，就只有過重的賦稅與勞役負擔了。吉地安（Gideon Shelach-Lavi）從這點著眼，參照考古遺物等具體算出建設萬里長城必要的勞動量。他更進一步從體系論的角度出發，認為建設長城等造成勞役的激增，導致帝國陷入瓦解的境地；之所以如此，是因為秦的制度過於中央集權化，只要體系的一部分產生問題，就會整個無法挽回地土崩瓦解。

如果按照鶴間所言，統一政策並沒有什麼實際效力的話，那吉地安論點的大前提「過度中央集權化」就有重新思考的餘地。但是吉地安更客觀去把握勞役負擔裡頭的實際情況，並從整個體系內部去尋找問題，這樣的方法很有啟發性。對剛誕生的秦帝國而言，如何從急遽擴大的領土徵收必要的勞力與財物，毫無疑問是個很大的課題。活用陸續出土的史料、細緻分析秦的各項制度、從內部發掘秦帝國無法統治廣大領土的理由，這些都是相當必要的。

＊睡虎地秦簡
參照 I-12 注4。

▷3　度量衡、貨幣、文字的統一
秦統一中國後，用秦制來統一全國的度量衡單位，以此為基準製造大批量具與砝碼，頒布到全國。不只如此，青銅貨幣也統一為秦的半兩錢，文字方面則採用小篆。

探究的重點

(1) 當我們從史書中擷取出「史實」之際，應該要注意些什麼？
(2) 新史料講述的「秦帝國的真實面貌」，究竟是怎樣一回事？

漢的郡國制

14

往中央集權的「遠路」？

杉村伸二

【關連項目：秦始皇、漢的冊封體制】

▷1　諸侯王

漢朝皇帝冊立的王。推戴劉邦的異姓王稱為異姓諸侯王，當這群人遭到肅清後所立的劉姓一族諸侯王，則稱為同姓諸侯王。

▷2　吳楚七國之亂

景帝即位第3年（西元前154年）爆發的同姓諸侯王叛亂。以景帝削減諸侯王領地為導火線，遭到削減的吳、楚、趙等七國舉兵。雖然叛軍一開始的聲勢壯大，但最後僅僅3個月就遭到鎮壓。

▷3　中央集權化政策

武帝時代施行的改革，按照時序如下：西元前136年，設置五經博士。前134年，開始透過孝廉科錄用人才（一般稱為「鄉舉里選」）。前115年實施均輸法，前110年實施平準法。前106年設置州刺史。

背　景

　　用郡縣制統治天下的秦朝僅僅維持了15年就滅亡，之後天下再次陷入諸侯紛起的狀況。與項羽的霸權爭奪戰中勝出的劉邦，在諸侯的擁立下即位為皇帝。劉邦與諸侯一同打倒項羽、共享天下的結果是，天下的西半部成為漢的直轄地，東方則仍留給了諸侯與其王國。這些推戴劉邦的**諸侯王**[1]，雖然在劉邦晚年陸續遭到肅清，取而代之的則是立劉邦的親族為王，依然維持在東方安置諸侯王國的體制。這就是漢的郡國制。

　　到第6任皇帝景帝統治期間，爆發了大規模的諸侯王叛亂「**吳楚七國之亂**[2]」；以鎮壓這場叛亂為契機，大幅限縮諸侯王的權力，同時削減王國的領地。在下一任皇帝武帝的時代，推行**中央集權政策**[3]，王國成為與郡同等的行政單位，實質上用郡縣制來統治整個天下。

論　點

1. 重新審視「統一史觀」　　長久以來都把秦始皇或漢武帝時代的中央集權統一國家，看成皇帝統治的完成型態，並把存在獨立王國的狀態，看成是朝統一國家邁進的過渡形態。漢的郡國制被視為劉邦即位時沒能達成中央集權的統治，作為應急措施的體制，故此總被賦予一種負面的形象。可是，當我們重新審視這種「統一史觀」時會發現，從戰國後期到西漢初期，天下並存複數王國的狀態是常態，反而是秦始皇統一天下才是特殊的選擇。因此，應該給予漢的郡國制正面評價，為秦始皇所整合的廣大天下帶來安定秩序。

2. 郡國制的實際狀態　　關於郡國制，一般的解釋都是「在漢的直轄地行郡縣制，東方遙遠地區則分封諸侯王」，但實際上諸侯王國也利用郡縣制來統治領國，設有複數的郡及底下的縣。此外，諸侯王國的官僚組織也設置了與漢朝廷同樣的機構，因此漢朝和諸侯王國是具有相同統治機構的同質國家。換言之，西漢初期可以說是以「漢王國」為盟主，由複數王國組成的「聯邦國家」。

　　郡縣制下的中央集權統治，是將人、物、資訊等事物，全都向中央＝都城集中的體制。在廣大範圍推行時，人事物的移動會造成很大的實質、精神上負擔；若是地區距離遙遠的話，那負擔就更大了。秦的滅亡就與此有很大關係。相對來說，郡國制在遙遠地區設置王國，透過王國這個小規模的單位來推行郡

縣制。正因為在轉換成實質郡縣制之前，有著約莫60年用負擔較小的王國來執行郡縣制的經驗，才讓武帝時期以後的中央集權體制成為可能。

只是，把郡國制看成是漢與諸侯王國合併的「漢帝國」統治體制，這種看法也有問題。諸侯王國的獨立性格很強，對漢而言是徹徹底底「他國」，因此也有意見認為，將漢與諸侯王國視為一體來使用「郡國制」這個用語，其實不太恰當。但是與此同時，王國的行政長官丞相是由漢所派遣、必須遵守「**漢法**」、有**出兵權的限制**◁5，以及王必須定期**入朝**◁6等諸多義務，把漢與諸侯王國看成一體，其實也不能說是個誤解。

3. 從郡國制到郡縣制

鎮壓吳楚七國之亂後，漢朝在西元前145年推行了王國制度的改革。諸侯王在這次改革裡喪失了領國的統治權，王國由漢朝派遣的丞相來統治。另一方面，擁有好幾個郡的王國也被削減到只剩下作為王都的郡，變成與郡同等的行政單位。透過這種方式，雖然仍然保留諸侯王和王國的形制，但天下全境已經實質上是由漢直接統治的郡縣制。

從郡國制實質轉移到郡縣制的背景，是支持郡國制的諸侯增加，以及隨之而來圍繞領地產生的摩擦。歷代皇帝會將太子以外的皇子分封為諸侯王，並且重視這樣的先例。但是，分封了新諸侯王，作為替代就是削減既有王國的領地。會發生吳楚七國之亂，其實可以想成是育有諸多皇子的景帝即位，才讓這個問題浮上檯面。為了應付這種郡國制潛在的問題，所以漢朝才會試圖只留下王國之名，實際上轉換成郡縣制。

景帝時期的王國制度改革，透過實質轉換成郡縣制讓王國成為漢的直轄統治地。只是如此一來就意味著漢朝的統治領域急遽增加，並喪失郡國制的優點。結果，迄今為止由各王國負責的人事、財政等行政業務，全都改由漢朝的中央官署來執行，於是突然增加了大量的事務。武帝時期的中央集權化政策，就認為是要應對這樣的問題。

▷4　**漢法**
由皇帝與漢朝中央政府頒發的法令。漢初的諸侯王雖有獨自發布法令的權限，但是不能牴觸「漢法」。史料中也常看見非難諸侯王不遵守「漢法」的發言。

▷5　**出兵權的限制**
漢初諸侯王可以獨自徵兵來組成王國軍；但是漢朝用老虎形狀的信物「虎符」，來限制王國軍出兵國外。

▷6　**（王定期）入朝**
根據史料，西漢諸侯王有10年一次，配合元旦來到長安居住20天左右，正式謁見皇帝和參加私人宴會的義務。雖然不清楚漢初是否有這麼嚴格的規定，但可以肯定的是諸侯王有入朝的義務。

探究的重點

(1) 郡縣制與郡國制，其各自的優點與缺點為何？

(2) 其他時代也有「封建制或郡縣制」的議論嗎？

漢的冊封體制

(15) 為什麼會賜予「漢委奴國王」金印？

阿部幸信

【關連項目：中華與夷狄、5～6六世紀的朝鮮半島情勢與倭、唐的冊封體制】

▷1　南越
伴隨秦朝滅亡而獨立的政
權，其影響力觸及現在中
國南部、西南部到越南北
部的廣大範圍。擁有與秦
漢不同的獨特制度，認為
與長江流域文化的關係較
為密切。

背　景

西元前2世紀初，漢朝以中國各地獨立王國的盟主之姿，掌握了霸權。漢與各王國聯合政體的範圍稱為「天下」，周圍則有蒙古高原的遊牧民族匈奴，以及盤踞現在廣東省一帶的**南越**等其它有力勢力。西元前2世紀下半葉登場的漢武帝，一方面拔除王國的獨立性質，將一直以來的「天下」納入漢的統治之中，同時也和匈奴、南越爭鬥，大幅擴大了漢的領域，結果形成擁有壓倒性力量的漢，直接面對鄰近各民族的構圖。武帝逝世後，漢朝賜予鄰近臣服的民族首長「王」等地位，承認其統治權，完善了仿照過去獨立王國的制度，於是奠定一種全新的「天下」思考方式來整合漢與周邊世界。在這樣的背景下，西元1世紀中葉，派遣使者來到漢朝的九州北部「奴國」首長，從光武帝那裡獲得了「奴國王」之位，以及作為證明的金印。

論　點

1. 漢代國際秩序在歷史上的角色

漢與鄰近各民族的關係，會用類似周與諸侯的關係來解釋。兩者的共通點在於，都是位於中央的王朝君主，透過將其德行推廣到周邊，讓鄰近的其它集團保有自身獨立性的情況下來服從自己，形成一個整體來說鬆散的聯合體。

▷2　冊封
所謂「冊封」，是透過任命
文書（冊書）來承認對土
地和人民的統治（封建）。
冊封是任命者與被任命者
兩者之間的關係，漢代尚
未出現複數冊封關係相互
影響下的國際秩序。參照
I-12 注6。

栗原朋信提出這種看法的1960年代，日本歷史學界有一部分人認為要將漢唐之間的時代，以及包含中國跟日本在內的東亞歷史視為整體來掌握。其中的一位學者西嶋定生主張，透過**冊封**與漢朝相連，接受文化刺激的鄰近民族，陸陸續續形成國家；在南北朝時代，與中國王朝關係的強弱，會影響到與鄰近諸國的關係，從而產生一種以中國王朝為中心的國際秩序（冊封體制）。按照這種說法，以唐朝冊封體制為代表的獨特東亞國際秩序，是依循周、漢以來依據君主德行建構秩序的方法。

只是雖然強力主張同樣重視儒學的漢、唐在實際情況有些差異，但名目上都沿襲了周的制度，可是周、漢、唐的秩序是否可以如此單純合而視之，還是頗有疑慮。考慮這一點的話，不只圍繞中國王朝局勢的推移，中國王朝本身在政治體制與思想的變化也相當重要。另一方面，臣服中國的鄰近諸國自身的意圖也需要納入考量。

2. 「皇帝制度特質」的觀點

從漢代到唐代，皇帝在國內頒布的文書都會蓋上「皇帝」的印章；相對於此，對於鄰近各民族則使用「天

子」的印章。一種說法認為，「皇帝」與「天子」這兩個稱號是分別對應國內和國外來使用。按照這種說法，中國王朝的皇帝具有雙重性質，以「皇帝」君臨國內，以「天子」來凝聚由中國王朝與其外側世界組成的「天下」。

　　我們可以認定這種「雙重性質」完備，是漢武帝時代將周代以來「天下」的範圍在政治上一體化，藉此構想出更廣泛的「天下」以後的事情。近年來，阿部幸信繼承栗原和西嶋的學說並進行批判，分析了漢代「皇帝」、「天子」稱號用法的演變，具體討論了「天下」的規模擴大與其歷史背景。這樣的視角自然不用說為漢朝與鄰近各民族的關係史、以此為基礎的漢王朝世界觀，還有皇帝為中心的國內秩序之樣貌，帶來了新的視角。

3. 對印章制度的關注　　栗原在考慮漢與鄰近各民族關係的時候，主要的線索是漢冊封鄰近諸民族首長時會授予印章的制度。從戰國時代到南北朝時代，君主給予臣下的印章有著標誌個別身分差異的重要功能，也就是栗原側重的著眼點。國內諸侯與官僚持有的印章與鄰近民族的印章間，不管是**印章握柄**[3]的形狀，還是印面刻的文字都不同；漢代鄰近民族的印章有著駱駝或蛇型的握柄，印文的開頭則會刻上「漢」字。按照這個原則，附有蛇型握柄的「漢委奴國王」金印就屬於這類印章。

　　隨著出土例子的增加，關於印章形態特徵與製作年代的研究迅速發展；時至今日，不只是建立鄰近民族專用印章的年代，握柄形制包含的用意也都是討論的重點。特別值得注意的是高倉洋彰等人的學說，認為自漢朝獲頒蛇形握柄印章的東亞、東南亞各地區，構成一個有蛇信仰等特徵的文化圈。如何思考接受漢朝冊封的鄰近民族特徵，也是理解漢代國際秩序性質所需考慮的論點。

▷3　**印章握柄**
專門術語稱為「鈕」。即使在漢朝內部，也會按照身分和立場而有不同的設計，皇帝為老虎的形狀，上級官僚則是烏龜。

探究的重點 ::::::::::::::::::::::::::::::::::::::

(1) 漢朝為什麼會與鄰近各民族締結冊封關係？

(2) 漢朝與鄰近各民族的關係，和「郡國制」的變化有關嗎？

(3) 漢朝在東亞史的發展上扮演了什麼樣的角色？

環境變動與中國古代史

16

為何「帝國」會擴大與瓦解？

村松弘一

【關連項目：秦始皇、拓跋國家、遊牧世界與定居世界】

背　景

在廣大的中國大陸上，存在著平原、草原、山岳、森林、海濱等各式各樣的自然環境。在這裡生存的人民配合環境，從事著農耕、遊牧、畜牧、漁撈採集等多樣的生活方式，並培育出「文明」。人民以其生活方式為軸心，形成國家和民族集團；在這樣的歷史當中，有時是平原居民，有時則是草原居民形成統治周邊民眾的「帝國」。秦始皇開創的統一，後來由漢朝繼承。人類社會雖說會大大受到自然環境影響，但作為生活基礎的自然環境並非一成不變。不斷發生的氣候變遷，以及人們據此採取的行動，時而形成「文明」和「帝國」，時而導致其土崩瓦解。環境變動對中國古代史產生了很大的影響。

論　點

1. 氣候暖化與「文明」、「帝國」的建立

在地球46億年的歷史中，氣候不斷反覆變動。距今7萬年前到1萬年前，被稱為「末次冰期」，當時東亞一直到北京為止都覆蓋著永凍土。在這之後，氣候回暖，前5000～前3000年被稱為「高溫期」（hyperthermal stage），是最溫暖的時期。當時的氣溫比20世紀中葉高0.5～2度，海面也上昇3～5公尺。所謂**繩文海進**，也是在這個時期。在中國大陸，西元前5000年左右，在黃河中游出現了以半坡遺跡、姜寨遺跡等環濠聚落為代表的仰韶文化，長江流域則有展開稻作的河姆渡文化大放異彩，前4000年的草鞋山遺跡，發現了馬家濱文化期的水田稻作遺跡。就這樣在氣候暖化時期，誕生了「文明」。之後在前14世紀～前11世紀，殷王朝後期的殷墟周邊，確認到象、水牛、玳瑁（大型烏龜）等生長在南方的動物；前4世紀末的戰國時代，在燕（北京附近）也有竹子生長，西元1世紀的東漢初期，在黃土高原北部也還看到有竹子。接連都是較為溫暖的時期。在溫暖期的前3世紀末，**秦始皇**成功天下統一，建立了「帝國」。

2. 「帝國」的擴大與環境變動

繼承秦的漢帝國，持續開發黃河上中游的農地。故此，大量的黃土流入黃河，在下游的河底累積泥沙，形成了「懸河」。前2世紀下半葉，黃河屢屢潰堤，造成許多災民；為這些災民提供新的生活場域，是廣布在華北平原周邊的草原、綠洲、山岳地帶。中國曾經企圖向稱為「新秦中」的黃河河套草原、森林地帶移民70萬人以上（結果失敗），並在散布綠洲的**河西走廊**上，設置了敦煌、酒泉、張掖、武威等河西四郡，即使在海拔2000公尺山岳地帶的青海高原，也有施行屯田。讓這些舉措成

▷1　**繩文海進**
海進指的是海平面上升，陸地沒入海中的現象，主要是氣候暖化等所導致。繩文時代前期的西元前4000年前後，海面比現在高了2～3公尺，故此，海岸線深入到關東平原北部，當地也散布著貝塚。

＊　**秦始皇**
參照 I-13 。

＊　**河西走廊**
參照 I-26 注4。

為可能的關鍵之一就是暖化。原本生活在這裡的匈奴和羌，則強制遷移到平原，而此舉也動搖了帝國將來的安定。進入東漢時代的西元89年，竇憲把北匈奴驅逐到蒙古高原以北，再次將黃河河套地區改造成農田。在移居此地漢人墓地的畫像石（浮雕）上，描繪著牛耕的風景。另一方面，青海高原的湟水流域也在推行屯田，一路拓開到黃河上游。在氣候較為溫暖的時期，漢帝國不斷將平原居民向草原、山岳居民生活的土地擴散出去。

3. 氣候寒冷化與「帝國」的瓦解　西元140年開始、南匈奴句龍王吾斯、車紐的叛亂，將已經移民到平原的羌也捲入其中。北方的草原居民與西方的山岳居民，朝平原展開大規模的侵略。之後的華北，西晉王朝在4四紀初瓦解，此後直到6世紀末，以遊牧及畜牧為生的匈奴、鮮卑、羯、氐、羌等「五胡」，陸續建立了國家。另一方面，從華北被趕到南方的漢人，則在長江以南（江南）建立東晉，還有繼之而起的南朝，持續開發華南的農地。這個時期人們遷徙的主要原因之一，可以推測是2世紀下半葉以降地球寒冷化關係。文獻史料中，在東漢末年的曹操時期，首次出現淮河凍結的記述。針對**祁連山冰核**的分析，也可以看見3～4世紀出現寒冷化的傾向。另外，根據屋久杉的年輪測定，則發現西元前後～3世紀都是處於寒冷的時期。雖然隨著調查方法與地點不同，關於寒冷化時期的看法也有所差異，但大致上在2世紀中葉以降就邁向寒冷化。正好在這個時期，黃河中上游因為遊牧民、畜牧民的活動，黃土高原逐漸從農地恢復成草地與森林，讓進入黃河的黃沙變少，得以抑制下游的洪水，能夠穩定流動。氣候變遷與人們的生活，都改變了黃河的環境。

這種地球規模的氣候變遷造成古代帝國的形成、擴大與瓦解，也發生在歐亞大陸西側的羅馬帝國。屬於暖化時期的前3世紀下半葉，爆發了布匿戰爭，前1世紀則出現了高盧遠征。羅馬靠著這些戰爭不斷擴張。相對於此，在屬於寒冷化時期的西元4世紀下半葉，匈人、日耳曼人的大遷徙則導致羅馬帝國瓦解。簡單來說，在暖化時期擴張、寒冷化時期瓦解，這點在東西幾乎是一致的。因此，可以說環境變動與帝國的建立、瓦解是如影隨形的。

▷2　**祁連山冰核**
海拔超過5000公尺的祁連山脈上，每年的降雪不斷累積，長達2000年以上，形成像樹木年輪一樣的年層，之後又變成冰層，在冰河中保存下來。用鑽子在這條冰河中鑽出的筒狀冰核，成為了解氣候變遷的重要材料。

探究的重點

(1) 環境變動對中國古代史的影響為何？

(2) 中國古代的人們如何面對氣候的寒冷化？（如農業技術的改良與集約化等）

(3) 在東洋史上，還有其他氣候變遷對「帝國」擴大與瓦解造成影響的例子嗎？

均田制

17　其真實樣貌究竟為何？　　　　　　　　　佐川英治

【關連項目：魏晉隋唐的兵制、拓跋國家】

▷1　**井田制**
目前認為在西周時代施行的土地制度。雖然《周禮》和《孟子》的說法不同，但按照《孟子》所言，是將900畝的正方形土地以井字形來9等分，周圍的8塊土地由8個家庭耕作來養活自己，中間的一塊則作為公田，這些家庭共同耕作來充當稅收。

背　景

處於農業社會的前近代中國，土地是最重要的生產手段。因此，哪一種土地所有形態最有效率，自古以來就是為政者關注的焦點。從戰國時代到漢代，隨著庶民為爵的狀況變得普遍，土地私有的觀點也逐漸增強；即使在庶民之間，也產生了土地所有的落差。西漢武帝時期，高舉**井田制**理想的儒教思想崛起，貧民沒有土地，以及造成這種現象的原因，也就是有力階層占有土地這件事，遂成為一大問題。西漢末期，頒布了限制土地所有分額的限田制，但對象只限於擁有田土30頃（約137公頃）以上的大土地擁有者。王莽實施王田制，意圖實現觸及庶民的土地重新分配，但遭到社會反彈，僅僅數年就名存實亡。

後來黃巾之亂讓漢帝國正式走向崩潰，曹操創設典農部來屯田，將國家占有的土地租佃給農民，以確保收入。曹魏也繼續實行這項措施。西晉繼承這項制度的同時，又制定了稱為占田、課田制的土地制度。5世紀末的北魏則推行了均田制。均田制後來也為北朝和隋、唐繼承，其實行內容也慢慢在變化。同時還傳到了日本，發展成班田收受法，在建立古代國家方面有著重要的角色。

論　點

1. 均田制是怎樣開始的？　和迄今為止的土地制度相比，均田制最大的特徵就是歸還土地的設計。北魏規定男子15歲可以受領露田，死亡或71歲則必須歸還土地。隋代起為18歲受田，60歲退田。這種返還土地的架構，雖然被認為是根據班固《漢書》中的井田制，但作為實際的土地制度則是空前絕後的嘗試。於是，「均田制是怎麼開始的」就成了問題。

一般通論就如同前述，自曹魏的屯田制以降，國家開始強化土地所有，歷經了占田、課田制，發展成均田制。只是並不清楚占田、課田制的實際狀況，該如何理解這項制度也眾說紛紜。不只如此，推行均田制的北魏，也完全沒有參考占田、課田制的跡象。有關均田制的成立，不只要考量其在迄今為止中國王朝土地制度的位置，也必須著眼於北朝隋唐政權的特殊性。

2. 均田制真的有實施嗎？　正如上述，均田制的特徵是會返還土地。不僅如此，北魏授予的土地還事先分成種粟的露田、養蠶生產絲綢和絹的桑田，以及生產麻和布的麻田等。如果從表面上來看，土地是國家所有，並由國家下達經營的指示，生產者不具備生產手段的所有權和經營權。若從生產者和生產手段的關係來說，就等同於奴隸勞動；以馬克思主義唯物史觀

的生產關係發展來看，是處於古代的階段。換言之，均田制可以視為中國古代史的指標。在這裡出現一個問題，究竟均田制有按照法律執行到什麼程度？

　　在解開這個問題幫上大忙的是在**敦煌莫高窟**發現的**敦煌文書**，與吐魯番的墓地出土之吐魯番文書。透過這些文書中戶籍與授田相關的官方文書，我們發現雖然遠遠不及**田令**規定的分額，但就算在這些邊境之地，還是有在實施授田與退田。只是姑且不論帳簿上的情況，均田制實際執行的狀況還留有許多課題，例如：究竟土地會重新分配到甚麼程度？我們要怎麼理解邊境的特殊性？還有如何看待當地並行佃農制和均田制？

3. 均田制的目的為何？

　　說到底，均田制是為了什麼目的而創建的土地制度呢？「均田」這個詞彙，雖然自漢代就已存在，但是這個時候所謂的「均」，是按照身分規定土地所有的分額，也就是均等的意思，與限田相同。但是，北魏均田制中並沒有限田的規定，限田是出現在北齊制定的墾田世業制、隋的官人世業田（唐稱為永業田）。換言之，均田制是在北朝末到隋的這段期間，作為一種土地所有制度被整頓起來。

　　事實上，將北魏稱為「地令」的這種土地制度冠上「均田制」之名的人，是北齊政權下撰寫北魏正史《魏書》的漢人貴族魏收。換言之，今天我們所說的均田制，其實是這種土地制度與中國傳統土地制度融合之際，漢人貴族依其理解來命名的。

　　另一方面，透過1998年發現的**天聖令**，我們得以明瞭唐代田令的全貌。其中能看到田令除了均田制相關條文以外，也包含了許多屯田制的條文。換言之，均田制並非單獨存在的土地制度，而是與屯田制組成配套。從這點來看，究竟該怎樣思考均田制的性質，仍是一個未解的課題。

※　**敦煌莫高窟**
參照 [I-20] 26 注 2。

▷2　**敦煌文書**
19世紀末在敦煌莫高窟牆壁內側發現，時間上跨越4～11世紀，有多達1萬份的紙質文件。大多是由漢文寫成，不過也有藏語、古突厥語、粟特語等的文件。井上靖從敦煌文書的發現獲得靈感，寫成了小說《敦煌》。

▷3　**田令**
唐令的編目之一，和戶令、賦役令並列為統治人民的核心法令。唐所編纂的職官政典《大唐六典》中，稱這些令為「戶口井田之政令」。

▷4　**天聖令**
北宋仁宗在天聖7年（1029年）編纂的令，20世紀末在寧波天一閣收藏的明代刊本中發現。天聖令中引用了失傳的唐令原文，因此得以用來復原唐令。

探究的重點

(1) 從北魏到隋唐，均田制產生了怎樣的變化？

(2) 均田制下農民的負擔，特別是讓他們不堪負荷的有哪些？

(3) 唐的均田制與日本的班田收受法，有怎樣的差異？

魏晉隋唐的兵制

18

誰成為了士兵？

平田陽一郎

【關連項目：均田制、拓跋國家】

背景

西元184年，黃巾之亂爆發，為前後綿延將近400年的漢帝國敲響了喪鐘。曹操這位英雄在208年的赤壁之戰中敗北，讓天下的統一延宕到了280年，西晉以20萬兵力消滅吳國才畫下句點。但不久之後，西晉又遭「五胡」逐出華北，逃往江南（東晉）。383年，前秦苻堅率60餘萬兵卒、27萬騎兵大舉南征，但慘遭僅有8萬兵力的東晉擊敗。這場淝水之戰後，延後了一統的時機，結果等到隋滅掉南朝的陳，為漫長的分裂劃上休止符時，已是200年後的西元589年。而而隋朝軍隊在平陳時有5萬8000人，在煬帝時期膨脹到113萬3800人，但是遠征高句麗失敗的影響導致了隋的滅亡。取而代之的唐，在常勝的天才——太宗李世民的活躍下，踏上邁向世界帝國的道路。如此這般，魏晉南北朝到隋唐時期，是個不可不談其軍事層面的時代。

論點

1. 兵民合一，還是兵民分離？

▷1 **青州兵**
擊破青州黃巾餘黨的曹操，從投降者當中選拔精銳，編制成新的直屬軍。這支軍隊被認為對於曹操建立霸權有著很大的貢獻。

192年，曹操組織了**青州兵**[1]作為軍事的基礎。在戰亂期間，確保這些作為君主爪牙的骨幹兵力，是比什麼都重要的事；不只如此，這些士兵出戰的機會很多，出征時間也很長，因此自然不得不專業化。就像這樣，這些只擔任士兵、盡可能負軍事義務的男子及其家族稱為「兵戶」（軍戶），與從事農業生產的「民戶」在戶籍上是分開的。這種體制就稱為「兵民分離」或「兵農分離」。

因為在農忙期也能動員、富有戰鬥經驗，還可以作為失業對策，因此相當契合亂世的兵農分離在魏晉南北朝廣泛推行。但是，許多民眾不斷加入兵戶＝非生產人口的行列，會造成經濟上的負面影響，結果還是得限制動員兵力的上限。

為了克服這個弱點，將徵兵對象擴大到一般民戶，一朝有事之際仍能動員龐大兵力，結束後立刻讓其回歸生產活動，藉此削減軍事成本，這樣的體制就是「兵民合一」或「兵農合一」。只是要實施這種制度，必須有一個將人民滴水不漏依附在戶籍上的掌控技術，以及作為該技術前提的強大國家權力。

研究兵制的第一人濱口重國認為，西魏、北周開始的「府兵制」，正是實現了這種成本低的兵農合一制度，同時也是造就隋唐帝國的原動力，給予很高的評價。日本高中教科書的記述也大多依照這種看法。可是氣賀澤保規在此之後提出了有力的反對意見：他從唐以降只有設置**折衝府**[2]的州，底下的農民才稱為

「府兵」（正式名稱為衛士）這點，認為府兵其實是貫徹了前代以來兵民分離的原則。

2. 中華兵制，還是遊牧兵制？

一般大多把「府兵制」看作與均田制、租庸調制三位一體的制度，並從中華、漢族傳統的脈絡來理解。但是另一方面，川本芳昭等人則認為應當重視府兵制和鮮卑北族社會的關連。說到底，從年少時就習熟騎射，成年就會全部是優秀騎兵的遊牧民社會，可以說並非兵農合一，而是「兵牧合一」的全兵皆兵制；直到火砲普及帶來戰術重大變化為止，遊牧民在很長一段時間都是最強的軍隊。五胡、北朝時期活躍的匈奴和鮮卑等，因為是擁有這種傳統的遊牧居民，所以他們建立的各個政權打造的軍事基礎，首要追求的都是騎馬軍事力。

只是他們算是少數精銳部隊，不足以擔負國家所有的軍事活動。而且在野戰以外的攻城戰、據點防衛戰，乃至於水戰等，都不是他們所擅長的分野。於是讓擁有眾多人口的漢族農民接受這種軍事上的要求來負擔軍事事務，自然是大勢所趨。關於這一點，根據渡邊信一郎的研究所表明的實際情況，自5世紀末北魏孝文帝時期，到唐玄宗開元年間（713～741年）為止，登錄在戶籍上的一般農民一直都有負擔征戍（征伐與戍邊）的義務，也就是因臨時軍事遠征動員（征人），以及定期交替來負責邊境警備（防人）等軍役。

3. 跨越非此即彼爭論的嘗試

關於魏晉隋唐的兵制，雖然我們試著以兵民合一或兵民分離、中華兵制或遊牧兵制為中心來歸納整理，但兩者不一定是站在對立面，論點也不只有這兩種角度。畢竟光是從唐代來看，就有侍奉皇帝左右的親衛隊、由蕃將統率的**部落兵**[3]、折衝府所屬的衛士、一般州府徵發的防人等各式各樣的士兵。他們的出身和任務也相當多元，所以究竟是兵民合一還是分離，不能一概而論。

長久以來累積的縝密靜態研究，都是以律令規定的衛士軍役負擔為中心，但近年來也盛行用動態的角度，來嘗試把握規定中看不見的親衛隊和異民族士兵的實際情況。今後，整合各個兵種來盡力描繪出魏晉隋唐兵制整體樣貌的同時，為了突顯這段時期兵制的特徵，也要謹記需比較前後時代差異的視角來探討。

▷2　**折衝府**
唐代為了徵集、訓練士兵，在各地設置的軍事據點。總數超過600處，但大多置於長安和洛陽周圍，很明顯有所偏重。

▷3　**部落兵**
授予非漢族集團的「部落」酋長軍事官職，透過他們動員部落民組成的軍團。其中特別是保有原本部落組織的突厥系遊牧民，在軍事上作為貴重的騎馬兵力而扮演重要角色。

探究的重點

(1) 魏晉隋唐兵制的實際情況與律令的規定之間，有著怎樣的關係？

(2) 魏晉隋唐兵制和前後時代的兵制之間，有著怎樣的關連？

拓跋國家

⑲ 胡漢融合產生出了什麼？　　　　　　　松下憲一

【關連項目：均田制、粟特人的活動、遊牧世界與定居世界】

背　景

3世紀中葉，鮮卑拓跋部在內蒙古南部建立起部族國家，在五胡十六國時代以「代國」之姿，和五胡諸國競爭。之後，他們曾一度受到前秦統治，但在386年，拓跋珪自立、稱魏王（北魏），389年即位為皇帝。439年，太武帝達成華北統一，5世紀末孝文帝推動**漢化政策**[1]，躍升為中華王朝。可是隨著523年爆發的**六鎮之亂**[2]，北魏陷入極度混亂，分裂為東西魏；建立東魏的高歡與建立西魏的宇文泰，都是六鎮出身。之後，東魏被北齊、西魏被北周取代，北周又併吞北齊，讓華北重新統一。但北周又遭外戚楊堅打倒消滅，楊堅建立的隋也只維持兩代就滅亡，接下來建國的是唐。從西晉滅亡到隋統一為止，中國歷經一段分裂的時代，統稱為五胡的異民族（胡族）在華北建立國家，統治漢民族。從五胡十六國、北朝到隋唐之間，跨越胡漢對立、建立胡漢融合國家，並中扮演主導角色的人就是鮮卑拓跋部；因此有討論認為，從代國到隋唐政權，應當全都看成是以鮮卑拓跋系集團為核心的「拓跋國家」。

論　點

1. 漢化與胡化

當我們概觀五胡、北朝、隋唐時，思考「從異民族王朝搖身一變成為中華王朝，究竟是如何辦到」這點，變得相當重要。在早期研究中做出的解釋是：五胡十六國是胡漢對立的時代，到了北魏時從對立變為融合，其代表是北魏創始者道武帝的「部族解散」。部族解散被認為是廢止遊牧的社會制度──部族制，將所有人民納入戶籍來統治，也就是轉換成中國皇帝制度的政策。可是之後的研究顯示，在道武帝以降，仍然維持著部族制，直到孝文帝時期都還存在著作為統治部族制度的**八國**[3]，於是「部族解散並非將部族制解體，而是重新整編」的看法，遂成為主流。同時，北魏前期遊牧制度的存續，也益發獲得重視。以近年遽增的**墓誌**[4]為首的出土史料中，透過分析上面書寫的獨立於中國官制之外特有官職與稱號，讓史書中未曾記載、作為遊牧制度的胡族體制重見天日。近年來關注北魏前期胡族體制時，搭配統治漢族的實際情況，藉此釐清北魏國家整體架構的動向。

2. 新中華的標準

不存在於秦漢時代，到了隋唐時代才新成定局的中華文明元素，都是起源自拓跋國家，比方說佛教、道教的興盛，被認為基於儒教《**周禮**》[5]制度的均田制、三長制，法制上的絞刑，樂制上源自胡族歌曲的「北歌」，墓誌的流行與定型化，胡床（椅子），胡食（粉食）

▷1　漢化政策
廢止來自遊牧傳統的各個制度（部族制、祭祀、語言、服裝），採用以漢、晉、南朝的律令、官職、朝廷禮儀為基礎的制度，並創設融合胡族與漢族的身分制。

▷2　六鎮之亂
以沃野鎮民破六韓拔陵的暴動為導火線，周邊的鎮民也加入叛亂，並波及陝西與甘肅地區。雖然在山西匈奴的爾朱榮協助下，得以鎮壓叛亂，但北魏的國威一落千丈，隨著軍閥鬥爭陷於分裂。

▷3　八國
為了統治居住在首都平城周邊各部族而設置的行政機關。八國又稱為八部，由各部大人管轄各自的地區。

▷4　墓誌
將故人的家系以及官場經歷等刻在石板上，置於墓中。北魏孝文帝以降大量製作，附加銘文等逐漸定型，在中國社會落地生根。

等。在這當中，佛教與胡床、胡食是經胡族之手傳入中國落地生根的外來宗教與文化，其它則是固定在中華世界中的胡族習俗文化，或是胡族利用中國本身制度而誕生的產物。孝文帝的漢化政策也不能看成「放棄胡族文化而與漢族同化」，而是必須理解為「在漢族制度之中加入胡族內容，從而產生的新制度」。再說，雖然漢化政策禁止胡語、胡服，但那只是在朝廷之內，軍隊仍然使用胡語、胡服。漢化政策並非全面漢化與同化，某方面也有向南朝政治宣傳的意味，這點也是必須注意的。

3. 拓跋國家的走向

代國、北魏是由鮮卑拓跋部所建立，這點毫無疑問，但將北齊、北周、隋、唐全都理解為鮮卑拓跋系集團所建立的國家，這就有點武斷了。組成北周、隋、唐統治階層的人，雖然是北魏武川鎮居民的子孫，但武川鎮民有很多都是為拓跋部征服的匈奴與高車人，後來藉著北魏末年的六鎮之亂崛起。再者，日本高中世界史的教科書中說，六鎮之亂的原因是六鎮民不滿和反對孝文帝漢化政策，但漢化政策的對象是移居洛陽的胡族，而不是六鎮民。六鎮之亂的真正原因，是北魏對匈奴、高車等居住邊境遊牧集團的統治政策出現了問題。如果是從這點來看統治階層，會發現北魏與之後的政權相互交替，因此一概視為鮮卑拓跋系就會產生一種違和感。另一方面，就像陳寅恪《隋唐制度淵源略論稿》（1944年）所指出的，隋唐的制度中也有源自北魏的部分。因此，若從統治階層著眼，將北魏以降一概視為鮮卑拓跋系會有違和感，但從國家體制觀察，則北魏的國家體制也有部分為北齊、北周、隋、唐繼承。不只如此，也必須留意隋、唐也有吸收南朝制度、文化的地方。從五胡、北朝誕生的制度與南朝的制度、文化融合後，產生了怎樣的變化，從而在隋唐建立起新的中華標準，仔細探究這點是相當重要的。

▷5　《周禮》
被認為是周公旦記錄周代官制的作品。自王莽以來，依照這本書的內容來導入官制，被視為是一種理想。

探究的重點

(1) 鮮卑這個民族意識是如何形成的？
(2) 隋唐是胡族國家還是漢民族國家？
(3) 作為新中華標準固定下來的事物有哪些？

20

粟特人的活動

對中國史產生了怎樣的影響？

森部 豐

【關連項目：拓跋國家、遊牧世界與定居世界、遊牧帝國的形成與分裂、中央歐亞的言語與文字】

背　景

在接近歐亞大陸中央，由阿姆河與錫爾河包圍的地帶（粟特），有撒馬爾罕與布哈拉等綠洲都市。以這些都市為故鄉的人是伊朗系的粟特人。他們以這絕佳的地理條件為後盾，往來歐亞各地從事交易活動。他們將中國產的生絲和絹帶往西方，又把西方文物和基督教、摩尼教、祆教等宗教傳入中國。他們說的**粟特語***（中古波斯語的東方方言）很有可能跟現在的英語一樣，屬於國際通用語（lingua franca）。我們對粟特人的印象，通常是著重在「絲路上從事交易的商人」這個側面，但他們的活動實際上並不止於此。近年闡明的事實顯示，他們在中國史上作為官僚、外交官、軍人，侍奉北魏、北齊、北周、隋、唐各王朝，對中國史的發展產生了很大的影響。

論　點

1. 唐的建國與粟特人

從粟特越過帕米爾高原，涉足東方的粟特人，從塔里木盆地邊緣來到**河西走廊***的綠洲都市與北中國的主要都市，同時也在蒙古高原設置殖民聚落，張起一面涵蓋東北亞全境的交易網絡。北周和隋賦予粟特有力人士「薩保（薩寶、薩甫）」的官職，透過薩保來間接統治領域內的粟特人聚落。「薩保」這個官名，是來自於粟特語中代表「商隊領導者」的「Sarthavaho」一詞。

殖民聚落裡的粟特人，會支援從粟特前來的粟特商人之商業活動，並擔任保證人，好讓商業交易順暢進行。北周和隋也會在粟特人殖民聚落設置軍府，成立以粟特人領袖為中心的粟特人軍團；從**墓誌***（刻有故人生前事蹟的石板）等資料，可以清楚明瞭這一點。

這些擁有武力、居住在中國的粟特人，也深深介入了王朝的興替。隋末，李淵（唐高祖，618～626年在位）在太原（山西省）舉兵時，就得到了太原與南邊介州粟特人集團的協助。除此之外，固原（寧夏回族自治區）的粟特人史氏一族，藉著軍府握有軍事力，也是很早就站在唐朝這一方。史氏後來在李淵之子李世民（唐太宗，626～649年在位）發動**玄武門之變**[▷1]奪取政權時，也助了一臂之力。不只如此，隋末有**李軌**[▷2]在河西走廊的武威（甘肅省），建立王國，但當地的粟特人安氏一族發動政變，放逐了李軌，歸順唐朝。安氏大概是透過粟特人的情報網絡，及早看穿了誰將會是接下來的中國統治者，於是協助建立唐國的李氏吧！順道一提，安氏也有參加玄武門之變，在唐朝成立的背後有粟特

---

* 粟特語
參照 I-26 注1。

* 河西走廊
參照 I-26 注4。

* 墓誌
參照 I-19 注4。

▷1 玄武門之變
武德9年（626）6月，李世民發動政變，在長安宮城的北門（玄武門）殺害了身為皇太子的兄長李建成，與弟弟李元吉。同年8月，李世民獲得高祖李淵讓位，成為唐朝的第2任皇帝（太宗）。

▷2 李軌
隋末群雄之一，今甘肅省武威人。隋時，他是軍府的將軍；隋末，他發動叛亂，占領武威，在河西一帶建立獨立王國。之後投降唐朝。

人軍事力量的存在，已經是不可輕視的事實。

2. 「安史之亂」與粟特人

唐玄宗（712～756年在位）統治末年，安祿山在今天的北京掀起「叛亂」（755年）。安祿山的父親是粟特人、母親是突厥人。安祿山和從粟特移居中國的粟特人不同，他是移居到蒙古高原與當地騎馬遊牧民突厥混居的粟特人後裔。故此，這些粟特人的特質出現變化，同時具備了騎馬遊牧民的風俗習慣，研究者稱這些人為粟特系突厥。安祿山因為突厥國內內亂的緣故，流亡到唐朝。之後，他在設置於唐朝東北邊境營州（遼寧省）的軍團中嶄露頭角，不久便兼任**范陽、平盧、河東三節度使**。[3]

安祿山能出頭的背景之一，是朝廷的權力鬥爭。當時，掌握朝廷實權的宰相李林甫，為了更加鞏固自己的權勢，並防止政敵的出現，於是將一直以來都是中央官僚升官途徑的節度使之位，交給異民族和不屬於名門世家的人來擔任。只是，節度使的地位是透過皇帝的恩寵才獲得保障，因此並不安穩；一旦皇帝的寵愛衰退，他們的地位當然也會隨之動搖。這樣的不安讓節度使安祿山試圖擊潰唐朝，建立起自己的新王朝。這場獨立運動就稱為「安史之亂」。

這時候，在安祿山麾下集結了各式各樣的「民族」。受唐朝**羈縻統治**超過1世紀的**奚與契丹**；被**回鶻**滅亡的突厥王族；還有自北周、隋以來，遭到長安朝廷差別待遇的河北民眾。除此之外，最受矚目的是粟特人。在安祿山底下，不只有定居幽州（北京市）的粟特商人，也有外來的粟特商人。安祿山透過佛教與祆教將他們凝聚起來，從而獲得軍資金。再者，除了粟特系突厥軍人以外，也有來自粟特的粟特軍人加入他的麾下。這種東亞顯而易見的人群遷徙，在引發「安史之亂」的層面上，也相當值得重視。

▷3　**范陽、平盧、河東節度使**
唐朝原本是採取名為「府兵制」的徵兵制，但在7世紀末到8世紀初，這個制度已然瓦解；取而代之的是透過募兵打造的新軍隊，為了統率這批新軍隊而設置的就是節度使。范陽是現在的北京、平盧是遼寧省朝陽市、河東則是山西省太原市，三處各自設置了節度使。這三個節度使統率的軍事力，達到整個唐朝的38 %。

▷4　**羈縻統治**
授予臣服於唐的周邊民族首領唐的（地方長官）官職，於這個部族集團所在設置都督府與州，進行間接統治，這就是羈縻統治。參照 I-12 旁注5。

▷5　**奚與契丹**
都是位於現在內蒙古東部的遊牧系種族名稱。種族所屬不明，但語言應該是屬於蒙古系。唐代稱之為「兩蕃」。兩者都是在唐初歸順，但在7世紀末時，契丹爆發叛亂，脫離唐朝的統治。之後，契丹從屬於突厥和回鶻，到了10世紀時，契丹中由耶律阿保機率領的勢力增長，建立了契丹國（遼朝），奚也納入契丹的統治下。

＊　**回鶻**
參照 II-7 注2。

探究的重點

(1) 粟特商人移居中國的理由為何？

(2) 集結在安祿山麾下的粟特人，是從何而來、又是基於什麼理由這樣做？

5～6世紀的朝鮮半島情勢與倭

21

倭有統治過朝鮮半島嗎？

井上直樹

【關連項目：漢的冊封體制、唐的冊封體制】

背景

在5～6世紀的朝鮮半島，統治從中國東北地方到朝鮮半島北部地區的高句麗，與以現在首爾地區為據點的百濟激烈對立。這場高句麗與百濟的對抗，不只將朝鮮半島東南部的新羅、金官國（現在的金海市）、安羅國（現在的咸安市）等加耶諸國，更將4世紀下半葉以後與百濟締結同盟的倭國都捲入其中，可說熾烈至極。倭屢屢渡海，和新羅、高句麗交戰；另一方面，**倭王武**[▷1]則向中國王朝（宋）陳訴高句麗的惡行，同時以高句麗被授予的官職來自稱，請求宋予以敘任，對高句麗表現出毫不掩飾的敵意。

475年，因高句麗南攻而喪失王都的百濟，遷都到朝鮮半島中部的熊津（現在的公州市）；之後不斷對朝鮮半島南部的加耶諸國施加軍事壓力，以圖擴大勢力。在這樣的過程中，一直以來與加耶諸國關係深厚的倭，除了派遣使節團外，也深深介入了百濟、新羅與加耶諸國在朝鮮南部的對立。

論點

1. 《廣開土王碑》、倭王武上表文中的倭

在5世紀初製成的**《廣開土王碑》**[▷2]中，倭登場的次數比新羅、百濟更多，由此可以明顯看出高句麗對倭的敵意。另一方面，在倭王武的上表文中，則表露出對高句麗的敵意，因此毫無疑問，倭也有意識到高句麗的存在。

話雖如此，《廣開土王碑》中所見倭的活動，徹徹底底只是襯托出擊退倭的廣開土王偉業，從而給予過度誇張的描寫，因此關於《廣開土王碑》中所見倭的活動，是否真能呈現出當時的實際情況，頗有疑義。《廣開土王碑》也是從高句麗觀點來修飾過的記述，因此其中有關倭的活動，或多或

▷1　倭王武
《宋書・倭國傳》中流傳的5世紀5位倭國大王（讚、珍、濟、興、武）之一，按照天皇的系譜，可以推定為雄略天皇。他派遣使者到宋，要求宋認可他在朝鮮半島南部的軍事指揮權與軍事統治權。

▷2　《廣開土王碑》
屹立在高句麗古都（現吉林省集安市），記載高句麗第19代王——廣開土王的功績，高約6公尺的石碑。414年建造的這座石碑上，記載了倭渡海和高句麗交戰等事蹟，傳達了既有文獻史料中無從窺探的部分朝鮮半島情勢。

5～6世紀朝鮮半島關係圖

少必須打點折扣。

再者，倭王武為對抗高句麗王，要求宋授予同樣的**官爵號**[*]，但宋並沒有認可。不只如此，歷代倭王不光是朝鮮半島南部，也要求掌管百濟的軍政權，但同樣被宋打了回票。另外，從宋授予的將軍號來比較，高句麗、百濟、倭有差等，高句麗明顯處於上位，因此從這點來看，很難認為倭有建立起足以和高句麗匹敵的強大勢力圈。還有，倭所敵視的高句麗對外政策，其實也是立足於和西鄰的中國王朝，以及朝鮮半島上抗爭的新羅、百濟等關係而展開，因此，雖然不能否定上述的朝鮮情勢與倭有關，但過度強調也是問題；也正因此，有必要徹底以高句麗、百濟、新羅的動向為中心來進行考證。

2. 6世紀百濟勢力的擴大與倭　　5世紀末到6世紀，在高句麗攻擊下被迫遷都到熊津的百濟，不斷往朝鮮半島南部擴大勢力。據《日本書紀》記載，在這樣的過程中，倭派遣將軍等人前往安羅，顯示倭積極參與了當時的朝鮮半島局勢。

從這種觀點出發，前人把近代日本對朝鮮半島的統治投射到古代，理解為倭有建立一個統治殖民地的機關「任那日本府」，來統治「任那」。但是，隨著研究的進展，已經釐清「任那日本府」其實是派遣到安羅的使節團，而統治「任那」的見解在今日已經漸漸消逝了（可是我們仍然可以散見認為設有「任那日本府」，並受日本強烈影響的書籍）。

但是，另一方面關於所謂「**任那四縣割讓**」[▷3]，在日本高中生頻繁使用的《日本史用語集》中，寫著是大伴金村割讓給百濟，簡直就像日本真的統治了任那一樣。《日本書紀》的記載是以朝鮮半島處於天皇統治下為前提，因此絕不代表倭真的領有朝鮮半島南部地區。無法忽視的是，隨著百濟、加耶關係史的進展而解開的實際情況，是百濟徹徹底底依靠自身實力奪取了任那。

3. 百濟、倭與在地勢力　　6世紀以後，百濟雖然積極向朝鮮半島南部擴張勢力，但那個時期的朝鮮半島南部仍然存在著尚未受百濟統治的土著勢力。也有觀點指出，這些在地勢力中，也有人一邊和百濟交流、一邊抗拒百濟的收編，想維持既有權利，接收了倭的墓制、情報、物資、人員，築起倭系的前方後圓墳，並且追求和倭之間的關係。這件事呈現出百濟、加耶、倭、朝鮮半島西南部的在地勢力，以複雜樣貌在活動的端倪，也有必要以這種在地勢力的動向等為基礎，考察在朝鮮半島南部和東南部，百濟、加耶、倭各國的動態。

---

[*]　**官爵號**
參照 I-22 注1。

[▷3]　**任那四縣割讓**
《日本書紀・繼體紀》6（512）年12月條中，記載倭在百濟請求下，將朝鮮半島西南部的「任那國上哆唎、下哆唎、娑陀、牟婁四縣」贈與百濟。

唐的冊封體制

是如何展開？

赤羽目匡由

【關連項目：漢的冊封體制、5～6世紀的朝鮮半島情勢與倭、高麗自尊的象徵】

背景

618年，李淵建立唐朝，隔年高句麗便早早遣使前來；621年，高句麗、百濟、新羅三國遣使朝貢。唐接受他們的朝貢，在624年分別**冊封**榮留王為上柱國、遼東郡王、高麗王，武王為帶方郡王、百濟王，真平王為柱國、樂浪郡王、新羅王。冊封是中國皇帝授予周邊各民族首長（國）王、郡王、郡公等**爵號**，締結君臣關係，將當地（領域）、人民的統治委任給這些首長。透過這種關係成立所產生、包含文物制度傳播在內的國際政治體制，就稱為「冊封體制」。朝鮮三國之後也接受唐的冊封，但新羅在與高句麗、百濟的對抗上與唐結盟，而唐則以「守護冊封藩國間秩序」的名目支援新羅，消滅百濟和高句麗。至此朝鮮半島只剩下新羅，但689年在舊高句麗領地北部，建立了渤海國。歷代的新羅王、渤海王都受唐朝皇帝冊封，雖然曾一度產生對立的局面，但大致都能維持安定、友好的關係，一邊汲取文物制度，一邊發展國家。唐代的冊封體制就以上述方式為典型，拓展至滿洲（大致指東部內蒙古以東，鴨綠江、豆滿江以北，黑龍江以南之地）到朝鮮半島的歐亞大陸東部諸國。

論點

1. 唐代冊封體制擴展的範圍　　唐給予周邊各民族首長、認可其地位的稱號，不只是爵號（王號），也有使用**突厥**和**回鶻**固有的可汗等首長稱號；有見解認為這類固有首長稱號的授予也可以視為冊封。如果按照這樣的觀點，那麼冊封體制也有擴展到以蒙古高原為中心的北方遊牧民族之地。再者，被授予爵號的首長並不只限於東邊諸國，以**契丹**、**奚**等東部蒙古出發，到西域諸國、越南、雲南、西藏的諸民族，都曾獲得這些稱號。於是，唐朝皇帝賦予周邊各民族首長怎樣的稱號才算「冊封」，又該如何掌握冊封體制的地區範圍，就成了論點之一。「冊封」這個用語在唐代以前的史料，幾乎不曾見過，但在明、清則頻頻出現。因此，將唐代以前的情況冠上冊封之名，徹徹底底只是學術用語。今後在使用冊封延伸出的「冊封體制」這個概念之際，有必要定義和討論其本身究竟是怎樣一回事。不只如此，究竟該如何思考與冊封體制互為表裡的「東亞世界」這一概念，和上述問題也是密切相連的。

2. 唐授予周邊民族首長的官爵　　唐授予周邊各民族首長的稱號，並不只限於和冊封有關的爵號與固有首長號。和國內的官僚一樣，唐朝也會從職事官（負責實務的官職，實職）、**散官**、**勳官**、爵號這四個系統所構成的

**　冊封**
參照[I-12]注6。

**　突厥**
參照[II-7]注1。

**　回鶻**
參照[II-7]注2。

**　契丹、奚**
參照[I-20]注5。

▷1　爵號
授予皇族，或是當臣子立下卓越功勞時贈予的榮譽。最早是周天子或漢朝皇帝會伴隨著土地（封土）一併授予一族或功臣爵位。但唐代在國內的做法並不會賜予土地本身，而是將封地上繳的租稅支付給封爵。

頭銜（官爵）中，選擇幾個來授予這些首長。爵號本身也有討論的餘地，但除此之外這些系統的官爵，對唐而言究竟代表怎樣的意義與評價？關於這個問題，雖然以職事官之一——武官號為中心，出現了很多專門的討論，但迄今仍沒有正式重新檢討。儘管一概稱為被冊封國，但唐朝當然不是對所有國家等同視之，透過授予的官爵官品高低，會呈現出待遇的優劣，但單憑官品高低也不見得就準確，有可能在對某民族首長的官爵授予中，存在著特殊的傾向。依照我個人的見解，綜觀唐代冊封事例，將一定的地區與勢力彙整起來後，應該可以看出授予首長官爵某種程度的傾向。不管怎麼說，這種在唐冊封體制內的秩序下，對周邊各民族各首長（國）的定位問題，仍將成為今後的論點。

3. 冊封關係對周邊各民族（國）而言的意義

在冊封體制下，被冊封國（藩國）在作為外部藩屏、守護中國王朝的同時，中國王朝若是在藩國面臨攻擊，或其國內秩序紊亂之際，也會決定庇護或匡正，兩者結合起來就形成了以中國為中心來維持秩序的架構。冊封體制論當初因為透過這種維持秩序的邏輯，強調現實國際關係會自我展開的一面，所以經常遭到批評，認為是無視周邊各民族主體性的產物。這種批判確實也有部分道理，但話雖如此，也不能否定周邊各民族也有出於自身利害，積極參與冊封體制的一面。留意冊封體制是披在現實國際角力關係上的「外衣」，對於思考冊封對周邊各民族的影響，以及其所扮演的角色時，相當具有意義。北村秀人與濱田耕策透過新羅的事例，稍微解開了在被冊封國的內政上會有冊封關係帶來的發展，以及受到規制與壓抑的兩面性，期望能繼續展開更進一步的研究。此外，冊封在周邊各民族的對外關係中的意義，過去不太會有人質疑。唐朝皇帝授予的官爵，在周邊各民族間的外交場域上究竟具有怎樣的意義，又會如何加以利用，這點也是今後應該討論的課題。

▷2　**散官**
沒有賦予實職，只表示品階的官，有文武之別。要就任職事官，前提是必須具備一定的散官銜。

▷3　**勳官**
應軍功授予的恩賜。

探究的重點

(1) 從冊封關係中可以窺見唐對周邊各民族，建立起怎樣的國際秩序嗎？

(2) 唐的冊封關係，對周邊各國的內政，以及各國之間的外交關係，產生了怎樣的影響？

唐宋變革

23

中國史的轉捩點是在什麼時候？

丸橋充拓

【關連項目：宋元代的地方菁英與新興豪民、宋元明轉折期】

背　景

在「中國」歷史中，存在著好幾個分水嶺，唐代中期（8世紀中葉）到北宋末（12世紀前期）這段期間，也是其中之一。這段期間中社會整體發生的大變化，中國史研究者稱為「唐宋變革」。

把這種變化當成中國史轉捩點來重視的看法（唐宋變革論），首先是由京都帝國大學的內藤湖南，於1910～1920年代所提倡。在中國逐漸向共和制轉移的局勢中，內藤主張這當中發生的社會狀況，都是起源於宋代，提出了「宋以後近世說」（內藤所說的「近世」，相當於現在用語中的「近代」之意）。內藤從唐到宋，在政治（從貴族制到君主獨裁）、經濟（從實物經濟到貨幣經濟）、社會（平民崛起）、文化（平民文化的興起）等各個層面產生的變化中看到了近代的根源。唐宋變革論，是內藤整體構想的中國史時代區分（到東漢為止為上古＝古代，到唐末為止為中古、宋以後為近世＝近代）中堪稱重要的支柱。他的高足宮崎市定將其學說透過宏觀視野來建立成體系，以「京都學派的時代區分」之姿，一直承繼到第二次世界大戰之後。

但是在戰後，開始出現與之相異的見解。在克服戰時被當成對外擴張依據的「**亞洲停滯論**」[1]這個切實的學術課題中，嘗試用馬克思主義史學（歷史唯物論）的發展階段論，來進行時代區分。它以「生產方式」為指標來區分，唐以前的「**個別人身支配**」[2]為奴隸制＝古代，宋～清末的地主─佃戶關係為封建制＝中古，清末以降的半殖民地、半封建＝近代，用這樣的劃分方式來表現到出現現今社會主義政權為止的發展。這項主張是以東京大學的西嶋定生、仁井田陞、周藤吉之等人為中心，在歷史學研究會中主張的論述，因此這個學派被稱為「歷研派」，與京都學派之間展開了「時代區分論爭」。

兩派雖然都重視唐宋之間的變化，但對前後社會的理解，有著相當大的差異。特別是對宋代佃戶制的評價為最大的爭論點；宮崎的宋代近世說，把佃戶看成是自由度高的契約佃作關係，周藤的宋代中古說，則是把佃戶看成隸屬度高的農奴，兩派在1950～1960年代，展開了激烈的交鋒。

這場論爭就這樣保持平行線，一直看不到交集；到了1980年代以降，遂逐漸地沉靜下來。可是在這過程中產生出的龐大實證成果，成為中國史研究的珍貴財產，一直傳承到今日。

▷1　**亞洲停滯論**
將「發展的歐洲」與「停滯的亞洲」對比的西洋中心亞洲觀。基於「亞洲各國是不具備自我發展契機的停滯社會」這樣的認知，將列強對亞洲的干涉、侵略看成是「透過外部支援推動近代化」，從而使之合理化。

▷2　**個別人身支配**
西嶋定生等人提倡的概念。皇帝在秦漢時代透過賜予民爵、隋唐時代則透過頒受均田，對小農民進行「個別人身支配」。歷研派把這點看成是奴隸制的支配關係，將唐以前的時代區分為古代。

論　點

1. 以現在的研究水準，重新定位「唐宋變革」

即使在時代區分論爭沉寂之後，唐宋變革論仍被認為是有效的，到現在也是有產出許多解析變革各個面向的研究。但另一方面，值得注意的是1980年代以降的研究，將時代區分論爭時視為「不證自明」的許多前提都相對化，累積了許多成果。否定封建制學說的專制國家論、考究階級關係以外秩序的樣貌的**地域社會論**[*]、將中華架構相對化的**遊牧世界**[*]、**海域世界**[*]研究等，都是代表性的例子，本書各章中也會介紹到許多相關的成果。當在這樣的水準上重新論述時，必須再次質問究竟唐宋變革具備怎樣的意義。

2. 各式各樣的時代區分論

原本的唐宋變革論，是內藤將目光投向清末～民國初年的中國社會，試圖追溯其直接源頭下誕生出來的產物，到了宮崎則將世界史整體納入視野來重新論述。

另一方面，在近年的唐宋變革研究中，未必總是把探究「與現在的連結」，擺在第一優先的位置。今日會有意識提出「與現在連結」的研究，大概就是關注16世紀世界經濟的展開，以及世界各地對這種展開之回應的「近世化」論了吧！其它像是提起兩宋變革論（後述）與**宋元明轉折期**[*]等各式各樣嶄新時代區分的時候，該如何定位唐宋變革論，也是今後必須檢討的課題。

3. 海外中國史研究的接納

唐宋變革論對歐美與中國學界也產生很大的衝擊。歐美在1980年代以降，隨著郝若貝（Robert Hartwell）、韓明士（Robert Hymes）、劉子健等人深入研究宋代地域與菁英，重視兩宋之間變化的看法（兩宋變革論），遂被認為是有力的見解。

中國在進入21世紀後，作為替代歷史唯物論（封建制說）的解釋概念，也開始熱烈檢討唐宋變革論。包括高舉唐宋變革的學會與學術雜誌特集（《唐研究》第十一卷「唐宋時期的社會流動與社會秩序研究專號」等）、著作（盧向前編《唐宋變革論》、李華瑞《「唐宋變革」論的由來與發展》、王瑞來《近世中國》等），不勝枚舉。值得注意透過這種海外的新視角，讓唐宋變革論重新獲得活力的動向。

*　地域社會論
參照 II-15 、 II-17 。

*　遊牧世界
參照 I-24 。

*　海域世界
參照 II-16 。

*　宋元明轉折期
參照 II-19 。

探究的重點

(1) 唐宋變革在現今的研究水準中，具有怎樣的意義？

(2) 海外如何檢討唐宋變革論？

遊牧世界與定居世界

24 什麼是中央歐亞的共生關係？   赤木崇敏

【關連項目：遊牧帝國的形成與分裂、中央歐亞的語言與文字、佛教的東傳與落地生根、突厥系各部族、後蒙古的民族、中央歐亞與周邊文化圈】

背 景

在歐亞大陸的中央地帶，東西橫亙著稱為「中央歐亞」的巨大乾燥地帶；這個地方由北向南，是由草原地帶、沙漠地帶、草原與沙漠混合的半草原半沙漠地帶這三重構造所組成。在天山—錫爾河以北草原地帶展開的是擅長騎馬與騎射技術的騎馬遊牧民居住的世界。另一方面，在這條線以南沙漠地帶的綠洲，則有定居民在經營農牧業、工商業和貿易。在軍事、交通方面占優勢的騎馬遊牧民，與透過農業、工商業生產與貿易累積財富的綠洲定居民，屢屢建構起互利共生的關係，對中央歐亞史，甚至是前近代歐亞史都產生了很大的影響。這種共生關係隨著集團規模與地區不同，而有多樣的形態，解析其具體關係性就成為很重要的論點。

論 點

1. 宏觀層次的共生關係　　論點之一是國家與地域層次的大範圍共生關係。匈奴、柔然、**突厥**[*]、**回鶻**[*]等遊牧國家透過騎馬遊牧民，讓大範圍統治、遠距離貿易成為可能，為了補充草原地帶無法自給的農作物與手工業品，間接統治了綠洲國家與定居農耕地帶的農民、商人、都市民等，而作為庇護的代價則向他們收奪賦稅，同時也委由**粟特人**[*]等國際商人，從事貿易與外交工作。只是，遊牧國家與綠洲國家的關係，未必只有統治—從屬而已。比方說像西突厥和麴氏高昌國這樣，透過互相派遣日常使節（商隊），吸引眾多粟特商人來活絡貿易活動，從而帶給雙方繁榮，也不可輕易遺漏這種互惠的層面。

10世紀前後，誕生了契丹、西夏、西回鶻、喀喇汗國等由少數人口的遊牧民，安穩統治占大多數人口的綠洲都市與定居農耕社會的新興國家。森安孝夫定義為**中央歐亞型國家**[▷1]的這些國家，以遊牧社會與定居社會各自累積起來的統治技術與行政制度為基礎，讓少數軍事力量統治多數人成為可能。這種知識技術之後為蒙古及其後繼各個國家所繼承。另一方面，將7世紀末試圖統治南方的突厥第二汗國，與介入安史之亂的回鶻等各個先行勢力定位為「為時尚早的征服王朝」，討論中央歐亞型國家形成的過渡期間，遊牧民產生了什麼樣的質變，這樣的視角也獲得矚目。

此外，位在半草原半沙漠與定居農耕地帶接壤處，也就是農耕、畜牧、遊牧生活形態混雜的農牧接壤地帶（農業／遊牧交界地帶），因為能夠左右下一代

---

* 突厥
參照 II-7 注1。

* 回鶻
參照 II-7 注2。

* 粟特人
參照 I-20 與 I-25 注3。

▷1 中央歐亞型國家
以遊牧民的軍事力與透過絲路累積的財富為基礎，將軍事統治制度、稅制、人才錄用制度、交通與情報傳遞制度、都市制度、獨特的文字文化與奠基於此的文書行政等組織起來，建構一套統治體制，並實現以少數軍事集團來統治多民族。10世紀左右以降登場，蒙古帝國被認為是其完成形態。

歷史的遊牧勢力在此層出不窮，近年也受到重視。比方說北朝～隋唐的拓跋系集團、突厥第二汗國、五代的突厥系沙陀軍團等遊牧勢力，都是以陰山～鄂爾多斯這個地區為搖籃伸展其勢力，而其擁有軍事力也成為翻轉歐亞大陸東方歷史的原動力。

2. 微觀層次的共生關係

在可耕地與水資源都嚴格受限的綠洲，光靠農牧業當然不可能有更進一步的發展，因此貿易和為了拓展貿易而建立的交通制度，必定會發達起來。也正因此，關於這個地區的性質，有人形容是貿易、交通的中繼點，也有像**絲路史觀論爭**[▷2]那樣，比較農牧業和貿易之間的重要性。此外，因為較難產生穩固的政治勢力，所以對於這個地區的歷史走向，也不能無視遊牧國家、中國王朝、伊斯蘭王朝等周邊勢力的影響。

只是，在掌握綠洲社會特質的時候，還應該要注意透過河川與伏流供應綠洲水源的鄰近高山，以及生活在山間草原的遊牧民。山地遊牧民與綠洲定居民之間，在外交、貿易、畜牧、水利等層面上，產生了微觀的共生關係。對綠洲居民而言，絕對不可輕視這些山地遊牧民的存在。比方說，8世紀在唐朝統治下的吐魯番，為了維持和管理水利設施，就常常徵召在周邊活動的遊牧民勞動力。10世紀統治敦煌的曹氏歸義軍節度使，為了維持政權，並能安定利用河水，也和遊牧集團吐谷渾締結層層的婚姻關係，殫精竭慮與他們建立起關係。基於這種微觀的共生關係，坂尻彰宏指出由一條水系連結起來的「山」遊牧民—「綠洲」農耕民這種架構，是組成內亞乾燥地帶的基本單位。

就像這樣，依循著宏觀、微觀兩種共生關係來具體闡明綠洲社會與國家的歷史發展，是相當重要的。

3. 佛教石窟寺院的角色

西域北路～**河西走廊**[*]綠洲近郊設置的佛教石窟寺院，其機能也為上述的微觀共生關係提供了新的視角。石窟寺院屢屢被視為展現佛教東漸樣貌的象徵，但營造石窟對綠洲的人們來說，是終極的事業，絕非和他們的信仰生活及與之相伴的社會經濟活動，毫無關連。另一方面，在河西走廊上，石窟寺院都是沿著連結山地與綠洲的水系來建造，位在山地遊牧民與綠洲定居民的各種生活圈節點上，成為兩者之間信仰與交流的場域。像這樣以「山」—「綠洲」為單位的信仰圈中，石窟寺院究竟扮演著怎樣的宗教角色，以及有著什麼樣社會經濟的機能，產生了新的議論。

▷2　絲路史觀論爭
1970年代時，在「絲路」與作為主要舞台的中亞（中央歐亞）歷史發展上，針對北方遊牧民與南方綠洲農耕民的南北關係，和透過「絲路」交易展開的東西關係究竟哪個重要，展開了論爭。此後，這個問題的討論仍然沒有停歇。

＊　河西走廊
參照 I-26 注4。

探究的重點

(1) 在唐朝等整合遊牧、綠洲兩個地區的巨大國家下，共生關係有著怎樣的發展？

(2) 在中央歐亞結構發生轉變的19世紀，共生關係有了怎樣的變化？

<table>
<tr><td rowspan="2">

25
</td><td>

遊牧帝國的形成與分裂
</td></tr>
<tr><td>

其結構與社會是什麼樣子？　　　　　鈴木宏節
</td></tr>
</table>

【關連項目：拓跋國家、遊牧世界與定居世界、中央歐亞的語言與文字、佛教的東傳與落地生根、突厥系各部族、後蒙古的民族、中央歐亞與周邊文化圈】

<table>
<tr><td>

＊　突厥
參照 II-7 注1。

＊　回鶻
參照 II-7 注2。

▷1　**單于、可汗、汗**
這些都是遊牧世界意指「君主、王、皇帝」的稱號。此外，在學術上，關於 khaghan、kha'an、khan、khaan 等，在內容意義和標記法上其實有時候必須伴隨著嚴密的區別才行。

▷2　**兀魯思**
蒙古語中指稱「人類集團」的詞彙，通常被當成「國」的意思來使用。
</td><td>

背景

　　有史以來，在中央歐亞有匈奴、**突厥**＊、**回鶻**＊、契丹、蒙古等遊牧帝國此起彼落。「遊牧」這種在乾燥且寒冷的草原世界，隨季節移動的生產方式，雖然要累積剩餘生產物相當困難，也十分不安定，但這些條件也讓遊牧民誕生了透過騎馬機動力來統治廣大領域的帝國。以匈奴的冒頓**單于**▷1（西元前2世紀）、突厥的土門**可汗**（6世紀）、蒙古帝國的成吉思**汗**（13世紀）為首，出現了許多率領這些騎馬軍團的草原魅力領袖。要求他們具備的能力是從嚴酷自然環境中生存下來的賢明與判斷力、領導複數部族與多樣背景集團的手段與政治力，但說到底攸關帝國存亡的，還是遊牧君主對牧地與戰利品的分配。

論點

1. 從遊牧民族的結構來看

伴隨帝國征服活動的擴大，會在對君主子弟和功臣分封的形勢下，誕生出新的國家與人民組織。遊牧民一般採用幼子繼承制，分家本身的自主性相當高，也屢屢出現從君主底下獨立出去的狀況。6世紀突厥的東西分裂（583年），或是13世紀蒙古的複數**兀魯思**▷2（汗國）並立，都是古代突厥、蒙古開創功業的一族各自分家的結果。雖然他們不時會有尖銳對立，但在作為政治體的意識上，倒還能保持鬆散的統一。

　　說到底遊牧帝國的構造，大概具備有以下這些共通性：作為供給騎兵的軍政合一階層組織、由遊牧君主統帥的中央軍（含宮廷機構）、負責統治東西領域的左翼軍及右翼軍組成的三軍團架構等。一般通論的說法是，在這種大架構下，成吉思汗將處於首長制或部族聯合階段的遊牧社會，徹底整頓起君主命令體系維繫的堅固主從關係，從而完成了重新編組舊有部族紐帶的中央集權體制。可是，並沒有辦法徹底弄清楚以匈奴、鮮卑為首的歷代部族聯合與國家結構；其中的例外是在突厥第二汗國的極盛期，因為有三十姓或三十姓突厥這樣的他稱／自稱，所以能夠判明構成突厥第二汗國的主要部族聯合（東突厥十二姓＋西突厥十姓＋拔悉密五部族＋葛邏祿三姓）。故此期盼能廣搜各種新舊語言史料，分析構成遊牧國家的部族／氏族層級結構與紐帶。

2. 從草原與綠洲的共生來看

遊牧民族的擴張，大致上的情況都是從將和草原接壤、位在沙漠的綠洲納入麾下開始。說到底，為了讓極度自給自足的遊牧生產方式得以站穩腳步，就不得不從外部尋求讓社會得以發展的資源。在機動力與軍事力上占優勢的遊牧民，往往會保護綠洲間的交通
</td></tr>
</table>

與貿易，並將綠洲本身及連繫各綠洲的貿易網絡納入自己的統治之下。就這樣，在草原遊牧民的軍事力與綠洲都市民、農耕民、商業民的經濟力結合下，在西元前後於中央歐亞，誕生了稱為絲路的大範圍網絡。在此同時，遊牧國家也成為大範圍帝國，在草原世界登場。

在突厥的**粟特人**[3]、後來的回鶻商人（突厥化的粟特人），乃至於蒙古的**斡脫**[4]商人身上都可以看見這種草原與綠洲的共生關係。在這當中，本身也善於騎馬的粟特人，自己作為武裝集團，在綠洲、中華、遊牧世界都相當活躍。總體來說，遊牧帝國採用的異文化集團，他們帶來的資金、物資、資訊，對人口寡少的遊牧民維持廣大且多樣的統治領域，有很大的貢獻。在突厥，粟特人提供了文書行政領域的書記體系，在蒙古則以回鶻人為引子，連穆斯林商人等都參與了帝國的營運。

3. 從物質資料的分析來看

在蒙古高原的考古學進展令人目不暇給。特別是關於蒙古帝國部分，成吉思汗的分封，其實也有把子弟分配到連繫歐亞各地的商業網絡的一面。此外，窩闊台在營建草原都市哈拉和林的時候，一方面讓這座城市與複數離宮及遊牧地連結在一起，同時也整頓驛站，建構一個主要道路輻射擴散出去的首都圈。將遺跡和物質資料的分布繪製成地圖，從而轉換成遊牧帝國利權的分配圖，這種方法或許也可以應用在其他時代的遊牧民身上。在田野調查成為可能的今日，復原草原的交通路線可以對這個歷久彌新的研究主題，有更深一層的理解。

一直以來，用來觀測遊牧民變化的指標，大概不脫使用文字、營造草原都市，以及信仰**創唱宗教**[5]等，特別是突厥～回鶻時期對物質文明的接納，更是眾所矚目的焦點。但現在，有必要對照考古學的進展，重新檢討這些指標的對錯。比方說，已經證明存在著匈奴時代建築的城郭，也如火如荼分析契丹（遼）用來統治草原的都市遺跡，同時堅持不懈地在解析各種文字碑文。話雖如此，能用來復原草原歷史的史學資料還是很少。因此不論文獻歷史學，還是考古學，都必須把各個時代的研究成果放入視野當中。

▷3　**粟特人**
粟特的伊朗系民族。使用中古伊朗語的粟特語，以及來自亞蘭文字的粟特文字。

▷4　**斡脫**
突厥語中「夥伴、合夥人」的意思，在這裡指的是共同出資的組織。在蒙古帝國中擔任統治機構的一環。

▷5　**創唱宗教**
指具有特定始祖與聖典的信仰形態。摩尼教在回鶻獲得王室保護，受到國教的待遇，這件事相當出名。

探究的重點

(1) 遊牧民是用怎樣的方法，凝聚建構出跨越廣大領域的帝國？
(2) 遊牧民從草原世界外部採用、引進的文物及制度有哪些？

中央歐亞的語言與文字

26

變與不變的原因是什麼？

坂尻彰宏

【關連項目：粟特人的活動、遊牧世界與定居世界、遊牧帝國的形成與分裂、突厥系各部族、漢語文化、中央歐亞與周邊文化圈】

背景

　　語言、文字與其使用者，是各自有別的事物。一種語言可能會以複數的文字來書寫呈現，一種文字也有可能用來書寫複數的語言。蒙古語可以用西里爾文字和蒙古文字來表示，拉丁文則為世界上非常多的語言所使用。在這世界上，並不存在只有特定血統的人才能學會的語言和文字。就歷史上來說，人會因應必要的需求，改變使用的語言和文字，分開使用複數的語言和文字，也不是什麼罕見的事。認為特定語言、文字與人類集團密不可分，這樣的印象其實是近代為了維持「民族」和「國民」概念而創出的一種幻想，未必就適用於前近代的社會。特別是在各式各樣人類集團熱烈交流的前近代中央歐亞，語言和文字的變化、多語言及多文字的並存，都是理所當然的狀況。

論點

1. 「突厥語化」與「粟特文字化」

　　在前近代的中央歐亞，語言、文字與使用者的變化分成許多階段，幾乎不曾出現「一下子全部翻轉」的情況。比方說，在絲路活躍的粟特人，在10世紀前後突厥人從中央歐亞東部往西部擴張勢力的過程中，漸漸從歷史上消失了蹤影；到了11世紀左右，他們使用的**粟特語**[◁1]也成了眾人咸認的死語。話雖如此，粟特人並沒有死絕。在**敦煌莫高窟**[◁2]中發現的10世紀左右文件上，用來書寫的是一種稱為「突厥－粟特語」（Turco-Sogdian），包含很多突厥語要素的粟特語。從語言特徵來判斷，寫下這些文件的人應該不是通粟特語的突厥人，而是通曉突厥語的粟特人。這些粟特人正是在和突厥人的接觸中，漸漸地「突厥語化」了。另一方面，粟特人使用的**粟特文字**[◁3]從8世紀下半葉左右開始，就幾乎維持原樣在中央歐亞東部用來書寫突厥語（回鶻文字）。粟特人「突厥語化」的時代，從文字角度來看則是這個地區的突厥語，正持續「粟特文字化」。換言之，在突厥化潮流中消失身影的中央歐亞東部粟特人，他們的語言雖然突厥化了，卻沒有喪失自己的血統與文字，繼續延續下去。

2. 藏語、藏文的廣傳

　　前近代的中央歐亞，在語言、文字的使用上，大致是以實際利益為優先，如果母語以外的語言、文字便利且有魅力的話，那就會和母語一併使用。比方說，古代西藏帝國（吐蕃）的勢力在8世紀下半葉從西藏本土擴張到塔里木盆地南部、**河西走廊**[◁4]等中國西北部地區，強行使用藏語、藏文的高壓統治。結果，在吐蕃統治的地區，居民除了各

自的母語、文字外，還得在無視自身意志的情況下，被迫使用藏語、藏文。之後帝國在9世紀中葉瓦解，吐蕃的統治也宣告終結，原本統治地區下的人們不再被強迫使用藏語、藏文，可是使用並沒有就此停止。藏語、藏文已經獲得了各地原有語言、文字以外第二語言的地位，在過去吐蕃統治的廣大範圍中，成為好用便利的國際共通語。事實上，在敦煌莫高窟發現的文書中，就留有認為是過去吐蕃統治下的地區之間，彼此用藏語、藏文來交流的信件和文書。帝國時期推廣開來的藏語、藏文，此後在非藏人之間一直使用到12世紀左右。

3. 牆壁上的多種語言及文字

在多語言社會的前近代中央歐亞，多種語言和文字的並存並不稀奇。比方說，在以敦煌莫高窟為首的**敦煌石窟**◁5寺院牆壁上，就留有從中央歐亞東部各地前來造訪的巡禮者寫下、作為紀念的數百件「塗鴉」。這些塗鴉使用的語言、文字，光是10～14世紀左右的部分，就有6種語言（漢語、突厥語、蒙古語、梵語、藏語、西夏語），7種文字（漢字、回鶻文、八思巴文、敘利亞文、婆羅米文、藏文、西夏文），展現出這時期中央歐亞作為豐富多語言社會的一面。在這當中，也可以看到書寫者使用和母語相異的第二語言、文字留下的塗鴉，以及同一位書寫者分別使用複數語言及文字的情況。有一位10～12世紀左右在伊州（哈密）出身、自稱「新手桑巴」的巡禮者，在造訪榆林窟的時候，在壁面上同時寫下了突厥語（回鶻文字寫成），以及藏語（藏文寫成）的塗鴉。受到突厥、粟特、西藏語言和文字文化影響的這種人物，其存在明示了前近代中央歐亞的語言、文字，與其使用者的多樣性。

▷4　**河西走廊**
位在中國甘肅省西部祁連山脈北側，帶狀的綠洲地區與交通路線。河西的意思是「黃河以西」。因為連結中國本土與西域，自古以來都是要衝。由西向東的主要綠洲，分別是敦煌、酒泉、張掖、武威。

▷5　**敦煌石窟**
以中國甘肅省敦煌為中心地區，分布的佛教石窟寺院群總稱。由莫高窟、榆林窟、西千佛洞、東千佛洞等所構成。

探究的重點

(1) 影響語言文字變與不變的關鍵為何？

(2) 多語言、多文字並存的關鍵為何？

佛教的東傳與落地生根

(27) 誰引領了佛教的興盛？   中田美繪

【關連項目：拓跋國家、粟特人的活動、遊牧帝國的形成與分裂、中央歐亞的語言與文字、突厥系各部族、西藏與佛教】

背　景

　　發祥於印度的佛教，在漢朝時傳來中國，之後歷經魏晉南北朝到隋唐，逐漸滲透到整個社會。在佛教的「東傳」與「落地生根」中，來往印度、中亞與中國的僧侶相當活躍，包括佛圖澄、鳩摩羅什、法顯，以及唐代（618～907年）的玄奘、義淨、金剛智等人都廣為人知。特別是唐代，具備充實的教學面和投注精力翻譯經典上，都堪稱佛教的極盛期。然後，在中國生根的佛教，又從中國更進一步，擴散到周邊的各地區。

論　點

1. 移動的人群

　　在佛教的「東傳」與「落地生根」中，除了上述的高僧以外，我們也不能無視其他人們的遷徙。比方說，義淨（635～713年）翻譯佛經時，除了漢人以外，也有來自印度、吐火羅、罽賓（以現在喀布爾為中心的地區）、喀什米爾等地區的人們參與。不只如此，這些人也不全是出家人，而是包含了居士、首領、王子等一干在家信眾在內。這時候正好是西方伊斯蘭帝國與吐蕃（西藏）勢力擴張的時期，可以想像他們是為了避開混亂，所以才從受兩方勢力壓迫的地區遷徙到東方。故此，唐代佛教的興盛也可以從歐亞大陸規模的人群遷徙、定居這一歷史脈絡來討論。

*　粟特人
參照 I-20 與 I-25 注3。

　　另一方面，我們也必須提及身為國際商人的**粟特人**[*]，在中國佛教發展中扮演的角色。粟特人原本是祆教徒，但在來到中國之後，有不少人都皈依了佛教。華嚴宗的三祖法藏，自祖父時代便從撒馬爾罕移居到中國。密教僧侶不空的母親，被認為是出身撒馬爾罕。他們與皇后和宦官等宮廷勢力結合，在其庇護下掌控了首都的大寺院並推廣佛教活動，對唐代的佛教發展產生了很大影響。

▷1　粟特語佛經
主要是在敦煌與吐魯番發現，翻譯了《金剛般若經》、《維摩經》、《金光明最勝王經》、《無量壽經》等著名大乘佛經。

　　不只如此，在中國也發現了複數的**粟特語佛經**[▷1]，藉此就能分析粟特人佛教徒的存在。根據吉田豐的研究，可以確定原典來源的粟特語佛經，是從漢譯佛經重新翻譯的版本，而很有可能就是粟特人僧侶翻譯成粟特語。將粟特語佛經看成以粟特人為對象的產物時，可以推斷在中國應該有相當數量的粟特人一般信徒與僧侶，不只如此，在唐朝內部也有經濟上支援翻譯和書寫佛經的粟特人。關於粟特人在歐亞大陸東方的政治、軍事、經濟等方面實際活動狀況，已經漸漸明朗；同樣地，檢討他們對中國佛教文化的影響也是相當重要。

2. 與性別的關連

　　武則天是中國史上唯一的女皇帝。唐朝繼承了北朝的遊牧風氣，女性豪邁、強壯且活力充沛，造就容易誕

生出武則天這種女性掌權者的環境。只是，儒教社會重視父系、家父長制，特別是在以男性官僚為中心的世界裡，女性要即皇帝位絕非易事。於是，武則天便在政治上利用佛教，稱自己為**轉輪聖王**（佛教心目中的理想君主），或是彌勒菩薩的轉生，正當化自己的即位。

另一個值得關注的是，唐代的宦官有很多是熱心的佛教信徒。在重視孝道的中國社會中，去勢的宦官被認為是背棄孝道的存在。因此有人指出，無法繁衍子孫的宦官和出家斷絕子孫的佛教僧侶有著親近性，所以才很重視佛教。此外，佛經中也有主張透過善行與行道，讓宦官也能恢復男兒身，因此佛教遂成為宦官在精神上的支柱。只是，唐後半葉宦官的佛教信仰，與之前有著些許不同的旨趣。這個時期，宦官積極擴張政治勢力，為了與外廷官僚對抗而積極利用佛教。對於這點，我們可以看成和武則天一樣，是為了打破儒教秩序讓自己獲得政治正統性，而採取的手段。如此這般，在考慮佛教於中國社會生根的時候，**性別**▷2的視角明顯是不可或缺的。

3. 毀佛

佛教雖然在中國社會廣泛獲得接納，但也發生了好幾次稱為「毀佛」的佛教鎮壓運動。唐代的毀佛運動，是唐武宗在會昌年間（841～845年）獨斷施行（會昌廢佛）。實施毀佛的理由，雖然有人指稱是武宗傾慕道教，以及僧尼人口增加引發的財政問題，但近年來的考察則認為，這和唐朝國內的排外主義高漲頗有關連。唐自8世紀中葉左右便飽受吐蕃和回鶻等強國的壓迫，但在9世紀中葉，隨著吐蕃的衰弱與**回鶻***的瓦解，長年累積的排外民族主義遂一口氣爆發出來。以此為導火線，演變成排除包含佛教在內的**外來宗教**▷3。毀佛是與國內外政治動向密切關連的事情，跳脫宗教史的框架，在政治史中也是值得探究的問題。

▷2 **性別**
以儒教為統治思想的中國，因為重視家父長制與孝道，所以在儒教性別秩序下，相對於作為正統政治推手的男性官僚，女性與宦官則看作是脫離這一秩序的存在。

* **回鶻**
參照 [II-7] 注2。

▷3 **外來宗教**
在這裡指的是摩尼教、祆教、景教等。

探究的重點 ∙∙∙∙∙∙∙∙∙∙∙∙∙∙∙∙∙∙∙∙∙∙∙∙∙∙∙∙∙∙

(1)在唐代繁榮的佛教，對周邊地區帶來了怎樣的政治、文化影響？

(2)中國為什麼屢屢發生「毀佛」運動？

所謂「伊斯蘭世界」這個詞彙

（28） 究竟應不應該使用？   森本一夫

【關連項目：政教一元論、世界史認識、伊斯蘭與性別、伊斯蘭與民主主義】

背 景

7世紀上半葉誕生在阿拉伯半島中西部的伊斯蘭教，在各式各樣的契機下擴散到各地。一般認為，依附於此的「伊斯蘭文明」也隨之成立，並廣為流傳。按照這樣的過程，一般普遍也將和伊斯蘭教或「伊斯蘭文明」有著強烈聯繫的地區，稱為「**伊斯蘭世界**」。

▷1　伊斯蘭世界
關於這個詞彙雖然有各式各樣的定義（參照本條目參考文獻），但在實際使用上大多如本文所述，其含義都較為鬆散。雖然在假設現在情況的時候，會形容為「西起摩洛哥、東到印尼」。但這與其說是用明確地理範圍來界定「伊斯蘭世界」，不如說是為了喚起某種（共同的）印象。

論 點

1. 「伊斯蘭世界」隱含的意思

在這裡成為論點的，是使用「伊斯蘭世界」這個詞彙（或概念）的意義及其對錯。

說到底，「伊斯蘭世界」是個擁有怎樣弦外之音的詞彙呢？和「伊斯蘭文明圈」或「伊斯蘭圈」等類似的詞彙相比，可以說具有兩個意義：第一是這個詞彙強烈暗示了「團結一致的整合性存在」。另外一個則是向人強加灌輸了一種印象，也就是「這種團結一致的存在，乃是透過獨一無二的『伊斯蘭』賦予其性格的產物」（引號中的『伊斯蘭』，指的是讓「伊斯蘭世界」成為「伊斯蘭世界」的一種概念上的存在）。當伊斯蘭教或「伊斯蘭文明」蔚為話題之際，「伊斯蘭世界」和這兩者沒有什麼區別，大致上都有助於地理相關（將視角放在地圖上）的討論。但是，這個詞彙其實帶有更強烈的言外之意，指出「這個名詞所指涉的對象，是以一種確實存在於地表上，與外在有明確區別的穩定實體」。

2. 與「伊斯蘭」觀的關係

關於這點，隨著論者的立場不同，也會顯示出其長處和短處。但不論如何，會和評價有關的還是各自所抱持的「伊斯蘭」觀。試著從不把伊斯蘭教單純當成個人內在信仰的「一般宗教」，而是與個人生活和社會各層面相互牽連的整合體制，這種主張來思考吧！（提出這種看法的論者往往認為，將指涉這種體制的名稱稱為「伊斯蘭教」並不妥當，應該把「教」去掉，單用「伊斯蘭」）。對這些論者而言，「伊斯蘭」這個詞彙，指的是一種透過整合體制運作，進而具備獨特特徵的範圍，因此具有上述「長處」的「伊斯蘭世界」，是個相當便利的詞彙。

接下來讓我們思考看看相對於此，雖然關心伊斯蘭教與「伊斯蘭文明」，卻不贊成不把伊斯蘭教看作「一般宗教」的主張吧！（也就是不以先驗角度來看待伊斯蘭教）。對支持這立場的論者而言，「伊斯蘭世界」這個詞彙因為有上述隱含的意思，所以反而會產生一個「短處」，抹除了應該要仔細討論的細微差異。

3. 與脈絡的關連

「伊斯蘭世界」隱含的意思究竟是優點還是缺點，其實也受脈絡左右。比方說，從宏觀視野比較各種宗教和與之結合的社會之間有著怎樣的關連時，就成了優點（只是在這種時候，「伊斯蘭世界」必須和「基督教世界」、「佛教世界」等並列；如果要說得更細一點，那就不該用「伊斯蘭世界」，而是「伊斯蘭教世界」）。但是，就像日本高中世界史教科書中冠上地理之名的「南亞世界」、「歐洲世界」等其他「世界」，經常會和「伊斯蘭世界」相提並論。在這種時候除了強烈相信伊斯蘭作為整合體制特殊性的論者以外，都會當成缺點吧！

4. 作為東洋史學中的論點

從以上的論點，可以明白「伊斯蘭世界」這個詞彙的難處，但在思索其意義與對錯之際，有必要更進一步思考「伊斯蘭研究」與「伊斯蘭史」研究迄今為止在日本的發展，以及從中產生的種種狀況。這些研究近來在20世紀50～70年代有相當程度的發展，但當時盛行的主張是把「理解伊斯蘭」當成跨越現代社會「弊病」——西洋中心主義的關鍵。他們宣稱作為整合體制的伊斯蘭，潛藏開拓日本與世界未來的啟示。但是，這種從本質主義來掌握伊斯蘭，賦予正面價值而特別重視的看法，不只在內部實證研究層面，在911事件（2001年）以降世界情勢的影響下，都受到了批判。在這當中與「伊斯蘭世界」這個詞彙尤為相關的是「伊斯蘭史」研究者羽田正所著的《伊斯蘭世界的創造》（イスラーム世界の創造，2005年）。在這本書中，羽田強烈認為用「伊斯蘭世界」這個詞彙去支持和再生產伊斯蘭特殊性的做法，是有問題的，並徹底批判這類的使用。

究竟該不該使用「伊斯蘭世界」這個詞彙呢？如果不使用的話，能用「伊斯蘭文明圈」等詞彙來徹底取代嗎？還是說，問題其實位在更根本的地方？為了找出自己的答案，不該著眼在這個詞彙的言外之意，而是應該仔細閱讀羽田的著作，以及作為其回應而發表的文獻作品，以此為出發點來檢討。

探究的重點

(1) 說到底，究竟什麼是「一般宗教」？試著接觸看看「宗教概念論」的討論。

(2) 西洋中心主義是什麼？為什麼會被視為問題？此外，為什麼伊斯蘭會被提出來當成其中一個解決方法？試著思考看看。

政教一元論

29 伊斯蘭教是政教合一的宗教嗎？

中町 信孝

【關連項目：所謂「伊斯蘭世界」這個詞彙、哈里發、烏理瑪、蘇丹、伊斯蘭與民主主義】

背景

　　包含日本在內的近代國家都高舉「政教分離」原則，極力排除宗教來影響政治場域，以及政治去干涉宗教。但另一方面，在穆斯林占社會多數的國家，經常認為很難達成「政教分離」，也因此經常與西洋各國之間產生摩擦。真的是因為伊斯蘭教屬於「政教合一」的宗教才造成這樣的情況嗎？

論點

1. 思考政教一元論的方法

最初提倡伊斯蘭教的穆罕默德作為向人類傳達從唯一神獲得的啟示之「先知」，同時也是統率信徒共同體和敵人作戰的政治領袖。在穆罕默德逝世後，阿布·巴克爾（Abu Bakr）作為他的「代理人」（哈里發），一面扮演教團領導者的角色，一面繼續為了擴大教團統治領域而戰。

　　政治學者小杉泰根據這種早期伊斯蘭時代共同體（**烏瑪***）的樣貌，認為在伊斯蘭歷史中並不存在政教分割（segmentation）的發想。在伊斯蘭教誕生的時間點，因為要在麥地那建立都市國家，所以抱持著「政」「教」不可分離的社會觀。對於這點，小杉用「政教一元論」這個分析概念來稱呼，後來這種思考方法就用來解釋與西洋相異的伊斯蘭政治與社會體制，成為廣為眾人接受的理論。

　　可是，無條件地假定「伊斯蘭的一元論對西洋、基督教社會的二元論」，會輕易落入西洋與伊斯蘭的二分法當中。比方說小杉以羅馬時代的基督教為例，認為基督教在成立之初，是政治與宗教有別的事物。這樣的見解隱含著將理應為近代產物的政教分離概念，追溯到羅馬的時代錯置。此外，理應也接受了羅馬遺產的伊斯蘭，為什麼會抱持著一元論的政教觀，這點也需要更嚴密的考證。

2. 如何把握蘇丹制？

進入10世紀後，哈里發的權威日漸衰微，一元的統治體制也產生了變化。其中之一是像塞爾柱王朝的蘇丹這種擁有軍事勢力的領導者，從哈里發手中接過了實際的統治權力；另一個是稱為「烏理瑪」（Ulama）的學者階層發展起來，擔負起原本哈里發身為解釋律法權威的角色。如此這般，過去由哈里發一手包辦的「權力」與「權威」，分別落入了蘇丹和烏理瑪手上。

　　如果把這裡的權力替換成政治，權威替換成宗教的話，那就可以看到一個「政教二元論」的社會；但是實際上蘇丹掌握權力是正確實施伊斯蘭教法的結

---

* **烏瑪**（Ummah）
參照 I-31 注1。

▷1 **馬瓦爾迪**（al-Māwardī）
974～1058年，莎菲懿派（Shafie）的法學家。侍奉阿拔斯王朝的哈里發，從遜尼派的立場出發，撰寫了擁護哈里發的政治思想著作《統治的諸多規則》（*al-Ahkam al-Sultaniyya w'al-Wilayat al-Diniyya*）。

果，並且由「宗教上的」權威烏理瑪認證和正當化其統治，因此並沒有動搖到「一元論」的架構。換言之，負責解釋伊斯蘭教法的烏理瑪，與實施、執行伊斯蘭教法的蘇丹，透過兩者之間的同盟關係來維持烏瑪的一元與一體性。

但是，政治學者池內惠對**馬瓦爾迪**與**泰米葉**等中古烏理瑪的統治論進行批判性解讀，認為這些不過是烏理瑪的意識形態罷了。他更進一步談到，這種意識形態立足的政治一元論，終究只能在理論的範疇來把握和思考，不能當作存在於現實世界的事物。

3. 歷史上伊斯蘭世界的宗教觀與政治觀

政治學者關於伊斯蘭世界的一元論與二元論爭論，都是基於烏理瑪撰寫的理論文獻來解釋與重新解釋，因此彼此毫無交集。但另一方面，歷史學者佐藤次高則根據對阿拉伯語史料的實證分析，提出了一種新的伊斯蘭國家論。這雖然未必就能觸及政教一元／二元論的突破口，但也展現了如何從歷史學的立場來掌握這場論爭。

比方說伊斯蘭各個國家中有作為職掌分類而為人所知的「劍之人」與「筆之人」。前者意味著以蘇丹為頂點的軍事機構，後者則對應以宰相為中心的底萬（Divan，行政機構）這類官僚機構。在這種架造中，擔任法務官僚的烏理瑪就定位在「筆之人」的子範疇。於此，國家體制雖然被當作是二元的事物，但不能看成政治與宗教之間的對立。

此外，注意到**赫勒敦**區分伊斯蘭知識體系時，將其分成「傳承上的學問」與「哲學上的睿智學問」兩類。這種區分乍看之下對應了伊斯蘭與非伊斯蘭、宗教與非宗教，但是西洋置於非宗教領域的法學，在伊斯蘭則是劃入傳承伊斯蘭律法的知識分類；諸如此類，存在許多顯著的特徵。

現代思考的政治與宗教架構，未必和歷史上伊斯蘭世界思考的架構一致。如果要從歷史來驗證伊斯蘭中的政教分離，那就不能依循先驗設定的架構，而是必須針對生活在過去的人們實際抱持的社會觀，進行實證分析。

▷2　**泰米葉**（Ibn Taymiyyah）
1263～1328年，漢巴利派（Hanbali）的法學家。他的思想是以《古蘭經》和遜尼派為信仰的根本，被認為是近現代伊斯蘭主義者的起點。

▷3　**赫勒敦**（Ibn Khaldun）
1332～1406年，瑪利基派（Maliki）法學家，同時也是政治家、思想家。侍奉北非、伊比利半島各地的蘇丹，引退後著有《歷史序論》（*Muqaddimah*）及其後續的《省察之書》（*Kitāb al-'Ibar*）。

探究的重點

(1) 現代的穆斯林國家，為何被認為很難達成政教分離？
(2) 從伊斯蘭時代早期的哈里發，傳承到蘇丹與烏里瑪的權力為何？
(3) 歷史上伊斯蘭世界的宗教觀與政治觀為何？

穆罕默德

30　如何把握伊斯蘭的起源？

龜谷　學

【關連項目：伊斯蘭以前的阿拉伯、哈里發、烏理瑪】

▷1　系譜集團

一般稱為部族（tribe）。在穆罕默德生活的時代，阿拉伯半島的阿拉伯社會是以可以追溯到同樣父系祖先系譜的集團為單位。這些部族作為社會性的集團，除了以血緣相連的人為中心，包括受部族保護的「附庸者」（Mawālī）及奴隸等，也被視為是其中的一分子。這樣的集團在阿拉伯—伊斯蘭征服運動後，即便是移居到阿拉伯半島以外的阿拉伯人，都還維持這種社會集團的性質。

背　景

穆罕默德是在西元6世紀下半葉，出生於阿拉伯半島西部的城鎮麥加。當時阿拉伯半島社會的運作，是以擁有同樣祖先的**系譜集團**（部族）為單位。麥加是古萊氏部族（Quraysh）統治的城鎮，穆罕默德就是出身於古萊氏部族的家系之一——哈希姆（Hashim）家族。他在40歲左右的時候，於麥加近郊的希拉山（Hira）接受天使加百列傳達的神啟。一開始他只向家族與親近的人傳布身為「神之使徒」、「先知」的訊息，但不久之後便開始在麥加公開傳教。當時的麥加以天房神殿為中心，享受多神教信仰巡禮帶來的經濟利益，因此針對穆罕默德宣揚只信仰阿拉的一神教傳教活動，古萊氏部族的有力人士慢慢增強了迫害的力道。622年，穆罕默德帶領300人左右的信徒，逃亡到雅斯理卜（Yathrib，後來的麥地那）。穆罕默德在該地與阿拉伯多神教徒、猶太教徒展開鬥爭，最後在與麥加勢力的戰鬥中獲得勝利。自此穆罕默德在政治上統治了阿拉伯半島西部，並將整個半島全境納入影響的範圍。

論　點

1. 有可能重新建構出「歷史學上正確的穆罕默德一生」嗎？

關於上述穆罕默德的一生，幾乎沒有留下任何同時代的紀錄，而是以穆罕默德逝世超過100年後編纂的《先知傳記》（*Sīrat Rasūl Allāh*）為基礎，重新建構的產物。這些作品又是基於稱作「聖訓」的口述傳統，由親身經歷過穆罕默德話語和行動的人傳承給下個世代，再由這些人傳給下一個世代，不斷傳承下來。這種傳承途徑被認為是可以信賴，所傳達的內容同樣可信。可是，近代西方的東方學者，著眼在「即使傳承途徑是正當的，其內容也未必可信」，質疑包含捏造聖訓等問題在內，這個傳承體制本身的信賴度。

據此，就展開了針對口述傳統可信度的長期爭論，在20世紀末，懷疑主義的看法變得相當有力，並且開始摸索只用穆斯林以外的人們留下的資料，重建早期伊斯蘭史的做法；但在近年的研究中大量分析口述傳統的傳承途徑與內容，得出了「基本上可以信賴」的結論，因此覺得能夠信賴的學派又再度捲土重來。

2. 穆罕默德受猶太教、基督教多大的影響？

在穆罕默德傳達給人們並留下來的訊息中，可以看到很多和猶太教、基督教等先行宗教信仰重疊的地方。從穆斯林的立場來看，伊斯蘭正是最純粹也最完整的一神教，猶太教與基

督教則被定位成「只是不完整地傳遞神的訊息，以不完整形式運作的宗教」。可是，從歷史學的觀點來看，普遍認為穆罕默德傳遞的思想是受猶太教與基督教影響所生的產物。

在繼承歐美東方學傳統的研究者中，有人主張彙整穆罕默德傳達的神之話語、被視為伊斯蘭聖典的**《古蘭經》**◁2，其根本的發想與資訊，其實就已經出現在伊斯蘭以前的猶太教徒與基督教徒文獻；甚至也有人提出伊斯蘭的誕生及其思想形成的情況，與穆斯林史料流傳下來的內容完全不同。這樣的主張雖然有因為厭惡伊斯蘭而顯得荒唐無稽的地方，但也有不少研究是依據文獻學的傳統，從奠基於近代理性主義的史學觀點來做出妥當的判斷。至於該如何從歷史學的角度來看到一個作為信仰綿延至今的宗教之起源，是個需要力求平衡的課題。

3. **伊斯蘭的誕生有什麼樣的背景？**　和穆罕默德本身的事蹟一樣，如何理解他在歷史上登場的情況，也會大大改變對於伊斯蘭的理解。比方說，關於他開始傳布伊斯蘭的麥加，在《古蘭經》的記述中可以發現是座商業繁盛的城鎮。基於這點就產生了一種說法：這個時期的麥加是國際商業興盛的城鎮，隨著這種繁榮產生的社會問題，成為了伊斯蘭這個宗教誕生的背景。在當時的中東地區，雖然由於拜占庭帝國與薩珊波斯長年的戰爭，導致絲路的貿易斷絕，反而在麥加附近通過紅海的路徑變得昌盛，麥加也跟著富裕起來。因此，有人認為這種國際貿易帶來的財富，讓麥加產生了社會落差，從而成為穆罕默德創立伊斯蘭的背景。

可是相對於此，克朗（Patricia Krone）詳細調查了《古蘭經》等文獻所呈現的交易內容，主張這並非國際貿易，只是阿拉伯半島內的境內貿易罷了。這種論點雖然受到很多批判，但理解當時阿拉伯半島所處的狀況，也成為解釋伊斯蘭成立的重要關鍵，更會成為左右理解伊斯蘭本身的重要論點。此外，近來也有研究提出討論，應該重視伊斯蘭是在末世論的氛圍下建立起來的觀點。

▷2　**《古蘭經》**
伊斯蘭的聖典，一般認為傳承了穆罕默德接受的神之話語，並在第3代正統哈里發奧斯曼時期，編纂成現在所見的樣貌。伊斯蘭教徒遵守的伊斯蘭教法是以《古蘭經》為第一法源，上面記載的規定與信條，對信徒的生活擁有極大影響力。故此，《古蘭經》是於何時成立，內容又是從何而來等方面的討論，經常會變成與伊斯蘭信仰有關的敏感問題。

探究的重點 ∶∶

(1) 該如何重建像穆罕默德這些宗教上重要人物的一生？

(2) 該如何思考在伊斯蘭中看到的各種先行宗教之影響？

(3) 該如何透過歷史與考古學資料，重新建構麥加商業的實際情況？

哈里發

③31 神的哈里發，還是先知的哈里發？

龜谷 學

【關連項目：穆罕默德、阿拔斯革命、蘇丹】

▷1　烏瑪
指宗教共同體，特別是穆斯林的共同體。當穆罕默德移居麥地那（雅斯理卜）後，在他的指導下產生了伊斯蘭教徒的共同體。跟著穆罕默德一起從麥加移居過去的遷士（「移居者」之意），與在麥地那追隨穆罕默德的輔士（「援助者」之意），構成了穆罕默德烏瑪的核心。之後，隨著伊斯蘭的擴張，單一的烏瑪作為全體穆斯林所屬的理念共同體，被認為直到現在仍然持續不輟。

背　景

632年，當伊斯蘭的創始者穆罕默德逝世之際，烏瑪[1]（在穆罕默德底下聚集而成的穆斯林共同體）之後會變成怎樣，仍屬未定之天。據傳承所述，面對遷士（muhājirūn）與輔士（ansār）的分裂，阿布・巴克爾與歐麥爾（Omar）力勸共同體不能分裂，結果阿布・巴克爾被立為穆罕默德逝世後的領導者。之後，烏瑪的領導者被稱為哈里發，但往後200年的伊斯蘭史中，誰來做哈里發一直是爭執的中心。什葉派成立導火線的第一次內亂，以及伍麥亞王朝邁向阿拔斯王朝轉捩點的阿拔斯革命，發生的原因都是環繞著哈里發大位之爭。時光飛逝，自阿拔斯王朝中期以降，哈里發失去實權，只限縮到儀式上的權威。但是，為了讓以哈里發為頂點的國家體制，在哈里發喪失實權後仍能運作，所以即使個別的哈里發遭到廢位，阿拔斯王朝的哈里發這個位子還是一直維繫下去；即使後來在1258年蒙古滅掉阿拔斯王朝後，阿拔斯家的哈里發也在馬木路克王朝庇護下得以延續，最後滅亡馬木路克王朝的鄂圖曼君主繼承了哈里發，一直將這個的概念保存到近代。

論　點

1. 關於哈里發稱號與角色的議論

「哈里發」（caliph）這個詞彙，是阿拉伯語「khalifa」轉換成西方語言時的訛誤，然後又引進日本，成為了固定用法。這個單字原本意思指的是「代替不在其位者，執行業務的人」，因此也可以翻譯成「後繼者」或「代理人」。長久以來的研究中，都將哈里發理解為「神的使徒穆罕默德的後繼者」，但漢德（Martin Hinds）和克朗對此則是大表異議。在兩人合著的《神的哈里發》（God's Caliph）中指出，原本哈里發是「神的代理人」，具有和穆罕默德同等的權威，也就是以神的代理人身分來處理伊斯蘭教法的權威。但是後來哈里發的實權低落，作為知識階層崛起的烏理瑪，將哈里發定位為「神的使徒穆罕默德的後繼者」，透過讓哈里發只繼承穆罕默德政治權威的方式，否定其對伊斯蘭教法的權限，從而建構起一套「伊斯蘭教法相關的資格，是由烏理瑪所繼承」的理論。這種「神的哈里發」說，引發眾人討論哈里發究竟握有什麼程度的實權。雖然這些議論尚未塵埃落定，不過也為重新檢視哈里發的其它稱號——「信徒之長」（Amir al-Mu'minin）、「伊瑪目」，提供了另一個視角。

2. 哈里發與其儀式

和哈里發究竟擁有怎樣的實權不同，也有研究不斷在討論哈里發是透過怎樣的儀式，正當化自己的權威，然後又如何賦予其他人權威。關於前者，可以舉出哈里發就任時，宣誓忠誠的「效忠」（bayʿa）、集體禮拜之際的講道（**呼圖白**〔khuṭbah〕），以及麥加巡禮等時候，哈里發與其轄下眾人所扮演的角色。另一方面，後者則是由授予賜衣，以及侍奉哈里發宮廷的人們表現出的各種言行舉止，來組成一套儀式。這些與哈里發權力的樣貌有怎樣的關連，又有著如何的變化，即使在現今的哈里發研究中也是相當重要的問題。

3. 在這之後的哈里發

阿拔斯王朝中期以降，該朝哈里發在軍事、宗教上的實權日益衰退。另一方面，10世紀初期的北非地區，有信奉什葉派的法蒂瑪王朝崛起，和阿拔斯王朝對抗，也自稱哈里發。在西方，和法蒂瑪王朝宣布即位哈里發的同一個時期，後伍麥亞王朝也自稱哈里發。之後，在摩洛哥興起的穆瓦希德王朝（al-Murābiṭūn）則採用了和「信徒之長」類似的稱號──「信者之長」（al-Muslimīn），像這類的變體也陸續登場。特別是蒙古滅亡阿拔斯王朝哈里發政權後，東方有許多統治者，即使只是一時統治某個地方，也都會加上哈里發以外的許多稱號，好讓自己自稱「和哈里發有關」。

另一方面，經過內亂等事件後，伴隨著「誰才是最適合成為哈里發的人物」這一爭執，引發了關於過去哈里發定位的激烈爭論。比方說，最初的哈里發──阿布・巴克爾、歐麥爾、奧斯曼、阿里，在阿拔斯王朝時期定位為「正統哈里發」。不只如此，這個過程也理想化了過去的哈里發，並且漸漸形成一種想法，認為他們統治的形象是遵奉伊斯蘭的統治者應該具有的姿態。馬瓦爾迪就將之彙整在《統治的諸多規則》，為之後的伊斯蘭統治論產生了很大的影響。2014年起好幾年裡，在敘利亞、伊拉克地區聲威大振的IS（伊斯蘭國），他們的領袖之所以冠上身為烏瑪領導者的「哈里發」之名，也是背後存在著這種脈絡的緣故。

▷2　呼圖白
星期五中午，穆斯林會集中在都市中的大清真寺，集體禮拜與講道。在這當中不光是宗教，也會提及政治與社會的問題。當初是由哈里發或總督等統治者親自舉行呼圖白，但從阿拔斯王朝時期開始，便由烏理瑪來負責；這時候在呼圖白中提及的名字，就意味著承認這個人為當地的統治者。

探究的重點

(1) 整理哈里發擁有的稱號有哪些，並試著考察這些稱號各自具備什麼樣的含義。

(2) 試從哈里發相關的儀式來考察哈里發與人們的關係。

(3) 在伊斯蘭世界的歷史中，任何地方都會出現自稱哈里發的人，試著考察這些人之間有著什麼樣的關連。

阿拔斯革命

32

其內在實情為何？

橋爪 烈

【關連項目：哈里發、什葉派政權薩法維王朝】

背景

749年，一支從伊朗東部呼羅珊地區前來的軍隊擊破了伍麥亞王朝軍隊，開進伊拉克南部的都市庫法，擁立當時阿拔斯家的家長阿布・阿拔斯（Abu'l-Abbas，後來稱薩法赫〔as-Saffah〕）登基為哈里發。隔年（750年）伍麥亞王朝滅亡，名實俱備的阿拔斯王朝哈里發政權於焉成立。一連串與這次王朝更替有關的事件，稱為「阿拔斯革命」。有許多研究為了闡明這一事象的關鍵而問世。此外，要考察這次王朝的更替，也必須理解遭到奪權的伍麥亞王朝本身的國家架構，以及其面對的各種問題。雖然論點相當分歧，但我想從以下幾點來著手：誰是「革命」的推手？「革命」思想的背景？以及是否能將這次事件評價為革命？

論點

1. 誰是「革命」的領導者？　有關「革命」的研究，首先關注的就是「誰是其中的主體」。19世紀末提出這點的弗洛登（Gerlof van Vloten），認為這是伊朗人面對統治者──阿拉伯民族的壓抑，爆發民族主義情緒導致的叛亂，再加上最為右翼反伍麥亞王朝的什葉派勢力，才讓這場叛亂成功。

相對於此，威爾豪森（Julius Wellhausen）則沒有採取單純的民族主義看法，反而將**馬瓦里（非阿拉伯民族）**^{△1}看成這場運動的主體，這些人儘管皈依穆斯林，但不甘居於阿拉伯人之下，對自己的待遇感到不滿。威爾豪森從而做出結論：這場王朝更替的結果，是讓身為「阿拉伯王朝」的伍麥亞王朝國家，變成真正「伊斯蘭帝國」的阿拔斯王朝國家。只是馬瓦里多半抱持親伍麥亞王朝的態度，所以如今必須重新考慮馬瓦里主體說。

另一方面，以夏邦（M. A. Shaban）為代表的學者則沒有給馬瓦里太多評價，反而重視住在呼羅珊地區的阿拉伯人，他們基於內部利害關係而產生的對立；特別是被置於社會底層的**葉門**^{△2}系阿拉伯人，與原本就居住在當地的小農結合，向代表既得利益的伍麥亞王朝掀起叛亂。

如今有相當熱絡的研究，討論了基於阿拉伯歸屬意識及穆斯林征服，來到阿拉伯半島外生活的人們在當地的活動。故此，有關「革命」的領導者，顯然必須把這些研究成果都納入考慮才行。

▷1　**毛拉（馬瓦里）**
毛拉（mawlā，複數型為馬瓦里〔mawālī〕），指的是非阿拉伯民族皈依伊斯蘭的人。原本這個詞彙是在伊斯蘭登場前，阿拉伯部族內讓非血緣者加入一族，締結擬制關係時，雙方當事人所使用；但在伊斯蘭以後，非阿拉伯民族認阿拉伯人為主，以臣服形式來皈依，在成為阿拉伯人的家臣、小弟或被保護者的意義上，稱呼這些人為毛拉（馬瓦里）。

▷2　**葉門人**
將阿拉伯人分成兩個擬制系譜體系時，用來指涉南阿拉伯集團的名稱。至於在北阿拉伯占集團大多數的部族名稱，則多半叫作「穆達爾」（Mudar）。

2.「革命」思想的背景

在思考領導者的同時，重要的是了解賦予這場「革命」運動某種正當性的思想背景。一直以來，對「阿拔斯革命」的描述，都是「在先知穆罕默德的叔父家族——阿拔斯家族主導下，展開長期的地下宣傳活動，最後數年公然展開反伍麥亞王朝」這種說法。當展開這項活動的時候，阿拔斯家的家長是從什葉派中凱塞尼泰派（al-Kaysānīya）主張的領導者（阿里的第三個兒子穆罕默德・哈納菲耶〔Muhammad ibn al-Hanafiyya〕之子阿布・哈希姆〔Abū Hāshim〕）手中獲得領導權。這起事件成為由阿拔斯家主導運動的正當性依據。但是，這次轉讓領導權的逸聞大半都是虛構，甚至連後來從鞏固權力的阿拔斯家視角寫成的歷史，也沒有立刻就接受這樣的說法。

現階段認為，「哈希米亞」（Hāshimīya，意指「阿布・哈希姆」）運動發展，原來是主張「以阿布・哈希姆為領袖」的一個什葉派分派運動，但後來被擴大解釋成包含阿拔斯家在內，「以穆罕默德家族**哈希姆家**^{▷3}之人為領袖」的運動，然後阿拔斯家在最後篡奪了運動的成果（科布〔Paul Copp〕就評價為這是「從哈希姆家的革命質變成阿拔斯家的政變」），這樣的看法較為妥當。

幾乎沒有能得知王朝草創期以前，也就是缺乏史料根據的時期，究竟有哪些主張的線索。可是，在偏向阿拔斯家的說法占多數的情況下，究竟其他集團是抱著怎樣的意圖參與這場「革命」運動，今後仍然有必要去探索這種思想的背景。

3. 稱得上是「革命」嗎？

將這個王朝更替評價為「革命」，是否真的恰當？一直以來都有人提過這個根本的問題。從包含穆罕默德以前時代的早期伊斯蘭史整體來看，這次王朝更替其實只是麥加古萊氏族內部反覆產生的一連串主導權鬥爭而已；說得更明白一點，應該把這起事件看作是圍繞哈里發權力的「內亂」才對。當然，這是關心權力領導者得出的看法，至於社會整體構造，是否有隨這次王朝更替而產生劇烈的變動，或是在王朝更替之外的層次有任何連續性？將這些觀點都納入視野後，就有必要綜觀伍麥亞王朝以前的事物。

與「論點1」之間的關連是，革命是否謀求「馬瓦里」地位的提昇？如果是的話，那麼在阿拔斯王朝治下就沒必要區分「阿拉伯」與「馬瓦里」了吧！能夠在史料上確定這些事情嗎？這是「革命」的成果嗎，還是之後透過阿拔斯王朝的政策來達成的呢？我想都有必要提出這些問題。

▷3　**哈希姆家**
以穆罕默德的曾祖父哈希姆為始祖的部族集團，穆罕默德、阿里，還有阿拔斯家之祖——穆罕默德的叔父阿拔斯，都是屬於這個集團。

探究的重點

(1) 在伍麥亞王朝的統治領域中，阿拉伯各個勢力實際活動的狀況？

(2) 是否有可能提出不同於阿拔斯王朝視角筆下的「革命」，其他角度的歷史樣貌？

(3) 在整個早期伊斯蘭史中，這次王朝更替具有怎樣的意義？

烏理瑪

(33) 他們是怎麼獲得知識和權威？

森山央朗

【關連項目：穆罕默德、哈里發】

▷1　伊斯蘭宗教各學問
有關伊斯蘭思想與實踐的知識體系。以將神賜予先知穆罕默德（632年逝世）的啟示集結起來的《古蘭經》，以及關於先知穆罕默德言行的傳承（聖訓）為基礎，發展出討論「如何理解並實踐神之引導」的法學，以及「神是什麼」的神學等。此外，因為《古蘭經》是用阿拉伯語寫成，所以也頗為重視阿拉伯語學。

背　景

　　烏理瑪是阿拉伯語的「學者」之意，是對精通伊斯蘭教法學、神學等**伊斯蘭宗教各學問**的知識分子之總稱。烏理瑪是在伊斯蘭出現（7世紀上半葉）後100年，在8世紀的西亞登場，此後便擔負起發展伊斯蘭教義、法律、思想的重任。同時，他們作為引導穆斯林民眾的宗教領導人，在社會上有很強的權威，即便是統治者也無法無視其存在。對於此起彼落、以伊斯蘭為統治理念的各王朝而言，要證明他們的統治符合伊斯蘭的正統，就需要烏理瑪的背書保證，因此烏理瑪的支持是統治順利不可或缺的條件。即使到了近現代，烏理瑪仍舊保有其重要性，最明顯的例子就是領導伊朗革命（1979年）的何梅尼（Ruhollah Khomeini，1989年逝世）。

論　點

1. 烏理瑪是神職人員嗎？

　　從上面的「背景」來看，很多讀者應該會將烏理瑪理解成伊斯蘭的「和尚」吧！烏理瑪會以禮拜導師（伊瑪目）或講道者（Khatib，海推布）等身分，指導穆斯林的信仰生活、主持婚葬儀式，並掌管來自伊斯蘭的各式各樣祭祀與節慶。這些和佛教的僧侶，以及基督教的神父、牧師有共通之處；換言之，如果說穆斯林社會裡有誰擁有神職人員般的作用，能透過宗教來引導人們，那就是烏理瑪。

　　可是穆斯林常常說：「伊斯蘭沒有神職人員。」這裡所說的「神職人員」，指的是隸屬於寺院或教會等宗教權力機構，並從這些機構獲得認證，擁有比一般信徒更高宗教身分的人們。確實，烏理瑪並不是透過某種宗教權力機構賦予的身分。說到底，伊斯蘭並沒有統一管理信徒的宗教權力，而且也沒有教義會要求少部分信徒遵守更嚴格的戒律，認為他們是更加神聖的存在。烏理瑪和其他穆斯林一樣可以結婚成家，過著一樣的生活。

2. 一般人如何成為烏理瑪？

　　既然如此，那麼烏理瑪和其他穆斯林的差別在哪裡？從烏理瑪（學者）這個名稱就很清楚，一言以蔽之就是學問的有無。在8～9世紀這個烏理瑪出現的早期時代，並沒有傳授伊斯蘭宗教各種學問的學校，教育和討論都是在各個烏理瑪於自家或清真寺開設的私人講座進行。有志成為烏理瑪的人，必須在這些講座之間四處奔走學習、參加討論，以及進入師徒關係的網絡。等到具備充分的學問，得到周圍的烏理瑪認可之後，才能成為烏理瑪。

時間來到10世紀，出現了稱為**伊斯蘭學校**（madrasah，為學院之意）的設施，並在11世紀以後普及到伊斯蘭世界全境。只是，伊斯蘭學校是提供專心學習環境的地方，並不是制定課程、認證學位的教育機構。而教育與研究的場所也不局限於伊斯蘭學校。在清真寺與私人住宅的講課，仍然是烏理瑪養成與活躍的場所。

17世紀完工的伊斯蘭學校（烏茲別克，布哈拉）

▷2　伊斯蘭學校
寄宿制的高等教育暨研究設施，學生與教授住在一起，設立和營運學校的經費是依靠伊斯蘭教法規定的捐獻「瓦合甫」（Waqf）。自然不用說會支付教授的薪水，就連學生也會獲得生活費與圖書費。也有人會譯為「伊斯蘭神學校」，但這裡主要傳授與研究的是法學。

19世紀下半葉以降，隨著近代教育制度的引進，烏理瑪也變成透過在大學等教育機構接受教育、授予學位的方式來養成。可是，必須強調烏理瑪在歷史上的特徵，就是不依賴制度或機構，透過在私領域以人為中心的網絡來修行，並獲得學問上的認可。

3. 專門學問與社會權威有怎樣的關連？　因為伊斯蘭宗教各種學問都對所有穆斯林開放，所以原則上誰都可以獲得學問，然後成為烏理瑪。可是，烏理瑪的學問，除了擔任卡迪（Qadi，為法官之意）或伊斯蘭學校教授等少數職位外，很少跟收入或地位有直接連結。另一方面，直到被認可為烏理瑪為止，為了獲得學問，必須從年少時期開始，專心學習10年，甚至20年的時間。因此，實際上能成為烏理瑪的人，有很高的機率都是不須擔憂日常生活的富裕階層，其中占大多數的人都出身於都市這個文化中心的上層階級。換言之，大多數的烏理瑪都有雄厚的經濟背景，是在地域社會占據統治地位的名門世家。

話雖如此，他們如果不想只當「地方之霸」，還想成為宗教知識分子或領袖的話，就必須具備伊斯蘭宗教裡各種專門學問，以及民眾對這些學問的敬意。故此，烏理瑪是怎樣獲得學問和知識分子的評價，又如何轉換成社會權威，並且是否會連結到身為在地名門的影響力，或派上用場？在了解穆斯林社會的歷史發展時，這方面的分析會成為很重要的論點。

探究的重點

(1) 烏理瑪在社會中扮演著怎樣的角色？

(2) 烏理瑪的養成在歷史中有著怎樣的變化？

(3) 烏理瑪的學問與社會權威是怎樣結合在一起？

II 交流的歐亞非大陸

土耳其東南部城鎮尚勒烏爾法（Şanlıurfa），先知易卜拉欣的清真寺

「易卜拉欣」是猶太教與基督教聖典《舊約聖經》中的登場人物「亞伯拉罕」的阿拉伯語發音，他也被伊斯蘭教視為重要的先知之一。在這座清真寺中庭，有據傳是易卜拉欣誕生的洞穴。作為民間信仰的對象，前來參謁者絡繹不絕。（小笠原弘幸，2019年攝影）

· 簡介 ·

　　在阿拔斯王朝、回鶻、唐等大範圍統治國家分裂的10世紀以降，歐亞各地的連繫與交流並沒有就此中斷。每個地區培育出別具特色的文化，而透過獨特技術與生態環境產生出的文物與特產品，又促進了遙遠地區之間的交流。（吉澤誠一郎）

世界史認識

（1） 什麼是「普遍史」？

大塚修

【關連項目：伊斯蘭以前的阿拉伯、祆教、所謂「伊斯蘭世界」這個詞彙】

背　景

被歸類為一神教的伊斯蘭教，和往往說是敵對關係的猶太教、基督教，其實有著同樣的根源。在世界史認識上也一樣，這些宗教之間被認為有許多共通點：其基本都是「世界始於天地創造，終於最後審判」的歷史發展趨勢，雖然細節有所不同，但亞當的創造、亞當與夏娃的失樂園、該隱的兄弟相殘、挪亞方舟等《舊約聖經》耳熟能詳的故事都是共通的。在穆斯林的歷史敘述中，挪亞的三子閃、含、雅弗成為洪水後各民族的起源，歷經亞伯拉罕、摩西、耶穌等的先知之後，最後的先知穆罕默德創立了伊斯蘭教，歷史於是轉移到伊斯蘭時代。接下就會談起到該書作者的時代為止，穆斯林各王朝的歷史。伊斯蘭教雖是始於阿拉伯人的宗教，但之後波斯人、突厥人、蒙古人等各式各樣文化背景的人，也都接納了它。在這過程中，這些人各自擁有的傳統世界史認識，都吸收到舊約的世界史認識當中，從而發展出各式各樣伊斯蘭教獨特的世界史認識。

論　點

1. 作為史料的普遍史類書籍

基於這樣的世界史認識，始於神創造天地，完結於作者同時代記述的人類史，就稱為「普遍史」，是伊斯蘭教徒主要的歷史敘述類型之一。著名的**塔巴里**（923年逝世）《歷代先知與帝王史》（*Tarikh al-Rusul wa al-Muluk*）、**拉施德丁**（1318年逝世）《史集》（*Jami' al-tawarikh*）都是屬於這類。順道一提，**赫勒敦**（1406年逝世）的《歷史序論》，其實不過是普遍史巨著《省察之書》的序文罷了。在這些通史的文本中，一直以來會當作史料重視的，其實只有作者同一時代的紀錄，至於在這以前的歷史（特別是有濃烈傳說要素的人類史開頭部分），各個作品之間沒有扞格的情況，才會作為研究對象來考慮。正因如此，仍然有很多沒有充分研究、甚至連文本都還沒出版的普遍史。但是，實際去了解其內容後會發現，絕對不是擁有相同性質的同一事物。穆斯林的世界史絕對不是如出一轍，而是隨著時代與地區有所不同。近年在西亞史研究中，歷史敘述的研究也很盛行，基於普遍史透露的世界史認識來描繪出社會和文化的研究，也成為注目焦點。

2. 前伊斯蘭時代在穆斯林世界史認識中的定位

會影響穆斯林世界史認識的，並不只是歸屬先知穆罕默德的阿拉伯系人們而已。在這當中，也可以看到非阿拉伯系的人們接納伊斯蘭教之後，他們的傳統世界史認識帶來了強

▷1　**塔巴里**（al-Tabari）
出身裡海南岸城鎮阿莫爾（Amol）的知識分子，曾前往雷伊和巴格達等地致力向學。他不只是歷史學家，也撰寫解釋《古蘭經》的大部頭書籍而聞名。

▷2　**拉施德丁**（Rashid-al-Din）
伊朗高原西部城鎮哈馬丹（Hamadan）出身的政治家，在伊兒汗國（1256～1357年）宮廷中擔任宰相而活躍。支持第7任君主合贊（Ghazan，在位1295～1304年）的政治改革。拉施德丁以庇護學術活動而聞名，他自己也留下橫跨歷史到神學等諸多領域的著作。

▷3　**赫勒敦**
突尼斯出身的知識分子。侍奉過北非與伊比利半島的各王朝，但經歷挫折後，便過著隱居生活，潛心撰寫《省察之書》。之後移居開羅，在馬木路克王朝（1250～1517年）擔任學院教授與法官。參照 I-29 注3。

烈影響。其中，波斯人扮演的角色特別重要。在前伊斯蘭時代，波斯人大多信仰祆教，在他們的宗教觀中共有多采多姿的世界史認識。祆教認為，神所創造的最初人類是凱尤瑪爾斯（Keyumars），然後繁衍出後來的人類。擁有薩滿信仰的突厥系遊牧民，則認為英雄烏古斯可汗（Oghuz Khan）是自己的遙遠祖先。這些非阿拉伯系的人們接受伊斯蘭教後，便開始用一神教人類史的脈絡，來說明反映自己傳統世界史認識的傳說人物。比方說許多普遍史中，都收錄了從凱尤瑪爾斯開始的波斯諸王系譜，甚至也有把凱尤瑪爾斯比定為亞當的情況。很多非阿拉伯系的君主都從普遍史中與前伊斯蘭時代明君相連的系譜上，找尋自己所屬的位置來讓統治正當化。故此，前伊斯蘭時代的歷史敘述對這些為政者們都有重要的現實意義，就算這些傳說記述多如牛毛，還是不能輕忽其史料上的價值。

3. 比較各地區、文化中傳統世界史認識的視角

生在現代的我們，一定程度上共有一種人類如何進化、散布到全世界，並編織出歷史，這種「科學上」的世界史認識。但這是19世紀以降在西歐價值觀強烈影響下擴散開來的產物，在此之前各個地區都存在著傳統的世界史認識。這些認識有時會和「科學上」的世界史認識對立，即使到了現在也還有著不小的影響力。比方說，各地區有著怎樣的創世神話，可以看到哪些差異？（如同一神教的挪亞洪水，在中國的人類史中也有伏羲女媧時代的洪水傳說）此外，即使同樣是在一神教世界中，猶太教、基督教、伊斯蘭教的創世神話是完全相同的嗎？在諸如此類的狀況下，可以發掘出各式各樣的論點。不只如此，世界各地區的傳統世界史認識，如何受到「科學上」的世界史認識影響而產生變化，反之傳統世界史認識在這個過程中，又發揮什麼影響？這些都是重要的論點。故此，即使同樣都是穆斯林，隨著各地區歷史、文化不同都會出現差異，不能一概而論。

探究的重點

(1)在阿拉伯語、波斯語、突厥語等語言編纂成的普遍史中，其結構與內容可以看出什麼共通和相異之處？

(2)在穆斯林的世界史認識中，如何反映了深植於前伊斯蘭時代傳統與文化的世界史認識？

<table>
<tr><td>

蘇丹

②

為什麼會成為統治者的稱號？

</td><td>橋爪 烈</td></tr>
</table>

【關連項目：哈里發、塞爾柱王朝、鄂圖曼帝國的興起】

*　《古蘭經》
參照 I-30 注2。

背　景

　　蘇丹是哈里發、埃米爾（Amir，將軍）、馬利克（Malik，王）、沙阿（Shah，王）、瓦利（Wali，總督）等穆斯林統治者使用的眾多頭銜之一，隨著時代、地區與使用者的不同，而有各式各樣的意義，不過原本是具有「權力、權威」這種抽象意義的詞彙。《古蘭經》[*]和聖訓集中的意思，是指來自阿拉的「權能」，但倒是沒有當作統治者的稱呼來使用的類似例子。到了11世紀中葉，可以看到在某些編年史裡，用蘇丹來指稱哈里發或哈里發的權力，可以看成是替換成「公權力」的詞彙。11世紀中葉，因為遜尼派統治者很喜歡這個頭銜，常常當成自己的稱呼。在鄂圖曼帝國也會用來稱君主的母后或后妃。

論　點

1. 作為統治者頭銜的蘇丹

　　蘇丹普及為統治者頭銜的時間，咸認其起點是11世紀中葉以降，塞爾柱王朝首任君主圖赫里勒・貝格（Tughril Beg，1063年逝世），獲阿拔斯王朝哈里發授予「蘇丹・穆阿札姆」（Sultan Mu'azzam，偉大的蘇丹）。在此之前，也有哈里發或宰相等掌權者稱蘇丹的例子。可是，圖赫里勒・貝格開創之處在於他不是自稱蘇丹，而是由哈里發授予，還雕刻在貨幣上，獲得官方的認可。

　　可是，圖赫里勒・貝格獲得蘇丹頭銜這件事，透過後世已經普遍使用蘇丹時的史料得知，無法確定哈里發究竟有沒有承認。如此說來，記述中經常使用蘇丹頭銜的加茲尼王朝君主馬哈茂德（Mahmud，1030年逝世），以及擁有蘇丹・阿塔烏拉（Sultan al Dawla，阿拔斯王朝掌權者）頭銜的布維西王朝君主（1024年逝世）等人，也有可能是使用蘇丹頭銜的先驅。故此，想解開是誰最早使用蘇丹這個頭銜，就與傳世史料的性質密切相關，需要重新思考究竟誰對誰，又透過什麼媒介來呈現的問題。

　　另一方面，一直以來都用來指「哈里發權力」的蘇丹，為什麼哈里發以外的統治者會選擇這個頭銜，也是一個問題。在「蘇丹」頭銜登場以前，受哈里發任命來負起一方軍事、行政權的人，稱為**埃米爾**[▷1]。到了10世紀，哈里發的權力顯著衰退，埃米爾中出現了權力特別大的人物，那就是埃米爾・阿爾烏瑪拉（Amir al-umara，埃米爾中的埃米爾）。以此為契機，也使用了包括夏漢沙阿（Shāhānshāh，王中之王）、**馬利克**[▷2]在內的新頭銜。雖然蘇丹是這股趨勢中登場的頭銜之一，但從新制度和與其他頭銜做出區別的考量上，仍然不清楚選擇蘇

▷1　埃米爾
阿拉伯語「命令者」之意，自穆罕默德時代以來，就用來指擁有軍事指揮權的人。

丹的理由。要解開這個問題，就必須討論蘇丹在當成頭銜使用之前的意義和用法。一般指稱哈里發權力的「蘇丹」一詞，是出現在像是米斯卡瓦伊（Ibn Miskawayh）的史書等10～11世紀的史料當中。其中也有許多是影射傀儡化哈里發的布維西王朝所擁有的權力。故此，塞爾柱王朝之所以使用蘇丹這個頭銜，很可能是想透過與前代王朝的關連，強力主張自己的正當性。

2. 伊斯蘭政治思想下的蘇丹

另一方面，將目光投向伊斯蘭政治思想時，過去的研究都集中討論哈里發（伊瑪目），不然就是聚焦在表現馬利克（王）所擁有權力範圍的抽象名詞「穆爾克」（Mulk）上。有關蘇丹的理論性研究則較少有人關注，只有粗淺的內容。之所以如此，是因為政治思想書籍大量撰寫的時期，就是在蘇丹頭銜開始普及的11世紀前後。那個時候的當務之急是面對權威、權力正當性動搖的哈里發（伊瑪目），以及接受了該權力的埃米爾，該如何從法學與神學的領域來定位兩者。與哈里發在政治上處於同等位置的掌權者，在蘇丹登場以前都是使用埃米爾為代表，才會讓蘇丹被排除在討論的對象之外。

因為在政治思想的書籍中幾乎沒有提到蘇丹與表示其政治權力的抽象名詞「薩爾塔那」（Salṭana），所以不可否認蘇丹在政治思想研究的關注度很低。但是，稱呼君主為蘇丹的馬木路克王朝底下，討論國家制度的書籍就有談到薩爾塔那。此外，馬木路克王朝的敘利亞總督叫作「奈伊布・薩爾塔那」（Nāʾib al-Salṭana，蘇丹的代理人）。從這點看來，馬木路克王朝很可能是認為自己的權力等同蘇丹。此外，就像帕夏（Lütfi Pasha）有關哈里發的論述，君主在鄂圖曼王朝的政治思想中既是蘇丹，也是哈里發，顯示在如何理解蘇丹方面，與11世紀前後的政治理論有明顯差異。過去伊斯蘭政治思想研究，主要都是根據11世紀前後，阿拔斯王朝哈里發的權力開始衰弱這段時期的作品；但今後的關鍵，應該要廣泛收集阿拔斯王朝滅亡以後撰寫的文獻，找出將蘇丹權力理論化的文獻，進行解讀與分析。

▷2　**馬利克**
「支配者、所有者」之意，但在《古蘭經》等作品中用來指異教徒之王，隱含著否定的意味。不過自11世紀左右起也普遍用來指穆斯林的統治者。

探究的重點

(1) 蘇丹變成一種頭銜的之前與之後，以及不存在哈里發的時代下的蘇丹，擁有什麼樣不同的意義？

(2) 受到史料媒介的影響，蘇丹的意義會有什麼樣的不同？

庇護民（齊米）

3 伊斯蘭世界的非穆斯林，過著怎樣的日子？　　　　辻明日香

【關連項目：鄂圖曼帝國的非穆斯林】

背 景

當阿拉伯—伊斯蘭軍隊在7世紀將西亞大部分地區納入統治的時候，過去拜占庭帝國領地的人口幾乎都是基督徒。另一方面，當時全世界有9成的猶太教徒都是住在西亞與北非。這些基督徒和猶太教徒經過漫長的時間，大多皈依了伊斯蘭，現在在西亞的人口中只有不到1成是非穆斯林。

沒有選擇皈依的基督徒與猶太教徒因為身為信奉天經的人，按照約定會得到庇護（**齊瑪**），故稱其為庇護民（Dhimmī，齊米）。以繳納人頭稅（**吉茲亞**）為條件，允許他們保持信仰並依照自身的法律維持自治。隨著伊斯蘭世界的擴大，齊米制度也適用到歐亞非大陸各個地區。

論 點

1. 寬容，還是不寬容？　由於齊瑪是神與穆罕默德做出的約定，因此原則上為政者不能剝奪齊米的權利，也沒有限制基督徒與猶太教徒的居住地。但另一方面，卻會公布法令來限制他們的職業與穿著。猶太教徒就強制要戴上黃色的圓形徽章，才能在伊斯蘭政權底下生活。

基於上述的狀況，有關齊米的研究到20世紀下半葉為止，重點都放在「伊斯蘭對其他宗教究竟是寬容，還是不寬容」這個本質上的討論。必須注意的是，這些都會受到不同時代狀況所影響，例如：19世紀歐洲猶太人的處境、歐洲列強的殖民地政策，以及第二次世界大戰後以色列的建國與中東戰爭。

可是，穆斯林和齊米之間的關係並非一成不變。要有效理解並提出有說服力的說法，就需要回到時代、地域的脈絡來理解兩者關係的定位。比方說，10～13世紀被稱為「猶太教的黃金時代」，與之相對於11世紀以後在西亞各地就掀起反齊米的暴動，都是可以去討論的歷史背景。

2. 多元民族、多元宗教社會的伊斯蘭世界　當我們透過穆斯林知識分子的作品來理解伊斯蘭世界的時候，會讓人不禁有種好像只存在穆斯林的錯覺。確實，11世紀以降在西亞的非穆斯林人口減少，社會影響力或許也低落許多；但是，首先必須說在7世紀開始到11～14世紀這段伊斯蘭征服時期，西亞地區尚未完全伊斯蘭化，即使統治者是穆斯林，地方上還是有很多人是過著非穆斯林的生活（近年的研究都強烈傾向將「大量」皈依的時期設定得比較晚）。這個時期的非穆斯林未必就被社會排除在外。比方說埃及當地的基督徒——科普特人（Copts）就在各伊斯蘭政權底下擔任官僚。不只如此，就像沒有猶太教

▷1　**齊瑪（dhimma）**「神與神的使徒穆罕默德」給予非穆斯林在生命、財產安全，甚至是維持原本信仰的保障。

▷2　**吉茲亞（jizya）**伊斯蘭教法中對齊米課徵的人頭稅，必須用貨幣來支付。對象是身心健全的青年男子，會按照地位和財產有相對應的稅額。

徒留下的**開羅藏經庫文書**³，就無從掌握中古時期地中海、印度洋貿易的樣貌。非穆斯林集團在各伊斯蘭政權底下的社會中都起了重要的作用。此外，從庇護民的角度來看，他們也不見得就躲在社會的角落、悄悄避人耳目地過日子。比方說東敘利亞教會（所謂的聶斯托留派，但這種說法是種蔑稱，並不妥當）在巴格達就設有據點，並在8世紀下半葉，積極在中亞到中國方面展開傳教活動。

　　在前近代的伊斯蘭社會中，規範人們認同的事物就是他們的信仰與語言。反過來說，儘管有貧富差距，但原則上不存在所謂貴族與平民的身分制度。圍繞皈依與學習語言方面，各地人們做出了形形色色的選擇。比方說皈依的速度在東阿拉伯世界就比較慢，至今仍有許多不同教派的基督徒按照自己的宗教儀式來生活，但他們主要使用的語言還是阿拉伯語。相反地，雖然波斯世界皈依伊斯蘭的比率很高，但他們還是選擇了波斯語，而不是阿拉伯語。從這些例子就可以看到多樣且層次豐富的社會。

3. 非穆斯林的主體性　　近年來有關政權與周遭穆斯林關係的研究，也漸漸關注起非穆斯林的主體性。這類研究之所以在20世紀下半葉起活絡起來，有很大的原因是立足於開羅藏經庫文書等非穆斯林留下史料的研究有長足的進展，而且也開始關注非穆斯林以齊米身分參與的統治體制。或許可以這麼說，這些研究推翻了過去只以穆斯林史料為依據的研究框架。

　　伊斯蘭時期以降，基督徒與猶太教徒的文化活動並沒有停止。相關的研究成果，有討論早期伊斯蘭時代各地東方基督教會形成自我認同的形成過程，以及他們在阿拔斯宮廷中的活躍（特別是東敘利亞教會信徒的翻譯活動），或是在馬木路克與鄂圖曼時期的基督徒與猶太教女性如何利用伊斯蘭教法庭等。

▷3　**開羅藏經庫文書**（Cairo Geniza）
19世紀末在埃及福斯塔特（Fustat）一所猶太會堂中發現的文書，包含了書寫於11～13世紀中葉等各式各樣的文書（因為上面寫有神的名字，所以不能廢棄）。

探究的重點

(1) 在各地域與時代中以非穆斯林身分生活的人，會有著怎樣的體驗？

(2) 這些人和穆斯林（政權、烏理瑪、一般人）會建立起怎樣的關係？

(3) 他們會保持／展現出怎樣的認同？

　＊在思考這些重點時，請務必活用全書末的外文參考文獻中，[II-3]部分的兩冊資料集。

安達魯斯

4 如何把握伊斯蘭時期的伊比利半島？

佐藤健太郎

【關連項目：中古基督教圈】

背 景

711年，伊斯蘭勢力征服了伊比利半島（現在的西班牙與葡萄牙）。穆斯林用阿拉伯語稱呼這個地區為「安達魯斯」（Al-Andalus）。被征服的原住民，不久後便開始使用阿拉伯語，並皈依伊斯蘭，形成了阿拉伯—伊斯蘭的安達魯斯社會。另一方面，在伊比利半島北部有基督教徒組成的國家。這些國家從11世紀左右起，正式展開了征服安達魯斯的「**收復失地運動**」。結果，安達魯斯的領域慢慢縮小，在1492年**格拉那達**陷落之後，這個地區的歷史也走向終點。安達魯斯位在伊斯蘭世界與拉丁—基督教世界的交界處，雖然以收復失地運動為首，雙方看似充滿衝突，但也透過此地為交流橋梁，將伊斯蘭世界的哲學、科學傳播到西歐。

論 點

1. 與西班牙的關係

過去安達魯斯的範圍，大致等同於現在的西班牙。因此，如何理解與西班牙之間的關係，就是安達魯斯歷史的重要焦點。最傳統的理解是阿拉伯—伊斯蘭的安達魯斯，和拉丁—基督教的西班牙水火不容（同樣也適用於葡萄牙）。

可是，大部分安達魯斯的居民，都不是阿拉伯征服者的子孫，而是接受阿拉伯語與伊斯蘭信仰的原住民子孫。既然如此，應該能將安達魯斯包含在古代以降西班牙的連續性來理解。強調這一點的是20世紀西班牙的**阿拉伯學者**。他們一方面主張征服者透過通婚和原住民社會融合，同時也從安達魯斯社會的語言、文學、思想、制度等面向，發掘出屬於西班牙的特徵。他們認為安達魯斯是本質上還是西班牙，伊斯蘭與阿拉伯語不過是徹徹底底的表面掩飾而已。事實上，20世紀以前的西班牙學界，比起「安達魯斯」，更常使用「穆斯林西班牙」這個與西班牙有關的表現方式來稱呼這個地區。

以法國學者吉夏爾（Pierre Guichard）提出的質疑為契機，這樣的看法在1970～1980年代以後出現了重大轉折。吉夏爾重視往往受到忽略的**柏柏人**殖民者，主張在征服者與原住民的通婚當中，擁有強烈系譜意識的征服者反而會將後者吸納進來，從而強調安達魯斯社會裡非西班牙的（按照他的說法是「東洋的」）性格。現在不分西班牙國內或國外的學者，繼承了過往的研究成果，但不拘泥於西班牙這個框架來理解安達魯斯。然而，對現代西班牙的人們而言，始終不曾改變的是他們特別關注自己生活土地的過去，也就是安達魯斯的歷史。

▷1 **收復失地運動**（reconquista）
西班牙語的「再征服」。因為從基督教徒的角度來看，含有「奪回失去的國土」之意，所以翻譯成「收復失地運動」。

▷2 **格拉那達**
西班牙南部的都市，安達魯斯最後的穆斯林王朝——奈斯爾王朝（Nasrid）的首都。留存至今的阿爾罕布拉宮（Alhambra）相當有名。

▷3 **阿拉伯學者**
阿拉伯語文獻的專家。相對於近代歷史學的出發點是一門「以本國的過去為對象」之學問，屬於他者的過去則列入會運用到特殊語言的東方學範疇裡，而阿拉伯學就是其中一個領域。西班牙就是必須用到阿拉伯語史料的安達魯斯研究的中心。

▷4 **柏柏人**
北非的原住民。7世紀為伊斯蘭勢力征服後，有一部分人皈依伊斯蘭，也參與了伊比利半島的征服。

究竟該如何理解安達魯斯和西班牙之間的關係，依然是個重要的討論。

2. 作為伊斯蘭世界的一部分

安達魯斯也可以理解為伊斯蘭世界的一部分。安達魯斯的政治權威與社會規範除了有這個地區獨特的脈絡，也有必要從北非到中東這廣大範圍共有的伊斯蘭信仰脈絡來理解。此外，雖然也有人從原住民基督徒及其與北方基督教國家的關係，來討論安達魯斯的特殊性，但在中東「原產」的伊斯蘭世界中也可以看到類似的現象。因此，應當將安達魯斯的特殊性，放到更廣大伊斯蘭世界中的伊斯蘭與非穆斯林原住民，以及鄰近文明圈之間的關係來看待。

在伊斯蘭世界中，**馬格里布**⁵地區與安達魯斯在人事物上有特別密切的往來，因此也是理解安達魯斯必不可少的一環。不只如此，馬格里布在收復失地運動期間也吸收了許多來自安達魯斯的移民。可以說安達魯斯的遺產如今仍然存在馬格里布。話雖如此，過度強調這一面也不是都不會有問題。認為在現代摩洛哥依然看得到傳承自安達魯斯文化的連續性，這種說法甚至可以看成是曾經統治摩洛哥北部的**西班牙殖民主義**⁶論述，所殘存下來的產物。

3. 三種宗教共存的場域

20世紀末以降，不管歐美、中東還是北非，都很引人注目將安達魯斯描繪為「三種宗教共存的場域」這種美好的形象。之所以如此，或許是想要為宗教紛爭、民族紛爭激化的現代世界做些什麼，所以有感而發吧！儘管如此，在歷史中不存在烏托邦。在安達魯斯的歷史中，都出現過宗教之間和平共處，或是劇烈對立的時候。歷史學應該仔細去抽絲剝繭這之中形形色色的面向，在歷史脈絡中的關連，才能更進一步好好討論安達魯斯之於現代的意義。

▷5　**馬格里布**
阿拉伯語的「日落之地」，也就是代表「西方」的地名。具體來說，指的是突尼西亞以西的北非。

▷6　**西班牙殖民主義**
1912～1956年，西班牙將摩洛哥北部視為保護國，置於殖民統治之下。阿拉伯學者們將安達魯斯看作西班牙的討論，遭到曲解為「展現了西班牙與摩洛哥一體性」，被利用在殖民地統治上。

探究的重點

(1) 安達魯斯在西班牙或伊斯蘭世界的歷史中有怎樣的定位？
(2) 對於生活在現代的我們，安達魯斯的歷史有怎樣的意義？

塞爾柱王朝

突厥系遊牧王朝有什麼樣的歷史意義？

大塚修

【關連項目：蘇丹、鄂圖曼帝國的興起】

▷1　呼羅珊
位在現今伊朗東北部、阿富汗西北部、土庫曼南部的地區。是薩珊王朝（224～651年）時代的四大行政區之一。從前伊斯蘭時代開始就一直是政治和文化的中心之一。

＊　蘇丹
參照 II-2 。

背景

　　可以上溯至突厥系遊牧部族名門基尼葛（Qiniq）氏族的塞爾柱一族，原本是在鹹海東方地區過著遊牧生活。曾經居住在中央歐亞的突厥系各部族，是從10世紀左右開始皈依伊斯蘭教，而塞爾柱一族也在這個過程中接納了伊斯蘭教。當塞爾柱一族勢力擴大，牧地變得擁擠狹窄後，便開始涉足西亞。1038年，他們從正處於改朝換代混亂高峰的突厥系穆斯林王朝——加茲尼王朝（977～1187年）手中，奪取了 **呼羅珊**[▷1] 地區的要衝內沙布爾（Nishapur），建立政權，塞爾柱王朝（1038～1194年）於焉誕生。塞爾柱王朝之後更往西進，以受到阿拔斯王朝（750～1258年）邀請的名義，成功進入巴格達，驅逐了將阿拔斯王朝收入統治之下的布維西王朝（932～1062年）。雖然會千篇一律去強調他們這個時候在歷史上首次獲得統治者的頭銜「**蘇丹**[＊]」，但近年來也出現不少對這種解釋抱持異議的聲音。塞爾柱王朝成功統一了中央歐亞到西亞地區之後，更把觸角伸到安納托利亞半島。雖然他們的統一並沒有持續很久，但後來的地方政權都繼承了其行政制度，對往後的穆斯林王朝影響深遠。

論點

1. 歐亞史中的突厥系遊牧王朝　　塞爾柱王朝在很久以前，常常稱為「塞爾柱突厥」。即使到現在，也被認為和稱為「鄂圖曼突厥」的鄂圖曼王朝（1299～1922年）一樣，都是「突厥人」建立的政權，這種印象仍然根深蒂固。可是實際上，除了這兩個國家以外，也有許多擁有優秀軍事力量的突厥系遊牧部族在西亞建立起穆斯林王朝。不只前述的加茲尼王朝，由侍奉塞爾柱王朝、出身軍事奴隸的武將建立的花剌子模王朝（1097～1231年），也是突厥系遊牧王朝。不只如此，統治埃及和敘利亞的馬木路克王朝（1250～1517年），以及印度的蒙兀兒王朝（1526～1858年），其君主的母語也都是突厥系語言。存在著土耳其共和國的今日，講到突厥系人群的時候，會有很強烈「出身自安納托利亞半島」的印象，但其實他們的故鄉是在中央歐亞。當他們成功立足西亞後，雖然人口居於少數，卻仍然以多民族政權的統治者之姿君臨這個地區。不能從「土耳其史」，而是必須從這些突厥系遊牧王朝在歐亞大陸歷史上的脈絡，思考塞爾柱王朝的歷史。

2. 塞爾柱王朝時代的地方政權　　塞爾柱王朝雖然將中央歐亞到西亞的廣大地區納入麾下，但不久之後面臨分裂；不只是魯姆蘇丹國

（1077～1308年）這個從塞爾柱分家出去的政權，以前述的花剌子模王朝為首，各地政權林立。在這當中崛起的是冠上「阿德貝格」（Atabeg）頭銜的君主所統領的地方政權。原本會將這個頭銜授予負責養育、監護塞爾柱王朝王子的將軍，就在這些將軍中出現了另立政權的人。12世紀以後，包括敘利亞的贊吉王朝（Zengid，1127～1251年）、**法爾斯**的薩魯爾王朝（Salghurids，1148～1282年年）、**洛雷斯坦**的哈札拉斯皮德王朝（Hazaraspids，1155～1424年）、亞塞拜然的埃爾迪古斯王朝（Eldiguzids，1145左右～1225年）等阿德貝格的王朝紛紛崛起（但其中也存在著沒有實際擔任過阿德貝格的人所建立的王朝）。這些政權雖然繼承了塞爾柱王朝的行政制度，也採行了各自獨特的政策，有時也會與塞爾柱王朝產生對立。如今，對於曾與十字軍交戰的贊吉王朝累積了不少的研究，但除此之外的領域很難說是有足夠的進展。雖然想像中的12世紀是塞爾柱王朝的時代，但如果不去了解這些實際統治地方的政權，就無法給予這個時代正確的評價。

3. 塞爾柱王朝與波斯語文化

大大促進塞爾柱這個遊牧系王朝發展的是波斯語文化，而非突厥語文化。塞爾柱王朝統治的大部分地區都是波斯系的人群占多數，而以穆勒克（Nizam al-Mulk，1092年逝世）為首的歷代宰相也都是波斯官僚。這種波斯官僚來輔佐擁有優秀軍事力量的突厥系遊牧民，可以說是在伊朗以東興起的突厥系遊牧王朝的典型構圖。當時，作為統治者母語的突厥語，還沒有成熟到可以寫成文章來表達的程度，因此在行政與文學使用的語言方面，就開始使用波斯語和後來的阿拉伯語。特別是在慢慢親近波斯語的塞爾柱君主宮廷中，能看到波斯系宮廷詩人的活躍，以及君主對波斯語文藝活動的庇護。開儼（Omar Khayyám，1131年逝世）的波斯語詩集《魯拜集》，就是這時候寫成。不只是文學作品，是個連官方文書都用波斯語書寫的時代，從波斯語文學和文化史的角度來看，相當值得重視。

▷2　**法爾斯（Fars）**
位在現今伊朗南部的地區。在阿契美尼德王朝（前550～前330年）與薩珊王朝時代是政治的核心地區，有著繁榮的古波斯文化。進入伊斯蘭時代後，布維西王朝以此地為據點，繼續作為西亞的政治、文化中心之一。

▷3　**洛雷斯坦（Lorestan）**
現在伊朗西南部的山岳地區，意指「盧爾人（Lurs）的國度」。住在當地的人們以盧爾語為母語，一直保持著獨特的文化傳統。

探究的重點

(1) 塞爾柱王朝的統治，對之後歐亞大陸的歷史產生了怎樣的影響？

(2) 塞爾柱等突厥系遊牧王朝，編纂了怎樣的波斯語作品？

馬木路克王朝

（6） 奴隸如何統治帝國？　　　　　　　　　　　　　五十嵐大介

【關連項目：阿拔斯革命、蘇丹】

▷1　馬木路克
出身突厥或切爾克斯（Circassians）系騎馬遊牧民的軍事奴隸。薩利赫組織的馬木路克親衛隊，因為其軍營設在尼羅河（巴赫爾〔Bahr〕）上的沙洲，所以稱他們為「巴赫里」。

背　景

　　1250年，埃宥比王朝（Ayyubid）君主薩利赫（As-Salih Ayyub）的親衛隊——巴赫里·**馬木路克**（Bahri Mamluk）軍團，在他們主人死後發動政變，殺害了他的兒子，掌握了埃及的實權，形成馬木路克王朝。此後將近260年的時間中，奴隸出身的馬木路克軍人統治了埃及和敘利亞，也一直都由他們來擔任蘇丹。這段期間，他們擊退了蒙古人的入侵，驅逐了十字軍的殘存勢力，身為「伊斯蘭的保護者」而聲名大噪。同時，他們也把滅亡的阿拔斯王朝哈里發後裔迎到開羅，擁立新的哈里發，並且將伊斯蘭的兩處聖地麥加、麥地那置於保護之下，成為君臨伊斯蘭世界的盟主，在經濟、文化上都相當繁榮。蘇丹納西爾（Al-Nasir Muhammad）的第3次統治期間（1312～1341年），馬木路克王朝的發展達到巔峰，但在納西爾死後，由於政治混亂與黑死病流行而走向衰退。15世紀下半葉以降，新興的鄂圖曼王朝在安納托利亞擴大勢力，雙方為了爭奪霸權而對立。1517年，馬木路克王朝敗給鄂圖曼王朝的塞利姆1世（Selim I）而滅亡，領土也落入鄂圖曼王朝的統治之下。

論　點

1. 軍事奴隸制與派系政治　　9世紀以後，西亞的伊斯蘭王朝發展出使役奴隸作為軍事菁英的軍事奴隸制（military slavery），並且廣泛普及開來，特別是在馬木路克王朝高度制度化。從中亞和高加索地區被奴隸商人帶到各地的馬木路克，會在購入他們的主人——蘇丹或埃米爾（軍團長）底下接受伊斯蘭教育與軍事訓練，之後便從奴隸身分中解放，以菁英軍人集團的身分加入統治階層。他們的地位和權力不能由有血緣的子孫繼承，所以是「僅限一代的軍事菁英」，而統治集團會經常從外部引進奴隸來重新訓練一批新人。離鄉背井、和原本的家族與故鄉切斷聯繫的馬木路克，他們透過替代父親對主人的忠誠，以及代替家族與馬木路克同僚之間的團結意識，形成強大的凝聚力，從而建立起彷彿家族一般的派系。這種派系作為政治集團，在主人死後仍然保有凝聚力。以派系為中心的權力鬥爭與利益分配，也會成為推動蘇丹人選及人事異動等政治運作的基礎。以上的論述是以色列學者阿亞隆（David Ayalon）提出的模型，普遍都認為是馬木路克王朝體制的核心。相對來說，儘管也有馬木路克反抗主人這種不符合上述模型的例子，但都認為只是因為主人放蕩腐敗而遭到捨棄罷了。近年來，開始有人重新審視阿亞隆提出的理論。比方

說尤瑟夫（Koby Yosef）就主張馬木路克「彷彿家族的關係」是徹底沒有血緣子嗣才會出現的替代品。而針對這種關係逐漸變得重要的背景，也舉出了馬木路克結婚生子的年齡變高、黑死病導致嬰幼兒死亡率上升，較難留下有血緣的孩子等因素。史汀伯根（Jo Van Steenbergen）則認為馬木路克奠定政治優越地位的15世紀以後，他們就和過往的突厥系王朝一樣，透過血緣相承的王室來維繫統治正當性。此外，也出現了許多重要的研究，例如：蘇丹在女性繼承的關連，以及馬木路克彼此之間親族關係的重要性。必須注意的是，同時代的歐洲人將這個王朝描述成「前奴隸統治的國家」，其實帶有一種東方主義的象徵，研究者會不自覺受到這種印象影響。如何不過度強調軍事奴隸制的特殊性，理解貫穿整個王朝的統治階層與結構的變化，還有不同時期之間的差異及其內外因素為何？這些都需要根據實際情況來做進一步的研究。

2. 伊克塔制的展開

馬木路克王朝從塞爾柱王朝以降的諸多軍人政權繼承下來的**伊克塔制**，在納斯爾第3次統治時期實施土地調查後，建立良好的組織架構。統一算出了全埃及上下的農地面積和收成量，並且透過土地調查為基礎，重新分配伊克塔，也強化了政府授予和沒收伊克塔的權力。同時，以這種良好組織起來的伊克塔制為基礎，整頓了軍事、行政、財政等各項國家制度。這項制度在14世紀中葉以降的「衰退期」中，是發生了變化或全面瓦解？是涉及國家與社會兩方面的重要課題。過去根據同時代史料的記述，往往強調王朝衰退的主因是軍人強取豪奪伊克塔造成的政治腐敗。但近年來則跳脫了「這是否為衰退」的前提，而是具體去討論以伊克塔為基礎的國家體制，究竟產生了什麼變化，展開財政、土地制度的實證研究。特別是針對伊克塔的私有化，以及作為**瓦合甫**捐獻出來的農地增加等土地制度上的變化，陸續利用捐贈文書和鄂圖曼時期土地帳簿展開新的研究。另一方面，隨著近年來環境史的興盛，也深入討論了寒冷化與黑死病流行等地球規模的環境變化，對伊克塔制與農村社會帶來的影響。

▷2　**伊克塔制（Iqta'）**
10世紀中葉以降，在西亞・伊斯蘭世界普遍施行的軍事、土地制度，會將國家擁有的土地徵稅權委託給軍人。軍人階層透過擁有伊克塔，支配了農村，並左右了其財富聚集之處的都市經濟，進而透過伊克塔制獲得控制整個社會的影響力。

▷3　**瓦合甫**
為伊斯蘭的宗教捐獻制度，人們會將自身的所有物，以慈善目的捐獻給特定的設施、個人或活動。

探究的重點

(1)軍事奴隸制在馬木路克王朝與其他王朝之間，有怎樣的共通與相異之處？
(2)伊克塔制是什麼時候開始，發生了什麼樣的衰退對國家社會帶來了如何的變化？

突厥系各部族

(7)

什麼是突厥？

笠井幸代

【關連項目：遊牧世界與定居世界、遊牧帝國的形成與分裂、中央歐亞的語言與文字、塞爾柱王朝、馬木路克王朝、宋元的多民族社會】

▷1　突厥
在蒙古高原過著游牧生活、說突厥語的部族組成之政治聯合體。漢語中的「突厥」這個詞彙的意思，並不是直接指突厥人或突厥部族本身，而是利用當時漢字的發音將 Türk 的複數型 Türküt 音譯而來的文字。

▷2　回鶻
原本是臣服於突厥、說突厥語的部族，但和其他部族攜手推翻了突厥的統治，在744年於蒙古高原上建立了稱為東回鶻汗國的帝國。這個帝國在840年瓦解，大多數回鶻族離開了蒙古高原，其中一部分人來到天山東部地區定居，並寫下了行政和契約文書，以及宗教文獻。

▷3　喀喇汗國
9世紀在中亞建立的突厥系王朝。10世紀時，薩圖克・博格拉汗（Satuq Bughra Khan）皈依伊斯蘭，轉變為伊斯蘭王朝。喀什噶里（Mahmud al-Kashgari）就是在這個王朝治下，寫出了歷史上著名的第一本突厥語辭典。

背　景

　　說突厥語的人們開始登上歷史的舞台，是在西元522年的蒙古高原，一個自稱 Türk，漢語史料中稱為「突厥」[1] 的部族所建立的遊牧帝國為起點。在這個帝國中雖然聚集了各式各樣的遊牧部族來支撐突厥的統治，但可以想像大部分是說 Türk 語，也就是突厥語的人們。突厥遊牧帝國瓦解後，也是由是同樣說突厥語的回鶻[2]繼之而起，統治蒙古高原和中央歐亞。840年，回鶻失去了對於自身根據地蒙古高原的統治，其中一部分人移居到天山東部地區，慢慢定居下來。從突厥時代起，隨著統治範圍的擴大，已經有往西遷移的突厥系部族，但在回鶻開始往西移居後，正式涉足中央歐亞。之後13世紀蒙古帝國成立，突厥系部族跟著蒙古統治的擴張，又再度往西方移動。其結果就是遼闊的中央歐亞於今日都住著說突厥語的人們。

論　點

1.　突厥系部族的語言

　　歷史上所使用的 Türk＝突厥語言，為了和現代語言做出區別，一般都稱為古代突厥語。據推測在突厥建立以前，蒙古高原存在著說突厥語的部族。可是遊牧部族日常上沒有留下語言史料的習慣，因此直到突厥和回鶻的時代，才首次從統治部族留下的些許石碑，了解使用突厥語的情況。

　　回鶻移居天山東部之後，上述的狀況產生了變化。回鶻人使用紙張將自己的語言書寫下來。回鶻人在這個時期於史料中留下的語言，特別稱之為「古代回鶻語」。此外，在更西方建立的伊斯蘭教喀喇汗國[3]（9世紀～1212年），也是使用突厥語。艾達爾（Marcel Erdal）從語言學來分析古代突厥語時，舉出了三組語言史料，有蒙古高原的碑文史料、古代回鶻語史料，以及11世紀喀喇汗國書寫的文獻。古代突厥語、回鶻語如同其他語言，也會隨時代產生變化。不只如此，學者也指出有著類似方言的差異，因此解開過去古代突厥語方言的分布，就是今後的課題。

2.　宗教的接納與變遷

　　蒙古高原留下的石碑能一窺突厥系部族的宗教信仰。而古代回鶻語寫成的文獻，大部分也都是宗教文獻。這個事實告訴我們，宗教對突厥系部族的生活而言具有重要的意義。突厥是以「天」（騰格里〔tängri〕）為中心的信仰，統治者透過天授予的領袖氣質，或者說「幸」（kut），獲得統治的正當性。包括回鶻在內的諸多遊牧民族都共有這種

信仰，但是關於有無神話體系、實際執行的儀式等，詳細情形仍然不明。

在回鶻統治蒙古高原的時代，引入了伊朗系宗教摩尼教，並且得到統治階層長久的支持。當回鶻移居到天山東部後，接觸到了當地的佛教徒（特別是**吐火羅人**[4]與漢人），也慢慢開始皈依佛教。在古代回鶻語文獻中，有關佛教的文獻占了相當驚人的比例，這些都是大多數回鶻人都為佛教徒的一段很長時間裡所寫成。只是，實際上他們接受的是哪個宗派，又成立了怎樣的教團，還有很多不明之處。另一方面，也有一定數量的人信仰基督教的東方教會（景教、聶斯托留派），更有像喀喇汗國一樣皈依伊斯蘭的突厥部族。這些各式各樣的宗教共同體，在什麼時候、如何互相影響，成為突厥各部族文化的一部分，都是值得更進一步研究的課題。

3. 社會和行政制度

突厥遊牧帝國是由大大小小、各式各樣的遊牧部族組成的聯合政體。突厥統治者會按照這些部族長底下部族的規模，授予不同的稱號。基本上就是透過這些部族長來達到對每個部族民的統治。同屬遊牧帝國的回鶻，應該也是基於同樣的制度來統治，但不管是突厥還是回鶻，都沒有留下這方面的詳細紀錄。

回鶻定居之後，引入了深植當地的文書行政體制。松景泰研究了現今發現的古代回鶻語行政文書後指出，回鶻就繼承了唐的稅役制度。雖然仍然不是很了解負責這些制度的官僚組織，但不論是古代回鶻語文書，或是伊斯蘭史料中都有提及許多高官。此外，在回鶻的統治下委託來管理佛教教團的僧侶，被認為也是由國王來任命。因此，看到某種程度上從政治方面來控制宗教共同體。

▷4 **吐火羅人：**
說著吐火羅語（印歐語的一種）的人們。如今已經沒有人在說吐火羅語，是20世紀初期中央歐亞的探險所發掘出的史料，才首次知道這個語言的存在。

探究的重點

(1) 什麼是古代突厥語？

(2) 突厥系各部族的宗教是？

(3) 在突厥系各部族中有著怎樣的社會與行政制度？

印度封建制論

⑧

印度歷史上有封建制嗎？

古 井 龍 介

【關連項目：印度的王權與國家】

背 景

　　以歷經笈多王朝（320～550年左右）與戒日王（606～647年在位）統一的北印度為首，在7～12世紀間，印度次大陸和半島各地區的王朝相繼登場，產生衝突。這些地區的王權底下，崛起了一批統治一定範圍的從屬統治者階層，促成地域文化與認同的形成。在現今的歷史研究中，有系統討論這個稱為「中古早期」的時代底下之歷史變遷，不是一直以來主流的政治史，而是根據馬克思主義出發的社會經濟史，這就是「印度封建制論」。這個理論認為，專制統治對上不變的村落共同體這種亞細亞生產方式，同樣也適用於印度，向當時的馬克思主義的主流學派提出質疑。

論 點

1. 印度封建制的概要與發展　　有系統透過封建制去理解前近代印度史，始於1950年代科桑比（D. D. Kosambi）與沙馬（R.S Sharma）兩位學者的嘗試。科桑比在他的主要著作《印度史研究序說》（*An Introduction to the Study of Indian History*，1956年）中談到，印度封建制的發展分成兩個階段，一是政治分權化「由上而下的封建制」，二是土地關係階層化「由下而上的封建制」。相對於此，沙馬則在《印度封建制——300～1200年》（*Indian Feudalism: c. AD 300-1200*，1965年）中，主要透過碑文史料，提出了以下的討論：①與羅馬之間貿易的衰退，造成都市經濟萎縮與貨幣不足。②因此，就有必要用土地取代貨幣來支付薪俸，將土地和從村莊獲得的收入授予婆羅門、宗教設施、家臣等。這種授予往往包含審判權等各式各樣的權力，就導致了政治的分權、擁有土地之中間階層的興起，以及將耕作者綁在土地上的從屬。③都市經濟的萎縮也使得工匠階層移居到農村，造就了一個封閉且自給自足的農村經濟。沙馬將這些政治、社會的樣貌定義為「印度封建制」，並認為隨著11世紀對外貿易的復甦就慢慢消逝在歷史的舞台。

　　由於沙馬的理論圍繞在史料的解釋，以及是否有持續的貿易、貨幣經濟，所以從一開始就受到實證層面的批判。即便是其理論的主要支持者傑哈（D. N. Jha），也認為不該從對外貿易這種外部因素，而應該從內發性因素來探討。沙馬為回應這些批評，也不斷擴展自己的理論，以考古資料為基礎，討論4世紀以後印度河流域都市的衰退，藉此強化他的說法。另外，沙馬也主張在各個文獻裡作為世界終結期出現的**爭鬥時**▷1，其反映的社會危機就是封建制出現的原因。

2. 印度封建制論爭——理論的批判與討論的停滯

1970年代以降，隨著批判深入整個理論的核心，關於印度封建制的論爭變得相當熱絡。穆基亞（Harbans Mukhia）在第40屆**印度歷史會議**中古史部會長的演講〈印度史有封建制嗎？〉（1979年）中，主張封建制是農業生產力低落的中古西歐特有生產方式，套用在以高生產力、穩定小農生產的中古印度上並不適當。查托帕迪亞亞（Brajadulal Chattopadhyaya）在《中古早期印度的形成》（*The Making of Early Medieval India*）的緒論中，也批判把中央集權、貨幣經濟、**瓦爾那體制**為特徵的早期歷史時代（古代），和增加了政治分權、自給自足經濟、從屬耕作民，以及種姓制度等特點的中古早期，兩者截然二分的印度封建制。他認為這種二分法是漏看了從非國家社會到國家社會、非農耕民到農耕民的轉換，其實都在各地不斷發生且逐漸擴散出去，換言之遺漏掉了前近代印度的長期變化。支持印度封建制論的沙馬等人面對這種批評的反駁，則是採取避開去討論本質的方式，轉向封建上的心性、封建上的藝術等封建制概念的勃發來支持自身的說法。之後，研究主流轉向文化史，這場論爭以傑哈編纂的論文集《封建秩序》（*The Feudal Order*）刊行的2000年為高峰，之後便沉寂下來。

3. 替代理論登場建立起的共通認識，以及後來的封建制論

展開論爭的過程中，陸續出現想要替代印度封建制論的理論，如史坦因（Burton Stein）提出適用於南印度中古史的分節國家論，查托帕迪亞亞與庫克（Hermann Kulke）則提出各自的整合政體論。圍繞這些理論與封建制論的熱烈討論，建立了一定程度上對於中古早期歷史現象的共通認識，如從屬統治階層的重要性，以及因為農業擴大而被編入定居農業社會邊緣的非定居民等等。此外，重視地域層級歷史變化的替代理論，也讓人了解印度次大陸、半島各地區在環境與歷史上的多樣性。

就如前述，在2000年的高峰後，這方面的討論趨於停滯，但在南印度史研究者中，仍然將經濟作為理解囊括經濟、政治、思想諸多面向的社會之最終因素，並且透過社會結構的概念，深入討論了生產手段和生產觀念，進而維繫了封建制論。支持這種論述的代表是維魯塔特（Kesavan Veluthat）與古庫卡爾（Rajan Gurukkal），他們透過論文集彙整起來的研究，會是今後重燃並發展印度封建制相關討論的基礎。

透過這場論爭，雖然印度封建制論在實證與理論上都有各種問題，但打破「不變的印度農村」這種帝國主義印象，也奠定了社會變遷在討論歷史變化方面是不可或缺的前提，對於之後中古早期南亞史研究的發展有很大的貢獻。

▷1　**爭鬥時**
在印度教的時間觀念中，設定了從最初的黃金時代開始，陸續惡化的4個時代，而最後的時代就是爭鬥時。在這個時代中會喪失達摩（理想的秩序），逆轉社會階層，讓女性和身分地位低的人會爬到上位。

▷2　**印度歷史會議**
1935年創立的印度最大歷史學會，每年年會都有許多來自全印度研究者與會。著名學者在會長、各部會長交接的演講中，都會回顧過去研究的動向，在指引往後研究課題與方向上扮演重要的角色

▷3　**瓦爾那（Varṇa）**
指婆羅門（祭司）、剎帝利（戰士）、吠舍（庶民，後來為商人）、首陀羅（隸屬民，後來為農民）這四種身分（四姓）。後來，以各種生產、社會集團為基礎的種姓在各地發展和增加的過程中，瓦爾那也作為能夠定義其地位和相互關係的架構，發揮了作用。

探究的重點

(1) 印度封建制論是在印度獨立後的1950年代登場，其時代背景為何？

(2) 以某個地區為對象建立的模型，多大程度上能適用於其他地區？

(3) 南亞各個地區與其歷史的多樣性，是以什麼樣貌呈現出來？

印度王權與國家

如何看待前近代印度的王權？

三田昌彥

【關連項目：東南亞的印度化、印度封建制論】

* 瓦爾那
參照 II-8 注3。

背 景

　　古代從恆河中游發跡的孔雀王朝和笈多王朝等巨大帝國出現後，隨著邊境的開發漸漸形成許多王朝割據的狀態，最後到了13世紀迎來了德里蘇丹國的時代。在這段期間（特別是笈多王朝以降），印度各王朝被認為是所謂的「印度教王權」。王權是由印度教神明授予，王的義務則是保護人民與**瓦爾那***的秩序。

論 點

1. 關於國家形態、結構的理解

　　該如何理解近代以前印度國家的結構，學術上基本分成兩種看法：印度研究者為主的說法認為是所有政治權集中在王身上力、中央集權的官僚制國家；以歐美研究者為主的一派則認為，是建立在多元且分化成無數部族、在社會上分立的部族制國家。比方說11世紀南印度的朱羅王朝，沙斯特里（Nilakanta Sastri）等人認為屬於中央集權的官僚制國家，史坦因等人則主張，實際掌握政治權力的是「納德」（nadu，地區）的首長，朱羅王的政治統治是無法觸及內部的分化國家（segmentary state）。事實上，國王的政治統治在一定程度上還是能貫徹到地方，所以後者的見解可以說是太過極端，但他們批判那些認為這個時代印度國家是團結一致的中央集權國家的看法，依然成立。

　　同樣地，前3世紀統一南亞的孔雀王朝，一直以來都認為其架構是典型中央集權的古代專制國家，但近年則有像是塔帕爾（Romila Thapar）等人的看法，認為官僚制能直接支配的地區僅限於恆河中上游，至於位在帝國廣大邊陲地帶，身處各個階段的部族社會，只能採取間接統治而已，因此是個分化程度很高的國家。這種論點的轉變不限於古代帝國結構的問題，也對在此之後的歷史產生了不同的看法。一直都將中央集權的古代帝國形象看成理所當然，因此笈多王朝瓦解後不再出現巨大的帝國，形成各王朝割據的情形，包含支持印度封建制論的人在內，都認為這就是國家解體和分裂的過程；可是當作為前提的古代帝國形象發生重大轉向的時候，如下所見，反而會覺得這個時期是地域層級的國家統合起來的時代。

2. 瓦爾那秩序與王權——地域國家統合論

　　王的制度是在前9世紀左右和瓦爾那制一起誕生，此後南亞地區之所以受到定居農業擴散的影響，轉變為階級社會，就與瓦爾那制與保護這個制度的王權國家出現有關，可是正如前所述，這在孔雀王朝階段僅限於一部分地區，視為邊陲的其他地區要等到笈

多王朝瓦解期以後，才慢慢出現這樣的趨勢。查托帕迪亞亞與庫克的方法論就從這點著眼，認為6世紀以降的王權問題其實就是一種地域層級的國家統合過程。這個時代，邊陲的部族首長從恆河流域招攬婆羅門，將梵文文化引入他們的宮廷。主張身為剎帝利的系譜來打造出印度教王權的同時，各部族的守護神也轉化為印度教眾神，還建立起印度教的寺院。此外，瓦爾那制也隨著農業開發與居民的定居農業化，擴及到這些地區。這種建立起地域層級政治、宗教、經濟網絡的過程，除了能透過歷史來解開印度多元地域文化與種性社會的形成，也可以用來說明將東南亞包含在內的**梵文文化圈**[1]形成之過程。

可是，「定居農耕化＝階級社會形成＝瓦爾那秩序的形成」這樣的理解方式，不但不適用於瓦爾那制不曾生根的東南亞，而且瓦爾那制說到底也只是婆羅門描繪的理想社會秩序而已，因此也可能過度從婆羅門的理想來解讀。事實上，定居農耕化並不必然存在以婆羅門為前提，也必須考慮到南印度與孟加拉沒有剎帝利與吠舍存在的事實。

3. 印度教王權的彈性

隨著蘇丹國家在印度落地生根，也出現了帶有伊斯蘭元素的印度教王權。14～17世紀統治南印度的毗奢耶那伽羅王國（Vijayanagara），雖然持續在對抗德干的伊斯蘭各國，被稱為「印度教的橋頭堡」，可是華格納（Philip Wagoner）也明白指出，這個王權一直使用「印度教諸王的蘇丹」（Hinduraya-suratrana）這個頭銜，國王與高官在官方與儀式場合，也都會穿著伊斯蘭風格的服飾，因此實際上雖然沒有皈依伊斯蘭，卻在文化上接納了伊斯蘭。關於這種做法的背景，是因為印度洋世界為伊斯蘭的政治世界，所以在這當中要展開外交、政治，這是必不可少的策略。

當然，不是當時所有的印度教王權，都像這樣接納伊斯蘭文化，但在12世紀以前都可以看到這種王權的彈性。把現實的印度教王權看成「印度教的王權」，只依循《摩奴法典》等婆羅門理念的文獻來重新組織，這樣的看法往往只會嚴重偏離實際的狀況。

▷1　**梵文文化圈**
採用作為文化菁英語言的梵語及其文化（宗教、學術、文藝等）為宮廷文化的各個王朝，與其勢力範圍大致重疊的共同文化圈。接納梵語文化的程度，在這個文化圈裡被視為「文明」（arya）的指標。

探究的重點

(1)印度的王權與國家的特徵為何？
(2)王權與宗教有著怎樣的關係？

伊斯蘭傳入印度

⑩　伊斯蘭化的實際情況是怎麼一回事？　　二宮文子

【關連項目：所謂的「伊斯蘭世界」這個詞彙、阿克巴體制論】

背　景

　　711年，伍麥亞王朝的卡西姆（Muhammad ibn al-Qasim）率領著穆斯林軍隊從印度河口登陸，沿印度河北上征服了信德地區。11世紀，不斷從阿富汗出發展開印度遠征的加茲尼王朝，在旁遮普地區建立了據點。於1186年滅亡加茲尼王朝的穆伊茲・阿丁・穆罕默德（Mu'izz ad-Din Muhammad），則在1192年於塔拉伊（Tarain）擊敗了強大拉傑普特王國（Rajput）的喬漢王朝（Chauhan），掌握北印度的霸權。古爾王朝（Ghurid）的將軍最遠抵達孟加拉地區，他們於1206年穆伊茲・阿丁逝世後紛紛在各地獨立。在北印度最有力量的是以德里為據點的艾伊拜克（Qutb ud-Din Aibak）與其後繼者伊勒杜迷失（Shams ud-Din Iltutmish）。1206～1526年以德里為首都的各個穆斯林王朝，統稱為德里蘇丹國。自13世紀末到14世紀上半葉，**哈爾吉王朝**^{◁1}和**圖格魯克王朝**^{◁2}一路把勢力擴張到印度南部。14世紀中葉以降，印度各地的穆斯林陸續建立起地方王朝，當時連馬爾地夫也建立了穆斯林王朝。

論　點

1. 伊斯蘭傳入印度與伊斯蘭化

　　伊斯蘭傳入印度各地，其開端多半是穆斯林隨著軍事活動、行政據點的建立、商業活動等，移居和遷徙到相關地區。故此，關於伊斯蘭傳入印度的說明，往往是從穆斯林入侵印度，擴大統治範圍的過程，以及穆斯林的軍事與商業活動等歷史背景來切入，再來談論之後社會的變化。關於軍事活動的動機，雖然也有人強調是因為伊斯蘭意識形態鼓勵去討伐異教徒，但目前於學界占上風的看法則認為，如果受到史料的修辭牽著鼻子走，覺得是普遍的情況，反而會阻礙對個別事例的分析。

　　伊斯蘭傳入造成的社會變化，是用所謂的「伊斯蘭化」來表現。作為伊斯蘭化具體的展現，首先會舉出因為移居或皈依而增加的穆斯林人口。在歷史研究中更廣泛的伊斯蘭化還包括了穆斯林政治勢力的擴大、穆斯林成為印度各地在地社會一部分的過程，以及社會上共享伊斯蘭教條、價值觀與穆斯林帶來的文化及風俗的發展。這樣的社會變化，並非在穆斯林征服或移居後立刻改變，通常會歷經一段很長的時間。比方有人就指出13世紀初納入穆斯林統治下的北印度，當地的政治體制實際要等到13世紀末以降才發生質變。此外，如果轉換一下視角，則印度的伊斯蘭化過程，其實可以看成伊斯蘭成為印度社會的一部分，產生出印度獨有的伊斯蘭文化與信仰實踐，換言之就是伊斯蘭的印度化。

▷1　**哈爾吉王朝（Khalji）**
1290～1320年，由哈拉吉人的（Khalaj）軍人賈拉勒丁（Jalal-ud-din）建立的德里蘇丹國第3個王朝。第2任蘇丹阿拉烏丁（Alauddin，1296～1316年在位），相當積極進行南印度的遠征。

▷2　**圖格魯克王朝（Tughlaq）**
1320～1413年，德里蘇丹國的第4個王朝。由穆罕默德・圖格魯克（Muhammad bin Tughluq，1324～1351年在位）建立了德里蘇丹國的最大版圖。14世紀德干和古茶拉特（Gujarat）地區建立的穆斯林王朝，陸續脫離圖格魯克王朝獨立。

印度—伊斯蘭文化^{◁3}，與印度穆斯林獨有的信仰實踐和社會結構，產生出多采多姿的研究。包括由穆斯林傳入印度、但未必與宗教有關的文化（如**波斯語文化**^{◁4}在印度的發展）等，也是熱門的研究方向。

2. 皈依、宗教認同、宗教觀

伊斯蘭傳入以來的穆斯林人口增加，不只是穆斯林從印度以外地區的移入，毫無疑問也是因為印度內部有人皈依了伊斯蘭教。關於皈依的原因，可以歸納出穆斯林統治者的強制措施、藉由皈依獲得政治和經濟利益，以及宗教人士活動等因素。所謂皈依，是在印度這廣大地區中經歷漫長歲月的歷史現象，如果認為是有某種特定因素長期主導，並不切實際。當分析造成地區信徒人口比例變化的大規模皈依時，就必須考慮到多重的因素。伊頓（Richard Maxwell Eaton）分析了13～18世紀中葉孟加拉地區皈依伊斯蘭的狀況，指出在穆斯林的統治確立以前，印度教其實沒有徹底滲透進孟加拉地區（特別是東部）。此外，在這個時期透過河川讓可耕地增加，因此蒙兀兒帝國時期繁榮的開墾事業，促成了穆斯林開墾者建立的村子。而當地居民就受到村落領袖信仰的宗教感化，慢慢同化皈依。另外在宗教觀的變化方面，原有多神教的神並沒有因為伊斯蘭的價值觀而被抹去，而是等同視之為伊斯蘭的神、天使或**聖者**^{◁5}，並與之融合。

在印度近代民族國家形成，最終造成印度共和國和東西巴基斯坦分離獨立的過程中，宗教遭到政治化，成為區分人們的本質差異。在強調伊斯蘭外來性的同時，「印度教徒對穆斯林」這種二分法的歷史理解也廣泛普及開來。要克服這種歷史理解，就必須明瞭這種二分法在英國統治下被發明和共有的過程、近代印度人宗教觀的變化、前近代多元宗派的共存與對立關係，還有宗教之間差異的認知等。另外，也有研究利用耆那教徒的紀錄，關注印度教徒與穆斯林裡各自的宗派集團與社會階層，還有女性等課題，從而打破「印度教徒對穆斯林」這種二分法的觀點。

▷3　**印度—伊斯蘭文化**
伊斯蘭傳入印度後的文化之一，以泰姬瑪哈陵等建築及蒙兀兒帝國的繪畫等為代表。由於與作為宗教的伊斯蘭之間的關係十分稀薄，因此印度—伊斯蘭文化的定義其實也不是很嚴謹。

▷4　**波斯語文化**
波斯語從德里蘇丹國時代就在行政、文學上使用，在蒙兀兒帝國則成為官方語言。近年來，持續進行著關於梵語文獻的波斯語翻譯，以及非穆斯林對波斯語的使用等相關研究。

▷5　**聖者**
在伊斯蘭，蘇菲導師（Sheikh、pir）以及殉教者等，都會尊崇為聖者（Walī，接近神的人）。在印度就看到有非穆斯林信奉穆斯林的聖者，或是印度教的聖者與當地的神被稱為導師，成為穆斯林信仰的對象。

探究的重點

(1) 伊斯蘭是歷經怎樣的歷史發展，在印度落地生根？

(2) 為了理解多元宗教社會的歷史，必須要採取怎樣的視角？

室利佛逝

⑪ 是持續700年的大國嗎？

山崎美保

【關連項目：扶南、林邑、占婆、東南亞的印度化、吳哥】

背 景

　　根據室利佛逝的中心所在位置，可以分為三個時期：第一，在蘇門答臘南部的舊港發現了7世紀下半葉的各種古馬來語碑文，漢籍稱之為「室利佛逝」（640年左右～741年）。這個時期，室利佛逝支配了往來麻六甲海峽的貿易，讓周邊諸國臣服於自己（第1期室利佛逝）。第二是在8世紀下半葉到9世紀左右，以馬來半島為中心。這個時期處在中部爪哇的夏連特拉王國（Shailendra）影響之下（第2期室利佛逝）。第三，則大致是以舊港為中心，屬於10世紀以降漢籍記錄的三佛齊（10～15世紀）諸國之一，稱為「室（釋）利烏耶」（第3期室利佛逝）。大約在第3期的11世紀時，印度朱羅王朝遠征麻六甲海峽（1025年左右），征服了麻六甲海峽的三佛齊等政權。

論 點

1. 室利佛逝是三佛齊嗎？　　長久以來，室利佛逝都被認為是從7世紀下半葉，一直延續到14世紀下半葉的大國。之所以如此，是因為法國的歷史學者賽代斯（1918年）從漢籍的「室利佛逝」和「三佛齊」皆定都在舊港這點，認為同樣都是室利佛逝，又根據《明史》所記三佛齊的滅亡，做出「室利佛逝一直存續到14世紀下半葉」的結論。在賽代斯以後，普遍認為室利佛逝為長時間存在的大國。可是，從考古學的觀點來看，並沒有發掘出能夠證明室利佛逝一直延續到14世紀的成果，於是1970年代開始對這種看法提出質疑。此外，關於第2期與第3期，室利佛逝本身能提供的資料很少，其狀況十分不明朗。

　　深見純生（1987年）以漢籍的記述為中心來重新檢視三佛齊，最後得出結論：「三佛齊並不是單指一國，而是包含複數政權在內的地域總稱。」他把11世紀漢籍中的「三佛齊詹卑國」和「三佛齊注輦國」等記述，解釋成「三佛齊中的詹卑國」、「三佛齊中的朱羅勢力」。就跟「大食○○國」一樣，也該將「三佛齊」理解成「作為各國總稱來使用的詞彙」，進而從三佛齊地區其中一個政體來探討室利佛逝。此外，這時期三佛齊的中心，是馬來半島的羯荼訶（Kadaram，現在的吉打〔Kedah〕）。

　　另外，近年歐美的研究，關於室利佛逝則有兩種見解：一種認為室利佛逝從7世紀一直存在到13世紀（但中途就開始衰弱），另一種則認為室利佛逝從7世紀延續到11世紀（朱羅王朝遠征後不復存在）。不管哪一種都認為室利佛逝在

11世紀面臨衰退，因此摒除了賽代斯以來「7世紀下半葉到14世紀下半葉的強大國家」這一印象。

2. 室利佛逝與周邊政權的關係　　目前並不清楚室利佛逝與周邊政權的關係。

在第1期碑文的格度干武吉（Kedukan Bukit）碑上，記載了室利佛逝王從Minānga出發遠征，並建立起城鎮的事蹟。這次遠征的出發地不明（有一說為扶南），而王所建造的城鎮應該是舊港。他們是從「外地」來到舊港，並征服了這裡。此外，他們也曾對不肯歸順的「布米・爪哇」（bhūmi jāva，或許是西爪哇）派出遠征軍（哥打卡普爾〔Kota Kapur〕碑文）。

雖然第2期的資料不足，但到了第3期則可以從印度朱羅王朝的碑文中，得知有一位夏連特拉王室出生的室利佛逝王維闍耶東加爾曼（Vijayatunggavarman）將主權擴張到羯荼訶，建立寺院的紀錄。另外，朱羅王朝遠征馬來半島，納入統治的各政權中，也可以看到室利佛逝的名字。

這些政權和室利佛逝的關係，可以用「**曼荼羅**」論[1]來說明。「曼荼羅」是「王之輪」的意思，這個王的統治基本上限於一代，作為其勢力範圍的「曼荼羅」也會反覆伸縮。王的「曼荼羅」周邊會與其他統治者的「曼荼羅」並存，彼此的領域相互重疊。

用曼荼羅論來看室利佛逝與周邊各國的關係，可以說第1期以舊港為首都的室利佛逝，第2期以馬來半島為中心、處於夏連特拉勢力下的室利佛逝，還有第3期一開始隸屬於羯荼訶（三佛齊的中心），但在朱羅王朝遠征後從羯荼訶獨立、在麻六甲海峽各港市中特別強大的詹卑，各自作為中心建立了曼荼羅，並對周邊的曼荼羅有著優越的影響力。

▷1　**「曼荼羅」論**
由沃爾特斯（Oliver William Wolters）於1982年提倡的理論。東南亞屬於雙系社會，不是只靠血緣決定社會地位，所以王必須經常展現卓越領袖風範來吸引其他人，藉此維持「統治」。

探究的重點

(1) 室利佛逝盛衰的原因為何？

(2) 前近代東南亞中，貿易與王權之間建立了怎樣的關係？

吳哥

⑫

如何思考帝國的連續性與經濟基礎？

田畑幸嗣

【關連項目：扶南、林邑、占婆、東南亞的印度化】

背景

　　以今日柬埔寨西北部為中心興起的吳哥王朝，在9～15世紀被認為影響力曾一度擴及中南半島的大部分地區。由於在東南亞的前近代國家中，並不存在規模足以和極盛期吳哥王朝比肩的國度，因此也有很多人稱之為「吳哥帝國」。

　　透過碑文、漢籍研究跟考古學，描繪出在中南半島的國家是經過什麼樣誕生、轉變、消亡和整合的過程，才造就吳哥王朝這樣在東南亞無可比擬的國家。現在普遍的理解是，到了3世紀左右，在現今的柬埔寨、越南南部出現了**印度化**[1]的國家「扶南」，7世紀左右「真臘」合併了扶南，但不久後又分裂（前吳哥時代）。9世紀初期隨著國王闍耶跋摩2世即位，建立了吳哥王朝（吳哥時代）。最後，他們在15世紀放棄了吳哥的王都，迎來王朝的終結（後吳哥時代）。

論點

1. 前吳哥與吳哥

　　關於這種歷史區分，有人批評背後其實隱含著殖民主義的歷史觀，也就是把吳哥當成高棉的黃金時代，其前後時代則分別為潛伏期和沒落期。不過，把政治中心位於吳哥及其周邊地區的階段定義為「吳哥時代」，此前中心尚未明朗的階段稱為「前吳哥時代」，還是具備一定的意義，因此這個區分方法至今仍廣受參考。

　　可是，有一種研究方法（原本是美術樣式的區分）如今認為有決定性的國家差異，或多或少可以看到「前吳哥時代為扶南和真臘，繼之而起的就是吳哥王朝」的記述。關於這點有必要注意的是，所謂真臘完全是漢籍上的稱呼，從7～16世紀都統一稱呼這個國家為真臘。元朝的使節團員周達觀撰寫的吳哥王朝見聞錄，也稱為《真臘風土記》。

　　此外，前吳哥與吳哥的區分，其實不只是政治中心的差異，還包括有無中央集權、墳墓信仰與個人崇拜、印度從未見過的露臺和**階層式建築**[2]（有為吳哥，沒有為前吳哥）。或者是透過碑文上的稱號等用語差異，來判斷政權內部的變化，不過這種方法儘管躍為主流，但依據研究者的不同也會有年代上的差別。另一方面也有人認為其實沒必要區分吳哥與前吳哥，因為時代這個概念本身就是流動的。

2. 作為經濟基礎的水利都市論

　　描繪出古代東南亞通史的賽代斯，認為吳哥王室有著可以上溯到扶南時代的單一王朝世系表，而之後的研究者或多或少都受到他的影響。但是，這只是表面上看似單一的世系表，因為

▷1　**印度化**
賽代斯提倡的東南亞國家形成理論，指的是以印度式王權概念、宗教儀式、梵語為特徵，有組織的文化擴張（西元前後為第1次印度化，4～5世紀為第2次印度化）。現在很難去想像有組織進行文化移植的第1次印度化。

▷2　**階層式建築**
從下到上層層堆疊成一個整體的構造。特別是吳哥的建築特色，會將下層構造的縮小版向上堆疊。將同樣元素（形狀、裝飾）縮小，然後垂直往上疊，從而形成塔形或金字塔形的寺院。

篡位者獲得王位之後，為了證明自己的正統，會透過婚姻關係等方法把自己系譜連結到先王的世系上。從碑刻文字就可以看到各地據點都有複數的王室，王權並沒有定於一尊。是故我們可以把真臘／吳哥，看成某種地方政權的聯合體。

吳哥的經濟基礎，大多仰賴著平原的稻作，在碑文中也可以看到「米穀之長」這種專門的官吏，以及繳納物資的徵稅紀錄。正因如此，吳哥被認為是立足於內陸農業的帝國。

確實，吳哥是在內陸的平原地區建立起來，但這個地區在自然環境上受到極大的限制。東南亞大陸地帶的平原，一年有一半是基本上不降雨的旱季，較小河川會接近完全枯竭。可是雨季則會因為大量降雨而積水，所以幾乎不可能進行灌溉作業。直到現在，這裡還是只有雨季進行稻作的**梯田**[△3]地帶。

葛羅斯耶（Bernard Philippe Groslier）就在這種環境限制的基礎上提倡了「吳哥水利都市」論。利用巨大的人工湖「巴萊」（baray）就可以容納季風帶來的雨水，藉此持續灌溉水田，也在旱季沒有下雨的時候代替河川。雖然葛羅斯耶後來改變了巴來具備持續灌溉功能的想法，認為只能輔助一年一作的稻作灌溉，但並沒有改變他所提倡「灌溉稻作為經濟基礎」的論點。

對於這種論點，有人從農學的立場提出反駁，也有人依據發掘調查與**遙測**[*]來重新驗證，但這個論點本身與基於史料的討論之間的乖離，也是問題所在。並沒有充分檢討前述《真臘風土記》等漢籍中有關稻作的敘述，而且依然不清楚碑文上提到的人工湖位置。從吳哥中心地帶朝著各地修築的幹道「王道」與石橋等基礎建設上也有相同的問題。儘管道路兩旁的紀念碑、生產遺址的分布，以及造橋等物質文化的研究有所進展，但依然無法連接上從史料中建構的生產活動、分配與消費的模型，所以依然很難判斷這些研究成果在吳哥社會經濟論中的定位。

▷3　梯田
不靠河川、水路等的水源，而是仰賴雨水來進行稻作的水田。很容易受到旱災等災害影響。

＊　遙測
參照 I-6 注1。

探究的重點

(1) 能夠在東南亞平原上建立一定範圍的帝國政權有哪些關鍵因素？

(2) 該如何在東南亞前近代史中定位吳哥王朝的形成？

宋元的都城與文化

(13) 為何要遷都？

久保田和男

【關連項目：夏朝、中華與夷狄、環境變動與中國古代史、宋元的大運河與海運、宋元中國的飲食文化】

▷1　**都城**
指傳統中國的首都，有舉行儒教儀式（郊祀等）的設施（太廟與郊壇），以及表明都城範圍的城郭。

▷2　**城郭**
原本「城」是指中央的宮殿（宮城），「郭」指的則是外城（外郭）。從隋朝開始在都城增設中間一層的城牆「皇城」，來作為政府辦公機構的區域。

▷3　**中原**
在長達千年的歷史中，主要是以北緯35度線（洛陽、長安、開封）的黃河流域，來建立傳統中國的都城（都城文化）。參照 I-12 注1。

▷4　**空間**
空間包含了物理的空間，以及人們意識所形成的空間（有意義的空間）。在歷史研究中重視後者作為一種研究方法，比方說都城空間或政治空間等。

▷5　**郊祀**
在都城南郊設置的天壇，由天子主持對天的祭祀，是一種將天賦予天子的王權視覺化的國家儀式。因此，天壇（南郊壇）是都城必備的設施。

背　景

朱全忠在屠戮宦官、滅掉唐朝之後，也破壞了長安，之後五代都以開封（有時是洛陽）為**都城**[▷1]。朝統一邁進的後周築起了開封的外城，讓其成為有三重**城郭**[▷2]的都市，整頓了作為統一國家都城的規模與機能。到了合併江南諸國的北宋，開封作為南方物資集散地，在經濟上也相當繁榮。在1126～1127年的「靖康之變」之後，開封失去了都城的地位，**中原**[▷3]的都城文化，為南宋臨安與金的中都（現在的北京）所繼承。蒙古帝國在窩闊台時代滅了金（1234年），同時在蒙古高原上建設了城郭都市哈拉和林。改國號為大元的忽必烈，在1276年滅了南宋，再次統一中國。接著，他在原本中都的東北部，依循中原的都城建築文化，建造了大都，又透過大運河重新組織河道，連接臨安與大都。明朝雖然以南京為都城，但在「靖難之役」中即位的永樂皇帝又遷都北平（北京），基本上確立了現在的首都體制。如同上述，在10～13世紀期間，歷經了長安、洛陽、開封，再到北京的遷都過程，以中原為都城的1000年，轉換為以北京為都城的1000年，這段轉換的過程蘊含許多課題。

論　點

1. 都城史的視角

都城與都市不同，差異在於是否為全國政治的中心。一個國家的政治體制，直接反映在都城的都市構造。在中國，東漢時儒教國教化，儒教的王權儀式會以都城**空間**[▷4]為舞台來定期舉行。在天壇（南郊壇）舉行的儀式（**郊祀**[▷5]），會在都城的南郊舉行；從宮殿通往南郊的南郊道路於是成為主要幹道，而根據《周禮・考工記》也會採用東為宗廟、西為社稷的對稱平面規劃。

北宋開封並不像唐的長安那樣，是打從一開始就有規劃去建造的產物。開封是在唐代的汴州城（舊城）外面圍上一圈新的城牆，以此為基準安排南郊壇與南北中軸線的街道，附加上都城的機能。至於南宋的都城臨安，則是徹徹底底的「行在」，因此沒有採取任何明確的都城計畫。

另一方面，非漢族王朝的金中都、元大都，反而都是利用明確幾何學來制定儒教上平面規劃的計畫都市。但是於此同時，他們不見得就會在此舉行作為王權儀式的郊祀。作為多民族國家的征服王朝，他們獨特的邏輯也會反映在都城空間之上（如郊祀的有無等）。遼金元採用的是佛教王權論，都城空間的重點在於景觀與都城居民的生活（元朝的「游皇城」等）。從這種觀點出發的比較史

是很重要的論點。

2. 都城空間與中心性

北宋是以瀕臨大運河的開封為都城,由於有江南輸送上來的物資,讓**消費生活**[6]跟著擴大;也因為如此,開封作為**經濟都市**[7]的一面相當強烈。比方說,長安透過坊來劃分街區,坊門在日落後就會關閉,並嚴令禁止外出。但另一方面,開封並沒有施行坊制,晚上到半夜都還可以在大街走動,夜市也廣為流行。這也可以理解為唐宋變革其中一個面向。

金則是以女真族興起之地——上京會寧府(現哈爾濱郊外)為都城,但靖康之變以降,他們大幅擴張在華北的勢力範圍。為此,他們在**農牧交界地帶**[8]建造了中都大興府(現在的北京)。金人在建設中都之際,繼承了開封的構造,在中央設置宮城,維持沒有坊牆的都城結構。中都在經濟上也成為連接兩個地區的節點。

元的大都不只有具備中都的中心性,還連接了江南水運最末段的通惠河,與北邊蒙古高原(上都開平府)延伸過來的陸路。大都的都城空間就是串連這些國家多元領地的節點,整個空間結構也呈現同樣多元的樣貌。

3. 複都制

北宋整頓了東京開封府、西京河南府、南京應天府、北京大名府4個都城。遼採五京制,金、元也設置了複數的都城。相對於北宋皇帝幾乎都待在東京開封府,只是形式上設置了複都制,元朝皇帝則是在一年內往返上都和大都,並在兩都執行相異的王權儀式。遼、金也是一樣,複都制具備了各自獨特制度的機能。

4. 都城的文化

都城是**文化的中心地**[9],也是傳播地。中國史的特徵是這類文化中心在轉移的同時,也會被繼承下來。北宋開封就與唐朝長安的風貌截然不同,是新文化的傳播地。不只有書畫、儒教等傳統文化的革新,庶民文化(如《三國演義》的原型等)也相當興盛。這種興盛是在徽宗時代達到頂點。「與民同樂」(皇帝和人民共享歡樂)的活動,因為可以強化王權而受到重視,上元觀燈和金明地爭標等,都作為每年固定的**節慶**[10]來舉辦。1127年發生的「靖康之變」,從書畫等宮廷收藏、宮廷圖書館的書籍,到庶民演藝等各種文化都被運往北方。同樣的情況也發生在元占領臨安之際,兩宋文化都聚集到元的大都。這些事物在明清更進一步擴充,最後成為故宮文物傳承下來。

探究的重點

(1) 留意都城與都市之間的差異。

(2) 試著從儒教儀式、佛教和道教來思考都城空間的問題。

(3) 試著比較由北方民族統治漢族的遼、金、元都城與漢族的都城。

(4) 試著注意作為文化中心的都城,在遷都之後對中國文化的繼承與轉變。

▷6　消費生活
開封的消費生活(飲食、飲茶等),在孟元老《東京夢華錄》中有詳盡描述。

▷7　經濟都市
北宋的商業交易是使用將銅錢串在一起的緡錢,但重量實在太重,所以發展出票據交易。在開封,發行票據的金融業者櫛比鱗次。

▷8　農牧交界地帶
「征服王朝」因為要統治複數的生活空間,所以會將都城設置於交界地帶。

▷9　文化的中心地
宋代一方面有著書畫等士大夫文化,另一方面也相當盛行包括戲劇、說書、小說在內的庶民文化。開封居住了很多的禁軍士兵,為他們提供娛樂的設施「瓦子」,是文化傳播最初的源頭。

▷10　節慶
都城的節慶,是透過皇帝的出巡,將權力視覺化的事物。關於北宋開封的南郊、上元觀燈、金明地爭標等節慶,在前引《東京夢華錄》中有詳細描述。元朝的「游皇城」雖然是佛教節慶,但也可以稱得上是在都城(大都與上都)中,大汗與民眾共處同一個空間、「與民同樂」的節慶。

宋元的王族與貴族

(14) 隨著國家體制不同，其性質有何差異？　　　　　牛根靖裕

【關連項目：拓跋國家、唐的冊封體制、宋元的多民族社會、蒙古的衝擊、後蒙古的民族】

▷1　斡魯朵（宮廷）
與大汗一起隨季節遷徙的遊牧帝國宮廷。組成人員有可敦為首的後宮、私屬民、扈從大汗的廷臣與家族。參照 II-18 注3。

▷2　千戶集團
成吉思汗重新整編麾下的遊牧民族後所建立，包括萬戶、千戶、百戶等按照十進位法的軍事、行政、社會組織。

＊　兀魯思
參照 I-25 注2。

▷3　燕雲十六州
契丹在936年獲得北京市、大同市一帶的地區。相當重要的歷史意義在於位在北方的非漢人王朝擁有了長城以南的土地，也深深影響了往後的國際勢力版圖。之後的金、元、明、清，都將都城設在這個地區。

▷4　投下
來自契丹時代的「頭項、頭下」這一詞彙，指的是臣屬於蒙古王族、勳臣的部將與人民，以及他們領有的土地和家畜等資產。在元朝，相對於成吉思汗直系王族的領地稱為兀魯思（位下），除此以外的旁系王族、勳臣的領地則稱為愛馬／投下。

背　景

宋元兩個王朝的王族、貴族樣貌有很大差異。曾我部靜雄、海老澤哲雄曾用淺顯易懂的方式，彙整過各王朝的王族。宋沿用唐朝以來的制度，由朝廷監督王族。另一方面，遊牧國家蒙古，則是由成吉思汗諸子、諸弟的子孫，統治由各**斡魯朵（宮廷）**[▷1]與一個或複數的**千戶集團**[▷2]所組成、蒙古語稱為**兀魯思**[＊]的藩國。各兀魯思的自主性與王的權力很強，元朝皇帝（汗）雖是蒙古全體的宗主，卻很難干涉各兀魯思的內部事務。

宋為了因應唐朝下半葉以來的政治混亂，抑制了地方軍事權力割據的狀況，確立了皇帝獨裁體制。六朝到隋唐時代的門閥貴族消失無蹤，新的士大夫成為國家政治與中國地域社會的中心。

在北方蒙古高原與華北平原接壤之地，比宋朝誕生早半世紀，契丹部耶律氏的阿保機建立了新國家。契丹（遼）是由狩獵遊牧社會，加上遼東平原與**燕雲十六州**[▷3]等定居農業社會的經濟要素，組成的複合型國家。這種形態為後來的政權在擴大勢力範圍，併吞定居農業社會的時候承襲下來，如1115年女真按出虎水完顏部的阿骨打建立的金，以及13世紀初蒙古部乞顏氏族的成吉思汗創立的蒙古。

契丹（遼）、女真（金）、蒙古（元），是以皇帝為首的宗室、王族，與特定部族長的家族締結跨越世代、封閉的通婚關係，從而建立起某種聯合體，並以此為國家的核心。蒙古以皇帝（汗）為首，不只是皇子、宗室諸王、后妃，還包括萬戶、千戶長家等，都會在歐亞各地的新領土中受封世襲的私屬民與領地（契丹稱為「頭下」，元朝則寫成「**投下**」[▷4]）。他們被稱為「那顏」或「埃米爾」，成為蒙古政權底下的貴族階層。這些有力家族與王族締結婚姻關係，逐漸成為外戚（駙馬、古列堅）。在政治鬥爭的最後，成吉思汗一族失去了政治實權；貴族透過擁戴王族來掌握各兀魯思的政治權力，這成為蒙古與各後繼政權分裂的一大主因。

論　點

1. 統治階層的變化　宋的宗室主要指的是太祖（趙匡胤）、太宗（趙匡義）、秦王（趙匡美）兄弟的子孫。宋的宗室雖然可以領取錢米、獲頒官爵、有著特權階層的禮遇，但並沒有獲得封地和政治的實權。他們主要聚居在東京開封府的一角，受到大宗正司的監督。北宋末期因為

宗室的數量過度增加，所以又在西京河南府（洛陽）與南京應天府（商邱）安排居住地，並設置西外宗正司（秦王的子孫）與南外宗正司（太祖的子孫）。小川快之與賈志揚（John W.Chaffee）關注宗室隨著時間而有所變化的政治立場。南宋時代，宗室除了作為替補皇統的存在之外，也明顯成為效忠王室之官僚和武官的母體。必須在皇帝與帝室之外，從宗室的角度來重新檢視各王朝的統治體制。

關於元代社會，過去都認為是「蒙古人、色目人、漢人、南人」這樣的階級社會，但舩田善之證明「色目人」這個詞彙與概念，是使用漢語的人所創造出來，在他們之間用於帳簿管理等的詞彙，因而廣泛意識到這不是一種身分制。取而代之的是以志茂碩敏為首，關於蒙古政權架構的研究，注意到在整個蒙古裡，出身自蒙古王族與其家系集團（根腳），會影響人們在社會中的地位。元代中國也有稱為「世官之家」的有力家系，他們以王族為後盾，持續擔任某個職官。今後有必要反覆討論這些有力家系與社會、國家的關連，以及其具體扮演的角色。

近年來，古松崇志提倡將中央歐亞遊牧民王朝與華北中國王朝，雙方歷史發展的關連性合在一起理解的「歐亞東方史」。中央歐亞和中國雙方於9～12世紀之間，不只在國家，地域社會的領導階層也產生了很大的變化，展現了雙方地域社會之間的深刻關連。

2. 關注地域社會中的王族、貴族　北宋時代，宗室並沒有被賦予政治的實權，但南宋的狀況大不相同。南宋的宗室一樣聚居在臨安府（行在）與泉州、福州，受大宗正司等監督，但他們作為向王朝竭盡忠誠的地方菁英，在國家的地域統治上扮演了重要的角色。南宋宗室與社會、經濟的關係，包括泉州南外宗正司參與南海貿易等，今後仍有許多有待解開的課題。

另一方面，蒙古王族對地域社會而言，既是保護者，也是出資者。近年來的研究利用蒙古統治下的各地文書、石碑傳布的皇帝詔令（聖旨、札兒里黑），以及諸王的「令旨」（uge）等命令文書，不斷取得進展。從這些文書中，我們可以看到蒙古的王族和貴族派遣監督官（**達魯噶**）[5]與使臣（額勒赤），保護、管理、投資各地「投下」所屬的民眾與設施。和宋朝宗室有身為官員來活動相比，蒙古王族並沒有擔任實際的官員，這顯現了兩者國家結構的差異。究竟這種差異對各地社會與時代性質有怎樣的影響，仍然有待討論。

▷5　**達魯噶**
來自蒙古語的「掌握」一詞，漢語史料稱為「達魯花赤」或「監郡」等。是蒙古在各地區配置的監督官，負責監管都市和農耕地的定居社會裡徵稅、徵兵、驛傳管理等事務。

探究的重點

(1) 對各王朝而言，宗室與王族扮演著怎樣的角色？

(2) 王朝與貴族與當時的社會有著怎樣的關係？

15 宋元的地方菁英與新興豪民

他們是怎樣的人？

山根直生

【關連項目：唐宋變革、宋元的社會制度、宋元的多民族社會、宋元明轉折期】

▷1 **《水滸傳》**
明代的時候將14～15世紀左右的雜劇（戲曲），彙整而成的白話小說。故事以北宋末年為舞台，描述集結在梁山泊的豪傑與朝廷奸臣戰鬥，向皇帝盡忠。嚴格來說這部作品裡描寫的中國社會各個面向，並非北宋時期的樣貌，還混入了元代到明代的情況。話雖如此，在了解宋代到明代地方社會持續發展的軌跡上，仍然提供了不少線索，可以作為歷史研究的材料。

背景

唐代以降，中國四處可見稱為「地方菁英」和「新興豪民」的勢力。他們實際的狀況相當多元，不過我們可以舉以下**《水滸傳》**[◁1]中「祝家莊祝氏」為例：

> 小二道：「這裡方圓三百里，喚作祝家莊、莊主太公祝朝奉有三個兒子，稱為『祝氏三傑』。莊前莊後有五七百人家，都是佃戶，各家分下兩把朴刀與他。這裡喚作祝家店，常有數十個家人來店裡上宿……。」
> （李家莊的管家）杜興道：「（扈家）惟有女兒最英雄，名喚一丈青扈三娘；使兩口日月雙刀，馬上如法了得……這三村結下生死誓願，同心共意；但有吉兇，遞相救應。……祝朝奉第三子，喚作祝彪，定著西村扈家莊一丈青為妻。」

如上所述，祝氏擁有廣大的土地、領有好幾百戶的佃戶、涉足祝家店這樣住宿、飲食產業，並和周遭擁有同等規模的家族政治聯姻，甚至掌管了當地的治安，是名符其實的豪民。此外，雖然「菁英」這個詞的語感會讓人有些意外，但原本地方菁英的分類就有①官僚②應科舉者③宗教慈善家④在地域投入社會資本的慈善家⑤地域防衛與救濟的領導者，以及①～⑤的⑥友人和⑦姻戚等，因此祝氏毫無疑問屬於其中的⑤。雖然他們在故事中被梁山泊所滅，但如果繼續成長下去的話，搖身一變成為②，甚至是①，也不是什麼奇怪的事。

到底是怎樣的社會背景，讓他們能夠成為「新興」的一群人？

地方菁英、新興豪民的各種面向與用語

著重的面向	史料用語	學術用語	代表性研究
農業	富民、形勢戶	富民、形勢戶	大澤（1996）
商業	富商、形勢戶	商人資本	斯波（1968）
同族、宗族	累世同居、義門	同族集團、宗族集團	井上等（2005）
防衛者	義軍、盜	自衛義軍、在地自衛團	日野（1984）
領導者	長者、父老、土豪、豪民	中間階層	柳田（1999）
知識分子	士大夫、士人	知識分子、知識人	伊原（2001）
官僚	官戶、品官之家	科舉合格者、科舉官僚	平田（1997）
囊括上述、整合的面向		在地有力人士、地方菁英	寺地（1998）、Hymes（1986）

論　點

1. 在過去研究中的學術用語與史料用語

當然,「地方菁英」(local elite)是個學術用語,「新興豪民」則是一個不曾出現在史料中的熟語,也是學術用語。根據重視面向的不同,有許多種用來形容這群人性質的詞彙,也有像是從統治者的角度出發,稱呼他們「義軍」與「盜」、「父老」與「豪民」,包含正反兩面評價的史料用語。雖然狀況相當複雜,簡化整理的結果可以參考上表。

另一方面,關於這些面向也個別展開了很長長一段時間的研究,比方說戰後日本的時代區分論爭,很早就從農業的角度詳細考察了「形勢戶」與「地主」的實際狀況。「地方菁英」作為整合性的學術用語,是從許多角度來掌握以限定空間為舞台的人們。這種做法很大程度是受到美國地域研究的影響。總之,必須去考證這些人在各時代、各地域中的共同和相異之處才行。

2. 「地方菁英」「新興豪民」的時代性

若將宋元地方菁英的特質與漢魏晉南北朝史的「豪族」相比,兩者在崛起前經營的一般農業就不相同,崛起後進入的官吏錄用制度也有所差異。

直到唐代為止,穩定的經營形態都是以「2頭牛加上5、6人的勞動力、1.5頃的耕地」為單位,但隨著農業技術的進步,規模更小、主要依靠人力的形態也成為可能。另一方面,相對於能預期地位會永久持續下去的貴族制,科舉制讓官位只限於合格者那一代,也造成官戶[▷2]家系的流動化與不安定化。若是合格者輩出,就可以享受免除徭役等特權,但如果無法辦到的話,那一族人還是索性帶上分得的部分資產、離開大家族方為上策吧!——畢竟,這是個「五口之家」能夠自力更生的時代。

整個宋元之世,他們被冠上「新興」一詞,背後有著「各個家系崛起與沒落互為表裡」這樣的狀況。一度取得官位的人就會懷抱著這種不安,因此著名的北宋科舉官僚就以復活古制的名義,經營共有財產和編纂獨自的族譜,藉此維繫族人的歸屬意識,也在摸索防止失去經濟地位的措施。在明代以後,這些措施作為構成宗族的「三位一體」元素被繼承下來,成為編纂族譜、建立族產、建立祠堂的典範。至於地方菁英定義的③和④中的社會、文化活動,從期盼在自己家系內部持續生產的事物,變成中國社會地域振興的固定布局。

▷2　官戶
唐代是指官有賤民,但這裡指的是有人擔任官僚的家戶。他們被賦予免除賦役的特權,和一般的民戶有所區別,因此稱為官戶。宋代的官戶大多必須通過科舉考試,因此沒有像唐代貴族那樣門閥化,但在地域社會中,這種家系變成名門的例子也是屢見不鮮。

探究的重點

(1) 新興豪民在社會、文化上促成的產物,對整個王朝與其後的中國史,產生了怎樣的影響?

(2) 遼、金朝採取了與官吏錄用制度不同的統治方式,該如何比較這之間的差異?

宋元的大運河與海運

(16) 有著什麼樣的角色與變遷？

矢澤知行

【關連項目：宋元的都城與文化、圍繞著航海的信仰、宋元的離散、海域史中的日本、海賊與倭寇、亞洲中的琉球】

背景

中國大陸自古以來，河川交通就相當發達，但隋代完成的大運河，將政治上重要的華北與經濟豐饒的江南連結在一起，堪稱有劃時代的意義。唐代透過大運河，將江南的物資運往首都長安，宋代則以靠近黃河和大運河（汴河）接點的開封為都城，繁華一時。之後，金與南宋隔淮河對峙，導致大運河沿線荒廢，但蒙古元朝統一後，重新建造連結大都（現在的北京）與江南、走東行路線（濟州河等）的大運河。另一方面，元朝也開始透過海洋運輸物資，活用從江南的劉家港等地繞過山東半島的尖端，抵達直沽（現在的天津），再經通惠河前往大都的這條運輸路線。

1. 大運河漕運與外洋航行海運之間的關係

唐朝和宋朝都受到隋代完工的大運河的恩惠。大運河漕運在宋代邁入成熟期，開封將一部分的運河引入城內，透過繪畫資料《清明上河圖》就可以看到開封內外繁榮的模樣。

可是進入元代以後，改走東行路線的大運河，因為有海拔高度超過40公尺的地方，要維持水量相當困難，因此有部分河段需要改用陸路來運輸，如何提升運輸量就成為大傷腦筋的問題。另一方面，隨著航海技術的發達，利用外洋航行帆船來輸送物資的海運也浮上檯面，成為有力的選項。因為有受天候影響與觸礁的危險，所以一開始是沿著陸地前進，需要好幾個月的時間，但隨著朝山東半島尖端直線前進的新航線固定下來，所需的日程大幅縮短，海運運輸效率也飛躍性地提升。

元代並用大運河與海運，但總體而言是後者的比重逐漸大於前者。不過，是否如同上述是礙於提升運輸

▷1 《清明上河圖》
描繪北宋首都——東京開封府都城內外景象的繪卷，一般認為是由北宋末期的畫家張擇端所繪。細緻描繪了運河沿岸市街的風景，以及人們的風俗，有很高的史料價值。

宋元的大運河與海運路線（筆者繪製）

量的問題，在沒有辦法的情況下才仰賴海運，還是隨著海運急速發展導致大運河的地位降低，這方面的見解分歧。

2. 宋元時代大運河、海運的發展及其歷史意義　對歷代中國統一王朝而言，如何將江南的剩餘糧食運送到政治上有重要地位的華北，在國家整體的營運方面是相當重要的課題。直到宋代為止，大運河發展可以說就在回應這個課題。可是，從北方來的蒙古元朝，因為把據點設在靠近遊牧世界與農耕世界交界處的大都，所以與江南的距離就成了問題。元朝雖然加入海運這個新的選項，意圖克服上述的課題，但這究竟該視為異民族王朝的掠奪，還是一場將遊牧、農耕到海洋世界，全都納入視野的偉大事業，隨著立場的不同而產生了許多看法。

此外，儘管比重偏向海運，但大運河也沒有就此荒廢。重建黃河到長江中游地區的大運河，不只是為了面向北方的漕運，更有復興大運河沿線、擴充基礎建設的意義。再者，對歷代王朝而言的貴重財源——鹽，主要產地都集中在大運河東方的沿海地帶，這些地方生產的鹽會經由大運河沿岸的主要都市，如揚州和淮安等地的鹽倉流通到各地。大運河這種重要角色，如何為明清時代所繼承，也是主要的論點。

3. 海運的定位與東亞海域交流圈的擴張　在中國大陸東方廣大的東海，在長江河口以北和以南的樣貌頗為不同。長江河口以南的海域，經由南海連接上東南亞與印度，從唐代到宋代就已經有著活躍的南海貿易。另一方面，河口以北則與黃海和渤海灣相連，是能接觸到朝鮮半島和日本海方面的海域，但因為沙岸、沙洲、淺灘很多而容易觸礁，相對來說危險性很高。

從「積極涉足長江河口以北，連結南北海域」的脈絡去理解元代的海運，一口氣拓展了研究的視野。比方說，究竟有多少從事南海貿易的船隻北上到直沽的案例？或是除了海運的穀物之外，還有哪些物資是在直沽換乘平底的河船，經通惠河運到大都城內？這些疑問都不禁浮上心頭。此外，從史料上看到肩負前往大都的海運任務的海商，在抵達之後又繼續前往朝鮮半島貿易，這是普遍的案例嗎？負責這種海運與貿易的海商，又是怎樣的存在？上述這些問題都還有待討論。順道一提，1970年代在朝鮮半島海域的海底發現了**新安沉船**，為今日的我們揭開了元代東亞海域交流的其中一個面向。

如上所述，關於宋元的大運河與海運的角色與變遷，不只對中國與其周邊的歷史，也對理解歐亞非大陸規模交流的歷史，有相當重要的意義。

▷2　**新安沉船**
1975年在韓國全羅南道新安海域的海底發現，沉船裡打撈出陶瓷器、銅錢、香木等大量的貨物。經過調查的結果，這艘船是在1323年從寧波出航，在前往博多途中沉沒。

探究的重點

(1) 大運河的角色從隋、唐、宋代，經歷元代再到明清時代，有著怎樣的變化？
(2) 元代海運的發展與東亞海域交流圈的擴張，有怎樣的關連？

宋元的社會制度

其背景是什麼？

小川快之

【關連項目：均田制、唐宋變革、宋元的地方菁英與新興豪民、宋元的多民族社會、宋元明轉折期、明清時代的農業】

▷1　**保甲法**
為了削減軍事支出，讓人民武裝起來，建立民兵與治安組織的政策。5戶為1保、25戶為1大保、250戶為1都保，各設保長、大保長、都保正、副保正等。

▷2　**里甲制**
110戶編成1里，其中富裕的10戶為里長戶，剩下的100戶則稱為甲首戶；里長戶1戶與甲首戶10戶會以1年為期交替，藉此維繫徵稅、治安等的制度。

▷3　**里老人制**
從里選出年高德劭者擔任里老人一職，負責處理民事訴訟與教化的制度。禁止越過里老人去擅自提起訴訟。

＊　**鄉紳**
參照 IV-25 註2。

背景

歷代中國王朝鄉村的社會制度，可以視為反映了該時代、該地域的狀況，有著多重的展開。宋代採取的體制（差役法）是無償徵發擁有財產的人（主戶），擔任鄉村地方行政的勞役人員（鄉役）。可是，差役的負擔讓這些有財產的人深受其苦，因此王安石在新法中引入了支付金錢（免役錢），由他人代服勞役的「募役法」。

不只如此，新法引入的**保甲法**組織，也轉變成負擔末端地方勞役的體制（都保制）。但是進入元代之後，沒有採用保甲法，而是採取由輪值人員（里正、主官）負責徵稅的體制。另一方面，為了振興農業也採行了社制，由代表組織的社長，來負起維持社會秩序、調停紛爭的責任。

明代前期推行**里甲制**，其態度明顯是將國家的末端行政委託給鄉村。此外，因為宋元時代鄉村訴訟頻傳，處理這些訴訟往往造成政府機構的負擔，因此又採用了由鄉村內部處理紛爭的**里老人制**來減輕重擔。

可是，隨著明代中後期鄉村社會的變化，里甲制、里老人制土崩瓦解，取而代之的是以地方菁英（**鄉紳**）為中心建立的鄉村教化組織「鄉約」，而他們的目標是要重建一個新的秩序。另一方面，也再次引入了保甲制，清代鄉約與保甲制合為一體，負起地方行政勞役與調解糾紛的責任。

論點

1. 鄉村社會樣貌

在思考鄉村社會制度的發展之際，有必要去理解這些制度運作的鄉村社會面貌。話說回來，宋元鄉村社會中這種愛好興訟、蔚為社會風氣的問題，稱為「健訟」。其成因與鄉村社會的樣貌有很大的關係，有很多有待討論的地方。堪稱建立起日本傳統社會的江戶時代，「村」的樣貌稱為「村落共同體」，有很強的團體性格，會由村民共同整頓村內基礎建設。

相對於此，堪稱為形成中國傳統社會基礎的宋元鄉村社會，雖然可以看見具有自律性的秩序，但沒有出現像江戶時代「村」這樣的共同體，團體性格也相當薄弱，一般都是由地方有力人士，還有以他們為中心建立網絡的志願者，或是政府來負責地方上的基礎建設。在處理糾紛方面，江戶時代的日本基本上會是於村莊內部，在名主（也稱為庄屋、肝煎）的主導下，遵循村的規則來處理。

另一方面，宋元的鄉村社會，雖然能透過地方有力人士來調停，但沒有一定要遵守，仍有提起訴訟的自由。換言之，健訟發生的背景，其實與容易提起訴訟的鄉村社會性質也有關係。里老人制雖然也仰賴鄉村社會的自律性，但架構上還是由國家來主導，所以里老人與日本村落名主的性質還是截然不同。

2. 人際關係與地域上的狀況

在鄉村社會中，人們會經營各式各樣人際關係來作為生存戰略。明清時代盛極一時的「宗族」這種父系親族網絡，就是其中的代表。此外，在清代各地有志願者提供資金，開設善堂之類的慈善設施。這類設施的營運也大大影響了鄉村社會的人際關係。思考鄉村社會制度之際，有必要釐清承擔起這些制度的人際關係。

可是，人際關係也有地域差別。宗族在南方的福建、江南等地相當盛行，但在北方則不然。不只如此，連社會制度也會有地域的不同，北宋保甲法的組織，在和契丹等對峙的華北有民兵化的傾向，但是這樣的色彩在華南則較為淡薄。

各王朝的社會制度，就像這樣反映了各地域人際關係與社會狀況的差異，即使處於同一時代也非千篇一律，而是明顯可以看到多元的發展。換言之，在思考鄉村的社會制度之際，這種人際關係與地域上的狀況也是重要的論點所在

3. 訴訟文化

當思考圍繞鄉村社會制度的各種問題，以及鄉村社會的樣貌之際，解開引起訴訟的糾紛全貌也是一個突破口。南宋時代的審判相關文書集《名公書判清明集》作為這方面的材料，廣受學界注目，也透過這本書明白了許多事實。此外，在明清時代也流傳「訟師秘本」這類傳授勝訴技巧的書籍。

在前近代中國，是由地方官來負責處理訴訟，但是常有被騙的危險，所以也很流行編纂「官箴書」這種記錄地方官實務心得的參考書，提供地方官來閱讀。

不只如此，在訴訟社會中，民間也很流行**包公案**[▷4]等公案小說（審判故事）。所以有必要以這些書籍為線索來檢視糾紛的全貌，進而思考鄉村社會中人們的行動模式與關係，以及在此之上與社會制度的關連。

▷4　包公案
以斷案如神著稱的北宋官僚包拯（也以「包青天」之名為人所知）為主角的判案故事。

探究的重點

(1) 在社會制度多重展開的背後，地域上存在著怎樣的狀況？

(2) 人們在鄉村社會中，建立了怎樣的人際關係？

(3) 引發訴訟的糾紛，其全貌為何？

宋元的多民族社會

18 戶籍、民族區分具有怎樣的社會意義？

櫻井智美

【關連項目：遊牧世界與定居世界、宋元的社會制度、漢語文化、宋代的儒教、道教與民間信仰、西藏與佛教、宋元的離散】

背景

　　賦稅是給予官員和軍人的俸祿，以及公共工程等國家營運所需的財源。同時，達到一定年齡的男子則會課以力役，有戰時為兵、平時擔負起防衛和公共事業的責任。中國歷代王朝都致力於掌握戶口（戶數、人口）來實施適當的賦役。只是必須相當留意的是，這些戶籍制度（戶計）的前提都是以農耕為基礎的生活形態。在過去被歸類為**征服王朝**的遼（契丹）和元（蒙古）等國家中，面對大部分都是游牧的地區，以土地為單位徵收租稅毫無意義，因此各自設有掌握戶口、承擔賦役的獨特制度。此外，在遼、金、元這些國家，由北方出身、支撐其草創時期的部族和氏族（或者民族）構成的非漢族集團，該怎樣編入戶籍？不只如此，國家又該如何掌握擁有不同生計、宗教信仰的人們或集團？？這些不管在政治還是軍事上都是重大的課題。

論點

1. 部族社會與征服王朝論　　在20世紀中葉的中國史學界將遼、金、元，以及清稱為「征服王朝」。征服王朝的共通點，是以部族社會為基礎的非漢族，在一定期間內將傳統中國納入統治的領域。征服王朝在非漢民族統治中國的過程中，會受到各種文化的影響而昇華為全新的文化。征服王朝的概念頻繁用來解釋遼、金、元的政治、制度、社會，以及文化變遷的特殊性

　　可是，從這種理解中也誕生出許多問題。相對於遼是以蒙古高原的遊牧民為根基，金則是以沿海地域半農半漁、半農半獵為生的人們當作基礎來建立國家。此外，相對於遼統治的「中國本土」領域，僅止於現在的北京、大同一帶，而金統治了整個華北，元則統治了整個中國，彼此統治的地區有很大的落差，進而導致社會的多樣性也十分不同，但這點卻為眾人所遺漏。

2. 各式各樣的戶計　　宋代與唐代相同，是以州縣制度為基礎，但隨著金的南下與擴張，出現很多離開自己的出身地，四處流亡、移居的人們。他們在新天地以「**客戶**」的身分登記在冊，擔負和**主戶**相異的納稅義務。另外，宋因為與遼、金對抗的關係，在國境與首都周邊配置了很多防衛士兵。他們登記的戶籍（軍戶）與一般的戶籍有別，以軍事活動為職業來替國家服務。

　　以非漢族之身成為統治集團的遼、金、元，則採用遊牧和部族社會為基礎

▷1　**征服王朝**
指遼、金、元、清，是由魏復古（Karl August Wittfoge）定名的詞彙。他否定了長久以來認為「統治中國的非漢民族會受漢文化同化」的看法，並認為會創造全新的文化。

▷2　**客戶、主戶**
從外地移居、沒有擁有土地的居民，就會當成客戶來管理。主戶相對於客戶，是指擁有土地的當地居民。

來掌握人民的特殊方式。遼很早就以契丹和渤海遺民為對象來整頓戶籍，但另一方面也存在著直屬皇帝等的「斡魯朵」[3]（宮廷、宮營）戶口。另外，也有研究探討了關於「二稅戶」的實際情況，這群人隸屬於兩個集團，繳納各自的賦稅。這些都是戰亂、領域擴張，以及統治者交替頻繁而在華北地區產生的特殊現象。至於元代則設置了更加複雜的戶籍制度。除了民戶與軍戶外，還有經營手工業的匠戶、營運站赤[4]的站戶、學習儒學來作為官僚預備隊的儒戶、投身佛教的僧戶，以及靠占卜為生的陰陽戶、醫戶等各式各樣的類別。這些隸屬於特殊戶計的戶，其本身的生計就是繳納給國家的賦稅。

3. 社會制度以及是否出現特權？

宋元時代為了維持多民族國家，採用了專屬各個時代的社會制度。首先，在沿用部族社會體系方面，可以舉出金的猛安、謀克制度，與元的千戶制。前者是將可以提供300名士兵的300戶組織成1謀克，10謀克稱為1猛安。後者則如字面所述，用十進位法整理成每10戶、100戶、1000戶的集團。這些制度平常也作為管理生計的社會組織，戰時則具備軍事制度的機能。身為統治階層的女真人與蒙古人仍維持原先狩獵、漁撈與遊牧等謀生方式的時候，這樣的制度就已經融入生活之中，讓國家順利運轉。可是，這些制度很難適用於華北的漢民族，所以只有一部份南下移居到當地的女真人等，是用這樣的方式來管理。

皇帝一族或部族長等統治階級，雖然一直都在政治的中心，但混合了多民族之後，部族獲得的特權待遇變得不完整，所以後來就創造出配合土地的新制度。蒙古帝國區分蒙古、色目、漢人、南人[5]，過去認為是種階級與身分制度，但近年來對這樣的理解出現了反駁。以色目為例，同一個人就被分類在色目人、回回、斡脫、答失蠻等各式各樣的範疇。斡脫是承攬交易的御用商人，答失蠻則是穆斯林的知識分子。此外，色目人偶爾也會以軍戶或民戶的身分登錄在戶籍上。換言之，朝廷雖然將人們分門別類來掌握，會根據統治上的需求來分成民族、宗教、職業等集團。這種方法可以稱為「集團主義」，而色目也不過是一種用漢語表達，指稱「廣義的漢人以外」的集團概念。還有，蒙古、色目、漢人、南人等用語，在科舉應試資格、官僚昇遷規定，以及法律運用等場合上也會因時制宜。這些會隨著時代、地區而有所不同的戶籍分類，就是反映了當時多民族社會結構的最佳分析視角。

▷3　斡魯朵
在契丹、蒙古等部族，是指首長、皇妃的紮營地，漢字寫成宮帳、幕營。突厥的碑文中也有提到斡魯朵。

▷4　站赤
蒙古帝國的驛傳制度。為了整備全境的道路並確保安全，每隔一定的距離就會設置驛站，以供住宿、用餐、換馬之用。

▷5　蒙古、色目、漢人、南人
元朝用來分類集團的一種政策。蒙古人在法制與行政上居於有利的立場。此外，舊金朝領域出身的漢人，與舊南宋出身的南人之間，在科舉和升遷等待遇上也有差別。

探究的重點

(1) 試著調查各個時代別具特色的戶籍制度。

(2) 試著比較宋、遼、金社會制度的差異。

宋元明轉折期

⑲ 對「傳統社會」的討論

小二田章

【關連項目：唐宋變革、宋元的地方菁英與新興豪民、宋元的社會制度、漢語文化、宋代的儒教、明清時代的農業】

背景

所謂「宋元明轉折期」的概念，是在1990年代美國中國史研究中引發討論，並在2003年集結成同名論文集（*The Song-Yuan-Ming Transition in Chinese History*）。這種討論的基礎，是把中國「**傳統社會**」的形成，看成從10～17世紀 [1] （以王朝來說是宋代到明代）連續發展的脈絡。這個論點是鑒於過去**唐宋變革論**[*] 與近世時代區分論之間的空白，以及社會經濟史重要題目面臨的極限，所以想透過以社會文化史為中心來尋求「傳統」根源的方法，來開拓新的社會史視野。日本也受其影響，成為2000年代諸多研究（特別是「**寧波計畫**」[2] 等一連串研究）的前提。

論點

1. 起點與說明

社會具有歷史的連續性（即使表面上看起來是斷裂的），這是研究上的常識。既然如此，那為什麼必須懷疑這種常識呢？

可以從1990年代以前的研究討論中找到這個問題的答案。首先，唐宋變革論認為在唐與宋之間產生了劇烈的政治、經濟、社會變化，宋以降的社會邁向近代的萌芽。但是這個論點把唐、宋之間看成重要的分水嶺，對於之後中國社會的變化卻不太重視。另一方面，社會經濟史研究累積的成果，認為**17世紀（明末清初）**[3] 社會的重大變革是分水嶺，從而提出「近世」時代區分論，但對這之前的中國社會變化，也有漠不關心的傾向。在這兩種時代區分論的夾縫間，也就是宋、元、明三個王朝時代的社會變化，很少直接去討論，王朝之間的更替也被認為是莫名其妙就滅亡了。

認為有必要將宋、元、明連接起來的是美國的中國史研究。原本美國的中國史研究是從和美國關係深厚的中國沿海地帶開始研究，有很強的地域研究傾向。不只如此，他們為了理解20世紀共產中國成立的背景，也有志於理解中國的「傳統社會」。接著，他們將中國「地域社會」的原點定位於13世紀南宋時期，以此為前提展開**地域社會研究**[4]。另一方面，**近世新儒學（道學）**[*] 作為形成地域傳統社會的基礎理念而受到重視，並結合了思想史的研究成果。思想史研究者參照日本思想史研究的成果，描繪出從宋代的道學成立，到明清時期「**近代思維**」[5] 這段思想發展史。當這樣的觀點應用在社會史的時候，就建立起了「宋元明轉折期」這個概念來討論連結近代、甚至現代的傳統社會變遷。

▷1 **傳統社會**
構成現在中國文化和習俗等基礎的前近代社會及其架構。可以參考宋代史研究會編（2015年）一書序文的內容。另外，「傳統社會」的歷史發展，其前提是依據安德森提出的近代國家「傳統創造」，重新思考和檢討「宋元明」、「唐宋」、「金元」這些王朝。如果只限於「傳統社會」的角度，各王朝的統治集團、統治體制、社會控制這些條件都存在一定的可能性。但另一方面，不依照朝代區分來理解社會（架構），仍然是有待研究的重要課題。

＊ **唐宋變革論**
參照 I-23 。

▷2 **寧波計畫**
由文科省科學研究費補助，以小島毅為代表的「東亞海域交流與日本傳統文化的形成——以寧波為中心的跨學科創生」（特定領域研究，2005～2009年）學術活動。

▷3 **17世紀（明末清初）**
這個時期的商業經濟發展起來，以中國沿海地帶為中心，出現了資本主義萌芽的跡象。參照 III-20 。

▷4 **地域社會研究**
以中國內部比較小的領域區分（州、縣等）為對象的社會研究。

＊ **近世新儒學（道學）**
參照 II-21 。

▷5 **近代思維**
隨著社會的發達，產生出「獨立個人」意識的思想。

2. 展開與影響　　這項討論是將過去重心放在社會經濟史的研究趨勢，轉換到社會文化史。或者說，中國近世史失去了「資本主義社會的萌芽」這個重要課題，必須從全球史的角度重新理解的時候，宋元明轉折期是個具吸引力和說服力的取徑。與史料研究立場相近的文學、哲學的研究成果，透過這種社會文化史的方法，產生與歷史學整合的機會。另一方面，（地域）社會研究這個研究取徑，也在1990年代交流和學術研究復甦之際，獲得了能到中國當地交流，以及確保新史料這兩大助力。除此之外，在跨學術領域和架構上，同時期開始普及和廣泛利用的數位化電子文獻、地圖、資料等（比方說包弼德〔Peter Bol〕主持的CHGIS〔http://chgis.fas.harvard.edu/〕）也是不可或缺的存在。

　　這個討論帶來的影響，首先是對迄今為止在政治史、經濟史上陷入死胡同而停滯的南宋史研究，有著很大的貢獻。另一方面，將思想史成果援引到歷史學誕生的「**知識史**」相關研究，也為後續時代相關研究帶來了曙光。不只如此，相對於南宋史研究的進展，同時也出現了從明代史研究往回追溯的可能性，出現了要將雙方研究成果連結起來的終極目標。

3. 消失與未解的課題　　在這項討論中，探討「傳統中國社會」（＝想像中的漢族文化）形成這一點上，該如何處理非漢民族的統治時期（金、元等）這個問題從一開始就存在。與中國當地的交流，以及確保新史料之後，為2000年代的金元史研究帶來革命性的進展，解開了**華北社會的歷史狀況**，也暴露出了以華南地域社會研究成果為基礎的「轉折期」的極限。因此有必要重新檢討政治和民族的問題，思考宋、（金／南宋）、元、明、乃至清的社會是怎樣連繫起來，或者是真的有建立「連繫」過嗎？

　　宋元明轉折期，對南宋史與「知識史」的展開有很大貢獻，也重新啟動與美國中國史研究的交流。但另一方面，儘管研究上的常識還有些未解課題，卻陷入「**消失**」處境。結果只看到了宋元明社會轉折的「極限」，卻沒有展現出整體樣貌。再說，這些討論是否是在「傳統」底下有著連結，也是必須在理解實際情況的同時一起思考的問題。作為整個討論的源頭，也還沒有出現從世界史角度理解近代原點的討論（或可稱為「後近世論」）。

　　大致看下來，感覺似乎只是從「莫名斷裂」，落入「莫名轉折」而已。可是，打破不證自明的連結，重新思考內含的實際情況，不正是東洋史學的「宿命」嗎？

▷6　**知識史**
探討人們的思維、認識、價值觀等諸多變遷的歷史研究方法。

＊　**華北社會的歷史狀況**
參照 II-18、II-29、II-32。

▷7　**消失**
發生這種狀況的背景，其實也與幾位理應進一步探討和回應這個課題的日本中國史學者——岡元司、津田（高橋）芳郎等人——英年早逝有關。

探究的重點

(1) 假定中國有「傳統社會」，應該把什麼時候看成它的起點？
(2) 宋、元、明之間，社會因為什麼因素而產生了變化？
(3) 如何從世界史來定位這個時代相關的地域？

漢語文化

漢字文化究竟擴散到了什麼程度？

櫻 井 智 美

【關連項目：宋元的地方菁英與新興豪民、宋元的社會制度、宋代的儒教、高麗自尊的象徵、海域史中的日本】

背 景

　　全世界的表意文字中，沒有像漢字這樣歷經漫長歲月、為廣大地區人們使用的文字。即使在現在幾乎不使用漢字的朝鮮半島與越南，過去也曾用過漢字來表記自己的語言。也有些地區是同時使用漢字與借用漢字形狀與部首創造出的文字，或是制定了能用漢字來表述口語的表記法。但是，更值得注意的是，漢字作為歐亞東方共通的書寫文字，在政治文書的溝通與文化交流等層面上扮演了重要角色。具備表意文字性質的漢字，肩負起將各式各樣文化傳播到廣大地區的作用。不只如此，在歐亞大陸東方各國並立的10～14世紀左右，以漢字為媒介的文化交流也迎來了重大轉變，這點也相當值得關注。

論 點

1. 漢字文化的傳播與其範圍

　　誕生在中國的漢字，作為書面用語傳播到東方的日本與朝鮮，漢語書籍（漢籍）也在當地流通。另一方面，在北亞、中亞和東亞的部分區域，也隨著一度為中華王朝所統治，會在政治為主的場合使用漢字。在這些地區中，使用漢文文書的政治運作，以及透過漢字書寫的經典來普及的儒教、大乘佛教等宗教與規範，都各自在政治與文化上產生了影響。不過，這種影響的程度與殘存到後世的情況，則隨地域而有所差異。

　　在東南亞的濱海地域與中亞，因為貿易活動與伊斯蘭的傳入，也受到其他文字與文化的影響，因此只有在受中華王朝統治的期間才使用漢字，但源自於漢語的行政用語，則一直流傳下來。相對來說，比較沒有受到其他文化影響的朝鮮、日本，使用漢字的範圍和影響都很廣，所以連同越南在內，稱之為「**漢字文化**[1]」。「漢字文化圈」和作為思想上區分的「儒教文化圈」有所重疊，因此也會用來判定「東亞」的範圍。日本是中國以外唯一一個現在仍在日常生活中使用漢字的國家，反映了其他外來文化的影響，和漢字文化相比極其有限。

▷1　漢字文化圈
歷史上，透過漢字、漢語進行文化活動的地區範圍，也稱為「漢文化圈」。實質上是指受中國文化強烈影響的地區。

2. 漢籍的出版與流通

　　在漢語文化的推廣上，人的移動與漢籍的傳播扮演著很重要的角色。王朝統治在廣義上帶來了人的流動，在中華王朝的邊境地區制定了使用漢字的行政體系。多虧歐亞內陸地帶的乾燥氣候，當時使用的文書資料，相對來說很多都保留下來。在這當中，特別是哈拉浩特（黑水城）出土的11～14世紀文書，成為西夏到蒙古帝國時期的貴重歷史資料。將焦點轉移到中國王朝與朝鮮、日本等地的國際關係時，除了朝貢使

節的往來以外，也可以看到佛教僧人與商人的活動。在這個過程中，透過漢字進行筆談，不只是溝通的重要手段，具備漢語文化素養的知識分子（包含佛教僧人在內）也會藉由交換漢詩與**和韻**[2]建立國際間的親善交流。

　　另一方面，在中國留學的僧侶，也會帶著很多漢籍歸國。根據搭乘遣唐使船的僧侶留下的**目錄**[3]，就可以了解同船帶回書籍的實際狀況。就算終止遣唐使之後，僧侶們仍然陸續將佛教典籍，還有儒教經書、實用書為主的書籍帶回日本。此後，這些漢籍傳到了武家與公家手上，在京都五山復刻出版。漢籍也廣泛用來教育子弟和收集資訊，在知識傳播方便扮演了重要角色。

3. 訓讀與直譯體

　　以中國為中心的漢字文化圈知識階層，擁有用漢語書寫文章的能力。但另一方面，在閱讀漢字的時候，各個地區會用獨特的讀音來閱讀漢字，也會配合自身地區語言文法來進行「訓讀」。在中國周遭地區有許多和日語、朝鮮語一樣，使用阿爾泰語系語言的集團。阿爾泰語系底下各種語言的共通特點，是把賓語放在動詞前面，無法與賓語放在後面的中文相容。因此古代的回鶻、契丹、蒙古等會改變漢文的閱讀順序來訓讀。

　　另一方面，10～15世紀也出現了許多用漢字的字型來表現自己語言的嘗試。日本**假名文字**[4]和**越南字喃**[5]是經過漫長歲月建立起來，而統治北亞廣大疆域的契丹則是參考漢字創造了表意文字，後來的女真也根據漢字與契丹文字，創造出女真文字。不過至今仍然沒有辦法徹底解讀契丹和女真的文字，因此關於其起源仍然有很多說法。

　　在蒙古帝國時期，使用一種稱為「蒙古語直譯體」的特別漢文書寫法，許多這種書寫法的內容透過聖旨石刻與《大元聖政國朝典章》收錄的命令文等流傳下來。關於這類文章的起源有很多說法，有的人認為是受阿爾泰語影響的口語漢文或訓讀。另外也有看法覺得是為了宣揚蒙古政權的權威，將蒙古語翻譯成漢語的制度化方法。還有人認為看得到雙方之間互相的影響。不論如何，有研究認為這種直譯體的特殊文法，和白話體、吏牘體的漢語相互融合與影響，歷經明初，一直影響到清代，乃至現代的漢語。

▷2　**和韻**
針對其他人寫的漢詩，用同樣的韻腳來作詩。其中，使用同一個漢字的做法稱為「次韻」，於知識分子之間特別流行。

▷3　**目錄**
最澄的《傳教大師將來目錄》與圓仁的《日本國承和五年入唐求法目錄》《慈覺大師在唐送進錄》《入唐新求聖教目錄》等，是前往中國留學的僧侶所編纂，記錄了帶回哪些物品、書籍的目錄。

▷4　**假名文字**
日本以漢字為基礎創造的表音文字，分成片假名與平假名。

▷5　**字喃**
越南人為了表記越南語而創造出來的文字。將漢字的一部分組合起來，產生出與漢字不同的意義與發音，有各式各樣運用的方式。

探究的重點

(1)試著調查看看歐亞東方在漢字使用上的地區差異。

(2)試著探究透過漢字傳達的中國文化。

21

宋代的儒教
新的思想與社會有何關連？

梅村尚樹

【關連項目：宋元地方菁英與新興豪民、宋元明轉折期、道教與民間信仰】

▷1　**道統**
用來表現古代帝王傳承下來的聖人系譜，其中的人選多少會因人而異。在朱子學中，堯、舜等聖人體現的「道」，為孔子、孟子等人承繼，到了宋代則由周敦頤、程顥、程頤等人所傳承下來。

＊　**唐宋變革**
參照 I-23 。

背　景

12世紀下半葉，南宋思想家朱熹建立了中國思想史上重大轉折的學術體系，之後透過其弟子努力普及，奠定了所謂的「朱子學」。1241年，周敦頤、程顥、程頤、張載、朱熹從祀孔廟，朱熹提倡的**道統**[◁1]正式獲得朝廷認可，朱子學也成為宋朝的官學。元朝也繼承了這個體制，更賦予了朱子學為官方科舉考試定本的地位。之後歷經明朝至清末，朱子學不只維持官學的地位，也作為教養的標準滲透到士大夫階層。

論　點

1. 朱子學與陽明學

在中國思想史研究中，從直到唐代為止、以解釋經書為中心的訓詁學，發展成探究宇宙生成與人性觀的義理學，是個重大的分水嶺，因此朱子學的登場也被稱為是思想史上的**唐宋變革**[＊]。

島田虔次認為「中國沒能建立起西洋近代哲學」的轉捩點，發生在明末（16～17世紀），並稱之為「近代思維的挫折」。儘管陽明學在一定程度上克服了朱子學的教條層面，促成近代哲學的萌芽，但這株新芽卻遭到抹殺。之後，島田以陽明學為前提，回溯到朱子學的時代來擴展視野，將朱熹的論敵陸九淵看作是陽明學的源流；這種比較朱子學與陽明學的觀點，也凸顯了朱熹和陸九淵的對立。

然而，這種對立的框架是朱熹自己刻意強調，並由後世朱子學者固定下來的產物。如果環顧當時儒教整體的思想狀況，朱熹和陸九淵的思想其實並沒有那麼大的區隔。相反地，從北宋後期到南宋中期，政治和學術上都是承襲王安石的一派占據主要地位，因此朱熹與他的論敵，其實都是作為道學派和王安石學派對立。只是實際層面來說，道學派內部也存在複數學派，而從中崛起的就是朱子學。

2. 道統的建立

朱子學視為重要概念的道統中，孟子以來斷絕的「道」之所以能夠歷經千年重新出現，周敦頤扮演的角色相當重要。包含島田虔次在內，過往的研究都描繪出一幅「周敦頤新興的思想，由程顥、程頤繼承，再由朱熹集大成」的構圖，但這套學問的系譜本身，其實是朱熹創造出來的事物。程顥、程頤的思想對朱熹有強烈影響，這是事實，但「周敦頤開創了道學」這個一直以來的見解，現在已經遭到否定。此外，現存的周敦頤、程顥、程頤著作，幾乎全都是經朱熹之手留下

意這當中呈現的思想內容，也都是經過朱熹篩選的結果。

3. 社會變遷與儒教

直至朱子學為止的儒教歷史發展，多少必須放在唐代以來的連續性這個脈絡中來討論。和哲學研究與歷史研究有獨立發展傾向的日本不同，在1980年代的美國有很多研究都認為兩者不可分開來討論，特別是包弼德認為從唐代韓愈開始的**古文復興運動**[2]，經北宋中期的歐陽修等人，再到王安石與程顥、程頤的學術，具有連續的脈絡。日本的土田健次郎和小島毅等人，實際考證北宋到南宋初期的思想狀況，闡明其邁向朱子學的過程。依據這些研究成果，可以看到形成朱子學的過程除了受到王安石思想的影響，也有部分繼承了前代歐陽修等人的想法。

美國研究帶來的另一個重要論點，是從朱子學與當時社會的關係，來理解其躍上檯面的原因。換句話說，也就是「為何朱子學在思想和學術上能夠勝過當時主流的王安石學派」這個問題。從儒教的價值觀來看，成為官僚侍奉王朝國家、維繫國家社會的運作，不僅是士大夫的責任與義務，也是認同的泉源。在經濟急遽成長的宋代中國，受教育的新興知識階層急速增加。不只如此，隨著科舉制度的擴大與穩定，為許多人開放了成為士大夫的成功之路。然而，要突破科舉考試並不容易，隨著可能參加科舉考試的階層擴大，合格也漸漸變得困難，從而不斷產出許多的落第者。此外，即使科舉考試合格，原則上能獲得的地位也只限於一代，再加上北宋下半葉開始日益激化的**朋黨**[3]之爭，都讓他們盡到身為士大夫之責任義務的基礎，慢慢土崩瓦解。

包含朱子學在內的道學派就致力於發展一種讓無法成為官僚來直接侍奉王朝國家的人們，能夠取而代之來參與社會運作的方法。堪稱朱子學綱領的「修身、齊家、治國、平天下」，主張的重點是「首先致力於自身修養，再進一步為國家社會做出貢獻」。為了達到這點，朱子學很推崇為自身存在基礎的地域社會來服務。於是，朱子學獲得了包含非官僚階層在內的廣大支持，扎根於地域社會之中。從這個角度來看，就能理解宋代的社會變遷其實為朱子學打好了基礎。

▷2　**古文復興運動**
提倡嶄新文章形式的運動，在文體方面主張從過去講究凝練技巧的駢儷體，轉換為古文體。「古文」是古代聖人之意，也就是理應用來展現「道」的事物，重視孔子、孟子以來延續的傳統，是道學的開端。

▷3　**朋黨**
因政治、學術、地緣等結成的派系，對北宋中期以降的政治，產生了很大的影響。特別是北宋後半葉以降，親王安石立場的新黨，與反對新法的舊黨之間，反覆展開了激烈的政治鬥爭。

探究的重點

(1) 直到朱子學登場為止，經歷了怎樣的歷史發展？
(2) 思想發展與社會變遷之間，有著怎樣的關係？
(3) 朱子學對之後社會的形成，產生了怎樣的影響？

道教與民間信仰

㉒ 宋代以後的道教與民間信仰，產生了怎樣的變化？　　　酒井規史

【關連項目：宋元的地方菁英與新興豪民、漢語文化、宋代的儒教、圍繞航海的信仰】

▷1　《道藏》
匯集道教經典與儀式書籍的叢書。在唐代建立起固定形式，其後各個王朝也都持續編纂。因為只收錄了王朝官方認定的書籍，所以能呈現各個時代道教的架構。

▷2　媽祖與文昌帝君
媽祖是來自福建、掌管航海安全的女神，文昌帝君則是發祥自四川的學問之神。透過官僚與商人的網絡，祂們的信仰擴及全國。與因《三國演義》聞名的關羽神格化後的關聖帝君，並列為民間信仰代表性的神明。

▷3　全真教
以金代王重陽為教祖的道教流派。一開始在山東傳教，隨著稱為「全真七子」的7位直屬弟子之活躍，逐漸在華北地區擴大勢力。全真七子之一丘處機，曾與成吉思汗會面並取得他的支持，建立起在蒙古時代興盛的基礎。

▷4　正一教
以龍虎山出身的道士為主組成的道士集團。視為其代表的張天師一族，自稱是東漢五斗米道的創始者──張陵的末裔。張天師一族在南宋滅亡之前，就已經開始和蒙古勢力接觸，因而掌握了江南道教的代表地位。

▷5　玄教
正一教的支派，獲得大汗

背景

在唐代可以看見由道士（有宗教職能的人）、道觀（相當於佛教寺院）、《道藏》[▷1]組合的道教體系大致完成。簡單來說，道士獲得朝廷發給度牒出家，居住在道觀中進行宗教活動，其活動內容則是依照《道藏》所收錄的經典與儀式規範。宋代以降仍然維持同樣的體制，但金元時代也有新的教派登場，讓道士集團的形態產生了很大的變化。

此外，宋代以降，民間信仰非常興盛，各地都出現了新的神明信仰。不僅如此，這些不受傳統儒、釋、道框架限制的宗教活動，也促成了新形態宗教著作的普及。

不管道教還是民間信仰，都是對應宋代以降的社會變化而產生的新潮流，從而形塑了現今中華圈宗教信仰的基礎。

論點

1. 民間信仰諸多神明的興起　時序邁入宋代，各式各樣的新神明紛紛在各地登場，聚集了人們的信仰，其中也可以窺見大眾文化在宋朝開花結果的趨勢。宋朝為了管理宗教信仰，掌握信徒的民心，建構起一套透過靈驗來授予神明官方稱號的體制（賜號），這套體制也為後代所承襲。另一方面，媽祖和文昌帝君[▷2]等地方神明信仰走向全國，也是宋代以降的特色。這些神明在現今的中華圈仍有眾多信徒，一部分的神明也被吸收到了道教之中。對某位神明的信仰，往往會在團結特定地域或職業集團等社群方面，扮演很重要的角色，因此明瞭這種社會機能也相當重要。

2. 全真教與正一教──道士組織的變化　道士集團的樣貌在蒙古時代發生了很大的變化。因應南宋滅亡後華北混亂的社會情勢，全真教[▷3]、太一教、真大道教等新教派陸續興起。在這當中，以王重陽為始祖的全真教，一邊和蒙古大汗與王族建立密切連繫、一邊擴大勢力，成為華北最大的教派。另一方面，以張天師一族為代表的正一教[▷4]，則以龍虎山（江西省）為根據地，統領過去南宋疆域的道教。他們和支派玄教[▷5]攜手合作，派遣旗下的道士到江南各地，將各地域的道教納入管轄。近年來，透過研究蒙元直譯體文書，清楚看到全真教與正一教、玄教如何擴張其勢力。

明代以降，雖然全真教失去蒙古時代那樣的權勢，但仍然作為主要的一派持續活動。同時，正一教的張天師也保住了道教界代表的地位。道士的集團組

織與其動向，還有和政治、社會、文化之間的關係，仍有研究的餘地。

3. 新的宗教活動與宗教著作的普及　不受傳統儒、釋、道三教框架限制住的新宗教活動，特別在明代以降相當盛行。而從這些活動中誕生出的宗教著作也非常普及。

對人們闡述通俗道德、規勸行善的書籍，總稱為善書（勸善書）。尤其是明末清初以降，由信徒自行發布的善書，流通相當廣泛。這些善書也可以作為一窺當時人們日常道德觀的資料。特別有名的善書，包括了《太上感應篇》、《陰騭文》與《覺世真經》，合稱為「三聖經」。此外，值得注意的是，後兩者被認為是民間信仰中人氣鼎盛的神明——文昌帝君與關聖帝君所頒布的神諭。扶乩（又稱扶鸞，指神明降臨，運筆寫下神諭）在明代廣泛作為與神明溝通、傳授教誨的方法。扶乩和善書編纂結合起來，結果就是清代以降大大小小的宗教團體和社團，按照扶乩與神諭來製作和散布善書，也有很多知識分子參與其中。即使在現今的中華圈，扶乩依然相當盛行。

明代中葉以後，以「羅教」（無為教）為首，模仿其形式的黃天道、弘陽教、聞香教、圓頓教等教派相繼登場，獲得了許多信眾，這些教派總稱為**民間宗教**或**民間教派**[6]，其教理融合了儒、釋、道、民間信仰的元素，有很多借用神佛、引經據典的地方。另外，各個教派還會編纂自己的寶卷，作為傳教之用。這些寶卷的特色是夾雜白話，也常用容易誦讀的韻文，不時還會編造一些故事，用簡單易懂的方式來解說教理。每個教派的教理別具特色，到了明末清初的集大成為「末世時反覆採取不道德行為的人們，將會回歸到創造萬物的無生父母（或無生老母）這個神明底下合為一體，並獲得精神與肉體上的救贖」。清代以降，同樣的教派也持續展開活動，信徒以庶民階層為主。即使在現今的中華圈中，作為這些教派末裔的先天道與一貫道仍在持續活動。

關於以上善書和寶卷，還有以此為基礎的宗教活動，有必要注意其信眾與社會背景來展開研究。

與王族的支持。以龍虎山出身的張留孫為初代領袖（宗師），定首都大都為根據地，蒙古滅亡時也隨之覆滅。

▷6 **民間宗教（民間教派）**
以羅教為首，將寶卷作為主要經典的教派總稱。各教派之間相互結合的情況也很多。和佛教、道教不同，這些教派並沒有獲得王朝官方認可，但是得到廣大階層的信眾支持。故此，也經常成為叛亂的核心，屢屢成為掌權者鎮壓的對象，特別是清代嘉慶年間的叛亂相當有名。

探究的重點

(1) 民間信仰在社會上扮演的角色為何？

(2) 全真教與正一教，在明代以降有怎樣的發展？

(3) 善書與寶卷背後的宗教活動，至今為止有著怎樣的發展？

中古基督教圈

在歐亞非世界是孤立的存在嗎？

小澤 實

【關連項目：蒙古衝擊、蒙古與伊斯蘭、蒙古的霸權與危機、科學的東西交流、紡織品與圖像的東西傳播】

背景

　　1世紀於中東成立的基督教，獲得羅馬帝國官方認可後，往歐陸半島擴張。由拉丁天主教圈與希臘正教圈所組成的中古基督教圈，直到近代都是建立歐洲認同的基礎。但是基督教也越過地中海，擴展到廣大的歐亞非世界之中。總稱為「東方基督教」的各個支派在埃及和衣索比亞、中亞、印度次大陸，還有中國，都形成了獨自的社群。特別是蒙古帝國整合了歐亞大陸之後，商人加上作為外交使節派遣的僧侶，他們留下了紀錄，也強化了與亞洲之間的連繫。如此這般累積下來的資訊，提供了15世紀以降歐洲人向外擴張，以及耶穌會的傳教戰略中，對歐亞非世界相關認識的基礎。

論點

1. 周邊各民族與歐陸半島

　　5～15世紀這千年間，位在歐亞世界西部的中古基督教圈，絕非一個孤立的空間。他們常常透過戰鬥、貿易、傳教等活動和歐亞的「他者」相互對峙。至於這些「他者」又可大致區分為伊斯蘭教徒與遊牧各民族。

　　穆斯林在7世紀以降，將勢力擴張到地中海沿岸地區，再加上猶太人的話，是直接與中古基督教圈對峙、最貼近自身的「他者」。自定都巴格達的阿拔斯王朝以降，席捲歐亞非世界的伊斯蘭勢力，在各個地區伴隨信仰廣布了作為貿易網絡基礎的殖民空間。面對他們的擴張，基督教圈方面也發動了諸如聖地十字軍和**收復失地運動**[*]等，兼具戰鬥與殖民性質的大規模回應。一方面，貿易帶來的伊斯蘭世界產品與文化，讓西歐與拜占庭世界的宮廷生活變得富裕。另一方面，中央歐亞出身的遊牧民族從5世紀開始擴大生活圈，不斷入侵基督教圈。匈人、阿瓦爾人、阿蘭人、馬扎爾人、烏古斯人、欽察人、蒙古人、鄂圖曼人等集團，特別與東歐和拜占庭帝國之間不斷戰鬥、定居與貿易。

　　透過與穆斯林和遊牧民族間之的戰鬥、外交交涉、奴隸與奢侈品貿易，還有資訊與文化的交流，不管是基督教圈的政治經濟結構，還是對異文化的認知，都產生了很大的變化。

2. 歐亞非世界的基督教

　　451年的加采東大公會議（Council of Chalcedon），確立了三位一體為正統的「亞他拿修信經」（Athanasian Creed）。不認同這個信經的宗派以東方基督教之姿，散布到歐亞非世界的各地。但是與此同時，在敘利亞、亞美尼亞、埃及、衣索比亞、印度等地建立獨

* 收復失地運動
參照 II-4 注1。

自教會組織的東方基督教，還是特別與拜占庭帝國的君士坦丁堡總主教（牧首）有所連繫。在他們之間雖然有教義上的差異，還是存在著透過信仰搭建起的網絡。不只如此，在伊斯蘭統治範圍與中亞，也有維持小規模信徒集團的宗派。13世紀與蒙古帝國接觸以後，羅馬教皇與法國國王也利用**托缽修會**[1]，積極地朝東亞擴大天主教圈。

就這樣，在歐亞非世界中擴張的基督教，面對當地多元信仰的同時，也形成獨有的文化，並在歐洲內部累積了為15世紀擴張做好準備的資訊，扮演了相當重要的角色。

3. 學識與認識的變化　　隨著11世紀末十字軍運動的展開，中古基督教圈對歐亞的關注不斷高漲。特別是西歐基督教各國對於東方有一個共同的認識，在他們想像中「在東方有一位可以夾擊伊斯蘭教徒，名為『祭司王約翰』（Prester John）的君主」。這一方面豐富了西歐中古的想像世界，另一方面也促進了西方基督教對歐亞的擴大與接觸。以下想舉出兩個論點：

一是12世紀的文藝復興運動。通常都認為這項知識運動，是奠基於將亞里斯多德為中心的古代文獻，從阿拉伯語翻成拉丁語的翻譯活動，從而開創的西歐知識革新。但是被西歐當成翻譯對象的阿拉伯語文獻本身，也是將阿拉伯世界對希臘語文獻的解釋，不斷累積後嫁接而成的結果。換句話說，12世紀的中古基督教圈，其實是從學術先進的伊斯蘭世界中，引進哲學、邏輯學、天文學、占星術等最新的學術成果。這些知識的引進，成為西歐成立大學、發展經院哲學的一大契機。

二是與蒙古帝國接觸以後，對東方世界的認識問題。仔細描述東方資訊的馬可波羅與**曼德維爾**[2]著作背後，潛藏著西歐對東方世界關心的高漲，引發了收集詳細資訊的渴望。商人與僧侶研究和學習東方的語言、派遣使節前往蒙古來更新東方世界的資訊，以及透過**柯雷斯克**[3]的《加泰隆尼亞地圖集》（Catalan Atlas）等來提升地理認識，這些都提高了中古基督教圈對外部世界的理解，成為15世紀以降歐洲前往海外發展的基礎。

▷1 **托缽修會**
指方濟會和道明會這些於13世紀成立、以都市為基礎的修會。在向異教徒傳教，以及在大學進行研究方面都有很重要的角色。

▷2 **曼德維爾**（Sir John Mandeville）
一般認為是《曼德維爾遊記》（The Travels of Sir John Mandeville）的作者，但尚無充分證據可以證明這個人是否真的存在。對同時代歐洲人而言，《曼德維爾遊記》與馬可波羅的著作都是會不斷加強人們對東方世界（從伊斯蘭世界到中國）想像與憧憬的精神糧食。但是前者只是剪貼了既存的文本，後者則是基於實地的見聞，在重現14世紀東方世界的史料價值上，有很大的落差。

▷3 **柯雷斯克**（Abraham Cresques）
十四世紀的地圖製作者。柯雷斯克是以亞拉岡王國領地 —— 馬約卡島（Mallorca）為據點，製作地圖的猶太人家族。

高麗自尊的象徵

朝鮮王朝如何定位自己的國家？

森平雅彥

【關連項目：唐的冊封體制、宋元的王族與貴族、漢語文化、宋代的儒教、西藏與佛教、海域史中的日本、明清交替與朝鮮】

* 　朝貢
參照 I-12 。
* 　冊封
參照 I-12 、 I-15 。

背　景

　　朝鮮史上的歷代王朝，在許多時代都會採取向中國大陸（有時包含其北方世界）的皇帝派遣使者、獻上貢物（**朝貢**），從而獲其承認君主地位（**冊封**）的外交方式。這種外交的背景，是基於中國王朝華夷思想的國際秩序，作為冊封的結果則是中國皇帝與朝鮮的君主之間，建立了形式上的君臣關係。以這種上下關係為前提的外交，接受冊封的一方稱為「事大」（事奉大國），但日本有一部分人，特別是集中在緊抓著這點的戰前時期，掀起一股風潮認為朝鮮王朝欠缺自主獨立的精神，只是中國王朝的屬國而已。他們認為事大不只是於形式上的「事大主義」，而是一種深深烙印在朝鮮人內在價值觀、民族性的精神。

　　這種朝鮮史觀稱為「朝鮮他律性論」，而戰後的歷史學一方面對此加以批判，另一方面也從政治體制、國際關係、儀式、思想、言論等方面進行實證研究，想探討朝鮮人如何在世界中定位自己的存在。從研究的成果，可以看到各個時代的朝鮮王朝存在各式各樣的自尊意識與態度。作為其出發點就是關於高麗王朝（918～1392年）的研究。

論　點

1. 「發現」自尊的象徵

　　奧村周司透過研究儀式「發現」，在13世紀中葉臣屬於蒙古以前，高麗的自尊意識與態度就相當明顯。簡單來說，高麗王從遼、宋敕使手中接過皇帝詔書的時候，若是標準的臣下之禮，攜帶詔書前來的敕使身為皇帝的代理，應該站在北側、面對南方，而王必須站在南側、面向北方。但實際上，高麗王是站在東側、面向西方，呈現與敕使面對面的姿態。另一方面，高麗也會舉行名為「八關會」的國家祭祀。這被認為是源自古代以來傳統的觀念，背後包含對王室祖先、天靈、山川神明的信仰，是擁有強烈宣揚王權色彩的祭祀；但在這樣的祭祀中，有著外國人向王朝賀、獻上貢物的儀式。不僅如此，他們還會搭建中國式的專用祭壇（圜丘），舉行祭祀上天的儀式。

　　其他研究者也注意到，高麗君主的第一人稱為「朕」、下達的命令稱為「聖旨」，這些都是原本皇帝專用的用語。此外，他們也有中書省、樞密院等與中國同名的官制，而建國者太祖王建的銅像上，戴的是皇帝專用的冠。

　　這些事情都可以解釋為高麗把自己的君主定位成跟中國皇帝一樣，是受天命的天子，採取「皇帝國」的體制，一方面對中國王朝擺出抱持一定自尊的態

度，同時也構思著以本國為中心的國際秩序。盧明鎬關注當時使用的「海東天子」這一稱呼，認為其重要的特質不是要否定其他天子的存在，而是承認一種多元並存的天下觀。

只是，高麗的中國外交徹徹底底是走現實路線，基本上是採取事大的立場。即使在國內，他們通常也會避免直接自稱皇帝，而且也沒有自己制定象徵皇帝權威的年號，也隨處可見按照諸侯規格行事的場面。這種灰色地帶的存在，是高麗的一大特色。制度、儀式上的象徵，究竟多大程度上反映人們的實際意識，也是一個問題。

在普遍認同這種多元天下觀的同時，也注意到高麗人不時會透過與咒術有關的**風水圖讖思想**^{▷1}，來主張本國絕對優越的地位。12世紀上半葉，得到國王信任的僧侶妙清一派，就主張遷都到平壤來恢復國都的地德，如此一來就能抹去與女真人建立的金之間的事大關係，並反過來讓各國臣服於己。

2. 歷時性來掌握——與其他時代的比較　在其他的時代也有看到這種自尊的意識和姿態。要比較其姿態的不同，就有必要從歷時性掌握其中的變遷。雖然在高句麗、新羅等古代王朝也可以看到基於中國華夷思想的自我主張，但另一方面受到關注的是當時廣為流傳的佛教之影響。特別讓人感興趣的是7世紀新羅的佛國土意識，這是一種當時與唐的友好關係為前提，避開唐朝藉由儒教建立的華夷秩序，同時使用不同邏輯來宣揚本國王權的產物。

繼高麗之後興起的朝鮮朝，因為依循著儒教的名分論，所以重視與中國的上下關係；但他們運用共有的儒教價值觀反其道而行，孕育出「我們在儒教教化上比中國更徹底，因此能夠和中國比肩」的**小中華思想**^{▷2}。17世紀明朝滅亡，對朝鮮而言屬於「夷狄」的滿洲人（女真人）建立的清朝統治中國，激發了朝鮮身為「中華繼承者」的意識。

和高麗的多元天下觀比較，新羅與朝鮮朝的時代，大陸上存在著巨大的統一政權，因此必須去留意與多元天下觀形成的時代之間，有什麼樣的環境背景差異。

3. 共時性來掌握——容納高麗的歐亞東方世界　雖然遼、宋這些大陸的「皇帝國」意識到同時期高麗抱持的自尊態度，卻不認為有任何問題。儘管可以解釋為相互競爭的兩國，都以實際利益為優先，想拉攏高麗到自己陣營，可以真的只打著這樣的算盤嗎？

當時相當多極化、有著宋、遼、西夏等的歐亞東方世界，各個勢力都抱持著一定的自尊態度，因此高麗的舉動很可能並不會帶來太強烈的牴觸。可是，**蒙古帝國**^{▷3}在不久之後的13世紀，為這種多極狀況劃上休止符，徹底改變了高麗這種自尊的象徵。

探究的重點

(1) 如何綜觀來說明高麗本國認識的樣貌？

(2) 周邊各國、各民族是如何理解高麗的本國認識？

西藏與佛教

(25) 在歷史上的重要性為何？

山本明志

【關連項目：唐的冊封體制、中央歐亞的語言與文字、佛教的東傳與落地生根、清與西藏】

背　景

　　喜馬拉雅山脈北方遼闊的高原地帶，是屬於一群說著藏語的人們，也就是藏人的廣大世界。7世紀西藏達成了國家統一，藏人擁有獨特的文字，傳下大量文獻史料直至今日。**古代西藏帝國**（漢文史料稱為「吐蕃」）一方面從藏人世界向外軍事擴張，另一方面則在8世紀下半葉，由國家主導從印度引進佛教。9世紀帝國瓦解後，西藏當地氏族支持僧院的運作，藏人也持續從印度吸收最新的佛教教理，累積了許多藏語的佛教研究。像這樣透過藏語來理解的佛教，就稱為「藏傳佛教」。接著，陸續出現了噶當派、噶舉派、薩迦派、格魯派等**各宗派**，而藏傳佛教也傳到了西藏之外的世界。

論　點

1. 古代西藏帝國達成的成就

　　關於古代西藏帝國軍事擴張的具體情形，佐藤長、山口瑞鳳、森安孝夫等人不只利用漢文史料，也透過了藏語史料展開了細緻的研究。他們的看法是，古代西藏帝國是從雅魯藏布江流域的西藏中央地帶，入侵到東北方的青海湖一帶，擊破吐谷渾。接著他們又往西方帕米爾高原進軍，威脅到唐朝對西域的經營。最後在8世紀末，形成吐蕃、回鶻、唐三國在東部歐亞世界鼎足而立的狀況。相對於此，岩尾一史則主張吐蕃透過和**回鶻**、唐、甚至是雲南的南詔三國分別締結盟約，從而掌握了其中的主導權。

　　此外，也有相當多人關注以敦煌為首的河西地區，因為受到古代西藏帝國長時間的統治，因此使用藏文、藏語撰寫的文書究竟在文書行政上扮演著怎樣的角色。從藏語文書的分析中，陸續了解古代西藏帝國的制度、當時國際關係的實際狀況，以及契約文書與信件的書寫格式。藏語文書史料，是得以逼近漢語典籍史料中無從得知、關於古代西藏帝國實際樣貌的重要線索。

　　那麼，古代西藏帝國對西藏以外的世界，留下了怎樣的影響呢？雖然帝國在9世紀就因為君主繼承問題而土崩瓦解，但從敦煌殘留的藏語文書紀年中，發現了帝國瓦解之後更晚的資料。武內紹人根據這一點指出，藏語在河西地區（包含敦煌在內）長久以來都是作為共通的語言，加上藏語的文書文化，古代西藏帝國毫無疑問帶來相當大的影響。

2. 藏傳佛教達成的成就

　　11世紀，在宋朝西北部強大起來的西夏王國，被認為受到了藏傳佛教的影響，但關於其具體情形，至今

▷1　**古代西藏帝國**
在半農半牧的青藏高原上打下基礎的國家，君主的稱號為「贊普」。即使帝國瓦解後，贊普的子孫在西藏西部與青海地區，仍然保有一定的權威。

▷2　（**藏傳佛教**）**各宗派**
噶當派是由向印度超戒寺住持阿底峽（982～1054年）學習的弟子所創立之宗派。噶舉派有噶瑪派、帕木竹巴派等眾多支派，薩迦派則得到昆氏家族的支持。格魯派是以14世紀的宗喀巴為開山祖師，達賴喇嘛與班禪喇嘛，都是格魯派的僧侶。此外，關於噶當派的部分，進入2000年代以後，中國方面陸陸續續刊行了許多新的材料。

＊　**回鶻**
參照 II-7 注2。

仍有許多未解之處。沈衛榮從相關佛典的文獻學研究出發，認為要有效逼近這個問題的真相，其關鍵就在於活用藏語典籍的史料。

　　接著在13～14世紀的蒙古時代，受到矚目的是藏傳佛教藉著各式各樣的方式和蒙古皇族建立關係。比方說自第5任皇帝**忽必烈**起，蒙古就將帝師這個地位賦予藏傳佛教薩迦派的僧侶，讓他們立於帝國佛教界的頂點。中村淳分析了首任帝師**八思巴**扮演的角色，以及帝師發出的命令文「法旨」等，在相關研究上累積了扎實的成果。另一方面，石濱裕美子也釐清了八思巴在基於藏傳佛教思想、將忽必烈王權形象莊嚴化的演出中所做的貢獻。

　　從蒙古時代到明朝成立以後，藏人僧侶持續奔走於中國世界。西藏與外部的西夏王國、蒙古人皇族、明朝皇帝等，都以佛教為媒介建立關係。只是藏傳佛教與漢族社會之間究竟有什麼樣的關係，仍有待進一步的討論。

▷3　**忽必烈與八思巴**
八思巴藉由菩薩、轉輪聖王來莊嚴化忽必烈的王權形象。之後蒙古的俺答汗、滿洲的皇帝也都仿效忽必烈，用藏傳佛教來強化自己的王權形象。

3. 為西藏帶來的事物

由於中華人民共和國抱著「西藏自元朝以來就是中國不可分割的一部分」這個立場，因此中國的學者幾乎不可能跳脫這個框架來展開研究。可是關於13～14世紀蒙古政權為西藏帶來了什麼事物，讓當地社會產生了怎樣的變化？這方面的論點相當重要。比方說，畢達克（Luciano Petech）、陳得芝、張雲、乙坂智子等人研究蒙古政權引進西藏的官銜與官職，累積了許多成果。山本明志檢討了在藏語典籍史料中出現、由蒙古帶來的官名，認為「都元帥」這個官職是由藏人領主階層來擔任。蒙古政權對西藏在地社會的影響，是值得更進一步深入挖掘的課題。

　　另一個受到關注的課題是明朝皇帝對青海地區的藏傳佛教寺院頒賜寺名這件事情。根據伴真一朗所述，永樂皇帝有意在言行舉止上擺出一副大乘佛教保護者的姿態。佐藤長考察「明朝把佛教當成是與西藏對話的工具」這點，也是相當重要的視角。這個時代，帕木竹巴派在西藏中央地區擁有很大的政治影響力，但明朝除了帕木竹巴派之外，也授予薩迦派和噶瑪派等宗派法王號或王號。對於這點又該如何評價？佐藤長在這個問題上是先驅，可以期待從西藏方面的史料進行更深入的探索。

探究的重點

(1) 古代西藏帝國為何會擁有強大的軍事力量？

(2) 藏傳佛教為什麼能對西藏以外的世界發揮影響力？

(3)「中國王朝」真的有「統治」西藏嗎？

宋元中國的飲食文化

26

如何貼近其實際情況？

鹽 卓 悟

【關連項目：宋元的都城與文化、宋元的多民族社會、科學的東西交流】

背景

　　如同所謂的「唐宋變革期」，人們認為從唐代到宋代，中國的政治、經濟、文化層面都產生了很大的變化。現在對中華料理的印象，大概都是加了很多油的料理，但是宋代其實跟日本料理很像，清淡少油的料理才是主流。以北宋的開封、南宋的臨安（現在的杭州）兩座都城為首，豐富的飲食生活大放異彩。中村喬透過分析宋代的料理書，將宋代定位為發展出**嶄新飲食文化**[1]的重要分水嶺。但另一方面，篠田統則指出宋代的飲食文化不過是唐代的延伸，雖然在南宋可以看到些許變化，但蒙古族建立的元代，才是中國飲食文化史真正重要的分界。除了這兩者之外，也有人認為北宋繼承了唐代的飲食文化，當宋室南遷後讓北方與南方的食物融合，因此南宋時代可以說是飲食文化史的重大轉換期。

論點

1. 中國飲食文化史中的時代特性

　　各王朝的時代特性對飲食文化會產生很大的影響，這點自是無須多言。比方說，從漢代到唐代，來自西亞的製粉技術與胡瓜、胡麻、胡桃等各式各樣食材傳入中國，深深改變了中國的飲食文化。而魏晉南北朝時代，北方遊牧民族來到華北，使得華北漢民族一直以來食用的豬肉、狗肉數量下降，統治階層食用的羊肉大為流行。從這層意義上來看，在蒙古族為統治階層的元代，將**蒙古族的飲食習慣**[2]帶進中國飲食文化這點上，可以說是具有劃時代的重要意義。只是，這種情況也適用於從蒙古族的元過渡到漢民族的明，再從明到滿洲族的清的時候，所以必須注意不是只有元代出現了重大的轉捩點。但話又說回來，唐代以前的飲食文化交流方面，主要是和西亞的東西交流占據了重要的角色。相對於此，南宋以降，元、明、清代的中國飲食文化中，除了東西交流外，南北交流也成為了主軸。因此，在思考中國飲食文化的時候，絕對不能夠遺漏每個時期的時代特性。

2. 地域與階級差異的問題

　　即使在現代的中國，依據各地風土、物產而生的料理，如北京、上海、四川、廣東、山東、湖南、江蘇、安徽、福建料理等蓬勃發展。而貫穿古今東西，貧富差距影響而產生出相應的飲食文化，也是必然的現象。因此，看到某份史料中關於飲食文化的記述後，必須避免認為那就是普遍的狀況。比方說，看到了宮廷料理，或是北宋首都開封、南宋首都臨安、元大都等地飲食文化的記載，不能就這樣當成是擴及中、下階層，以及其他各地都市與農村的普遍現象。

▷1　**嶄新飲食文化**
中村喬舉出了五個作為關鍵因素的變化：①調味料②熟法③調理用語④麵類等的食用方法⑤麵類從餅類獨立出來。

▷2　**蒙古族的飲食習慣**
蒙古族的飲食文化是以羊肉、乳製品為主體。在元代，不只是蒙古族，歸類為「色目人」的西域各民族，以及女真族、漢民族的飲食文化都各自發展且相互融合。

想要確實掌握飲食文化記載有多大程度受到地域、階級的影響，就必須從史料去觀察該飲食文化擁有的特性

3. 飲食文化展現的重點

一言以蔽之，飲食文化包含了料理種類、食材、調理法、飲食規矩、飲食空間等各式各樣的層面。如同上述，以遊牧民族南下，華北食用羊肉變得普及，而豬肉、狗肉漸趨減少為首，包括漢代餅類、麵類的普及，唐代蔬果種類的增加與**飲茶**[3]的普及，南宋「北食」（以開封為中心的華北飲食文化）與南食（長江以南的江南和四川等地的飲食文化）

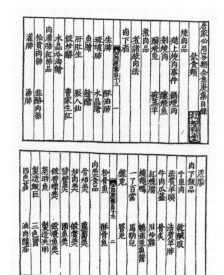

《居家必用事類全集》（元代，作者不詳）

的融合，元代蒙古族飲食文化的影響等；料理的種類和食材，還有筷子與湯匙等食器的歷史發展；餐桌和椅子等各種宴會儀式的變遷；蒸、炒、煮、烤等調理法的發展；從宮廷到家庭、再到酒店、茶店、食店等外食產業，這種飲食「場域」變遷。以上種種構成了整個飲食文化史，不只會隨時代、地域、階級而出現差異，當呈現對象有所不同的時候，也很難去比較、檢討，歸納出一個法則和定義。在史料過少或有所偏頗的限制下，要研究飲食文化史確實是件困難的事。因此，一方面要把握住各史料的性質，盡可能整理歸納出範疇相近的情況，另一方面也要不斷累積扎實的相關個案研究，對於理解中國飲食文化史而言，都是相當重要的。

▷3　飲茶
中國關於飲茶的紀錄，雖然從漢代史料中就已經出現，但飲茶開始流行大概要到8世紀上半葉唐玄宗的時代。過了沒有多久，從唐末到宋代，茶已經變成庶民的生活必需品。另一方面，飲茶文化也隨著禪宗從中國傳入日本，與之後一邊鑑賞中國文物（唐物）、一邊飲茶的茶道，建立密切關連。

《飲膳正要》（元代，忽思慧）

探究的重點

(1) 對中國飲食文化而言，有哪些時代堪稱劃時代的分水嶺？

(2) 為了了解飲食文化的具體情形與其變遷，什麼樣的個案研究是有必要的？

(3) 該如何理解數量偏少又有明顯偏頗的飲食文化相關史料之特質？

圍繞著航海的信仰

(27) 海域交流的發展與信仰有什麼關連？

山內晉次

【關連項目：道教與民間信仰、宋元的離散、印度洋海域的發展、海域史中的日本、海賊與倭寇、亞洲中的琉球】

▷1　航海者
這裡所指的不只是靠海謀生、以海為生活場域的海商、船員、漁民、海賊等，還包括搭乘海商和船員操作的船隻，渡過海洋的國家使節團與宗教人士，也就是廣義上「渡過海洋的人們」。

▷2　東亞海域
本篇所指的是，包含為日本列島、朝鮮半島、中國大陸、臺灣島等環繞的「東海」「黃海」，以及與之相連的「渤海灣」「日本海」「西北太平洋」等的海域。

＊　媽祖
參照 II-22 注2。

▷3　東南亞海域
本篇所指的是以為中國大陸南部、中南半島、馬來半島、蘇門答臘島、爪哇島、婆羅洲島、菲律賓群島所環繞的「南海」為中心，加上與之相連的「爪哇海」「麻六甲海峽」「安達曼海」等的廣大海域。

背　景

海作為帶給**航海者**[1]生活食糧與莫大財富的場域，同時也像「只隔一塊板子的地獄」這句日本俗諺所代表的一樣，常常是讓航海者的生命與財產暴露在危險之下的場域。對航海者而言，海賊襲擊等人為威脅還有方法應對，但面對風暴等自然力量則束手無策。於是，航海者會向神佛這些超自然存在祈禱，因為相信能為航海帶來安全與成功，也認為祂們支配了自然現象。而他們這種「受神佛守護」的心態，伴隨著造船、航海技術的發達，成為促進航海更進一步發展的原動力。結果，圍繞著航海的信仰（以下稱為「航海信仰」）也伴隨著海域世界中人、物、資訊等的流動，傳播、混雜開來。就這點而言，近年世界各地不斷展開「海域史」的研究，而作為其中組成要素之一的航海信仰問題，應該要更加重視。本篇就以筆者的研究領域——**東亞海域**[2]歷史發展為中心，試著介紹與這個問題相關的主要論點和課題。另外，藤田明良也整理了日本、中國、韓國學界以歷史學為核心的航海信仰研究動向，相當實用。

論　點

1. 媽祖的海

在東亞的航海信仰研究中，迄今為止最頻繁提及的神明，大概就是**媽祖**[＊]了吧！媽祖是守護航海的女神，最初是在宋代福建沿海的一小塊地區有人奉祀。媽祖信仰在不久之後，乘著宋代福建海上貿易（以貿易港泉州為中心）發展的浪潮，擴散到整個福建、浙江地區。接著到了元代，人們認為媽祖可以守護從江南地區向首都大都輸送穀物的海運，因此受到了國家權力的庇護，媽祖信仰更進一步遍布中國南北。時間來到明代以後，隨著鄭和遠征與華人貿易者的擴散，媽祖信仰也傳播到中國外部的東亞、東南亞各地。經過這種歷史發展的過程，媽祖信仰從東亞海域更進一步連結到**東南亞海域**[3]，形成了一個以媽祖為航海守護神、透過信仰結合起來的廣大海洋信仰圈。

在近世以降的日本，也廣泛信仰著航海守護神「船玉」（又稱船靈、船魂），而且被認為是位女性神明。然後，近年的研究證實了隨著媽祖信仰傳入近世的日本，這位船玉神與媽祖之間有著「女性」和「航海守護神」的共同屬性的緣故，兩者便融為一體。

2. 觀音的海

在東亞海域中，與媽祖一樣深受人們信仰的航海守護神，就是觀音菩薩（觀世音菩薩）。觀音菩薩信仰在

印度誕生的時候，人們就已經相信具有守護周邊海域航海的靈驗，《法華經》等佛典當中也有提到相關的事蹟。在這之後，隨著佛教從印度拓展到歐亞大陸東部，觀音菩薩信仰也傳播到東亞與東南亞。至於組成觀音菩薩信仰的其中一個元素，也就是作為航海守護神的信仰，成為東南亞各地航海者心之所向，最後以共同航海信仰的姿態，扎根於橫跨東亞與東南亞的廣大海域。

此外，觀音菩薩固然是誕生自印度的佛教尊者之一，和屬於中國民間信仰、道教的媽祖，在出處根據上有很大的差異。儘管如此，宋代以降的近世中國將原本超越性別的觀音菩薩視為女性，與同一時期擴大信仰的媽祖，逐漸以「女性」和「航海守護」兩個性質為中心，融合在一起。

3. 眾神交錯的海

除了上述在東亞到東南亞海域這個「大海域」中共同信仰的媽祖和觀音菩薩之外，還有中國四海神與龍王、龍神等神明，其信仰範圍是雖然比「大海域」小，但某種程度還算寬廣的東亞海域這個「中海域」。此外，還有更多在比「中海域」還狹小的「小海域」中信仰的神明，包括中國寧波的招寶七郎、泉州的通遠王、福州的臨水夫人、日本的船玉神等。

就像這樣，可以把航海信仰看成是在大、中、小三層海域中，由各個神明一層一層來分工合作。這種信仰的重層結構，在某個角度可以說反映了航海者覺得「能守護自己航海的神佛，多多益善是再好不過」的心態吧！從另一個角度來說，這種重層結構也可看作是當佛教這種超越國家和民族普遍信仰擴展開來後，原本分屬個別小海域的航海信仰世界，被更廣大海域共同信仰的世界覆蓋過去的結果。特別是後者的角度，就看到了眾神秩序的重新編組，「舊有小海域的神明變成大海域眾神的陪神與下屬」。這種航海秩序的重層結構，與人、物、資訊等的海域交流有著怎樣的關連，仍然需更進一步探究。

探究的重點

(1) 航海信仰的重層特質是如何形成？
(2) 當展開亞洲與歐洲航海信仰的比較研究時，會發現怎樣的問題？

宋元的離散

28

中國海商是怎樣的存在？

向 正 樹

【關連項目：烏理瑪、突厥系各部族、宋元的大運河與海運、宋元的多民族社會、蒙古衝擊、蒙古與伊斯蘭、蒙古的霸權與危機】

背 景

▷1 **離散（diaspora）**
源自希臘語「播種」之意，指散播、擴散。在社會科學中指的是如古羅馬的希臘人一般，散布到廣大範圍的同時，也維繫著鬆散的紐帶，共享著身為民族、宗教等特定社會集團的歸屬意識之共同體。

▷2 **社會（離散的母體集團）**
社會是聚集人們、擁有有機關係的人類集團。社會大多是多元、重層的結構，而作為離散母體的集團（其歸屬的社會）視情況也會有多元、多層的結構。如同社會與社會之間彼此會有連繫和交錯，複數的離散也會有相同的結構。

▷3 **綱首**
又稱都綱，指負責船舶航行與商業貿易實務的中國海商領導人。在中國，一隊負責運輸大量物資（綱運）的車輛或船舶，都會冠上「某某綱」的名稱，因而得名。

近年有一種看法利用**離散**[1]（多方播種）與混合（hybrid）等園藝上的概念，來理解支持人們越過國境行動的制度，以及移動的複雜實況。離散有各式各樣關鍵的因素，按照社會學者寇恩（Robin Cohen）的說法，可以分成受難者的離散（難民等逃離本國的人）、勞動的離散（因為強制或是經濟落差導致的勞動力移動）、貿易離散（貿易民等尋求商業機會的移民）等等。在全球視角的歷史研究中，負責遠距離貿易、扛起帝國財政營運與大範圍統治的貿易離散，相當受到矚目。只是要判斷一個人是否屬於特定**社會（離散的母體集團）**[2]一員，其實很不容易。此外，有些人雖然出身自移民，但已經相當程度融入於主方社會（host society）的情況下，不能單方面認為他們是「某某人」而已。特別是在思考歷史上的離散之際，如何不是只將其嵌入現代民族（nation）的框架之中，而是去思考每個時代對歸屬意識的認識有何差異，仍有許多討論的空間。

論 點

1. 關心中國系人群的離散　根據和田久德的說法，可以確認有許多漢人住在東南亞的時期，是從北宋（960～1127年）開始。同一時期在日本也可以發現，博多的**綱首**[3]（貿易船的船長）幾乎都是中國系的海商（海上貿易商人）。

榎本涉認為海商之間建立穩定交通往來的9世紀，是東海歷史上是重要的分水嶺。促成這種情況出現的原因，包含稱為「戎克船」這類大型航海船隻發達，以及中國沿海地區的開發與漸增的人口壓力。特別是山多平原少聞名的福建，造就了許多前往日本和東南亞的海商與移民。

結果，出現了與東南亞當地女性結婚的中國人男性，以及嫁給阿拉伯、波斯商人為妻，離開本國的中國人女性。也有發現存在著海外出生的中國人（土生唐人）。1274年蒙元併吞南宋後，也有些人流亡到東南亞。關於海外中國人社群的存在與演進，有必要從歷史學、考古學兩方面重新檢討。另外，他們常常被概括為「中國商人」，但其實當中還有福建商人、浙江商人、廣東商人等多重地域團體，這點也是必須留意的。

2. 與政治權力結合的視角　歷史學家柯亭（Philip Curtin）在討論與貿易離散的關連時，提到定居商人、流動商人的機能分化，以及支撐遠距離貿易的各種制度。所謂「持分資本」，也就是共同出資展開貿易的經

營形態，不僅出現在這個時代的中東、拜占庭及義大利等地的都市，在中國的海商也是如此，而日本博多的綱首身上就可以看到同樣的架構，他們就是以寺社、豪門為贊助者來進行貿易。可以從比較史的觀點出發，來討論各式各樣的問題。

貿易離散與政治權力的關係，也可以從「保護成本」的觀點來說明。在東南亞各國，當地政權會把對宋的朝貢委由中國人、阿拉伯人、波斯人海商承攬，海商則得到當地王權的優遇與保護，雙方處於互利互惠的關係。不論是以泉州（福建省的貿易港）為根據地的波斯系商人蒲壽庚，他作為元朝官僚致力於擴大貿易關係，還是蒙古帝國的穆斯林商人接受皇族和王侯委託，利用後者提供的資金從事購買奢侈品的業務，也都是互利的關係。

如此這般，在元的統治領域中，中亞、西亞出身的人相當活躍。他們和帝國的擴張與經營有什麼關連，其中又與包含中國系與各種民族在內的**穆斯林系離散**[4]，又有怎樣的關係？這些都是今後必須討論的重點。

3. 混合性的觀點

從南宋末到元朝期間，有一位名叫謝國明的博多綱首相當活躍。從名字可以知道他是一位中國人海商，但宋朝把像他這樣由日本寺社、豪門派遣來航的博多綱首，都當作是「日本商人」。過去的觀點在日本商人和中國人（宋）的問題上，會單純將兩者看成是民族之間的對立，但榎本涉則主張兩者表面上看起來對立，其實屬於同一個社會集團，只是視情況會換個名字（認知）罷了。同樣的結構應該也存在於日本與中國之間的場合，故需要透過更多的案例來檢視這個問題。

前述的蒲壽庚在同時代的史料中，記載他為「西域人」，但比較有力的說法是出身波斯系。另一方面，蒲氏一族與泉州的士大夫階層互相交流，也締結了婚姻關係。換言之，可以認為穆斯林系離散與中國系離散，其實有著相似的結構，此外，有發現兩者之間融合成混合性社會集團的變化。不僅如此，突厥系、印度系、猶太系等的離散也同時並存，而出自蒙古帝國／元統治下中國的離散不單只是內含了多元、重層的性質，在形而上（meta）層次也交雜了各種的離散。這些彼此之間具有什麼關連性，作為一個整體又有著怎樣的結構？還有許多值得討論的重點。

[4] **穆斯林系離散**
有相當多穆斯林移居到元朝統治下的中國，這些人原本出身中亞、伊朗、阿拉伯的伊斯蘭圈，一方面擁有對伊斯蘭世界（Dar al-islam）的歸屬意識，另一方面因為居住在中國，所以也看到以中國的地域社會為據點，更進一步往海外擴散的事例。在這層意義上，以中國為起點的離散其實是第二波發生的離散，顯現出離散多元、重層結構的一面。

探究的重點

(1) 離散會與政治權力結合，只是因為經濟的理由嗎？
(2) 在前近代中，是基於什麼來建立對某某人的認識？

<table>
<tr><td>

29

</td><td>

蒙古衝擊
什麼是「蒙古衝擊」？

</td><td>

四日市康博

</td></tr>
</table>

【關連項目：宋元的離散、蒙古與伊斯蘭、蒙古的霸權與危機、歐亞的白銀與貨幣流通、後蒙古的民族】

背 景

13世紀上半葉，合併東西各國、規模橫跨歐亞的蒙古帝國，之後雖然分立成元朝（大元兀魯思）與3個汗國，但仍保持著鬆散的移動和交流網絡，極大化東西歐亞之間的交流。這種穩定的東西交通，有人稱為「**蒙古和平**」[▷1]。只是，在現實中並不見得沒有戰爭和對立，因此這裡指的不過是穩定東西交通帶來的興盛交流而已。相對於此，也有為避免一面倒的傾向，提出「蒙古衝擊」（Mongol Impact）的看法。確實，一向有不少對蒙古帝國的統治與影響，給予負面評價的傾向，但近年來認為蒙古統治期間接納了多元文化，是脫離古老社會結構的一大關鍵，因此相反地也出現了給予這種影響正面評價的歷史認識。「蒙古衝擊」並不是「蒙古和平」的相對概念。其概念指的不只是以軍事、政治（外交）層面為主的短期衝擊，也把經濟、文化層面的長期衝擊（蒙古和平）包含在內。

論 點

1. 蒙古的歐亞霸權造成的短期衝擊

伴隨蒙古帝國擴張的戰爭與其前後時期的外交，對各地區的社會產生了很大的影響，但都稍縱即逝。關於這些短期的衝擊，透過戰爭史、外交史的研究，累積了各地區的相關成果。但另一方面，究竟為社會、文化帶來什麼樣的影響，目前尚未充分探討。

此外，蒙古大範圍、整合性的戰略上，會一個一個採取戰爭或外交的手段，其典型例子就是「**亞洲的元寇**」[▷2]。對於元寇（日元戰爭），往往都只理解為日本與元朝、高麗三者內部的事情，但其實元朝當時也朝亞洲其他地區多方經略。就這層意義來說，有必要將日元戰爭看作是蒙古在亞洲擴張戰略的一環，而不只是孤立的事件。就像蒙古人意圖侵略埃及，卻敗在**馬木路克**[*]政權手下時一樣，元朝在日元戰爭中敗北，也對其他地區的經略產生不小的影響。

2. 蒙古的歐亞霸權造成的長期衝擊

經濟、文化層面的蒙古衝擊，一直以來看成是「蒙古和平」的一環。但是相反地，應該視為與短期衝擊造成的社會變遷相互連繫的長期影響。只是必須留意一點，蒙古衝擊並非只由蒙古人引起，很多時候反而是誕生自支撐帝國的各民族在東西歐亞的文化、物資交流。比方說，傳入西方歐亞的方形朱印與龍、鳳圖樣，是傳統中國的文化要素，絲織品與陶瓷器也是一樣。反過來說，從西方傳入的天文學與醫藥等，當然不是源自蒙古。日本與元朝的關係也是一樣，在這個時期有為數眾多的僧侶搭乘貿易船，往來於兩國之間，從中國引進了各式各樣的文化與財物。這種交

▷1　**蒙古和平（Pax Mongolica）**
仿效羅馬帝國將地中海世界納為內海的「羅馬和平」（Pax Romana），將伴隨蒙古霸權而來、歐亞規模東西交通的穩定稱為「蒙古和平」。這種名詞最早出現在普拉夫廷（Michael Prawdin）的著作中，在日本則由佐口透引介為「韃靼和平」，於是成為一種固定的分析概念。

▷2　**亞洲的元寇**
入侵日本的蒙古軍，是派遣去平定高麗和三別抄的部隊。與此同時，元朝也派遣軍隊進攻蒲甘、占婆。在爪哇遠征結束後，他們還預定第3次入侵日本的計畫。如此這般，元朝同時推進在全亞洲的侵略，村井章介因此稱之為「亞洲的元寇」。有必要從這個框架來重新檢視日元戰爭。

*　**馬木路克**
參照 [II-6] 注1。

流的背景雖然是南宋以前就開始的日中佛教交流，但即便宋元政權交替也沒有就此中斷，反而更加活絡。因此，有必要重新思考這種交流的結構，及其與元朝的關係。

3. 對蒙古衝擊的回應　　面對蒙古衝擊，產生了各式各樣的回應。蒙古的擴張引發了大規模的人口移動，有人也認為13～14世紀東南亞**泰語系民族的膨脹**伴隨而來的「**憲政國家**」（古典帝國）衰退與新興帝國興起，與蒙古有所關連。近年來，有研究者質疑過度放大了蒙古的影響，甚至是全面否定。但是，就像不能把原因全部歸諸於蒙古，也不能說其毫無影響，只能透過實證性的史料研究來檢證。

14世紀中葉以降擴大的黑死病也出現同樣的問題。麥克尼爾（William McNeill）就從蒙古侵略東南亞為出發點，來找出發生黑死病的原因。雖然有正反兩極的意見，但從遺傳學的角度來看，確實顯示中國青海、甘肅一帶是病原體的發生源。然而，遺傳基因層面的發生源跟大流行的開始不能劃上等號，因此至今仍有許多討論。除此之外，還有許多回應蒙古衝擊的例子，例如：伊斯蘭教的東傳（特別是以伊朗、中亞為起點，向中國與東南亞傳布）、中國白銀流入西方，造成伊斯蘭和歐洲經濟圈的變遷等。不論何者，都有待更多實證性的研究。

3. 蒙古政權的分裂與重新整合，對統治地區的影響　　13～14世紀，蒙古帝國分立為元朝（大元兀魯思）、伊兒汗國、察合台汗國、欽察汗國。只有宗主國的元朝稱大汗（皇帝），剩下的三國則稱汗（王），原則上臣屬於元朝，但實際上處於分裂。這些國家之後經歷了反覆解體與重新整合，在這過程中出現了成吉思汗後裔的王室血統原理名存實亡，反而伊斯蘭與藏傳佛教等足以與其匹敵的權威取而代之的現象。因而誕生出各式各樣繼承蒙古的政權。但這些國家究竟是像一直以來認為，屬於分裂出來的新國家，還是完全以繼承蒙古帝國政權的身分自居，根據旁觀者立場的不同，會有很大的差異。對蒙古後繼政權的認識，在考慮遊牧社會、定居社會與國家的關係上非常重要，於思考各地區所受蒙古衝擊的性質也是如此，故有必要進行檢討。

▷3　**泰語系民族的膨脹**
從越南北部到泰國、緬甸等地，稱為撣族、傣族等的泰語系民族開始活躍起來，建立了蘭納、素可泰、阿瑜陀耶等國度。有一說認為是蒙古統治雲南後，引發了泰語系民族的遷徙。這種說法雖然因為組成南詔國的人民以藏緬系為主，所以遭到否定，但應該留意的是蒙古統治促成了雲南的中國化，並成為侵略東南亞的據點。

＊　**憲政國家**
參照 I-9 注4。

探究的重點
(1)蒙古衝擊是怎樣的事物？
(2)蒙古衝擊對各地域社會與大範圍的文化圈，帶來了怎樣的影響？相對於此，又產生了怎樣的回應？

蒙古與伊斯蘭

30

對伊斯蘭史帶來怎樣的影響？

渡部良子

【關連項目：所謂「伊斯蘭世界」這個詞彙、世界史認識、突厥系各部族、宋元的離散、蒙古衝擊、中央歐亞的伊斯蘭】

背景

作為西亞、中亞主要宗教之一的伊斯蘭，在各方面都受到了蒙古征服與統治的影響。蒙古錄用穆斯林商人、整頓站赤（驛站）都讓東西文化交流變得活絡，在元朝（大元兀魯思）統治下的中國，穆斯林人口增加，奠立了中國伊斯蘭發展的基礎。此外，在西方南俄草原地帶的欽察汗國（朮赤兀魯思）、西亞伊朗高原的伊兒汗國（旭烈兀兀魯思）、中亞的察合台汗國（察合台兀魯思）都接納了伊斯蘭，影響了在各個地域的伊斯蘭在國家、社會、文化方面的樣貌。

論點

1. 蒙古襲來與伊斯蘭社會

1219年蒙古開始遠征西方，讓中亞、西亞伊斯蘭圈的政治地理結構，產生了重大的變化。延續500年的阿拔斯王朝哈里發政權滅亡、新興的馬木路克王朝在埃及和敘利亞崛起，還有伊兒汗國在伊朗建立，這些都成為讓阿拉伯地與伊朗高原地區，分別走上獨自歷史的契機。關於蒙古征服與統治伊斯蘭社會，強調其負面影響（對都市、居民的殺戮、伊斯蘭文化的中心——阿拔斯王朝首都巴格達的衰退、蒙古法〔扎撒〕與伊斯蘭教法的衝突等）的歷史認識，具有根深蒂固的影響力。但根據近年的研究，伊斯蘭文化的據點早在蒙古襲來以前，就已經分布、擴散到許多不同的地區，而在伊兒汗國統治的都市馬拉蓋（Maragheh）與大不里士都看得到新的文化與學術變得活躍。同時，也證明了扎撒只適用於蒙古人和一部分非蒙古人，是屬於統治階層的習慣法，未必就和伊斯蘭教法有所牴觸。

另一方面，蒙古襲來毫無疑問是伊斯蘭思想史上重要的變化契機。隨著阿拔斯王朝的滅亡，作為伊斯蘭共同體正統領導者的哈里發實際退出舞台，促使遜尼派知識分子從思想上來摸索國家、王權於伊斯蘭的正當性，成為哈里發論與伊斯蘭政治思想發展的契機。此外，在伊兒汗國治下，蒙古人不問宗教、宗派來拔擢有用人才的宗教寬容政策，也造就了什葉派知識分子活躍的環境，讓什葉派的教學、思想得以發展。蒙古帝國統治為伊斯蘭社會帶來的文化變遷與發展，首先會舉出東西文化交流的活潑化之下，傳播開來的東亞美術、工藝風格，但蒙古襲來造成的政治、社會變遷，引發的伊斯蘭思想文化變遷，同樣有重要的歷史意義。

2. 蒙古的伊斯蘭化

蒙古帝國位在西方的3個兀魯思，彼此在不同時期和狀況下接納了伊斯蘭。只是就如同北川誠一所說，蒙

古的伊斯蘭化不是用自然崇拜這種薩滿式蒙古文化為伊斯蘭同化，這麼簡單的架構就能理解。本田實信雖然將第7代的合贊汗（1295～1304年在位）讓伊兒汗國正式皈依伊斯蘭，評為是「蒙古、伊朗、伊斯蘭」的融合，但相當重要的一點是，接納伊斯蘭與其說是蒙古傳統的變質與倒退，不如說是蒙古統治階層的統治思想和習慣，採納了伊斯蘭的形式，其結果就讓伊斯蘭王朝的王權象徵產生各式各樣新的形式。比方說，基於蒙古統治思想的**蒙古命令文書格式**和伊斯蘭的文書格式，融合而成的公文文書書格式，以及遊牧君主透過瓦合甫（捐獻）興建的陵墓、宗教慈善設施建築，建設起連結遊牧地區和都市的王都，都對後代產生了影響。必須從正反兩面來理解蒙古接納伊斯蘭的多元樣貌，以及其對伊斯蘭社會產生的變化與影響。

3. 蒙古留給後蒙古時期伊斯蘭各王朝的遺產　　伊斯蘭化的蒙古留下了各式各樣制度與習俗，為西亞、中亞，特別是突厥系伊斯蘭各王朝所繼承。上述的公文文書書格式與王都的建設，還有源自**怯薛**制度的遊牧官制等，對於中亞的遊牧王朝，以及西亞的**土庫曼**王朝、薩法維王朝等以突厥系遊牧集團為基礎的軍事王朝，在國家、文化的形成上產生了影響。另外，輔佐合贊的政治家暨歷史學家**拉施德丁**，在波斯語史書《史集》創造出一種嶄新的歷史敘述方式，在基於伊斯蘭世界觀的各民族歷史中，找出蒙古和突厥系遊牧民的定位，後來遍布歐亞的突厥系伊斯蘭王朝也將其作為統治正當性的依據繼承下來。把伊斯蘭圈中蒙古統治時代的遺產，放到廣大突厥系遊牧民的伊斯蘭文化（突厥—伊斯蘭文化）形成與發展的歷史中來定位與考量的時候，就可以看到跨越諸多面向的重要性。

▷1　**蒙古命令文書格式**
這種書寫格式開頭的句子，為展現騰格里（天）授予成吉思汗家族統治權的「奉長生天之力」。隨著蒙古接納伊斯蘭，也出現了由「阿拉」取代「天」，與伊斯蘭王權象徵結合的例子。

▷2　**怯薛**
成吉思汗將蒙古貴族子弟編組而成的宮廷（斡魯朵）親衛隊。又分成豁兒臣（箭筒士）、保兀赤（廚師）、忽失赤（qušči，鷹匠）等職位，負責宮廷的警備與日常生活，作為蒙古政權的核心，扮演了重要的角色。

▷3　**土庫曼**
突厥系遊牧民烏古斯族的稱呼。他們在11世紀入侵西亞，建立了塞爾柱王朝，後蒙古時期的主要王朝（鄂圖曼王朝、黑羊王朝、白羊王朝、薩法維王朝等）也由他們組成軍事基礎。

＊　**拉施德丁**
參照 II-1 注2。

探究的重點

(1) 蒙古襲來對伊斯蘭思想、文化史的發展，具有怎樣的影響？
(2) 蒙古接納伊斯蘭，為蒙古統治階層與伊斯蘭社會雙方，帶來了怎樣的變化？
(3) 後蒙古時期的歐亞伊斯蘭王朝中，有哪些蒙古的遺產？

蒙古的霸權與危機

㉛ 什麼是「14世紀的危機」？

諫早庸一

【關連項目：蒙古與伊斯蘭、歐亞的白銀與貨幣流通、科學的東西交流、海域史中的日本、東南亞大陸地帶的領域國家與贊米亞】

背 景

　　蒙古的霸權促成了迄今為止獨立發展的歐亞非各個地區於政治、經濟、文化上整合在一起。可以看到蒙古帝國成立以前，舊世界已經萌生了各種貿易圈組成的鬆散連結，而透過上述的整合進一步成形。但是，這個「13世紀世界體系」，面對下一世紀整體的「危機」後就迅速瓦解。所謂「14世紀的危機」，指的是差不多發生在從「中世紀溫暖期」轉移到「小冰期」的14世紀寒冷化與天災頻傳的氣候變動、疾病大流行，與蒙古帝國瓦解等政治變動組成的歐亞非規模「危機」。一直以來「14世紀的危機」作為歐亞非權力平衡倒向西方的世界史分水嶺，獲得許多關注。

論 點

1. 「13世紀世界體系」

這是都市社會學家盧格霍德（Janet Abu-Lughod）在著作中提出的體系，主張在「13世紀」（1250～1350年）時，從歐洲到中國為止，覆蓋整個歐亞非大陸的國際貿易網絡相當發達，讓8個不被單一語言、宗教、帝國局限的多元次體系，有機連結成一個「世界體系」。這是個從前近代史出發，針對華勒斯坦「近代世界體系論」的反論（antithesis），華勒斯坦認為在1500年以後歐洲為中心形成的「世界經濟」為世界史上唯一「世界體系」。

　　盧格霍德將「13世紀」於世界史上的意義，描繪成連結廣大歐亞非大陸的時代，可以說做出了重大的貢獻，但是如我們所知，原著是1989年刊行的作品，因此立論上並沒有立足於之後有長足進步的蒙古帝國史研究，以及亞洲海域史成果。在她的「13世紀世界體系」中，蒙古帝國扮演的角色並不明確。因此，有必要活用各地域和領域的最新發現，納入這個宏觀構圖之中，重新組合出新的面貌。

2. 超越「大變遷」論

這個「13世紀世紀體系」在下個世紀，為何、如何，又是具體在何時停下了齒輪的轉動？一般都認為14世紀是氣候變動的高峰期，因此為了回答這個問題，不只是人類社會，還必須觀察與生態環境之間的關連。坎貝爾（Bruce Campbell）的《大變遷》（*The Great Transition*），正是基於這個問題意識，結合歷史資料與**古氣候代用指標**來描述[▷1]「14世紀的危機」的作品。坎貝爾主張歐亞非大陸的**社會生態系**歷經1270～1470年代的「大變遷」，產生了不可逆的轉變。但是，坎貝爾的宏觀構圖已經在個別

▷1　**古氣候代用指標**（Proxy）
為了了解氣溫與降水量等過去的氣候，會從樹木年輪、冰河冰核、湖底沉積物，或是洞窟的鐘乳石等能夠進行歷時觀測的物質中取得相關資料。

▷2　**社會生態系**（Socio Ecological Regime）
坎貝爾在《大變遷》中主要使用的概念之一。由氣候與社會、環境與生物、病菌與人類這六個要素相互組成的體系，用動態的角度來理解人類社會如何回應氣候變遷造成的影響。

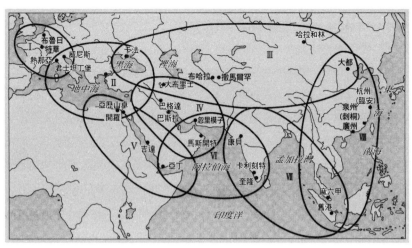

「13世紀世界體系」的模型。出處：ジャネット　アブー＝ルゴド（Janet Abu-Lughod，佐藤次高等譯）《ヨーロッパ霸権以前》上，岩波書店，2001年。

論點上遭到了反駁，關於巨型理論（grand theory）的部分，也只是重複了歐美為中心──正是盧格霍德想跨越的部分！──的歷史敘述而已。今後，「14世紀的危機」也和「13世紀體系」一樣，需要利用非歐洲的歷史資料、全新研究成果，以及最新的古氣候資料來重新梳理，有大幅翻新現今認識的可能性。

3. 疾病的流行

討論「14世紀的危機」的時候，不可或缺的主題就是疾病的流行。鼠疫的流行作為「黑死病」，對歐洲造成極大的損害，關於其起源與對歐洲以外世界的影響，仍有許多有待研究的課題。麥克尼爾提出的古典模型中，鼠疫桿菌起源於雲南，開始感染人類是在1331～1332年左右的中國河北地區，但隨著後來研究的累積，這種說法也已經是過去式。格林（Monica Green）採用了近年有飛躍性進展的古遺傳學、系統學領域研究成果，將鼠疫大流行的起始點定在12～13世紀左右的天山山脈，複數系統的鼠疫就從這裡隨著蒙古的征服，向歐亞大陸東西方擴散開來。

正如傑克森（Peter Jackson）在近來作品中明白表示，蒙古帝國史家基本上並沒有把帝國瓦解的關鍵因素，直接歸咎於鼠疫，但也指出有可能對整個蒙古帝國造成相當的影響。如此這般，這個領域的研究正如火如荼展開，隨著新的材料和研究方法的出現，很有可能會大幅推翻現有的理解。

探究的重點

(1) 該如何描述蒙古帝國時期舊世界的連鎖？

(2) 14世紀人類社會與生態環境之間有什麼樣的關連？

(3) 疾病的流行與帝國交通網絡、氣候變遷之間，有著怎樣的關係？

歐亞的白銀與貨幣流通

32

為各地帶來了什麼？

安木新一郎

【關連項目：宋元的離散、蒙古衝擊、蒙古的霸權與危機、陶瓷器的生產與流通、海域史中的日本】

背 景

前近代伊斯蘭圈與歐洲，主要使用金幣與銀幣。相對於此，中國傳統的貨幣則是銅錢，但北方民族的王朝也使用白銀。在中國自宋代以後，成為錢幣、紙幣與白銀並行流通的狀態。另一方面，自蒙古帝國成立以降，整個歐亞都盛行使用白銀與小額貨幣。

論 點

1. 宋～元代中國，錢幣、紙幣、白銀的流通： 首先要舉出的是錢幣與現錢不足的應對方式。中國在北宋時期雖然大量製造銅錢，但追不上供給，所以又製造了大錢、鐵錢、夾錫錢，而民間則習慣把76文等未滿100文的金額，當成是100文，也就是所謂的「短陌」，甚至也有出現木牌等錢幣的代用品。

北宋的銅錢外流到北方的契丹（遼）、回鶻，在12世紀的時候也輸出到日本。雖然政權三令五申禁止輸出銅錢，但成效不彰，在亞洲各地廣泛使用錢幣，但其具體的影響與關係性，仍有討論的空間。

接著是關於紙幣，北宋時期的四川出現了用來保管鐵錢的票據「交子」，也就是紙幣。到了南宋時期，紙幣遂變成主要的貨幣。紙幣設有「界制」這種有效期限。金朝也發行交鈔和寶券等紙幣，但途中就廢止了有效期限。隨著財政狀況惡化，紙幣發行張數過多，急遽貶值，於是銀錠和絲就肩負起貨幣的機能。

1260年，元世祖忽必烈汗發行了「中統元寶交鈔」（中統鈔），這種紙幣與銅錢一樣，以貫文（1000文）為單位，也規定了與白銀的交換比例。元朝總共發行中統鈔、至元通行寶鈔、至大銀鈔、蓋有至正印造元寶交鈔印的中統鈔。除了以銅錢為擔保的至大銀鈔之外，元朝的紙幣都沒有金銀或金屬貨幣的擔保，仍然不清楚為什麼元朝能在不陷入長期高度通貨膨脹的情況下，管理貨幣量。總而言之，中國的貨幣制度與財政有密切的關係，透過權貨，也就是作為專賣品的鹽、茶、鐵、銅等的生產與流通，來管理錢幣、紙鈔的通貨價值。有必要更深入去了解貨幣、財政、軍需之間的關係。

不僅如此，蒙古在白銀方面採取**包銀**[1]與**絲料**[2]這種實物支付的稅制，白銀被當成一種徵稅手段。自太宗窩闊台汗時期以後，雖然發行了大朝通寶銀錢，但忽必烈汗時期並沒有繼續印製。另一方面，則鑄造了重達2兩的標準化銀錠（波斯語稱為「巴里失」），作為交易與賞賜之用。銀在元朝整體財政流通中的定位和影響，還有許多有待釐清的論點。

▷1 **包銀**
蒙古帝國課徵的科差（代替差發〔夫役〕繳納的物資）之一。包銀是在憲宗蒙哥汗時期引進河北，每戶要繳銀6兩，後來變成4兩。4兩中的2兩用銀繳納，剩下2兩則徵收絹絲、絹布、染布等。

▷2 **絲料**
這裡的「絲」指絹絲。在蒙古帝國的領地，作為科差（稅），每10戶要繳納7斤的絲。

2. 作為地域之間支付手段的白銀，與並行流通的當地貨幣

首先，關於圍繞東西方的白銀，從10世紀起伊斯蘭圈便產生了所謂「白銀危機」，銀幣不足的情況相當嚴重，可是到13世紀下半葉，這種情況獲得了紓解。關於歐亞西部的狀況，在葉門拉蘇里王朝（Rasulid）編纂的《知識之光》（*Nūr al-Ma'ārif*）中，有著從中國輸入白銀輸入的紀錄。另外，在歐亞東部蒙古高原的哈拉和林，與中亞的訛答剌（Otrar），都有發現刻有尤赤家**塔木加**[3]印記的銀幣。由此可知，蒙古帝國時期已經出現了囊括整個歐亞地區，東西雙向流通白銀的途徑，至於解開其中具體的機

至元通行寶鈔。出處：按日本銀行金融研究所貨幣博物館藏之印刷原版作成。

制，則是今後的課題。接著，則是變得活絡的長距離貿易。在中央歐亞的遊牧社會中，可以看到把白銀與**毛皮**[4]當成保值手段，給予負責長距離貿易的商人優遇的習慣。蒙古帝國的統治地區都將商稅壓得很低，蒙古王侯則將自己持有的白銀交給特權商人「**斡脫**[*]」自由運用，從市場上賺取更多的銀，並且更進一步透過整頓稱為「**站赤**[*]」的交通網絡，減少保護費（商人自衛的相關費用）負擔，從而活絡了長距離貿易。探究這方面的具體架構，同樣也是今後的課題。

再者，關於小額貨幣的流通，日本在13世紀後半，正式將納稅方式從實物轉換成中國銅錢。此外，印尼的爪哇島至少在14世紀時，就已經使用中國銅錢來買賣土地，在東南亞的島嶼地區，也已經開始鑄造鉛合金的模鑄錢。在尤赤王朝（欽察汗國）發行了刻有與銀幣交換比率的銅幣。在雲南、孟加拉、羅斯（俄羅斯），不只是銀，也通行**貝幣**[5]。

蒙古帝國解體後，白銀不足的東南亞與歐洲，鑄造起低品質的銀幣。明朝鑄造銅錢，也繼承了紙幣制度。在這之後，16世紀中南美洲與日本的白銀生產大幅增加，白銀流入中國與印度等，讓白銀的貨幣化更進一步在全世界展開。

▷3　**塔木加**
中央歐亞的遊牧民為了表明家畜的擁有者，會在家畜上蓋上烙印，上面寫著占有的標示。蒙古帝國時期，王侯的塔木加會蓋在文件或是刻在貨幣上。另外，俄語也借用了這個詞來表示「商稅」的意思。

▷4　**毛皮**
上面附有毛的獸皮。黑貂、白鼬等的毛皮在整個歐亞都很貴重，歷代中華王朝都重視毛皮的取得。另外，斯拉夫人也會把黑貂或松鼠的毛皮當成貨幣。

＊　**斡脫**
參照 I-25 注4。

＊　**站赤**
參照 II-18 注4。

▷5　**貝幣**
主要是用印度洋馬爾地夫群島採集的黃寶螺製成的貝殼貨幣。蒙古帝國時期在雲南、孟加拉、羅斯、西非等地流通。在伊斯蘭圈也會當成咒術上的飾品來使用。

探究的重點

(1) 為什麼前近代的中國，幾乎不曾鑄造銀幣或銀錢？

(2) 蒙古帝國的白銀流通，對之後世界的貨幣制度產生了什麼影響？

科學的東西交流

（33）

天文學、醫學是如何相互交流？　　　　　　　　諫早庸一

【關連項目：中古基督教圈、蒙古衝擊、蒙古與伊斯蘭、蒙古的霸權與危機、明清時代天主教的傳教】

背 景

　　蒙古帝國（1206～1368年）造就的東西歐亞整合，將歐亞非的人、物、資訊交流，提升到了前所未見的規模。信仰「天」（騰格里）、地上則以「人」為單位進行統治的蒙古，格外關心在天與人之中觀察宇宙（宏觀／微觀宇宙）的學識──天文學與醫學。結果，在各地的蒙古宮廷中，身懷不同學術傳統的天文學者與醫生促膝長談，促進了異文化交流的發展。就像艾爾森（Thomas Allsen）《蒙古帝國時期歐亞的文化與征服》（*Culture and conquest in Mongol Eurasia*）這本「蒙古帝國時期歐亞」文化交流研究里程碑，其標題恰如其分顯示這個時代歐亞東西方的「文化」，都大大受到蒙古帝國「征服」的制約。

論 點

1. 面向科學交流的研究方法

關於蒙古帝國時期的歐亞，有各式各樣關於當時文化、科學交流面貌的記述。其中最先研究的是透過人來「傳播」的物品或資訊本身。19世紀中葉到20世紀初期，這是精通多種語言的「東方學者」踴躍嘗試的研究領域。可是，這些事物不會被異文化直接接受，傳授和接受雙方隨著彼此的接觸，都不得不產生變化。1950年代以降，盛行將重點放在這種交流的相互作用，也就是「文化變遷」的研究。只是，在蒙古帝國時期歐亞地區交流的例子跨越了多地域、多元素、多語言，於是基本上只處理一對一狀況的文化變遷理論就沒辦法很好去對應。對此有所自覺的艾爾森，在前述的著作中，就重視身為為政者的蒙古人之「**能動性**」▷1，綜合討論了這個時代的人、事、資訊與蒙古相關事物之間的接觸與產生的變化，從而引發了這個領域的「**文化轉向**」▷2。艾爾森的研究在後來產生了很大的影響，一直延續至今。可是，也有些人不喜歡艾爾森的研究方法，覺得他在交流過程中太過強調蒙古的參與，顯然要從新出的材料重新檢視這方面的研究。如何超越和克服文化轉向，就交給今後的世代吧！

2. 天文學、醫學的史料考察

如果更進一步對照艾爾森提出的架構與現今的研究成果，會發現他僅依照當時所能接觸到的史料得出的立論，其實有著大的局限性。宮紀子最近刊行的作品就超越了這種局限，盡可能在科學交流方面提出要使用漢語、波斯語寫成的史料（包含她自己發現的新出史料在內）。現狀就是必須做到以此為基礎，重新解讀和詮釋每一條史料。

　　具體關於天文學的部分，有學者正在分析從東方傳到西方、記載中國曆法

▷1　**能動性**（agency）
舉例來說，就是人與「自己」等歷史主體所具備的性質。「自己」不是作為自律的個人，而是該當成相互關係中形成的事物，透過主體的經驗與實踐，得以展開探究社會、歷史的嘗試。

▷2　**文化轉向**（cultural turn）
和語言學轉向並列，指在歷史學的理論、方法論上進行轉換的嘗試。其特徵為將語言和文化視為政治、經濟、社會等人類活動的基礎，重視在人類活動的因果關係之上加以規範的脈絡。

的波斯語天文書《伊兒汗天文便覽》（*Zīj-i Īlkhānī*），以及反過來由西方傳入元朝（1271～1368年）根據西方天文學編纂的《回回曆》，不過目前為止仍在發展階段。在醫學方面，只有元代從外部引入的文獻／知識寫成的《回回藥方》，有刊行附有英文注解版本而已。遠藤光從語言學的角度詳細考察過伊兒汗國時期（1256～1357年）將漢語醫書譯成波斯語的《珍貴之書》（*Tānksūqnāma*），不過仍有重新檢討目前刊行的全本中譯本、日文抄譯本的必要。確實要在扎實的原典研究基礎上，拓展研究的觀點。

3. 元代──沒有翻譯的科學交流

關於傳入東方歐亞的科學，迄今為止都是在討論於唐代（618～907年）發展到極盛的佛教傳來，以及明代（1368～1644年）以後歐洲科學的傳入這兩大衝擊，但元朝時期伊斯蘭圈科學傳入的研究，目前的進展充分顯示了這之間還存在著「第2次的衝擊」。然而，關於這個時代，特別是天文學方面，與前後發生衝擊的時期有很大的不同，那就是沒有發現翻譯的文獻。從「回回」（這個脈絡是指廣義的西域人）的天文台，雖然可以知道他們帶來了歐幾里得的《幾何原本》與托勒密的《天文學大成》等西方歐亞的代表性著作，但卻沒有發現任何的翻譯。這個時代傳入的西方天文書與占星書，到了明初才終於開始翻譯。話說回來，這種認識是否正確，如果正確的話，又是什麼原因導致這種狀況？這也和原典研究一樣，是必須努力鑽研的問題意識。

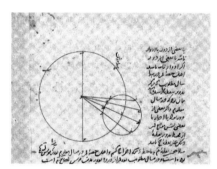

14世紀在伊朗撰寫的波斯語天文書中收錄的幾何學圖（最早意圖用西方歐亞傳統的幾何學，來說明中國曆法架構的嘗試，明確顯示了科學的東西交流）。出處：蘭普爾拉紮圖書館（Rampur Raza Library）所藏抄本，提供：以斯拉西（Abu Saad Islahi）。

探究的重點

(1) 闡明蒙古帝國時期科學交流的過程中，應該注意哪些地方？

(2) 在應當研讀的語言、史料中，包含了什麼樣的事物？

(3) 和前後的時代相比，這個時代的科學交流有什麼樣的特徵？

陶瓷器的生產與流通

34 對歐亞產生了怎樣的影響？

森 達也

【關連項目：宋元的離散、蒙古衝擊、紡織品與圖像的東西傳播、海域史中的日本、亞洲中的琉球】

背景

　　陶瓷器是人類創造出的道具與器物當中，保存性最好的物品之一。因為陶瓷器常會隨著人的移動與貿易，運送到遙遠的地區，因此是了解人類交流與文化關係的重要研究資料。自歷史學家三上次男在1969年撰寫《陶瓷之路》（陶磁の道）一書以來，陶瓷器便被定位為研究東西交流史的重要材料，現在也是考古學、美術史、工藝史、陶藝研究、陶瓷技術研究、歷史學等豐富多樣領域的研究對象。其中特別是中國陶瓷，自8世紀末以降向歐亞到非洲這個廣大地區輸出了驚人的數量，而在許多地域也生產出模仿中國陶瓷器形制與意境的陶瓷器。

論點

1. 9世紀的樣貌

　　9世紀時中國（唐）透過海路的對外交流，是以寧波（往日本、朝鮮）和揚州、廣州（往東南亞和西亞）為據點。從揚州和廣州出發，前往阿拔斯王朝首都巴格達的外港巴斯拉（Basra）、波斯灣北岸貿易都市錫拉夫（Siraf）的印度洋航線，極為繁榮。不論是波斯灣北岸的港灣都市遺跡，還有在9世紀中葉曾為阿拔斯王朝首都的薩邁拉（Samarra），都出土了大量中國陶瓷，其分布範圍遍及阿拉伯半島、以埃及為首的非洲北岸地區，以及非洲東岸地區等的都市與港灣遺跡。1998年在印尼發現的黑石號（Batu Hitam）沉船（9世紀上半葉），上面發現了長沙窯（湖南）、邢窯（河北）、鞏義窯（河南）、越州窯（浙江），以及廣東產的陶瓷器。類似的瓷器組合，在推定為出發港口的揚州，以及錫拉夫、薩邁拉等地遺跡的出土遺物當中都有發現，從而表明大量中國陶瓷器運往西亞的實際情況。在9世紀的伊拉克，有生產模仿中國**白瓷**[1]的**白釉陶器**[2]，與施以藍彩、綠彩與虹彩等彩色的陶器。在伊朗各地也很盛行生產受中國**三彩**影響的**多彩釉陶器**[3]。關於多彩釉陶器，過去認為受到遼王朝的三彩影響，但現在則判斷是受到唐代末期的三彩影響。另一方面，在黑石號沉船與揚州發現的白瓷藍彩陶器，以及長沙窯的陶瓷器，都可以辨認出西亞喜好的花紋與色調，因此有人指出這很有可能是有意識到西方市場，或是為西亞商人訂製的產品，但這點仍有討論的空間。以唐末黃巢之亂為分界，陶瓷器貿易一度衰退，但10世紀又以廣州為據點，向西方輸出陶瓷器。關於這點，必須從貿易實際情況與結構，以及陶瓷器在這當中的定位等角度來重新思考。

▷1　**白瓷**
在純度高的高嶺土純白素坯上施以透明釉，用高溫燒成的瓷器。在中國稱為「白瓷」。

▷2　**白釉陶器**
施以會顯現白色色澤的低溫燒成釉製成的陶器。但在白色素坯，或是上有白色化妝土的素坯，施以透明釉的陶器，也稱為白釉陶器。

▷3　**三彩、多彩釉陶器**
將複數色彩的釉尚在同一個器面燒製而成的器物。不一定只限於3種顏色，也有2色或4色以上的情況，不過大部分都統稱為三彩。使用綠釉、褐釉、白釉（透明釉）、藍釉、黃釉、紫釉等鉛釉系的低溫燒成釉，大多是軟質的陶器。西亞和歐洲生產的三彩，多半稱為多彩釉陶器。

2. 11～13世紀的樣貌

經歷五代十國進入北宋後，廣東作為貿易據點，向東南亞與西亞輸出了許多陶瓷器，包含越州窯、定窯（河北）、磁州窯（河北）、耀州窯（陝西）、景德鎮窯（江西）等中國各地名窯的製品，以及由廣州周邊的窯業地生產、仿造各地名窯的粗製陶瓷。進入南宋以後，面向東南亞與西亞的貿易據點從廣州轉移到福建泉州，在政府的貿易立國政策下，陶瓷貿易相當興盛。南宋統治地區下的龍泉窯（浙江）與景德鎮窯的高級瓷器，和泉州所在的福建各地粗製陶瓷，全都運往東南亞和西亞。這個時期的西亞，流行製作模仿中國**青瓷**[4]與白瓷形制和色調的**青釉陶器**[5]與白釉陶器，但具體的傳播路線、推手、技術之間的相互影響，仍然眾說紛紜，還有許多未解之處。

3. 14～15世紀的樣貌

在歐亞許多地區被納入蒙古統治之下，南宋也向元朝投降之後，中國陶瓷的生產與輸出，深深受到撐起元朝大梁的蒙古人與西亞人（色目）影響。往來泉州與荷姆茲（Hormuz）的航線，作為連結元與伊兒汗國（以伊朗為據點）的海上之路大為發達，開始大量輸出中國的陶瓷器。14世紀中葉為止都是荷姆斯王國據點所在的舊荷姆斯地區，該地港灣都市遺跡中發現大量的中國陶瓷，甚至比當地產的陶器還多，由此能窺見輸出的量有多麼龐大。這些陶瓷器的組成，數量最多的是龍泉窯青瓷，其次是福建產的粗製白瓷與青瓷，再來是景德鎮窯的青白瓷。同一時代的西亞也盛行製作模仿龍泉窯青瓷碗形制與花紋的陶器，其受到了怎樣的影響，是今後值得討論的重點。

另一方面，14世紀中葉的景德鎮窯，誕生了在白底上施以鈷藍色色彩的**青花瓷**[6]與藍釉瓷、孔雀釉（青釉）瓷器、紅綠彩（彩繪）瓷器，而這些瓷器的色彩與當時西亞流行的陶器、玻璃的色調相當一致，因此可以知道這是意識到西亞市場來製作的產品。此外，關於青花出現的原因，目前有中國獨自創造說、西亞影響說，還有兩者折衷等看法，尚未得出定論。今後有必要去討論究竟青花是什麼，什麼又促成其出現，這些原點相關的問題。

15世紀以降，西亞的伊朗與土耳其，盛行製作受景德鎮窯青花瓷器強烈影響的白釉藍彩陶器，此後，西亞的陶器便朝著單方面受中國影響的方向邁進。關於其具體的影響與過程，也還有討論的空間。

▷4　**青瓷**
青瓷是施以含有微量氧化亞鐵的釉藥，用還原焰高溫燒成的器物，因此會顯現出綠色或青色。因為素坯（胎土）含有鐵質，所以大多略帶灰色。中國稱為「青瓷」。

▷5　**青釉磁器**
施以含有氧化亞鐵等顯現青色的釉藥，燒製而成的產品，主要是指使用鉛釉或鹼釉等低溫燒成釉的陶器。

▷6　**青花**
在白色的素坯上，以氧化鈷為主的顏料畫上圖案，再施以透明釉或青白釉，用高溫燒製而成的瓷器。青花的「花」就是花紋的意思，也稱為「釉裏青」。日文中大多稱為「染付」。

探究的重點

(1) 陶瓷器能夠作為探討文獻材料難以得知的人、物、文化流動具體情況的學術研究資料嗎？

(2) 如何調查、分析陶瓷器的資料，才能當成學術上的材料來運用？

紡織品與圖像的東西傳播

35 設計概念是怎麼傳播出去？

本間美紀

【關連項目：中古基督教圈、蒙古衝擊、蒙古與伊斯蘭、科學的東西交流、陶瓷器的生產與流通】

背景

紡織品自古以來就被當成衣服與家具，支撐著人們的生活，同時也以貿易品與贈答品之姿，成為不同地區之間文化交流的證明。這些紡織品會經由從日本、中國通往阿拉伯、歐洲的絲路與海路往來。特別是繡有金線的豪華絲織品，在蒙古稱為**納石失**而受到重視，不只當成貢品進獻，還會用高價來購買。▷1

紡織品的東西交流，也促成工匠的移動。歷代王朝都致力於讓國內能生產在文化、經濟上象徵權力的紡織品。自古以來就常見強迫俘虜來的工匠移居，像是成吉思汗與帖木兒就強占征服地區的藝術家和工匠，讓他們移居來為國家生產。如此這般，不只是物的流動，伴隨著人的移動，看得到在技術與設計概念的層次上出現各式各樣的融合。

論點

1. 絲織品作為地位象徵的重要性： 下圖的紡織品，是格但斯克（Gdańsk）聖瑪利亞教會（波蘭）神職人員的外衣上所使用，產自東伊朗或中亞的「鸚鵡龍紋織金」。這種豪華的金線織品能夠在歐洲留存至今的原因，是因為基督教世界也將亞洲產的絲織品，視為重要的地位象徵。此外，也有很多絲織品作為**聖遺物**在歐洲教會保存下來。▷2

圍繞「鸚鵡龍紋織金」的紋樣中，有著源自古波斯、配置成對動物的設計概念，與來自中國的龍與蓮花圖案。這種在法隆寺的獅子狩紋錦中也可以看到的左右對稱概念，雖是是繼承自古波斯，但又添加了龍與蓮花的中國風格設計，特別是在鸚鵡的身體部分，用阿拉伯語繡上稱讚馬木路克蘇丹納西爾（1285～1341年）文字。因此，這件紡織品應該跟1323年納西爾與伊兒汗國的不賽因（Abu Sa'id，1316～1335年在位）和解，獲贈的700件絲織品有關。諸如此類，亞洲生產的金線織錦，不只是伊斯蘭地區的統治者，對於歐洲的神職人

▷1 納石失（nasij）

納石失是指織有金線的最高級紡織品。從中古流傳下來的真品相當少，但因為蒙古宮廷習慣使用金線織錦，元朝在行政機關管轄下生產了相當多這類的產品。

▷2 聖遺物

接觸過基督或聖人身體的物品，或是身體的一部分，人們深信擁有奇蹟的力量，成為熱烈禮拜的對象。伊斯蘭教也會把穆罕默德或摩西等先知、聖者有關的遺物當成崇敬的對象，珍藏在清真寺或陵墓裡，成為前去參拜的地點。

「鸚鵡龍紋織金」（70 X 21.5cm，柏林美術館藏）
出處：Louise W. Mackie, *Symbol of Power: Luxury Textiles from Islamic Lands, 7th-21st Century*, Cleveland, 2015, p.220.

獻給拜宋豁兒（Baysunghur）的《列王紀》
（*Shahnameh*）第572頁（部分）中所見
的鳳凰紋（1430年，德黑蘭〔Golestan
Palace〕圖書館藏）
出處：Muzih-I Hunarha-yi Mu'asir-I Tihran,
　　*Iranian Masterpieces of Persian
　　Painting*, Tehran, 2005, p.65.

比奇（Lorenzo di Bicci）〈受兩位天使加冕的聖
馬爾定〉（部分）中所見的鳳凰紋（1370～
1380年，翡冷翠學院美術館藏）
出處：Cecilie Hollberg (ed.) , *Textiles and Wealth
　　in 14th Century Florence: Wool, Silk,
　　Painting, Firenze-Milano,* 2017. pp. 176-
　　177.

員來說，也是一種權力的象徵。

2. 基督教宗教畫中描繪的紡織品

在14～15世紀的基督教宗教畫中，特別是作為聖母、聖者、天使的衣服與背景，常會描繪著金線織錦，其中也可以看見有龍紋、鳳凰紋、鳥獸紋等中國風格的動物設計。這些都被認為實際參考了從伊斯蘭傳到歐洲的紡織品。另一方面，在波斯的**抄本繪畫**中，也可以看到身穿類似設計的金線織錦的人物登場。這些例子述說了中國風格設計的金線織錦在當時的流行，以及經由伊斯蘭世界傳播到歐洲的來龍去脈。

3. 紡織工匠的移動

志費尼（？～1283年）在《世界征服者史》（*Tarikh-i Jahangushay*）中提到當時生產紡織品的據點，都是蒙古人強制移居下的產物。《元史》也有記載，蒙古軍隊將穆斯林工匠，遷到別失八里及大都附近居住。特別是在大都的據點，穆斯林與中國工匠一起切磋、通力合作。因此，雙方共享了紡織技術和設計概念，並反映到紡織品上。馬可波羅的《馬可波羅遊記》中也有同樣的記載。除此之外，工匠之間相互移動，也會將中國的設計概念與技術向西方擴散。

　　此外，中國或中亞生產的紡織品，因為如本篇「論點1」所述，需求相當之高，因此在義大利也會生產模仿亞洲紡織品的產品來向歐洲銷售。這類融合東西技術、設計概念，從模仿中誕生的作品，有很多都不清楚生產地在哪裡，其具備的複數歸屬性也引起了討論。

▷3　**抄本繪畫**
在抄本中插入的繪畫，在伊斯蘭地區，特別是伊朗、土耳其和印度發展起來，也稱為袖珍畫（miniature）。這個詞原本的起源，是歐洲為了強調手抄本的第一個字所使用的鉛丹（minium），但後來又跟細密畫（miniatura）結合在一起。結果在誤解語源的情況下，變成了指涉所有抄本繪畫的用語。

▷4　**志費尼**（Ata-Malik Juvayni）
伊朗呼羅珊出身的政治家、歷史學家，侍奉伊兒汗國。用波斯語寫下了由「蒙古帝國史」「伊斯瑪儀派教團史」「花剌子模帝國史」這三個部分所組成的《世界征服者歷史》。

探究的重點

(1) 從圖片「鸚鵡龍紋織金」這樣的例子，可以看到當時有著怎樣的交流？

(2) 讓工匠遷移到其他地區居住，會產出怎樣的紡織品？該如何解釋這些紡織品的產地與原創性？

III 早期全球化時代

在北大年（Pattani）市場迎接外來商人的當地女性

14～19世紀，在現今泰國與馬來西亞的國境附近建立起來的北大年王國，其首都北大年特別是在15～17
世紀的「商業時代」（參照 III-14 ）作為貿易中心發展起來。上圖左側描繪的人們，大概就是外來的商人
吧！令人感興趣的是，迎接他們的當地人（右側）全部都是女性。就像 III-14 所提到，很多女性在商業
時代的貿易據點，都扮演重要角色，負責維持市場的營運，以及與外來商人的交涉。（太田淳）
出　處：Johannes Nieuhof, *Joan Nieuhofs Gedenkwaerdige zee en landtreize door de voornaemste landschappen van
West en Oostindien*, 2 volumes. Amsterdan: By de weduwe van Iacob van Meurs, 1682, vol.1, p.64.

> ・ 簡介 ・
>
> 　當連結歐亞與非洲海域的貿易網絡發達之際，16世紀在西班牙、葡萄牙主導下，也與美洲大陸展開了貿
> 易活動。在這個早期全球化的時代，世界並非均質一體，因此究竟亞洲與非洲的各個地區，與活絡的國際貿
> 易有什麼關連，又是如何維持地方社會與文化的繁榮？這是擺在眼前的重要課題。（吉澤誠一郎）

鄂圖曼帝國的興起

是遊牧民，還是信仰戰士？

小笠原弘幸

【關連項目：塞爾柱王朝、東方主義】

背　景

　　鄂圖曼帝國是在1299年左右，由一位叫作鄂圖曼（1299年左右～1323/24年左右在位）的領袖所率領的集團，在安納托利亞西北部建立的國家。這個穆斯林－突厥系集團，也把基督徒戰士集團納入麾下，勢力與日俱增。建國之初，他們雖然只是個小型武裝團體，稱不上是「帝國」，但於第2任君主奧爾汗（Orhan，1323/24年左右～1362年在位）統治期間，已經將勢力深入巴爾幹半島，之後還持續擴張。1453年，第7任君主穆罕默德2世（Mehmed II，1444～1446年、1454～1481年在位）征服了君士坦丁堡，此後鄂圖曼作為世界帝國，擁有強大的力量。直到1922年滅亡為止，帝國延續了長達6世紀的命脈。

論　點

1. 關於帝國起源的三種說法　　鄂圖曼帝國這個史上罕見的大帝國，是由怎樣的人們所創建的呢？關於鄂圖曼帝國建國時期的同時代史料，只有些許在拜占庭方面的編年史中留下的資料。雖然有第2任君主奧爾汗有相關銘文和捐獻文書流傳於世，但編年史等敘述史料是到了15世紀才終於開始編纂。不僅如此，鄂圖曼帝國早期的編年史，還保有接近於傳說和口述傳統的性質，因此要直接當成歷史事實，其實也有困難。因此，許多學者圍繞著帝國的起源，展開了論戰。

　　19世紀末到20世紀初期，羅馬尼亞的約爾加（Nicolae Iorga）與英國的吉朋主張，是鄂圖曼帝國收為麾下的拜占庭帝國人，他們所做出的貢獻才得以建立起這個國家。這種以「新拜占庭帝國說」聞名的主張，其實是受到「像突厥人這種野蠻民族，不可能建造起鄂圖曼帝國如此巨大的國家」偏見影響下的產物。

　　相對於此，主導土耳其共和國早期歷史學界的克普呂律（Mehmed Fuad Köprülü）則嚴厲反駁，指出拜占庭帝國與鄂圖曼帝國之間在制度上幾乎看不到任何共同點。克普呂律在1936年撰寫了《鄂圖曼帝國的起源》（*The Origins of the Ottoman Empire*）一書，主張是承繼穆斯林王朝傳統的突厥系遊牧民集團奠定了帝國的基礎。

　　大約與克普呂律同一時間，比利時東方學者維特克（Paul Wittek）的《鄂圖曼帝國的崛起》（*The Rise of the Ottoman Empire*），否定了早期鄂圖曼集團的遊牧民性格，認為他們是基於對聖戰（吉哈德〔Al-Jihad〕）的熱情，集結起來的「信仰戰士」（加齊〔Ghazi〕）。維特克的說法被稱為「加齊命題」，以歐美學界為中

心，廣泛獲得接受。

在這之後半世紀內，關於帝國起源的討論陷入停滯。之所以如此，是因為研究的主流轉向利用文書史料進行的制度研究、社會經濟史研究。而且起源論很容易帶有意識形態的色彩，也是其中一個敬而遠之的理由！

2. 重燃關於起源的討論　再次展開起源的討論，是在1980年代。主要是為了反駁加齊命題，認為早期鄂圖曼集團對基督教徒抱持著友好融和的態度，因此不能說是以聖戰為目的的信仰戰士。這種潮流的出現，多少有受到薩伊德批判東方主義的影響。論者認為加齊命題帶有一種先入為主的觀點，認為鄂圖曼集團底下的人們都熱中聖戰，相當不寬容，因此是需要批判的學說。

早期鄂圖曼集團在某種程度上實現了宗教融和、與異教徒的共生，這點大致上是正確的。但問題在於維特克有意識到這種性質的存在，也在著作中提及。因此，批評加齊命題的學者不能說是有給予維特克公正的評價。

在錯綜複雜的討論中，卡法達（Cemal Kafadar）在1995年出版了《兩個世界的夾縫間》（*Between Two Worlds*）。據卡法達的說法，對聖戰的熱情與和異教徒的融和，其實未必矛盾。儘管鄂圖曼集團的行動不見得符合教條上對於聖戰的定義，但他們身為加齊的言行舉止，也沒有任何不妥的地方。雖然卡法達的說法沒有大幅跨越維特克提出的框架，但整理了整個命題的討論，做出更細緻的考察。2002年，羅瑞（Heath W. Lowry）的《早期鄂圖曼國家的性質》（*The Nature of the Early Ottoman State*）雖然在史料解釋上提出了新的見識，但並沒有對目前為止的早期鄂圖曼集團理解，做出太大的修正。關於鄂圖曼帝國起源的學術討論，在2000年代早期便已大致完備，在沒有發現新史料的情況下，應該不會出現什麼重大的進展。

3. 鄂圖曼帝國起源在政治上的利用：　和學術研究不同，從近代直至現代，相當盛行利用帝國的起源來做政治上的操作。鄂圖曼帝國末期的蘇丹阿卜杜勒－哈米德2世[▷1]，整頓、巡幸帝國搖籃之地瑟於特（Söğüt），作為提升王權權威的手段。在近年的土耳其共和國中，執政黨（**正義與發展黨**[▷2]）也積極在政治上利用伊斯蘭教與鄂圖曼的價值觀。面向一般人的歷史故事中，鄂圖曼帝國的建國為廣受關注的題材。在這樣的故事裡，講的不是透過層層積累的歷史研究，引導出混雜著各種矛盾要素的早期鄂圖曼集團形象，而是簡單易懂的片面歷史觀。對於這樣的現象，可以說表現了想要描繪自己祖先理想樣貌的欲望。

探究的重點

(1) 鄂圖曼帝國建國時的性質，與其他突厥系遊牧民國家之間有什麼不同？

(2) 關於國家起源的討論，在其他國家有怎樣的發展？試著不光由學術角度，也從政治視角來著眼。

▷1　**阿卜杜勒－哈米德2世**（Abdul Hamid II）
1876～1909年。終止了議會與憲法，實施了將近30年的專制政治。雖然其獨裁手段飽受批判，但近年以帶領土耳其走向近代化的人物之姿，重新獲得了評價。

▷2　**正義與發展黨**
在總統艾爾段（Recep Tayyip Erdoğan）的領導下，自2002年起就作為執政黨，建立起長期政權。

近世伊斯蘭國家

如何進行時代區分？

近 藤 信 彰

【關連項目：阿克巴體制論、後蒙古的民族、伊斯蘭世界與軍事上的近代】

背 景

　　薩伊德批評伊斯蘭世界的敘述，總是以王朝的興亡為終始。過去的戰後歷史學發展出的死板時代區分論爭，可以說是毫無建樹。但假如只是羅列出王朝的歷史，也很難掌握歷史的走向。可是，王朝的統治領域也會隨著時代而有很大的變化，因此用來作為歷史敘述的單位，也相當讓人困擾。倘若以中東或伊斯蘭世界為單位，則範圍過於廣大，領域內同樣有著很大的差異。新民族的不斷流入，更為觀察一個地域內部自律性的變化，增添許多困難。作為解決以上這些問題的一個方法，就是用「近世伊斯蘭國家」這樣的框架來思考。簡言之，就是指16～18世紀，在西南歐、北非、西亞、南亞繁盛一時的3個帝國──鄂圖曼王朝（1299～1922年）、薩法維王朝（1501～1736年）、蒙兀兒王朝（1526～1858年）。

論 點

1. 近世伊斯蘭國家的指標

　　近世伊斯蘭國家和之前的許多國家有什麼不同呢？關於這個問題，可以舉出以下幾點：①廣大的領土與長期的穩定②多民族、多宗派的帝國③擁有官僚制、常備軍的中央集權化④正式使用火器。

　　橫跨3個大陸成為帝國的鄂圖曼王朝、前近代印度次大陸最大的帝國蒙兀兒王朝自然不用說，薩法維王朝也是伊斯蘭時期以降，控制伊朗高原的王朝中統治時間最長，穩定度也傲視群雄。這些帝國雖然君主是穆斯林，也實施伊斯蘭教法，但底下的臣民包含了基督徒、猶太教徒、印度教徒等各式各樣非穆斯林的民族與宗派。官僚制也相當發達，他們編纂了數量龐大的行政文書，對帝國營運做出貢獻。以鄂圖曼王朝的**耶尼切里**[1]與薩法維王朝的**古拉姆**[2]為代表的常備軍，相對於過去由領主或部族統率、分散權力的部隊，相當具有優勢，帶來了領土擴張與對外戰爭的勝利。正式引進大砲和火槍，也支持了帝國在軍事上的成功。

　　然而，這些帝國具備各自迥異的特質，也是不爭的事實。比方說就帝國的人口而言，薩法維王朝的800萬人與蒙兀兒帝國推估有1億1500萬人，就有很大的差距。鄂圖曼帝國朝著歐洲、蒙兀兒帝國朝印度次大陸南方，都有繼續擴張領土的空間，可是薩法維王朝能拓展的範圍就很有限。儘管連經濟上都有很大差異，可是至少在外交上這些帝國擁有對等的地位。即便帝國之間會爆發戰

▷1　**耶尼切里**（Janissary）
主要從基督徒中募集而來的鄂圖曼王朝常備步兵，也可參照 IV-3 注1。

▷2　**古拉姆**（Ghilman）
主要從基督徒中召募而來的薩法維王朝常備騎兵。

爭，但大致上能夠共存。

2. 在伊斯蘭世界歷史中的定位　　伊斯蘭世界歷史的古典敘事模式是從先知穆罕默德到正統哈里發、伍麥亞王朝、阿拔斯王朝（750～1258年）、馬木路克王朝（1250～1517年），再到鄂圖曼王朝。但是，在**伊克塔制**與**馬木路克**[4]等古典時期的制度中，很難看得出與鄂圖曼帝國有直接的關係。反之，近世伊斯蘭國家的源流其實是滅亡阿拔斯王朝的蒙古伊兒汗國（1256～1336年）。征服西亞的伊兒汗國統治了阿拔斯王朝的核心地區，隨著時間的推移，吸納了阿拔斯王朝的傳統，與突厥—蒙古傳統和波斯語文化合而為一，創造出新的伊斯蘭國家模型。支撐近世伊斯蘭國家的財政、記帳技術，都是阿拔斯王朝的技術為波斯語轉化之後，在伊兒汗國發展起來的產物。阿拔斯王朝孕育出來的阿拉伯語詩與詩人傳記的傳統，也透過波斯語繼承下來，在帖木兒帝國（1370～1507年）作為波斯語文化圈的宮廷文化，開花結果。

　　在這層意義上，應該將邁向近世伊斯蘭國家的歷史走向，當成另一股伊斯蘭世界歷史的潮流，好好地去理解。

3. 超越王朝史　　當然，依靠王朝來區隔時代，並不能說明所有的現象。比方說薩法維王朝，就是身為神祕主義教團領袖的王室，動員作為信徒的遊牧部族奇茲爾巴什（Qizilbash）而產生國家。其發生背景與蒙古時代以降，突厥—蒙古系遊牧民的流入，以及神聖王權的思考方式有關。後者認為由神聖的王取代先知的代理人哈里發，透過王的領袖魅力來統治，其背後還有神祕主義思想和千年王國、救世主信仰的支持。歸根究柢，由指揮神祕主義教團、自稱救世主的人物所建立的薩法維王朝，正是神聖王權的典範。可是他們在建立國家之後，慢慢排除了神祕主義的元素，將正統的**十二伊瑪目派**[5]引進伊朗高原，在政策上也採納了伊斯蘭教法學者的意見。中央集權化的政策則削弱了專橫跋扈的遊牧民勢力。結果，即使是同一個王朝，在成立與滅亡的時候，都有很大的差異。

　　同樣地，在鄂圖曼王朝與蒙兀兒王朝，當然也會隨著時間的推移，產生很大的變化。其中一個重點，果然還是從神祕主義色彩的神聖王權，轉移到重視伊斯蘭教法的律法主義這個問題吧！此外，18世紀在伊朗高原、鄂圖曼王朝、蒙兀兒王朝，也通通出現了帝國分權化的現象。如何跨越王朝史，從宏觀的脈絡定位各式各樣的變化，為今後重要的課題。

▷3　伊克塔制
10～15世紀主要在伊拉克、敘利亞、埃及施行的制度，給予軍人徵稅的權力。參照 II-6 注2。

▷4　馬木路克
阿拔斯王朝到馬木路克王朝這段期間引入的奴隸軍人。參照 II-6 注1。

▷5　十二伊瑪目派
認為阿里是先知穆罕默德直接繼承人的什葉派裡，十二伊瑪目派認為阿里之後的11位子孫，都是正統的後繼者。在什葉派中，他們是占8成以上的多數派。

探究的重點

(1) 近世伊斯蘭國家具有怎樣的特徵？

(2) 如何在伊斯蘭世界歷史中，定位近世伊斯蘭國家？

什葉派政權薩法維王朝

③

帶來了什麼影響？

守川知子

【關連項目：烏理瑪、近世伊斯蘭國家】

背景

什葉派，大約占了穆斯林總人口的1～2成。作為「阿里的黨派」（Shia of Ali），推舉並尊崇先知穆罕默德的堂弟兼女婿阿里（661年逝世）。與先知有血緣關係的這條血脈，在統治正當性方面，為「兒子夭折的穆罕默德，其『聖性』由女兒法蒂瑪與阿里的子嗣繼承」這種說法提供一定的根據。幾位阿里的直系子孫就被稱為「**伊瑪目**^{◁1}」，成為什葉派的精神支柱。

但是，除了阿里之外，他的兒子哈山、胡笙及其子孫，在現實的政治上都不曾成為統治者。661年阿里被暗殺後，胡笙對建立世襲王朝的伍麥亞王朝掀起反旗，但在680年的**阿舒拉**^{◁2}之日，於伊拉克卡爾巴拉（Karbala）的荒野戰敗而死。這起事件以「卡爾巴拉的悲劇」為名，深深烙印在人們心中。

統治突尼西亞、埃及、敘利亞的法蒂瑪王朝（909～1171年），以及統治伊朗高原、伊拉克的的布維西王朝（白益王朝，932～1062年）、薩法維王朝（1501～1736年）是歷史上主要的什葉派政權。

論點

1. 什葉派政權薩法維王朝的建立： 伊朗高原走向什葉派化，是以1501年薩法維王朝建立為起點。薩法維教團是一個以伊朗北部阿爾達比勒（Ardabil）為據點的蘇菲教團，一開始原本是遜尼派教團，但因為教團領袖（導師）之爭而分裂。為了獲得東安納托利亞遊牧民的支持，他們便開始標榜自己是什葉派。只是，他們建國之初的什葉派信仰，並不是基於嚴密的教理教則，只是抱持著詛咒歐瑪爾與奧斯曼等正統哈里發、飲酒、導師視為神聖等離經叛道的思想，因此又稱之為「**奇茲爾巴什**^{◁3}的什葉主義」。這種過度偏激的思想，遭到信奉遜尼派的鄂圖曼王朝猛烈抨擊。

薩法維王朝的首任君主伊斯瑪儀（Ismail），大肆鎮壓征服領地內的遜尼派居民，強迫他們改信什葉派，因此和鄂圖曼帝國及昔班尼王朝（Shaybanids，1500～1599年）產生對立。基於這個原因，薩法維王朝的建立，一方面成為地域社會的不安定要素，另一方面也是重整地域的先聲。

2. 從奇茲爾巴什的什葉主義到「正統的」十二伊瑪目派什葉主義 薩法維王朝帶來的地域社會什葉派化，共有兩個時期。一個是在16世紀早期建國之初，這個時候因為他們對什葉派的理解並不充分，所以從黎巴嫩山地的賈巴勒・阿米樂（Jabal Amil）地區，招攬十二伊瑪目派的法學者。薩法維王朝

▷1 **伊瑪目**
「領袖」之意。在遜尼派指的是「禮拜的導師」，但在什葉派看來則是不會犯下過錯的無謬存在。有主張7位伊瑪目的七伊瑪目派（伊斯瑪儀派），與承認12位伊瑪目的十二伊瑪目派（參照 III-2 注5）等派別。

▷2 **阿舒拉**
伊斯蘭曆穆哈蘭姆月（Muharram）10日。什葉派的世界在進入穆哈蘭姆月後，為了哀悼殉教的胡笙，必須著喪服、進行捶打胸口與身體的哀悼儀式。

▷3 **奇茲爾巴什**
突厥語的「紅頭」之意，指的是薩法維王朝剛成立時，在軍事上支持他們的突厥系遊牧民。這些人的特徵是對薩法維教團的導師宣誓忠誠，戴著有12道皺褶、中間有根紅芯的纏頭巾。

以該地學者為中心，成功推廣了「正統的」十二伊瑪目派教義。

　另一個時期是在17世紀中葉以降。邁入17世紀後，薩法維王朝在統治範圍裡，一方面推動改信什葉派，另一方面也和基督徒（亞美尼亞使徒教會、東方亞述教會）、猶太教徒等「啟典之民」朝夕相處。17世紀中葉以降，他們要求領地內異教徒改信的壓力與日俱增，據說有「2萬戶猶太教徒」皈依了伊斯蘭。只是，關於什葉派社會中的異教徒究竟過著怎樣的日子，至今仍有許多不明之處。

　這個時期也是什葉派法學者受到政權庇護和恩惠，權威不斷提高的階段。馬傑萊西（Mohammad-Baqer Majlesi，1616～1698年）以法學者最高權威身分，編纂了《光之海》（Bihar al-Anwar）這部長達110卷的什葉派伊瑪目聖訓集，鼓勵阿舒拉節的哀悼儀式，並致力於普及和貫徹什葉派信仰。

3. 薩法維王朝的遺產——現代世界與「什葉派的上弦月」

以伊朗高原為中心推廣什葉派信仰的薩法維王朝，其遺產深深扎根在這個地區。19世紀在卡札爾王朝（Qajar，1796～1925年）治下的伊朗，相當盛行阿舒拉節的哀悼儀式，而擁有相當權威的什葉派法學者，也在菸草抗議（Tobacco Protest，1891年）中發揮了領導能力。

　什葉派廣大的地理分布，也是薩法維王朝留下的遺產。敘利亞大馬士革的胡笙之妹澤納布（Zeinab）的陵墓，位於伊拉克的納傑夫（Najaf）、卡爾巴拉、巴格達、薩邁拉等地的12位什葉派伊瑪目中6位的陵墓，第12位伊瑪目隱遁的場所，還有伊朗馬什哈德（Mashhad）的第8代伊瑪目陵墓，全部結合成緊密的巡禮網絡，19世紀以降，來自北印度與伊朗、波斯灣沿岸的巡禮者會陸續造訪各地。在這些伊瑪目的陵墓，也都設有什葉派專用的學術機構（霍扎〔Hawza〕）。特別是納傑夫與庫姆（Qom）的霍扎，直到今日仍是高階什葉派法學者人才輩出的地方。從敘利亞、黎巴嫩到伊朗、伊拉克、波斯灣沿岸，創造出了一個稱為「什葉派上弦月」的地理空間。在思考這一帶的什葉派化時，有必要深入檢討薩法維王朝帶來的影響。

探究的重點

(1) 遜尼派與什葉派的差異在哪裡？

(2) 薩法維王朝為何採用什葉派？

(3) 什葉派人數眾多的地區，在歷史上有著怎樣的來龍去脈？

鄂圖曼帝國與地中海世界

(4) 如何看待「海洋帝國」這一面？　　　　　　　　　　　　澤井一彰

【關連項目：印度洋海域的發展】

背景

　　鄂圖曼帝國在1300年左右建立，此後統治了跨越歐亞非的廣大領域，自16世紀初期征服了埃及與北非以後，在很長的一段時間中，將一半以上的地中海世界置於影響之下。就這層意義來看，要明瞭地中海世界的歷史實態，就不能無視鄂圖曼帝國的存在。一方面，思考鄂圖曼帝國本身的歷史，地中海世界這個架構非常重要，為一直以來的鄂圖曼史研究提供不同的視角。特別是布勞岱爾撰寫《地中海史》以來，日本海外的學者（包含土耳其共和國在內）都受到他的影響。但另一方面，就日本的現狀而言，除了針對作為重要史料的**《海洋之書》**[1]進行文獻學上的研究，以及用治外法權（capitulation）為主軸，展開的國際關係史研究外，重新思考鄂圖曼帝國在地中海世界中的定位，這類研究極其有限。

論點

1. 布勞岱爾的《地中海史》與鄂圖曼帝國　　由年鑑學派代表人物布勞岱爾撰寫的鉅著《地中海史》，不只是對鄂圖曼帝國歷史，也對整個歷史學產生了重大影響。將環繞地中海的地方當成一個「小世界」來理解，這樣的方法大大衝擊了過去以既有民族國家為單位，從一國史這種零碎分散角度來分析的歷史學界。

　　可是，《地中海史》並非毫無問題。特別是布勞岱爾自己也提到，他幾乎不了解所處理的16世紀下半葉中，控制大半地中海世界的鄂圖曼帝國底下發生的各種情況，這可以說是他在研究上留給後人的最大課題。

　　筆者過去在探討鄂圖曼帝國於16世紀下半葉，以小麥為首的糧食流通實際狀況時，也努力於填補《地中海史》的不足之處，但不論如何，這都只是布勞岱爾當成研究對象的眾多主題之一罷了。

2. 作為海上帝國的鄂圖曼帝國與其推手　　鄂圖曼帝國是以突厥系穆斯林遊牧民為中心，在西北安納托利亞起家的公國，這是眾所周知的事實。不論國內外的研究都屢屢強調這一點。大概正因為如此，鄂圖曼帝國給人一種非常強烈且根深蒂固的「陸上帝國」形象。

　　可是至少自15世紀以降，鄂圖曼帝國作為「陸上帝國」的同時，也是個「海洋帝國」。攻陷君士坦丁堡、滅亡拜占庭帝國的穆罕默德2世，就曾經進攻位在遙遠黑海北邊克里米亞半島的卡法（Kefe），也曾一度占領隔著亞德里亞海、位

▷1　**《海洋之書》**（*Kitab-I Bahriyye*）不只活躍於地中海，也在印度洋活動的鄂圖曼帝國海軍將領雷斯（Piri Reis，1553年逝世）撰寫的地理書。這本書的內容根據來自歐洲各國的最新知識，獻給當時君主塞利姆1世（1470～1520年）。

於義大利半島腳跟部的奧特蘭托（Otranto）。在繼位的巴耶濟德2世（Bayezid II）統治期間，鄂圖曼艦隊更進一步強化。如卡薩爾（Giancarlo Casale）的研究所示，在塞利姆1世和蘇萊曼1世（Suleiman I）的時代，鄂圖曼帝國不只掌握了地中海東部的制海權，還和已經邁入大航海時代的葡萄牙，爭奪印度洋的霸權，甚至派出艦隊前往印度的古吉拉特（Gujarat）和蘇門答臘島的亞齊（Aceh）。

在上述鄂圖曼帝國作為海上帝國的發展中，其中主要的推手（至少到近代為止），都是帝國境內的基督徒臣民。此外，這時候使用的海事用語，事實上也大多來自義大利。從這個角度來看，把鄂圖曼帝國看作是突厥系遊牧民的國家，不過是片面截取了這個國家多樣性的一面而已。

3. 地中海世界受到大航海時代的影響而衰退嗎？ 自大航海時代發現了經由好望角的「新航路」後，從亞洲到歐洲的商業路線大動脈便繞過地中海，而地中海世界與作為其重要部分的鄂圖曼帝國也走向衰退。這樣的論述自古以來就有，其中最具代表性的就是華勒斯坦的「世界體系論」吧！但是，近年歷史實證研究成果顯示，實際並非是如此單向的發展。比方說，茉莉‧格林（Molly Greene）分析了鄂圖曼帝國希臘系臣民的商業活動，結果發現17世紀以降的地中海世界，其活動更為頻繁和熱絡。

此外，原產於葉門和衣索比亞的咖啡，自16世紀下半葉以降經鄂圖曼帝國，散布到歐洲各地，這也暗示了黎凡特路線這條著名的「舊有」貿易路線依然健在。不僅如此，伊斯坦堡自17世紀下半葉起，為了販賣堪稱大航海時代最搶手的商品——來自印度與東南亞的辛香料，還在商業區新設了「埃及市場」。這也證明了進入大航海時代以後，地中海世界的商業活動不遜以往，甚至有過之而無不及。

探究的重點

(1) 鄂圖曼帝國在地中海世界的定位？

(2) 鄂圖曼帝國是由突厥系遊牧民組成的「陸上帝國」嗎？

(3) 進入大航海時代以後，地中海世界與鄂圖曼帝國有走向衰退嗎？

印度洋海域的發展

(5)

從海洋望出去的世界是？

大東敬典

【關連項目：歐洲涉足印度、奴隸貿易廢止與印度洋貿易】

背 景

　　過去，印度洋總是被評價為促進東亞與西亞、歐洲地區之間交通和文化交流的路徑之一。特別是15世紀以降的時期，更被當成歐洲人踏足亞洲的主要途徑，展開熱烈的討論。可是近年來，「是否不該只把印度洋看成是往來的通道，而是自成一格的世界，藉此就能獲得與過往不同的歷史像？」這個問題意識，廣泛在歷史研究者之間產生共鳴。從這樣的關心出發，許多人開始關注居住在印度洋地區人們的生活，以及他們自身交流的歷史。

論 點

1. 印度洋海域的獨立性　　印度洋是由非洲大陸、阿拉伯半島、印度次大陸、馬來半島、大小異他群島（Greater and Lesser Sunda Islands）、澳洲大陸、南極所圍繞的廣大海洋。在歐洲，以15世紀末的葡萄牙為先驅，西班牙、英國、荷蘭等眾多國家來到了這個地區，但他們主要是要往更東方的東南亞與東亞海域拓展活動。就這樣，從歐洲帶來的金銀，變成香料、辛香料、絲織品、棉織品、咖啡、茶、砂糖、陶瓷器等商品，推進了歐亞之間的貿易。雖然亞洲海域與周邊地區成為歐洲國家新的活動場域，還稱之為「東印度」，但值得注意的是，亞洲各地也存在著尋求上述商品的消費者，因此地域推手促成的貿易網絡，其實也發揮了相當的機能。

　　研究英國東印度公司的歷史學家喬杜里（Kirti N.Chaudhuri）對這點給予很高的評價，將過去被認為是歐洲人活動舞台的印度洋，重新描繪成一個自成一格的貿易世界。對他而言，印度洋可以說是透過**季風**[1]進行長距離貿易、編織成網絡的一大海域世界，其影響範圍不只及於南海、東海等其他海域，還更廣闊將陸地也包含在內。從伊斯蘭教興起的7世紀開始，到18世紀中葉為止，印度洋對西方一直都有著強大的影響力。

2. 印度洋海域的深化　　雖然印度洋海域自古以來，就有許多商人用各式各樣形式參與其中，但咸認對印度洋發展有很大貢獻的是錫拉夫商人，以及所謂的卡里米（Kārimī）商人。兩者都是穆斯林商人集團，前者在8～10世紀，以波斯灣的港口都市錫拉夫為根據地，往來伊拉克與印度洋，在各地進行貿易；後者則是在11～15世紀，以埃及和紅海地區為據點，展開連結印度洋與地中海的貿易。他們的活動範圍遠至中國南部，穆斯林商人在當時的印度洋貿易中可說是生氣蓬勃。但是，必須注意除了他們之外還有其他信

▷1　**季風**
在印度洋相當突出的季節風。冬季從東北、夏季則自西南吹拂，影響了自然生態條件。為農耕、交通、貿易帶來了規律和連動性，展生與地中海世界相異的週期性。

仰、文化相異的商人在活動。在錫拉夫不僅有穆斯林，也聚集了猶太教、聶斯托留派基督教（景教）、祆教、印度教等諸多宗教的人們，而卡里米商人中也包含了從猶太教與基督教改信伊斯蘭的人。

　　政治權力的地位與角色也是需要留意的地方。關於印度洋海域中商人和國家的關係，有相當多的研究。這些研究從比較觀點出發，討論了地域和時代產生的差異與共通點。以錫拉夫商人和卡里米商人為例，前者傾向與國家保持一定距離，後者則大致上會和國家攜手合作，並接受保護。另一方面，錫拉夫商人的衰退與卡里米商人的崛起，和阿拔斯王朝的衰弱導致波斯灣地區的政治陷入混亂，以及法蒂瑪王朝確立起埃及與紅海的統治，彼此之間是有相互關連的。換言之，錫拉夫和卡里米商人的命運都是受到地域政權的興亡所左右。

　　歐洲各國來到印度洋，可以說並沒有阻礙印度洋的貿易，反而還促成了更進一步的發展。亞美尼亞商人常常與薩法維王朝等政治統治者，以及英國東印度公司互相合作，展開熱絡的國際貿易。此外，在歐洲商人大多把據點設在沿岸地區的時候，遍布印度西北部、阿富汗、中亞、伊朗，乃至於俄羅斯地區的印度系商人（包含印度教徒與耆那教徒在內），他們的動向也相當值得關注。

　　結果，15世紀末以降，歐洲的人們也成為印度洋海域世界的一員，與地域社會之間進行日常的接觸、交流與交涉。在這個狀況下，不只是貿易，還產生了戰爭、外交、改信、混血等層次多樣、彼此重疊的交流。關於這一點，蘇伯曼亞姆（Sanjay Subrahmanyam）就指出在強調葡萄牙人先驅地位的同時，也應該從隨著歐洲人到來而變得更加活絡的異文化交流舞台這個角度，來理解印度洋海域。

3. 和其他海域的比較

　　隨著印度洋歷史研究的發展，和其他海域進行具體比較也成為可能。前陣子，特別是印度洋與大西洋之間的連繫及共通點，受到了許多的關注。在這方面，迄今為止在大西洋研究中熱烈討論的海盜、奴隸、砂糖、法律等問題，在印度洋方面也有同樣的討論。

　　和東亞海域的比較，也喚起了眾人的關心，羽田正就比較了東印度公司與地域政治權力之間的關係，認為在印度洋海域看不到政治權力管理海上貿易的現象，東亞海域則普遍受到規範。今後會持續檢證這種說法，並從相異觀點出發來比較分析吧！

探究的重點

(1) 為什麼印度洋海域會成為關注焦點？
(2) 從印度洋海域可以描繪出怎樣的世界史樣貌？

西非的伊斯蘭

6

如何擴散生根？

苅谷康太

【關連項目：所謂「伊斯蘭世界」這個詞彙、烏理瑪、庇護民（齊米）、中央歐亞的伊斯蘭】

背景

伊斯蘭是個在政治、經濟、社會等各種領域上，具有重要意義的歷史空間。其包含了從東南亞到撒哈拉以南非洲的廣大範圍，其中位在西側的西非，現在仍住著為數眾多的穆斯林。一般咸認最晚到11世紀，伊斯蘭就已經傳播到這個地區，之後靠著穆斯林商人與知識分子作為媒介，慢慢擴散開來。另一方面，這個地域此起彼落的國家，許多政治上的掌權者用各式各樣的形式接納伊斯蘭。這點也成為了在漫長的歷史潮流中，伊斯蘭能夠慢慢擴散、生根的關鍵。可是，之所以會造就今日西非穆斯林占半數左右人口的社會狀況，必須從18世紀以後穆斯林在這個地區的動向來考量。

論點

1. 吉哈德促成的擴散與生根

18～19世紀的西非，是以自古居住於此的**富拉尼人**[1] 穆斯林為中心，在廣大的範圍內不斷掀起吉哈德（聖戰、基於伊斯蘭教義的武力行使）的「吉哈德時代」。過去的研究，也都認為這是西非伊斯蘭史的重大轉捩點。比方說，富拉尼伊斯蘭知識分子福迪奧（Usman dan Fodiyo，1817年逝世）自1804年起，在相當於現今奈及利亞北部及其周遭的地區，展開了大規模的吉哈德。這次吉哈德建立起一個以伊斯蘭教法為基礎，通稱為「索科托哈里發國」（Sokoto Caliphate）的巨大國家，對這個地區之後的政治、社會、文化產生了巨大的影響。從這個角度來看，可以說是在西非伊斯蘭史上值得大書特書的一場吉哈德。另一方面，在相當於今日塞內加爾北部地區出生的富拉尼伊斯蘭知識分子賽義德（al-Ḥājj ʿUmar bn Saʿīd，1864年逝世），則自19世紀中葉展開吉哈德。他在壓制周邊當地勢力的同時，也與開始殖民西非的法國發生武裝衝突。透過這場吉哈德，賽義德以尼日河上游為中心，建立了一個常稱為「圖庫洛爾帝國」（Toucouleur Empire）的龐大國家。

像這樣把吉哈德變成宗教、社會改革運動的動力，最基本的目的自不待言，是吉哈德的領袖們為了擴散自己心目中「正確的」伊斯蘭並深深扎根，所以企圖用武力為後盾來達成這個目標。也因為如此，這些勢力在發動吉哈德的過程中，會強制非穆斯林，或讓他們自發地皈依伊斯蘭，並且廢除、改變當地不符合伊斯蘭教法觀點的各種「不正確」的制度與習俗。這種伴隨著壓力與強制力的武力行使，讓各個集團和社會階層以超遠過往的勢態，接納伊斯蘭，並促成了伊斯蘭在人們思考和文化方面深深扎根的社會。

▷1　**富拉尼人（Fulani）**
以牧牛為主要謀生方式，自古以來居住在西非廣大地區的民族集團。在富拉尼社會中，有從事伊斯蘭相關事務與學問的階層或集團，這些人成為了18世紀以降展開的吉哈德裡，主要的先驅者。

III-6 ◆ 西非的伊斯蘭　　169

2. **並非由吉哈德帶來的擴散與生根** 19世紀下半葉，西歐的殖民主義勢力以壓倒性的武力為後盾，積極展開西非的統治。對這個地區的穆斯林而言，透過吉哈德來改革宗教、社會，或是奪取權力，都不再是一個符合現實的選項。但是，穆斯林並沒有就此停止擴散與生根。背棄吉哈德的穆斯林，他們採取的各種活動讓當地穆斯林人口穩定增加，伊斯蘭在政治、經濟、社會等領域上甚至變得比以前更加重要了。

比方說，19世紀下半葉，在今日的塞內加爾，誕生了具有極大政治、經濟、社會影響力，稱為「穆里德教團」（Mouride）的蘇菲教團。這個教團的創始者是位沃洛夫人（Wolof），名叫班霸（Ahmadou Bamba，1927年逝世），除了是具有豐富的知識背景，以阿拉伯語撰寫了許多書籍的飽學之士以外，也是被認為能將寄宿於體中的神恩（baraka）傳遞給人們，用各種方式拯救他們的聖者。人們受班霸的知識與聖性所吸引，聚集在他的旗下，教團迅速成長，因而成為了希望穩定統治當地的法國殖民地行政當局，眼中警戒的對象。然而，崇敬班霸的人們口耳相傳，說他透過真主帶來的種種奇蹟，擊退了殖民當局的迫害。這種在街頭巷尾廣為流傳的奇蹟故事，吸引了更多人投身在他的旗下，讓教團勢力更進一步擴大。

另一方面，邁入20世紀以後，隨著殖民地統治體制的穩固，行政當局管理穆斯林的方針，不再單純用力量來統治，或是一味排斥和壓抑。之後，行政當局將本國的政治、經濟、社會狀況內入視野，致力於殖民地安定統治與發展，同時教團領袖也試圖讓教團持續成長，兩者的想法便不謀而合，建立某種程度的互惠關係。教團會提供行政當局，諸如勞動力與兵力等人力資源，行政當局則會在土地和財政等方面給予教團相關的優待。穆里德教團能在殖民地時期穩固擴大勢力，這種互惠關係就是關鍵之一。不僅如此，就算今日塞內加爾的殖民地統治已經結束超過半個世紀，穆里德教團的信徒仍在持續增加，並且維持強大的影響力。

探究的重點

(1) 18世紀以降的吉哈德，對西非社會產生了怎樣的影響？

(2) 在殖民地時期與獨立之後的西非諸國中，政治權力與穆斯林集團，建立了怎樣的關係？

阿克巴體制論

7

蒙兀兒帝國的國家制度有什麼樣的意義？

真下裕之

【關連項目：伊斯蘭傳入印度、近世伊斯蘭國家】

背景

1526年，帖木兒王朝的王子巴布爾（Babur）在帕尼帕特（Panipat）戰役中擊破了洛迪王朝（Lodi）的軍隊，於德里即位，建立了蒙兀兒帝國（1526～1858年）。第2任君主胡馬雍（Humayun）為蘇爾王朝（Sur）擊敗，但恢復權勢後不久便意外身亡，因此帝國統治領域的擴大，以及帝國各項制度的整頓，都得等到第3任君主阿克巴統治期間（Akbar，1556～1605年）。蒙兀兒中央政府在君主底下，有宮內、財務、軍務、宗務4個部門，各部門分別設置長官。君主將用數值來表示的位階（**曼薩布**）授予帝國人士並斟酌調整的制度（1573/54年引進）、基於位階賜予土地充作俸祿的制度（札吉爾〔Jagir〕）、參考全國性土地調查及農產品產量和價格的租稅調查、以銀幣盧比為主來流通金、銀、銅幣的貨幣制度、將統治領域重編為州，配置中央任命州總督的制度（1579/80年引進）等，由這些制度共同組成的「中央集權體制」，一直延續到第6代君主奧朗則布（Aurangzeb）的統治期間。

▷1　**曼薩布（mansab）**
源自阿拉伯語「位階」和「地位」的詞彙。將眾人的位階用數值呈現，由君主來授予，按照不同的機會來增減。最初的數值最高到5000，最低到10，擁有500曼薩布以上的人稱為埃米爾，形成貴族階層。

論點

1. 曼薩布制度的各個面向與運用： 關於蒙兀兒帝國的「中央集權」，其內部實際情況仍有待探討，甚至是該帝國獨有的曼薩布制度也不例外。曼薩布的數值在形式上有個特點，能表示擁有曼薩布的人（曼薩布達爾〔mansabdār〕）身上的軍事義務，具備作為軍事制度的一面。可是考慮到曼薩布也會授予給宮廷文人或法官等沒有軍事角色的人物，就會發現只用軍事制度來理解並不完整。由於曼薩布的數值能用來計算俸給，可以說也有俸祿制度的一面。此外，曼薩布又展現了帝國社會中各方人士的排序，還有著貴族制度的面向。因此在研究帝國各項制度實際情況的時候，必須留意像上述曼薩布制度一樣擁有的多種面向。

不僅如此，在制度實際運用的情況方面也有討論的空間。過去的研究大多將心力投注在透過出身地、「民族」、家系等分類，將曼薩布達爾看成一個集團的記載，但今後的研究希望能多方探討曼薩布制度在曼薩布達爾的經歷中發揮的作用。比方說有研究發現就任中央政府的官職，與曼薩布的位階沒有明確的對應關係，在中央當官的曼薩布達爾，他們的出身經歷也相當多元。這個看法表示了曼薩布達爾的生活方式，不是只有曼薩布的數值或經歷，也由君臣或宮廷禮儀上的關係等其他要素所組成。

2. 國家制度的展開與「漫長的衰退」

阿克巴時代建立的各項制度，並非憑空創造。比方說根據土地調查的地租制度與銀幣盧比的發行等，都是繼承了蘇爾王朝施行過的政策。另外，阿克巴時代的制度也並非一成不變地延續下去。比方說**曼薩布的表示方式**[▷2]，最初是用單一單位來表示，在阿克巴時代末期已經改為二元單位，之後的時代又開始運用調整數值（Do-Aspa and Sih-Aspa）的方法，支付俸給方面也引進了月分表示法。如此這般，各個制度會因應狀況而不斷調整。正因如此，也應該從國家制度的展開與延續性，探討認為是在奧朗則布時代浮上檯面的帝國「危機」。光從這位君主獨有的施政（例如：重新引入被視為「宗派主義」的吉茲亞制）來找出原因，無法充分進行解釋。

從動態來掌握國家制度的展開，這樣的視角相當有助於理解奧朗則布統治時期，到1858年之間一直存在的帝國「漫長的衰退」。就像1980年代以後關於出現「衰退期」的各王朝的研究指出，帝國在政治上的解體確實造成印度各地區的社會秩序變動，但這種變動導致的騷亂，是否有達到讓英屬印度政府統治成為必然的程度，則還有討論的空間。此外，蒙兀兒帝國的各項制度在「衰退」時代中不見得就徹底斷絕，反而有部分為各地方的新興王朝所繼承。在研究各地域社會相關案例時，必須更加重視這種制度的連續性。

3. 帝國與地域社會

地域社會對帝國的回應不是只有在「衰退」時代才變得明顯。最近的研究就舉出各式各樣的例子，顯示就算在「中央集權」的國家制度還在運作的時期，帝國與地域社會之間的關係有相互影響的一面。姑且不論要用「一整面鋪開的地毯」，還是「拼布花紋的被單」來討論帝國體制，都必須修正過去只用帝國單方面統治關係，來說明蒙兀兒國家制度的這種框架。

在這種場合，必須留意那些和帝國建立關係的地域當事人，在社會階層、社會機能、宗派等方面的角色相當多元。既然如此，那麼過去研究強調的「農業危機」，就農民與地主階層等特定當事人在帝國中展現的回應而言，其實只是眾多面向的一部分而已。

阿克巴時代的史料《阿克巴治則》（*Ain-i-Akbari*）中收錄了詳細的地租統計，是表明帝國體制大大依賴農業的證據。但是，過去研究的估算指出，曼薩布達爾的俸給和補貼，占了農地課稅評估總額的8成以上，也就是說，農業以外的部門在資助帝國財政上扮演了重要角色。就這點來說，商業在蒙兀兒帝國內外的角色及發展，其實與「將這個帝國定位為強烈剝削農村和地域社會的機器是否恰當」這一問題相互糾結，為有待研究的論點。

▷2　**曼薩布的表現方式**
單一單位的時候是用「5000曼薩布」來表示。二元單位表示是把原來的單位定為「zat值」，後面再接上「sawar值」（原則上低於zat值），也就是以「5000 zat, 4000 sawar的曼薩布」這樣的形式來表示。之後則更加上了「Do-Aspa & Sih-Aspa」來調整計算，於是就變成了「5000zat, 4000sawar（其中有2000為Do-Aspa & Sih-Aspa）的曼薩布」（這個狀況會當成「5000zat, 6000sawar的曼薩布」）。

探究的重點

(1) 阿克巴時代建立的各項制度，在之後有怎樣的發展？

(2) 蒙兀兒帝國的制度，對印度各個地域社會產生了怎樣的影響？

(3) 蒙兀兒帝國的制度，對18～19世紀的印度歷史，又產生了怎樣的影響？

印度在地社會論

（8）印度農村社會是怎麼發生變化？　　　　　　　　　小 川 道 大

【關連項目：印度的王權與國家、阿克巴體制論、印度的殖民地化】

背 景

　　印度在地社會的研究，可以追溯到英國殖民統治時期。當時，英國行政官員想要理解組成其統治地區的農村社會結構。同一時代的研究因為是基於統治的必要，都聚焦在村落上。馬克思也在19世紀中葉，展開印度村落共同體的研究，其成果對歷史學產生了很大的影響。也在這樣的影響下，聚焦在共同體來分析在地社會，特別是村落社會的架構，遂成為之後印度史研究的重要課題。一直以來都和土地制度研究並列，為想要解開印度實際情況的社會經濟史主要命題。

論 點

1. 印度在地社會實際情況的研究　　小谷汪之針對印度村落社會進行的實證研究中，關注17～18世紀的西印度。他指出在當地的史料中，頻頻出現表示村落正式成員的「12種**巴爾特職工**[▷1]與60名農民」這樣的語句。巴爾特職工不只是木工和鍛冶工等手工業者，還包括了理髮與洗衣工等服務業者、印度教占星術師與穆斯林導師等宗教家、**馬哈爾**[▷2]與皮革工等**不可觸者**[▷3]。冠在職工與農民前面的量詞是象徵性的數值，上述的語句顯示了由農民與從事各式各樣職業的人來組成村落的狀況。

　　巴爾特職工會收取現金、實物，甚至是免稅地，作為提供其職務的報酬。在西印度，這些職務與他們的權益總稱為「瓦坦」（vatan）。瓦坦是世襲的，也可以買賣、讓渡與分割。在農民方面也是如此，有耕作與向村長繳納穀物的職務，土地與耕作權則作為他們的權益，以這樣的形式建立瓦坦。在村內重新分配穀物的村官（村長與村書記），其職務與權益也是瓦坦。如此這般，透過瓦坦中介的分工與穀物重新分配，支撐起整個村落社會。

　　村落中住有具備瓦坦的正式村民，與沒有瓦坦的烏帕里（upari）。烏帕里若是有完成職務，得以享受上述的權益，或是用某種方法得到瓦坦，這時候就能成為正式的村民。烏帕里會因應勞動需要，進行跨越村莊的移動，作為村落集合的郡就是他們活動的場域。隨著瓦坦研究的進展，得以明瞭以瓦坦為中介的重新分配不止於村內，而是擴及整個郡。負責統轄全郡的郡官（鄉主、鄉書記），其職務與權益也都瓦坦化，因此在地的共同體並不是村，更正確來說是包含村落共同體在內的形式，以整個郡作為基礎。重新分配的穀物一部分會由郡官以地稅的形式交付給政府，因此在地共同體的授受關係，也包含了徵稅等公

▷1 巴爾特（balute）職工
巴爾特指的是「針對職務，享有穀物分配等優惠利益」之意。享受這種利益、負責一定職務的人，就被稱為巴爾特職工。

▷2 馬哈爾（Mahar）
在雅利安人到來以前，住於西印度的部族集團總稱。主要從事看守村莊、承接各種雜務、處理死掉牲畜等業務。

▷3 不可觸者
指種姓社會中位於4種瓦爾納架構以外的最底層民眾。在西元前6～前5世紀的古代文獻中，已經有記載這些人的存在。隨著淨與不淨思想的傳播，雅利安人到來以前的部分原住民，以及處理死掉牲畜等視為賤業的職業集團，都當作是「不可觸者」。

共層面，而郡官和村官就是連結政府與在地社會的存在。由瓦坦支撐的在地共同體，存在於17～18世紀的西印度。在南印度，也存在著由與瓦坦同義的米拉斯（miras）所支撐，以郡作為基礎的授受關係。瓦坦和米拉斯是理解前殖民地時期在地社會的關鍵概念。

2. 在地共同體的變遷

水島司根據以下兩點，主張南印度的米拉斯體制在殖民地化以前，就已經隨著17～18世紀的經濟變動從內部開始瓦解：第一，在荷蘭與英國等國的到來，接納海外市場的棉業市場擴大，以及隨之而來的農村商業化，讓人們原本由米拉斯體制下授受關係支撐的生活，開始在穀物買賣等方面，受到市場交易的強烈影響。水島指出米拉斯體制因為市場經濟的發展，變得邊緣且脆弱。第二，透過工商業活動的展開，在米拉斯體制內部崛起了針對該體制的自治村落領袖。相對於此，小谷則舉出西印度隨著農村市場的擴大，新設了市場長瓦坦等，主張瓦坦體制融入了商業化之中。在這方面，有必要將棉業發展等商業化程度在南部與西部的極大差異納入考量，而在地共同體是否隨著商業化，在前殖民地時期產生了改變，也是今後需要檢討的重要論點。至於在殖民統治下的南印度與西印度，政府與農民實施直接徵收地稅的新徵稅制度（萊特瓦爾制〔Ryotwari system〕），導致瓦坦與米拉斯體制的瓦解，這點則是水島與小谷一致的見解。

3. 印度歷史中的在地共同體

以米拉斯和瓦坦為中介的授受關係，很難在東部的孟加拉地區發現相關紀錄，因此這種架構並非全印度共通的。但另一方面，以北印度為中心展開大範圍統治的蒙兀兒帝國底下，支撐在地徵稅的扎明達爾（Zamindar），則是共同體之長的總稱（包含上述的鄉主、鄉書記在內）。因為扎明達爾遍布在帝國之內，所以儘管實際狀況不見得一樣，但可以想像在地共同體廣泛存在於印度各地。各地共同體所具備的多元樣貌，隨著實證研究的進展慢慢解開部分端倪。而後，隨著上述的新徵稅制度引進，共同體在殖民統治下以公共層面為中心，產生了重大的變化。在20世紀上半葉，威瑟（William Henricks Wiser）提到的北印度**賈吉曼尼制**[4]，就可以看作共同體授受關係喪失公共層面、重新分配機能受損的情況下，展現出的私人授受關係。因此，必須考量在地共同體的變化，不能認為是一個靜態的固定傳統。

▷4　**賈吉曼尼制**（Jajmani system）
美國傳教士威瑟在北印度的農村進行調查後，在1936年出版的著作中提到了這種支撐村內分工關係的制度。指的是可以在木匠等職工與農民之間看見的一種家與家的世襲服務授受關係。

探究的重點

(1) 印度在地社會的研究有怎樣的進展？

(2) 印度的在地共同體有著怎樣的變遷？

歐洲涉足印度

算是「歐洲的擴張」嗎？

和田郁子

【關連項目：印度洋海域的發展、印度的殖民地化】

▷1　馬拉巴爾海岸
（Malabar）
廣義是指南印度的西海
岸，狹義則是大致與現今
喀拉拉邦（Kerala）沿海地
帶重疊。自古以來便是海
上貿易的重鎮，與印度洋
沿岸各地有所交流。很早
就接觸到伊斯蘭，印度次
大陸最早的穆斯林社群，
就是在馬拉巴爾建立。

▷2　薩拉夫（sarraf）
語源來自阿拉伯語的「貨
幣兌換商人」。在蒙兀兒帝
國時期，他們一方面以貨
幣鑑定、兌換為主要業
務，另一方面在印度內外
也擁有自己的網絡，透過
一種稱為「亨迪」（hundi）
的匯兌手段，提供借貸、
匯款、保險、存款等業務。

背　景

　　1498年，達伽馬率領的葡萄牙船團繞過好望角，抵達印度西南方**馬拉巴爾海岸**^{▷1}的港市卡利庫特（Calicut）。在這之後，進攻印度洋貿易重地的葡萄牙，攻占印度西岸的果阿（Goa）為據點，意圖以武力壟斷歐亞間的貿易，並控制亞洲境內的海上貿易。過了大約1個世紀後，英、荷兩國也介入亞洲海域的貿易，各自設立了東印度公司，在各地港口都市設立商館作為活動據點。不只法國，丹麥等歐洲各國也看得到同樣的動向。自17世紀中葉以降，荷蘭驅逐了馬拉巴爾海岸與斯里蘭卡等地的葡萄牙勢力，成功從當地領主手上確保了獨占的貿易特權。可是，荷蘭的勢力在17世紀末到18世紀之間走向衰退，取而代之的是立於優勢地位的英國和急速成長中的法國，兩者之間的對立也日益加深。英、法的東印度公司自1740年代以降，紛紛介入南印度與孟加拉地區當地勢力之間的鬥爭，並涉入在地的政治與軍事。

論　點

1. 從印度洋海域史的視角重新提問

歐洲勢力自15世紀末起涉足印度與印度洋海域，往往稱之為「歐洲的擴張」。確實，對歐洲諸國而言，擴張原屬未知的貿易路線，以及獲得新據點，都可以說是擴大了這些國家人們的活動範圍。但另一方面，近年印度洋海域史的研究也證明了這片海域自古以來，就是眾多人、物、資訊流通與長距離貿易的舞台，而印度在其中正是扮演樞紐的角色。按照這樣的成果，若是重視歷史的連續性，則這個時期的歐洲勢力只能看成是已經相當活躍的印度與印度洋經濟活動中，遲來的「參與者」。事實上，為了在當時的印度洋順利展開貿易來獲得實際利益，歐洲人有必要學習和活用當地的商業習慣與物流架構才行。比方說，由**薩拉夫**^{▷2}提供的發達金融架構，即使對歐洲勢力而言也在調度資本、匯款方面扮演了重要角色。

2. 「壟斷」的嘗試與現實——關於辛香料交易的實際情況

葡萄牙王室意圖壟斷辛香料交易，於是展開了亞洲海域的商業活動，這是眾所周知的事情。事實上葡萄牙船隻首要目標的印度馬拉巴爾海岸，其腹地就是胡椒的產地。當初渡海來到印度洋，企圖以武力壟斷既有胡椒貿易路線的葡萄牙，接下來則是試著要求當地商人購買他們發行的通行證，以期達成指定商品的禁運，以及交易的管制。但是，當地商人利用這些管制和監視鞭長莫及的港口都市與航路，持續進行貿易；結果到了1560年代，從印度洋經西亞、地中海，也

就是從舊有路線往歐洲出口的胡椒總量，又回到了過往的水準。在馬拉巴爾地方的胡椒，在1660年代前後，由荷蘭東印度公司獲得了獨家的收購權。可是胡椒還有許多其他的產地，因此他們沒能達成胡椒貿易本身的壟斷。另一方面，該公司直到17世紀末左右，成功在當時只生產於東南亞部分島嶼上、狹義的香料（丁香、肉豆蔻、肉豆蔻皮）方面，將其他歐洲勢力排除出在直接貿易之外，但是中國商人仍然有與當地商人貿易。如此這般，必須要注意歐洲勢力嘗試的「壟斷」，與實際情況之間的差異。

3. 歐洲勢力的多樣性——重新思考分析的架構

這時期歐洲勢力的活動，就如前述「背景」所記，大多是以國家為主體來進行討論。但是近年來發現各國船隻與據點在運作時，常會與本國以外的歐洲、亞洲、非洲各地出身者攜手合作。比方說荷蘭東印度公司，常會從西歐各地（特別是以相當於今日德國的地區為首）招募人員，而英國東印度公司也從17世紀開始，在歸國船隻與亞洲境內的航行船隻上，按照需要招募相當數量的印度水手。另外，也出現了許多歐洲系的人們，他們是以與國家官方認可組織保持距離的私人商人等身分來活動，當中特別受矚目的是包含許多當地誕生的混血兒的葡萄牙系人群。這些人在各地形成獨自的社群，於本國的權力與權威之外，和當地社會建立關係。他們一方面構成了各國東印度公司要塞的士兵，另一方面也有不少人皈依伊斯蘭，成為穆斯林王朝的傭兵。這些研究成果讓人重新思考對於把歐洲勢力的活動，一味當成各國國別史延伸的這種過去看法。今後，在討論當時人們的活動範圍及與他者之間的關連時，相當重要的是要將目光投向那些現今一般印象中的國家與地域框架所無法充分解釋的多樣性。

探究的重點

(1) 從廣大海域和陸地都納入視野的歷史連續性的角度，該如何定位歐洲勢力的活動？

(2)「歐洲涉足印度」之後，帶來了怎樣的變化？

印度的殖民地化

⑩

是印度史的斷裂，還是連續？

太田信宏

【關連項目：印度在地社會論、歐洲涉足印度、東方主義】

背　景

　　原本在印度從事貿易活動的英國東印度公司，在邁入18世紀後，於蒙兀兒帝國衰退後動盪的政治情勢中，面臨了直接與法國東印度公司激烈競爭的局面。為了維持並擴大貿易上的各種權益，他們以印度傭兵為中心，組織了自己的軍隊，深深介入當地權力者之間的鬥爭。在1757年的普拉西戰役（Battle of Plassey）中，英國東印度公司擊敗了與當地總督聯手的法國，在東印度的孟加拉地區握有決定性的優勢。從這時候開始，英國東印度公司在印度各地的統治範圍急速擴張，而他們也從貿易公司搖身一變成為地區統治者。歷經邁索爾戰爭（Anglo-Mysore War）、馬拉塔戰爭（Anglo-Maratha War）、錫克戰爭（Anglo-Sikh War），英國到了19世紀中葉，幾乎將印度全境納入統治之下。除了從屬的當地藩王統治下獲得保留的一部分地區外，英國統治地區被編成孟加拉、馬德拉斯（Madras）、孟買3個管區，並任命統轄整個印度的印度總督。另一方面，英國也引入並整頓了扎明達爾制、萊特瓦爾制等土地暨徵稅制度及司法制度，奠定了超過1個世紀的殖民地統治體制基礎。

論　點

1. 早期殖民地國家的性格　　在印度歷史的發展當中，該如何定位英國帶來的殖民地化？這個討論其實與該怎樣理解殖民地化前夕的時期，也就是18世紀，有著密切的關連。印度歷史上的18世紀，常被認為是蒙兀兒帝國衰退後的「黑暗時代」。但是近年來一般通論的看法則認為在各地成立的**繼承國家**▷1等地方政權底下，仍然維持了包括海上貿易在內的經濟活動，在某些情況下不只出現擴張，還建立了新的統治體制。為了從英、法中途捲入的戰亂中存活下來，有一部分政權為了增強軍事力量並確保財源，積極強化徵稅的力道。英國東印度公司一邊在印度內外展開殖民地戰爭，一邊在征服的印度各地引進剝削的土地、徵稅制度，藉此調度軍事費用。這種政府的政策也可以理解為上述軍事財政主義的一個例子。另外，近年的研究特徵是考慮到數量居於壓倒性劣勢的英國人，如何讓殖民地統治成為可能，從而將關注的焦點放在各式各樣印度人的協助與合作。比方說，包含徵稅在內，支持行政的當地官員，大多是出身於支撐印度各地財政軍事國家的文書階層。從這層意義來看，早期殖民地國家其實也是當地各國的繼承者。因此，可以說殖民地統治在定位上，其實有作為印度政治經濟動態延伸的一面。

▷1　**繼承國家**
指蒙兀兒帝國第6任皇帝奧朗則布逝世後的衰退中，派遣去統治地方的高官紛紛獨立建立的政權。這些君主多半稱為「總督」（Nawab）。他們以蒙兀兒帝國的統治體系為基礎，按各地的狀況建立起各自的統治體制。

2. 殖民地化帶來的社會經濟變動

英國新引進的土地與徵稅制度，讓和當時印度的法律與權利等體系迥異的歐洲近代所有權概念，至少在形式上站穩了腳步。一種根深蒂固的看法認為這種「外來」制度，從根本改變了當地農村社會的面貌（不是利用土地的權利關係，而是土地作物的分配方法來作為社會組成的基礎）。但與此同時，也有人指出在殖民地化以前的政治經濟變動之中，已經誕生了與英國引入的土地所有權類似，針對土地的權利概念。還有研究聚焦在運用和實施新制度的實際狀況，以及農村地區社會關係的具體變化。比方說，魏許布魯克（David Washbrook）針對於南印度的馬德拉斯管區，指出不承認農耕勞動者權利的制度，加上過重的地稅課徵，讓農業勞動者（以**不可觸者**居多）對於受承認擁有土地所有上的特權，身為高階種姓的一部分上層農民，有相當高的隸屬性。結果，契合種性上下支配、統治關係的「傳統」種姓社會，就這樣出現在殖民地的統治之下。

將視線從農村轉向都市，在18世紀的印度各地，地方政權與金融業者、商人建立了相互依賴的關係，而殖民地化就對這種「政商」的一部分帶來重大的打擊。但另一方面，也有人指出有些商人利用殖民地統治帶來的新機會來拓展活動（代表性的例子是**馬瓦里商人**）。近年來許多研究描繪出屬於印度社會的多樣性，不能將殖民地化的影響一概而論。

3. 殖民地統治下建構的印度社會觀

雖然殖民地統治在某種意義上是異文化的接觸，但伴隨著異文化交流產生的他者認識，在不均衡的權力關係中變得更加扭曲。身為統治者的英國人對印度人與其社會抱持的認識（包含了偏見與誤解），影響了身為被統治者的印度人自我認識，甚至是印度社會的樣貌。比方說，種姓就算到現在仍然在印度社會中具有無法忽視的意義，但卻不是整個歷史上都一成不變。近年的研究顯示，近現代對於種姓意義的理解，其實是源自於英國人將種姓看成印度社會本質特徵的認識，以及基於這種認識的殖民地政府所採取各項政策與法律制度，因此有必要進行批判。只是，也有不少人指出英國人的印度認識，與其說是包含對他者偏見、單方面決定的產物，不如說是與印度人「對話」過程中建構出來。然而，這種「對話」並不是兩者之間對等的交流，而且參與其中印度人也相當有限。雖然發掘出印度人在殖民地統治下於社會和文化變遷中的主體參與，這樣的視角很重要，但也不能忘記存在著被排除在參與之外的人們。

* **不可觸者**
參照 III-8 注3。

▷2 **馬瓦里商人**
出身西北印度拉賈斯坦邦中西部，馬爾瓦爾（Marwari）地區商人的總稱。原本以印度東部、北部為中心活動，但在殖民地時期擴展到印度各個地區。創立印度代表性的比拉（Birla）財閥的家族，就是馬瓦里商人。

探究的重點

(1) 殖民地化在怎樣的意義上可以說是印度歷史的斷裂？
(2) 殖民地統治對印度社會具有怎樣的意義？

海域史中的日本

11

海域交流帶來了什麼？

關 周 一

【關連項目：宋元的大運河與海運、圍繞著航海的信仰、宋元的離散、蒙古衝擊、陶瓷器的生產與流通、海賊與倭寇、亞洲中的琉球、「華人世紀」再考、亞洲域內貿易】

背 景

9世紀中葉以降，中國人海商開始在東海活躍。他們的活動範圍也觸及日本，貿易船在博多與明州（後來的慶元、寧波）之間頻繁往來。邁入13世紀後，也有禪僧搭著貿易船往來日中之間。

14世紀下半葉，**倭寇**[△1]（前期倭寇）盛行，明朝也在同一時間建立。明朝皇帝和亞洲各國國王締結了外交關係，由有力商人負責貿易。

日本也參與了明朝的外交關係。15世紀初，足利義滿派遣祖阿、肥富會見明朝建文帝，受封為日本國王，開啟了日明貿易。在朝鮮王朝方面，只要是能鎮壓倭寇的勢力，都認可與他們之間的往來，所以不只室町幕府，包括守護、國人、商人、僧侶，以及曾為倭寇的人們，都各自派遣使節前去貿易。

16世紀中葉後，明朝與朝鮮王朝的貿易限制日趨嚴格。為此，中國人海商（後期倭寇）展開的貿易與掠奪，日益猖獗。不只如此，涉足範圍及於東海的葡萄牙人，也加入了貿易行列。

論 點

1. 環中國海地區與環日本海地區

四面環海的日本列島，在近代以前並沒有明確的國境線，人、物和資訊等跨越不甚明瞭的國境，相當活潑地交流。

為了試著掌握這種跨越國境的交流，按照海域劃分出相應的地區。村井章介以15世紀作為典型，設定了兩種地區模型：沿著本州的日本海沿岸一直到北海道，是「環日本海地區」（本書179頁圖的R1），連結琉球—薩摩—博多—對馬—朝鮮的則是「環中國海地區」（R2）。

這個地區模型並非任何時代都存在，也不是一成不變，按照時代與對象，有必要設定更大或更小的海域。比方說，16世紀中國人海商的網絡，就不限於日本周邊，還廣布南海海域，因此也有可能透過這點來設定一個地區。

2. 港與島

連結中國浙江、福建與日本的路線，是東海主要的航路之一。在這當中，特別是博多（福岡縣）在11～17世紀作為日本最大的貿易港相當繁榮，和日本國內的流通也密切結合。11世紀下半葉，在博多建立起稱為「唐房」的中國城。雖然「唐房」在13世紀以後就已不存在，但博多在15～16世紀作為遣明船、遣朝鮮船的據點依然繁榮，也有琉球船隻來航。

▷1　**倭寇**
朝鮮和中國對於13～16世紀襲擊朝鮮半島和中國大陸的海賊的稱呼。其中可以分成13世紀的早期倭寇、14～15世紀的前期倭寇（主要是日本人），以及16世紀的後期倭寇（主要是中國人海商）。

13世紀以降，日本海的交通愈來愈活躍，人稱「蝦夷之島」的北海道，與西日本間的交通往來也很興盛。十三湊（青森縣）是當時流通的據點。

在朝鮮關係上扮演重要角色的是距離朝鮮半島最近的對馬（長崎縣）。14世紀以降，身為對馬守護的島主宗氏，派遣了許多使節船前往朝鮮。宗氏獲得朝鮮王朝的認可，針對日本前往朝鮮的使節船，擁有發放渡航證明書「**文引**」的權限。不僅如此，他們在維持之餘還想進一步擴大權益，創造了名義上前去交流的人，與實際上派遣的人完全不同的偽使。此外，對馬島民也有很多人在朝鮮半島南岸的海域從事漁業，甚至是定居在朝鮮領內的三浦（朝鮮方面稱為「恆居倭」）。三浦指的是朝鮮王朝指定倭船的停泊地——薺浦（乃而浦）、富山浦（釜山浦）、鹽埔。

▷2　**文引**
對馬島主暨守護的宗氏，向從日本渡海到朝鮮交流的人，發放的渡海證明書。

3. 唐物

跨越國境交流的根本是對海外文物的強烈憧憬。

主要從中國帶入日本的高級舶來品被稱為「唐物」，深受天皇、公家與武家喜愛。鎌倉與京都、博多等地的禪宗寺院，經常會把得到的繪畫和陶瓷器等唐物，裝飾在室內。

賞玩唐物的風氣，在以東山文化著稱的室町幕府將軍足利義政的時期（15世紀下半葉）達到頂點。足利將軍家蒐集的繪畫、陶瓷器、茶具等，以「東山御物」之名傳承下來。

日本的代表性輸出品則是硫磺。中國自宋代以降對作為火藥原料的硫磺，需求量就很高。另外，在16世紀以石見銀山（島根縣）為首，礦山的開發出現進展，中國人海商（後期倭寇）為了追求白銀，紛紛來到日本。搭乘後期倭寇頭目王直的船前來的葡萄牙人，將鐵砲與其生產技術，從種子島（鹿兒島縣）傳入了日本。

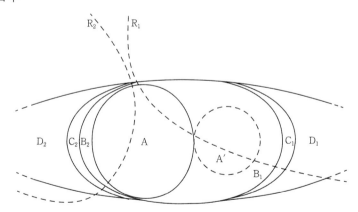

中古後期的地區模型（A：中心 B：邊陲 C：界線 D：異域）
出處：村井章介《アジアのなかの中世日本》校倉書房，1988年，126頁。

探究的重點

(1) 試著藉由考古學成果，調查博多、堺等港口，以及對馬、五島列島、種子島等島嶼在交流中的樣貌。

(2) 有哪些文物和技術從海外各地傳入日本？有哪些文物與技術是從日本傳播到亞洲和歐洲各地？

海賊與倭寇

12

倭寇是海賊嗎，海賊又是什麼？

須田牧子

【關連項目：宋元的大運河與海運、圍繞著航海的信仰、海域史中的日本、亞洲中的琉球】

背景

說到「倭寇」，腦海裡首先會浮現的大概是**《倭寇圖卷》**[1]描繪的那種半裸赤腳的海賊吧！可是歸根究柢，「倭寇」真的是海賊嗎？

談到14～16世紀東亞海域世界的動向時，「倭寇」是絕對無法避而不談的存在。展開日朝、日明關係的契機，就存在著鎮壓「倭寇」這個重要外交目的，而**明朝的海禁政策**[2]也與「倭寇」問題有很深的關連。但是要掌握「倭寇」的實際情況，並沒有那麼簡單。雖然大多用武裝商人或海賊來說明，實際情況也相當多變，導致定義產生動搖。倭寇在日本史中分為前、後期，一般的解釋是前期倭寇主要為14世紀襲擊朝鮮半島的北九州倭人，後期倭寇則是16世紀中葉襲擊中國沿海地帶，主要為出身中國大陸的人。可是，14世紀中國沿海地帶也有遭到襲擊，而這些人在明朝眼中同樣屬於倭寇。有意見認為「倭寇」在作為位處邊緣的人類集團這點上其實是共通的，因此沒有必要刻意區分前、後期。但是，也有看法重視明朝與朝鮮王朝的認識，要用出身地來區分。再加上「倭寇」既是史料用語也是學術用語，因此很容易混淆。

「海賊」也很難去定義。「海賊」並非用來指涉特定時期、特定地域歷史事象的詞彙。在討論「海賊」的時候，也必須限定其地域和時代背景。

論點

1. 「海賊眾」與「海賊」之間

一般對「海賊」的印象，多半是從事海上掠奪等不法行為的反權力集團，但日本中古的「海賊」並不單指這樣的集團。當然，有很多史料稱呼從事海上掠奪行為的集團為「海賊」，並視之為討伐的對象。可是舉例來說，應仁之亂時**大內政弘**[3]編組的軍團中就有「海賊眾」這個單位。這裡的「海賊」是水軍的意思，實際上指的是在瀨戶內海的島嶼、沿岸地帶擁有據點的在地勢力。另外，在15世紀，**遣明船**[4]相關派遣事業的船隻警戒命令，也會一起發送到諸國守護與「諸國各所海賊」的手中。如此這般，「海賊」有時也被用來指「海上的武士團」。說到底，正是從事海賊行為的集團才擔當得起警戒的任務。他們在特定地區占地為王，向通行的船隻徵收關錢、津料（通行費、入港費），若是有不願支付的人則會用暴力手段來解決。將軍、守護等上位的權力，就在和這些海賊的妥協之中建立起自身的領域統治，這種情況不只是在海上，在陸地也是如此。這些勢力當然有大有小，根據規模差異，其行動範圍和內容，以及控制他們的上位權力層級，都有所不同。

2. 「倭寇」是日本的「海賊」嗎？

這種作為列島在地勢力的「海賊」，是否會前往朝鮮半島與中國沿海地帶進行掠奪等行為，因而被稱為「倭寇」？很難在實證上證明這種直接的連結。「倭寇」雖然是元、明／高麗、朝鮮的史料用語，但在日本同時代的史料中則完全沒有看過，而被鎮壓的「倭寇」方面也幾乎沒有留下任何史料。從15世紀的朝鮮王朝相當害怕**赤間關**[5]以東的海賊襲擊半島沿海地帶來看，「**三島**[6]倭人在從事倭寇行為」這樣的認識，顯然是事實。但在史料方面仍然無法充分深入探討這群該地域出身、襲擊朝鮮半島的人，究竟是屬於哪個階層。

另一方面，在**嘉靖倭寇**[7]時期，以倭寇頭目聞名的徐海、王直等人，大多出身中國大陸，但徐海麾下也有出身南九州的人，而王直的據點則是設在**平戶**[8]。因此，至少相當自然會想像後者可能與在地勢力的「海賊」有關。但是，即使同樣都稱為倭寇，其樣貌也有所不同，有像徐海這樣襲擊江南城鎮，與官軍對抗的人；也有像王直這類從事走私貿易的人。至於追隨他們的階層也很難想會完全相同。不只如此，他們也作為一群時常跨越海洋的離群者在行動，也就是一種聚集了出身多元的人們，身處邊緣的人類集團。結果究竟什麼是倭寇，那就是來自日本列島，在明朝與朝鮮王朝眼中從事不法事業的人。只是從以上的情況來說，也很難去定義他們從事的「不法行為」。而且不法本身也有掠奪到走私等各式各樣的行為。對於列島權力而言，貿易並非不法，因此即使是同一集團也不是應當取締的對象。

3. 解讀《倭寇圖卷》的方式

描繪「倭寇」的著名作品，就是《倭寇圖卷》。日本教科書一定會刊載這幅圖畫，也廣泛傳播了「倭寇」的印象。可是這幅圖卷其實是想傳遞某種訊息的故事，因此不應該當作是從寫實的角度去描繪現實的倭寇。

現在的研究成果認為這幅圖的原型是鎮壓嘉靖倭寇的胡宗憲，為了宣傳自己的功勳所畫的戰功圖，以此衍生出擊退倭寇的故事，並成為面向市場販賣的畫作之一。它以「和平的村落遭到倭寇入侵掠奪，明軍將之擊退，讓村落恢復和平」的故事為基調，在畫面構成上加入了許多當時流行的圖畫要素，畫面明亮、色彩豐富。因此，可以說重視的不是寫實，而是觀賞性。

所以，《倭寇圖卷》並非傳達了「倭寇」的樣貌，而是看成能解讀以下關鍵問題的作品：以明末江南的成熟消費文化為前提，16～17世紀末的明代社會，如何看待16世紀中葉嘉靖倭寇事件的記憶？當時的作坊畫家，又將「倭寇」想像成怎樣的一群人？

▷5 **赤間關**
現在的下關（山口縣）。作為瀨戶內海的出入口，自古以來便以交通要衝而著稱。

▷6 **三島**
大致指的是壹岐、對馬、五島（長崎縣）、博多（福岡縣）等地區。

▷7 **嘉靖倭寇**
嘉靖30年代（1550年代）大規模襲擊江南地區的倭寇。在浙直總督胡宗憲討平徐海、抓到王直之後，終於逐漸平息。

▷8 **平戶**
長崎縣的島嶼。另外，根據平戶領主松浦氏的編年史《大曲記》得到的認識，當時的領主松浦隆信是文武兼備的人物，王直才會來到平戶，當地也因此繁榮。

探究的重點

(1)什麼是倭寇？
(2)《倭寇圖卷》是有什麼性質的圖卷？

亞洲中的琉球

13 其定位究竟為何？

麻生 伸一

【關連項目：圍繞著航海的信仰、海域史中的日本、海賊與倭寇、商業時代、明清交替與朝鮮】

背 景

11世紀下半葉，隨著與日本列島的交流增加，整個琉球列島建立了一個整合的文化圈與經濟圈，也陸續登場了作為地域權力的「**按司**」，以及按司的據點「御城」。1327年，應明朝要求，沖繩島中山的**察度**開始朝貢，之後，琉球以朝貢關係為主軸，和日本與東南亞展開貿易。自1609年遭到薩摩島津氏武力入侵以降，琉球國便處於一邊繼續作為中國（明清）的「屬國」，一邊從屬薩摩的狀況。17世紀中葉，他們捲入明清交替的混亂，之後則成為清的朝貢國，被納入東亞新秩序中。1872年，明治政府「**冊封**」琉球國王尚泰為琉球藩王，而在1879年廢除琉球國，改置沖繩縣。

論 點

1. 「古琉球」與東亞世界　有關「古琉球」（11世紀到1609年）的其中一個論點，是想要理解影響琉球的外部因子，以及琉球社會變化的實際情況。

與明建立朝貢關係以前，比方說11～12世紀，就有日本人經由喜界島移居到琉球，在「**浦添極樂陵**」中發現了足以顯示琉球與日本、中國南部、朝鮮半島交流的遺物。在14世紀末察度開始朝貢的時候，大和系、華人系等各式各樣的人們，已經以港口都市那霸為據點展開活動，其中也有人參與了王府的政治。像他們這樣來自外部的人材，與琉球王權之間的關連，也是討論的重點。由此更進一步推動關於琉球王權統治理念變遷的研究。

不只琉球有與外來勢力結合，展開朝貢活動。今後，與東南亞各國、各地區進行比較，釐清地方權力遭受的外部衝擊，與內部變革的實際情況及其意義，將成為重要的論點。

從明朝的外交秩序來看，琉球與日本之間是屬於對等的關係，但15世紀左右可以看到室町將軍在上，琉球國王（自稱「世主」）在下的關係。同樣地，儘管與朝鮮王朝、東南亞各國和各地區之間，都以明朝的朝貢關係為基礎，可以想見也建立了無法以此說明的關係。

2. 「近世琉球」與東亞世界　「近世琉球」（1609～1879年）的論點則在於琉球適應中國、日本各自世界秩序（觀念）的過程，以及背後支撐的政治思想。

1609年島津氏入侵琉球以後，琉球便受到近世日本的制約，產生新的政治

體制與社會，但一般也認為受到明清交替的影響。特別是自18世紀中葉起，首里王府以清朝與近世日本雙方的關係為前提，致力於本國的營運，並展開配合這點的策略

　　他們的目標是向清朝隱瞞琉球與日本的關係，同時又朝「中國化」邁進。前者是為了避免與清朝產生外交上的摩擦，其中琉球開始隱瞞的來龍去脈，王府、薩摩藩、幕府、冊封使的想法，以及相關政策的運用都成為關注的焦點。同時，也不能無視琉球、日本、中國之間的貿易結構。至於後者的背景則與王府引進儒教，以及對日外交戰略有關。雖然有論點認為是王府有意引導走向「中國化」，可是同一時期也指示統治階級的「士」要體驗學習大和文化，因此需要謹慎地來討論。

3. 政治主體性、琉球人意識　　關於「古琉球」，可以從豐見山和行提出的「來自內與外的琉球化」這個角度來理解。「來自外部的琉球化」，是琉球列島與住在上面的人們，透過朝貢等過程，從外部被當成「琉球國」或「琉球人」來理解的過程；「來自內部的琉球化」則是內化這種外部認識與定位，將統治領域擴大到琉球列島全境的過程。琉球的按司接受了明朝給予的「王」這個稱號，透過冊封儀式與獲頒的朝服，不斷擴大與擴充自身的王權。有研究便指出琉球國是在對外關係，特別是與明朝的關係為基礎下形成的。究竟受到周遭政治體制變化的影響之下，琉球王權有著怎樣的發展，社會出現如何的變遷？需要從整體的角度來進行這方面的研究。

　　來到近世以後，來自近世日本的影響逐漸增強，所以從屬日本的程度，以及王府政治主體性的濃淡，尤為討論的重點。於此，已經不像過去一樣認為琉球是島津氏的「奴隸」或「傀儡王國」，而是提出像「幕藩制國家中的異國」，將琉球當成既是島津氏的「領地」，也是「異國」，雙重意義並進的方式來理解。另外，豐見山在包含對中關係的評價中，則提出琉球對中國和日本的從屬，不論在內部實情與意義上都有所不同，因此不能稱之為「兩面從屬」，而是應該用「從屬的雙重朝貢國」這種概念來解釋。除此之外，渡邊美季的看法也值得關注，她則將琉球看成是微調中國、日本關係的角色，或是說位處清朝中國與近世日本的夾縫間。這點探討了既身為清朝中國的「屬國」，又是薩摩藩「附庸」的琉球王權，能自由活動的領域。換言之，透過檢證琉球的自立性來嘗試找出其在東亞世界中的位置。

　　最後，在琉球的時代區分方面，雖然一般都把11世紀到1609年當成「古琉球」，1609～1879年當成「近世琉球」，但也有研究提出了新的區分方法。這可以說是想要探究依循外部影響與內部回應產生的時代認識吧。

探究的重點

(1) 該如何劃分琉球史時代區分的分界線？

(2) 首里王府（琉球）如何內化來自外部的權威？

商業時代

(14) 該如何理解近世東南亞？

弘末雅士

【關連項目：馬來世界的擴大、荷蘭東印度公司的角色、東南亞大陸地帶的領域國家與贊米亞】

背景

在東南亞史中提倡「商業時代」（The Age of Commerce，或譯為「貿易時代」）的學者為澳洲國立大學的瑞德（Anthony Reid）。他在《商業時代的東南亞，1450～1680》（*Southeast Asia in the Age of Commerce, 1450–1680*，全2卷，1988、1993年）中指出，東南亞在15～17世紀這段時期，從過去一直以自給自足生產活動為重點，轉變為以商業為經濟活動核心的時代。這種轉變的背景，是以鄭和[1]的遠征（1405～1433年）為首，中國與東南亞各港口關係的強化，以及為了追求西方世界需求高漲的辛香料，印度洋貿易的活躍。在東南亞各地，紛紛興起作為東西海洋貿易的中繼港，以及輸出當地產品的港口都市。其中一個例子就是自14世紀末建國，到1511年被葡萄牙占領為止，作為東西貿易中繼港而繁榮的麻六甲。除了麻六甲，在這個時期還有八昔（Parsi）、亞齊、萬丹、柔佛、望加錫、阿瑜陀耶、勃固、北大年、會安、汶萊等港口都市，也都相當興盛。在東南亞，隨著都市化持續推進，港口都市之間形成網絡，這個地區也開始建立別具特色的社會與文化。港口都市統治者靠著貿易提高的收入、外來者帶來的武器，以及隨商業活動不斷傳播的伊斯蘭與上座部佛教為基礎，強化自己王權。這個「商業時代」，隨著日本的「鎖國」、清朝的遷界令、荷蘭的交易壟斷政策，以及1670年代歐洲胡椒價格的暴跌，在1680年代左右走到了終點。瑞德做出的結論認為自17世紀下半葉起，東南亞退出國際貿易，直到20世紀下半葉為止，都不曾再出現由國際貿易港左右東南亞人們生活的時代。

論點

1. 海域網絡形成的地域特質

地域是在與周邊世界的關係中形成的事物。東南亞在西亞稱為「風下之地」，中國則稱之為「南洋」。透過與東西海域世界的交流，可以看見東南亞被視為一個地域。和其他地域一樣，東南亞究竟是不是個可以一蓋而論的世界，長久以來都引起眾人討論。瑞德指出這個時代的東南亞透過海域的網絡，一邊推動都市化和王權的強化，一邊發展出共通的生活文化、物質文化，乃至於社會風俗。相較於過去的地域研究動輒用民族國家的框架來理解，歷史研究則關注了超越國境的海域世界交流。喚起了檢討下列這個問題的重要性：究竟地域網路如何在與周邊海域的關係中形成？

▷1　鄭和
1371～1437年左右。出身雲南，侍奉明朝永樂皇帝的宦官兼武將。家族為穆斯林，在永樂皇帝、宣德皇帝時代，被任命為7次南海遠征的指揮官。第1～3次出航，作為使節最遠被派遣到印度，第4～7次航海，則一路遠征到西亞與非洲。在這7次航海中，他都以東南亞為停泊的據點。

2. 東南亞大陸地帶的展開

另一方面，討論東南亞大陸地帶歷史的李伯曼，雖然贊同瑞德將東南亞與海域世界連結起來討論的態度，但也從大陸地帶的例子出發，對「商業時代」的王權高漲，以及之後王國出現的衰退提出質疑。李伯曼指出與島嶼地帶（群島地帶）相異的大陸地帶社會，其國際貿易活動與內陸地區的農業生產、人口狀況，乃至於商業活動相當複雜地結合在一起，而且與中國相連的內陸路線和海域世界的貿易活動也有關係。相對於瑞德認為直到1680年代為止，東南亞各王國的勢力不斷衰退，李伯曼則反駁大陸地帶在1650～1720年反而是社會較為安定的時期。另外，瑞德所下的結論認為東南亞社會直到20世紀都沒能找回「商業時代」的繁榮，李伯曼則提到自18世紀下半葉到19世紀初，東南亞大陸地帶的緬甸、暹羅、越南等王國反而迎向了全盛期。李伯曼認為有必要把這種東南亞大陸地帶的動向，放大廣大歐亞大陸的規模來思考。

3. 近世東南亞的女性

瑞德指出東南亞女性在「商業時代」的商業活動中扮演了積極的角色。從以前開始就有人討論過東南亞有許多女性也能繼承家主或家產的雙系制社會，女性的社會地位比周邊地域來得更高。瑞德談到當地市場的商業活動多由女性來主導，而在東南亞也有臨時與外來商人結婚，來支援外來者貿易活動的習俗。不僅如此，這個時期在北大年、亞齊、吉蘭丹、索洛群島、蘇卡達納（Sukadana）等貿易活絡的王國中，出現過許多女性統治者。比起動不動就用強權來壟斷貿易活動的男性統治者，能容忍多樣關係人士活動的女性統治者，也比較受宮廷高官歡迎。透過這些現象可以明顯看到「商業時代」的東南亞女性，具備了較高的經濟自主性。

這樣的論述活絡了東南亞女性史的研究，影響了與外來者同居的當地人妻妾研究、「商業時代」以降女性社會地位的變遷，乃至於有關東南亞女性在社會中的角色之性別研究。另外，瑞德也在2015年的《東南亞史：多元而獨特，關鍵的十字路口》（*A History of Southeast Asia: Critical Crossroads*，繁體中文版為2022年出版）中提到，有很多女性在殖民地時代參與了農園的勞動，1970年代以降，她們也主要負責了纖維製品、食品、雜貨等生產部門，在近現代有相當廣泛的活動。更有甚者，以升學為首的專門職業和商業方面的男女比例，東南亞也較為平均。

探究的重點

(1) 海域世界與地域世界的關係，是如何形成的？

(2) 該如何統整論述東南亞的島嶼地帶與大陸地帶？

(3) 該如何理解東南亞近世女性的活動與社會地位？

馬來世界的擴大

15 為什麼自稱「馬來人」的人不斷增加？　　　　　西尾寬治

【關連項目：室利佛逝、商業時代】

▷1　離散
為希臘語。指被俘虜到巴
比倫之後，猶太人的離散
與離散的猶太人共同體
等，也有民族與家族的離
散、移居的意思。

背　景

　　在馬來（Melayu）世界的形成過程中，馬來半島西岸的港口都市國家麻六甲扮演了很重要的角色。1400年左右建立的麻六甲，確定在15世紀中葉接納了伊斯蘭。此後約60年的時間裡，麻六甲作為東南亞首屈一指的貿易與伊斯蘭中心而繁榮起來。在這段期間，馬來語和宮廷儀式等在地元素，與外來的伊斯蘭相結合，形成馬來伊斯蘭文化，並廣泛傳布到麻六甲的貿易圈。1511年遭到葡萄牙的占領後，麻六甲土崩瓦解，住民四處流散，這就是所謂「馬來人的**離散**」^{▷1}。這起事件成為原本在麻六甲海峽周邊流傳的馬來伊斯蘭文化，擴散到婆羅洲等島嶼地帶（群島地帶）的契機。17～18世紀的歐洲人也記錄下了「可以在許多東南亞島嶼地帶的居民身上，辨認出他們擁有身為共享文化的馬來人同胞意識」。

論　點

▷2　伊斯坎達爾王
在《古蘭經》中也有登場，
在傳播伊斯蘭教上相當活
躍的英雄，被認為是一位
頭上長著兩隻角，形貌特
異的人物。

▷3　室利佛逝
以蘇門答臘島南部港口都
市舊港為中心，自7世紀下
半葉起繁盛的港市國家。

1. 馬來人的基準

　　瑞德分析了歐洲文獻的紀錄，將18世紀左右的馬來人分成3類：

①相傳繼承**伊斯坎達爾王**^{▷2}血統的**室利佛逝**^{▷3}與麻六甲等王室子孫的王族。

②具有獨特的商業風俗，在葡萄牙占領以後於其他港口都市活動的麻六甲商人。

③對東南亞伊斯蘭文明發展有所貢獻、說馬來語的穆斯林，裡面也包含了出身西亞和南亞的人們。

　　如上所述，馬來人有複數的分類基準，分類①、②都強調與麻六甲的關連，但分類③則強調語言和宗教的元素來替換這種特殊性。以③為基準的話，馬來人就可以適用於出身東南亞域外的穆斯林，結果造就了17～18世紀馬來世界的擴大。

　　另外，在18世紀的歐洲文獻紀錄中，也收錄了「成為馬來人」（masuk Melayu, menjadi Melayu）的馬來語表現方式。這裡指的是內陸的皈依者，以馬來人穆斯林為模範，改變自己的生活習慣。這裡清楚表現出在所謂「馬來人應有的樣子（Malayness）」方面，伊斯蘭是相當重要的基準。

2. 「外來馬來人」的認同

　　分類③中之所以包含了東南亞域外出身的「外來馬來人」，其背景是商業時代活躍的人群移動。對人口過少的東南亞港口都市國家而言，這種人的流動意味著增加了錄用域外有能力的穆斯林人才的機會。

令人深感興趣的是，這種「外來馬來人」的自我認識。以阿拉伯人**阿卜杜勒**[△4]的情況來說，自覺身上的阿拉伯人血統，可是出身麻六甲、擔任馬來語通譯、書記為生的他，通常會被他者認為是「馬來人」。阿卜杜勒對這一點雖然表示否定，但也沒有明確展現出屬於馬來人的自我認識。結果，他的馬來人意識其實相當曖昧不明。

另一方面，在18世紀左右大範圍遷徙到東南亞島嶼地帶、出身西亞的阿拉伯人身上，也可以看到更隨機應變的做法。這些阿拉伯人在自稱阿拉伯人有利的時候，就會稱自己為阿拉伯人，一旦狀況不對，就會改稱自己是馬來人。這樣的例子反映了「外來馬來人」在認同上重疊與變換自如的一面。

3. 圍繞著「馬來人應有的樣子」的攻防

17～18世紀，大多數的港口都市國家都擁有馬來語的歷史敘事作品，為宮廷文化的標準化做出了貢獻。當中特別是**《馬來王統記》**[△5]扮演了重要的角色。值得注意的是重編歷史敘事作品的作業。由於作為保存文書必不可少的程序，每隔一段時間就要抄錄新的抄本，就成為改寫歷史的機會，因此重編歷史敘事作品的作業變得相當活絡。

18世紀，在馬來世界的擴大為背景的情況下，出現了改變自我認識的非馬來系種族。這些種族在自我認識上的變化，往往記錄在歷史敘事作品裡，其中代表性的例子是**米南佳保人**[△6]和**布吉人**[△7]。重編歷史的基本是建構血緣關係，透過一定程度改變原有的記述，編造出虛構的血緣關係，為新的認同主張做出貢獻。

在布吉人的例子中可以看到，在現實世界裡對抗分類①的馬來人王族正統性的意圖。換言之，強調布吉人是虔誠穆斯林，就是要主張他們乃是凌駕於分類①，更有「馬來人應有的樣子」的馬來人。面對這種挑戰，分類①則重編歷史敘事作品和王室世系表來對抗。就這樣，布吉系馬來人與馬來人王族之間的紛爭，從武力鬥爭轉移到馬來語歷史敘事作品的編纂，更進一步促成了馬來語史料的印刷與出版。兩者雖然由武轉換到文的領域，但紛爭仍然繼續下去，朝著追求正統馬來人的方向挺進；最後，荷蘭與英國的學者以裁判者的身分捲入了這場紛爭。

[▷4] **阿卜杜勒（Abdullah bin Abdul al Kadir）** 19世紀在麻六甲與新加坡以馬來語通譯、書記身分活動，是出身麻六甲的阿拉伯人，也為英國人萊佛士（Stamford Raffles）雇用而聞名。著有《阿卜杜勒傳》（*Hikayat Abdullah*）這部自傳作品。

[▷5] **《馬來王統記》** 以港口都市國家麻六甲王統為主體的歷史敘事作品。為各個港口都市國家增添刪減，現在至少有30個以上的版本。

[▷6] **米南佳保人（Minangkabau）** 出身蘇門答臘內陸高地的種族。以「前往其他地方」（merantau）這種移居風俗，以及商業的傾向而聞名，積極移居到蘇門答臘東海岸地區與馬來半島。18世紀在蘇門答臘島東海岸地區建立了錫亞（Siak）王國。

[▷7] **布吉人** 出身蘇拉威西島（Sulawesi）南部的種族，以「siri'」這種榮譽觀念和商業傾向而聞名。17世紀他們移居到東南亞各地，以傭兵、海賊和商人等身分活動。

探究的重點

(1)「馬來世界」這個用語，不會對前伊斯蘭時期的馬來人使用。既然如此，為什麼這個用語只針對伊斯蘭時期的馬來人來使用呢？

(2)為什麼「說馬來語的穆斯林」會被當成新的馬來人基準，附加上去呢？

荷蘭東印度公司的角色

16

他們在亞洲從事著怎樣的活動？

島田龍登

【關連項目：印度洋海域的發展、歐洲涉足印度、東南亞殖民地經濟的展開、亞洲域內貿易】

背 景

　　荷蘭東印度公司在 1602 年成立，1799 年解散，是荷蘭國內唯一經聯邦議會認可，經好望角到亞洲貿易的**特許公司**[1]。以荷蘭的經濟力量為後盾，東印度公司擁有龐大的資本與巨大的軍事力量，在海域亞洲各地設立了商館。利用這種商館建立的網絡，除了連結荷蘭本國與亞洲的貿易外，也積極投入亞洲的域內貿易。不只是在東南亞的環中國海地域，即使在環印度洋地域也進行大規模的海上貿易。直到 18 世紀中葉為止，荷蘭東印度公司都以當地最大的歐洲勢力著稱。但是邁入 18 世紀下半葉後，英國東印度公司顯著崛起，反而荷蘭東印度公司在公司架構改革上落後而走向衰頹。特別是在第四次英荷戰爭（1780 ～ 1784 年）中，荷蘭東印度公司失去了許多的船隻，英國也奪走了在南亞各地的商館，於是急遽衰弱。

論 點

1. 亞洲域內貿易

　　荷蘭東印度公司貿易活動的一大特徵，就是**亞洲域內貿易**[2]。亞洲域內貿易是從「intra-Asian trade」翻譯而來，也稱為亞洲間貿易。荷蘭東印度公司成立的目的，是為了直接購買胡椒為首的辛香料，並帶回荷蘭。不過，除了這種歐亞之間的貿易外，他們也從事亞洲域內貿易，並獲得莫大的利益。他們在日本到東南亞、南亞、乃至於西亞各地，設立了許多商館，透過這些商館之間的連結來從事域內貿易。這兩種形式的貿易會以有機的方式結合。簡單來說，他們利用亞洲域內貿易獲得的利益，購買面向歐洲市場的亞洲商品，成功節省了從荷蘭本國帶出的白銀。英國和法國等國家的東印度公司，則因為資金與軍事力量的不足，雖然也有經營亞洲域內貿易，卻沒能獲得足夠的利益。

　　荷蘭東印度公司的亞洲域內貿易，不只是作為一個公司賺取利益，也將海域亞洲帶到一種國際分工體制之中。確實，在荷蘭積極涉入亞洲海上貿易以前，亞洲海上貿易已經透過當地商人與葡萄牙人得到發展，但當荷蘭東印度公司登場以後，亞洲的域內貿易產生了前所未有的系統性發展。特別是跨越麻六甲海峽將環地中海地域與印度洋地域結合成一個物流網絡方面，有相當重大的意義。

2. 殖民地化

　　為了壟斷辛香料的入手管道，荷蘭東印度公司行使武力，統治以**安汶**[3]為首的辛香料產地，同時在最開始便

▷1　**特許公司**
由國王或是取代國王的國家權力核准，擁有特別許可的公司，並不只限於貿易公司。因為當時荷蘭是共和制，所以是由聯邦議會授予東印度公司各項類似國家的權利，除了壟斷亞洲貿易以外，還包括與亞洲當地君主締結條約、進行自衛戰爭等。

▷2　**亞洲域內貿易**
在 15 世紀末歐洲人到達亞洲海洋世界以前，亞洲當地商人就已經盛行於亞洲域內貿易，但荷蘭東印度公司的加入促使這種域內貿易更進一步發展。在這樣的延長線上，產生了 19 世紀下半葉到 20 世紀上半葉的近代亞洲域內貿易。（參照 IV-18 ）。

▷3　**安汶（Ambon）**
肉豆蔻和丁香的產地。稱為香料群島的摩鹿加群島裡的安汶島的中心。荷蘭在 1623 年的安汶事件中將英國人驅逐出去，得以壟斷丁香和肉豆蔻。

投注心力來建設殖民都市。他們基於在亞洲內部設置貿易和軍事據點的必要性，相當努力打造殖民都市。1619年，他們開始建設巴達維亞（現在的雅加達），讓這座殖民都市成為公司在亞洲的最大據點。如此這般，荷蘭東印度公司的殖民都市不只限於東南亞，也觸及於錫蘭島的可倫坡（Colombo）與印度次大陸的柯枝（Kochi）等地。

　　另一方面，他們在亞洲的殖民統治，也動用了軍事力量，將這些地方納為自己的領土。除了為壟斷辛香料，致力於統治馬魯古（摩鹿加）群島外，也在臺灣的臺南建起據點，開發腹地的農業，嘗試生產砂糖。17世紀下半葉以降，荷蘭東印度公司不只在巴達維亞的腹地生產砂糖，同時又更進一步在內陸的勃良安（Parahyangan）地區栽培咖啡豆。他們為了確實生產和累積外銷導向的商品作物，持續展開對內陸地區的領土統治。如此一來，他們就從點的統治，漸漸轉變成面的統治。1799年荷蘭東印度公司解散之後，荷蘭在19世紀起遂成為正式殖民地統治的先驅。

3. 在全球史上的意義
　　荷蘭東印度公司一方面將中南美產出的白銀從歐洲帶往亞洲，另一方面也將等值的辛香料、棉織品、咖啡、茶等亞洲商品帶往歐洲市場，引起了亞洲商品的熱潮。不只是這種亞歐之間經濟的結合，荷蘭東印度公司作為一種多國籍企業或全球企業，也相當值得矚目。從旗下成員來看，會發現不只荷蘭人，還有各種民族參與其中。除了德意志人與瑞典人，也會雇用中國系人員，以及印度出身的穆斯林船員。不管從地理角度，還是從成員角度來看，都是個具有相當全球化元素的企業。

　　不僅如此，荷蘭東印度公司在跨越東西、作為知識傳播媒介上也扮演了相當重要的角色。透過和荷蘭東印度公司有關的人們，將亞洲各地形形色色的資訊帶回歐洲，獲得更多科學方面的知識。另一方面，像是日本的蘭學一樣，歐洲最新的學術與亞洲其他地方的學術，也都帶進了日本。

探究的重點

(1) 荷蘭東印度公司都是買賣怎樣的商品？

(2) 參與荷蘭東印度公司的是怎樣的一群人？

(3) 跨越2世紀之久的荷蘭東印度公司，對亞洲的經濟與社會產生了怎樣的影響？

「華人世紀」再考

17

只有華人才是主角嗎？

太田淳

【關連項目：商業時代、荷蘭東印度公司的角色】

背景

自17世紀起對東南亞貿易具有強大影響力的荷蘭東印度公司，到了18世紀中葉貿易委靡不振，對當地國家與社會的影響力也跟著衰退。這時候在東南亞更進一步擴大活動的是從中國本土前來的中國人，以及定居在東南亞的華人（本篇以下將稱從中國本土前來的人為「中國人」，長期居住在東南亞的中國系〔包括混血兒在內〕的人則稱為「華人」）。這些人不只作為商人，在中國東南沿岸與東南亞各地的港口間進行貿易，更往一直以來少有人定居的內陸地帶邁進，擔任礦山與種植園經營者和勞動者，扮演了重要的角色。1830年代左右，隨著殖民地政府的權力日益滲透，以及歐洲資本和技術的投入，華人漸漸從領導地位退居幕後，但他們的影響力一直持續至今。

論點

1. 華人的經濟活動

直到1990年代中葉為止，對海域東南亞從18世紀下半葉到1830年左右這個時期，多半理解為「混亂與分裂」的時代。18世紀下半葉荷蘭東印度公司的貿易沒落，被理解成東南亞整體的經濟衰退。在整個17世紀期間，當地國家多半處在東印度公司的統治底下，至於亞齊和馬打蘭（Mataram）等強國，在18世紀則不是很關心貿易。直到1830年左右為止，殖民地統治的混亂與戰亂憑仍，也能想像是地域整體停滯不前的重要原因。

相對於此，櫻井由躬雄、瑞德，以及包樂史（Leonard Blussé）則提出「華人世紀」（Chinese century，在這個用語中，不論停留時間的長短，都按照慣例稱之為「華人」），主張這個時代的嶄新活力。後兩人在1990年代末各自出版的作品中，都論及中國商人促使東南亞產的森林物產（藤等）、海產（海參和魚翅等），以及其他物產（如錫、燕窩等）的貿易量增加，至於中國人勞動者則擴大各地金、銅礦山的採掘和胡椒、砂糖的栽培。作為這種發展的背景，包括中國對這些產品的需求增加；在英國大量消費中國茶葉的情況下，英國民間商人為了有利於廣東茶葉貿易，在東南亞收集中國導向的產品；還有美國商人加入東南亞貿易等。如此一來，不再認為這個時代是衰退期，而是重新當作以華人／中國人為關鍵的嶄新繁榮時代來審視，在當地社會與國家方面也出現相呼應的狀況。另外，達瑞克（Eric Tagliacozzo）與張雯勤也出版了列舉礦山開發、海產貿易等各式各樣中國人／華人活動的論文集。他們透過長時段的時間軸，展現

▷1　錫

19世紀以後作為罐子的原料，需求大漲，但18世紀的中國人與東南亞各地華人之間，錫是用在與近代產業無關的消費上，包括保存茶葉的容器，以及貼有錫箔的模擬紙幣（稱為紙錢等，祈求祖先在冥界能繁榮的儀式上會大量燃燒）等。這個時期的消費，與經濟力量高漲的中間階層擴大密切相關。

物品與資本從古到今往返中國與東南亞之間的狀況。

2. 在東南亞史中的定位　　櫻井強調這個時代在東南亞落地生根的華人發展出了獨特的社會，並在其編著收錄的論文中，列舉了馬來半島的宋卡，以及越南南部的河仙等地具高度獨立性的華人政體。櫻井一方面指出18世紀在東南亞形成了「大範圍歷史圈」（一部分之後發展成民族國家），另一方面又說這個時期也是「地方的時代」，比過往王朝和往後殖民地國家還小的政體或經濟圈獲得了發展，而華人社會也可以看作是其中的一員。

太田淳認為，隨著中國經濟的成熟與大眾消費社會的發展，不只是中國人，**布吉人**＊與馬來人也展開了貿易活動，包含這些人在內，稱之為「中國市場導向型貿易結構」。其中，往往被稱為海賊的海洋移民因為負起收集海產的任務，所以和他們有密切關連的小規模港口都市政體也發展起來，造就東南亞廣泛的社會再編。

3. 在世界史中的定位　　太田更進一步試著從世界史的角度定位中國市場導向型貿易。據他的說法，18世紀的中國之所以日漸關注東南亞的產品，就和西北歐的人們追求中國瓷器與印度棉布、日本對爪哇和中國的砂糖，以及印度棉布的需求高漲一樣，都是因為經濟發展而崛起的中間階層，為了確認自己的新地位，消費符合身分地位的異國產品。這種關注異國產品而擴大貿易的狀況，在中間階層於經濟先進地區崛起的18世紀，可以說是舉世可見的現象。

大橋厚子採納了白銀在新大陸與中國的全球性流通研究，從全新的視角來討論18世紀東南亞中國人／華人貿易的擴大。大橋認為1770年代貿易活絡的主要因素，除了上述討論過的內容，還要加上西屬墨西哥白銀產量的增加、海地獨立革命（1791年）造成砂糖產量下滑，需要前往東南亞尋求替代品，以及氣候穩定（包含季風）讓農業生產趨於好轉，但是這些要素在1820～1840年代不是消失，就是產生變質。就像大橋自己所言，這些假說今後還有更進一步實證的必要，但是透過這點仍然可以更進一步，多方面重新思考「華人世紀」這個主題吧！

＊　**布吉人**
參照 III-15 注7。

探究的重點

(1) 華人的經濟活動為什麼會在這個時期的東南亞活躍起來？
(2) 18世紀的長距離貿易在東南亞及世界上具有怎樣的意義？

東南亞大陸地帶的領域國家與贊米亞

⑱ 「大整合」帶來了什麼？

蓮田隆志

【關連項目：商業時代、「華人世紀」再考、東南亞的民族國家】

背景

從18世紀中葉到19世紀初期，東南亞的大陸地帶陷入了巨大戰亂之中。既存王朝陸續瓦解、新興勢力崛起的過程中，各個勢力反覆展開合縱連橫的外交戰，將外部的清朝、麻六甲的葡萄牙人、華南的海賊集團等捲入其中。其中獲得最後勝利而誕生的「大國」，如貢榜王朝的緬甸、卻克里王朝（Chakri）的暹羅、阮朝的越南等，不論哪一個都擁有超越過往王朝的廣大統治領域而著稱，其大部分的領土和握有政治文化主導權的多數派民族，與現今的緬甸、泰國、越南有所重疊。另一方面，柬埔寨和寮國雖然在大國競逐中面臨亡國危機，但跨越了這種難關一直維繫至今。與前一個時代的斷裂，以及與現今情況的相似，隨著進入殖民地統治與獨立鬥爭的時代，變得更難以評價。

論點

1.「大整合」的評價

儘管學者從過去就已經知道大陸地帶出現了三大國家，但緬甸學者李伯曼，對此提出了新的解釋。首先，能夠將大陸地帶分成東西3個地區，各自有分裂與整合的長期循環。至於三大國的出現，是10世紀起第3次循環產生的最終局面。此外，李伯曼也下了結論，認為這不局限於政治，也是主導政治整合的民族所發起的文化整合，並滲透到其他的民族裡。

各國為了推動「已經到手的」廣大領土的整合，紛紛建構中央集權行政體系、整頓法典和文書行政體系，以及推行歷史編纂等文化政策。但是，也有很多研究對照統治的實際情況，對整合的內部狀況表示懷疑。事實上，緬甸和越南執行整合的時間並不長。阮朝的越南領土雖然在1830年代加速中央集權化，但1824年就爆發了第一次英緬戰爭。在這一點上，不能無視大陸地帶內部的時期差異，也不免產生疑問，殖民地時期是否扮演了將「一時成立的三大國與小國寮國、柬埔寨」這種架構固定下來的角色？但是必須注意這種「歐洲造成的殖民地化，平息戰亂並帶來文明」的認識，是殖民主義者的慣用說法。

2. 比較史與地域史中的大整合

李伯曼的討論將長期整合的規律放在全球比較史中來定位，相當別出心裁。大陸地帶東南亞和西歐、日本有著同樣的趨勢，位於不太容易受到遊牧騎馬民族直接威脅的**歐亞大陸邊陲地帶**，共有這一地緣政治學的要素。日本的讀者或許會想起梅棹忠夫的「生態史觀」，以及近年岡本隆司對此重新評價的討論（但兩者都留有關於東南亞難以定

▷1　**歐亞大陸邊陲地帶**
李伯曼從相對化歐洲中心史觀的立場出發，大致上將歐亞大陸分成在軍事上受遊牧騎馬民族強烈影響的「暴露區」（exposed zone），與「受（前者）保護的邊陲地區」（protected rimlands）。日本與大陸地帶東南亞，俄羅斯與西歐歸類為後者，在歷史發展上看得到共通性。

位的問題）。

　　即使關於整個東南亞地區的時代區分，也有人認為這種說法過度低估了17世紀末「商業時代」瓦解帶來的影響，以及大陸地帶與島嶼地帶（群島地帶）在歷史發開上的差異。對於這點，櫻井由躬雄則以華人和**布吉人**[*]等國家背景稀薄、以海上貿易為經濟基礎的人們崛起，乃至於他們對邊境地域的殖民、經濟開發，讓迄今為止被認為是邊陲的地帶，在政治與經濟的重要性上與日俱增等，當作依據來支持東南亞作為一個整體，在歷史發展上的一體性。在時代區分上，相較於李伯曼斷定在18世紀中葉，櫻井則主張應該是在17世紀末到18世紀初期才對。

＊　布吉人
參照 III-15 注7。

3. 原型民族國家與贊米亞

　　這個時代建立的政治地圖，特別是意識到與西歐、日本之間的共通性，無論如何都會讓人想起與現代大陸地帶各國的連續性。可是，李伯曼一方面強調政治、文化整合的進展，另一方面必須留意他不贊成將這些國家與民族國家相連，看作是民族國家原始型態的「原型民族國家」。

　　另外，從越南中部高原到泰緬北部山地、印度東北部與中國西南方遼闊的山地地帶，有很大一片地區住著沒有被國家整合的人群。著眼於這一點的斯科特，將這個地區稱為「贊米亞」，主張在歷史上發揮了避難場所的功能，抵抗平地國家亟欲整合、馴化人民的壓力，而那些選擇逃亡的人們就來到了這個地方。斯科特大膽提出了要將長久以來被視為未開化、後進地區人們的生活方式，看作是根深柢固反國家主義下主動選擇的產物。這樣的看法如他自己所預料，受到了「過度輕視與平地、國家之間相互依存和共同性」的批判。可是，想要將達成大整合的平地和與國家關係淡薄的山地地帶，放在一起理解的時候，強調山地居民的主動戰略這點，就將討論帶到了新的階段。

探究的重點

(1) 大陸地帶的「大整合」，可以穩定持續到怎樣的程度？

(2) 大陸地帶的歷史發展，與其他地區的動向有多大程度的共通？

(3) 不具備國家的山地居民，他們的動向有多大程度是主動選擇下的產物？

明代的皇帝

19 該如何討論皇帝的權力？

城地孝

【關連項目：宋元明轉折期、蒙古的霸權與危機、清的國家體制】

▷1　**內閣**
由相當於皇帝秘書官的大學士組成的輔政機關。設立於永樂初年，以第6任皇帝正統帝（英宗）幼年即位為契機，內閣變得可以針對官僚的上奏來起草皇帝諭旨的原案。以這種「票擬」權為手段，自明代中期以降出現了原本受朱元璋嚴格禁止、被評為擁有「宰相之實」強大權力的內閣大學士。

＊　**奏摺**
參照 III-24 注2。

▷2　**衛所制**
明朝軍事制度的核心。原則上是以百戶所（112名軍人）為基礎單位，10個百戶所為千戶所（1120名軍人），5個千戶所組織成1衛。衛有擔任天子、京師護衛的親軍衛與京衛，也設置在地方要害來維持治安與國防的外衛。明初這兩種衛合計在全國設有329衛。大部分都是外衛，具有①戍軍（守城、巡邏）②屯軍（軍屯耕作）③運軍（漕運）④班軍（在京師與邊境間輪班值勤）等機能。

背景

在所謂「唐宋變革論」的主要論點中，有一項是關於「君主獨裁制」的確立。只有皇帝掌握了各種事項的最終裁決權，必須被動地面對官僚們琢磨再三、反覆審查的原案來做出裁決，這樣的體制在宋代制度化並成為定局。之後在明清延續下去並獲得強化，好比在明初廢止中書省，並建立了填補空缺的**內閣**[1]，或者清朝雍正皇帝制定的獨特**奏摺**[＊]政治等。至於這種制度下皇帝權力的基本樣貌，與「獨裁」和「專制」這種說法給人的一般印象之間的不同之處等，岸本美緒則藉由明清時代的例子做出了說明。

只是脫離「唐宋變革」來討論「君主獨裁制」的話，恐怕會把各式各樣的問題全都裝進這個詞彙當中。討論在明朝前後統治中國的蒙古與清的國家體制時，可以清楚看到各種皇帝權力的樣貌中反映出的民族特徵。不僅如此，夫馬進則認為隨著明朝朱元璋登場，中國近世的皇帝政治雖然保留了「君主獨裁制」的大框架，也進入了與之前性質迥異的階段。因此，關於明朝皇帝權力的討論，也不能只局限於「君主獨裁制」與「漢族王朝」的層次，必須針對其實際狀況和特質來做出具體的說明。

論點

1. 皇帝權力由怎樣的行動者與制度支撐起來？

明代政治、行政上的主要推手，果然還是科舉考試合格的文官。關於他們負責的行政文書程序，以及這個過程裡介在中間的各個機關發揮的機能和影響力，過去的研究已經大致解開基本的樣貌。

話雖如此，支撐皇帝的絕對不只有文官而已。首先應當舉出的是軍事機構。**衛所制**[2]將戶籍上與民戶有別的軍戶所組成的士兵和武官組織起來，並基於兵農合一的主旨來進行軍屯等事務，在領土上也有獨立管轄的地區。另一方面，也不可以輕易忽視身為皇帝親族的**藩王**[3]與后妃、外戚，或是在內廷隨侍皇帝左右的宦官與特務機構等。過去都只把他們當成寄生於皇帝的存在，從制度上給予定位的角度相當稀少。但是，從皇帝為權力源頭的觀點來看，外廷的文官和他們其實沒有兩樣，因此究竟這些行動者在制度上的定位，以及隨之而來有如何的影響力，在具體把握明朝政治動向、立體來理解皇帝權力方面都是關鍵所在。近年隨著史料狀況的改善，期待能從這個角度來深入探討。如果不打算只是累積案例來填補研究的空白，而是要提出背後意義的話，上述的行動者

如何補完皇帝權力，以及在整個國家行政中占有的分量，這種提問的視角就變得相當重要。

2. 如何思考皇帝行使權力的樣貌？

即使在同一個制度下，實際的政治動向當然不是一成不變。談到明朝政治史研究的出發點，大多是依循某種具體例子，然後針對是怎麼一回事、又是怎樣運作來檢討。明朝的政治基本上是透過官僚上奏—皇帝裁決這樣反覆的循環來展開，因此身為最高、最終裁決者的皇帝，其行使權力的樣貌往往是作為左右政治發展的決定性要素。

講到明朝的皇帝，除了極少數的例子之外，大多是強調他們個人的平庸和愚昧，選擇放棄政務、耽溺於個人享樂，招致宦官與權臣的跋扈。第14任皇帝萬曆皇帝在統治的後半段，有30年不曾接見臣子，面對大部分的上奏也刻意不做裁決，因此讓政治陷入嚴重的停滯與混亂。將這點視為皇帝個人的資質問題，甚至將王朝滅亡的原因歸咎於此，這樣的討論不勝枚舉。但是，比方說黃仁宇就描繪出萬曆朝的政治人物不論立場為何，都困於僵硬的王朝制度與現實的夾縫之間，而首當其衝的不是別人，正是萬曆皇帝。這樣的看法認為皇帝也受到王朝的理念與制度制約，其行使權力的樣貌也會因應各種條件，做出各種有意和戰略上的選擇。因此，都應該意識到要一一去檢討這些條件和意圖的有無及其內容為何。

按照人們具體的行為來思考制度與秩序的角度，不只是社會史和經濟史，在政治史也同樣派上用場。如果把某人針對宮崎市定《科舉》（中央公論新社，1963年）的評論：「在書寫制度的同時，也讓人看見了生在其中的人們的面貌」（松方冬子《オランダ風説書──「鎖国」日本に語られた「世界」》），當成政治史、制度史研究真諦的話，或許會覺得就現狀而言，光是從制度來考察明代皇帝，沒有辦法充分掌握細節吧！在史料上徹徹底底以皇帝為主體來敘述的明代政治中，理念和現實究竟是藉著如何的關係來結合，達到兩者兼顧？如果能夠對此具體加以說明，對於理解中國的國家和社會，應該會很有幫助吧！

▷3　**藩王**
定都於南京的朱元璋，主要為了鞏固對蒙古的防守，所以賦予皇子軍權，分封他們到各要地為王，開設王府。自以燕王身分篡奪帝位的永樂皇帝時代以降，剝奪了諸王的軍權，為了避免他們對皇帝構成威脅，在遷徙、就業、婚姻等方面立下種種限制。不允許王府統治土地和人民，俸祿也由國家來給付，結果這筆負擔成為壓迫國家財政的重大因素。

探究的重點

(1) 和前後的政權相比，明朝的皇帝權力有哪些共通與相異之處？
(2) 實際支撐皇帝「獨裁」與「專制統治」理念的架構，是怎樣一回事？

明清時代的農業

⑳ 是發展，還是停滯？

田口宏二朗

【關連項目：宋元的大運河與海運、宋元明轉折期、宋元中國的飲食文化】

背　景

從長期的角度來看，中國華北地區的農業生產毫無疑問在很早的階段就已經達到相當高的水準。6世紀上半葉的農書《齊民要術》顯示，收穫比率可以達到播種量200倍，即使是農業革命以降的英格蘭也不過是11倍而已。但是，從「既定目標的達成，需要透過資本集約與技術革新」這種史觀的角度來看，土地的高生產性與勞動集約性（使用人海戰術，好歹能夠有口飯吃）也是把兩面刃。10世紀以降在江南開闢耕地（「圍田」「圩田」[1]）、提升施肥水準、引進早熟稻與17世紀擴及全國的新大陸原產作物，還有建立華北的輪作體系等，不論哪一項都是以這個早熟的「農業帝國」——以定居農業部門為主要組成要素的複合性巨大國家——所擁有的初期條件，也就是龐大的人口為前提。在這一點上，「用稀少的人口，把生產性提升到最大限度」當成至上命題的英格蘭與英國殖民地，完全是不同邏輯驅動的世界。正因如此，①在宋代以降的農業技術停滯、窮困匱乏的逼迫下，大批小規模的農家開始經營副業，從而使得手工業、商品作物的生產普及（以及由此歸結出「貧窮的共有」）②都市商業與全國市場的發展（以及16世紀以降海外貿易的擴大），該如何理解這些乍看之下相當矛盾的各種現象，就成為明清農業史一直以來的重要論點。

論　點

1. 開發史、小農社會論

自11～13世紀，女真和蒙古政權積極投入華北地區的農業，而在地的水利組織也明顯試圖去穩定農業生產。但即使如此，在明初的14世紀，由於戰亂等的影響，華北和長江中上游流域的農村都明顯荒廢。在這種情況下，明代從山西往河北、從長江下游往中上游流域，展開了數十萬、甚至百萬等級的自發移民與政策殖民（特別是清代還與總督、巡撫的勸農政策配合），這種移民也帶來了農業與手工業的技術轉移。大規模人口遷徙的路線，大致是從支流平原到低地，再往山地開發，結果（如施堅雅〔William Skinner〕所述）在各個大地域中，穀物、纖維原料與油料作物的生產，以及都市、農村手工業分布的經濟地理結構（地域內分工）都變得相當發達。於是伴隨著非世襲官僚體系與朱子學學理體系的一體化，農民層分解的稀薄度、小規模經營、各家長（並非村落共同體）在家計支出方面握有強大的決定權，以及同一家庭的生計內，明顯有彈性結合複數類別（農業、手工業、商業）的傾向，就在華中、華南到朝鮮半島、日本、東南亞一帶形成所謂的「小

▷1　圍田、圩田
用堤防（或是利用自然堤防）阻絕內陸水體、低濕地，靠著控制灌溉量、排水量來開闢水田。唐宋以降，這種田地以華中、華南為中心擴散開來。特別是明代以降，在堤防圍繞的內部空間中，會進一步挖出宛如毛細管般的排水道，來達到高度的農地利用（分圩）。

農社會」。

2. 從「斯密式增長」到數量史

作為俄羅斯經濟學、人類學起源的**內捲化**論也一樣，是從人口統計學的初期條件與社會結構之間的關連，來強調勞動集約農業的樣貌。歸根究柢，近世日本的勤勉革命論也應該放在這個脈絡上來看待。總而言之，具備階層分化、資本集約＝勞動節約的技術、規模經濟等特徵的西北歐與英國殖民地發展路線，反而才是「異常」，是靠著將價值轉移強加在核心地帶的近代國家間體系、**無機經濟**所需化石燃料的可利用性，以及殖民地等偶然的因素才首度得以實現。從這點來看，沒有和近代工業直接連結的明清時期農業經濟，正是歐亞史上正常的發展路線（人口增加、市場分工進展、總產出量增大）。如王國斌所言，這體現了「斯密式增長」的路線（或者足立啟二所說的「小經營」），因此前述的①和②，並沒有任何矛盾之處。前期資本與末富（不伴隨社會結構轉換在商業上的繁榮）等專業術語也沒有必要說明。不僅如此，在數量史的領域內，明清江南的勞動生產率與每人生產額（≒生活水準）超越了內捲化的理論，提示了直到18世紀下半葉為止都足以和西歐相比肩的可能性。關於畝產量等方面，隨著1960～1970年代中國「資本主義萌芽論」以來收集的史料數據，重新受到關注。但另一方面，劉光臨等人則認為明清時期的人均GDP值，其實是明顯低於宋代，於是討論又趨於白熱化。

3. 環境、制度、地域

誠如上述，對明清農業經濟的關心，重點從質轉向量。其背後的原因是基於過往思考農業技術與農村社會時，總是暗自以西歐的經驗作為比較對象，進而從「質」來進行判定。現今的研究則是對其進行反省，加上這幾十年來電算技術、統計學方法導入中國史後的結果。同時，近年來的研究，特別是17世紀危機論，以及森林植被等環境史方面，也積極嘗試推敲定量資料，吸收進歷史研究中。另一方面，中國農業史中特定的質的特徵（比方說伴隨著買回權益契約的「典」等農地買賣習慣），如何作為與英格蘭農業資本主義特徵有嚴格區別的土地制度來發揮機能，也成為關注的焦點。同時還在摸索各式各樣規範中國農業，並且長期持續，或許可說是質的關鍵因素（也往往總稱為「制度」）與成長論之間的接合。於此，地域經濟史的範疇已經累積了豐厚的成果，為日本在明清史的理解開闢了很大的空間。今後將追求更細緻去描繪各地域制度的形成。

▷2　**內捲化**（involution）
在可耕地有限的條件下，透過追加投入勞動來換取總產量增加的趨勢。雖然看作是合理去適應環境因素，但是因為必定會造成勞動生產率的低落，所以經常招致「沒有推動發展的成長」這種負面評價。

▷3　**無機經濟**
工業革命之後，以不能再生的礦物、化石燃料為基礎的經濟體制。

探究的重點

(1) 明清時期的農業與人口動態之間的關係是怎樣一回事？

(2) 所謂「發展」是什麼？比較日本、印度、東南亞、歐洲等地在農業、手工業、商業的長期軌跡上有什麼相異和共通之處？

明清時代傳播的天主教

21

與當地社會接觸的實際情況及其意義

新居洋子

【關連項目：宋代的儒教、中古基督教圈、清的對外關係】

▷1　**耶穌會**
以羅耀拉為中心，集結了沙勿略在內的7名夥伴組成，在1540年正式獲得教皇認可。其主要特徵是投注心力在發展軍事化的組織、定期報告，以及海外傳教上面。1773年羅馬教皇下令解散耶穌會，但在1814年重新恢復活動。

▷2　**澳門**
自1557年明朝認可能夠在此居住以來，就成為葡萄牙在東亞的貿易據點。直到17世紀為止，葡萄牙王室都是耶穌會在中國傳教的主要後盾，因此有志進入中國的耶穌會士，大部分都是經由葡萄牙殖民地抵達澳門，再試著進入中國境內。

▷3　**欽天監**
負責觀測天文、編纂曆法、基於天象判斷吉凶，以及報時等的機構。

▷4　**教案**
在中國，排斥基督教的運動往往以地方官主導的形式展開，會伴隨著破壞教會，以及傷害傳教士與信徒等行為。

▷5　**禮儀之爭**
由利瑪竇確立下來，將Deus譯為「上帝」與「天」，並允許信徒參與儒教禮儀的方針，不只在其他修會，在耶穌會內部也引發了反彈，而爭論在17世紀末到18世紀初愈來愈激烈。最後，教皇發出全面否定這項方針的教令，並派遣特使告知康熙皇帝

背　景

在東亞有組織傳播基督教的先驅是**耶穌會**[▷1]。繼日本傳教之後，1580年代羅明堅和利瑪竇兩位傳教士，從**澳門**[▷2]成功進入廣州。之後的耶穌會傳教士（以下稱為在華耶穌會士）以主要都市為中心來活動，還借助士大夫的力量，將基督教的教義翻譯成漢文（到了清代還有滿文譯本），廣為流傳。到了稍晚的時代，道明會與方濟會等其他的修會也來到福建和山東等地區，透過當地社會與宗族網絡來獲取信徒。

如此這般，基督教便逐漸傳播開來，同時利瑪竇等人也注意到西歐的數學和天文學等科學知識，對士大夫有強烈的吸引力，因此也投注心力來翻譯和傳達這些作品。不管明朝還是清朝，為了經營王朝不可或缺的正確曆法與全國地圖的製作，都需要這些知識。特別是清朝，任命湯若望為首的傳教士為**欽天監**[▷3]的長官、副長官，拔擢他們為官僚。只是貫串整個明清時代，在南京與福建等各地也陸續發生**教案**[▷4]。以**禮儀之爭**[▷5]為分水嶺，18世紀上半葉到19世紀上半葉，禁止基督教傳教的命令愈來愈嚴格，封死了傳教士的首要目標——獲得官方認可傳教的道路。

論　點

1. 在「適應」方面的國際比較　牽動中國傳教的耶穌會士，考量到當地的習俗與文化，採取順應當地的傳教方針，這被稱為「適應主義」。羅明堅和利瑪竇入華之初就，藉著自稱是「天竺國僧」和穿戴袈裟等方式來借用佛教僧人的身分。之後，利瑪竇透過和士大夫的交流，理解儒教在當地社會的重要性，於是又把袈裟換成儒服，學習士大夫用的官話，努力研習四書五經等儒教知識。接著，他以這些知識為基礎，將基督教中的Deus（神）翻譯成儒教崇拜的對象——「上帝」與「天」，還借用了儒教用語，出版許多書籍。

這種貼近儒教的方法，也展現在實踐，也就是處理儀式的方面。儒教的主要儀式是祭祀天、祖先和孔子，但在從不崇拜Deus以外事物的基督教原則來看，信徒去參加這樣的儀式，可謂問題叢生。然而，強制禁止信徒參加這類儀式，又存在嚴重風險，可能會讓他們擔心與社會之間的紐帶就此斷裂，結果選擇棄教。為此，在華耶穌會士的解釋是祭天和對神的崇拜是一樣的，至於祭祖和祭孔並不是對祖先和孔子的信仰，只是表明感謝之意罷了，因此允許了這些儀式。

只是，適應主義並不只限於在中國傳教。在齋藤晃的編著中比較了世界傳教的架構。耶穌會在16世紀以降於世界各地實踐了程度不一的「適應」，甚至有些地方也採取了與適應相差十萬八千里的方針。這樣的差異是誕生自傳教士基於對各地文化風俗的認識，乃至於當地政權和社會的作用。像這樣藉由關注適應主義與其實踐，並從橫向來進行比較，期待能夠解開明清宮廷與社會方面，對傳教士起到的作用及包容的實際情況。

2. 當地社會信徒的實際情況　過去不斷有種見解認為明清時代傳播的基督教，對當地社會幾乎沒有任何影響，只是以宮廷為中心引進科學知識而已。確實，必須謹慎避免給予當時傳教活動範圍過大的評價。但是根據近年的調查，在沒有充分史料根據的情況下，是沒有辦法輕易討論關於明清民間社會與基督教接觸的問題。

世界上關於中國基督教研究最大的資料庫CCT-Database[6]中，現在登錄公開發表的史料有超過5000部以上的書籍資訊，而且仍在持續增加當中，此外還存在數量龐大的未公開史料。特別是鐘鳴旦（Nicolas Standaert）近年來的研究，證明了在禮儀之爭的時候，北京、江南、江西、湖廣、福建等地約有430名信徒連署寄信給羅馬教皇，表明支持耶穌會的立場，也有信徒寫了各式各樣文章，指出儒教儀式與基督教之間並沒有衝突。雖然可以想像傳教士發起的活動發揮了不少效果，但也能夠看到基督教比過往想像中來得更廣泛滲透到當地社會。

3. 對中國學形成的影響　在華傳教士不只將基督教與西歐科學傳入明清宮廷與社會，也將當地的儒教、歷史、政治體制等，以漢文與滿文的文獻為依據傳入西歐。據新居洋子所述，這些報告所描繪的中國形象，在西歐不僅反映了針對科學、世界歷史、國家等方面最新的討論，還有明清時代的思潮。在18世紀以前的西歐，在華傳教士的報告，以及他們送回西歐的中國文獻，不只是中國相關的資訊來源，也成為19世紀以降**西歐中國學**[7]的基礎。在西歐的政治與社會、世界觀與學問重新編組的過程中，在華傳教士報告中反映的明清思想究竟扮演了怎樣的角色，為了相對化西歐中心的近代觀，是個值得重新考慮的問題。

與在華傳教士，要求他們遵守。康熙皇帝被這種干涉內政的行為激怒，對天主教的態度轉趨強硬，並驅逐了不遵守利瑪竇方針的傳教士。

▷6　CCT-Database
由比利時魯汶天主教大學中國學研究所營運，刊載了中國基督教相關文獻的資料庫，以16～18世紀公開發表的史料及相關研究著作的資料為中心。Ad Dudink & Nicolas Standaert, Chinese Christian Texts Database（CCT-Database，http://www.art.kuleuven.be/sinology/cct）

▷7　西歐中國學
以1795年巴黎東方語言專校成立，以及1814年法蘭西學院開辦「中國暨韃靼滿州語言文學講座」為分水嶺，作為正式學科的中國學（Sinology）於焉誕生。

探究的重點

(1) 透過傳教的國際比較，可以看見中國傳教具有怎樣的特色？
(2) 明清時代的傳教士與當地社會相關的實際情況，是怎樣一回事？
(3) 明清時代經由傳教士傳達的知識，在歷史上具有怎樣的意義？

明清時代的穆斯林

22

如何作為少數派存續下來？

中西龍也

【關連項目：清的國家體制、清與西藏、中央歐亞與周邊文化圈、中央歐亞的伊斯蘭】

背景

被稱為「回民」[1]、說漢語的穆斯林，在明代中葉（15世紀中葉到16世紀中葉）以清真寺為中心，在中國境內各地形成獨自的共同體。他們是以唐宋時期從亞洲各地陸續抵達中國的穆斯林移民末裔為核心所形成的集團。穆斯林移民或其子孫透過與漢人結婚、混血，以及接受皈依者來自我擴充，結果在身體方面逐漸地「漢化」。不僅如此，隨著和周圍漢人的交流，他們在語言、文化上也趨於「漢化」。這種傾向在新來穆斯林移民減少的16世紀以後，突然變得更為明顯，從而形成了回民的性格。伴隨而來的是在回民之間，不管是運用阿拉伯語、波斯語的能力，還是伊斯蘭教的知識與信仰都急遽衰退。為了挽回這種事態，回民的伊斯蘭學者在17世紀中葉，開始撰寫將阿拉伯語和波斯語伊斯蘭文獻的內容，翻譯成漢語的作品（漢語伊斯蘭文獻）。

論點

1. 伊斯蘭是如何「中國化」？

書寫漢語伊斯蘭文獻的目的，是為了啟蒙不會讀阿拉伯語、波斯語文獻的回民。同時也是要讓動不動就因為回民的信仰而視之為異端的漢人，能夠給予伊斯蘭教正當評價，從而確保回民的存續。因此，在這類文獻中隨處可見儒、佛、道教的術語與經典文句，暗示這些中國傳統宗教與伊斯蘭教的親和性。過去的研究著眼於這種漢語伊斯蘭文獻的修飾手法，提出「這些作者對伊斯蘭教的理解，在儒、佛、道教的影響下，究竟『中國化』到什麼程度」這個問題。

有一部分的研究者，把一般認為的伊斯蘭教教義喪失與變化視為「中國化」，透過探究漢語字面上的中國化來討論相關問題。可是，伊斯蘭教的教義會隨著穆斯林學者而產生各式各樣的解釋。歸根究柢，也會隨著時代、地域的不同而相當多變，所以這類討論其實沒什麼意義。於是最近，有些研究者著手分析阿拉伯語、波斯語原典的內容，與漢語伊斯蘭文獻翻譯的差異。透過這種方式，他們持續探討原典的內容如何隨著翻譯「中國化」（或是沒有中國化）。

今後有必要更進一步，將原典、翻譯之間產生分歧的背景和效果一同考察。漢語伊斯蘭文獻的作者除了儒、佛、道教社會的影響力以外，是如何以中國與伊斯蘭世界核心地區相異的各種歷史狀況（比方說蘇菲教團的力量比較弱等）為鑑，來進行翻譯呢？因應中國傳統宗教在思想史上的變化，以及其他歷史變遷時，他們的翻譯又會產生怎樣的改變？這種翻譯伴隨著怎樣的社會作

「回民」原本是用來泛指穆斯林的詞彙，不只是說漢語的穆斯林，說突厥系語言的穆斯林也包含在內。因此，為了排他性指涉「說漢語的穆斯林」，也出現了「中國穆斯林」之類的造詞。但是，因為說漢語的穆斯林在史料上都一律被稱為「回民」，所以在稱呼他們的時候，使用這個詞在一定程度上也是妥當的。因此，以下都稱說漢語的穆斯林為「回民」。另外，「回族」是中華人民共和國政府用來識別存在於中國的56個「民族」的其中一個分類。雖然與回民有部分重疊，但概念上相當不同。外來穆斯林移民漢化的後裔，或是說漢語的穆斯林後裔雖然被認定為回族，但回族並非全部都信仰伊斯蘭教。沒有回族親屬的人，即使信仰伊斯蘭教，也不能成為回族，而皈依伊斯蘭教的漢族，則有可能被稱為回民。

用？（比方說，想為回民、漢人之間調停做出貢獻的同時，也促成了回民間的分裂）這些問題和從多種面向、動態角度來理解回民的生存戰略，以及他們為異文化調和與共生做出的努力，都密切相關。

2. 回民如何反應伊斯蘭世界核心地區的知識動向？ 邁入19世紀後，回民伊斯蘭學者遠赴西亞、南亞和中亞，將未知的伊斯蘭思想帶回中國。他們如何接納這些新思想是個重大的問題。比方說，馬德新（1874年逝世）所寫的阿拉伯語著作，和他監修的漢語著作，其內容就是呼應他周遊過的1840年代中東的伊斯蘭思想。在19世紀的阿拉伯語圈中，擁護、重新評價**阿拉比**[2]與他的批判者**泰米葉**[3]雙方或其中一方思想的風潮相當盛行。馬德新大概是與這種風潮產生了共鳴，將阿拉比的來世論介紹到中國。阿拉比的思想透過後世波斯語的解說書，在回民之間也被當成傳統來信奉，但馬德新是直接參照阿拉比的阿拉伯語著作，將新說法傳達給大眾。另外，在馬德新的著作中也可以看到他將阿拉比的來世論，與泰米葉的論述等其他元素組合起來，意圖和中國傳統思想進行調停。探究這種思想的行為能了解回民在嘗試於中國存續下去的同時，如何回應伊斯蘭世界核心地區的知識動向，也有助於從世界史的角度來掌握伊斯蘭思想。

3. 中國穆斯林的歸屬意識在哪裡？ 貝尼特（Zvi Ben-Dor Benite）根據漢語史料，指出明清時代的回民知識分子，有一種「同時兼具穆斯林與中華性格」的歸屬意識。只是，在出自他們之手的阿拉伯語、波斯語著作及碑文中，幾乎不曾暗示存在著「中華性格」。應該注意回民根據脈絡巧妙表明自己的歸屬，在保有自身特殊性的同時，試圖融入漢人社會。

此外，回民是如何以最接近身邊的「他者」——漢人為鏡，形成自我意識？這個問題（或者是反過來提問）雖然很重要，但也需要注意在回民的自我認識中，絕對不是只有回對漢的構圖。比方說在清代的雲南，原本比起回漢的差異，先住民與內地來的移居者之間，對立更為嚴重，但是在19世紀**雲南回亂**[4]的過程中，又再度強調回漢之間的界線。

回民是在怎樣的狀況下，認識、表現自己為什麼樣的人？這個問題是找出他們的生存戰略時，另外一個重要的工作。

> **▷2 阿拉比（Ibn Arabi）**
> 出身伊比利半島莫夕亞（Murcia）。旅居各地，1240年逝世於大馬士革。著名的「存在一元論」與「完全人類論」思想，以蘇菲派為中心在世界各地廣受信奉，直到現在仍擁有絕大的影響力而著稱。

> **▷3 泰米葉**
> 活躍於敘利亞和埃及，1326年逝世。他的思想深深影響了瓦哈比主義（Wahhabism）和伊斯蘭近代主義（薩拉菲主義〔Salafism〕）等俗稱「伊斯蘭基本教義派」的思潮與運動。

> **▷4 雲南回亂**
> 在雲南的回漢對立激化下產生，回民對清朝掀起的叛亂（1856～1874年）。

探究的重點

(1) 中國與伊斯蘭世界之間，有著怎樣的文化、社會差異？

(2) 什麼是「中國化」與「具備中國性質的事物」？

(3) 對回民而言，「同胞」與「他者」指的是誰？

明清交替與朝鮮

(23)

明的滅亡帶來了什麼？

鈴木開

【關連項目：清的國家體制、清的對外關係】

背景

　　1583年，女真的努爾哈赤在明朝遼東邊牆外的商業和軍事勢力角逐中舉兵，於1616年建立了後金國，2年後與明朝開戰。後繼的皇太極，大膽地向北京和蒙古展開遠征，並將女真改為**滿洲**，最後在1636年即位為大清國皇帝。在接下來的順治皇帝時代，他們終於突破山海關，進入北京（入關），逼迫搶先一步打倒明朝的李自成撤退，完成了明清交替。對明朝竭盡忠誠的朝鮮國，大為反對這樣的舉動，結果遭到清朝兩度侵略、被迫從屬，並協助其入關。而仰慕中華文明的慕華思想在朝鮮日益高漲，其餘波也擴及日本。

論點

1. 什麼是「明清交替」？

　　雖然明清交替按照字面意義理解，就是中國王朝交替的意思，但作為其原動力的女真／滿洲人，原本是在滿洲（manchuria）活動的民族，特別是16世紀時靠著與明朝的毛皮貿易而成長茁壯。於此，如果把墨西哥的白銀流入東亞、後期倭寇的興盛、與蒙古的議和、豐臣秀吉侵略朝鮮都納入考慮，明清交替的範圍就具備超越中國史的廣度。岸本美緒就考察了這種大範圍秩序變動在江南社會中呈現的影響。

　　清的建立，通常會視為「清朝的興起」等，作為入關之前的前史被彙整起來討論。但是杉山清彥、谷井陽子的研究闡明，吸納多部族、多民族的清朝整合原理與制度，是在1636年清朝建立以前的過程中確立起來。必須更有意識去討論該從怎樣的時間、空間範疇來理解明清交替。

2. 名為朝鮮的視角

　　明清交替的衝擊，在朝鮮國（朝鮮王朝，1392～1897年）特別顯著。在朝鮮，隨著宣祖即位，**士林派**[▷1]政權的建立、朝鮮太祖與明的歷史認識問題塵埃落定、明朝在朝鮮遭豐臣秀吉侵略時派遣援軍等來龍去脈，朝鮮深深抱持著對明朝和萬曆皇帝的感謝，並且想要報答這樣的恩情。也因為如此，所以朝鮮在1619年的薩爾滸之戰，向明朝派出了援軍。但是，擔任朝鮮史編修會幹事、修史官的稻葉岩吉，對《朝鮮王朝實錄》中朝鮮國王**光海君**[▷2]曾經事先下達密旨給援軍司令官，要他投降的記述抱持懷疑。儘管如此，他還是認為光海君是一位和努爾哈赤保持友好路線的聰明君主。韓國的韓明基也提出了同樣的論述。稻葉的史料批判雖然妥當，必須注意的是從中得到的見解，與對於光海君的高度評價之間，在邏輯上有無法契合之處。

▷1　**士林派**

在朝鮮地域社會中擁有基礎的士族。他們雖然會透過名為薦舉制的推薦制度踏入中央政界，但在整個16世紀當中一再受到打壓。1567年隨著宣祖即位，他們控制了政權，但又因為學派與政策路線的差異，反覆出現黨派之間的對立。

▷2　**光海君**

朝鮮國第15任國王，1608～1623年在位。擁立仁祖的派系發動政變後遭到廢黜，因此沒有廟號，只用王子時期的封號來稱呼。為了賦予政變大義名分，他被冠上謀殺兄弟、幽閉繼母、建設王宮導致財政惡化，還有與後金合謀等種種罪名。

　　對光海君的評價，與透過政變繼之而起的仁祖之間是不可分割的。一般的理解都認為仁祖扭轉了前代政權的政策，改採與清朝敵對的立場，結果遭致清朝兩度侵略，也就是丁卯之亂（1627年）和丙子之亂（1636～1637年）。這裡呈現的是一種否定的朝鮮觀，遵奉朱子學的朝鮮貫徹了對明朝的事大，不得不臣服於清朝。

　　可是，如果冷靜俯瞰整個事態，會發現丁卯之亂是發生在皇太極即位為汗後不久，丙子之亂則是在即位皇帝後發動，也就是說必須要將清朝的出兵，視為是與他們整頓國家制度、發揚國威之間不可分割的政策。丘凡真以丙子之亂為中心，明確討論了這點。如此看來，其實沒有必要將朝鮮對明、對清的認識與回應，理解為帶有悲劇的色彩。許泰玖藉由分析主張和清徹底抗戰的「斥和派」，來接近朝鮮為政者的心性。至於鈴木開則闡明了在丁卯、丙子之亂的戰間期，朝鮮與清之間的外交交流樣貌。

　　清與朝鮮的關係在邁入18世紀後終於穩定下來。這是和清朝統治體制的確立有著密切關連的問題，有必要多方面來檢討。依然可以從朝鮮在王宮中設置祭祀萬曆皇帝的「大報壇」等舉動，看見慕華思想的高漲。

3. 名為地域的視角

　　有必要將意圖抵抗清朝統治的朝鮮動向，放在南明政權、三藩之亂、鄭氏政權等大範圍且持續的反清運動脈絡中來定位和思考。說到海上勢力，總會聚焦在鄭成功身上，但在他之前還有以黃海上屬於朝鮮領土的椵島為據點的明朝武將毛文龍。毛文龍和其後繼勢力的活動，對清與朝鮮的對明政策產生了很大影響。之後鄭氏雖然以朝鮮降伏為例，向清朝提出保障領土的要求，但其背後有必要設想到當時的海域交流。包含清朝重新梳理對蒙古的關係在內，必須從各種地域的視角來掌握流動快速的國際情勢。

　　這裡提到的地域也包含日本在內。清透過朝鮮，關注著日本的動向，日本這邊也透過琉球、長崎、朝鮮，不斷刺探大陸的狀況。日本是用「華夷變態」的思想來理解明清交替，同時也能夠看到像《國姓爺合戰》這樣，在民眾層級間的知識擴張。只是這種理解，和朝鮮實際與清對峙的經驗，可以說是完全不同的事物。辻大和在談及朝鮮與明朝的海上貿易、國境**互市**，乃至於與日朝貿易的關係時，都討論到了當時圍繞著朝鮮的國際環境，以及朝鮮政府的對應。

> * 　**互市**
> 參照 III-25 注2。

探究的重點

(1) 清朝建立的社會經濟背景是什麼？

(2) 明清交替對周邊國家與地域，產生了怎樣的影響？

(3) 針對清的建立，朝鮮國採取了怎樣的應對方式？

清的國家體制

24

帝國是如何整合起來？

杉山清彥

【關連項目：清的對外關係、清與西藏】

▷1　滿洲
金～明代稱為女真（女直）的人們之後裔，也是現在滿族的前身。關於其語源有各種說法，漢字則是直接按照發音寫成「滿洲」。原本是部族名，努爾哈赤則用作國名，並在1635年取代女真，成為民族名。他們並非遊牧民，而是打造村落，以旱田耕作和狩獵、採集為生。

▷2　奏摺
臣下直接送達皇帝手中，由皇帝親展的文書。皇帝不透過政府機構，在宮中直接收受這些文書，並用朱筆寫上回應（稱為硃批），然後送還給發信者來傳達指示。這個制度在康熙皇帝時期創立，雍正皇帝時期全面採用而為人所知。

▷3　八旗制
努爾哈赤所創設，滿洲人的軍事、行政、社會組織。由按照旗幟有不同稱呼的8個集團組成，所以稱為八旗。皇帝和一族諸王分別統率這些集團。在入關之前，所有的家臣、領民都分屬於八旗（因此稱為旗人），入關後則成為不從事農工商業、提供文武官員的身分集團。隨著清的勢力擴大，也將蒙古人、漢人編入八旗，各旗變為由滿洲、蒙古、漢軍與負責家務的包衣所組成。

背景

清是17世紀時**滿洲**[1]人在南滿洲所建立，1664年進入漢地（入關）後，直到1912年為止，都是一個統治歐亞東方大半土地的帝國。清的起源是16世紀末由愛新覺羅氏一名首長努爾哈赤所建立的滿洲國。努爾哈赤在1616年即汗位，稱後金國（滿洲語稱為aisin）。努爾哈赤的兒子皇太極於1636年即位為皇帝，制定對應滿洲語、漢語的新國號，滿洲語讀作「daicing gurun」，漢語則稱為「大清國」，清朝於焉成立。入關後，18世紀中葉乾隆皇帝的時代達到清朝最大的領域，從發祥之地滿洲到舊明朝領地的中國本土，接著更遠到南北蒙古、西藏、東突厥斯坦等地。清朝作為擁有多種政體、謀生方式、語言、信仰、習俗的地域大集合，為了整合自身的版圖，不可或缺的是建構一套剛柔並濟的統治體制，謀求其治下達到大範圍的共識。

論點

1. 清朝的國家性格與興起背景：

如何來掌握清朝國家，大致分為三種看法。第一種是從中國專制王朝的系譜來定位，評價為繼承明朝、完成中國近世君主獨裁制的時代。這種看法認為，清的統治架構，除了軍機處、理藩院、內務府等幾個特有的機構外，包括以內閣、六部為首的中央和地方官制，以及透過科舉錄用官僚等，都是原封不動地繼承了明的制度。至於皇帝則是使用**奏摺**[2]這種獨裁的方式來指揮政務。

第二種看法則是強調作為滿洲人建立、統治的王朝這一面。在這種脈絡下，**八旗制**[3]就作為統治骨幹而受到關注，在滿洲國時代作為軍政一體的國家制度被創造出來，而入關後仍然是軍事制度的核心與統治的推手。更進一步說，不只從認為是滿洲元素的觀點，以蒙古帝國為代表的中央歐亞國家系譜這種更廣泛的角度，來理解清朝時其多民族整合的樣貌，以及對蒙古、西藏的定位，就變得相當引人矚目。

第三種看法則是從同時代的觀點出發，把清朝建立國家當成16～17世紀東亞規模、甚至世界規模上政治、經濟、社會變動的一環來掌握。把靠著毛皮與藥用人參貿易崛起的滿洲＝清朝國家，當成在國際貿易景氣熱絡的時候，於明朝邊陲地區形成的新興軍事—商業勢力其中一員，就能夠看出與倭寇、海商勢力、明的邊境軍閥，以及日本統一政權等之間的共通性格。

這三種看法分別對應了清朝國家的特徵：穩定的統治、兼具凝聚力與開放

性，以及帶有現實主義的政治姿態。

2. 多民族整合與複合國家的性格

清的統治既然支配了廣大且多元的領域，自然不得不採取複合的架構。當重視作為中國王朝的性格時，在空間上會分成由中國本土與滿洲構成的直轄領地，以及間接統治的藩部（外藩）來控制；在理念上，則會透過以皇帝為中心安排階層和序列的同心圓，這種華夷思想來解釋。關於這點，茂木敏夫從孟軻（Mark Mancall）的學說為出發點，提出了由滿洲與藩部所構成、作為內亞世界的「西北弦月」，以及由中國本土與朝貢國所構成、作為中華世界的「東南弦月」，這種兩個半圓組成的二元模型（圖1）。

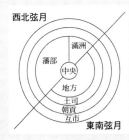

圖1　（茂木敏夫）

另外，岡洋樹從重視清朝中央歐亞性格的角度出發，指出清採取階層組織體系的同時，各單位也有高度自立的分離性格，因此可以定位成「北亞式」的國家和社會結構。杉山清彥則主張，由5個區塊組成的清朝版圖，是由編成八旗的滿洲人為核心，和領有各自屬下、領民的外藩王公，以及中間沒有領主階層而是直接從屬的漢人共同建構的複合體，因此可以從這種角度，畫出一個統一的模型（圖2）。不論如何，帝國是由歷史性格和臣屬脈絡相異的地域、集團所組成的複合體，至於將這些結合起來的，不過是皇帝與各集團之間的個別君臣關係。近年來，這種多元性成為關注的焦點。

圖2　（杉山清彥）

3. 統治體制的模型與評價

圍繞著清的國家體制，各個學說對於滿洲的元素，以及權力集權程度的評價上頗有分歧。

相對於「中國專制王朝」，重視清朝所具備滿洲、中央歐亞性格的看法，除了上述提過的角度之外，還有以美國為中心的新清史（New Qing History）研究潮流。身為新清史旗手的歐立德（Mark C. Elliott）提出質疑，究竟統治者為滿洲人，以及由少數人統治這件事，在清史與中國史中具有怎樣的意味，並強調其歷史意義。

另一方面，究竟該如何評價皇帝的專制性，以及統一的官僚體系，也引發了論爭。從重視滿洲、中央歐亞性格的立場來看，儘管是以皇帝強大的領導力為前提，但也應該強調八旗作為王公、旗人的集合體，以及與各式各樣形式臣屬的外藩之間聯合的性格。對此，谷井陽子則認為八旗是皇帝一元統治的官僚制組織，主張其集權的性格。即使在中國史的脈絡下，有人把清看成「皇帝權力極大化導致的君主獨裁」，也有人從「清在末端統治上把權力都交給地方」這種放任主義的角度著眼，重視權力分散、地方分權的一面。在討論清朝國家的性格與特質時，必須明確區別究竟該以什麼為對象，又要聚焦在哪個層面上？

探究的重點

(1) 清朝是如何來統治多元地域與居民？

(2) 試著將清朝的版圖的多樣性與統治方法，與明朝及現代中國進行比較。

清的對外關係

(25) 為什麼要尋求新的視角？

岡本隆司

【關連項目：清的國家體制、清與西藏、中國民族主義的形成】

背 景

　　1616年由努爾哈赤草創、1636年由皇太極建國的清，從一開始就是採取以女真＝滿洲人為中心的多族共存體制。說到底，這種體制其實是反對將「中華」＝漢人及其外的「外夷」嚴格區分的明朝意識形態之下的產物，而體制擴大與成為定局不用說，就是17世紀清朝的建立。1636～1637年出兵朝鮮、1644年「入關」、1648年開放貿易、1689年簽訂《尼布楚條約》，還有後來喀爾喀的歸順及保護西藏等，透過這一連串事業，奠立了清朝的規模。因此，光用「中華」意識形態與「朝貢」[◁1]來掌握清朝的體制，或是狹義的對外關係，都是毫無道理的。當然不是沒有「朝貢」的關係，而是不代表一切。正因為確實存在其他的關係和範疇，並且擁有各自相異的機能，所以如何掌握這種複合的架構與動態，就變得相當重要。

論 點

1. 條約體制與朝貢體制

　　一直以來有關「清朝對外關係」的研究，都是從強調與近代國際關係相異的性質談起。因為這是從英語圈發祥的觀念，所以重點也都放在強調歐美的存在意義上。他們設定了「條約體制」這個命題，也就是「西洋的衝擊」（西洋近代帶給中國的影響）之下，轉為用條約來處理對外關係；以及相對的反命題，作為前近代、「傳統」的對外關係的「朝貢體制」這個概念。這樣論點遂成為之後的主流。

　　「朝貢體制」其實只是個徹徹底底在理論上的反命題，而非根據實際情況累積起來的概念，因此有很多和史實不符的案例。儘管如此，在整體性的整理說明上，乍看之下相當便利，因此有特別容易因襲運用的傾向。不只如此，因為這種「對外關係」往往觸及其他領域，所以特別是在西洋史、日本史、國際關係理論上很輕易就會援引這個概念。

　　若是因為便利就沿襲和援引的話，那麼只是有意識或無意識地盲從這套學說的立場、視角與架構，而實際上這就是研究的陷阱。但是，直接重新質問這個架構本身，又會變成另外一回事，而進入21世紀以後，這樣的機運終於開始高漲。至於日本史方面也終於開始出現反省的聲音，是因為不再認為「西洋近代」是個不證自明的概念架構。儘管如此，只不過是近代反命題的「朝貢」概念，卻仍不能說已經全然消除。這就是現狀。

▷1　**朝貢**
如同字面上的意思，指的是攜帶貢品、禮物等，前去拜訪的儀式行為。因為這種關係是作為一種禮制來設定上下關係，所以明朝把自己定位為具有至高地位的「中華」，安排了一套世界秩序，強制周邊國家進行朝貢。在這裡成為問題的是，這種意義下的朝貢，被美國學界擴大解釋成帶有中國性質的整個世界秩序，並稱之為「朝貢體制」。參照 I-12 注6。

2. 朝貢貿易體系、互市、內亞

從很早以前，就有人對「前近代＝『朝貢』」這一架構提出質疑。在經濟史研究方面，因為以「近代」為基準來掌握中國經濟特性有其困難，反而更重視其「傳統」層面，所以對「條約體制」這種見解，抱持著相當批判的態度。濱下武志主張的「朝貢貿易體系」是代表性的學說。然而，要克服「傳統」＝「朝貢」這個概念的咒縛，並不容易。在不把「朝貢」的史實看成清朝整體對外關係這一點上，因為並沒有改變一直以來的研究，所以於此又更進一步提出兩個方向的批判：

第一個是著眼於「互市」。這種研究復原了前近代的對外關係並非清一色為「朝貢」這一史實，意圖藉此突破「朝貢」概念的咒縛。民間貿易興盛的實際狀況，以及這種貿易與「朝貢」理念、制度之間的關係，成為問題的所在。

第二個則是依循內亞脈絡的研究。說到底，和漢語和儒教關連甚淺、不見得具備基於禮制「朝貢」機能的遊牧國家之間的關係看來，本身就是和「朝貢體制」架構格格不入的史實。這種對「朝貢體制」以及「朝貢」概念的批判，不只是命中要害，也反覆作為取代「朝貢」秩序體系的概念架構而被提起。從更廣闊的角度來看，這和英語圈的「新清史」走向，可以說是同一個脈絡。

關於清朝對外關係的史實，就像這樣透過切換時期與視角，呈現出多樣的面貌。由於光講「朝貢」概念，並不足以說明一切，所以要怎樣重新審視這點，就成了學術史上的問題。

3. 綜合思考的角度

如同上述，只用「朝貢」概念來解釋清的對外關係，已是陳舊落伍許久的方法。可是能夠取而代之的架構尚未定於一尊，加上舊有概念仍有通用之處，這也是事實。畢竟「論點2」所介紹的批判，不論何者都沒能就其對象進行內在的分析。

明清史與中央歐亞史各自都是積累深厚的學術傳統。因為史料系統和分析視角都有所差異，所以往往會局限於各自的立場，難以從更高、更廣的角度來進行整合性的分析。此外，不論哪一方的時間跨度，都是限於18世紀之前，這一點也大有問題。說到底，如果從「朝貢」概念登場的來龍去脈來思考，那麼不連結到19世紀以降的近代史，就不能算是完成了批判。現狀就是對這點的著眼明顯不足。因此，包含相互學說的成立在內，都需要嶄新的視角檢討才行。

▷2　**互市**
意指「進行廣泛交易」的漢語，可是作為歷史上的制度用語，則具有一定的含義。在明清時代，指的是與中央政府沒有直接關連下，以規定和課稅為基礎進行的貿易活動。之後也可以指在締結條約的開港場所展開的貿易。

探究的重點

(1) 清朝對外關係的前提是什麼？

(2) 清的對外關係在對東洋史學具有怎樣的意義？

清與西藏

26

兩者之間是怎樣的關係？

小林亮介

【關連項目：西藏與佛教、清的國家體制、後蒙古的民族】

背景

對於於歐亞大陸東北方崛起的滿洲人所建立的清朝而言，當時遍及蒙古與**衛拉特諸部**的藏傳佛教，其影響力不容忽視。正好在這個時候，在西藏中央地帶，建立了以格魯派**達賴喇嘛**為頂點的政權，但主要也是由各個衛拉特勢力在政治、軍事上支撐這個政權。清朝一方面就這樣透過與蒙古、衛拉特相互合作和競爭來介入西藏事務，另一方面又尊重達賴喇嘛與**班禪喇嘛**等**活佛**在藏傳佛教圈廣泛保有的權威，投注心力來振興佛教。如此這般，清朝以藏傳佛教為媒介，加深了和蒙古、西藏的關係，但19世紀以降，在近代國際關係壓垮亞洲舊有秩序的情況下，清與西藏的關係也產生摩擦。

論點

1. 作為藏傳佛教王權的清朝

透過鈴木中正等人的研究，清楚點明了早期清與西藏關係，並非朝貢、冊封、華夷秩序等概念所展現出來，基於儒教思想的上下、君臣關係，而是在「施主與受供養的僧人」這層佛教上的關係，建立的「對等」關係。石濱裕美子從這個視角更進一步往下深掘，透過檢視藏語、滿洲語、蒙古語文獻，討論了17世紀清、西藏、蒙古三者之間，以基於藏傳佛教的王權思想為主軸建立的外交關係，並命名為「藏傳佛教世界」。

乾隆皇帝統治期間，清朝作為藏傳佛教王權的特質尤為明顯，因此這個時代相當受到關注。以「文殊菩薩化身」自居的乾隆皇帝，透過興建眾多藏傳佛教寺院，來紀念自己在藏傳佛教世界中的霸業與權威。同時他也推動翻譯經典，邀請班禪喇嘛前來北京，並加以禮遇。即使在歷代皇帝中，乾隆皇帝對藏傳佛教的傾慕也是相當突出。中國學界普遍有一種根深蒂固的解釋，那就是認為乾隆皇帝的這種姿態與行動，其實是為了駕馭信奉藏傳佛教的蒙古人，所以在政治上利用佛教。但是，如同平野聰所提到，強調「利用藏傳佛教」的看法在清朝內部成為廣泛共識，準確來說是19世紀以降的傾向。

藏傳佛教作為支撐清朝皇帝權威與神聖性的思想，究竟到何時為止還持續保有生命力？包含這一點在內，還有許多值得檢討的地方。

2. 關注肩負清朝政策的人們

該如何理解18世紀清對西藏的干涉日趨強烈的政治過程？這個問題在學術史上依然爭論不休。義大利的西藏史家畢達克（Luciano Petech）就將18世紀上半葉描繪成西藏轉變成清朝「保

護國」（protectorate）的時代。

　　但是究竟在西藏堪稱「清朝統治」的實際狀態，達到怎樣的程度？關注的焦點之一是配置在拉薩的兩名駐藏大臣，其存在及扮演的角色。清朝在18世紀排除和碩特與準噶爾等衛拉特勢力在西藏的影響力，這個過程可以用導入駐藏大臣以及在制度上強化其權限的歷史來說明。只是，如同村上信明所述，乾隆皇帝曾經嚴格禁止駐藏大臣做出蔑視達賴喇嘛權威的行為，而諸如此類的命令也可以說是為了和西藏保持良好關係而下的判斷。

　　另一方面，清朝將許多藏傳佛教僧侶納入體制內，從而推動藏傳佛教的制度化，這點也是重要的檢討課題。日本的若松寬針對這些僧侶的事蹟，做出了開創性的研究。近年則有池尻陽子將清的藏傳佛教管理制度命名為「扎薩克喇嘛制度」，並考察了從清初到18世紀下半葉的佛教政策史。不過，池尻在討論的同時，也指出必須留意清朝重用的這些僧侶，不見得就這樣納入清的管理與統治之下，而是以藏傳佛教僧侶的身分，擁有獨自的專業地位、權威，以及人際網絡。

　　關於這些居中中介清與西藏之間關係的駐藏大臣與僧侶，他們所扮演的角色，應該納入研究上較為薄弱的19世紀政治史，根據時代和案例來做更進一步動態的考察。

3. 與西洋列強的邂逅及其引發的波瀾　　20世紀初期，清與西藏的關係產生了深刻的裂痕，達賴喇嘛政權脫離清朝，轉而仰賴過去害怕接觸、拒於門外的英國。直到中國民國成立後，基本上這種依附的姿態沒有什麼改變。特別是中國的學界，傾向於將這點描繪成「帝國主義侵略中國的典型例子」。但是另一方面，如果有注意到當時達賴喇嘛政權方面的動機與認識，則有可能產生一種看法，認為清朝受到來自西歐的「領土主權」影響，要顛覆過去和西藏之間「施主與受供養僧人」的關係，逐漸加強對他們的統治和壓迫，結果導致了達賴喇嘛政權的懷疑與反彈，從而自發性地尋求英國作為後盾。不只英國、俄國、中國等大國的利益與角色，西藏自身動向的具體樣貌，也是應當關注的焦點。

探究的重點

(1) 對清而言，藏傳佛教有什麼價值和重要性？

(2) 近代清朝的變遷與滅亡，為往後的中國與西藏關係，帶來了怎樣的影響？

後蒙古的民族

27 蒙古帝國後繼政權的分立，帶來了什麼？

赤坂恒明

【關連項目：遊牧世界與定居世界、遊牧帝國的形成與分裂、蒙古衝擊、蒙古的霸權與危機、中央歐亞與周邊文化圈、中央歐亞的伊斯蘭】

▷1　北元
一般看法都認為1388年忽必烈的直系大汗遭到殺害，代表著北元的滅亡。但近年在中國則有人認為，直到最後的正統大汗林丹汗過世（1634年），北元才算滅亡。只是必須注意在後者的看法中，包含著將南方的明朝與北方的北元，合在一起看成是中國南北王朝的歷史認識。

▷2　欽察汗國（金帳汗國）
由於這是19世紀以降在俄羅斯中心史觀下，作為「俄羅斯的蒙古人政權」建立的概念，因此有討論認為有根據原始史料來相對化和重建的必要性。

▷3　察合台汗國
由察合台的玄孫都哇打倒窩闊台家海都的諸子，統一中亞南部之後建立。

▷4　遊牧烏茲別克國家
朮赤五男昔班的後裔阿布海兒，在1428年於中亞草原地帶建立的騎馬遊牧民國家。阿布海兒逝世後，國家一度分崩離析，但他的孫子昔班尼（Muhammad Shayboniy），建立了所謂的昔班尼王朝，並滅掉了帖木兒王朝，將中亞南部納入統治之下。

▷5　諾蓋（Nogais）集團
由蒙古系曼吉特部也迪古的後裔所統治的騎馬遊牧民集團。分裂後，大部分人跟哈薩克合流，其他則

背　景

1638年，元朝結束了對漢地的統治，蒙古帝國實質上已經土崩瓦解。但是，在中央歐亞有所謂的北元[◁1]、欽察汗國（金帳汗國）[◁2]、察合台汗國[◁3]，仍然擁戴成吉思汗的後代，並且維持一定的勢力。

在蒙古高原，1388年忽必烈直系的北元大汗脫古思帖木兒遭到殺害後，非成吉思汗後裔的瓦剌（西蒙古）崛起，進入政治分裂時代。不過在15世紀末以降，在認為是忽必烈子孫的達延汗與其後裔，以及認為是成吉思汗諸弟後裔的各王族統領之下，蒙古高原的各集團再次獲得編組。另一方面，瓦剌在15世紀中葉曾一度統一蒙古高原，但不久就陷入分裂，被驅逐到蒙古高原以西。這些東西蒙古的集團，與現代的蒙古民族密切相連。

在中央歐亞西部，擁立成吉思汗長男朮赤與次子察合台後裔的欽察汗國、察合台汗國領導下，直到蒙古帝國瓦解的時期為止，不只蒙古統治階層，就連治下的各個集團，在語言方面走向了突厥化，宗教方面則是伊斯蘭化，進而在突厥系各民族之中建立起好幾個民族集團的核心。

在中央歐亞西北部，欽察汗國在14世紀下半葉以後陷入分裂；15世紀左右，包括**遊牧烏茲別克國家**[◁4]在內，各自擁戴朮赤後裔，建立了好幾個政權。在這些政權下，建立了韃靼人、克里米亞韃靼人、烏茲別克人、哈薩克人形成民族的核心。此外，非成吉思汗後裔的**諾蓋集團**[◁5]，一度也有相當的勢力，但是缺少對統治階層的向心力，所以很快就分裂衰退。

在中央歐亞西南部，察合台汗國分裂後，成立了東邊的蒙兀兒斯坦汗國（東察合台汗國）與西邊的帖木兒王朝。兩個政權都受到遊牧烏茲別克等新興集團的壓迫，面臨衰退而滅亡。但是，前者雖然勢力日減，還是趕走了吐魯番、哈密等地的回鶻佛教勢力。在後繼政權喀什汗國（葉爾羌汗國）帶領下，促進了塔里木盆地與其周邊地域在政治、社會、文化上的一體化，建立了現代維吾爾民族的架構。

論　點

1. 北元時期以降的「蒙古」這個概念

與現代蒙古民族直接相連，以北元時期的蒙古高原及其周邊地區為中心來活動的蒙古系各集團，16世紀以降的蒙古文編年史經常稱之為「四十蒙古與四衛拉特」，因此狹義的蒙古並不包含衛拉特。但是，17世紀復興的衛拉特，不只涉足西藏、樹立**達賴喇嘛**

政權[6]，還以準噶爾盆地為中心，建立起世界上最後的騎馬遊牧民帝國，以準噶爾王室為盟主的衛拉特聯合也因此繁榮。狹義的蒙古與衛拉特，在16世紀下半葉到17世紀初，陸續皈依了藏傳佛教。這點可以想成連結起具有一體感的廣義蒙古的要素之一。只是，這個集團的架構是在清朝治下固定下來，而到了20世紀，**蒙古民族主義者**[7]輩出的兩個集團——布里亞特和達斡爾，前者在蘇聯、後者則在中華人民共和國的民族政策下，被認定為各自獨立的民族。必須特別注意「蒙古」這個概念的變遷。

2. 中亞南部的烏茲別克、維吾爾民族名稱，以及蒙古帝國的後繼政權

烏茲別克的族稱，是源自於作為察合台汗國後繼政權的遊牧烏茲別克國家。但是，現代的烏茲別克民族是在蘇聯時期，由本來的烏茲別克、烏茲別克以外仍然維持部族組織的突厥各集團，還有不具備部族組織的定居民，三者整合起來才形成的。因此，將現代烏茲別克民族的歷史回溯到遊牧烏茲別克國家，甚至直接連結到蒙古帝國，這樣的做法並不恰當。至於**現代維吾爾民族**[8]的建立，則是20世紀蘇聯與中國民族政策造成的結果，這個族稱也是和古代、中古的回鶻沒有連續繼承關係，只是一個復古的新名稱。或許是族名和蒙古帝國的後繼政權沒有什麼關係的緣故，蒙古帝國後繼政權在現代維吾爾民族形成中扮演的角色，感覺起來反而受到了輕視。

3. 成吉思汗權威在中央歐亞的各種面向

「民族」雖是近代歐洲建立的概念，但在中央歐亞的遊牧集團中，擁有所謂「民族」的概念，並具備親和性高的自我歸屬意識的集團在前近代就已經建立了。無庸置疑，蒙古帝國後繼的政權都帶有成吉思汗的權威，而且這樣的權威與各集團核心的建立有很大的關連。在哈薩克，成吉思汗的權威一直維持到20世紀初期，但在烏茲別克則與遊牧民的定居化同時並行，為伊斯蘭的權威所取代，最後消失殆盡。在蒙古，藏傳佛教雖然相對化了成吉思汗的權威，但除了非成吉思汗後裔的衛拉特等以外，成吉思汗的權威在蒙古遊牧民社會中並沒有消失。促進民族集團形成的向心力與成吉思汗權威的相互關連，將會成為今後的研究課題。另外，也必須留意20世紀的時候又從與前近代相異的理論架構，來重新認識成吉思汗的權威。

成為卡拉卡爾帕克人（Qaraqalpaqlar）、北高加索的諾蓋人、克里米亞韃靼人的一部分。參照 III-28 注1。

▷6　**達賴喇嘛政權**
入侵西藏的衛拉特聯合遠征軍，於1642年統一了西藏，推舉第5世達賴喇嘛為全藏傳佛教界的教主，並由衛拉特的固始汗就任西藏王位，建立了這個政權。

▷7　**蒙古民族主義者**
比方說著名的蒙古民族主義者扎木斯朗（1881～1940年）與墨爾色（郭道甫，1894～1937？年），就分別出身自布里亞特與達斡爾。

▷8　**現代維吾爾民族**
1921年，在今日哈薩克共和國的阿拉木圖，以出身伊犁河流域的人為中心，召開了知識階層的代表會議。在會中，決定依照俄羅斯古突厥語學者馬洛夫（S. E. Malov）的提議，將民族名稱訂為「維吾爾」。中華民國在1934年，也採用維吾爾為該族族名，並在1935年，確定用漢字表記為「維吾爾」。在此之前的回鶻，則是指位在甘肅省的裕固人（Yogïr，現在的裕固族）。

探究的重點

(1) 在歐亞史上，蒙古帝國是如何受到過度高估與低估？

(2) 成吉思汗權威的消長，在地域和集團方面有著怎樣的差異？

(3) 如何相對化用近現代建立的民族概念去回溯過去的民族史？

中央歐亞與周邊文化圈

㉘ 如何建構起與鄰接諸國的關係？

野田仁

【關連項目：遊牧帝國的形成與分裂、突厥系各部族、蒙古衝擊、清的對外關係、後蒙古的民族、中央歐亞的伊斯蘭、中亞的近代】

▷1　諾蓋
隨著蒙古帝國解體，自14世紀末起在欽察草原擴大勢力的遊牧民集團。進入16世紀後陷入分裂，一部分人遷徙到北高加索。他們被認為是住在現今達吉斯坦共和國（Dagestan）等地的諾蓋人祖先。參照 III-27 注5。

背景

蒙古帝國解體後，反覆聚散離合的突厥—蒙古系遊牧民集團，逐漸達成共有同一個集團名稱的整合。在這個過程中隨著俄羅斯的勢力擴大，西方的**諾蓋**[▷1]、哈薩克、烏茲別克等集團，一步一步不得不臣服於俄羅斯。16世紀初的烏茲別克，不只入侵了中亞綠洲地帶，取代了帖木兒王朝的政權，還在呼羅珊地區跟伊朗產生衝突。在東方則是以蒙古為中心，明朝雖然在名義上冊封了蒙古，並滿足其貿易要求，但進入16世紀以後，蒙古還是不斷入侵中國來掠奪。只是，17世紀滿洲人建立的清勢力擴張，也將蒙古納入他們的統治之下。在蒙古系集團中，雖然衛拉特（準噶爾）集團建立起各自的游牧帝國，並在短時間中擁有足以和俄羅斯與清朝分庭抗禮的力量，但最後在清的遠征（1755年）中敗北。

以下的論點將比較中央歐亞遊牧民集團與俄羅斯、伊朗、中國這三大國之間的關係。

論點

1. 是「臣屬」，還是「支配」？　首先，要將目光投向與西邊俄羅斯的關係。16世紀中葉，消滅喀山、阿斯特拉罕（Astrakhan）、西伯利亞等汗國的俄羅斯（莫斯科政權）削弱了諾蓋遊牧民，而俄羅斯的君主，作為特雷帕夫洛夫（V. V. Treplavlov）口中的「白色沙皇」，在中央歐亞的集團中也被承認有一定的權威。俄羅斯往中亞方面發展的契機之一，就是建構了與哈薩克遊牧民之間的關係。1730年哈薩克的阿布勒海爾汗（Abul Khair Khan），為尋求周邊勢力的保護，向俄羅斯沙皇宣誓臣服。這是否代表俄羅斯吞併哈薩克，引起了眾人的討論。但是，哈薩克君主實際上在各方面都做過類似的誓言，所以要把這次宣誓直接連結到吞併哈薩克草原，未免太過武斷。

和東方中國之間的關係方面，明代與清代的狀況迥異。蒙古在明代是威脅中國的存在，16世紀中葉的俺答汗還曾經嘗試遠征北京。但是到了清朝（一開始是後金）時期，首先是在1636年將內蒙古（察哈爾）納入統治之下，接著外蒙古（喀爾喀）在1691年也接受了清的爵位而臣服。雖然當中有人被編入**八旗**[*]，但作為外藩編入清朝國家體制的蒙古遊牧民，身為接受爵位的蒙古王公（主要是成吉思汗的後裔）的屬下這點，基本上是不變的。這種清朝作為前提、以皇帝為頂點並重視人與人連結的統屬關係，同樣適用在準噶爾滅亡後與比外藩

更外側的哈薩克和烏梁海（圖瓦）之間締結的關係。哈薩克的貴族階層也接受清的爵位，被看作是清朝皇帝的屬民。如果考慮到與俄羅斯的關係，位在大國邊陲的遊牧勢力，雖然會依照大國各自的統治、支配理念建立對應的關係，但不見得就代表他們被納入這些大國的直接統治之下。

2. 軍事上的衝突

最積極發動進攻的是結合火器（槍砲為首）和騎馬技術的準噶爾。他們往東越過蒙古高原，和清朝發生交戰；向西則威脅俄羅斯的國境，並在18世紀上半葉，圍繞著西伯利亞展開對峙。敵對關係也意味著會受到攻擊，準噶爾遊牧政權就在清朝遠征與內鬨的影響之下，最終走向滅亡。

與伊朗的關係上，由於有**宗派**[2]差異等因素，烏茲別克遊牧民建立的昔班尼王朝，屢屢展開遠征。16世紀下半葉的阿卜杜拉汗2世（Abdullah Khan II），將疆域擴展到哈烈（Herat）與呼羅珊。之後從昔班尼王朝過渡到阿斯特拉罕王朝的混亂期，意圖奪回呼羅珊地區的伊朗薩法維王朝明君阿拔斯1世（Abbas the Great）也介入了烏茲別克的事務。薩法維王朝也和烏茲別克一樣，其軍事力量的核心都是突厥系游牧民集團。此外，中亞的綠洲都市希瓦（Khiva）和布哈拉在18世紀上半葉遭到伊朗納迪爾沙（Nader Shah）的遠征入侵時，曾一度投於薩法維王朝之下。

3. 移動

近年來廣受注目的是人與物的移動。移居的代表例子，是衛拉特系的**土爾扈特**[3]遊牧民，從現在的中國新疆遷徙到俄羅斯的窩瓦河流域，但苦於俄羅斯的徵發，所以在準噶爾滅亡後再度經歷了回到新疆的大遷徙。這也是因應大國的策略之一。

還有在更強制的情況下被迫移動的人們，那就是奴隸和俘虜。準噶爾廣為人知的政策就是將俄羅斯戰役中獲得的俘虜，動員到軍事層面上。對中央歐亞的勢力而言，俄羅斯和伊朗也是俘虜和奴隸的供給來源。人與物的掠奪和貿易一樣，是大大推動遊牧民社會經濟的主要因素。另一方面在貿易方面，除了自身的家畜交易外，大範圍的中距離貿易也受到關注。特別是準噶爾，他們利用伊斯蘭教徒的商人，拓展了連結西伯利亞西部、中國、西藏、印度方面的網絡。

現在正推動重新從遊牧民的角度出發，了解他們在大國壓力逐漸增強下的各種局勢中，如何找出應對大國的方法。

▷2　**宗派**
相對於薩法維王朝信奉伊斯蘭什葉派，中亞則以遜尼派為主。昔班尼王朝就頻繁向什葉派聖地馬什哈德派出遠征軍。

▷3　**土爾扈特**
雖然與準噶爾有著很近的關係，但在17世紀上半葉往西方遷徙。18世紀下半葉沒有回歸東突厥斯坦的集團，就留在窩瓦河流域，成為構成俄羅斯聯邦卡爾梅克共和國（Kalmykia）的主要民族。

探究的重點

(1) 遊牧政權的特徵，以及這些政權衰退後為大國吸納的理由為何？

(2) 在遊牧民社會與大國之間流動的「物」是什麼？

中央歐亞的伊斯蘭

29

在地域上的特質為何？

木村曉

【關連項目：烏理瑪、突厥系各部族、蒙古與伊斯蘭、後蒙古的民族、中央歐亞與周邊文化圈、中亞的近代】

背景

　　在中央歐亞，布哈里（Bukhari，810～870年）的《布哈里聖訓》（Sahih al-Bukhari）等聖訓集的編纂、**哈納菲—馬圖里迪主義**[◁1]的教理綱要書系和《**導引**》[◁2]體系為核心的哈納菲派法學書系的創建，還有這些書籍在域內境外的流傳，都讓遜尼派的傳統、教理、法規以綠洲都市為中心廣泛散播開來。支撐這些教條與實定法規運作的是宗教學者和其養成機構**伊斯蘭學校**[＊]。在突厥系各王朝治下，由國家來建設和管理學校，作為制度相當普及。中央歐亞的伊斯蘭，很早就發展了關於伊斯蘭教法的學術領域，之後也相當活躍於蘇菲主義的領域。在中央歐亞域內發祥的**塔里卡**[◁3]中，勢力特別大的是**納克什班迪教團**[◁4]。導師和卓阿夫拉爾（Khwaja Ahrar，1404～1490年），就依靠其靈性上的魅力與財力，在帖木兒王朝（1370～1507年）王族間，以在世聖人之姿發揮了極大影響力。

　　之後，哈薩克草原南下的突厥系遊牧部族聯盟烏茲別克興起，他們建立的昔班尼王朝（1500～1599年）打倒了帖木兒王朝，迎來了成吉思汗後裔的穆斯林君主君臨中亞南部綠洲地帶的時代。另外，薩法維王朝（1501～1736年）的崛起與伊朗的什葉派化，也在政治地圖上呈現出遜尼派與什葉派對立的構圖。

論點

1. 伊斯蘭跨越大範圍的性質和深度

　　假如從鑽研中亞的濱田正美探討的角度出發，16～18世紀中央歐亞伊斯蘭的特徵基本上是遜尼派的哈納菲—馬圖里迪主義和蘇菲主義（與聖者信仰結合）。當然，自然不用多說當時同一個地區也有其他宗教並存，就算只看伊斯蘭所及的地方，事情也沒有那麼單純。也絕對不能忽視哈密的伊斯瑪儀派、伊朗邊境與布哈拉的**十二伊瑪目派**[＊]等什葉派的存在。因此，必須留意將相關地區的宗派歸屬冠上「遜尼派」性質，其實是一種最大公約數化、便宜行事的做法。

　　伊斯蘭化的深度在地域間彼此相異，以部族傳統強烈的遊牧民來說，他們的信仰程度就比較低。有人指出天山的吉爾吉斯人皈依伊斯蘭（其原因被認為與納克什班迪的導師有關）無法回溯到16世紀，事實上直到19世紀，他們的信仰仍有薩滿教的成分。16世紀初期布哈拉的法學者，也曾經討論過是否該認定信奉伊斯蘭許久的哈薩克人為穆斯林。總體來說，草原的哈薩克人雖然尊奉突厥詩人兼蘇菲主義者亞薩維（Ahmed Yasawi，1166/1167年逝世）為聖者，並以參拜亞薩維在突厥斯坦的陵墓為目標，但他們並不見得就只信奉亞薩維教團的

教誨。19世紀關於俄羅斯統治下哈薩克人伊斯蘭化的報告，以及現代哈薩克與吉爾吉斯對哈尼法（Abu Hanifa）的宣揚，這些能觀察到的狀況表明，必須從歷時性的角度重新思考各地域和民族伊斯蘭化的過程。

中央歐亞地區對蘇菲聖者的崇敬，讓聖者陵墓這個聖者死後靈魂代為向神說情的場所，如雨後春筍般出現。濱田的看法相當值得重視，他指出各地的聖者崇拜最能展現伊斯蘭的地域性。

2. 王權的盛衰與伊斯蘭信仰　16世紀以降，定居地帶的君主權也和草原一樣，認成吉思汗的血緣為正統，於是哈薩克、昔班尼王朝（中期從撒馬爾罕遷都到布哈拉）、阿斯特拉罕王朝（1599～1747年）、花剌子模的希瓦王朝（1512年～17世紀末）的穆斯林君主都自稱為汗。被歸為成吉思汗制定的扎撒（習慣法），成為不適用伊斯蘭教法的君主權繼承與分封方式的規範，結果導致阿斯特拉罕王朝後期國土的分裂（取代王族的烏茲別克部族之分封與割據）。扎撒與伊斯蘭教法並存的這一面，在思考伊斯蘭王權下的秩序時相當重要，但是也不能忽視這些法律體系都是用來互相補充王權的正統性。

納克什班迪教團的導師——阿雜木（Ahmad Kasani，1461/62～1542/43年），促進了蘇菲派的政治參與，以及受王權庇護的理論發展。伊斯蘭學校作為宗教事務官僚的養成機構，也讓兼學蘇菲派的人地位高漲。一個很好例子是同樣繼承導師血脈的祖拜爾（Juybar）家之所以崛起，就是作為蘇菲派權威繼承原理的血統，在道統上占了優勢，而且還可以列舉出許多這樣的例子。他們有一部分子孫在東突厥斯坦展開政治活動，為普及教團的教誨與正統教理做出很大的貢獻。這些觀念也傳到非突厥系的回民當中。19世紀在清朝治下爆發的西北回亂，其聖戰意識形態的泉源就要追溯到他們的活動。

16～17世紀的布哈拉靠著汗與高官的推動，強化了作為王權首都及遜尼派教學中心的機能，擴大了市區的範圍，並建設了伊斯蘭學校、清真寺與商業設施。但是，18世紀上半葉紛亂不斷，讓社會陷於混亂，宗教設施也因此荒廢。在重建中亞秩序的過程中，非成吉思汗後裔的曼吉特王朝（1756～1920年）於布哈拉建立，在皈依於納克什班迪教團**穆賈底迪派**[5]的沙穆拉德（Shah Murad，1758～1800年）領導下，一方面以伊斯蘭教法為準則進行革新，復興布哈拉為宗教都市，另一方面也利用向伊朗什葉派發動聖戰為手段，不斷增強國力。布哈拉的伊斯蘭學校建築群中，聚集了來自窩瓦河沿岸地區、東突厥斯坦，甚至北印度等周邊各個遜尼派地區來的留學生，呈現生氣蓬勃的景象。這一連串的事實，可以理解為伊斯蘭信仰的狀況與王權盛衰有關的例證。也有人將上述宗教活動復活的動向，看作是再次的伊斯蘭化。

為鮮明的遜尼派認同、強調要遵守伊斯蘭教法、在家主義，以及默念誦經的實踐等。

* 十二伊瑪目派：參照 III-2 注5。

▷5　穆賈底迪派（Mujaddid）
「革新派」之意。重視印度的蘇菲修行者西林迪（Ahmad Sirhindi，1564～1624年）提倡的伊斯蘭革新與遜尼派復興的納克什班迪教團。在思想層面上看得到敵視什葉派的特徵。參照 IV-3 注5。

探究的重點

(1) 中央歐亞的伊斯蘭地域特質，是由怎樣的要素所組成？

(2) 在中央歐亞，王權與伊斯蘭之間具有怎樣的關係？

Ⅳ 近代世界的形成

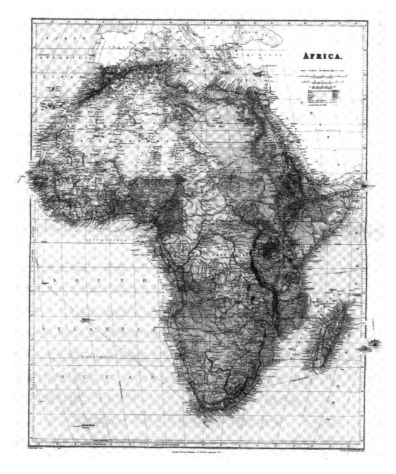

1904年倫敦出版的世界地圖集中的非洲全圖

19世紀下半葉，歐洲各國非洲大陸爭奪殖民地的狀況日益激烈。應德國宰相俾斯麥的呼籲，各國在1884～1885年，於柏林召開會議（柏林會議）。在這次會議中確認了瓜分殖民地的規則，此後到20世紀初期，非洲大陸的大半都遭到歐洲諸國瓜分並化為殖民地，這就是所謂的「瓜分非洲」。本圖呈現了非洲大陸在「瓜分非洲」之後不久的情況。（石川博樹）
出處：David Rumsey Map Collection.

• 簡介 •

19世紀是英國為首的西歐各國相互競爭，不斷想要統治世界的時代。亞洲與非洲各個地區不得不正面應對這樣的狀況。各地雖然不見得會失去自己的特色，但是隨著殖民地統治的展開，以及舊有王朝嘗試的改革，共通的制度和理念逐漸在世界各地擴散開來。（吉澤誠一郎）

伊斯蘭世界與軍事上的近代

（1） 如何看待軍事改革？   小澤一郎

【關連項目：近世伊斯蘭國家、鄂圖曼帝國的近代改革】

▷1　穆罕默德常勝軍
（Asakir-i Mansure-i
Muhammediye）
馬哈茂德2世（1808～1839
年在位）在1826年廢止舊
有的軍事力量耶尼切里
（Janissary）後，創設的近
代西歐式新形態陸軍。之
所以冠上先知「穆罕默德」
之名，是為了從伊斯蘭的
觀點出發，名正言順來改
革。在坦志麥特（Tan-
zimat）時期，這種編制也
擴大到地方，成為鄂圖曼
帝國的陸軍。

＊　馬木路克：
參照 II-6 注1與 III-2 注
4。

背 景

　　近代伊斯蘭世界的國家，紛紛著手打造新的軍事力量。在鄂圖曼帝國，歷經18世紀末塞利姆3世（Selim III）的改革失敗，馬哈茂德2世（Mahmud II）鎮壓了抵抗勢力，轉而創設「**穆罕默德常勝軍**」。在伊朗，興起不久的卡札爾王朝藉著19世紀初期起與俄羅斯戰爭的經驗中，積極創建一支不同於過往立足於部族、地方勢力形式的新式軍隊。在埃及，穆罕默德・阿里（Muhammad Ali Pasha）排除了在地勢力**馬木路克**，組成一支徵召農民為基礎的常備軍。除此之外，摩洛哥、突尼西亞、阿富汗，以及（被俄羅斯征服之前的）中亞政權，雖然程度各異，也都進行了同樣的嘗試。這些改革既有和列強對抗的對外層面，也有強化君權、壓制潛在敵對勢力的對內層面，不過作為其結果形成的軍事力量也會隨著地域不同，而產生相應的特質。

論 點

1. 改革與外國人的活動　　在近代伊斯蘭世界的軍事改革中，看到有很多例子因為認定相較於以往的時代，有必要更具體地引進嶄新的軍事制度與技術，所以讓主要出身西歐各國的外國人參與了改革。這些外國人的活動在軍事改革研究中很早就受到矚目，不過除了軍事史以外，從外交史、學術史、文化交流史等觀點來看，也是讓人深感興趣的主題。日本也有藤田順子從德意志史的角度出發，討論德意志軍人在鄂圖曼帝國的活動。只是，直到最近為止關於外國人活動的研究，都是和他們出身國的歷史，以及「東方問題」與殖民地化等列強涉足伊斯蘭世界的課題放在一起討論。另外，外國人自己留下的紀錄，或許是因為意識到身為「指導者」的立場，所以常站在歐洲中心主義的觀點，強調自己的重要性，對當地政府與人們的活動抱持否定評價的傾向。為了更深一層理解軍事改革本身，以及外國人的活動，有必要對照外國人的紀錄與當地語言的史料來確認在地的觀點，並在此之上具體闡明這些人與當地社會究竟透過怎樣的關係產生連結？

2. 從現代出發的視角及其陷阱　　作為評價近代伊斯蘭世界軍事改革的嘗試，克羅寧（Stephanie Cronin）在其著作中，列舉了實施軍事改革的數個國家，並比較了改革的目的和模式、對國家體制和社會結構的影響、外國人的參與，以及對改革的反彈及對策等觀點。她提出的幾個論點令人深感興趣，但或許因為她的目的是要理解現代，所以可以看見一種「將現代中東地

區軍隊的問題點回推到過去，用這樣的形式來討論」的傾向。確實，徵兵制與軍隊的「國民化」、軍人作為社會集團的誕生與介入政治、改革的財政負擔與對列強的經濟從屬化，這些論點在理解近代軍事史時相當重要，而且能夠據此思考與現代之間的關連。但另一方面，基於這些尺度來評價「成功」和「失敗」的態度，有著強加對現代問題關心的危險性，會捨棄掉了各地區的歷史經驗，以及立基於此的特性。事實上，在她的著作中可以看到像是「除了有限的成功之外，鄂圖曼帝國意圖建構近代軍事力量的努力……大致上都是以失敗告終」，無視於改革歷史背景與實際狀況的論述。這種方法和現代的中東情勢糾結在一起，以歐美研究者為中心，至今仍有相當的影響力。

3. 與近世以前的連接——邁向新研究的建構

為了避開將現代視角硬套在歷史研究的弊害，必須在理解近世為止，各地區軍事力量性質和定位的基礎上，討論其對於近代軍事改革，及作為結果成立的軍隊之影響。比方說，在19世紀卡札爾王朝的西歐式軍隊中，可以看見作為母體的社會權力關係反映到了軍隊，以及依靠當地社會來徵召兵源等特徵。這點就跟卡札爾王朝成立之初的動亂中，伊朗各地獨立性高漲的地方勢力，即使在這個時期依然或多或少與軍隊糾纏不清有關。另外，近代鄂圖曼帝國軍事史研究也已經解開一部分關於前近代為止的制度和經驗，是如何與近代鄂圖曼帝國軍隊連結（或是斷裂）。鈴木董與西姆塞克（Veysel Şimşek）都指出在馬哈茂德2世改革的初期，依然能夠在軍隊的人才供給方面，看到近世以前政治組織與軍事力量的影響。如此這般，從近世以前的歷史經驗帶給近代的影響來檢討，會成為一個重要的出發點，闡明各地域近代軍事力量具備的固有特質，以及在各地域脈絡中的機能與存在意義。

隨著這種作業的展開，地域之間的比較也具備了新的意義。比方說，鄂圖曼帝國與卡札爾王朝，在徵召近代軍隊兵源的母體（具體來說指是否以都市為對象），以及對非穆斯林的處置等，都可以看出明顯的差別。這樣的差別自然不用說是源自兩國不同的特質，也必須考慮他們直到近世為止，在軍事力量調度、維持、運用上的傳統。透過地域之間的比較，在檢討近代軍事改革之際，與近世以前連結的方式就成為重要的論點浮上檯面。此外，立足於近世為止的歷史經驗的研究立場，也會與近世歐洲史為中心推動的「軍隊與社會史」研究產生密切連繫。就算是超越了伊斯蘭框架的「世界史」層級，也能夠期待比較研究的活躍。

探究的重點

(1) 參與軍事改革的外國人，和當地社會有著怎樣的關係？
(2) 近代軍事改革和近世為止的歷史經驗之間，有著怎樣的連結／斷裂？

鄂圖曼帝國的非穆斯林

可以用米利特制度來說明嗎？　　　　上野雅由樹

（２）

【關連項目：庇護民（齊米）、鄂圖曼帝國的近代改革、鄂圖曼帝國的解體】

背　景

在安納托利亞西北部登場的鄂圖曼貝伊國，朝著巴爾幹半島到安納托利亞這塊基督教搖籃之地的東地中海地區擴大勢力，發展為帝國。在這個過程中，東正教會與亞美尼亞教會、科普特（Coptic）教會等各派基督徒與猶太教徒，作為臣民被納入旗下的同時，也以移民的身分被接納。此後，雖然隨著時代而態度有所不同，基本上只要這些非穆斯林支付貢賦，並接受一定的制約，都會允許他們維持舊有的信仰、語言文化及神職人員機構，還能獨自進行教育與相互扶持。結果，穆斯林雖然組成了統治階層與人口的多數派，但基督徒與猶太教徒等非穆斯林占了總人口的3成到3分之一，一直到20世紀初期帝國瓦解前夕都是如此。

論　點

1. 神職人員的處境

關於鄂圖曼帝國中非穆斯林的處境，過去都是用稱為「米利特制度」的分析架構來說明。根據這個架構，鄂圖曼帝國把統治下的非穆斯林，分成東正教、亞美尼亞、猶太3個稱為**米利特**[1]的宗派共同體。從15世紀中葉定都伊斯坦堡到帝國瓦解為止，他們採取一貫的態度，分別任命這幾個共同體的神職人員為首長，並承認其自治。這種看法是靜態地去理解帝國的非穆斯林政策，而且也欠缺史料上的根據，因此受到歷史學領域的研究者嚴厲批判。但另一方面，關注鄂圖曼帝國的寬容、多文化共生，以及民族主義萌芽的社會學與政治學領域研究者，至今仍有拘泥於米利特制架構傾向。

近年的研究者提出，帝國政府與基督教神職人員的關係，其實是基於包稅制下的產物。簡單來說，帝國政府政府允許高階神職人員從信徒手中徵稅、保持教會財產，並有任免下級聖職者的權限，作為繳納貢賦的交換條件。從帝國政府的角度來看，扎根於地方的教會網絡與教會擁有的財產，是帝國的收入來源之一，而高階神職人員階層，不過就是徵稅承包人罷了。另一方面，高階神職人員階層在獲得政治權力的背書下，以鄂圖曼之前就存在的社會關係為基礎，維持住自己在宗派集團內的地位，有時甚至還能更上一層樓。不僅如此，他們靠著與穆斯林官員和法官的關係，可以在一定程度上，免於受到這些人的介入。這種看法雖然已經廣泛為人接受，但仍然沒有充分去釐清這種制度上的架構在帝國與神職人員的關係以外，究竟有著什麼意義。另外，由於這個架構

▷1　**米利特（Millet）**
突厥語的「米利特」，是源自於阿拉伯語的「米拉」（milla）。在近世的鄂圖曼帝國中，用來指宗教本身，或是屬於同一宗教宗派的人類集團，到了近代，則用於對應民族一詞。此外，這個詞彙在近世並沒有「宗派共同體」的意思。這種認為在近代是指宗教共同體，並為官方正式使用的看法，雖然根深柢固，其實是錯誤的。在史料上完全看不到任何證據有將這個詞彙當成術語來使用。

是透過東正教徒的案例來闡明，所以在其他集團身上適用到什麼程度，是今後應該設法解開的問題。

2. 宗教、宗派間的交流　　鄂圖曼帝國瓦解後，各個非穆斯林集團的歷史也被當成希臘人與猶太人的民族史來描述，加上米利特制也有強調宗教、宗派間分裂的一面，以及將過去各個宗派共同體的歷史，描繪成獨立事物的傾向。目前的研究正設法跨越這種看法，關注人們跨越宗教、宗派的交流，持續累積相關成果。這些研究有的看重經濟活動中的合作關係，有的從社會史的觀點出發，解讀地域社會的樣貌，也有的從文學和出版活動的觀點來討論，可說百花齊放。另外，也有人指出在19世紀以降的鄂圖曼帝國中，各宗派集團的人們會留意其他集團的動向作為對照，來理解自身集團在帝國中的地位。總而言之，現在正持續建構跨越宗派鴻溝的歷史樣貌。

在宗教、宗派之間的對立很容易引人注目的現代，有關鄂圖曼帝國宗教、宗派之間關係的研究，往往會對「各種文化背景的人如何共生」這點，給予過於積極正面的評價。對此，近年則注意起難以留下痕跡的小規模摩擦與厭惡感，嘗試描繪較為平衡的歷史樣貌。

3. 近代國家化與非穆斯林的處境　　透過1856年的**《改革敕令》**[▷2]，鄂圖曼帝國表明要導正穆斯林與非穆斯林之間在政治和法律上的不平等，並轉換方向，要在平等原則之下，將各種宗教、宗派的人們，整合為鄂圖曼國民。該如何理解這種與非穆斯林處境密切相關的轉換，是鄂圖曼帝國近代史研究上的重要課題之一。儘管如此，還有許多問題需要檢討，例如：這種國民整合歷經了怎樣的過程，又伴隨了什麼問題？經過這種轉換，如何消除近世以來多宗教、多宗派的組織方式，或者說在改頭換面的同時，由身為近代國家的鄂圖曼帝國繼承下來？

隨著這種研究的進展，大幅修正了「覺醒民族主義的非穆斯林民族，從內部促成帝國的瓦解」這種過去的歷史觀，而且也闡明了在多宗教、多民族的帝國這個環境中，努力提升地位的人們所擁有的歷史。

▷2　**《改革敕令》**（Ottoman Reform Edict of 1856）
這項敕令是在鄂圖曼帝國在克里米亞戰爭末期的1856年2月，為了昭示今後的改革方針所發布的敕令，主要以非穆斯林相關的內容為中心。其中特別創新的地方在於，重新審視了穆斯林王朝維持了千年以上，穆斯林對非穆斯林的優越定位，並保證兩者地位的平等。另外，也有一種誤解是認為在先前的1839年的《花廳御詔》（Edict of Gülhane）中，就已經保證過同樣的平等。

探究的重點

(1) 非穆斯林的神職人員階層，在宗派集團內扮演著怎樣的角色？

(2) 宗教、宗派之間的關係，隨時代與地域不同，有著多大程度的差異？

(3) 非穆斯林的存在於近代國家化的過程中，具有怎樣的意義？

鄂圖曼帝國的近代改革

3 近代化＝西歐化＝世俗化？

秋葉淳

【關連項目：伊斯蘭世界與軍事上的近代、鄂圖曼帝國的解體、穆罕默德・阿里的埃及統治】

背　景

　　在1774年的戰爭中敗給俄羅斯的鄂圖曼帝國，之後的塞利姆3世在1793年創設了西洋式步兵部隊，著手進行正式的軍事改革。雖然這項改革在1807年因為叛亂而遭遇挫折，但馬哈茂德2世在1826年廢止了**耶尼切里**軍團，之後更強力推動中央集權。馬哈茂德逝世後，政治的主導權轉移到官僚手中，1839年公布了《花廳御詔》，開始推行橫跨整個國家機構的「坦志麥特」改革。1856年的《改革敕令》，明文規定穆斯林與非穆斯林在法律上的平等地位。1860年代後半起，他們展開了「新鄂圖曼人」等立憲制的討論，以此為背景，終於在1876年公布了鄂圖曼帝國憲法，隔年也開設了議會。但是，隨著對俄羅斯戰爭的爆發，**阿卜杜勒—哈米德2世**解散議會，實施專制體制。然而，就算在他的統治期間，還是持續推動教育制度的擴充等近代化政策。反對君主專制的反體制派「青年土耳其黨人」（Young Turks），最終在1908年成功發動革命，恢復了憲法與議會。

論　點

1. 關注世界史的共時性

　　在鄂圖曼帝國近代史研究中，根據過去占主導地位的近代論典範所述，「落後的」鄂圖曼帝國是以「先進的」西歐為模範，持續不斷在追趕。但是，1990年代以降，以德林吉爾（Selim Deringil）為首的近代史研究者開創了全新的研究潮流，比起西歐化，更強調鄂圖曼帝國與西歐諸國、俄羅斯、日本等的共時性。

　　鄂圖曼帝國面對的最大課題，就是要克服外國的干涉與侵略，以及地方勢力叛變等內外危機，然後確立中央集權的體制。他們認定的目標是要讓國家權力深入到帝國全境，有效地來徵稅和掌握居民，而且不只要讓人們服從，要能達到共識才能動員起來。這個課題有很多地方和同時期的其他國家是共通的，因此鄂圖曼帝國的制度和政策，也可以和別的國家放在同一層次來討論。即使在引進西歐模式的情況下（比方說學校制度），如果從同時代的西歐各國也是相互參考其他國家制度來看，鄂圖曼帝國並非「落後」，而是能看成世界整體動向的其中一環。另一方面，鄂圖曼帝國，或者說伊斯蘭展現的獨特政策與制度（比方說君主的**週五禮拜儀式**），也可以從「**被發明的傳統**」與近代國家權力共通統治技術的觀點來理解。當然，這並不代表著鄂圖曼帝國的先進性與成功改革，而是將其歸類為與「一味近代化」天差地遠的改革，探討如何給予相應的評價。

▷1　**耶尼切里**
原本是14世紀成立、直屬於君主的常備步兵軍團，是由君主的奴隸所組成。17世紀以降，各種出身的人加入軍團，結果變質成一個大型的政治、社會集團。他們代表「民意」屢次發動叛亂，甚至會推翻、處死大宰相與君主。

＊　**阿卜杜勒—哈米德二世**
參照 III-1 注1。

▷2　**週五禮拜儀式**
君主公開露面，在清真寺中舉行週五禮拜的儀式。19世紀下半葉，外國人也可以參與觀禮，因此可以說是一種展現君主健在的場合。

▷3　**被發明的傳統**
霍布斯邦與藍傑（Terence Ranger）在其編著中提倡的概念。今日視為傳統的事物，其實很多是在產生急遽社會變化的近代，為了強化社會團結並正當化新制度而創造出來。

3. 中央—地方相互作用

鄂圖曼帝國的改革被認為是典型的「由上而下」改革，其架構則是相對於中央政府進步菁英主導的改革，地方社會的守舊勢力則是抱持抵抗態度。但是，在塞利姆3世的改革中，身為地方名士的**阿揚**[4]階層，扮演了不可或缺的角色，因此中央和地方的關係，並非如此單純。

在坦志麥特時期，地方稅制與行政雖是改革的中心課題之一，但這也並非由中央單方面往地方推動，近年來的研究相當強調是中央政府與地方社會間不斷交涉下的產物。特別是在作為地域社會代表，同時也是地域—國家間仲介者的地方名士，是重要的行為主體。中央沒有他們，就無法順利推行改革。地方名士自坦志麥特以降，在地方議會為首的地方行政機構擴大過程中，影響力日益增加，最後終於成為胡拉尼（Albert Hourani）在論文中指出的「名士政治」。這種看法即使在今日，依然不失其有效性。但另一方面，不只地方名士，將目光投向民眾階層的反應，也是很重要的課題。

3. 關於改革中伊斯蘭元素的討論

相對於過去將鄂圖曼帝國的近代化等同為世俗化的看法，最近的研究則有避開世俗化這個用語的傾向。比方說在新的學校與法律制度中，重新審視伊斯蘭與伊斯蘭教法的元素。另外，眾所皆知新鄂圖曼人針對議會制與憲法，企圖正當化伊斯蘭的元素。不僅如此，也很清楚看到被認為是世俗土耳其民族主義者的格卡爾普（Ziya Gökalp），嘗試重新解釋並喚起伊斯蘭的活力。烏里瑪在改革中扮演的角色，也再次獲得了評價。

另一方面，阿布一曼納（Butrus Abu-Manneh）則指出19世紀初期在宮廷、高官與烏里瑪之間，重視遵守伊斯蘭教法的納克什班迪教團**穆賈底迪派**[5]頗受支持，同時也喚起了主張「《花廳御詔》其實是起源自伊斯蘭」的討論。據他所言，御詔中強調伊斯蘭教法，並非是對保守派的懷柔策略，而是反映了伊斯蘭改革思想。在塞利姆3世與馬哈茂德2世的改革中也可以看到穆賈底迪派的影響。此外，這種思想與運動的系譜，也能夠連到土耳其共和國初期活躍的努爾西（Said Nursî）。這股潮流潛伏在鄂圖曼帝國近代史之中，綿延不絕地繼承下來。

只是，如同哈尼奧爾（Şükrü Hanioğlu）未對近代改革中的伊斯蘭元素做出評價的立場，這個論點尚未塵埃落定。另外，必須要注意的是關注伊斯蘭的時候，會將非穆斯林當成必不可少的行動者，而輕忽了在政治、社會上的狀況。

▷4　**阿揚（Ayan）**
指地方名士。18世紀時，他們藉由廣大土地、包稅權、軍事力量，以及官職為基礎擴大勢力，達成大範圍的一元統治。只是，他們並不否定帝國的存在本身，而是透過包稅權和中央相互結合。

▷5　**穆賈底迪派**
17世紀初期，在蒙兀兒帝國治下的印度，由西林迪（1564～1624年）創立，屬於蘇菲主義的納克什班迪教團中的一派，特徵是提倡要復興正統的遜尼派。18世紀時，在鄂圖曼帝國廣泛傳播開來。參照 III-29 注5。

探究的重點

(1) 鄂圖曼帝國的近代改革具有怎樣的性質？

(2) 鄂圖曼帝國的近代改革為社會帶來了什麼？

鄂圖曼帝國的解體

失去了什麼，又遺忘了什麼？

藤 波 伸 嘉

【關連項目：鄂圖曼帝國的非穆斯林、鄂圖曼帝國的近代改革、巴勒斯坦問題】

背 景

　　1922年11月，鄂圖曼帝國滅亡；但是鄂圖曼領土的縮減，從先前就已經開始了。貫串整個「漫長19世紀」，希臘、塞爾維亞、羅馬尼亞、蒙特內哥羅、保加利亞、阿爾巴尼亞獨立為主權國家，而阿爾及利亞、突尼西亞、賽普勒斯、波士尼亞與赫塞哥維納、埃及、利比亞等地區，紛紛淪落於西洋列強官方或非官方的統治之下。第一次世界大戰後，在1920年的《色佛爾條約》（Traité de Sèvres）中，鄂圖曼領土成為更進一步分割的對象，伊拉克和敘利亞成為英、法的託管地。但是，相較於對此忍氣吞聲的鄂圖曼政府，「由下而上」的抵抗運動就此誕生。從這當中建立的大國民議會政府，主導了獨立戰爭，結果在1923年締結了《洛桑條約》，土耳其共和國於焉成立。

論 點

1. 「不可避免」的解體？　　「近東病夫」鄂圖曼帝國的解體是「不可避免的」，這樣的史觀可說是膾炙人口。簡單來說，這是民族意識「覺醒」的基督徒，設法從穆斯林的「壓迫」中獲得「解放」，並得到西洋列強「人道介入」的故事。但是這種神話早已成為批判的對象。在穆斯林的「壓迫」毋須解釋的前提下，把民族意識的「覺醒」直接連結到民族國家的建立，這樣的立場也只是一種目的論史觀，意圖用適合冷戰時期國際秩序的形式，來說明「漫長19世紀」的西洋外交史。

　　歷經帝國論與地域大國論，現在要尋求的是，對於在大部分時候常被偶然所左右的政治過程中，究竟如何統整性地來理解鄂圖曼方面的內在要素，及對其產生影響的外在要素之間的相互鬥爭？這點與不認為被看作分離獨立主體的民族是不證自明的存在，針對「在特定時點、特定範圍內，特定（單一）『民族』的獨立，為何會受到當時的國際秩序認可」這一問題進行考察，兩者之間有密切的關連。作為西方列強「權力均衡」矛盾的轉嫁目標，用來理解鄂圖曼帝國解體的「東方問題」架構中，每當「歐洲均勢」出現動搖，就可以發現「埃及問題」「克里特問題」「保加利亞問題」等種種「問題」，而這些問題也成為用「朝鮮問題」「西藏問題」這種形式來掌握東洋同時代發展的典範。那麼，對歐洲域外的政體與其圍繞的歷史發展，為什麼不分東西洋，都要用「問題」這種形式來加以理解？從這一點出發來檢討，就有可能向「西洋史」與「國際關係史」做出建言。

2. 史學史的解體

鄂圖曼帝國並非一個「土耳其」國家，現在已經屬於常識，而帝國的解體過程也是各個直接繼承帝國的國家建立之過程，因此鄂圖曼史不應該由「土耳其史」來壟斷。溯及既往來假定「土耳其史」的連續性為前提去眺望鄂圖曼史，是一種時代錯置。然而，現在仍有很多研究，是以民族和宗派的分別為前提。鄂圖曼史家有給予土耳其語和土耳其人特別待遇的傾向，非土耳其地區的學者則屢屢毫無前提地把鄂圖曼政府和土耳其人等同視之。雖然有很多通史會把近代鄂圖曼和現代土耳其連在一起談，卻很少有人嘗試將近代鄂圖曼和非土耳其各國的現代史結合起來。可是，也不是就這樣單純把個別「民族史」加總起來，用以描繪鄂圖曼史的整體形象。在討論組成帝國的各個民族時，就算現存的國界是否真的限縮了歷史的想像力，歷史學家沒有必要去盲從吧。

3. 大範圍秩序的解體

鄂圖曼帝國直到解體為止，都是一個不局限於其現有領土，展現大範圍秩序形象的媒介。和自稱哈里發的鄂圖曼皇帝構想的泛伊斯蘭主義一樣，擁戴普世牧首的東正教徒，他們所構想的**普世教會主義**[1]在表面上假裝成普遍主義，實際上是把鄂圖曼的國家體制當成其重要組成要素。因此，許多的非穆斯林其實也是把自己將來的面貌，描繪在革新過後的帝國未來之中。不管是隨著鄂圖曼帝國的解體，東正教會也跟著瓦解的理由，還是「民族教會」林立的東正教會與東方各教會的現狀，都必須回溯這樣的來龍去脈才能理解。

另一方面，貫串整個「漫長19世紀」，以地中海到黑海各地港灣都市為根據地的東正教徒商人建立的連繫，為鄂圖曼領土內外帶來了社會經濟的一體性。類似的事態，也適用於法律、思想、政治等領域。就算是往往視為「土耳其人」政治主體的**統一進步協會**[2]，實際上也擁有許多非土耳其系成員。為了理解伊拉克、敘利亞與阿爾巴尼亞在戰間期的政治發展，必須理解1908年**青年土耳其黨人革命**[3]以來的人際關係與思想潮流。不管「世俗」還是「伊斯蘭」，近代鄂圖曼的法律制度都對帝國後繼的國家有著長遠且持續的影響。帝國解體前後，當時人們生活的世界雖然會受主權國家的界線左右，但未必就受其囚禁，而是建立起超乎21世紀人們想像、更加廣泛的連繫。歷史學家不能只看作為一個主權國家的「鄂圖曼帝國」解體這種表面，而是必須探究作為其根源的社會實踐如何解體，又或是不曾解體？

▷1　**普世教會主義**
（ecumenism）
企圖一統基督徒的思想與運動之總稱。雖然標榜跨越既有宗派的大團結，但實際上仍是各教會爭奪主導權的場域。在東正教會的脈絡中，相當著名的是「漫長19世紀」下半葉，普世牧首若亞敬3世（Joachim III）的嘗試。

▷2　**統一進步協會**
致力於復興立憲政治的青年土耳其黨人各派中最大的勢力。革命後採取了二元體制，有在議會內的「會派」與議會外作為公共事務結社的「結社」。當初是以名士階層與法制官僚為主要成員，但在巴爾幹戰爭後，武官的影響力增強。

▷3　**青年土耳其黨人革命**
為了對抗長達30年的君主專制，以復興立憲政治為目標，在1908年7月爆發的革命。多黨制與議會制在之後的鄂圖曼帝國遂成定局，同時報章媒體與街頭行動場域方面的「輿論」，也成為政治上的重要要素。

探究的重點

(1) 該如何理解鄂圖曼帝國的解體，其背景又是什麼？

(2) 該如何將鄂圖曼史從「土耳其史」的框架中解放出來？

穆罕默德 · 阿里的埃及統治

5 有著什麼樣的歷史意義？

勝沼 聰

【關連項目：鄂圖曼帝國的近代改革、鄂圖曼帝國的解體】

背景

在鄂圖曼帝國的統治力量逐漸衰退、明顯可見軍人階層崛起的埃及省，18世紀中葉確立了馬木路克的統治。1789年拿破崙占領埃及首府開羅，放逐了馬木路克。鄂圖曼帝國派出了討伐軍來對抗拿破崙率領的法軍，在1801年逼使法軍撤退，並試圖恢復對該省的統治。但是，隸屬討伐軍的阿爾巴尼亞人部隊的叛亂為導火線，新任總督逃出開羅，產生了權力真空。該部隊的副隊長穆罕默德 · 阿里（1769～1894年），背後獲得擔心馬木路克捲土重來的開羅有力階層支持，自稱總督，並在1805年正式就任。排除以馬木路克為首的對抗勢力後，阿里廢止了 **包稅制**[▷1]，將農地置於直接管理之下，並實施以 **長纖維棉花**[▷2]等商品作物為首的農作物專賣制，以確保財源。同時他也實施徵兵制並編成新式軍隊。他和鄂圖曼帝國圍繞著敘利亞各省兩度交鋒。在積極展開軍事活動後，1841年他獲得了埃及總督的世襲權，建立起穆罕默德 · 阿里家統治埃及省的基礎。之後，該家族對鄂圖曼帝國的獨立性日益高漲，另一方面則不斷加深對英國的從屬，但他們仍然君臨埃及長達100多年。

論點

1. 統治階層的特質

有一種看法將穆罕默德 · 阿里，定位為致力打破鄂圖曼帝國「異民族統治」的「近代埃及之父」，並在他的統治中尋求民族主義的起源。這種看法源自於戰間期為了彰顯穆罕默德 · 阿里家的事蹟，當時國王 **福阿德一世**[▷3]創造出來的「欽定史觀」，而 **自由軍官團**[▷4]於1952年革命後成立的共和國也繼承了這個史觀，長期維持著支配性的影響力。

但是，在穆罕默德 · 阿里統治期間，都是以阿里一族為首、出身埃及之外的「異民族」占據了統治中樞。這些和帝國首都伊斯坦堡共有相同言語、文化和生活慣習等，也維持著對帝國歸屬意識的統治者們，一直與埃及社會隔絕。至於埃及社會的人們除了一部分例外，幾乎被排除在權力中樞之外，特別是農民遭到了相當嚴重的剝削。

關注當時統治階層的「鄂圖曼特質」促成了一種潮流，不只在埃及近代史，也在鄂圖曼帝國史的脈絡中，嘗試定位穆罕默德 · 阿里的統治。這種研究的代表學者是法米（Khaled Fahmy），他主張穆罕默德 · 阿里的目的是為了確保自己在帝國內部的權力，並保證子孫能夠安穩地繼承。近年來，愈來愈多人用土耳其語發音來表記他的名字（Mehmed Ali Paşa），其背景正是上述認識的變化，。

▷1　**包稅制**

賣出徵稅權，將收稅權力委託給購入者的徵稅制度。16世紀下半葉以降，在鄂圖曼帝國中擴大實施。一開始定有期限，但17世紀末以降，導入了可以繼承、讓渡的終身包稅權。不僅提供買下包稅權的軍人、商人、烏里瑪等人的經濟基礎，也促進了代替購入者在地方上實際負責收稅的有力人士崛起。

▷2　**長纖維棉花**

別名朱梅爾棉，是由法國技師朱梅爾（Jumel）加以實用化。商品價值比其他品種的棉花更高，1821年開始栽培後，逐漸變成主要的商品作物。因為是在尼羅河夏季枯水期生產的作物（夏季作物），這種棉花的擴大栽培就徹底改變了原本以冬季作物為主要對象的灌溉制度。

▷3　**福阿德一世**（Fuad I）

1868～1936年，穆罕默德 · 阿里的曾孫。1879年跟流亡到義大利的父親伊斯瑪儀同行，在當地居住了一陣子，之後在1892年返國。1917年繼承蘇丹（英國保護國時代的埃及君主稱號），1922年在英國單方面的宣稱下，成為獨立後的埃及國王。包括1919年爆發的革命，在他任內可以看到區域性民族主義的高漲。

2. 對「工業化政策」的評價

有一種看法認為穆罕默德・阿里利用專賣制壟斷的利益，投資建設了許多工廠，致力於透過**進口替代**工業化，達成經濟的獨立。在這樣的狀況下，他發動一連串軍事行動的目的，就被解釋成為了獲得在經濟獨立上不可或缺的原料供給地，以及本國產品的消費地（＝獲取殖民地）。這種強調穆罕默德・阿里工業化政策意義的立場，一方面認為他拉攏英國介入與鄂圖曼帝國之間的對立，是工業化進展的關鍵因素。另一方面又指出工業化會受到挫折，也是由於**《巴塔里曼條約》**（1838年）導致國內市場的「開放」所致。

另外，托萊達諾（Ehud Toledano）與法米則認為，因為作為燃料的資源不足，限制了蒸汽機的使用，動力來源只能仰賴人力與家畜，所以埃及的工業化僅止於實驗階段。另外，穆罕默德・阿里在締結條約以前，就已經開始關閉各種工廠，因此從上述的角度看來，他在工業化上的挫敗與條約之間的關連是否定的。不僅如此，阿里創設的纖維產業使用到的埃及棉花，即使全盛期也只占了棉花總生產量的2成，其餘大半的棉花都是出口到英國，為埃及每年收入相當大的部分。同時，在他的統治期間，英國對埃及的出口額也急遽增加。據此，阿里所扮演的角色反而日益加深了埃及在經濟上對西歐的從屬。

3. 農業、土地政策的影響

有人認為穆罕默德・阿里的一連串農業和土地政策，在長時間中促成了地方社會根本的變化。商品作物的栽培造成轉往市場經濟，以及貨幣經濟的滲透；而土地的商品化則導致地方社會的階層分化，這些都被解釋成穆罕默德・阿里統治後產生的新變化。

將鄂圖曼帝國統治時期視為停滯的「黑暗史觀」，多少影響了上述的看法。相對於此，庫諾（Kenneth Cuno）則主張在阿里統治以前，地方社會就已經經歷了上述的變化。18世紀以尼羅河三角洲地區的村落為中心，已經開始栽種小麥、亞麻、棉花等面向都市的商品作物。再加上廣泛確認到出現繳納稅金、實施商品期貨交易、轉讓買賣、租賃、抵押權等土地使用權限，以及透過土地兼併形成地方名士階層、無土地農民的出現等階層分化現象。上述庫諾的指摘，可以看成是一連串嘗試的一環，重新去質疑將穆罕默德・阿里統治之前，拿破崙的侵略（＝「西方衝擊」）當作埃及歷史上的重要分水嶺，強調前後時期斷裂的史觀。

不僅如此，庫諾也從與舊有看法不同的角度，來檢視阿里的政策對地方社會帶來的影響。1820年代以降，提高稅率、壓低作物價格、引進本票導致拖延支付款項等一連串的政策，讓農民陷於貧窮。穆罕默德・阿里為了維持生產力，採取了接收欠繳款項者及放棄耕作的土地，並重新分配等的政策，加速了既有的階層分化。

探究的重點

(1) 穆罕默德・阿里的統治對埃及帶來了怎樣的影響？

(2) 該將近代埃及的起點放在什麼時期？

(3) 如何結合個別發展的埃及史與鄂圖曼帝國史？

▷4　**自由軍官團（Free Officers）**
1948年第一次以阿戰爭後，由後來成為總統的納賽爾（Gamal Abdel Nasser，1918～1970年）等中間階層出身的青年軍官，所組成的祕密結社。1952年，他們發動政變後掌握了權力（1952年革命），隔年廢止擁戴穆罕默德・阿里家的君主制，轉為共和制。

▷5　**進口替代**
透過國內生產，讓仰賴進口的製品達到部分或全面的自給自足。

▷6　**《巴塔里曼條約》（Treaty of Balta Liman）**
1838年英國和鄂圖曼帝國之間締結的通商條約，規定鄂圖曼帝國變更各種關稅的稅率、廢止專賣制、承認英國商人的活動自由、給予英國政府最惠國待遇等，是往後英國與日本為首的亞洲諸國之間締結的不平等條約之雛形。

奴隸貿易廢止與印度洋貿易

6

奴隸貿易廢止帶來了什麼？

鈴木英明

【關連項目：印度洋海域的發展、歐洲涉足印度、殖民地統治下的印度經濟】

▷1　**印度海軍**
起源是英國東印度公司附屬的海軍，直到1829年以前都被稱為「孟買海軍」。1858年起，納入英屬印度政府的支配下。

▷2　**賽義德王朝（Al Said）**
18世紀中葉興起於阿曼的王朝。1806年賽義德（Said bin Sultan）掌握實權後，踏足東非沿岸地帶，在桑吉巴建立據點。賽義德逝世後，在王位繼承鬥爭之後分裂成阿曼與東非兩股勢力，前者至今仍是統治阿曼的王朝。

背　景

　　印度洋的奴隸貿易從西元前開始就連綿不絕在進行，但巨大的變化在19世紀降臨。自1817年與馬達加斯加島的梅里納王國（Merina）締約以降，除了1820年與波斯灣阿拉伯半島地區政權簽訂的一般和平協約外，英國政府和西印度洋海域各地的政權，都締結了廢止奴隸貿易的條約。雖然當地政權幾乎不曾按照條約，積極出力協助，但這些條約讓英國海軍有了法源依據，在印度洋海域執行廢止奴隸貿易的活動。話雖如此，在19世紀上半葉，實際委任海上取締活動的**印度海軍**[1]因為要分出戰力去支援鴉片戰爭等戰役，在沒有餘力的情況下幾乎收不到任何成果（不過，在馬達加斯加與葡屬莫三比克海域活動的皇家海軍，倒是有若干收穫）。邁入1860年代後，在大西洋廢止行動中斬獲一定成果的英國皇家海軍，也開始正式參與在印度洋的活動。

　　英國皇家海軍活用在大西洋學到的經驗，取得了印度海軍無法比擬的成果。同時，1850年代後半**賽義德王朝**[2]的後繼者之爭，也為廢止奴隸貿易活動做出很大的貢獻。介入這場紛爭的駐桑吉巴（Zanzibar）英國領事館，讓最後贏得該王朝東非領土的勢力刮目相看。此後，英國在禁止當地奴隸輸出方面有了影響力，最後在1873年，賽義德王朝境內終於禁止了奴隸貿易。過去一直以來都把這件事情看成是印度洋奴隸貿易的終點，但近年的研究證明，直到20世紀初期，存在一定程度從東非往波斯灣的非法貿易。當從東非輸出奴隸變得困難後，透過波斯灣內俾路支地區展開的非法貿易就變得活躍起來。

論　點

1.　與大西洋奴隸貿易的差異

　　在印度海軍史與皇家海軍史中，有不少研究都聚焦在印度洋的奴隸貿易廢止。這些研究基於龐大的海軍紀錄，詳細描述了從事取締奴隸貿易活動的船艦軍官及乘組員，如何對抗奴隸貿易。只是，這種研究也不是全無問題。更準確來說，這些研究往往是在「海軍對奴隸貿易者」這種僵化的對立模式下來討論。和這點相關的是，不只海軍史，過去的研究都把滿載奴隸的專門大西洋奴隸貿易放在腦海裡，藉此來推想印度洋的奴隸貿易。之所以如此的理由，首先要舉出的是大西洋奴隸貿易研究在印度洋之前，已經累積了高水準的研究。加上在印度洋奴隸貿易鼎盛時期的19世紀，英國方面的紀錄中也可以看見一些零星敘述，把普遍對大西洋奴隸貿易的印象，直接套在印度洋上。若是基於這樣的背景，印度洋的奴隸貿易和一般認

為的大西洋奴隸貿易就會很類似，都是一艘船運輸大量奴隸的專門貿易，但近年來的研究證明，19世紀印度洋貿易的實際情況大不相同。簡單來說，除了輸送到馬斯克林群島（Mascarene Islands）與桑吉巴等種植園生產據點之外，當地的奴隸貿易狀況和大西洋的情況截然不同，每一艘船裝載的奴隸數量從現在判明的情況來看，5人以下占了大約8成，跟大西洋相比極少。這件事暗示了當地的奴隸貿易，並非基於某種規模以上的資本來專門進行的產業。換言之，奴隸貿易是沒有大規模資本也可以參與的貿易。對照被捕奴隸船的貨物清單，會發現其與奴隸以外的貿易密不可分。反過來說，取締奴隸貿易活動造成的影響，並不只限於奴隸貿易本身。

那麼，這些船上除了奴隸之外載了些什麼呢？頗具特色的絕佳例子是從東非出口到阿拉伯半島等乾燥地帶的紅樹林木材，這些都是只有產地自然生態環境才能生產的物資。這些商品的持續交換，正是讓印度洋成為一個整體歷史世界的原動力。

3. 作為普世共通體驗的視角

近年來關於奴隸貿易廢止活動的研究，逐漸意識到世界史視角的重要性。之所以如此，是因為奴隸貿易廢止以1807年英國國會禁止該國及帝國領域內的奴隸貿易為重大契機，成為一種普世的共通體驗。比方說，印度洋在1860年代於皇家海軍的加入之下正式展開取締，不過其背景在於大西洋廢止行動取得一定成果後，西非奴隸出口有顯著減少的趨勢，所以可以將迄今為止投入大西洋的戰力，轉移到印度洋。不僅如此，在大西洋展開的廢止行動，也讓人意識到從西非輸出奴隸的風險，造成加勒比海和巴西等地奴隸的末端價格飆漲。這就讓以葡屬莫三比克為中心、從印度洋輸出的奴隸貿易變得活躍起來，這點也很值得留意。如此這般，不管是奴隸貿易本身，還是廢止活動，都是跨越印度洋、在更廣大空間中同時展開的現象。

探究的重點

(1) 印度洋的奴隸貿易是如何與其外部的世界產生關連？

(2) 印度洋的奴隸貿易和怎樣的人們密切相關？

(3) 如果印度洋的奴隸貿易與其他貿易密不可分，該如何定位取締奴隸貿易的活動在整個印度洋貿易史中的位置？

大英帝國治下的南非

7

該如何理解其歷史？

堀內隆行

【關連項目：南非種族隔離、去殖民化下的非洲】

背景

17世紀首次殖民南非的歐洲勢力，是荷蘭東印度公司。該公司建設的殖民地開普敦，在1814年成為英國的領土。之後，留下來的一部分荷蘭人（**布耳人**）前往內陸地帶，侵略非洲人社會，在19世紀中葉建立了川斯瓦共和國（Transvaal Republic）與奧蘭治自由邦（Orange Free State）。但是在1886年於川斯瓦發現了黃金，英國就在1899～1902年發動了南非戰爭（布耳戰爭），併吞了這兩個國家。開普敦、舊川斯瓦共和國、舊奧蘭治自由邦等各地區，在1910年組成南非聯邦，並獲得在大英帝國內自治的認可。但是，在20世紀上半葉阿非利卡人（Afrikaners，荷裔、布耳人）反英的民族主義日益高漲。民族主義者在1948年取得政權後，開始推行種族隔離政策，而南非就在這個政權統治下，於1961年脫離了大英帝國。

論點

1. 自由派的南非史解釋

南非大學中的歷史研究，自1920年代以降正式發展起來。引領這股潮流的是稱為自由派的英裔南非人歷史學家。他們展開研究的背景是對當時不斷擴大的阿非利卡民族主義的反動。他們把種族歧視（1948年起為種族隔離〔Apartheid〕）的責任歸於阿非利卡人。據這些歷史學家所言，荷蘭人／布耳人自17世紀以來就敵視那群住在邊疆（殖民最前線）與文明隔絕的奴隸與原住民，這種歧視與20世紀阿非利卡人的種族歧視思想密不可分。另一方面，自由派也主張英國在1834年廢除開普敦殖民地的奴隸制等作為，為南非帶來了「對所有人種一律公正的自由主義」（但阿非利卡人阻撓了這樣的發展）。

2. 從激進派到非洲學家

但是隨著1970年代激進（徹底重新審視）派的登場，這種看法從根本遭到了顛覆。他們的登場和拉丁美洲等地**依賴學派**經濟學者、社會學者的活躍相互連動。作為種族隔離政策核心的種族指定居住區，其實是起源於20世紀初期遭到英國併吞的川斯瓦等地。激進派也批判英屬開普敦的「自由主義」這一詞彙，是英國為了創造出非歐洲系協力者，在精打細算下的產物。即便在日本，也藉著上述的詮釋催生了許多有關英國與南非之間關連的研究。

只是在之後的南非史研究，比起英國做了什麼，更重視非洲人主體性的非洲學家（africanis）研究方法嶄露頭角。就算是發生在1899～1902年、長久以來

都被認為是「白人的戰爭」的南非戰爭，也被指出其實是非歐洲系的人群在其中扮演重要角色的「黑人的戰爭」。

3. 近年的研究方法　　關於英國對南非的影響，自由派與激進派不管肯定也好、否定也好，都認為其至關重要。對此，非洲學家則強調「南非是非洲人所創造」。但是近年來，也出現了重新評價英國存在的方法。當中最具代表性的是關於英裔南非人認同的歷史研究。但是這種研究的背景是這群人在曼德拉總統以後的非洲民族議會（ANC）掌政下所感受到的疏離。他們給予了英裔南非人對他者的寬容過高評價等，不能否認有刻意去讚揚過去的地方。

不過與此同時，針對非洲學家動不動就封閉在南非一國史中的看法，從全球史的角度來做對比，在接下來就顯得十分重要。在這層意義上，特別是最近布雷肯里奇（Keith Breckenridge）提出的研究，探討如何用指紋採集來管理非白人勞動者的移動，就富含啟發。根據他的研究，這種做法經過20世紀初期在川斯瓦的實踐，後來擴大到其他非洲殖民地。雖然布雷肯里奇的研究處理的時代和地域與激進派相同，甚至相當接近的主題，但這就展現了綜觀多樣網絡的視角是不可或缺的。

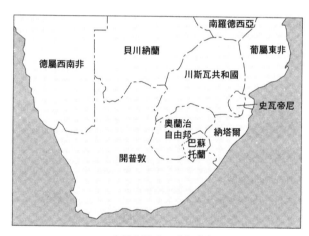

南部非洲（19世紀末）

探究的重點

(1) 英國對南非產生了怎樣的影響？

(2) 南非在世界史中占據了怎樣的地位？

非洲殖民地統治與勞動遷徙

8

勞動力是如何被集結起來？

網中昭世

【關連項目：法國的非洲統治、殖民地統治下的印度經濟、東南亞殖民地經濟的展開】

背 景

　　1885年柏林會議瓜分非洲後，自1889～1890年，又召開了有關廢止奴隸貿易的布魯塞爾會議（Brussels Anti-Slavery Conference）。列強在會議中達成共識，為了將廢除奴隸貿易做到盡善盡美，必須確立行政體系、保護傳教士與貿易公司，並指導非洲人農業勞動與工業技術。《布魯塞爾條約》雖然抑制了大規模的掠奪與出口奴隸，但並沒有規範強制勞動與契約勞動，結果反而助長了已經在殖民地進行第一級產品生產的列強經濟利益。由於在殖民地中，針對榨糖等第一級產品的加工過程引進了蒸汽機械，並擴大了生產規模，因此更大規模的勞動需求也應運而生。為了滿足擴大的勞動需求，西非和印度洋上的勞動種植園，不得不從島外調度勞動力。直到20世紀初期，在這些地區持續橫行著偽裝成契約勞動者的奴隸貿易，至於開始建設殖民地的大陸地帶則是企圖在當地調度人力。

論 點

1. 從「協力者」到「傳統」

　　關於以奴隸貿易為代表，歐洲人與非洲人社會的接觸及勞動力的調度，在1960年代以降的非洲史研究潮流中，重視的是當地社會內部存在的「協力者[△1]」。對此，1980年代霍布斯邦與藍傑等編著的《被發明的傳統》中，則著眼於統治者用來產生「協力者」的當地垂直社會構造，並指出這種構造為殖民地統治所利用。

　　在徵調勞動力的時候，統治者也利用了當地的「傳統」。比方說英國殖民地納塔爾（Natal），直到1860年代都在進行甘蔗種植園的開發，而在1875年制定了納塔爾原住民統治法。這項法案將當地非洲人社會的「習慣法」，以殖民者的近代法形式加以承認，不管在空間還是制度上，都為隔開非洲人與殖民者的間接統治，立下了法律基礎。接著在1913年，南非土地法指定了在被創造出來的「習慣法」底下，受到統治的非洲人居住地，成為種族隔離和勞動剝削為明確目的的種族隔離政策之原型。由於在土地與水資源不足的非洲人居住地，無法建立自給自足的農牧業，因此人們不得不成為移民勞動者，從事薪資勞動。

　　遭到殖民統治者剝奪了一直以來彈性的「習慣法」，獲得了當時非洲人社會部分既得利益階層的接納，變成在殖民地統治下推動勞動力徵募體系的齒輪。這項事實與獨立後的國家營運，以及近年的治理（governance）等問題遙相呼應，留下了殘存至今的禍根。

▷1　**協力者**
從英國自由貿易帝國主義分析中誕生的分析概念，指當地的菁英協力者。帝國主義是宗主國政治與殖民地地區的政治，兩者相互作用的產物。殖民地統治者與協力者雖然不是對等，卻是相互依存的關係。

緬甸戰線的羅德西亞非洲人步槍部隊（1944年）
出處：Christopher Owen, *The Rhodesian African Rifles*, London, 1970.

2. 軍事動員

殖民地統治下的勞動剝削，作為勞動力徵募、供給的體系而相當發達，也讓跨領域的勞動配置成為可能。不僅如此，這種確立起來的徵募供給體系，不光殖民地行政，也可以運用在軍事動員上。第一次世界大戰時，法屬西非強制徵募大量人員，動員到德屬喀麥隆與東非戰線。在南部非洲，平時徵募礦工的機構也開始徵召非洲士兵，派到東非戰線。另外，第二次世界大戰時都有非洲人士兵被派到歐洲、中南半島等戰線。

關於非洲人在殖民地統治下的軍事動員，以及這方面的經驗和社會影響，有相當多樣的研究論點。在這當中，從1970年代到近年的研究，都可以看見是基於對同時代的關心這種共通之處，想要理解獨立後非洲各國政權軍事和權威主義的性格，以及其暴力性。

3. 戰後社會變遷

不管是第一次世界大戰，還是第二次世界大戰時的經驗，都為戰後的殖民地社會帶來重大的變化。

其中要指出的第一點是勞工運動的發展。第一次世界大戰以前身處組織化之外的非熟練勞動者與移民勞動者，在戰時更加大量出現，同時也企圖達到組織化。代表性的事例是，1919年在出身馬拉威的開普敦港灣勞動者主導下設立的工商業工會（Industrial and commerical Workers Union of Africa，ICU）。ICU後來擴及到南部非洲各地。

第二點是，在第二次世界大戰後復興期的歐洲，特別是法國，直到1974年為止從北非馬格里布地區接收了許多非洲移民勞動者。這條移民路線在殖民地獨立後依然健在，可以說和現代的勞動移民、移民問題密切相關。

探究的重點

(1) 殖民地統治下勞動力的調度和動員的方法，和當地社會的利害關係如何達成一致？

(2) 非洲人的勞工運動和同時代的國際潮流有著怎樣的關係？

非洲殖民地統治與醫療

9

什麼是「熱帶醫學」？

磯 部 裕 幸

【關連項目：非洲殖民地統治與勞動遷徙、法國的非洲統治】

背 景

時序邁入19世紀下半葉，英國、法國、德國等西洋列強各國，挾著人稱「第二次工業革命」的重化工業發展為背景，陸續將非洲各地轉化為殖民地。在這種狀況下，非洲變成了資源與原料的供給基地，或是鋼鐵等製品的販賣市場。為了這個目的，列強不只在非洲沿海地帶，還積極涉足迄今為止一知半解的內陸地區，整頓鐵路等基礎交通建設，並投入礦山開發與商品作物的栽培。結果，在第一次世界大戰前夕，除了賴比瑞亞和衣索比亞以外，幾乎整個非洲大陸都受到列強的殖民統治。這個時期的殖民地統治和過去相比，在規模與本國的介入程度上都天差地遠。

論 點

1. 名為「原住民福祉」的「贖罪券」

西洋列強積極投入帝國主義式「瓜分非洲」的19世紀下半葉，是近代科學技術大幅發展的時期。鋼鐵業的興盛與土木技術的發展，成為鐵路建設的後盾，促成了地域之間人、物的移動。大型貨船的開發，也催生出大陸之間的全球性物流。不僅如此，海底電纜的鋪設也讓全世界能在短時間內共享相同的情報。

隨著這種科學技術的進展，列強莫不自認有把「文明」的恩惠，散播到世界各地的「崇高責任與義務」。而殖民地統治也絕對不是列強本身在政治、經濟上的利己主義，而是將「文明」的恩惠帶給「原住民」，並致力於增加他們「福祉」的做法。這種「文明化使命」，或者「原住民福祉」的論述，變成了列強發動帝國主義侵略時在倫理上的「贖罪券」。

其中受到關注是當時顯著發展的醫學，特別是細菌學。伴隨著顯微鏡的發展，期待能夠釐清長年以來困擾人類的「病」發生的原因。不僅如此，靠著在合成化學的成果，若是能製造出「特效藥」，克制「病」也絕非夢想。於是，列強著眼於**柯霍**◁1、**巴斯德**◁2的成就，利用在殖民地統治之上。這也是在增加「原住民福祉」的企圖下，為穩固殖民地統治基礎而展開的舉動。

2. 「熱帶醫療」的制度化

列強投注力量去研究在非洲和亞洲蔓延的傳染病，陸續在本國設立了研究和教育機構。所謂的「熱帶醫學」，就是在這種學問基礎上建立起來。比方說英國在利物浦（1898年）、倫敦（1899年）陸續設立了「熱帶醫學院」。在法國，則是由巴黎的「巴斯德研究院」（Pasteur Institute，1887年設立）與波爾多的「海軍軍醫學校」（1890年開設）擔

▷1 **柯霍**（Robert Koch）
1843～1910年，德意志的細菌學者，發現炭疽菌與結核菌等，1905年獲得諾貝爾生理或醫學獎。

▷2 **巴斯德**（Louis Pasteur）
1822～1895年，法國的生化學者暨細菌學者，解開了發酵與腐敗的機制，1895年獲頒雷文霍克獎章（Leeuwenhoek Medal）。

當這方面的角色。不只英、法兩國，德國也在1900年於漢堡設立了「海事與熱帶疾病研究院」（Institute for Maritime and Tropical Diseases），積極投入培育「熱帶醫學」專家、啟蒙殖民地官僚的活動，以及研究傳染病的病理學。這種「熱帶醫學」的經營，被期待在建設「健康的非洲」方面發揮重要的作用。

此外，不能忘記這裡所指的「熱帶」，絕非價值觀中立的地理概念，而是意味著病原菌蔓延的「未開化之地」，是近代醫學的「文明」必須克服的「野蠻」。換言之，這是歐洲人將與自己居住的「溫帶」不同的地區，貼上「落後」標籤的歧視產物。

3. 「殖民地醫療」的挫折

可是當「熱帶醫學」轉移到政策層面，也就是「殖民地醫療」來實行時，卻背叛了這樣的期待，非洲殖民地所遇到的狀況可以說場是災難，並暴露其本身的極限。

一般而言，殖民地統治不管哪方面都預算有限，行政組織也苦於慢性的人員不足。其中的例子就是他們徹徹底底欠缺針對非洲赤道地區蔓延的**非洲人類錐蟲病**[◁3]（通稱「昏睡病」）的對策。雖然患者被認為必須要隔離進行藥物治療，但要讓所有當地居民義務診療，並且把感染者一個不漏地隔離起來，在擁有廣大領土的非洲殖民地根本不可能實現。另一方面，要驅除作為中間宿主的采采蠅，必須針對溼地進行除草採伐的作業，但在非洲的大自然面前，也只能束手無策。不僅如此，因為這種疾病還會蔓延到家畜當中，所以赤道地區直到今天仍然無法放牧牛馬，遭受嚴重的經濟損失。

致力於透過醫療來擴大「原住民福祉」的殖民地統治計畫，不可避免遭受許多的挫折。歐洲人透過醫學這種「文明」，掩蓋殖民地統治「暴力性」的努力，結果只是以徒勞告終。

▷3　**非洲人類錐蟲病**（African Trypanosomiasis）由病原原生生物錐蟲引發的疾病。它會到達腦部、引發腦膜炎，導致劇烈的頭痛。感染這種疾病的患者，在晚上會陷入失眠狀態，白天則反而會突如其然昏睡。因為這種症狀，又有「昏睡病」（sleeping sickness）的別名。

探究的重點

(1) 歐洲列強高唱的「原住民福祉」，真的是「福祉」嗎？

(2)「熱帶醫療」怎樣描述「文明」和「野蠻」？

(3) 殖民主義與醫學之間有著怎樣的關係？

(4)「文明」與「野蠻」這類的概念有著怎樣的問題性？

媒體與非洲殖民地統治

10

近代媒體扮演了怎樣的角色？

澤田望

【關連項目：作為非洲人的民族意識、法國的非洲統治、東南亞的民族主義】

背 景

在歐洲列強殖民統治下的非洲大陸，報紙、電影、廣播等近代**媒體**[1]帶來了怎樣的變化，又是如何被利用？以非洲大陸為舞台的媒體歷史研究，在日本國內相當罕見，但伴隨著人類學等相近領域的研究發展，也呈現出新的樣貌。

早期在非洲大陸發行的報紙，可以追溯到1798年拿破崙遠征埃及之後不久創刊的法語報紙。史瓦希里語的「報紙」（gazeti），語源是來自英語的「公報」（gazette）。由此可知，非洲大陸的報紙大多是始於殖民地政府發行的公報。另外，19世紀末發明的電影，在1896年開始於南非與埃及上映，所以在很早期的階段就已經登陸非洲了。1920年代，以達喀爾（Dakar）、拉哥斯（Lagos）、蒙巴薩（Mombasa）等沿海都市為中心，設置了電影院，即使在農村地帶也出現了移動式戶外電影院。直到邁入1940年代為止，電影始終是人們的休閒活動之一。另一方面，廣播開始在非洲大陸使用，要等到實現長距離傳送的短波廣播出現的1920年代。1923年南非實驗性質的廣播為起點，1925年在阿爾及利亞、1927年在肯亞陸續展開。從非洲聽眾日益增加的1950年代，到手機上網急速普及的現在，廣播在電力供應不穩定的地區，仍然是重要的資訊收集手段。

論 點

1. 政治社群與宣傳

非洲大陸媒體史研究的背景，是盛行於非洲各國獨立後，編纂新國家的國史成為當務之急的時期。其中特別是非洲人主導的報紙，在1960～1970年代之後以非洲人為主體的歷史敘述潮流中，因為可以爬梳出與行政官員、傳教士等外來者迥異的視角，被視為重要的史料。

擔任肯亞首任總理及總統的甘耶達（Jomo Kenyatta），以及迦納的首任總統恩克魯瑪（Kwame Nkrumah）等著名政治家，都和報紙出版有所關連，因此報紙作為反殖民主義、民族主義與**泛非主義**[2]等政治主張的媒體，廣受矚目。特別是英屬西非因為流行病之故，歐洲殖民者並不多，從19世紀中葉起就由非洲人主導報紙出版業，就針對其創刊者與編輯展開了開創性的研究。至於出版品在殖民地解放運動發揮的作用，在非洲史方面長久以來都有人研究，但這與非洲各國應當致力的民主主義和報導自由之間密切相關，所以其發展軌跡被認為是重要的研究課題。

另一方面，關於殖民地統治下非洲早期的廣播，主要是從殖民地政府資訊

▷1　**媒體（media）**
指刊載資訊，並將之傳遞到其他場所的事物。透過太鼓和狼煙讓人得知消息，乃至於肢體動作、歌曲、舞蹈等身體表現，都被視為是早期的媒體。本篇以前人的研究為基礎，著眼於殖民統治下的非洲大陸中，作為近代媒體的報紙、廣播、電影所扮演的角色。

▷2　**泛非主義（Pan-Africanism）**
為了對抗種族主義與殖民主義，構想著讓世界上起源於非洲的人們恢復團結的立場與思想。支持著非洲各國的獨立與非洲團結組織（Organisation of African Unity）的建立。非裔美國人杜波依斯（W. E. B. Du Bois），被認為是建構起這套思想理論架構的人物。

或語言政策的觀點來進行研究，至於處理當地人們政治主張的研究，則較多是以1950年代之後的解放運動為對象。此外，也有研究著眼於殖民地政府與基督教傳教團體當作公關宣傳手段的短篇教諭電影，以及作為種族、性別、近代化等宗主國意識形態擴散手段的電影。但是，這些研究都是根據殖民地政策相關負責人員的史料，因此其視角遭到批判，認為有所局限。

2. 大眾文化的發展　　隨著歷史學中對社會史、文化史的關心高漲，從1980年代後半到1990年代前半，都市為中心的娛樂和大眾文化的發展，以及公眾的形成中媒體扮演的角色成為關注的焦點，而讀者、廣播聽眾與觀眾等如何接納媒體，也成為研究主題的核心。

一直以來被為是政治思想與民族認同媒介的眾多出版品，有研究從提升社會地位為目的的自我表達，或是詩、小說等實驗性文字表現場域的觀點，重新進行評價。不僅如此，媒體能夠將集體記憶和口述傳統用有形方式保存，發揮保管庫的功能，這方面的物質性也受到矚目。

另外，也從流行音樂的發展，以及政治、社會認同的表現等觀點來研究電台廣播。1920年代以降播放的舞蹈樂團（Dansband）與爵士樂，和非洲傳統音樂的旋律融合，為**朱朱**和**馬拉比**等新類型的發展有很大的貢獻。

之後，非洲的電影研究也隨著**奈萊塢**在全世界規模的拓展，而有了飛躍的發展。雖然隨著商業電影的普及讓殖民地政府的審閱變得嚴格，但研究仍指出外國電影在讓非洲社會超越既存價值觀方面，扮演了重要的角色。在1940年代、1950年代，奈及利亞與北羅德西亞（Northern Rhodesia，現在的尚比亞）的年輕人扮成好萊塢電影中的牛仔，於街上昂首闊步，當成一種反抗壓迫的年長者與殖民地政府的手段。

關於考察非洲大陸近代媒體歷史的研究，必須留意其重層性和連續性，並非從聲音文化、文字文化、印刷文化，再到電子媒體這種線性發展。同時，也要嘗試闡明生活在殖民地的人們，如何在多元的公共領域中，將自己與公眾結合在一起。

▷3 **朱朱**（juju）
源自於居住在奈及利亞的優魯巴人（Yoruba）所使用的打擊樂器。是以用吉他等西洋樂器來演奏迦納傳統音樂的快活之音（highlife）為基礎，發展而成的混合音樂類型。

▷4 **馬拉比**（marabi）
在南非發展起來的音樂形式，是將非裔美國人的散拍（ragtime）與爵士樂，和常常視為非洲傳統音樂的反覆和聲，彼此融合後產生的音樂。

▷5 **奈萊塢**
（Nollywood）
用奈及利亞的第一個字母N和好萊塢（Hollywood）組合起來的複合詞彙，指1990年代以降急遽發展起來的奈及利亞電影產業。有低預算、短時間拍攝的傾向，大多是透過DVD和電視來放映。

探究的重點

(1) 隨著殖民宗主國的不同，非洲大陸的媒體產生了怎樣的共同和相異之處？
(2) 媒體的發展，對居住在各地域人們的政治、經濟、社會活動，產生了怎樣的影響？

身為非洲人的民族意識

(11) 是如何形成？

溝邊泰雄

【關連項目：媒體與非洲殖民地統治、東南亞的民族主義、去殖民化中的非洲】

背　景

19世紀下半葉歐洲各國瓜分非洲的結果，是按照宗主國恣意劃定的殖民地界線割裂非洲的人們。就算在各殖民地轄區內，人們也得按照統治者創造出來的「部族」為單位，進行登記與管理，遷徙自由也受到限制。面對這種對自由的剝奪，第一次世界大戰以後，以當地知識分子為中心開始有組織的政治活動。他們透過共同身為「非洲人」的民族意識，致力於讓被「部族」割裂的人們團結起來，和殖民地政府對抗。不僅如此，他們還透過參與20世紀初期以來，在歐美、加勒比海地高漲的「**泛非主義**」與「**黑人性**」等運動，加速和非洲大陸以外的非裔知識分子之間的連繫。以身為非洲人的民族意識為基礎，在各地蓬勃興起的民族運動，於第二次世界大戰後迎向高峰。經過1960年的「非洲之年」（Year of Africa）後，在1963年引領了非洲團結組織的創立。

近年來，身為「非洲人」的民族意識，重新從超越國家與非洲大陸的大範圍連繫的脈絡來掌握，推動一股趨勢，想要再次整合居住在非洲大陸的人們與自奴隸貿易以降遭到割裂的**離散**（居住在南北美洲、加勒比海、歐洲等地的非裔人群）。

論　點

1. 與非洲去殖民化的關係

研究者關心身為「非洲人」民族意識的形成與發展，是從非洲迎來去殖民化時期的第二次世界大戰後開始。柯爾曼（James Smoot Coleman）等歐美政治學者注意到以1957年迦納獨立為先聲，陸續達成的新興國家誕生，分析熱帶非洲地區的政治運動，了解非洲的政治政黨是用民族意識作為媒介來實現大眾動員，並以此推動政治上的整合。

另一方面，對非洲民族運動的關心，也在非洲史研究中掀起了重大變革。在殖民地統治期間，歐美研究者壟斷了非洲史研究，主要將重心放在記錄「在非洲的歐美人歷史」。可是，第二次世界大戰後非洲民族意識的高漲，以及獨立國家的誕生，讓非洲史研究的重心轉移到非洲人民族運動的起源，也就是「在非洲的非洲人活動」上面。

不僅如此，以奈及利亞的阿賈伊（J. F. Ade Ajayi）為首，在這個時期登場的第一代非洲人歷史學家，利用當地的口述史料與非洲人寫下的文書資料，記錄了迄今為止在基督教傳教史與殖民地史中，排除在歷史敘事之外的非洲人們活動的歷史，為非洲人奪回非洲的歷史做出了貢獻。

2. 泛非主義的影響

說到底，「非洲（人）」這個概念，其實是歐洲人創造出來的產物。有力的說法認為「非洲」這個詞彙的語源，是古羅馬人用來指涉現今迦太基周邊的名稱。殖民地統治展開以前，非洲人們具有的是以語言和政治紐帶為基礎，對集團的歸屬意識，但在他們之間並不存在身為「非洲人」的民族意識。

讓非洲的人們共有身為「非洲（人）」民族意識的契機，是隨著殖民地統治引進的西式教育。伴隨西式教育的普及，獲得留學歐美機會的一部分年輕人，接觸到當時在歐美的非裔社會中影響力日益高漲的泛非主義與黑人性思想，強烈意識到自己的「非洲性」。其中特別是「泛非主義」致力於恢復在奴隸解放後的美國，依然受歧視所苦的「黑人」權利，並提倡世界中非洲人攜手團結，強烈吸引了迦納的恩克魯瑪為首的激進民族主義者。

里古姆（Colin Legum）指出在去殖民化時期，在歐美學習的非洲知識分子返回母國，領導了殖民地解放運動，而泛非主義運動的中心也從歐美轉移到非洲大陸。結果，雖然實現了獨立國家的誕生與「非洲團結組織」的創立，但就如同小田英郎的批判，這個時期的泛非主義其實和非洲世界以外的非裔運動產生了斷裂。

3. 從後殖民立場出發的批判

如前所述，身為「非洲人」的民族意識，在非洲去殖民化的過程中扮演了極為重要的角色。可是1980年代以降，從穆迪貝《非洲的發明》（V. Y. Mudimbe, *The Invention of Africa*）為代表的後殖民主義立場出發，用重新批判了「非洲（人）」這個概念。據穆迪貝所言，這個概念是貫串整個歷史的各種主體相互作用下建構的產物，並非超越歷史的絕對性事物。

不僅如此，在1990年代，吉洛伊（Paul Gilroy）透過「黑色大西洋」（Black Atlantic）這個概念，討論奴隸貿易以降，被迫離散到大西洋兩側的「黑人」（非洲人）在思想與文化的實踐，藉此重新理解「大西洋世界」這個知識與文化網絡的脈絡。他指出這個場域內的各種存在蘊含了在歷時性、共時性之中，各種主體的混雜建構出來的「雙重意識」。他的主張作為對僵化民族意識的批判，直至今日都在許多研究中留下深刻的影響。

探究的重點

(1) 身為「非洲人」的民族意識，是在怎樣的過程中形塑出來？

(2) 亞洲的民族運動與非洲的民族運動，有哪些共同和相異之處？

法國的非洲統治

殖民地統治帶來了什麼？

平 野 千 果 子

【關連項目：非洲殖民地統治與勞動遷徙、身為非洲人的民族意識、東南亞的民族主義】

▷1　**法屬西非（AOF）**
組成地區包括了塞內加爾、法屬蘇丹（今馬利）、象牙海岸、達荷美（Da-homey，今貝南）、上伏塔（Upper Volta，今布吉納法索）、尼日、茅利塔尼亞（Mauritania）、幾內亞。

▷2　**法屬赤道非洲（AEF）**
組成地區包括了剛果、加彭、烏班基—夏利（Uban-gi-Shari，今中非共和國）、查德。順道一提，只有不屬於法屬西非、法屬赤道非洲，位在非洲東部的法屬索馬利亞（今吉布地〔Djibouti〕）在1977年獨立。

背　景

　　法國與非洲各國的關係，和其他歐洲各國一樣，是透過奴隸貿易發展起來。法國在當地最早的貿易據點是西非的塞內加爾。塞內加爾中心都市聖路易的市名，就是源自於法國國王路易14世。塞內加爾在之後的時代中，也一直被定位為法國統治非洲的中心。

　　到了19世紀，法屬非洲從以奴隸制為主軸的經濟體制，轉為殖民地的面的統治，並活用資源的時代。這種面的統治牽涉到撒哈拉以南非洲，歷經1830年軍事入侵北非阿爾及爾，以及1848年最終廢止奴隸制後正式展開。特別是法國在帝國主義時代擴張的土地，編成了1895年的**法屬西非**[1]，以及1910年的**法屬赤道非洲**[2]。包含第一次世界大戰後從德國獲得的多哥（Togo）與喀麥隆在內，法屬非洲各國在1960年一齊獲得了獨立。但這種獨立欠缺了法屬西非和法屬赤道非洲那樣的一致性，只是沿著統治區域的劃分來切割出各個國家。正因如此，要去經營這種在恣意劃分中建立的國家，至今仍充滿了困難。

論　點

1. 作為士兵來錄用
　　今日對殖民地統治普遍的認識，都認為不可或缺的是當地人的「協助」。就算是征服戰爭本身，也仰賴當地人組成的部隊。法國自19世紀中葉起，就在「塞內加爾士兵」的名目下來推動建立非洲士兵的組織，錄用他們來擴張殖民地或鎮壓叛亂。

　　第一次世界大戰之際，法國在撒哈拉以南幾乎強制徵召了接近20萬人，這些人大多被送到了歐洲前線。19世紀苦於人口成長停滯的法國，在面對兵源不足的狀況下不得不仰賴非洲士兵。

　　那麼，這些非洲士兵的命運與法國士兵一樣嗎？研究者關於這點的看法相當分歧。一方面有人主張非洲士兵被當成法國士兵的人肉護盾，死亡率相當高，加上他們在進攻的時候往往打頭陣，也是死亡率居高不下的關鍵因素。但是，近年重整旗鼓的法國非洲史研究者之間，則是指出「如果只是比較步兵，兩者其實沒有那麼大的差距」。事實上，因為被動員士兵的數目本身就很不嚴謹，所以對死者、行蹤不明者的估算也是眾說紛紜。就如英語圈中倫恩（John Lunn）的研究所示，應當採取的態度是不只關注犧牲者的數字，也要從各式各樣的層面來仔細留意非洲士兵在訓練和戰場中面對的狀況。

2. 戰間期民族運動

歷經第一次世界大戰後，法國對非洲的統治趨於穩定，正式進行開拓。法國在整頓鐵路等基礎設施方面，迫使當地人進行強制勞動，而且實際上也看到「法國化」的當地菁英對此表示認同。在戰間期，也有非洲的年輕人為了求學，渡海來到法國。他們在宗主國遇到了出身相異的人們，彼此展開交流，誕生了所謂的「黑人性」文學運動，讚揚過去遭到鄙視的黑人特質，也發行了嚴厲告發殖民地統治實際狀況的報紙。

只是，這些批判未必就和追求獨立的運動直接相連。一般都認為，以第一次世界大戰為契機，提倡民族自決、朝殖民地獨立邁進的運動變得活躍。可是至少就法屬非洲的情況而言，這樣的描述並不恰當。面對宗主國近代化後的壓倒性技術和武力差距，戰間期主流的立場是要求獲得與法國人同等的地位。這是個不僅非洲的國界線是法國人為劃分出來的產物，就連以誰為主體、什麼範圍內獨立都曖昧不明的時期。

雖然在戰間期留學法國的年輕人當中，出現了後來扛起獨立的政治家，但是受到「法國化」、甚至可以說親法的這群人，他們的想法及對於將來非洲的構想，都有待從政治和文化的面向，進行更進一步的探究。

3. 與獨立有關的狀況

1960年稱為「非洲之年」。當年有17個國家一齊獨立，其中有14個是前法國領地（包括印度洋的馬達加斯加在內）。和其他殖民地不同，法屬非洲的國家都是和平獲得獨立，但其來龍去脈仍有很多不明之處。配合1958年法國第五共和憲法的公民投票，在殖民地也舉行了詢問獨立意願的居民投票，但在明示「如果獨立後，法國將會中止援助」的方針之下，除了一部分地區之外，幾乎所有地區都選擇了**留在法國之內**。眾人都很清楚殖民地統治連產業都沒有扶植起來，不可能在缺乏援助的情況下達到獨立。但就在2年後，情勢急轉直下，法國決定持續援助，而法屬非洲也陸續獲得獨立。現今仍努力不懈想解開這短時間內發生的事態變化。

本來，法國就是一手鎮壓民族運動，另一手則優待親法勢力，透過後者為主軸的獨立，來持續維持影響力。冷戰這個時代背景，也在背後推了反對共產主義的親法派一把。但是，這種做法讓獨立後的非洲內部殘留著反政府勢力，被迫面對不穩定的政治運作。有必要仔細看清楚「和平獨立」這種表面背後隱藏的實際狀況。

▷3　**留在法國之內**
在第五共和憲法下，創設了重組殖民帝國的「法蘭西共同體」，各個殖民地都加盟到這個共同體底下。

探究的重點

(1) 非洲各地的民族運動是如何展開？

(2) 獨立後的前法屬非洲各國，是如何相互合作？

印度大叛亂

⑬ 是誰為了什麼原因發起？

井 坂 理 穗

【關連項目：印度的殖民地化、印度國民大會黨】

▷1　巴哈杜爾沙 2 世
（Bahadur Shah II）
1775 ～ 1862 年。1837 ～
1858 年在位，是蒙兀兒帝
國最後的皇帝。在 18 世紀
起英國東印度公司逐漸擴
張領土統治的情況下，皇
帝的實權遭到剝奪，僅僅
只是支付年薪、徒具形式
上地位的存在。

▷2　薩希伯（Nana
Sahib）
1824 ?～? 年。英國東印
度公司拒絕了讓馬拉塔邦
聯宰相（Peshwa）拉奧 2 世
（Baji Rao II）擁有的權利，
由他的養子薩希伯繼承。
薩希伯在這場印度大叛亂
中扮演了指導的角色。

▷3　屬民（subaltern）
指各式各樣形態呈現出來
的從屬狀況，或是身處於
從屬狀況下的人們、民
眾。在 1980 年代的南亞近
代史領域中，出現了從「屬
民」角度出發進行歷史敘
述的嘗試，之後便展開了
熱烈的討論。

▷4　達利特（Dalit）
意指「被壓抑的人們」。一
開始是所謂「不可觸者」
的自稱，現在則是廣泛用
來取代「不可觸者」一詞
的詞彙。參照 III-8 注 3。

背 景

18 世紀下半葉起，英國東印度公司在印度統治的領土日益擴大，隨之而來的社會變動導致各地紛紛爆發反抗。1857 年 5 月，在北印度城鎮密拉特（Meerut），東印度公司軍隊的印度人傭兵（sepoy）揭竿而起，接著向德里進軍，擁立蒙兀兒皇帝巴哈杜爾沙 2 世[1]。然後在印度北部、中部各地的印度人傭兵陸續起兵，而都市和農村地帶也有各種階層的人們發起支持叛亂的行動。在東印度公司的併吞政策下，領土遭到剝奪的詹西（Jhansi）、阿瓦德（Awadh）等土邦的舊統治階層，以及身為馬拉塔邦聯（Maratha Confederacy）宰相養子的薩希伯[2]等人，也加入叛亂。在德里，雖然在皇帝底下設置了行政會議，但內部對立卻始終不斷。同年 9 月，東印度公司的軍隊壓制德里，蒙兀兒皇帝投降，被流放到緬甸。各地的叛亂大致在 1859 年初，都遭到鎮壓。英國通過了印度統治改善法（1858 年），廢止了東印度公司對印度的統治，改由英國政府直接進行統治。1877 年，維多利亞女王即位為印度皇帝，印度帝國於焉成立。就像這樣，印度大叛亂成為了英國殖民地統治體制產生重大轉變的契機。

論 點

1. 叛亂的範圍

在英國殖民統治者陣營的記述中，這場叛亂被稱為「印度人傭兵叛變」（Sepoy Mutiny）。他們認為這是東印度公司軍隊中，一部分不滿待遇的印度人傭兵所掀起的叛亂。至於叛亂為什麼會擴大到這種地步，也有解釋認為是因為薩希伯等部分過去的統治者事先計畫好的陰謀。但是隨著印度民族主義的崛起，在印度人領袖當中開始出現了一種說法，將這場叛亂看成是社會上群眾廣泛參與的「獨立戰爭」。在這當中特別強調印度教徒與穆斯林的並肩作戰，以及各種階層的人們都參與其中。

關於這場叛變，有許多歷史學家投入研究，其中有人指出在農村地帶的叛亂範圍方面，不只是土地被剝奪的領主階層，就連許多更下層的農民都加入叛亂。在這些事例中，既有位居社會、經濟上層的人們帶頭的場合，也有從下而上發起的情況。另外，也有研究表示種姓等社會集團網絡在動員上有著很重要的角色。1980 年代，隨著高舉「由下而上的歷史」口號的屬民[3]研究潮流興起，也出現了聚焦在達利特[4]（不可觸者）與部族等在社會中處於從屬地位的人們，如何與這場叛亂產生關連的研究。

2. 叛亂的原因與目的

眾所皆知，印度人傭兵揭竿而起的原因，是恩菲爾德步槍的問題。1857年新引進的這種步槍，傳聞在藥包上塗了牛和豬的油脂；這讓身為印度教徒視牛為神聖，以及穆斯林視豬為汙穢的印度人傭兵，雙方都引發了不安。此外，在前一年導入強制印度人傭兵前往海外服勤的新法，也讓出身高階種姓的士兵大為反彈，因為他們認為渡海會帶來汙穢。不僅如此，同一時期合併阿瓦德土邦的舉措，也造成當地出身的印度人傭兵嚴重不安。

可是如果從人們廣泛參與的「大叛亂」（Great Rebellion）這個立場來看，則必須考量到更多元的政治、經濟、社會因素。在舊統治階層方面，就像在**詹西土邦**◁5的案例中所見，是因為東印度公司不認可養子繼承，以及併吞了其領土等強硬政策所致。在農村起義方面，有研究從農民的經濟狀況去找尋原因，東印度公司不但在查定土地後，剝奪他們土地的權利，還課徵過重的地稅。但是也有看法認為是人們反感於英國統治下發生的社會變動，尋求恢復秩序和維持信仰，所以是一種復古主義的運動。此外，還有解釋一方面留意上述各種因素，同時也將叛亂看成是不同的社會集團，基於各種動機揭竿而起的複合性運動。

3. 印度大叛亂與民族主義

印度大叛亂在後來的印度民族主義潮流中，被描繪為致力於獨立的運動、甚至是第一次獨立戰爭。直至今日，關於叛亂的各種敘述和象徵中，都可以清楚發現這種看法的影子。

但是相對於此，有不少歷史學家批判這種將大叛亂與基於近代國家概念的民族主義，結合在一起討論的做法。他們指出叛亂範圍在地理上的界限，以及參加的人不論是動機還是目的都相當多元。另外，也有人認為這場叛亂很難看成是基於近代國家概念的「獨立運動」，提醒要留意參加叛亂的人們珍愛家鄉的情感、廣泛對英國統治所帶來變化的反彈，以及相關地域和社會集團之間的連繫，並且重新質問大叛亂的歷史意義和對後世帶來的影響。

▷5　**詹西土邦**
在印度總督達爾豪西侯爵（James Broun-Ramsay, 1st Marquess of Dalhousie）的政策下，1854年併入英國東印度公司。1857年6月，當地的印度人傭兵揭竿而起，王妃拉克什米・芭伊（Lakshmibai）被迫與英國對抗，不久後在戰鬥中喪命。

探究的重點

(1) 印度大叛亂為什麼會爆發，後續又如何發展？
(2) 迄今為止都如何討論印度大叛亂？

東方主義

14 如何掌握關於印度的近代知識，又如何繼承？　　**富澤**かな

【關連項目：印度的殖民地化、伊斯蘭與性別】

背景

「東方主義」原本是西洋用來表現對東洋的興趣與東洋學的詞彙，但自1978年薩伊德發表了同名書籍以後，就成了批判西洋對東洋「思考與支配模式」的詞彙。薩伊德以「英、美、法的阿拉伯及伊斯蘭相關經驗」為主要對象，探討有關「東方」的近現代言論，並指出在這當中經常反覆出現的負面刻板印象，而且是基於西洋／東洋的二元論架構，透過單方面的自他認識、權力與權威，實體化這種強制。「支配、差異化、蔑視」，還有徹徹底底「西洋從本質論來談論東洋」的架構，整體就稱為東方主義，而遭到批判。

論點

1. 印度是「東方主義」的例外嗎？　對薩伊德這種論點的批判之一是，如果西洋是用本質論在談論東洋，那薩伊德自己其實正是用本質論和一元的角度來化約東洋多樣的言論。於此獲得重視的就非屬《東方主義》主要談論對象的印度之定位。對西洋而言，印度往往被當成超越單純異國趣味，具有共鳴且憧憬的對象。這種起源可以回溯到古代的伊甸園、挪亞洪水、使徒多馬的印度傳教傳說等基督教的世界觀。到了18世紀末，**瓊斯**[1]提出的印歐語系學說，則為近代印度學的肇始，帶來了全新的展開。在這之後，印度與歐洲的語言，以及轉移到文化和種族相關性的假說，都成了西洋人強烈關心的對象。

在這當中，確實可以看到「支配、差異化、蔑視」這種構圖無法涵蓋的一面。但在這樣的視角中，不見得就沒有「本質論上的討論」在。比方說，英登（Ronald Inden）強烈批判近代印度研究，認為是討論東方主義的典型。另外，印歐語系學說與對印度有著憧憬的近代種族神話，誕生出所謂的「**雅利安神話**[2]」不只大大影響了反閃族主義的發展，在思考東方主義問題的整體面貌上也至關重要。但與此同時，也有看法認為西洋近代的印度研究，幫助印度人建構自身的認同，如柯普夫（David Kopf）就認為親印度的東方學者把印度傳統知識與近代連結在一起，有助於印度人從近代世界中找出固有的認同，因此批判薩伊德和英登的論述是種片面偏頗的說法。但是，近代西洋的印度形象與印度的民族認同有著深刻關連這件事情，實際上只會讓印度與東方主義的結合，變成一個更加重要的主題。正因如此，這個主題連結到杜寧凱（Nicholas B. Dirks）、柯恩（Bernard Cohn）、金（Richard King）、維爾（Peter van der Veer）等眾多學者的多樣研究，同時也結合了屬民研究。與印度有關的東方主義，和其他地區（特

▷1　**瓊斯**（William Jones）
1746～1794年，英國的東方學者、法學者、詩人，以及加爾各答最高法院（Supreme Court of Judicature）法官。

▷2　**雅利安神話**
主要在19世紀展開、從印度語系學說擴大、轉化的理論。提倡印歐系文化與種族的優越地位，特別否定閃族的地位。

別是中東）的性質迴異，也是不爭的事實，但也正因如此，印度才是掌握東方主義問題，以及展開討論時不可或缺的一環。

2. 兩種東方主義──亞洲專制論與宗教文化論的相剋和共存

專制君主恣意行使權力、不存在私有財產的情況下，停滯不前的東洋世界──這種所謂的「亞洲（東洋）專制論」為東方主義的典型，就算是討論印度的時候，貝尼耶的《蒙兀兒帝國誌》（François Bernier, *Travels in the Mogul Empire*）與孟德斯鳩的《論法的精神》等作品也會反覆提起。相對於此，瓊斯等**東方派**[3]則透過梵語文獻指出宗教法和婆羅門的權威限制了王權，展現印度作為宗教文化世界的形象，藉此正面否定前者的說法。一方面，亞洲專制論歷經彌爾《英屬印度史》（James Mill, *The History of British India*）與印度的土地制度論爭，發展成馬克思、恩格斯，乃至於魏復古（Karl August Wittfogel）的「亞細亞生產方式」理論。在這當中展現了由專制與封閉的村落共同體強力支撐起的架構，成了東洋史上的重大課題。另一方面，印度作為梵文宗教文化世界的形象，則在印度學邊緣綿延不絕續留下來，好比就與杜蒙（Louis Dumont）由淨／不淨的一元價值觀貫穿的印度形象結合在一起。該從宗教，還是王權來討論印度？究竟是文化、宗教包容政治、權力，還是反過來？這兩種強硬的本質論持續相剋和共存，不僅是印度相關的東方主義特徵，也是關於印度研究整體樣貌的一大問題。

3. 東方主義論與印度的主體性

就算歷經東方主義論，也未必就能討論出「真正的東洋」。東方主義論強調並批判西洋近代霸權的分量，但推論到極致的話，反而會有反覆強化「不言而喻的他者」這種東洋形象的矛盾之虞。比方說，在「印度教」（Hinduism）這個概念建立與展開的過程中，受到了西洋近代的印度研究與宗教研究深刻影響。雖然這是很重要的論點，但是將印度教當成近代建構出來的產物，難道就不是一種新的東方主義嗎？在繼承東方主義批判、近代批判意義的同時，該如何掌握非西洋世界的能動性？更進一步來說，要如何避免支離破碎的批判和反省不斷自我複製，而是連結到有成效的討論？至今仍然值得反覆提問的沉重問題。東方主義論絕對不是一個已經終結的討論。

▷3　**東方派**（orientalist）
在這裡指的是，在英國的印度統治方面，重視梵語和波斯語，追求尊重和維持印度文化、制度的人們。反之，尋求英語的教育與普及，並引進英式制度的人，則稱為「英國派」（Anglicist）。

探究的重點

(1) 東方主義論對東洋史的過去與未來，具有怎樣的意義？

(2) 東方主義論的意義，隨地域而有怎樣的差異和重疊？

(3) 全球史與（後）現代論有著怎樣的關係？

殖民地統治下的印度經濟

15 殖民地統治帶來的是衰退嗎？

神田さやこ

【關連項目：亞洲域內貿易、印度的經濟發展】

背 景

　　現在印度、巴基斯坦、孟加拉的大部分地區，自1765年英國東印度公司獲得東部印度地區徵稅權以降，直到1947年8月印度與巴基斯坦分離獨立為止，將近180年的時間裡都是處於英國的殖民統治之下。根據麥迪森（Angus Maddison）的估算，1700年印度的人均GDP大約是550元（1990年的國際元），而獨立之後的1950年，這個數字也不過是619美元。從英國的殖民統治來尋求印度低開發與貧困的原因，這樣的討論在19世紀下半葉民族主義的熱烈發展中誕生，即使是在獨立後仍然影響了政府的經濟運作與學術研究。近年來透過實證歷史研究和經濟學、統計學的方法，從客觀的角度來檢證這個問題。

論 點

1. 工業化與「工業化的挫折」（de-industrialization）

18世紀英國展開了對印度綿布的進口替代，到了19世紀上半葉，英國的機械製綿布、綿絲開始輸入印度。這種伴隨英國工業化起步（「工業革命」）而來的貿易結構轉換，與英國東印度公司統治的展開彼此重疊，因此印度製造業（舊有產業）的衰退，常被認為是和殖民地統治有關。印度的貿易利潤並沒有投資在工業與農業上，而是用來支付英國經營殖民地時的相關各種經費（本國費用），這點也被看作是低開發與貧困的原因（「財富流出」〔drain〕論）。然後19世紀下半葉世界貿易擴大，形成了歐美各國生產、輸出工業產品，殖民地與非歐洲地區生產、輸出原料和糧食的國際分工體制，則是從結構上阻礙了印度工業化和經濟的發展。

　　即使是近年的量化研究也確認到在19世紀上半葉出現了「**工業化的挫折**」[1]。但是19世紀下半葉的情況就有不同的聲音，有強調工業化進展的研究。事實上，時間邁入1850年代之後，在當地資本主導下，以孟買為中心的近代紡織業突然興起，到了20世紀上半葉，鋼鐵業等重工業也開始發展。

　　雖然工業化是以大規模工業為中心來討論，但是自20世紀上半葉以降，也能看到小規模工業（傳統工業、近代工業）的發展，到1947年獨立時已經成為雇用9成以上勞工的部門。以綿工業為例，隨著大規模近代紡織業的發展，不但利用機紡綿紗的手織綿布生產擴大，引進動力織機的小規模近代綿織品工廠也增加了。小規模工業提供了價格與品質相異的各式商品，也支撐了諸多階層（包含農村下層民眾）的擴大消費。

▷1　**工業化的挫折**
伴隨著殖民地化，過去曾經高度發展的在地產業面臨衰退，近代工業化的產生也跟著延後，與之相關有各式各樣的討論。也翻譯為「去工業化」。

殖民地時期印度的經濟指標（1921 年＝ 100）

	1891 年	1921 年	1938 年
實質國民所得（每人平均）	78	100	101
（農業）	67	100	100
（工業）	—	100	175
外國貿易（實質出口額）	76	100	96
耕地面積	56	100	103
鐵路總延長距離（每人平均）	51	100	110
人口	92	100	125

出處：本圖表根據 Tirthankar Roy, *The Economic History of India 1857-1947*, 3rd edition, Dehli, 2011, p.81 製成。

2. 農業的成長與停滯

經濟的成長與衰退，不是只從工業化就能討論。上表顯示了 1921 年以前的時期，外國貿易的發展、耕地面積的擴大，以及鐵路網的延長。簡單來說，19 世紀下半葉之後的世界貿易擴大，儘管印度處在殖民地統治之下，仍然透過與世界市場的結合，刺激了印度的農業，而鐵路網的整頓則促進了內陸地帶的農產品輸出。世界貿易的發展，不只是農產品，也促成了綿紗等工業產品的輸出，除了支撐印度近代工業的成長，也推動了商業與金融業的發展，並產生投資工業的本金。另外，與世界市場的結合，也增加了農村外的就業機會（國內外的種植園與工廠），提供了包含下層民眾在內，各種階層提高所得的機會。這種良性經濟循環也反映在每人平均實質國民所得的增加上。

但是另一方面，1921 年以降時期的狀況則大不相同。同樣參考上表，耕地面積並未增加、鐵路鋪設的規模也縮小。隨著經濟大恐慌後世界貿易的萎縮，受貿易成長牽引的成長動能土崩瓦解，對農業和基礎建設的投資也逐漸趨緩。在實質國民所得方面，工業的成長雖然拉高了工業部門的所得，但農業與人均所得則陷於停滯。

3. 人口與經濟

也有研究指出 1921 年以降經濟停滯的背景，是來自於急遽上升的人口成長率。人口成長與隨之而來的耕地稀少，造成實質國民所得（人均）下滑，並導致貧窮。20 世紀中葉的戰爭，以及分離獨立前後的政治經濟混亂，讓這樣的狀態始終不曾改善。

另一方面，在 1921 年以前的成長期中，造成莫大人民受害的大規模饑荒，還有以霍亂為中心頻傳的疾病，也引起了關注。政府對於這些問題不見得都能採取有效的應對措施。簡單來說，上表所示在這個時期實質國民所得增加（經濟成長）的背景，或許也可以想成是饑荒與疾病導致的人口淘汰。鐵路網的整頓與農業開發，儘管帶來了經濟成長，卻也成為威脅人們生存的存在。

探究的重點

(1) 在經濟成長與衰退的背景中，政府的政策扮演了怎樣的角色？

(2) 殖民地統治為今日的印度經濟，帶來了怎樣的影響？

東南亞殖民地經濟的展開

16

和世界的關連產生了怎樣的變化？

加納啓良

【關連項目：19世紀的勞動、商業移民、亞洲域內貿易、殖民地時期東南亞的社會變遷】

背景

　　從19世紀中葉到1910年代，除了暹羅（1939年改名為泰國）以外的東南亞，幾乎全境都落入歐美各國的殖民地統治之下，也大致確定了殖民地之間的國界線。簡單來說，東南亞的領土被分割成7個地區：美屬菲律賓、荷屬東印度（日語簡稱為「蘭印」，今日的印尼）、法屬印度支那（日語簡稱為「法印」，包含今日的越南、寮國與柬埔寨）、英屬緬甸（今日的緬甸）、葡屬東帝汶，以及獨立國家泰國。結果，東南亞的歐美殖民地統治，從據點交織起來的「點與線的統治」改頭換面，變成劃定國境的「面的統治」，也就是近代的領域國家型統治。這和19世紀中葉世界經濟發展導致的國際分工擴大同時並進，進而在東南亞形成了供給全世界各種第一級產品的全新殖民地型經濟。

論點

1. 19世紀中葉起運輸、通信革命的影響　　讓建立新的殖民地型經濟化為可能，是連結世界的運輸、通信手段出現了革命性的進展。其中最重要的革新就是蒸汽船的登場。在東南亞，雖然最早的蒸汽船定期航線在1840年代已經開設，但其海運正式開始是從1869年蘇伊士運河開通，大幅縮短歐亞之間的距離為起點。蒸汽船不只是連繫歐洲，也相當活躍於與鄰近亞洲地區的物資和旅客往來。進入20世紀之後，柴油動力取代了蒸汽動力，讓海運變得更加熱絡。

　　另一項和海運一同為東南亞貿易擴大做出巨大貢獻的是海底電纜。1871年，鋪設了最早連結東南亞與歐洲的海底電纜。直到19世紀末，東南亞的主要都市幾乎都透過海底電纜連上新加坡。藉著利用海底電纜的電信，改善了資訊的傳遞，促進了貿易、投資、金融的大幅發展。邁入1910年代後，隨著巴拿馬運河開通與跨太平洋海底電纜的鋪設，向美國的出口也急遽增加。不僅如此，在陸地上也在建設鐵路和整頓道路網，讓礦產、農產運輸到港口，以及旅客往來都變得更加容易。

2. 第一級產品輸出經濟的形成與移民勞動力　　19世紀後半生產量特別成長的輸出產品，有荷屬東印度（爪哇）與菲律賓的砂糖（以紅甘蔗為原料的蔗糖）、荷屬東印度（蘇門答臘與爪哇）的菸草、英屬馬來亞與荷屬東印度（主要是蘇門答臘）的 **天然橡膠** ◁1、菲律賓的馬尼拉麻等種植園型的農產品，以及英屬馬來亞與荷屬東印度的 **錫** *、荷屬東印度的石油與鋁礬土等礦產，還

▷1　**天然橡膠**
雖然可以採集橡膠液（乳膠）的植物有很多種，但工業原料用的天然橡膠，大部分都是以原產於南美的巴西橡膠樹樹液製作而成。邁入20世紀以後，以石油等為原料的合成橡膠產量也不斷增加，但在製造輪胎等產品方面，天然橡膠至今仍然不可或缺。

＊　錫
參照 III-17 注1。

IV-16 ● 東南亞殖民地經濟的展開　　249

有位在東南亞大陸地帶、三大河川（緬甸的伊洛瓦底江〔Irrawaddy〕、泰國的昭披耶河〔Chao Phraya〕、法屬印度支那的湄公河）下游三角洲地帶的稻米。在這當中，荷屬東印度的砂糖、菸草、石油，英屬馬來亞與荷屬東印度的橡膠、錫等的生產，一般都是以股份有限公司的形式，由歐美企業進行大量的投資；至於大陸地帶的稻米增產，則是靠著開鑿運河、築堤圍墾等公共投資的方式。

在主要輸出地點方面，菸草與錫輸往歐洲、橡膠則輸往汽車輪胎生產的大本營美國。而荷屬東印度的砂糖和大陸地帶的米，則主要輸往中國、印度、日本，以及東南亞自身內部等亞洲各地區。以橡膠、錫為主力產品，位於麻六甲海峽沿岸的新開墾土地，引進了許多擔任勞動者的中國（主要是錫礦山）與印度（馬來半島的橡膠農園）移民。至於蘇門答臘的橡膠農園，則是使用了同樣位在荷屬東印度境內的爪哇族移民勞動力。直至今日，這些包括從事商業、服務業人員在內的移民，他們的定居在東南亞地區的人口組成留下深刻的痕跡。

3. 殖民地經濟的變遷與解體

根據一項推測，在1914年的東南亞，企業的直接投資額有百分之75集中在荷屬東印度與英屬馬來亞。即使到了1937年，這兩個地區的直接投資額比例仍然超過了6成。歐美等民間企業的投資對象，大部分都是兩地的農園、礦業及相關產業。但是殖民地經濟的推手並不只有這些企業。栽培橡膠與咖啡等作物的小農、大陸三角洲地帶的稻作農民，還有與他們接洽的仲介商人（多半是華人）也是重要的參與者。

過去東南亞殖民地產品的輸出地點大半是歐洲，但邁入20世紀之後，荷屬東印度的砂糖與大陸地帶的米輸往亞洲，以及菲律賓砂糖、英屬馬來亞與荷屬東印度的橡膠運到美國，重要性與日俱增。此外，以第一次世界大戰為分水嶺，綿布等日本製品的輸入也開始增加。雖然在1929年經濟大恐慌之後，出現了荷屬東印度砂糖輸出減少，日本製品輸入遽增等現象，但直到第二次世界大戰後、東南亞各國獨立之際，依然維持著殖民地型經濟的特色。之後，隨著舊殖民地企業的國有化、民族化，以及國內企業的崛起、工業化推動的新產業成長，這種經濟型態在1960～1980年代逐漸消退，不過天然橡膠、米、錫等物產至今在東南亞，還是保有重要輸出產品的地位。

探究的重點

(1) 19世紀末到20世紀，東南亞的殖民地經濟是基於什麼原因，發生了怎樣的轉變？

(2) 殖民地經濟的主要推手是怎樣的人與組織？

19世紀的勞動、商業移民

移民在東南亞各地扮演了怎樣的角色？

小林篤史

【關連項目：「華人世紀」再考、東南亞殖民地經濟的展開、亞洲域內貿易、東南亞的華僑與華人】

背 景

　　自19世紀開始由西洋主導的全球化，活絡了亞洲的移民。雖然也有出現從亞洲各國前往美洲大陸、加勒比海、非洲沿海的移民潮，但規模壓倒性龐大的還是亞洲域內的移民。特別是東南亞正如火如荼生產面向西洋工業國的第一級產品，卻因為人口稀少而急需勞動力，於是印度和中國等人口眾多的地區，就有許多出外賺錢的勞動者渡海來到這裡。雖然這些人當中有很多是在種植園和礦山工作一段時間後，就會返回家鄉的回流移民，但也有就此在東南亞定居下來的人。不僅如此，也有移民在都市地帶從事零售業和服務業。移民提供的充足低薪勞動，成了東南亞經濟發展的原動力。另一方面，19世紀下半葉以降，渡海來到東南亞的移民，紛紛按照出身地與同業者關係形成集團，與其他集團及當地民眾之間的交流相當淡薄。加上殖民地政府刻意區隔移民與當地民眾的策略，都使得東南亞各國社會中，民族之間的差距愈來愈大。

論 點

1. 東南亞的經濟發展與移民　　隻身前往東南亞打拼賺錢的人裡面，有很多都是出身中國華南與南印度貧窮農村地區的人。這些人遠赴東南亞的礦山與種植園的方法，除了熟人介紹之外，大多是利用移民仲介的體制。以中國系移民為例，他們會透過連繫香港、新加坡，乃至於東南亞各地的中國人掮客，經由掮客建立的移民路線來移動，至於印度移民之間則是依靠根據出身地的坎加尼制（Kangani）與梅斯特利制（Maistry）等招募制度。

　　促使移民流入東南亞的原動力，是故鄉無法獲得的高額工資。自古以來受到熱帶環境限制，導致勞動力稀少的東南亞，直到19世紀末為止，實質工資和亞洲其他地區比較起來，推測都要高上許多。19世紀末以降，從**錫**[*]、菸草到橡膠等第一級產品，迎來一波接著一波的外銷熱潮，也持續吸引了從中國和印度前來的移民。另一方面，在東南亞中人口較為龐大的爪哇、上緬甸、越南北部等地區，當地居民也分別前往蘇門答臘種植園、下緬甸三角洲稻作地帶、越南南部三角洲稻作地帶賺錢或移居，支撐起第一級產品的生產。

2. 移民社會與在地人社會的關係　　中國系移民社會，大致可以分為兩個世代：第一個世代是近世以來移居東南亞，與當地統治階層締結婚姻關係後逐漸在地化的土生華人（峇峇娘惹）。他們的主體是富有的商人，不只能說當地語言，還會西方宗主國的語言，因此和殖民地的西洋人建立交流，獲得

*　錫
參照 III-17 注1。

商業上的利益。第二個世代則是19世紀下半葉以降的中國移民，主要是從事第一級產品生產、出外賺錢的勞動者。他們形成了具備排他性的同鄉、同業集團，較少和當地人的往來。另外，以集團來活動雖然能擔保商業貿易與移民路線的信用，但在鴉片專賣權與貿易利害等方面，也引起了集團之間的激烈鬥爭。

　　印度移民也大大影響了緬甸與馬來半島。由印度事務部（India Office）管轄的緬甸，有許多印度移民流入。他們擔任了殖民地統治機構的專門職務、從事金融信貸業，或是在港灣和碾米所這些地方做單純的體力勞動。印度金融業者將資金預借給緬甸農民，促進了三角洲的開拓，卻造成許多農民負債而喪失土地，結果陷入貧窮。另一方面，同屬英國領地，所以移動不受限制的馬來半島，也有許多印度移民前往當地，加入栽培橡膠的勞動行列。

　　談到殖民地統治下的東南亞社會，可以舉「**多元社會**」論作為最具代表性[1]的觀察視角。這種看法聚焦在西洋人、中國與印度移民，以及當地住民混合而成的社會這種結構上，雖然建立起民族之間的經濟分工，但社會的交流相當淡薄，民族之間的經濟落差也愈來愈大。這種「多元社會」隱含了民族間衝突與暴動等混亂的火種，而即使在獨立後的東南亞社會中，這樣的結構也依舊保留下來。另一方面，近年來的討論則批判了多元社會論強調民族之間固定不變的分裂情形，指出在都市地帶高度人口流動之下，人們超越民族分裂的共存關係，為社會帶來新的面貌。

3. 殖民地統治與移民社會

　　對統治東南亞各地的殖民地政府而言，如何管理跨越國境移動的移民，是相當重要的課題。19世紀下半葉的英屬海峽殖民地與馬來半島，由於中國移民集團之間的爭鬥，導致政治局勢陷入不穩定。因應這個問題，殖民地政府設置了華人護衛司（Chinese Protectorate），透過直接管轄中國移民社會，來管理移民的出入境，並壓制集團之間的爭鬥。另一方面，他們也會接受移民的申訴，保護其權利，希望透過公權力來達成殖民地社會的安定。

　　在移民當中也有人積極活用殖民地政府施行的制度。比方說，海峽殖民地出生的華人擁有英國籍，當與其他外國發生糾紛，或是權利遭侵害之際，就會設法尋求英國政府的保護。也有一部分華人協助殖民地政府的統治業務，建立和身為統治者的西洋社會之間的連結，在擔任西洋企業的仲介商等商業領域方面，獲得相當的成功。因此，殖民地體制下的東南亞各國移民社會，可以說是在統治者與被統治者的利害糾葛中形塑而成。

▷1　**多元社會論（Plural Society）**
曾任英國殖民地官僚的傅乃華（J.S. Furnivall）提倡的社會經濟論，認為在多種民族雜居的東南亞殖民地，以西洋人統治階層為頂點，中國人、印度人為中堅階層，壓倒性多數的當地居民則位於底層。這種社會無法發展出能夠促成資本主義發達，由整體社會共有的利害。

探究的重點

(1) 19世紀東南亞的移民流入具備了怎樣的關鍵因素？

(2) 19世紀的移民對現代東南亞社會產生了怎樣的影響？

亞洲域內貿易

18

為何貿易會在亞洲各地發展起來？

小林篤史

【關連項目：「華人世紀」再考、東南亞殖民地經濟的展開、19世紀的勞動、商業移民】

背　景

19世紀以降，亞洲各國面對西洋列強政治經濟影響力的擴大，一邊加強與西洋在經濟之間的關係，一邊促進貿易的成長。西洋與亞洲之間的遠距離貿易，在殖民地化和不平等條約下的貿易自由化的背景之下，以西洋的工業品與亞洲的第一級產品交換為主軸，達到了急遽的成長。與此同時，也可以看見亞洲各國、各地區之間的域內貿易，有著不遜於西洋遠距離貿易的規模和成長率。**亞洲域內貿易**[*]成長的背景有著許多縱橫交錯的要素，如擴大開拓與移民導致的人口增加、存在西洋商品無法滿足的既有消費財需求、擁有獨特商業習慣的當地商人活動，以及日本為首的亞洲各國工業化等。這些促進亞洲域內貿易發展的現象，其源流能追溯到近代以前就存在於亞洲的市場、貿易及社會制度，並且隨著西洋涉足亞洲造就的環境變化來做出回應，最後在與近代世界經濟的連繫中出現進化。聚焦在亞洲域內貿易的討論，提供了西洋中心發展論無法全盤掌握的全新視角，能了解近代世界經濟與國際貿易的重層結構，以及多元的發展途徑。

論　點

1. 亞洲域內分工

作為解釋19世紀下半葉以後亞洲域內貿易成長的機制，常會舉地域內的**分工體制**[◁1]來討論。關於這種地域內分工，有兩種明顯可以辨識的類型：

第一種是基於亞洲工業化的分工類型。19世紀末以降，在印度、日本以及中國，以綿業為主體的輕工業開始蓬勃發展。使用印度和中國產棉花的綿紗、綿布工業擴大生產，亞洲產綿製品也廣為眾人接納，作為商品取代了迄今為止席捲市場的西洋綿製品。特別是亞洲栽培的棉花，很適合製作粗線。日本綿產業生產粗線的技術很發達，在製造用粗線編織的厚綿布上具備優勢，才能滿足西洋綿製品鞭長莫及、亞洲大眾對厚綿布的需求。如此這般，由日本領軍的亞洲工業化，牽動了印度和中國向日本輸出棉花，以及日本往亞洲各地輸出綿製品等亞洲域內貿易的成長。

第二種分工則是由第一級產品輸出來主導的類型。成為西歐各國殖民地的印度與東南亞等地，利用豐富天然資源的第一級產品輸出急遽成長。印度當地農民擴大生產商業作物，而東南亞的種植園與礦山則利用從中國和印度前來賺錢的勞動者，增加了工業原料的生產。隨著這些地區中，面向西洋的第一級產

[*] 亞洲域內貿易
關於17～18世紀的部分，請參照 III-16 注2。

[◁1] 分工體制
指在擁有貿易關係的國家之間，依照各自的自然環境、社會狀態、技術力等，專門生產最擅長（生產性最高）的產品，並透過貿易讓生產和消費規模最大化的經濟體制。

品輸出持續成長，專門進行這種生產的生產者與勞動者，他們的生活必需品需求也跟著擴大。這個時候能滿足他們的就是亞洲生產的消費財。除了前述的日本綿製品以外，緬甸、暹羅、法屬交趾支那的稻米，以及荷屬爪哇的砂糖等亞洲產食品，大量供應給印度和東南亞生產第一級產品的地區。西洋工業國增加對第一級產品的需求，與亞洲擴大對必需品的需求，兩者連結在一起。為了滿足這種需求，亞洲域內貿易便跟著成長。

2. 流通、金融、資訊領域

隨著亞洲域內貿易發展成為關注焦點，因為生產與消費為促進成長的關鍵因素，所以與之相連的商業與金融主導性便獲得了強調。

由於19世紀的亞洲尚未充分完善交通與通信的設備，即使西洋各國透過殖民地與國際條約，讓亞洲各地的貿易自由化之際，西洋商人想要參與地方的市場交易，仍然相當困難。反之，由於熟悉各地實情，很早就負責當地商品交易的地方商人，對新的商業機會做出了反應，積極擴大交易。比方說，在新加坡和香港等英國殖民地都市中，建構出了一套流通體系，由西洋貿易商輸入的綿工業製品，經由中國系的仲介商人，最終透過地方商人之手銷入地方市場。另外，在亞洲域內生產消費的米等商品，都是亞洲商人獨占鰲頭，西洋商人的存在感相當低。即使在貿易結算與匯款給出外勞動者等金融方面，除了西洋國際銀行的匯兌業務之外，亞洲各地商人基於當地商業習慣從事的金融活動，也相當重要。

3. 漫長19世紀

早期關注亞洲域內貿易的討論，主要以19世紀下半葉的發展為實證研究的中心。故此，他們的認識都停留在「相當於近世到近代轉換期的18世紀下半葉到19世紀上半葉，亞洲貿易是停滯的，而西洋到來之後，亞洲域內貿易才發展起來」這種看法。對此，近年則提倡透過「漫長19世紀」（18世紀末～20世紀初）來研究亞洲域內貿易的發展。明瞭在18世紀的印度與中國出現了值得注目的市場與貿易發展，而亞洲域內貿易也隨之擴大。然後在19世紀上半葉加入了西洋到來這個變化，亞洲域內貿易依舊持續發展。因此，也逐漸形成一種認識，不能只將近代亞洲的貿易成長，視為被動去回應在西洋主導下擴大的世界經濟，而是亞洲方面也影響了世界經濟的成長。

探究的重點

(1) 亞洲域內貿易有怎樣的成長機制？

(2) 亞洲域內貿易的討論對於亞洲史和世界史，有著怎樣的意義？

殘民地時期東南亞的社會變遷

19

殘民地統治改變了什麼？

太田淳

【關連項目：商業的時代、東南亞殘民地經濟的展開、暹羅的獨立】

背　景

　　殘民地統治為東南亞引進了完全異質的近代統治機構與生產體系，並且為了達到行政的運作和活用農礦業資源，一直介入到社會的末端為止。在統治機構的維持與擴大之中，殘民地政府為了明確區分統治者和被統治者的種族，以及養成當地官僚與專家，整頓了近代教育制度。可是透過近代教育，人們的關心不只投向西洋與其技術，還有本國的歷史和文化，並連結上了對此的（重新）認識。另外，政府為了管理人民，也介入到原本屬於私領域的性別與家族形態。

論　點

1. 村落社會的變遷

　　第二次世界大戰後的殘民地社會研究，因為受到唯物史觀與民族主義史觀的影響，所以大多優先著眼在引進近代行政與輸出產品生產後，帶來的勞動負擔、土地制度、社會階層等方面的變遷。這些研究特別是在農業政策滲透到村落層級的爪哇、呂宋中部、大陸三角洲地帶有所進展。基於同時代的資料也證實了在許多地區的大規模土地所有持續發展，一方面讓無土地農民增加，另一方面也讓兼併土地、強化權威的當地有力人士出現。在這當中特別具有影響力的是人類學者紀爾茲所提倡的「農業內捲化」（agricultural involution）概念。他認為爪哇農民對於強制栽培商品作物的回應，產生了一種人口增加、農地共有的「共貧」[◁1]。對於這種說法，也有很多批判認為實證性太過薄弱、輕視農民主體性與經濟合理性。針對昭披耶河三角洲的研究中，就展現了和殘民地統治地區不同的過程，大土地所有並沒有那麼發達，而小農經濟也獲得發展。

2. 性別、都市、教育、歷史認識

　　長田紀之曾經批評殘民地時期緬甸社會的研究，太過偏向男性、緬甸民族主義，以及農村。他的批判其實可以適用到東南亞的其他地區。近年來對於把這種研究看成理所當然架構的做法，產生了不少疑問，轉而投注更多的關心在性別、都市、種族概念、文化混雜等議題。早期的都市研究，受到殘民地官僚／社會學者傅乃華「**多元社會**[*]」論的影響，強調不同種族與社會階級的人們並非混合，而是共存。哲學家傅柯說，種族主義是各個近代國家中生命權力（biopower）發展的基礎，但人類學者施托勒（Ann Stoler）則批評這種論述的範圍並沒有擴及到殘民地。她主張種族概念在殘民地，毋寧說是為了保護並非不證自明的白人優越性，而受到強化。另外，施托勒也強調透過混血與文化的接觸，種族的界線其實是極具流動性。

▷1　**共貧**（shared poverty）
紀爾茲在1963年的著作（日譯為2001年）中所提倡、作為殘民地時期爪哇中東部農村經濟特徵的概念。即使在人口增加與資源制約之下，爪哇農村也沒有像其他許多「低開發國度」一樣，兩極化成大地主與貧農。反之，他們透過分散經濟的大餅，一方面維持了較高的社會經濟同質性，另一方面陷入整體的貧窮化。

＊　**多元社會**
參照 [IV-17] 注1。

就像太田淳所介紹，其實有很多研究都強調都市主要以女性為推手，發展出混合不同種族的豐富文化，不過施托勒也提到荷屬東印度在20世紀初期，從宗主國流入的人數增加，反而讓混血者邊緣化。長田也談到在仰光緬甸政府的移民管理下，明確了種族的界線，也強化了種族主義。

近代教育在促成當地菁英民族主義覺醒這方面，首先獲得了關注，不過近年也推動大眾教育的研究。維尼查谷針對20世紀初期暹羅使用的地理教科書中刊載的地圖，討論了暹羅作為國家（nation）概念的普及。岡田泰平則主張，在殖民地時期菲律賓的義務教育中，雖然建構了一套美國帶來英語和公民性等「恩惠」的論述，但種族歧視的殖民地教育並沒有滲透到大眾之中。另外，接受近代教育的人們，（重新）認識本國與其歷史、文化的過程，也是近年注目的焦點。笹川秀夫就認為把吳哥時代視為「榮耀」的史觀，其實是想正當化法國「保護」「勢力日衰」柬埔寨的統治體制，而柬埔寨知識分子也選擇性地接納了這種史觀，編入了民族主義當中。

3. 性別與家族

在東南亞，一向認為傳統女性的地位很高，但近年來出現了重新檢討這種理解的嘗試。陳絨雪（Tran Nhung Tuyet，音譯）就認為前近代越南保證女性財產繼承權的論述，其實是神話了「自主的越南女性」這樣的表象，而這是作為殖民地時期為了將女性從壓抑的阮朝法律中解放的「文明使命」，在獨立後想強調越南固有性的民族主義史觀下形成。但宮澤千尋則分析了複數法典，主張越南女性直到19世紀末為止都擁有財產繼承權，並扮演著祭祀祖先的角色。

殖民地國家和近代國家，為了管理人民、強化戰時動員，而重視家庭這個重要單位。在人類學者速水洋子等的編著中，就檢討了19世紀下半葉起暹羅等地規範家族與財產繼承制度的過程。

這些研究共同闡明了女性和男性的關係與地位，還有家族的樣貌等，絕非一成不變的事物。現在也陸續解開了統治結構與經濟的變遷，在歷史上為這些事物帶來了好幾次重大的變化。

探究的重點

(1)殖民地統治神話了哪些事物，又想藉此守住什麼？

(2)在現代東南亞能看到怎樣的殖民地時期遺產？

暹羅的獨立

⑳ 如何重新思考民族史？

小泉順子

【關連項目：東南亞的民族主義、東南亞的民族國家】

背景

18世紀末以降，暹羅周邊的地區陸續淪為英法殖民地。1786年，英國向曾是暹羅「朝貢國」（prathetsarat）的柿武里（吉打）租借了檳榔嶼，1819年在新加坡設置商館，1824年簽訂了《英荷條約》、1826年和暹羅締結了《伯尼條約》（Burney Treaty），接著歷經3次英緬戰爭，在1886年將整個緬甸納為殖民地。法國也自19世紀中葉起，以武力入侵越南。1862年《第一次西貢條約》，法國獲得了邊和等3個省，1863年將過去臣服於暹羅與越南的柬埔寨納為保護國，1867年又入侵湄公河西部。1874年締結《第二次西貢條約》之後，法國境進一步加快了軍事介入，和主張越南宗主權的清朝之間對立日深，最後爆發了中法戰爭。在中法戰爭中獲勝的法國，開始朝湄公河上游發展，最後以討伐匪賊「霍人」（Haw）為名義，與對這個地域干涉日深的暹羅，以及將緬甸化為殖民地的英國產生對立。法國和暹羅的對立在1893年發展成軍事衝突，結果法國取得了湄公河左岸，但在1896年的《關於暹羅等地的宣言》中，英法約定好維持昭披耶河地區的中立，並保證暹羅作為緩衝國獲得獨立。但是在這之後，英法仍持續入侵各個「朝貢國」，法國在1904年將龍坡邦（Luang Prabang）對岸、占巴塞（Champasak）、梅羅佩（Meloupey，音譯），1907年又將柬埔寨西部的馬德望（Battambang）、暹粒（Siem Reap）、詩梳風（Sisophon）納入統治之下。另一方面，英國也在1909年從暹羅手中「割讓」了吉蘭丹（Kelantan）、登嘉樓（Terengganu）、吉打、玻璃市（Perlis）。至此，基本上劃定了現代暹羅的國界線。

論點

1. 近代化政策　在暹羅（泰國）史的研究中，4世王蒙固（Mongkut）和5世王朱拉隆功因為透過對西洋採取柔軟的外交，以及積極推行國內各項制度的近代化政策來維持獨立，獲得了很高的評價。比方說，以英語寫成、被譽為第一本暹羅通史的伍德《暹羅史》（W.A.R. Wood, *A History of Siam*），在前言中就稱讚暹羅是這個地區唯一獨立的國家，並對於維持住這個獨特地位的人們特別的資質，以及國王的各項政策，都給予好評。另外，曾擔任外交部官員及藝術局長等職務、撰寫鼓舞愛國心的文學作品與史書而為人所知的鑾威集瓦他干（Luang Wichitwathakan），也稱讚朱拉隆功透過改革來鞏固國內統治，雖然將領土割讓給英法，仍然保住獨立。冷戰期間，泰國史

研究因為對近代化、開發的關心而變得興盛，就繼承了這種觀點。透過相關公
文書資料，探討了**卻克里改革**[1]的各個層面之後，奠定了一種看法：「能夠維持獨立的關鍵，在於能達到英法間平衡外交的突發狀況，以及絕對王權制度下的近代化政策」。

　　對這種看法抱持疑問的是安德森。他敏銳地看穿了其中隱藏了將王權下的集權化，與民族國家發展劃上等號的前提，提出了以下的根本問題：沒有化為殖民地的暹羅，真的與眾不同嗎？卻克里王朝的政策是近代化，而暹羅是東南亞第一個作為近代民族國家的獨立國家嗎？卻克里王朝是具備民族主義又愛國嗎？接著他指出暹羅近代化與殖民地體制近代化的相似性，從而否定了暹羅的獨特性。同時他也批評從根據王權建構的絕對王制，直接跳躍到民族國家的建立，其結果就是忽視了少數民族與地方等的情況，暴露了「泰文化」這一事物內在實情的疑義。

2. 朝貢國

　　依循安德森的批判，維尼查谷開始關注奪走周邊小王國獨立的暹羅擁有的殖民地性。在暹羅周邊有束埔寨、蘭納等稱為「朝貢國」的小王國，它們一方面向暹羅王權表示忠誠，另一方面保持獨立統治、締結各自的對外關係，並擁戴複數的上位王權。相對於「雖然被英法殖民地勢力奪走一部分領土，但暹羅仍然保持獨立」的理解，維尼查谷認為暹羅也藉著討伐霍人等名義，在領土方面和殖民地勢力展開競爭，同時建構起擁有明確劃分本國與他國的國境線、擁護唯一絕對主權的王國。在這樣的過程中，暹羅也合併了一部分的「朝貢國」，奪走其獨立。他也批判了「領土喪失」這樣的理解，是把19世紀末建立的國境與主權概念，逆向投射到了在複數主權交錯中保持獨立的周邊地區。

3. 殖民地性

　　對於「獨立」的評價，也和《寶寧條約》（Bowring Treaty，1855年）等與西洋各國締結的條約有關。1950～1960年代，有泰國的馬克思主義者主張條約奪走了關稅自主權，領事裁判權侵害了司法權，阻礙了經濟與政治的獨立。締結條約的暹羅其實是個「半殖民地」，就算到了1930年代末修正完條約後也是如此。另一方面，也有人正面評價了暹羅經濟在締結條約前的繁榮，以及締約後柔軟的應對。這種討論雖然在《廣場協議》以降的高度經濟成長期中逐漸消退，但在近年對後殖民理論的關心高漲下，也浮現了不從殖民地化／獨立這種二元對立出發，而是著眼於文化與社會面向來重新思考暹羅近代「殖民地性」的動向。

▷1　**卻克里（Chakri）改革**
指朱拉隆功統治期間，在財政、地方行政、軍事、教育、宗教、身分制等領域中展開的中央集權化，並引進西洋制度。因為冠上了卻克里王朝之名，而有了這個名稱。只是，議會制和憲法的引進則遭到否定，在制定近代法律方面也只停留在刑法（1908年）領域。至於初等教育的義務化則要等到1921年才開始實施。

探究的重點

(1) 暹羅是如何維持獨立？

(2) 暹羅的官方歷史是如何被建構，又具有怎樣的特徵？

鴉片戰爭

(21) 該如何重新思考其意義？

村上衛

【關連項目：清的對外關係、中國的外國資本】

背 景

英國東印度公司為了因應擴大紅茶貿易後，伴隨而來的對中貿易赤字增加，在1780年的孟加拉引進鴉片專賣制度，開始正式向中國輸出鴉片。進入19世紀後，也開始輸出廉價的摩臘婆（Malwa）鴉片，進一步擴大廣州周邊的鴉片貿易。清朝政府把鴉片貿易看成是導致白銀流出、造成財政困難的原因，於是派遣欽差大臣林則徐到廣州來強化取締。以林則徐沒收外國人擁有的鴉片為契機，意圖擴大英國棉布對中輸出、實現「自由貿易」，並與清朝建立對等外交關係的英國，派遣了陸海軍前來，從而在1840年爆發了鴉片戰爭。鴉片戰爭雖然邊打邊談持續了2年，但在戰鬥方面都是英國一面倒的勝利。1842年7月，在通往首都北京的糧食供應路線——大運河遭到扼制的情況下，清朝終於屈服，同年8月簽訂了《南京條約》，承認五口通商、將香港割讓給英國，以及追加條約中的領事裁判權與協定關稅等不平等事項。

近年的研究已經不再單純將鴉片戰爭看作近代的起點，重新從長期的視野，以及清朝內部，甚至是地域的角度來展開討論。

論 點

1. 戰爭的原因——鴉片貿易與鴉片問題

在鴉片戰爭的原因方面，受到矚目的是中英外交關係與鴉片貿易。對於鴉片貿易擴大的原因，有人指稱是因為官僚與士兵的腐敗，導致取締失敗所致。在這之上，也有人認為因為清朝將徵稅和管理貿易的權限委託給仲介業者（行商），面對18世紀末鴉片貿易的擴大與取締時，無法有效對應等，清朝長期的貿易管理制度也是原因之一。

關於1820年代以降中國的白銀流出，雖然鴉片貿易被認為是主因，但也有人從南美獨立導致美元銀幣品質低落等全球化的視角，來進行相關討論。關於中國內部**銀幣**、**銀錠**◁1、銅錢的使用，在地域與時期上的多樣性，現在仍有很多不明之處，有必要更深入來探討。

圍繞著鴉片貿易，清朝中央展開的討論也是關注的重點，當時內部就分成認可鴉片部分輸入的弛禁論，與要求嚴格禁止的嚴禁論。有人指出其中的弛禁論，與廣州貿易行商的利權有關，於是從地域的角度出發來展開討論。

2. 戰爭——清朝方面的敗因與戰爭的結構

過去遭到忽視的鴉片戰爭本身，也獲得了重新檢討。長久以來都認為英國獲得壓倒性勝利的原因，是軍艦和火器等軍事技術的落差，但近年來則有人指出清朝方面的因素，不僅

▷1 **銀幣、銀錠**
均質的銀幣並不是在中國，而是在墨西哥等美洲大陸地帶鑄造而成，再透過廣州貿易流入中國。銀錠則是作為衡量重量與純度的度量衡貨幣來使用的銀塊，大多鑄造成馬蹄的形狀。

在於採取了相當拙劣的戰術，**八旗**、綠營組成的清朝軍事體制也不適合進行對外戰爭。

* 　八旗
參照 III-24 注3。

　　清朝內部則將敗戰的責任，推到了站在英軍一方的沿海居民（漢奸）身上，因此重視對付漢奸的策略。不只是「英國對清朝」的架構，也得從「清朝對漢奸（沿海居民）」的態勢來掌握這場戰爭。清朝用來對付漢奸的團練編制與港灣封鎖，和過去用來應付內亂的方法如出一轍，因此也能夠從清朝長期的沿海政策來定位這場戰爭。

3. 戰爭的影響

雖然有討論認為鴉片戰爭對中國並沒有造成什麼衝擊，但實際上因為英軍在戰爭時期於沿海展開了大範圍的行動，所以大大衝擊了沿海地帶。然而在戰爭中，廣為流傳著團練擊退英軍的「團練神話」，變成了排外運動的背景。另一方面，隨著咸豐皇帝即位，清朝中央負責應對鴉片戰爭的官僚陸續失勢，替換成不甚理解對外關係的官僚，一變為對外強硬路線，最後導致了第二次鴉片戰爭。換言之，鴉片戰爭衝擊的相對化在戰爭後持續進行，並連結到了新的戰爭。

　　在經濟方面，因應貿易的擴大，有必要設置相關機構，於是在海關中引進了外國人稅務司制度，這在1860年代以降成為了支撐清朝財政的制度。此外，隨著開港以後貿易赤字的擴大與白銀流出爆增，中國整體的景氣惡化，成為以太平天國為首的19世紀中葉大動亂的背景。因此，鴉片戰爭不只是在經濟上，對政治也產生了重大影響。

　　另一方面，鴉片戰爭雖然常被視為英國為首的歐美各國，涉足中國的起點，但實際上來說他們並沒有取得太多的進展。透過不平等條約，把自由貿易強加在清朝身上的英國，並沒有如預期般擴大對中國的綿布出口，或是與清朝政府展開直接的外交交涉。故此，他們再次發動了戰爭，也就是第二次鴉片戰爭。第二次鴉片戰爭的結果是締結了《天津條約》和《北京條約》，完成了「不平等條約」，但歐美各國依然沒有順利踏入中國內地市場，而英國也沒有實現當初簽訂條約的目的。

　　誠如上述，已經透過各種層面重新檢視戰爭帶來的影響，單純的「衝擊」有無，已經不再是評價的標準了。

探究的重點

(1) 鴉片戰爭的原因是什麼？

(2) 鴉片戰爭帶來了什麼影響？

太平天國

㉒

如何跨越「革命史觀」？

倉田明子

【關連項目：鴉片戰爭、中國民族主義的形成】

▷1　客家
漢族的次族群團體，大多
生活在廣東、廣西、福
建、四川、臺灣等地，擁
有獨特的語言和習慣。

背 景

廣東省**客家**〔▷1〕出身的洪秀全，將偶然入手的基督教傳教書籍內容與自己的幻想體驗結合起來，創造了一個崇拜唯一神「上帝」的新宗教。這個在廣西省桂平縣成立的拜上帝教社群，在吸收了當地流動社會中屬於弱者的客家人與少數民族後壯大起來，在1851年1月向清朝舉起反旗，自稱「太平天國」。1853年，他們攻陷南京，將之定為首都。接著派出精銳部隊，意圖攻陷北京，卻遭到全滅，統一全國的夢也隨之破滅。但太平天國在這之後仍維持了超過10年以上的政權。作為與之對抗的勢力，曾國藩等漢人地方官僚崛起，而當初採取中立政策的歐美各國，也因為在外交層面上的不滿，轉為支持清朝。1864年，在清軍與歐美義勇軍的攻擊之下，太平天國滅亡。

論 點

1. 運動的性質

該如何掌握太平天國的性質，是最主要的討論重點。究竟是「叛亂」、「革命」，還是「運動」？在「太平天國」後面該加上哪兩個字，在某種程度上決定了對這個歷史事件的評價（以下用最中立的「運動」來稱呼）。更進一步來說，從哪裡找出這場運動的特色，也是一個重要的論點；在「叛亂／革命／運動」前面，應該加上「農民」、「宗教」，還是「民族」？

中華人民共和國自建國以來，就將這場運動稱為「太平天國革命」，並將之定位成「史上最大規模的農民革命」和「中國革命的先驅」。他們的評價是，太平天國既是從古代延續下來的農民叛亂最高峰，也是始於鴉片戰爭、終於共產黨革命成功的中國「近代」上，最初的一場「革命」。因為是觸及中華人民共和國意識形態根本的歷史事件，所以太平天國運動從中共建國之初，就獲得很高的評價，並且不斷受到研究。與此同時，上述定位以外的部分，也就是宗教、民族、地域性等層面，則往往遭到了忽略。

隨著經濟發展，中國不再那麼強調「革命」，也降低了對太平天國的關心。革命史觀淡化之後，「什麼是太平天國」再次被提出來討論。

2. 宗教性、民族性

太平天國運動的開端，是洪秀全的宗教運動。19世紀初期，新教開始在中國傳教，在這個過程中他們將聖經翻譯成中文，並發行傳教書籍。受到這種基督教影響後成立的「拜上帝教」，以聖經為經典，崇拜唯一絕對之神「上帝」，這些都是過往中國宗教中不

曾見到的特色。不過，教義中其實也包含了與地方信仰結合的內容，好比相信上帝和基督會附身在人身上來宣告神諭的「天父天兄下凡」，以及具有肉體的「上帝」形象等。不只如此，從香港和上海的傳教士那裡，學到基督教正統教義與西洋知識的洪秀全親戚**洪仁玕**[2]，在1859年前往南京與太平天國會合，為後期太平天國帶來了西方的新知識。如此這般，宗教相關的各種事情與太平天國如影隨形，但至今仍然不能說徹底解開了其實際情況

另外，太平天國的主要推手是稱為「客家」的漢族次族群團體。太平天國領袖對身為清朝統治者的滿洲人所抱持的強烈排斥意識，大致上都帶有民族主義的色彩。20世紀上半葉中華民國時期的太平天國研究者，以及戰後臺灣和香港的學者，雖然都關注到太平天國的民族主義，但中國大陸的太平天國研究卻幾乎很少觸碰到這個領域。在談論太平天國時，這些和「族群」有關的一面也相當重要。

3. 地域社會的變遷

太平天國運動是在18～19世紀廣東、廣西地域社會的變遷中誕生。西洋各國貿易的擴大與基督教的傳入，雖然促成了中國沿海地區對外國人與其宗教的警戒心，但也讓洪秀全與基督教相遇。同時，來到廣西的漢族移民，引起了少數民族與漢族移民的對立，而漢族移民之間也存在著貧富和力量差距導致的對立，都為社會帶來了不安。拜上帝教集團之所以能在廣西成長，乃至於揭竿而起，原因正是在於這種當地社會的動盪。

後來，太平天國定南京為首都，將舞台轉移到江南與清朝對峙的時候，也為這個地區帶來了動盪。在成為清朝和太平軍交戰地點的地方，出現了一群為了從戰亂中守護自己故鄉的地方武裝勢力（團練）。組織這些團練的是該地方出身的漢人官僚，其中的代表是率領湘軍、出身湖南的曾國藩。曾國藩力陳要從太平天國高唱「基督教」般的宗教，也就是外來宗教的入侵中捍衛儒教，以及從廣東廣西的入侵中防衛故鄉，不久之後便成為太平天國最大的敵手。

從清朝的角度來看，在中央軍事力量弱化、窘態畢露的情況下，也只能追認這種地方勢力的崛起。雖然太平天國本身遭到鎮壓，但從長期的角度來看，其後促成的地方分權與漢人官僚崛起，都加速了清朝的衰弱。

▷2　**洪仁玕**
洪秀全的親戚，雖然很早就皈依了拜上帝教，但後來逃亡到香港，在那裡信奉了基督教。與太平天國合流後擔任宰相，嘗試推動太平天國後期的政治、宗教改革。

探究的重點

(1) 太平天國具備了怎樣的性質？

(2) 太平天國對之後的中國史產生了怎樣的影響？

朝鮮的開化派

23

他們是如何回應近代世界？

月腳達彥

【關連項目：清的對外關係、殖民地朝鮮的政治與社會】

＊　**朝貢、冊封**
參照 I-12 注6。

▷1　**兩班**
原本是文武官僚的總稱，在朝鮮王朝時代則指科舉合格者與出身自著名朱子學者輩出家世的人。

背景

隨著簽訂1876年《江華條約》、1882年《朝美通商修好條約》等，朝鮮雖然仍維持著與清朝的**朝貢**、**冊封**＊關係，但也與日本和西洋各國建立了外交關係。所謂的開化派，是由1870年代在朴珪壽底下學習西洋相關知識的金玉均、朴泳孝等少壯**兩班**◁1所組成。在1880年代前半，他們進入因應新的外交關係所設置的政府機構，嘗試推動近代化政策。

以1882年的壬午兵變為契機，清朝逐漸加強了對朝鮮的干涉，開化派中與日本關係甚深的金玉均、朴泳孝、洪英植、徐光範、徐載弼等人，與王妃閔氏一族為中心的政府有力人士產生對立。1884年12月4日，他們發動了政變（甲申政變）。這場政變引發了袁世凱率領的清軍介入，讓開化派建立的新政權倒台，金玉均、朴泳孝、徐光範、徐載弼流亡到日本，留下的洪英植則遭到清軍殺害。

論點

1. 作為近代變革思想的開化思想與開化派

田保橋潔的《近代日鮮關係之研究》（1940年）在討論甲申政變時，認為這是金玉均等「獨立黨」為仿效日本明治維新、達到獨立自主，與日本公使館攜手發起的叛亂。但是北韓在1964年發行的《金玉均》，則不提金玉均等人和日本的關係，將甲申政變認定為具有「愛國主義反侵略性格」的「布爾喬亞改革」。

這種針對甲申政變的評價，是以普遍貫徹在朝鮮史的發展階段理論為前提，是將朝鮮王朝時期看成資本主義與布爾喬亞思想萌芽的「內在發展論」一部分。從內在發展論來研究開化派的集大成是姜在彥。根據姜在彥的說法，自17世紀下半葉起，創造出了稱為「實學」的近代民權思想原型。這種思想在受到西洋衝擊刺激後，於19世紀下半葉轉化成作為「近代變革思想」的開化思想。在扛起這種思想的開化派中，金玉均等「變法的開化派」，以「『由上而下』的布爾喬亞改革」為目標發動了甲申政變。日清戰爭後的1896年，徐載弼等人組成了獨立協會，將開化運動擴散到民眾之中。1905年朝鮮化為保護國之後，為了恢復國家主權，又轉換成愛國啟蒙運動。在朝鮮變成殖民地後，這種運動更進一步發展成近代民族主義，遂於1919年演變成三一運動。在姜在彥提出這種開化思想、開化運動的發展體系後，就成為一種通說。

2. 批判內在發展論的近代主義與一國史的視角：

另一方面，因為開化派在甲申政變與**甲午改革**[2]之際和日本聯手，之後在殖民地時期也有不少人做出「親日」行為，所以特別在韓國方面，包括在**大韓帝國**[3]時期看到自發性近代改革的「光武改革論」，還有強調甲午農民戰爭為代表的「由下而上改革」的民眾史觀，都對開化派多有批判。1990年代以降，韓國歷史研究者對開化派的關心與過去相比，顯得低調許多，但以李光麟為先驅的個別實證研究，仍在持續進行。

在日本的開化派研究方面，自1980年代中期以後，內在發展論也遭到了批判。相較於主張變法的開化派，被認為屬於保守的金允植等「改良的開化派」，他們的朱子學思惟獲得了很高的評價，同時也有人試圖找出被視為「變法」的開化派所擁有的朱子學思惟。除此之外，近年的研究也批判了一國史式的內在發展論，著眼於中華世界在近代上的變遷這一國際上的契機，還有以接觸福澤諭吉為首的開化派日本經驗等，從而在東亞近代史中尋求開化派的定位。

3. 儒教傳統與對近代世界的回應：

有些日本近年來發表的書籍，著眼於朝鮮王朝基於朱子學傳統建立的政治文化（「儒教上的民本主義」），點出近代朝鮮獨特的政治世界。這種儒教上的民本主義論認為，在朝鮮王朝中「作為不變政治理念的儒教上的民本主義」，「直到近代依然屹立不搖」，然後以此為前提，就可以將開化派描寫成擁有「小國主義」或「民國思想」等國家構想的「朝鮮獨有近代政治思想」。在這種朝鮮近代思想的獨特性內部，能討論「相對化西歐近代、日本近代的契機」，並更進一步從破壞傳統政治文化這點來批判日本的朝鮮殖民地統治。

但是，在開化派留下的著作中，真的能解讀出相對化西歐（日本）近代的契機嗎？從實證層面來說，其實未必能走到這個地步。歸根究柢，強調近代朝鮮的獨特性，不免有回歸過去內在發展論、一國史視角的傾向。從內在發展論遺漏的國際上的契機，以及與日本的關係出發，拓展到針對各開化派、甲申政變、甲午改革等的考察，釐清朝鮮開化派面對民族國家與資本主義為核心的近代世界時，究竟如何回應？有必要去理解當時發生的狀況。

▷2　**甲午改革**
在日清開戰前的1894年7月，隨著日本軍隊占領景福宮，以金弘集、金允植、魚允中等人為中心的政權所推動的改革。甲申政變後流亡的朴泳孝、徐光範也參與其中，可是，因為閔氏暗殺等事件而日漸感受到危機的國王高宗，在1896年逃往俄羅斯公使館避難（俄館播遷），改革因此中挫。雖然推行了廢止科舉等激進的改革，但因為是在日本的軍事影響下強行為之，所以姜在彥將其排除在開化思想和運動的發展體系之外。

▷3　**大韓帝國**
俄館播遷1年後的1897年2月，高宗回到王宮，定年號為光武，並在同年10月舉行祭祀天地的儀式，即位為皇帝，改國號為大韓。從1897年的大韓帝國成立，到1905年《第二次日韓協約》後韓國淪為保護國為止的這段時期，就稱為大韓帝國時期。

探究的重點

(1) 朝鮮的開化思想是在國際上出現怎樣的契機後形成與展開？

(2) 從「開國」到日韓合併的過程中，開化派扮演了怎樣的角色？

中國民族主義的形成

24

其關鍵因素為何？

小野寺史郎

【關連項目：清的國家體制、辛亥革命、中國社會主義的建立】

背景

　　如果依循**蓋爾納**[▷1]對民族主義的古典定義——「一種主張政治單位與民族單位必須一致的政治原理」，那麼堪稱「中國民族主義」的事物是在清末誕生。在清末的知識分子之間廣泛有種認識，那就是要實現「富強」來對抗西洋與日本，就必須建設以西洋和日本為模範的近代國家，也就是民族國家（nation state）。可是，要將多元族群集團組成的廣大清朝領域，轉換為單一的民族國家，這樣的嘗試招致了巨大的困難與摩擦。這個問題歷經中華民國的統治大陸時期（1912～1949年）、中華人民共和國（1949年～）的建立，仍然延續至今。

論點

1. 關於中國「民族」的範圍

　　過去，特別是在日本的中國研究中，往往有種強烈的傾向，會將中國的民族主義放在「對抗帝國主義」的脈絡下來討論。這時候「中國」這個民族的存在便不證自明，不用去過問其內部實際情況。這種狀況是在1980年代以降發生變化。隨著其他地區民族主義研究的進展，以及漸漸關心中華人民共和國內部「少數民族」的問題，開始出現了質疑「中國」民族內部實際情況，與歷史上的形成（或非形成）過程。

　　成為研究焦點之一的就是清末革命派與立憲派的論爭。當初，孫文等革命派主張排除滿洲人，建立屬於漢人的單一民族國家。對此，梁啟超等立憲派則主張要整合清朝國內的各個族群集團，維持現行的領域。不過在歷經論爭之後，革命派也改弦易轍，主張其他族群集團與漢人的同化，經歷辛亥革命（1911年）建立的中國民國，於是高舉「**五族共和**」[▷2]口號，繼承了清朝的版圖與臣民。

　　問題在於清朝雖然是由各式各樣族群集團與其居住地區所組成，在人口方面仍然是漢人占了壓倒性的多數。所以在這之後，根據時期和立場的不同，「中國」一直在實質為漢人（或者說「中華民族」）單一民族國家的主張，與反過來承認多民族性的主張之間搖擺不定。只是不論如何，在後來的漢人知識分子之間，認為「中國」應該作為一個國家整合起來的想法，成為了不證自明的前提。然而上述的討論基本上是漢人內部誕生的產物，因此漢人對「中國」範圍的認識，與基本上只把漢人居住地區當成「中國」的蒙古人、突厥系穆斯林、藏人等之間，就出現了落差。正因如此，蒙古、西藏在辛亥革命之際，紛紛發表了從「中國」獨立的宣言。到了1924年，蒙古人民共和國成立（1992年改為蒙古國）。

2. 「由上而下民族主義」的滲透／非滲透

由於民族主義的思考方式，本身是從西洋、日本傳入中國知識分子的產物，因此在清末、中華民國時期，基本的構圖是知識分子對民眾，「由上而下」滲透民族主義。如何運用教育、活動、媒體等來達到這個目的，是2000年代相當盛行的研究。但是也有很多研究指出藉由那些措施，「由上而下的民族主義」在這個時期於民眾之間滲透到什麼地步，有其極限。比方說近年來有石島紀之的研究，談到不管中國國民黨還是中國共產黨，甚至到了中日戰爭期間（1937～1945年），都還沒能完全改變民眾的心性。關於這點，有人指出是因為中國的社會構造與中華民國時期政局的混亂等因素，導致統治權力無法觸及基層社會的民眾。

3. 現今「由下而上民族主義」的起源是？

另一方面，自從2005年大規模反日示威以來，現代中國研究方面也把民族主義當成重要的論點。只是，這些研究大多是用「對現狀的不滿透過『由下而上的民族主義』形式爆發開來，政府對此則難以進行由上而下的控制」的構圖來解釋，和上述中華民國時期的狀況之間有很大的落差。之所以如此的背景，是因為從中華人民共和國成立到文化大革命期間（1966～1976年）的中國民族主義，因為史料限制等因素而難以展開研究，導致歷史研究與現狀分析之間產生了斷裂。因此，在中華民國時期沒辦法徹底滲透到民眾之間的中國民族主義，在中華人民共和國成立後究竟發生了什麼變化，以至於演變到現在這種地步，至今仍是接近一片空白的狀態。在今後的研究中，該如何填補這段空白，並用一貫的邏輯來解釋清末至今的中國民族主義形成過程，是相當重要的事情。當然與此同時，如何理解現在的中國民族主義，也有具有相當重大意義的問題。

探究的重點

(1) 中國民族主義有哪些特徵，其形成的理由是什麼？

(2) 中華人民共和國用了什麼方法才變得能動員起基層社會？

辛亥革命

（25） 清朝為何會失去政權？

吉澤誠一郎

【關連項目：清的國家體制、中國民族主義的形成】

背景

1894年，孫文在夏威夷創立了以打倒清朝、建設共和國為職志的結社興中會。**革命**[1]思想，一方面包含了排斥異民族滿洲人的情緒，另一方面又吸收了對清朝改革腳步遲緩而招致列強侵略的危機感，影響力與日俱增。特別是在清朝政府取締力量薄弱的海外，留學生和華僑成為了革命運動的支持者。革命思想也在軍人之中擴散開來，1911年10月武昌的軍隊揭竿而起，在湖北省建立臨時革命政府，南方的許多省分也陸續脫離清朝獨立。1912年1月，孫文在南京就任中華民國臨時大總統，形成和北京清朝政權對峙的局勢。最後，清朝陣營的袁世凱與革命陣營展開交涉，1912年2月清朝政權滅亡。袁世凱就這樣在得到革命陣營的支持下，於1912年3月就任中華民國臨時大總統。

論點

1. 孫文主導的革命運動

促成辛亥革命的原因，認為是孫文革命運動的看法有很強的影響力。孫文作為革命運動的領袖，很早就聲名大噪。當1905年意圖團結起革命勢力的中國同盟會在東京成立時，孫文被推舉為代表，而1912年中華民國組成臨時政府之際，他也就任臨時大總統。另外，孫文跟宮崎滔天等日本人之間關係密切，也為他貢獻了不少在日本的知名度。

話雖如此，過度高估孫文的角色也是不爭的事實。之所以如此，是因為後來的中國國民黨與中國共產黨，都大肆讚揚孫文是革命的先驅。

可是，在辛亥革命前後的時候，宋教仁和章炳麟等其他革命領袖，對孫文都抱持著強烈的不信任感。就連參與革命的日本人中，就有北一輝對孫文提出嚴厲批評。在組織層面也是如此，孫文率領的廣東派以外，湖南、浙江地域紐帶為核心的團體也各自展開行動。而且歸根究柢，武昌軍隊的起義計畫也跟孫文並沒有直接的關係。

如此這般，有必要相對化去考量孫文在辛亥革命中的角色。儘管如此，依然不能輕視革命家們在宣傳和動員方面扮演的角色。

2. 地域社會的變遷

革命運動因為是清朝取締的對象，所以其活動基礎方面是海外占了較大的比重。不過，在辛亥革命實際展開的過程中，各省有力人士看破清朝的手腳，推動各省的獨立，也有重大的意義。如果留意到這點，也能認為國內地域社會的動向有同等的重要性。

於此進入研究視野的是19世紀由**鄉紳**[2]等人為了地域社會的穩定，在各地推

▷1　**革命**
原本是指「天命變革」，用來表示王朝更替的詞彙，但近代當成歐美詞彙「revolution」的翻譯用語。因為是孫文喜歡使用的詞彙，所以事實上「辛亥革命」這個用語本身就有著偏重孫文所扮演角色的意思。

▷2　**鄉紳**
指具備成為官僚的資格，卻因為退休、服喪等因素居於鄉里的人。只是在日本的史學研究上指涉的範圍更廣一點，多半用指「擁有一定科舉資格的地方有力人士」。

動許許多多治安和慈善等方面的事業。承繼這些活動，清朝從20世紀開始作為各項改革（「新政」）的一環，引進了地方自治的制度。1909年設置的諮議局作為匯集各省民意的機關，成為地方菁英集結的場所。

在史學研究方面，市古宙三提出了「鄉紳革命」的概念，強調地域有力人士為了維持自身權力而支持革命的一面。至於在日本和中國的學者當中，也有人重視辛亥革命前夕民眾運動高漲的現象。話雖如此，如果考慮到這樣的民眾運動，實際上是源自於民眾在「新政」下被課以沉重的負擔，地方有力人士反而占盡改革的恩惠，則「地域社會中有力者的崛起，正是辛亥革命的關鍵因素」這樣的看法就具有表裡兩面的性質。美國學者周錫瑞（Joseph W. Esherick）就明確將這種地域社會的變遷當作辛亥革命的重要前提，藉此考察起義軍隊扮演的角色。

這種將地域社會變遷與辛亥革命放在一起討論的觀點，比起孫文等革命指導者，更重視在各地擁有勢力的鄉紳之動向。

3. 對民族問題的關心　　近年來，該如何理解革命意識形態中的「排滿」（排斥滿洲人），成為關注的焦點。美國學者路康樂（Edward Rhoads）的研究，就是透過滿洲人與漢人關係的變遷，重新掌握辛亥革命為止的政治過程。

但是歸根究底，19世紀到20世紀初的清朝，還有那麼強烈的滿洲人王朝特質嗎？相對於過去重視這種民族矛盾為辛亥革命的看法，也有意見認為清朝其實早就已經漢化，因此排滿主張不過是為了打倒清政權的藉口罷了。後者出現的背景，與圍繞著強調清朝「滿洲性」的新清史所發生的論爭有關。另一方面，從蒙古、西藏、新疆與清朝關係變化的角度來看，辛亥革命也受到了關注。

探究的重點

(1) 辛亥革命的原因與結果為何？

(2) 辛亥革命在之後中國史的發展中具有怎樣的意義？

新文化運動

26

其主張為何，又是如何主張？

森川裕貫

【關連項目：中國民族主義的形成、辛亥革命】

背景

　　1911年的辛亥革命為長久以來的皇帝政治劃上了休止符。1912年，嶄新的中華民國成立了。透過啟動國會與制定憲法，眾人對政治革新充滿了期待，但實際發生的卻是大總統袁世凱與國會的激烈對立，還有國會與政黨的內部紛爭。在這之後，1914年國會遭到解散，1915年袁世凱即位為皇帝。雖然袁世凱的帝制立刻挫敗，但政治的混亂卻一發不可收拾。這一連串事態的演變，讓中國的知識分子感到相當失望，但他們在這種失望中將目光從政治，轉移到了革新在根本上規範政治的中國文化、思想和價值觀。1910年代中期到1920年代初期，以上海和北京的報紙雜誌為中心，發表了許多強迫重新思考既有想法的論述。其中質疑的內容不只對當時的人來說，對後來的中國人也產生了很大的影響。

論點

1. 新文化運動的起點——與五四運動的關係

　　作為新文化運動的起點，往往會舉出以陳獨秀、李大釗、胡適為核心的《新青年》的創刊（1915年，不過創刊時的名稱為《青年雜誌》，隔年才改為《新青年》）。在這種看法下，新文化運動是誕生在1910年代中期，因此為五四運動的先行者。換句話說，可以解釋成「新文化運動為五四運動做好了準備」。這種解釋雖然具有一定說服力，但仍然有難以看清的一面。

　　就像周策縱很早就指出「新文化運動」這個稱呼，是在五四運動以降才塵埃落定，《新青年》創刊時並不存在。換言之，是五四運動以後關於新文化運動的討論熱烈起來的時候，才把起點認定在1910年代中期。在這樣的來龍去脈下，當初就已經明確區分了五四運動與新文化運動，是「有所關連但性質相異的運動」。可是，最晚在1920年代末，就已經出現了「五四新文化運動」這樣的說法，到了1930年代出現有關**中國本位文化建設的論爭**[1]以及**新啟蒙運動**[2]時，這種說法的使用已經相當普遍。作為契機，「在新文化運動的展開中，五四運動具有重要意義」成為理所當然的前提，與「新文化運動被包含在五四運動這個概念裡」的看法益發強烈。其中一個典型，就是毛澤東主張的「新民主主義論」（1940年），認為以五四運動為開端，新文化運動的盟主從資本家階級轉換到勞動者階級身上。其後，中國關於新文化運動的論述便長久沿襲了毛澤東的看法。相對化這種看法，重新探求新文化運動原有的意義，都是比較近期的事情。

▷1　**中國本位的文化建設論爭**
1935年，何炳松等10位知識分子發表了《中國本位的文化建設宣言》，主張以中國傳統文化為基礎來建設近代的國家。這項宣言不論贊成與否，將許多知識分子捲入其中，產生了論爭。

▷2　**新啟蒙運動**
在抗日民族統一戰線的旗幟下，以中國共產黨的知識分子為中心，於1936年開始的運動。他們雖然提倡繼承新文化運動，並建設更加充實的新文化，但圍繞著運動的內在本質產生了內部分歧，最後僅僅數年便宣告終結。

2. 新文化運動的多義性

提到新文化運動的主要內容，常常會舉出批判儒教、推動文學革命、提倡民主與科學、尊重獨立人格，以及解放女性等方面。這些都是事實，不過有人主張在新文化運動下，還有發展民族、推動平民教育等無法歸納到上述類別的各種事情。因此正如周月峰所指出，如果從「抱持著對中國既有社會樣貌的不滿，於是訴求改造與革新」這種動向來看，將所有新文化運動的範疇包含在一起來解釋，就能貼近當時的理解。

這種新文化運動的多義性是源自於這場運動的推動者。雖然這群人往往是以西洋為參照基準來展開討論，但是他們對西洋的理解並不一致，有根據美國、法國，還有從在當地留學經驗中誕生的產物，甚至有人一味透過日語的著述來了解西洋。另外，**梁漱溟**[3]那樣的立場也相當有力，他不以西洋為參照基準，而是深切關心中國在內的東方文化，致力於藉此來建構出新的文化。

3. 新文化運動的人為性

從過去開始便反覆提起一種觀點，就是新文化運動即便不能說是自然發生，從時代狀況來看也是必然產生的運動。雖然這有難以否定的一面，但近年有關注到為了讓運動氣勢高漲，積極付出的努力和作為。如同王奇生所闡明，陳獨秀在批判中國代表性雜誌《東方雜誌》實際上容忍**復辟**[4]這件事情時，就用過激的言詞吸引了讀者的注意，藉此擴大了原本不過是小規模雜誌的《新青年》的影響力，有助於其後新文化運動的士氣高漲。

至於其他例子，還可以舉出桑兵注意到的江蘇省教育會的活動。於江蘇省不用說，在全國教育界也有影響力而著稱的江蘇省教育會，在1919年以新文化運動為主題，舉辦了演講大會，透過這場大會和事前舉辦的宣傳活動，大大提升了社會對新文化運動的關注。另外，教育會的核心人物蔣夢麟，與孫文、北京大學校長蔡元培交情甚篤，這樣的關係也讓新文化運動深深滲入政界與教育界。

▷3 **梁漱溟**
1893～1988年。他接受蔡元培延攬，在北京大學主講印度哲學的同時，發表了《東西文化及其哲學》（1921年），其論述引起廣泛注目，也影響了關於新文化運動的討論。

▷4 **復辟**
1917年，安徽督軍張勳趁著中央政界的混亂，意圖擁戴溥儀復位為皇帝的事件。段祺瑞火速組織了討伐軍，擊敗張勳，最後復辟以失敗告終。

探究的重點

(1) 在新文化運動下具體提出了哪些主張？

(2) 新文化運動對中國的人們產生了怎樣的影響？

中國的外國資本

27

中國資本受到壓抑了嗎？

富澤芳亞

【關連項目：亞洲域內貿易、鴉片戰爭】

▷1　租界
在中國的開港都市中，由外國人掌握居留地區行政權的地方。1845年英國首先在上海設置，第二次世界大戰中全部歸還中國。

背　景

　　如同外國資本挾鴉片進入中國引發鴉片戰爭，視為中國近代史的起點，外資活動與中國方面對此的回應，也是中國近現代史的原動力之一。作為鴉片戰爭談和條約的1842年《南京條約》等不平等條約，強迫中國開港，並在各條約港設立了**租界**[▷1]。外資以此為據點，透過關稅優惠權、治外法權等不平等條約特權，正式展開商業活動。接著，在1856～1860年的英法聯軍談和條約中，清朝承認擴大長江流域與華北、東北的條約港，並正式同意外資在中國內地通行稅的優惠權、長江等內河航行權，還有已經是既成事實的沿海航行權。外資汽船公司也介入了這塊市場，如圖1所示，1870年代中國的沿海、內河航線，已成為外資汽船獨領風騷的場域。不僅如此，1894～1895年日清戰爭戰敗，讓外資資本的輸出正式浮上檯面。清朝在《馬關條約》中承認外資有在租界從事製造業的權利，對外資獲得鐵路鋪設權與礦業權也束手無策。在這樣的情況，不只是迄今為止的貿易與流通，租界中的製造業與租界外的鐵路、礦山等投資都急遽擴大。

論　點

1. 外國資本壓抑中國資本

外國資本的存在阻礙了中國「正常」發展的主張，有著根深蒂固的影響力。外資透過本國的軍事力量，強迫中國接受不平等條約，之後又獲得了鐵路鋪設權與礦業權，這些事實在在加強了這樣的主張。實際上，就如下圖的汽船與煤礦，乃至於作為主要製造業的綿紡業，外資都凌駕於中國資本之上。但是，外資的「強」，並不能只用表面的不平等條約特權來解釋。近代企業是以大規模資本與組織的持續性為前提。實現這點的就是股分有限公司等法人企業，出資者只在出資額度範圍內負起責任（有限責任）。外資透過本國法律具備**法人格**[▷2]，但中國傳統的企業組織不具備法人格，不適用於近代的企業。正因如此，中國歷經洋務運動的試誤，自1900年前後起，為了與外資對抗，並在法律上保護中國資本，仿效歐美開始了包含礦業法、公司法等法制在內的經濟制度近代化，並且也設立了中國資本的近代企業。如圖所示，這些企業的輸送量和煤炭生產量逐漸增加。黎安德（Tim Wright）就考察了煤礦業這方面的動向。

▷2　法人格
在法律上擁有可以作為權力、義務與交易主體的資格，被承認為自然人或法人。

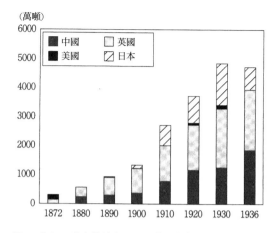

圖1　內河、沿海航線方面，國籍別汽船輸送量的演變。
出處：久保亨、加島潤、木越義則《統計でみる中国近
　　　現代経済史》東京大学出版会，2016年，82頁。

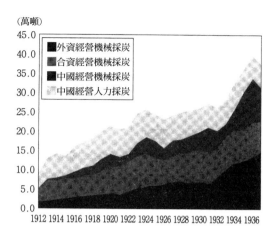

圖2　資本國籍別的煤炭生產量演變。
出處：嚴中平等編《中國近代經濟史統計資料選輯》
　　　中國社會科學院出版社，2012年，75、85頁。

2. 對中國社會經濟的影響

像這種「外國資本阻礙了中國發展」的評價，其實並不符合事實，從上圖中國資本的成長就能確認這一點。故此，近年來開始關注外資對中國社會經濟的多元影響。接下來將介紹外資對中國的技術轉移，以及與中國商人之間的關係來作為例子。

首先是對中國的技術轉移，將以汽船為例來討論。汽船因為需要頻繁補給煤炭和用水，所以必須整頓和經營相關的設施。另外，在中國也必須要有能保養船舶的船塢和鐵工廠，以及建造能夠外洋航海、較為困難的河川用汽船的造船廠。事實上，在各條約港都設置了這些的設施。在這裡有很多中國人擔任**買辦**（中國人代理商）、技術人員到勞動者等各式各樣的職務，並累積了專門知識，於是就開始了對中國的近代技術轉移。作為主要製造業的綿紡織業也看到同樣的狀況。

實際上，外資受到中國商人團體強硬的流通機構阻絕，在條約港外的進出口商品貿易上，不仰賴買辦就無法成事。古田和子就著眼於這種中國商人的流通機構，指出中國商人利用1860年代以降外資汽船公司等帶來運輸通信網的近代化，將他們自己的網絡在空間上擴大到日本、朝鮮半島和印度等地。本野英一也指出買辦等「會說英語的中國人」，利用中國內地通行稅的優惠權，以及有限責任制等不平等條約特權，「瓦解」了中國傳統商業秩序，所以讓清朝不得不推動經濟制度的近代化。

▷3　**買辦**
由於商業習慣或語言差異，中國人商人肩負起外國企業無法自行處理的中介角色。

探究的重點

(1) 外國資本對中國的社會經濟產生了怎樣的影響？

(2) 對外國資本在近代中國活動的評價，有著怎樣的變化？

近代中國的法律制度

28

新的法律制度帶來了什麼？

久保茉莉子

【關連項目：鄂圖曼帝國的近代改革、辛亥革命】

▷1　**國際法**
國際社會通行的法律。國家之間也必須要有法律的觀點是在歐洲形成，並於十九世紀完成大致的體系。另外，直到19世紀為止的國際法與20世紀以降的國際法在基本構造上有所相異，因此應該予以區別。

▷2　**不平等條約**
當事國的權利、義務關係不平等的條約。19世紀亞洲各國與西洋各國之間締結的條約，在領事裁判權與關稅率決定權等方面都不平等，因此被視為問題。

背　景

　　19世紀透過條約與**國際法**[1]，或是開港場所的商業貿易，中國的人們開始接觸到西洋各國的法律制度。這時期人們接收到的各種外國法律制度，和中國舊有的制度相比有很多相異之處，因此引發了困惑和反彈，但也作為來自西洋的新知識而受到接納。在不久後的20世紀初年，以修改**不平等條約**[2]這個重要課題為背景，清朝以西洋法（以及已經承繼了西洋法的日本法）為模範，致力制定新的法律制度。清朝推動了橫跨多種層面的法律改革事業，包括法典編纂、設施整飭、人材養成等，到了中國民國成立之後，各個政權也繼續進行。到了1930年代中期，已經公布和施行了憲法以外的主要法典。後來歷經中日戰爭、第二次世界大戰，戰後也持續推動法制改革，後來1947年在中國制定了首部憲法。只是，中華民國時期制定的各項法制，在1949年以降全都遭到中華人民共和國廢止，只在中國國民黨擁有政權的臺灣（中華民國統治地域）施行。

　　從法律的運用層面來看，在1930年代的時間點，至少在都市地帶，新式法院裡的法官和檢察官已經依據新的法律制度來處理眾多事務，律師和法學家等民間的法律專家也很活躍。但是另一方面，由於慢性財政困難與人材不足、政情不安等各種因素，也有不少地區很難用新的法律制度來進行審判。在這些地區，由身為行政長官的縣長兼任司法工作等，透過妥善採納舊有制度的方式來設法維持秩序。另外，在中華民國政府管轄以外的地區，如殖民地與外國人居留地，還有中國共產黨的統治地區等，也施行了各式各樣不同的法律制度。

論　點

1. 中國法律的變化與連續性　在清朝開始法制改革以前，中國已經建立了獨有的精緻法典與審判制度，但這些法律被認為徹徹底底只是「方便皇帝統治的道具」而已。清末民國時期重新檢視了舊有法律的形式，在建構繼承西洋法的近代法律體系過程中，開始轉變為「作為公民權利的法律」的時代，因而受到關注。

　　但是，當時制定的各種法制中，仍然存在著具有中國傳統法律觀念與舊有審判制度特徵的規定。因此，必須審慎地檢視和探討在參考外國法律產生的「變化」，與發源自中國法律獨特性的「連續」，彼此混雜交錯後建立新法律制度的過程。再者，就像著眼於刑罰近代化的馮客（Frank Dikötter）等人所主張，中國傳統的法律觀念和西洋近代型的法律制度，絕非水火不容，反之透過巧妙融

合兩者來整合人群，則能促進強大的近代國家建設。

　　清末民國時期法制改革建立的法律，的確是以西洋法為模範，但在這當中如何納入中國獨有的法律制度，或者新舊法律融合的結果，誕生了具有怎樣特色的中國法律？在整理各式各樣法律的制定過程時，都有檢討的餘地。

2. 法律的實際運用狀態　　以1980年代中華人民共和國持續公開史料為背景，1990年代以降，關於清末民國時期訴訟、審判實際狀態的研究，有了令人眼睛為之一亮的進展。其中，黃宗智作為先驅，豐富地利用各地留下的審判紀錄來推動中國近代法律史研究，提出了獨到的見解。黃宗智特別關注縣級處理紛爭的方法，認為可以分成3種類型來討論：依據國家所訂法律制度的「官方」做法、交給民間自行解決的「非官方」做法，還有介於兩者之間（「第三領域」）的做法。但是，訴訟實際進行的狀況更加複雜，光靠審判文書沒有辦法明確反映出各種事件究竟基於法律解決到什麼程度。因此也有人批評這種類型化的分析是不合理的。

　　邁入21世紀之後，各地法律實際運用情況獲得更詳細的闡明。徐小群聚焦在江蘇省並進行分析，指出擁有新法律制度知識與實務能力的法官，雖然努力去妥善運用法律，但在財源與人材都不甚充裕的地方末端層級，要達成這個目標可說相當困難。不僅如此，中央政府為求統治的安定，制定了種種特別法，結果因為特別法的濫用，導致不按照正確手續進行的審判在各地叢生。

　　從清代到民國時期，應該在處理犯罪與糾紛之際使用的法律制度雖然產生了很大變化，但其運用狀況會隨著中央、省、市、縣等層級，或是地區而有所差異。根據這種差異的存在，深入討論「作為整體的中國社會秩序樣貌如何變化與連續」這一複雜狀況，將是重要的課題。

探究的重點

(1) 清末民國時期的法律制度內容及審判實際狀況，和前後時代相比具有怎樣的特徵？

(2) 清末民國時期的法制改革，對中國社會秩序的樣貌，以及人們的法治意識，產生了怎樣的影響？

殖民地朝鮮的政治與社會

㉙

什麼是殖民地？

永島廣紀

【關連項目：朝鮮的開化派、日本殖民地下的經濟發展】

背景

「殖民地」（日文寫作「植民地」）這個詞彙，出乎意料地難以定義。原本大多數時候都寫成「殖民地」。究竟是「種植」人民，還是「繁殖」人民？一個漢字的不同就讓其內容與印象產生了很大的差異。對於近代日本而言，如果把人們移居當地、開拓荒野，設法取得（掠奪）第一級原產品的場所稱為殖民地，那麼過去稱為蝦夷地的北海道，是最為接近這個定義的地區。

20世紀以前西歐各國獲得海外領土及其統治的形態，形成了對「殖民地」的印象。既然如此，那麼臺灣、朝鮮、關東州等日本舊「外地」，能夠直接稱為殖民地嗎？不管怎麼說，日本透過日清戰爭，讓韓國（大韓帝國）脫離清朝的**冊封**[*]，接著在日俄戰爭遏阻了沙俄的南下，然後在1905年12月將其化為保護國，最後在1910年8月簽訂合併的條約，納入自己的版圖。

* 冊封
參照 [I-15] 注2。

論點

1. 合併韓國是「合法」的嗎？

1910年8月29日，兼任陸軍大臣、以第3任韓國統監身分前往當地赴任的寺內正毅，與韓國內閣總理大臣李完用簽訂並公布了《關於韓國合併之條約》（日韓合併條約）。同年10月1日開設朝鮮總督府，任命寺內為首任朝鮮總督，通常認為大韓帝國就在此時成為日本的殖民地「朝鮮」。

此後，日本依靠武力實施高壓統治，透過土地調查事業剝奪人民的生活基礎，結果引發了大規模的抗議行動（三一獨立運動）。面對這種抵抗，日本不得不狼狽地轉換成「文化政治」，但仍然持續在經濟上的掠奪，至於中日戰爭時期以降，更硬是推動「皇民化」，強制動員民眾參與戰爭——以上種種是日本高中歷史教科書上記載的日本統治朝鮮的姿態。如果只是這樣的話，那毫無疑問是一種殘虐且惡劣的殖民地統治。

話說回來，日本政府在簽訂合併條約之際，事先與歐美列強展開周到的交涉，獲得他們理解後才斷然實施合併。因此單就這點來說，這在國際法上其實是「合法」的。當然也有另一種層次的評價，認為這是一種「強迫下不成立」的法律手續。許久以後的1965年締結的《日韓基本條約》中，日韓兩國之間確認合併條約「已經無效」（already null and void）。這個「已經」指的是什麼呢？條約說到底究竟是有效，還是無效？這個兩種解讀都解釋得通的曖昧，可以說是隱含交涉當事人苦心的絕妙表現。

2. 朝鮮統治究竟「掠奪」了什麼？

關於朝鮮統治史研究的熱門話題之一，就是「**殖民地近代化論**」。一直以來，包括米糧移往內地（日本本土）等在內，人們常從「經濟掠奪」的層面來討論日本的朝鮮統治。戰時的勞務動員（徵用）與徵兵等「人的掠奪」也是容易引發熱議的話題。

但是，以**京城**為中心，明顯看到都市地帶的消費文化變得成熟。同時，系統化了各種不同層級的學校，特別是設置了「帝國大學」。另外，整頓了深入偏避地區的醫療機構，並且透過在王朝時代荒廢的山地進行殖林，推動防砂和圍田開墾的作業，顯著提升了農林水產業的生產性。

不僅如此，日本內地企業開始正式涉足朝鮮，在巨大水壩建設帶來的豐富電力供給下，在半島北部發展起大規模的重化學工業等。關於這種種事項的驗證及其具有的意義，主要都是由經濟史的領域提出，如今依然持續爭論著這些事項究竟是否合理。

3. 大韓帝國的舊皇室變成怎樣了？

另一方面，也有即使是日本高中歷史教科書，或是稍微詳盡一點的通論書籍也不太會提的內容，那就是大韓皇室在合併之後的狀況。皇帝（第27任的純宗）與太皇帝（第26任的高宗）分別冊立為李王與李太王，原本的皇太子改稱為王世子。合併條約的條文也是以這些內容為開頭。然後，在宮內省也新設了「李王職」。換言之，從1910年8月到新憲法發布的1947年5月為止，大韓皇室在大日本帝國中都處於僅次皇族的「王公族」身分地位。

1926年純宗逝世，王世子李垠襲位為李王。不久之後，根據《皇室典範》制定了《王公家軌範》，並將皇族梨本宮方子女王嫁給李王垠，成為李王妃。而身為成年男子的王公族，和皇族一樣擁有軍籍，李王垠最終的階級是陸軍中將。此外，公族的其中一員李鍝，擔任陸軍軍官於廣島服勤時，於1945年8月6日成為廣島原爆的犧牲者。順道一提，同年8月15日正午收音機中傳出的「玉音放送」也在朝鮮播送，同日午後，在京城則舉辦了憑弔李鍝戰死的陸軍葬禮。

朝鮮民眾從隔天（16日）的黎明起，便為「轉瞬間」的獨立而沸沸揚揚。不久之後，從沖繩前來的美軍和朝鮮總督府之間於9月6日舉行了受降儀式，總督府廳舍遭到接收，成為美軍的行政辦公室，正門口旁邊的旗桿，改掛上了隨風飄舞的星條旗。與此同時，蘇聯軍隊則進駐了北緯39度以北的地區，促成了直至今日的朝鮮半島南北分裂。只是，「王政復古」降臨朝鮮社會的日子，終究是遙遙無期。

▷1　殖民地近代化論
雖然根據討論的人不同，觀點上會有很大的差異，但都會提出根本的質疑，例如：如何說明只用「掠奪論」來解釋的殖民地統治，會有活潑的經濟活動，以及後殖民（post-colonial）以降的狀況。

▷2　京城
稱呼朝鮮首府為「京城」的這個用語，是早在前近代起就作為「漢城」的別名一併使用。日本統治時代有時候會用「けいじょう」這個日語讀音來稱呼京城，但很多時候也會用意味「都城」的朝鮮語「ソウル」（首爾）來訓讀。一部分人認為這是歧視或侮蔑的用法，其實是種誤謬。

探究的重點

(1) 西歐列強的殖民地統治，跟日本統治朝鮮有何不同？

(2) 李氏朝鮮王朝／大韓帝國的「正統」後繼者是誰？

<table>
<tr><td>30</td></tr>
</table>

日本殖民地下的經濟發展

日本殖民地經濟有什麼特徵？

湊照宏

【關連項目：中國的外國資本、殖民地朝鮮的政治與社會】

背景

為朝鮮統治權而戰的日清戰爭（1894～1895年）與日俄戰爭（1904～1905年）中都獲得勝利的日本，確立了對朝鮮的統治權，而在1910年，朝鮮成為日本的殖民地。在上述的過程中，日本藉著日清戰爭後的《馬關條約》取得臺灣、日俄戰爭後的《樸茨茅斯條約》獲得南樺太，將兩地納為日本的殖民地。除此之外，也將遼東半島前端，以及南滿鐵路附屬地變成日本的租借地，稱為關東州。接著，日本靠著1931年的滿洲事變，將中國東北部納入統治之下，更在1932年建立傀儡國家「滿洲國」。日本對這些殖民地、勢力圈的統治，一直持續到1945年敗戰為止。關於這些日本殖民地、勢力圈的經濟特徵，包括了與日本之間貿易關係深化，以及工業化的進展等。本篇就以臺灣、朝鮮、「滿洲國」為對象來探討這些特徵。

論點

1. 貿易關係的深化

▷1　粗糖
精製之前的原料糖。

試著來概觀一下第一個特徵，也就是貿易上高度依存日本。日本從朝鮮運回稻米、從臺灣運回**粗糖**[1]和稻米，而從關東州輸入滿洲產的大豆、大豆粕和大豆油等物資。從日本輸出、移出的產品則相當多元，不過主要是以綿製品（綿紗、綿布）為大宗。在經濟史研究方面，稱日本與朝鮮的關係為「綿米交換體制」，與關東州、滿洲的關係為「綿豆交換體制」。以上的貿易結構，是在1900年代中期到1910年代中期建立起來。這種貿易架構反映了各地區的產業結構。從產業結構來看，各殖民地、勢力圈以農業等第一級產業為主軸，日本相對來說則是製造業等第二級產業的比重較高。用各殖民地、勢力圈的農產品、農產物加工品，交換日本的輕工業製品，這種帝國內的分工就展現在上述的貿易結構裡。

邁入1930年代以後，日本方面輸出、移出品的結構產生了變化。日本對殖民地、勢力圈的貿易急遽增加，原本的綿製品等輕工業品的比重減少，同時機械（電力機械、紡織機械、火車頭等）、運輸用機器（自行車、汽車、鐵路車輛等）、鋼材（棒鋼、型鋼等）之類的重工業製品，在比重上不斷增加。這種變化起因於1930年代以降增加了對殖民地、勢力圈的投資，並反映了第二個特徵——殖民地、勢力圈的工業化。

2. 投資與工業化的進展

日本在1930年代以後大幅增加對殖民地與勢力圈的投資之中，為數最多的是對「滿洲國」與朝鮮的投

資。對「滿洲國」的投資，以南滿鐵路公司發行的公司債為主，稱為「滿鐵路線」。這方面有許多資金投入了鐵路的鋪設。在朝鮮方面，也挹注了許多資金去蓋官營鐵路，但民間企業的直接投資也相當搶眼。除了鐘紡和東洋紡績在朝鮮建立工廠以外，當地資本的京城紡織也有所成長，綿製品的生產量劇增。另外，人稱**新興財團**[2]的日本窒素肥料會社，成立了朝鮮窒素肥料會社，同時建設了大規模的水力發電廠與電氣化學精煉廠，用來製造化學肥料（硫酸銨）與炸藥。

上述大幅增加了殖民地、勢力圈的投資之後，讓貿易結構產生了變化。如前所述，日本本土開始增加重工業製品的輸出和移出，顯示了殖民地、勢力圈的工業化進展。殖民地、勢力圈為了鋪設鐵路與建設工廠，對機械、輸送用機器、鋼材的需求激增，無法在當地調度的部分就由日本來供給。

3. 經濟發展　　關於以上日本帝國經濟圈中貿易的擴大，以及工業化的進展，主要是由日本資本擔綱主演，當地資本則是配角。在貿易商品的流通方面，基本上是受到日本資本的海運公司及商社所支配。在工業化的推手方面，也是由半官半民的國策公司與財閥、新興財團等日本資本，來推動重化學工業。雖然小規模農產品加工業基本上是當地資本來承擔，但大規模農產品加工還是由日本資本作為主要動力。故此，在貿易擴大與工業化進展方面，其實隱含了民族之間落差的問題。

日本殖民地的貿易擴大與工業化進展，與經濟規模在量的增加密不可分，用經濟成長的概念就能理解這點。相對於此，在近年的研究中也出現了重視日本殖民地在質的經濟發展的看法。比方說就有人主張，電信、電話普及帶來的資訊化進展，提升了貿易的效率，帶動了市場經濟的發展。當然，貿易不只是日本資本，也與當地資本有關，所以當地資本也受到了這種質的經濟發展的恩惠。重視這種經濟發展的看法，其前提是透過土地調查事業建立的私人所有權，以及司法制度的確立等帶來的貿易制度近代化。

▷2　**新興財團**
相對於三井、三菱、住友等原有的財閥，用來稱呼第一次大戰期間崛起的日產、日窒等集團。

探究的重點

(1) 貿易結構與產業結構有著怎樣的關係？

(2) 投資對貿易結構帶來了怎樣的影響？

(3) 重視經濟成長的看法與重視經濟發展的看法有什麼差別？

中亞的近代

(31) 俄羅斯帝國與蘇聯帶來了什麼？

長繩宣博

【關連項目：後蒙古的民族、中央歐亞與周邊文化圈、中央歐亞的伊斯蘭】

背景

　　自1820年代起，哈薩克草原便被納入俄羅斯的統治之下。1864～1865年，中亞南部（突厥斯坦）的定居民地區，也遭到俄羅斯征服。當地民眾在法律上被歸類為軍政下的「異族人」，成為受到歧視的對象。之後從1917年俄國革命到內戰期間，以帝制下培養出來的知識分子為核心的自治運動不斷高漲。隨著1922年蘇聯成立，1924年劃定了民族與共和國的界線。1930年代以降，以各民族平等為原則，透過俄語和俄羅斯文化，持續將當地民眾同化為蘇聯國民，後來的第二次世界大戰更更進一步促成這樣的發展。由於整個蘇聯時代將中亞各個共和國整頓成作為民族國家的實體，儘管共產黨在1980年代的改革重建計畫（perestroika）後喪失了權威，到了1991年12月蘇聯也解體，舊菁英仍能率領著獨立的國家。

論點

1. 在兩個相異的帝國之間

中亞的合併是在國際間各個帝國展開激烈競逐，國內推行中央集權化與富國強兵的「**大改革**」[1]時代中展開。這場大改革對陸上帝國來說，事實上導致了本國與殖民地的斷裂。相較於烏拉山以西的穆斯林享受到大改革的好處，中亞當地民眾只是免除兵役，行政錄用方面也僅限於州、郡以下的層級。少數俄羅斯人官員未能掌握地域的實際狀態，導致當地民眾出身的行政官員、接受俄羅斯式教育的人，還有抱持伊斯蘭改革思想的人，都產生了深刻的不信任感。俄羅斯雖然在1906年召集了國會，但隔年就以「國民意識不夠發達」為藉口，剝奪了中亞當地民眾的選舉權。俄羅斯帝國不管在行政，還是教育、文化層面，都沒有同化當地民眾的意願與能力。

　　蘇聯雖然採取推動民族自治的聯邦制，但仍是一個服從上級黨機關決定的多民族帝國。哈立德（Adeeb Khalid）就強調蘇聯比起近代殖民地帝國，更持續介入和壓抑人們的生活。1920～1930年代在土耳其、伊朗、阿富汗的政府發揮了強制力來催生形成國民的體制。而中亞各個共和國也與這些國家相似，爭相在女性解放與文字改革方面克服穆斯林社會的「落後性」。革命前的近代主義者（**札吉德**）[2]期待共產黨能實現自己的理念，但是在新菁英培養起來後，到了1930年代末他們卻陸續遭到了肅清。戰後則不斷推動各個共和國的分權化，共和國內部主要民族的領導階層組織起各種關係，確保了在不打擾莫斯科的範圍內行

邊註

▷1　**大改革（Great Reforms）**
亞歷山大2世（Alexander II，1855～1881年在位）解放農奴為開端，擴及地方自治、司法、教育、軍制等改革的總稱。雖然各項改革在不同地理範圍實施的狀況有所差異，但為過去在行政上被劃分開來的身分與宗教集團，都可以參加的共通制度。

▷2　**札吉德（Jadid）**
19世紀末起，在俄羅斯帝國各地的穆斯林社會中，致力於克服落後性與追求進步、推動各式各樣改革的知識分子。因為在初等教育中引進新方法（Usul-i Jadid）而得名。在近代社會中，他們摸索宗教的意義，透過整頓文書語言為出版文化做出貢獻，並讓民族概念得以普及。

動的自由。

2. 伊斯蘭的變遷　　不限於中亞，近年關於舊俄羅斯帝國領土內穆斯林地區的研究，很明顯有種過度對比的傾向，一方面是重視以札吉德登場為代表的社會變遷，另外一方面是穆斯林社會的傳統和伊斯蘭規範的固有性。針對帝國法律、伊斯蘭教法、習慣法糾纏在一起的法律多元性研究，作為後者的潮流有著飛躍性的發展。關於伊斯蘭如何在蘇聯時代無神論社會中生存下去，以及現在所謂的「基本教義派」運動又是如何形成，研究都在進行中。這些研究是根據各式各樣在蘇聯解體前後，突然變得可以使用的新史料，在分析角度方面則深化了與中東和殖民帝國下穆斯林社會相關研究之間的結合。但是，一味將社會變遷歸因於伊斯蘭的解釋實在太過極端。為了多方考慮形塑穆斯林社會的關鍵要素，近代知識分子研究的重要性也毫不遜色。

3. 近代化與開發的光與影　　帝國連結了廣大的空間。18世紀中葉以降，窩瓦、烏拉地區的韃靼商人在哈薩克草原掌握了商機。1880年代以降，隨著鐵路建設的進展，費爾干納盆地（Fergana Valley）發展出面向俄羅斯內地工廠的棉花栽培，從中亞經黑海前往麥加巡禮的人也不斷增加。20世紀初期，大量俄羅斯人、烏克蘭人移居草原地帶。特別是在七河（Zhetysu）地區，以1916年的戰時徵用令為導火線，遊牧民發動了叛亂，和移居者展開了激烈的衝突。

1930年代蘇聯的遊牧定居化與農業集體化政策，過度徵用了穀物與肉類，結果導致在哈薩克約有4成的哈薩克人因為饑荒而死亡。另一方面，1954～1960年開拓未開墾的土地則建立了穀倉地帶。在蘇聯的分工體制下，定居地區專門栽培棉花，但大規模的運河建設與農藥散布，如同**鹹海問題**[3]所象徵的狀況，對居民造成嚴重的損害。因為蘇聯也對第三世界展開援助外交，所以中亞各共和國在「要證明自己不是殖民地，就要實現工業化」的邏輯下，競相引進莫斯科的投資。蘇聯推行的開發背後有很深的黑暗面，不過近年來比起當成共產主義的異常，更多是從近代開發共通的非人道性這種觀點出發，重新來審視。

▷3　**鹹海問題**
隨著大規模灌溉農業的拓墾，從阿姆河與錫爾河注入的水量，與沙漠地帶的蒸發水量之間的均衡遭到破壞，導致鹹海從1960年代後半開始縮小。現在除了北方的一小部分，原先為湖底的地方持續沙漠化。生態系的破壞方面，首當其衝是漁業的潰滅，而先前開拓的土地也面臨日益嚴峻的鹽害。

探究的重點

(1) 中亞的人們可以說在怎樣的意義上「俄羅斯化」？
(2) 穆斯林如何適應異教徒的統治與無神論社會？
(3) 俄羅斯帝國與蘇聯進行的開發，與其他近代國家有什麼不同？

蒙古的近代

㉜ 內外蒙古為何分離？

橘 誠

【關連項目：清與西藏、辛亥革命】

背　景

　　過去日本稱為內蒙古、外蒙古（蒙古語稱為南蒙古、北蒙古）的地區，分別是現在中華人民共和國內蒙古自治區的一大部分，以及獨立國家蒙古國。不論哪個地區，在辛亥革命前都是處於清朝版圖之下。

　　清代統治內外蒙古的蒙古王公作為清朝的統治階層，以滿洲族同盟者的身分備受禮遇，但隨著清朝陸續喪失琉球、越南、朝鮮等「屬國」，清朝對於是否會喪失習慣上同稱「藩屬」的蒙古、西藏等「藩部」也深感危機，於是透過「新政」強化了對這些地區的控制。

　　對「新政」大表反彈的蒙古、西藏，開始摸索脫離清朝的方法。趁著辛亥革命的機會，蒙古發表獨立宣言。獨立運動的中心是外蒙古，由藏傳佛教的高僧第8世**哲布尊丹巴・呼圖克圖**[1]即位為**博克多汗**[2]，號召各地響應這個政權。

論　點

▷1　**哲布尊丹巴・呼圖克圖**
喀爾喀蒙古（Khalkha Mongols）最為人信仰的轉世活佛。第1代哲布尊丹巴，是成吉思汗末裔土謝圖汗之子羅桑丹貝堅贊。第3代以降，全都是在西藏轉世。

▷2　**博克多汗**
1911年從清朝獨立的蒙古國元首稱號，年號為「共戴」。1924年逝世，蒙古國轉為共和制的蒙古人民共和國。

1. 獨立運動

　　長久以來在中國的研究中，「蒙古宣布獨立是俄羅斯的陰謀」這種說法占了主導地位。其背景是認為蒙古是「原本就應該屬於中國的土地」，因為現在的蒙古國是唯一一個原屬清朝版圖、卻不包含在現今中國之中的地區。的確，事實上蒙古宣布獨立時的俄羅斯帝國，以及俄羅斯革命後的蘇俄與蘇聯，為了守護本國安全保障上的利益都一直支持蒙古。但與此同時，俄羅斯也不見得打從一開始就處心積慮要讓蒙古獨立。比較妥當的看法應該是他們順應蒙古人想要從清朝，然後是中國脫離的期望而給予支援。

　　另一方面，也有看法強調「獨立運動是蒙古人主體意志下的產物」。清末優待蒙古王公措施不只虛有其表，作為「新政」的一環，他們還讓漢人農民移居到草原，導致牧地縮小。蒙古人對於這種生活環境變化的不滿日益高漲。更進一步來說，蒙古人為主體想要從清朝獨立的決心，確實主要以外蒙古為運動的中心，可是也不能否認當初內蒙古也出現反對的聲浪。換句話說，不見得打從一開始就是蒙古全體來統一推動獨立運動。

2. 對蒙古統一運動的關心

　　以外蒙古為中心宣布獨立的蒙古國，最重要的課題之一就是統一過去清朝版圖下的蒙古。一般來說，內蒙古6盟49旗中有35旗，以及察哈爾、青海地區一部分的旗，都表態要加入蒙古國。

　　與此同時，辛亥革命後新誕生的中華民國則致力於繼承清朝版圖，於是嘗試消除外蒙古的獨立，並將內蒙古納入中國。歷經1912年的《俄蒙協約》、1913年的《俄中宣言》，俄羅斯、中國、蒙古在1915年締結了《恰克圖協約》。根據這項協約，只有外蒙古獲得在中國宗主權下的自治，而內蒙古仍然留在中國的主權之下。結果，這次協約成了內、外蒙古命運的分歧點。

　　第二次世界大戰末期的1945年夏天，再次浮現蒙古統一的動向，可是受到有著「維持蒙古現狀」條款的《雅爾達密約》等箝制，終究未能實現。

　　蒙古和中國雙方都認為內蒙古是應該納入自己國家的地區，所以蒙古國有把參與統一運動的人視為「愛國者」、拒絕參加的人視為「背叛者」的傾向。至於中國的情況則是相反過來。不過，當時人們能選擇的選項其實十分有限，所以這種二者擇一的評價並不妥當。

3. 從國際關係進行考察　　夾在俄羅斯與中國之間的蒙古為何能獲得獨立，然後領土為什麼不包含「內蒙古」，只限於「外蒙古」？這樣的問題必須從長期的國際關係視角來考察。事實上，在日俄戰爭後反覆協商的《日俄協約》、第一次世界大戰期間日本逼迫中國接受的二十一條要求、第二次世界大戰末期的《雅爾達密約》，以及《中蘇友好同盟條約》中，蒙古都成為交涉與要求的對象，對其歷史也造成很大的影響。另外，1939年的諾門罕事件（Nomonhan Incident，蒙古國稱之為哈拉哈河戰役〔Battles of Khalkhin Gol〕）中，成為日本、滿洲國軍隊與蘇聯、蒙古人民共和國軍隊直接交火的紛爭之地，迄今為止對於日俄、日中、中俄關係中的蒙古也有各式各樣的檢討。

　　不過，與此同時仍然有許多尚未解開的課題，例如：日本、俄羅斯與中國的對蒙古政策，是在怎樣的國際關係，以及各自的國內因素下制定並出現變化，又對蒙古造成什麼影響？

探究的重點

(1) 該從什麼方面來理解內、外蒙古屬於不同國家的原因？

(2) 歸根究柢，為什麼會對內、外蒙古分裂這件事情抱持疑問？

印度國民大會黨

(33) 成員是誰，目標又是什麼？

上田知亮

【關連項目：甘地、印巴分離獨立】

背景

1885印度國民大會黨在西印度的孟買成立，是印度第一個全國性政黨，主導了脫離英國獨立的運動，獨立後也長期執政，至今仍然是與**印度人民黨**（BJP）[1]並列的主要全國性政黨，一般都簡稱為「國大黨」。近現代的印度政治史，堪稱就是國大黨的歷史。但是，直到1920年在各語言圈中創設地方支部，並設置全國常設機關等組織改革，在此之前的早期國大黨，只是每年12月下旬召集各地有力人士舉行3天年會，臨時且組織基礎薄弱的政黨。國大黨建立起大眾的基礎，是甘地登場以後的事情。儘管國大黨以「印度人」的代表自居，但不只殖民地政府和土邦（英國的保護國），就連穆斯林聯盟與低階種姓的反婆羅門運動等，也對國大黨的代表性抱持否定或是疑問的態度。不僅如此，國大黨內部還有路線的對立，是要完全獨立，或是留在帝國內成為自治領。

論點

1. 國大黨的成員有誰？——中間階層、印度教徒、婆羅門

直到1960年代中期為止，印度近代史研究普遍有把國大黨和獨立運動當成「團結一致的全國性事業」來看待的傾向。但是劍橋學派的實證研究，闡明了領導階層的社會、經濟出身背景、圍繞各地域內經濟利害的派閥政治，以及恩庇侍從關係（patron-client）。國大黨為中心的民族主義，其推手是印度大叛亂後穩固成長的「中間階層」。在印度近代史研究中，中間階層指的是受**西式高等教育**[2]、從事專門職業（律師等）的都市知識菁英。國大黨的領導階層中有相當多這樣的中間階層。同時，在殖民地政府引進的西式高等教育機構中就學的人，又以婆羅門等高階種姓居多，低階種姓與伊斯蘭教徒（穆斯林）則較少。印度南部與西部的低階種姓反婆羅門運動，就批判了國大黨的婆羅門中心主義。不僅如此，穆斯林領導階層也針對「國大黨只是印度教徒政黨」這點大為反彈。後來在國大黨不斷擴散反對**孟加拉分割令**[3]運動的1906年，組成了穆斯林聯盟。這種「印度人」內部的對立與分裂一直持續到了甘地的時代，殖民地政府也利用並助長這點，藉此進行分割統治。國大黨幾乎無法取得穆斯林的接納，以及與穆斯林聯盟的合作，未能成為代表「印度人」的整合性政黨，而他們主導的獨立運動最後就造成了印巴分離獨立。

2. 國大黨的目標是什麼？——大英帝國內的自治領，還是獨立？

在大英帝國史研究中，經常引起討論的是負責連結殖民地政府與當地社會的在

▷1　**印度人民黨（BJP）**
前身為1951年組建的印度人民同盟（BJS），後來在1980年組成的印度教民族主義政黨，特徵為婆羅門中心主義與排斥穆斯林。在莫迪（Narendra Modi）總理的領導之下，2014年起便穩居國會多數黨的寶座。

▷2　**西式高等教育**
為了培育可以協助殖民地統治的印度人菁英（特別是行政官員與法官），採用了英語而非當地語言授課的高等教育，代表性的高等教育機構包括了孟買大學、加爾各答大學、馬德拉斯大學（都是在1857年創立）。

▷3　**孟加拉分割令**
在1905年由寇松（Curzon）總督推動法制化的分割統治政策，企圖透過將孟加拉省分割成西部的「孟加拉省」與東部的「東孟加拉─阿薩姆省」，封鎖激進化的孟加拉系印度教徒，並獲得東孟加拉的穆斯林支持。

地菁英，扮演的帝國主義「協力者」角色。1907年的國大黨分裂和這個論點也有很深的關連。主張漸進社會、經濟改革與致力獲得自治權的穩健派（戈卡爾〔G. K. Gokhale〕等），與政治獨立優先的激進派（提拉克〔B. G. Tilak〕等），兩派在1916年重新聯手，化解了國大黨的分裂。但是究竟該走向完全獨立，還是**帝國內自治領**[4]，在這之後兩者的對立依然持續，並深刻左右了英印關係。殖民地印度的民族主義運動，並不見得只有脫離英國獨立的企圖。如果從1947年印巴分離獨立這個史實的後見之明來看，那麼目標是帝國內自治領的穩健派，他們的政治構想就顯得太軟弱，也太樂觀了。不選擇獨立而是留在帝國內的主張與態度，宛如承認殖民地統治，是帝國主義的「協力者」。不過假如換個視角，也可以說和區區的民族國家不同，當時對帝國秩序依然有很高的期待和信賴。穩健派的政治思想是解開當時國際秩序觀的重要線索。和俄羅斯的專制政治相比，對於英國的立憲主義有比較高的評價，同時也參考了加拿大與美國的自治構想。在這點之上，有必要超越英印關係，從世界史的角度來研究國大黨的領袖。

3. 國大黨體系與尼赫魯—甘地王朝

印度獨立後，國大黨在1947～1977年、1980～1989年、1991～1996年、2004～2014年掌握了超過50年的政權，是印度政治的中心。國大黨擁有強大地盤的省也相當多。特別是在尼赫魯（J. Nehru）總理與夏斯特里（L. B. Shastri）總理的時代（1947～1966年），國大黨的一黨獨大體制被稱為「國大黨體系」。這個體系的主要特徵，是透過派閥的利害調整與派閥之間競爭的自我矯正，以及公共部門為中心的大政府與**許可證制度**[5]。可是在尼赫魯的女兒英迪拉·甘地（Indira Gandhi）執政時期的1989年，因為經濟政策上的對立導致國大黨分裂。作為派閥聯合體的國大黨，在失去了帕特爾（V. Patel）和尼赫魯等獨立運動的英雄之下，要維持團結其實相當困難。另一方面，分裂後的國大黨在英迪拉·甘地的領導下，持續推動黨內集權化。正如「尼赫魯—甘地王朝」這個揶揄所示，國大黨直到現在仍是以甘地家為中心在運作。近年來國大黨萎靡不振的原因之一，就是這種分權性與集權性的並存。理解現代印度政治的時候，追溯到國大黨體系來檢討國大黨的組織結構與意志決定的過程，是相當重要的。

▷4　**帝國內自治領**
具備受認可享有自治權的責任政府、獨立性很高的帝國領土。大英帝國分別在1867、1901、1907、1910年將加拿大、澳洲、紐西蘭及南非升格為自治領。不管是哪一個地區，都是白人定居的殖民地。

▷5　**許可證制度**（License Raj）
指在社會主義的計畫經濟體制下，透過相關政府機構的許可權，嚴格規範民間企業經濟活動的制度。由於政治家、官僚與企業之間的勾結，加上貪汙蔓延，導致經濟停滯。這個制度一直延續到1991年的經濟自由化為止。

探究的重點

(1) 國大黨的推手是誰，又是代表什麼人的政黨？
(2) 國大黨的領袖們的目標是什麼？
(3) 國大黨的組織結構與意志決定過程，不論過去或現在，是如何形成？

甘地

34 他的政治構想有什麼特徵？

間永次郎

【關連項目：印度國民大會黨、印巴分離獨立】

背景

　　甘地的本名是莫罕達斯・卡拉姆昌德・甘地（Mohandas Karamchand Gandhi）。身為20世紀上半葉率領印度獨立運動的國民領袖，獲得了「聖雄」的尊稱。1869年，他作為英屬印度古吉拉特一位土邦宰相的兒子出生，高中畢業後前往英國，21歲取得了律師資格。2年後，他為了從事律師業務前往**南非**[△1]，目睹當地受到種族歧視的**印度系移民**[△2]困境，於是投身公民權運動，想要逐步提升他們的權利。1915年他返回印度後，靠著突出的政治手腕與人望而聲名鵲起。他在短短5年就掌握了印度國大黨的權力，成為獨立運動的核心領導者。之後，直至1947年印巴分離獨立，他領導了不合作運動（1920～1922年）、不服從運動（1930）、「退出印度運動」（1942～1944年）等非暴力的大眾抗爭。獨立的隔年，甘地遭到保守的印度教徒暗殺，因為反對他推動來促成自身國民整合的宗教融合政策。

論點

1. 甘地長期旅居南非的經驗

　　印度的獨立運動常常被貼上「反英」的標籤，並且傾向將甘地的政治構想放在英印對抗的模式來討論。但是，要恰當理解甘地的思想，很重要的是關注他於1915年返回印度以前，長達21年居住在南非的經驗。他在南非推動了尋求撤廢種族歧視法的**「真理永恆」**[△3]公民權運動，並且讓該運動走向成功。他作為政治領袖的潛在能力，在南非就已經覺醒。

　　在這裡應當留意的是，第一，南非的種族歧視法，是英國人和與其處於對立關係的荷裔移民之間的複雜抗爭中，制定出來的產物，所以甘地的運動中有西洋人移民的協力者。甘地認為排除他者這種潛藏在種族歧視深處的欲望，不限於英國統治的框架，而是人類普遍的主題。第二，他的運動核心成員有很多都是印度人穆斯林。他從南非運動的成功經驗中，確信印度教徒與穆斯林之間可以輕鬆建立起合作關係。但是，南非與印度的穆斯林，不管在社會經濟地位，還是教育、語言層面，都有很大的差異。旅居南非的經驗，讓甘地在回到印度後，抱持著欠缺現實味道的宗教融合藍圖。

2. 「宗教」的角色

　　恐怕理解甘地政治運動最大的障礙，就是作為他發言特色的「聖人風格（宗教）用語」。比方說，甘地將自己邁向印度獨立的腳步，比擬為和「神」同義的「真理」的探求。這樣的發

▷1　**南非**
1910年南非聯邦（現在的南非共和國）成立之前，該地區分成英屬殖民地，以及荷裔殖民者統治的各個區域。這個地區不只是有色人種與白人，還包括英國人與荷裔殖民，也就是白人與白人之間的鬥爭，政治情勢相當複雜。

▷2　**印度系移民**
19世紀中葉以降，英國政府為了解決南非勞動力不足的問題，積極推動從印度引進簽約勞動移民，也跟著開始有印度商人移居。印度系移民在經濟上的繁榮，讓白人居民的競爭意識和種族情緒高漲，於是在當地制定了種族歧視法。

▷3　**真理永恆**
（Satyagraha）
甘地使用和平（非暴力）手段推行的公民權運動。是甘地將梵語、古吉拉特語中的「真理」（satya）與「主張／堅持」（agraha）合在一起所創造出來的詞彙。

言往往遭致「政治與宗教混淆」的非難。

話雖如此，他的宗教思想在印度獨立運動的背後，經常扮演重要的角色，這也是毫無疑問的事實。因此，要恰當理解獨立運動時期的歷史，對甘地宗教思想的分析是不可或缺的。

研究甘地宗教思想的關鍵，需要從同時進行的現實政治政策和狀況之間的相互關係，來考慮他宗教性發言的意義。甘地常常一邊探尋國內各種集團利害關係的妥協點，一邊推進國民整合的政策。令人深感興趣的是，甘地的發言一方面常被穆斯林領袖非難為「印度教色彩過於強烈」，但保守的印度教徒又大為反感，覺得太過「世俗」。

解開甘地宗教思想成為一條重要的線索，能夠逼近推行各式各樣獨立運動的真正動機與原因。

3. 國民整合政策的局限
　　最近的研究指出甘地在印度的國民整合政策，其實存在不少局限。比方說，往往會視甘地為廢除**不可觸者**[*]制度的旗手，但他的政策並非首尾一貫。甘地儘管毅然決然非難不可觸者制度，但也陳述四種姓（**瓦爾納**）制度存續的意義。**安貝德卡**[◁4]就批評甘地的政策，反而對於廢除歧視來說是有害的。

另外，也不斷有人在討論獨立運動中女性參與的問題。和甘地以前的時代相比，獨立運動時期女性的政治參與率大幅增加。但是，在運動中扮演主要角色的女性，多半集中在中等階級的高種姓女性，這點也不能等閒視之。再者，甘地和同時代的知識分子階層一樣，有著家父長式的女性觀，這點也常常遭到批判。

需要從這些女性為出發點，著眼於國民整合計畫中所透露來自周邊的聲音，進行統整分析，才有可能充分完整地評價甘地的政治構想。

[*] **不可觸者**
參照 [III-8] 注3。
[*] **瓦爾納**
參照 [II-8] 注3。
[◁4] **安貝德卡（B. R. Ambedkar）**
20世紀印度代表性的社會改革者與政治家。本身是不可觸者（馬哈爾，參照 [III-8] 注2）出身，努力苦讀之下在孟買的名門大學畢業，後來留學英國，取得律師的資格。1920年代以降，活躍於橫跨許多範疇的印度社會改革、政治運動，也領導了廢除不可觸者的運動。

探究的重點

(1) 旅居南非的經驗，對甘地的印度獨立構想產生了怎樣的影響？

(2) 甘地心目中宗教與政治的相互理解，是怎樣一回事？

(3) 甘地的國民整合政策有著怎樣的局限？

東南亞的民族主義

35

民族的覺醒是什麼？

山本 信人

【關連項目：殖民地時期東南亞的社會變遷、暹羅的獨立、東南亞的華僑與華人】

背　景

19世紀的歐洲，是革命、戰爭與民族主義的時代。其背景是致力於從絕對王政中獲得政治解放、謳歌國民共同統治的政治自由主義，與意圖維持既有政治體制的守舊派之間的衝突。之後歐洲的時代趨勢漸漸傾向自由主義，民主主義成為定局，邁向了民族國家的時代。作為這種趨勢的延伸，從1870年代左右開始，擁有殖民地的列強為了民族國家的成長，擴大了殖民地統治，而在全球化的脈絡下進入了帝國主義的時代。東南亞的殖民地統治樣貌也產生了變化，包括了19世紀中葉以降殖民地統治的制度化與近代化，並且隨之確立了教育當地人來拔擢為殖民地官僚的體系。當20世紀即將到來的時候，當地菁英之間能夠形成民族這個嶄新的集團認同，這點就是制度上的重要關鍵。接著，當民族獲得主權獨立後，旨在整合的國民形成就搖身一變成為國家的政治課題。

論　點

1. 組織與暴力

不限於東南亞，很多民族主義研究都將焦點放在運動的集團和個人身上。談到殖民地的民族主義，研究的主軸都在由殖民地官僚觀察、監視、賦予意義、加以分類，以當地菁英為主體的組織團體。理由是因為菁英為主體的運動是在白人殖民地官員能理解的語言和思想下展開，也因此資料相當豐富。所以即使是反殖民地運動，在沒有化為威脅社會秩序的暴力之前，宗主國也會採取容忍的態度。不如說，菁英的穩健運動與文字出版文化的展開，宗主國也會評價為是近代化政策獲得的成果。相反地，宗教上的運動作為用歐洲人不能理解的語言和思想展開的抵抗運動，就被當成千禧年運動受到壓制。

宗主國所不能容忍、蘊含暴力性的運動，就是歐洲各國所恐懼、在革命上的動向。1896年在菲律賓遭到殘忍殺害的**黎剎**就是典型例子。[△1] 黎剎是西班牙殖民地帝國的天縱奇才，在西班牙留學時加入了無政府主義者的行列。他一邊將活動範圍擴大到全歐洲，一邊直面西班牙統治階層，用小說和政治宣傳報紙等媒體的手段，透過文字來挑戰西班牙。但是，當黎剎的言行朝向將菲律賓的運動組織起來時，西班牙殖民地勢力就將他葬送在黑暗之中。

2. 想像性與時間

在聚焦於組織的眾多研究當中，安德森提出了「想像的共同體」這個嶄新概念。在這個定義中，民族是「作為意象，在心中描繪出的想像共同體」。也就是說，是作為「原本有所限

▷1　**黎剎**（José Rizal）
1861～1896年，菲律賓的革命家、醫師、作家。在西班牙殖民地統治末期，領導菲律賓獨立運動，被稱為「國民英雄」。其著作《不許犯我》（*Noli Me Tángere*，1887年）和《起義者》（*El filibusterismo*，1891年），至今在菲律賓都有人閱讀。

定、且有主權的事物」而想像出來的。換言之，民族是在用國境劃分出來的領域中擁有主權，在政治上的共同體。

重點在於殖民地出生長大的菁英，自覺到稱為殖民地的這個領域性，並基於這點產生出作為自己命運共同體的想像。在這種情況下，脫離殖民地統治、獲得主權的意識和運動，就是反殖民民族主義。

但是，在帝國主義統治下編組起來的殖民地，其實有著各式各樣的民族共存。故此，作為未來國民基礎的民族，其實多半是想像出來的事物。讓這種想像成為可能的是語言，以及成為文字出版文化基礎的報紙。透過白話文報紙的普及，社會得以產生共通的話題，讓均質且空洞的時間概念，也就是共時性的概念擴散出去。為此，整頓電信、郵政、交通等社會基礎建設的重要性不言而喻。這種出版資本主義促進了民族主義的在地化，並提高了政治性。

3. 空間和歸屬

如果說安德森是著眼於時間，那麼維尼查谷看重的就是空間。維尼查谷在討論中談到：「民族國家在地理上的身體，其實是以地圖為主要手段的近代地理學論述下的產物」。由近代地理學與地圖形成的「地理上的身體」，取代了原本作為泰國人基於民俗知識產生之智慧的空間認識。以此為出發點產生了主權、國境、邊陲的概念，並在其中形塑出泰國的國家認識。在東南亞以外的地區也存在同樣的過程，能夠從地球規模的角度來觀察。

另一方面，也存在著不受到領域與主權囚禁的民族主義運動，那就是以廣義的移民為主體的民族主義運動。出生在英國與荷蘭領地的華人，和當地居民接連不斷展開的民族主義運動及抱持的意識方面就截然不同。19世紀末到20世紀初在英屬海峽殖民地的新加坡，追求全新近代「中國人」形象的林文慶，以及1900～1930年代，身為荷屬東印度華人新聞記者，和荷蘭殖民地權力激烈交鋒的林冠亨（音譯）等人都是典型例子。

這種空間與歸屬的問題，在達成獨立的20世紀下半葉，作為國民形成的政治課題浮上了檯面。

探究的重點

(1) 造成反殖民民族主義地域差異的關鍵因素為何？

(2) 東南亞新興國家的民族主義有著怎樣的來龍去脈？

東南亞的華僑與華人

36

如何思考認同？　　　　　　　　　　　　　　　　貞好康志

【關連項目：「華人世紀」再考、中國民族主義的形成、東南亞的民族主義】

背景

　　在中國系移民與子孫中，有區分為保有中國國籍者為華僑，取得移居地國籍者則為華人的稱呼方法。但是，因為有移民國籍不明確的時代和地區，所以有很多情況會將華僑與華人連在一起統稱。第二次世界大戰後不久，世界的華僑、華人人口約800萬人，其中9成集中在東南亞。今天雖然因為移居北美等地的人口增加，讓比率有所下降，但可以看見全體（約4000萬人）中的7成以上，約3000萬人住在東南亞。雖然華僑、華人大量出現並散播到世界各地，是在19世紀中葉以降的事情，但如果是從中國移居到東南亞的交流史來看，則長達上千年。面對如此複雜的歷史與現況，不管是從政治、經濟、社會和文化等任何層面去貼近，研究的出發點上都會產生「誰是華僑、華人」這個對象認同（identify）的問題。然後，如果把研究的時期鎖定在近現代，這更是一個世界為民族國家體系覆蓋的時代。在這樣的時代裡，每個人都必須被迫明確指出「自己屬於哪一個國家」。特別是跨過國境的移民，在人類的諸多屬性中不得不正面面對特定國家與民族共同體的歸屬，也就是民族認同（nation identity）的問題。於是，即使是在華僑、華人研究中，他（她）們的認同樣貌就成為相當重要的主題。

論點

1.「從華僑到華人」？

　　從20世紀初到中葉，很多時候都統稱中國系移民為華僑。在中國民族主義誕生與蔓延的過程中，在漢字文化圈和中華民族自身之間，這個稱呼是在「中華民族僑居（暫時居住）在外國的人」這樣意思下來使用。第二次世界大戰後，曾為殖民地的東南亞各國陸續獨立，而在推動國家創建與國民整合的過程中，大方向上是將中國系移民及其子孫也當成國民的一員來接納。冷戰期間，因為討厭被人當成和亞洲共產主義大國的中國有關係，而受到懷疑的眼光看待，所以在移民與其子孫之間（至少是已經取得居住國籍者），不再自稱為華僑，而是逐漸以居住國一員的身分，稱為華人。沿著這種現實的動態，在1970～1980年代的學界，認為「從華僑到華人」的潮流是歷史必然的看法盛極一時（在日語圈以戴國輝為代表）。

　　在這之後，開始有人對於「從華僑到華人」這個模式提出疑問。有研究便主張不論在什麼時間點，他們的認同都絕對不是一元，而且從中國取向的華僑，到居住國取向的華人，這種變化也未必不可逆（日語圈以山本博之、篠崎

香織為代表）。接著，將在移居地點定居並落地生根的華人化潮流看成大勢所趨，幾乎是既成事實的1980年代以降，包括新近從轉為改革開放路線的中國移出的人們在內，原本已經定居在東南亞等地的人們，向美洲、澳洲、亞洲（包含日本）和非洲等世界各地，進行了第二次、第三次的新移動，並且在全球化的發展下逐漸加速。這些新的移動者在多數情況下未必會定居下來，於是產生了「新華僑」的稱呼。雖然不能說華人化的潮流就此消失，但事態變得更加複雜，研究也需要找出新的視角。

2. 王賡武的華人、華僑認同論

作為華僑、華人認同論的一個重要里程碑，為進入這個領域人人必讀的作品，是**王賡武**以1985年的研討會報告為基礎，在1988年刊行的論文集中展開的討論。他的論述中指出華僑、華人的自我認同主流的變遷趨勢，是從歷史認同、中華民族主義認同、居住國的國民認同和文化認同，一直到族群認同。這裡的重點在於他們的自我認同是可變的，而且一個人可以同時有好幾種自我認識，從而產生出複合的認同，並且王賡武強調這些都是常態。在複合認同的構圖方面，可以選取政治、經濟、文化、身體4個基準為座標軸，結合民族、階級、文化、族群的認同。雖然如何安排其中重點會隨著時代和地域而出現差異，但透過這些組合能夠從理論上顯示出跨越複數領域形成的認同。在同一場研討會中擔任與談人的庫希曼（Jennifer Cushman）則是用更動態的模式來呈現族群、少數族群的再生產，以及朝向接納社會的同化。兩人的討論搭配在一起，至今仍有參照的價值（收錄於同一本論文集）。

3. 認同論的今後發展

在人類的認同中，「本人自己是怎麼想的」這種自我認識方式固然重要，但他者（從家族開始，包括同族群集團的伙伴、除此以外的人們，還有政府等）是怎麼看當事人與所屬集團，以及社會、文化、法律、政治上又是怎樣認定──也就是所謂的他者規定，及其與自我認識的相互作用，都是不可或缺。王賡武在這點上確實有所體會，但至少在上述於1988年發表的討論中是傾向自我認同論。若是能從更多元的視角去累積研究，則不只是針對華僑、華人，在探討更廣泛人們一般的認同方面也能有所貢獻，相當值得期待。

◁1　**王賡武**
1930年出生於荷屬東印度（今印尼）的泗水。在英屬馬來亞成長，畢業於馬來亞大學，並於倫敦大學取得博士學位。先後於馬來亞大學、澳洲國立大學教授中國史，並擔任過香港大學副校長。現為國立新加坡大學教授。著述甚多，國籍為澳洲。至於論文集的出版資訊，請參考第376頁「外文參考文獻」的 IV-36 。

探究的重點

(1) 為何華僑、華人和移民的認同，很容易被視為問題？

(2) 試著思考華僑、華人以外的集團，還有你自身（所屬集團）的認同，是如何形塑出來，是否有與他者共享？

日本占領東南亞

37
該如何看待日本占領帶來的衝擊？

中野聰

【關連項目：東南亞的民族主義、東南亞的民族國家】

▷1　**大東亞共榮圈**
這個構想的目標是從東南亞在內的東亞排除歐美勢力，並建立以日本為盟主來共存共榮的大範圍區域經濟圈。在日本加入第二次世界大戰之際，作為參戰目的來大肆宣傳。

背 景

　　1941年12月，日本加入了第二次世界大戰，展開了南方攻略作戰。到了1942年5月，日本占領東南亞全境（包含軍事入侵的印度支那與泰國），並在馬來西亞、新加坡、菲律賓、印尼、緬甸等地宣布實施軍政。隨著英美盟軍的反攻，1945年上半葉日本在菲律賓與緬甸的占領土崩瓦解，但其他地區直到日本接受《波茨坦宣言》、無條件投降的同年8月為止，大多都處於日本的占領之下。將近3年的日本占領與戰爭，為占領下的人們帶來慘痛的戰爭禍害，例如：因為物流、經濟的麻痺導致各地嚴重糧食不足，還有頻頻傳出日軍的掠奪與戰爭犯罪等。另一方面，日本高唱「**大東亞共榮圈**^{▷1}」建設的占領政策，也為戰前處於歐美列強殖民地底下的各國（泰國除外），其朝向獨立邁進的歷史帶來複雜且巨大的衝擊。

論 點

1. 占領東南亞的動機與目的

企圖從中日戰爭泥淖中摸索出一條活路的日本，將1939年爆發的歐洲大戰中德國的優勢局面，特別是法國敗北與親德維琪政權的建立，視為好機會，於是兩次軍事入侵法屬印度支那，試圖從東南亞方面切斷中國（蔣中正）的補給路線（援蔣路線）。但是，美國對此向日本實施了嚴厲的軍事制裁，1941年7月日軍進駐法屬印度支那南部以後，美國斷然全面禁運日本仰賴美國輸入的石油。面對這樣的事態發展，日本開始構想一個計畫，用軍事力量奪取荷屬東印度石油為首的東南亞礦產資源，也就是南方攻略作戰，結果便占領了東南亞，這是廣為眾人所知的事實。

　　話雖如此，伴隨結果上來說堪稱無謀的對美作戰，整個南方攻略作戰在日本軍部、政府內部決定下來的來龍去脈相當複雜。同時，以戰爭帶來的破局與戰爭損害之深為背景，從開戰到敗戰的過程也當成是「日本侵略史上最慘痛的失敗」而遭到了許多的檢討。與此同時，軍民合計超過200萬人的日本人，一時之間居然征服、占領了人口多達1億4000萬人的東南亞，有關這種罕見的歷史經驗，可以說還有許多從未探討過、應當檢討的論點。

2. 日本占領在東南亞史中的意義

日本占領東南亞雖然不過是短短3年左右的時間，但扣除掉獨立國家泰國與預定、準備在1946年從美國獨立的菲律賓，原本在歐洲統治下的各國都將日本占領當成邁向獨立與建立民族國家的重大契機，對東南亞的歷史產生了很大的衝擊。究竟該如何看待這種

衝擊，特別是在戰前和戰後的連續面與斷裂面上又該如何評價，以及到什麼程度？這是東南亞史研究關注的焦點。

　　雖然沒有足夠一一提及各國與事例的篇幅，但總而言之，翁山（緬甸）、蘇卡諾（印尼）、勞雷爾（Jose P. Laurel，菲律賓）等和日軍合作的政治領袖，在大戰終結後大多仍擔任獨立運動與政界的要角。然而其具體來龍去脈相當多元且意義分歧，因此不管要做出怎樣的評價，都得充分考量各地在戰前的民族運動、社會運動、自治化政策、政治菁英形成史等，並配合日本方面的文獻與口述史料，仔細地查核檢討。另外，在日本討論緬甸與印尼等國的時候，「日本扮演了殖民地解放者的角色」這種歷史觀往往會獨領風騷。然而，必須留意的是從日本人的紀錄和回憶來看，反而會浮現高昂的東南亞殖民主義壓過日本與日本人的一面。

　　日本占領為村落層級在內的地域社會在歷史上帶來的衝擊，也是重要的論點。有許多方面都值得關注，好比在印尼就成為地域社會傳統領導力改頭換面的觸媒；在抗日游擊隊活躍的菲律賓，占領下的狀況則成為政治上的暴力活性化的契機。關於占領下的經濟危機與饑荒等，也可以根據殖民地經濟史提出疑問，依照現存的資料究竟能多大程度掌握實際的狀況？

　　日本占領東南亞，對日本、歐美、東南亞而言，分別都是在思想、文化上具有衝擊的體驗。雖然日軍動員文化人展開宣傳戰這點已經獲得關注，但包含東南亞知識分子、藝術家在內的占領文化史，以及從性別史角度來看的東南亞占領史等，還有許多幾乎無人涉足的領域。

　　如同「南方攻略作戰」這個名稱所示，在戰前幾乎沒有人使用東南亞（Southeast Asia）這個詞彙，是第二次世界大戰以後才普及起來的稱呼。為什麼戰後會形成「東南亞」這個地域概念？這個問題也是應該從日本占領與戰後日本－東南亞關係的發展之間的關連來思考的論點之一。

探究的重點

(1) 日本為什麼要占領東南亞？
(2) 第二次世界大戰後東南亞爆發的戰爭，與日本占領下的各種事件有什麼關連？

─── V　現代史的展開 ───

美國紐約的孔子像

在曼哈頓中國城的一角，豎立著一座孔子銅像，是紐約的華人在1976年為紀念美國建國200週年所建。臺座上刻著《禮記‧禮運篇》的文字，內容被認為是孔子預言會有一個讓所有人都能過上幸福日子的理想社會。這暗示著儒教的精神與美國的民族主義其實是一致的。在21世紀，這樣的理想會成為現實嗎？（吉澤誠一郎，2004年攝影）

─── ‧ 簡介 ‧ ───

經歷兩次世界大戰後，亞洲與非洲各國遭遇了各式各樣的試煉。在美蘇對立中，該採取怎樣的立場？在冷戰終結後開始流動的局勢中，又該如何達到秩序與繁榮？凡此種種都是不得不面對的課題。另外，也持續在摸索究竟該如何掌握自由、民主與和平的價值？（吉澤誠一郎）

伊斯蘭與性別

如何看待穆斯林女性的地位與主體性？　　　　阿部尚史

【關連項目：伊斯蘭與民主主義、印度社會與性別】

背景

「伊斯蘭歧視女性嗎？」這個問題不只是狹義的研究，就連新聞報導、媒體等各式各樣言論活動中，也不停有人在討論。確實，直到現在於中東、西亞等地，有一部分穆斯林多數派社會仍然可以看見強迫穿著面紗、容許一夫多妻、在離婚方面採取對女性不利的立場、極端隔離女性等現象。正因這些要素，所以從西歐近代的視角，將法律平等為首，包含政治參與、教育、就業等「女性權利與在社會上的地位」當作「文明化」基準來衡量，就往往都用批判的角度敘述伊斯蘭。在這裡大有問題的是，無視於地域差異、時代差異、社會階層差異，把單一的伊斯蘭當成前提，然後根據這種「伊斯蘭」來解釋中東地區與穆斯林多數派地區發生現象的態度。雖然這種看法在現在專精伊斯蘭、中東、非洲、東南亞等領域的學者身上已經看不太到了，但在媒體及其他領域的部分研究者身上依然根深蒂固。

論點

1. 古典的討論

伊斯蘭與女性地位的關係性，自古以來便引起眾人討論。關於伊斯蘭到來對女性地位產生的影響，大致可以分成以下論點：女性地位提升、地位低落，以及沒有發生根本的變化。這些討論顯示出有人認為可以藉由伊斯蘭來解釋有關女性地位權利諸多問題，也有人對於過度高估伊斯蘭影響抱持否定態度。比方說，有人就從與先知穆罕默德直接相關的女性事例出發，正面評價伊斯蘭早期阿拉伯女性的主體性與行動力。對此，出身埃及、在美國執教的艾哈邁德（Leila Ahmed）則考慮到中東地區在伊斯蘭到來前的文化背景，對於將伊斯蘭化當作主要關鍵來討論女性地位，抱持懷疑的態度。另一方面，包含艾哈邁德在內，眾多古典的研究在「8世紀末成立的阿拔斯王朝時期，女性的地位逐漸低落，遭到社會隔離，再也看不到她們的活躍」，這方面的理解上則達成共識（不過近年來也開始出現尋求修正這種看法的研究）。然後，想要修正這種被貶抑女性地位的趨勢是發生在近代的看法，就成為討論的潮流。

2. 從「近世史」出發的見解

所謂「近世鄂圖曼王朝史研究」，基於留存於世的龐大史料，促使人們重新思考關於伊斯蘭的刻板印象。關於女性與性別方面，1970年代開始活用稱為**伊斯蘭教法庭**[▷1]紀錄簿的史料。這樣的史料分析證實，鄂圖曼帝國治下的穆斯林女性，和男性一樣積極提出訴訟

▷1　**伊斯蘭教法庭**
又稱為沙里亞（al-Shariah）法庭。由伊斯蘭教法的法官（qadi）主宰，主要是民事訴訟與契約簽訂等公證的場所。在鄂圖曼王朝時期超越了狹義的法庭機能，在地方行政上發揮了廣泛的作用。

與權利請求,而伊斯蘭教法庭也擁護女性。皮爾斯(Leslie P. Peirce)則從國家制度史、王權論來討論鄂圖曼王室的後宮,並正面評價其積極的角色。皮爾斯指出,當時和後代的史書中,會對掌握政治權力的女性(妃子、母后、女官)採取否定的態度來記述,歸根究柢是出於當時相信政治應該為男性獨占,意圖將女性從中排除的性別意識,這點也極具啟發性。這種依據近世史脈絡的研究,不認為穆斯林女性是家父長制度下無法發聲、受到迫害的存在,反而將她們當成積極行動的主體,從政治上的活躍等諸多方面來敘述。換言之,近世史研究的成果,針對「早期具行動力的女性,在中古以降受到壓抑,直到與西洋近代邂逅才又獲得解放,重新得到主體性」這種單純化的見解,做出重大的修正提案。

3. 關於近代性　　即使是關於穆斯林女性的研究,如何討論與近代的關係,仍是一個重要的主題。塔克(Judith Tucker)是這個領域研究的先驅。她在研究聚焦在近代帶來的負面影響,指出「傳統的」伊斯蘭教法庭在女性與其他家族成員對立的時候,(在伊斯蘭教法範圍內)會傾向擁護女性。與此同時,近代化、工業化導致埃及舊有的農業、手工業衰退的結果,奪走了中下層女性的經濟力,造成她們對家族的依賴不斷提高。

伊朗出身、在美國任教的納吉馬巴迪(Afsaneh Najmabadi),特別是從民族主義與國民記憶之間的關連性,來討論近代伊朗對於男女形象、女性立場、性別規範的變化帶來的影響。她的論點雖然橫跨了異性戀的主流化、賢妻良母論的出現、祖國愛、女性解放等多方面,全都一貫重視近代性造成的深遠影響。從她的著作中也可以窺見略為樂觀看待的視線。於此,想介紹庫諾(Kenneth Cuno)關於埃及婚姻制度近代化的研究。他認為乍看之下國王是受到西洋近代影響,轉為一夫一妻制,其實要從王權繼承相關的王族內部權力結構變化來重新解釋,用諸如此類的角度來貼近複雜的實際情況。納吉馬巴迪、庫諾、塔克對於近代性的看法之所以不同,不只是因為各自討論主題的差異,也彼此使用的史料有關。相較納吉馬巴迪主要是使用近代脈絡下出現的史料(報紙、戲曲、雜誌)及圖像史料,庫諾與塔克則是一併利用近代以前就已經存在的文書史料、伊斯蘭教法學書等資料。有關近代的討論,究竟該重視延續性還是其變化,跟論者本身的立場也有關係。在這方面,即使是有關穆斯林女性的研究也不例外。此外,作者的出身與論點也脫不了關係,所以顯然有必要從與東方主義之間的關連等方面,進行更深入的討論。

探究的重點

(1) 為何穆斯林女性的社會地位與權利,會不斷成為討論的對象?

(2) 關於伊斯蘭與性別的議論,對於論者抱持的立場應該考慮到什麼程度?

伊斯蘭與民主主義

2

是誰為了什麼目的在討論？

藤波伸嘉

【關連項目：政教一元論、鄂圖曼帝國的解體、東方主義、伊斯蘭與性別】

背景

冷戰終結後，「伊斯蘭與民主主義」這個問題設定，突然變得膾炙人口。將民主主義對共產主義的「勝利」，當成宛若「歷史的終結」般大肆宣傳的時候，實際誕生的是滲透到西洋各國中對「伊斯蘭厭惡」。一方面，仍然保有冷戰以來威權主義體制的穆斯林居住地區，大多被視為沒有搭上「第三波民主化」列車的例外，另一方面將不承認國民主權與政教分離的伊斯蘭，看成是和人權、民主主義等普遍價值毫不相容的「伊斯蘭特殊論」，這種觀點也漸漸深入人心。這樣的討論認為應該要從移入的穆斯林移民手中守護民主主義，為西洋各國的排外主義提供了一個良好的藉口。

論點

1. 普遍與特殊？

▷1　**美德城邦**（virtuous city）
繼亞里斯多德之後的「第二導師」「穆斯林哲學家」的法拉比（al-Farabi），作為實踐哲學範疇之一來發展的政治論。他將美德城邦比擬為健康的身體，討論統治者為了人類的幸福，應該扮演的角色與具備的技術。

▷2　**正義圈**（Circle of Justice）
將王、法、兵、財、農等社會上的各種要素，依彼此應扮演的角色與相互作用，用圓環形式來公式化的思想。作為統治者理應實現的正義社會必要條件，描述了各個要素本質，及其應具備的均衡姿態。

▷3　**君主寶鑑**
陳述為了為社會帶來安定與秩序，統治者應熟稔之事項的書籍類型。除了描繪君主理想形象的普遍性外，也有因應時代和地域提出個別且具體的提議。是在歐亞東西部廣泛流傳的文學範疇之一。

和基督教一樣，伊斯蘭原本是一種在現世、來世都普遍讓人信服、超越一切的唯一神的正確教誨。從信徒的立場來看，不管是發自希臘的**美德城邦**[▷1]論、起源自美索不達米亞的**正義圈**[▷2]論，還是來自印度與伊朗的**君主寶鑑**[▷3]，現世中的政體論雖然會隨時代與地域不同而呈現出某種偏差，但這是所有一切都可以吸納到伊斯蘭的教誨之中。不管是協議、被統治者的同意，還是多數統治，在圍繞統治倫理與技術的學說中，當然都會占據穆斯林政治思想的一角。

至於最近膾炙人口的論點是，民主主義這種普遍價值在伊斯蘭這種特殊思想下會瀕臨危機。事實上，反對西洋風「世俗主義」的穆斯林，以及位處威權主義體制下的穆斯林居住地區都不在少數。但是，這未必就是伊斯蘭本身的問題，或是說未必能收斂到「普遍與特殊對立」的問題之中。會常常認為「特殊」伊斯蘭陣營正是問題所在，是基於西洋列強統治世界這種源自19世紀以來國際秩序的想法，在大力宣揚基督教的普遍性的同時，不得不矮化近在咫尺的「他者」伊斯蘭的結果。若是摘下這副有色眼鏡，則會看見在現代世界中浮上檯面的毋寧說是接受移民的一方所產生的排外主義，以及經常打著「民主化」名義介入的列強，放任各地作為小弟的專制國家的同盟戰略。

因此，在討論「伊斯蘭與民主主義是否有可能兼顧」之前，首先應該要做的是考察近現代的「民主主義」在各個時刻的國際秩序下，究竟是如何、依循誰的利益來規範？

2. 國際秩序與民主主義

在歷史上，正面評價多數統治的時期並不多。相反地，傳統上一般追尋的是建立起一種設法抑制眾愚弊害的混合政體。即便是「漫長19世紀」的西洋各國，追求民主主義本身的勢力也占少數，一般傾向的都是自由主義與立憲主義。而這種情況就支撐起了在歐洲域外的帝國主義與殖民主義。那麼，對於事實上置於這種殖民地統治下的眾多穆斯林而言，「人民的統治」這個題目，究竟有多大程度的意義？不如說，為穆斯林民主主義實踐留下禍根的正是這個時代列強恣意從外部劃定的國界線。設定「人民」的範圍是民主政治的先決問題，如果這個範圍是透過主權國家的存在來劃定，那麼對大多數穆斯林而言，國境不過是殖民統治的殘渣罷了。

戰間期，伴隨大眾政治的到來，各地紛紛開始鼓吹「新的」民主政治，藉此超越和克服「古老的」自由主義與立憲主義。對此抱持否定姿態的冷戰期間，出現了兩個對立陣營之間的「民主主義」競爭。只是，不管是理應作為反共基礎的「基督教民主主義」也好，還是設法對抗帝國主義的「人民民主主義」也好，實際上都是在超級大國的桎梏下，屢屢制約「人民」發動主權意志的形態才得以成立。冷戰終結後，西洋各國中基於民眾喝采的民粹主義日益蔓延，可以說是過去為西方陣營帶來自我制約的國際秩序變質下，幾乎不可避免的結局。

正因如此，顯然有必要重新質問「『政教分離』與『世俗主義』是（西方）基督教與民主主義得以兼顧的關鍵」這種神話。在20世紀初期的時間點，最能實現穆斯林立憲主義政治參與的是鄂圖曼與俄羅斯這兩個「東方」帝國。而這樣的傳統創造了一種與西洋各國相異的環境，後者在20世紀下半葉整合（不請自來的）移民難民形式下，讓穆斯林法制成為爭論的焦點。

3. 制度與實踐

故此，冷戰終結後，西方陣營主張的民主主義形象，儘管宛若唯一絕對的普遍價值受到討論，但沒有必要將其當成超越歷史的真實來照單全收。不去考察歷史上存立條件，就把冷戰後實在的「民主主義」特定形態當成先驗的善，這樣的立場從信條上來說和宣告伊斯蘭優越性的護教論，其實並沒有什麼不同。不管伊斯蘭也好、還是民主主義也好，都是在歷史上極為多樣且多元的存在。對於歷史學家而言，教條式去討論這種特定形態的現狀，不如立足於各自的歷史背景，以依循具體法律制度的形式來考察其存立條件，才是有所建樹的做法。

探究的重點

(1) 為什麼會認為伊斯蘭與民主主義這個問題設定是必要的？

(2) 在歷史上是用怎樣的形式來認識民主主義這個概念？

巴勒斯坦問題

③

如何來記述納克巴？

錦田愛子

【關連項目：鄂圖曼帝國的解體、「阿拉伯之春」以降的中東】

背景

1948年5月14日，緊接在英國宣告結束對巴勒斯坦的託管之後，以色列發表了獨立宣言。隔天，反對以色列獨立的埃及、敘利亞、伊拉克、外約旦（Transjordan）、黎巴嫩等周邊阿拉伯國家，向以色列宣戰，並展開攻擊，就此爆發了第一次以阿戰爭（1948年戰爭）於焉爆發。戰鬥在以色列擁有優勢的情況下告終，到1949年2月停戰為止，以色列軍隊軍事占領的土地，遠比1947年11月聯合國大會中，巴勒斯坦分割決議（第181號決議）中決定的範圍大上許多，幾乎占了原本巴勒斯坦託管領土的8成。居住在這些土地上的穆斯林與信奉基督教的阿拉伯人，大多都被趕出故鄉，成為巴勒斯坦難民。這起事件在阿拉伯語中稱為「納克巴」（nakba，災難）。在這之後，阿拉伯與以色列的和平仍遙遙無期，而一個又一個世代的巴勒斯坦難民也看不到任何能夠回歸的跡象。

論點

1.「新史家」論爭

第一次以阿戰爭中爆發了怎樣的戰鬥、當時號稱超過75萬人的巴勒斯坦難民又是如何產生？這些和以色列的戰爭責任與戰後賠償問題重疊在一起，成為重要的論點。話雖如此，以色列的歷史學界是從1980年代後半起，才開始認真談論這些問題。以色列的猶太人歷史學家之間，藉著戰後30年解密的公文為基礎，開始撰寫新的建國史。這場以「新史家」論爭聞名的爭論，在日本也因為臼杵陽的介紹而為人所知。

在此之前的以色列為了提升建國的正當性，總是在缺少加害者的視角下來記述歷史。他們對於化為難民的阿拉伯人，解釋成「是在阿拉伯領袖的指示下，自發避難的結果」。對於這種說法，「新史家」則是基於史料進行反駁。主要討論者之一的莫里斯（Benny Morris）指出，猶太陣營的軍事組織在戰鬥過程中，確實有出現屠殺與掠奪等非人道的行為。帕佩（Ilan Pappé）稱之為族群清洗，並指出在當時的錫安主義領導階層之間，存在著排除阿拉伯人的「D（Dalet，達雷特）計畫」。只是這些原本嘗試客觀來記述史實的討論，漸漸染上了周遭的政治色彩。

2. 後錫安主義論與其後發展

與重新思考歷史敘述同時並進的動向，是再次對**錫安主義**[◁1]進行批判性思考。這種盛行於1990年代的討論，以「後錫安主義」（Post-Zionism）論而著稱。後錫安主義者認為否定建國之初被占領的巴勒斯坦方的敘事，並且意圖建構猶太人中心的均一社會的以色列支

▷1　**錫安主義**
為了逃離在西歐社會的宗教迫害，否定猶太教徒的離散狀況，積極推動移居到巴勒斯坦來建立起猶太人的國家，是始於19世紀末的猶太民族主義運動。

配性論述，都是「殖民主義」。吉姆林（Baruch Kimmerling）等論者，批判了和國家高舉的「民主國家」性格毫不相稱的以色列現狀，並尋求更多元的社會樣貌。但是這種後錫安主義的主張，被以色列主流社會當成「反錫安主義」，遭到了嚴厲批判。

　　始自1993年《奧斯陸協議》的和平交涉失敗後，以色列國內右派和左派之間的討論出現了深深的裂痕。開始全面批判錫安主義的帕佩，將自己遭到以色列學界放逐，轉往英國艾克塞特大學（University of Exeter）任教的經驗，彙整成2010年的著作《跳脫框架》（*Out of the Frame*）。同為「新史家」的施萊姆（Avi Shlaim）則因為主張「承認以色列國家在**1967年以前國界線**內側（即第一次以阿戰爭的占領地）的正當性」，而受到了容忍。這樣的發展讓論爭除了學問討論的嚴謹之外，還有是如何去評價錫安主義這種現代版「踏繪」的作用。在政治影響力薄弱的左派中，後錫安主義論將與BDS等一同綿延下去。

3. 納克巴檔案

　　關於納克巴，巴勒斯坦方面相當熱中於編纂記錄難民自身聲音的檔案。作為早期的嘗試，賽義格（Rosemary Savign）描繪了離散到鄰國黎巴嫩的巴勒斯坦難民，他們重建生活與組織抵抗運動的模樣；哈利迪（Walid Khalidi）著名的圖像巨作《所有倖存之物》（*All that remains*）則記錄占領下遭到破壞的村鎮歷史。馬薩哈（Nur Masalha）以史家身分，彙整了難民的口述歷史。這些都不是只基於官方文書的政治史，而是在重視民眾記憶價值的社會史發達為背景之下產生的動向。

　　但問題是並沒有統一的形式在推動這種檔案化，就止於在各地零星收集紀錄。在巴勒斯坦自治區的約旦河西岸地區，比爾宰特大學（Birzeit University）的研究所發表了專書，討論了以色列建國時遭破壞的巴勒斯坦人村落。正如金城美幸所言，這是巴勒斯坦方面口述歷史的開創性研究。話雖如此，在同一時期也出現了黎巴嫩的NGO組織「AL-JANA」，並發行了同一種類的紀錄，而這些紀錄與活動之間完全看不見任何合作與協力的跡象。在政治上遭到割裂、彼此移動困難的巴勒斯坦自治區與黎巴嫩等地區之間，自然在溝通上會有困難。但是，在直接得知納克巴的世代逐漸凋零的情況下，基於一定的基準和樣式來試著統一記錄、收集和保存相關記憶，就記錄歷史而言是相當重要的作業。

▷2　**1967年以前國界線**
第一次以阿戰爭的停戰線，也稱為「綠線」（Green Line）。直到第三次以阿戰爭（1967年）爆發為止，都是以色列占領地與約旦河西岸地區及迦薩地區之間的國界線。

▷3　**BDS**
取「Boycott, Divestment, and Sanctions」（抵制、撤資、制裁）的第1個字母來命名的抵制以色列運動。呼籲拒買違反國際法、在占領地建設的猶太人殖民地所生產的製品，是在國際間廣泛流傳開來的公民運動。

探究的重點

(1) 關於以色列建國史的記述，作為歷史學能多大程度與政治分離？

(2) 統一去編纂離散難民相關的檔案，存在著哪些課題？

「阿拉伯之春」以降的中東

④ 宗派對立為何會擴大？

山尾大

【關連項目：伊斯蘭與民主主義、巴勒斯坦問題】

背　景

2011年所謂的「阿拉伯之春」以降，伊斯蘭遜尼派與什葉派之間的宗派對立，便成為中東政治中最嚴峻的問題之一。宗派與奠基於此的鬥爭成為關注焦點，雖然可以回溯到1979年的伊朗革命，但實際發展成對立要等到2003年以美軍為中心展開的伊拉克入侵（**伊拉克戰爭**^{▷1}）以後。在這場戰爭後的伊拉克，宗派集團間的對立演變成暴力衝突，更爆發了淒慘的內戰。此外，在「阿拉伯之春」後勢力擴大的伊斯蘭國（IS）宣判什葉派為異端，主張要殺害他們，更是為宗派對立火上加油。結果，在什葉派阿拉維派（Alawites）政權與遜尼派為中心的反體制相互對立的敘利亞，以及什葉派胡希派（Houthi）與遜尼派為中心的政府出現對立的葉門等地，視為宗派對立的衝突逐漸擴大。加速這種對立的是代表遜尼派的沙烏地阿拉伯與代表什葉派的伊朗之間的角力。為什麼宗派對立會在這個時期出現並蔓延開來？

論　點

1. 本質主義上的解釋

往往在這方面的討論可以看到的解釋是「宗派之間的差異本身，就是衝突發生的原因」。戰後的伊拉克讓這種討論變得有更廣泛的說服力，而為眾人接受。長年受到海珊率領的強權政權壓抑的宗派對立，在政權瓦解的同時一舉爆發開來。這樣的討論就是產生出「中東政治可以用宗派對立來解釋」之認識的原因，就算是想從宗派差異找出衝突原因這點來看，也是相當極端的主張。事實上，宗派差異不見得會直接連結到對立與衝突，同樣地即使在同一宗派內，也會產生出許多劇烈的分歧，絕非堅若磐石。歸根究柢，圍繞在宗派間的教義及其解釋的正統性，就不必然會出現對立。確實，不可否認宗派集團之間存在著對立，但從「宗派差異」去尋求其關鍵因素，往往只會有損於對現實的理解。

2. 政治煽動的宗派對立

與此相反的解釋是「宗派對立是政治利用宗派後產生的結果」。可以說區別在於一個將宗派當成原因，另一個將其當成結果。政治家和政黨等重要參與者，為了自身的政治目的，把宗派當成道具來利用，這樣的例子屢見不鮮。在伊拉克，建立新國家的過程中圍繞利權的角力，以及選舉動員方面都利用了宗派。在黎巴嫩也是一樣，在衝突後的利權爭奪與選舉場域上，宗派都是能有效動員的道具。

這種現象不只出現在衝突或內政方面的動員和利權爭奪。宗派在外交政策

▷1　伊拉克戰爭
2003年3月20日，由美、英、澳、波蘭對伊拉克發動的軍事入侵，代號為「伊拉克自由」作戰。這場在沒有獲得聯合國安理會承認下擅自發動、缺乏正當性的戰爭，雖然戰鬥本身在短時間內就宣告結束，但之後的國家建設方面發生許多衝突。

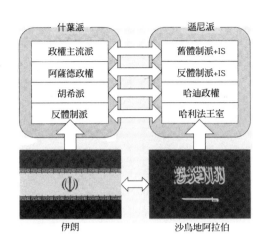

「阿拉伯之春」後中東國際關係所呈現的宗派對立

與地域上的國際政治方面也扮演了主要的角色。特別是在「阿拉伯之春」以降，沙烏地阿拉別與伊朗為競逐中東霸權而益發激烈的角力中，能清楚看到這一點。在「阿拉伯之春」以降陷入內戰的敘利亞，伊朗支持阿薩德（al-Assad）政權，與遜尼派為中心的 IS 及反體制派作戰。在伊拉克也是一樣，掃蕩敵視什葉派的 IS 時，伊朗也支援了什葉派民兵組織（後來成為官方組織）。至於葉門也同樣如此，向前遜尼派政權掀起反旗的胡希派，背後也有伊朗在撐腰。這種鄰近各國介入所煽動的國內宗派對立，反過來也讓地域政治本身走向宗派對立化。這種地緣政治學上的要素也促進了宗派對立。

3. 什麼場合會讓宗派主義走到幕前？

將宗派對立看成結果的說法，看起來似乎是恰如其分地掌握了現實。話雖如此，宗派在屢屢發生的利權爭奪與選民動員，乃至於國際政治與中東地區霸權的角逐上，為何會扮演起極為重大的角色呢？關於這一點，只將宗派解釋成動員與外交的道具，缺乏了說服力。在黎巴嫩和伊拉克這樣的地區，宗派是隨所有人們生活的地域、社會、文化等規範出來的認同，至今仍然無法取代。正因如此，宗派的動員力在重要局面才會如此有用。然而，宗派認同並非經常維持不變，在如何動員方面也是可變的，常常會發生變化，隨著政治、社會、經濟狀況而有很大差異。

因此，該提出的問題是在怎樣的條件下，宗派在政治、社會、經濟上的重要性會擴大？透過探究這種時機和契機來討論宗派主義出現模式的研究，從分析民調收集來的微觀數據出發，闡明宗派主義在選舉期間與前後選舉之間的波動等，目前正蓄勢待發。

探究的重點

(1) 宗派對立的原因與結果為何？

(2) 宗派主義在怎樣的場合會變得重要起來？

庫德人

5

為何會產生民族問題？

齋藤久美子

【關連項目：近世伊斯蘭國家、鄂圖曼帝國的解體】

背　景

　　庫德人問題，因為是和土耳其、敘利亞、伊拉克、伊朗等現代國家有關的重要民族問題而為人所知。但是，這個問題以現在這種形式浮現，是在近代以降，甚至可以說是邁入20世紀才開始。到底為什麼這個問題會在20世紀出現呢？其中一個思考這個問題的有用方法，就是從歷史的角度去理解周邊地區國家對庫德的認識及政策，及作為其背景的國家自身樣貌。

論　點

1. 近世以前的庫德認識

　　首先，庫德系人們（這裡指的是認為是後來庫德人的祖先、說**庫德語**的人們），原本是居住在伊拉克北部到伊朗西北部的山岳地區。他們在11～12世紀開始入侵位於安納托利亞東南部、當時住著許多亞美尼亞系人的凡湖（Van）一帶，之後安納托利亞東南部也慢慢變成了庫德系人們居住的地區。對於在山岳地區過著遊牧生活、不時以掠奪為生的庫德系人們，周邊地區的人們與國家，為他們冠上了帶有「居住在山上的不馴之民」這種弦外之音的「庫德」認識。

　　上述有許多庫德系人們居住的地區，不知不覺間被稱為「庫德斯坦」（Kurdistan）。沒有辦法確定這個稱呼是什麼時候出現，但是到16世紀，現在伊拉克北部、伊朗西北部、土耳其東南部、敘利亞東北部一帶，住著許多說庫德語的「庫德」的地方，就已經被認為是「庫德斯坦」。當然，其他集團對庫德與庫德斯坦的認識，也會影響到庫德系人們的自我認識。

2. 近世帝國的統治與庫德認識

　　到入近世以後，「庫德既不屬於波斯、也不屬於突厥」這種意識，也出現在庫德系的人們之間。庫德系的人們最早提及「庫德」，是在16世紀末由庫德系領主沙拉夫汗（Sharafkhan）所寫的《榮譽之書》（*Sharafnama*）。沙拉夫汗在這本書裡將住在定義上「庫德斯坦」的集團，當成「庫德」。17世紀末，詩人哈尼（Aḥmad Khānī）也展現了說庫德語的「庫德」集團意識。兩人都是為了提及與其他集團之間相異的認同，所以才使用「庫德」這個詞彙，但被認為是庫德的集團，不管在政治還是文化上，其實都不見得具有一體性。

　　以上的情況，其實與鄂圖曼王朝與薩法維王朝有所關連，當時這兩個帝國作為一元領域國家的性格愈來愈強烈，而且不斷發生圍繞「庫德斯坦」所有權的爭執。事實上，雙方針對庫德系人們採取的政策都達到了前所未見的水準。

▷1　**庫德語**
屬於印歐語系伊朗語支的語言，大致可以分成3種方言：北部方言（Kurmancî）、中央方言（Sorani）、南部方言。說不同方言的人之間要溝通意思相當困難，屬於方言差距甚大的語言。

比方說鄂圖曼帝國，為了順利進行地方統治，基本上保留了原有的社會結構（包含庫德系領主在內），不過同時也透過各種手段來重整地域秩序，例如：更換領主的配置、介入領主家族的內部糾紛，以及分割有力領主的土地等。另外，眾所周知的是鄂圖曼王朝和薩法維王朝為了促進庫德系等遊牧民定居化，以及防衛邊境的目的，而推動了庫德系部族民的集團移居。

3. **圍繞著近代「鄉土」的衝突與庫德認識**　　近代以降，特別是在鄂圖曼王朝走向衰弱的時候，「庫德斯坦」是哪個「民族」「固有」的「鄉土」這個問題慢慢浮上檯面。這與民族國家、領域國家的模型固定下來有關。若是聚焦於鄂圖曼王朝下的狀況，「庫德」在很長的時間裡都是構成帝國臣民的一部分，而「庫德斯坦」也是鄂圖曼領土的一部分。可是，第一次世界大戰後，鄂圖曼帝國的瓦解或是分裂已然不可避免，各個集團之間以民族為單位來建設國家的政治運動也正加速進行，因而**庫德民族主義運動**◁2就變得更為激進。於是，這群人想以「庫德斯坦」為中心建立國家的摸索，成為威脅之後在這個地區建立的民族國家，其領域統一的問題。從土耳其的例子可以看到過去作為帝國原理的鄂圖曼主義，以及基於宗教觀念的穆斯林共同體等思考方式都出現破綻，轉而形成「土耳其人」對「庫德人」的構圖。當思考現代世界真的將庫德人問題視為「問題」的背景時，如同這裡所嘗試的方法，必須將該地區的國家權力樣貌等更廣泛的問題納入視野當中。

▷2　**庫德民族主義運動**
從最初就分成追求獨立建國，以及尋求自治的團體，並沒有發展成統一的政治運動。至今依然是在複數國家內活動，雖然彼此之間相互有影響，要實現單一的「庫德」還是相當困難。

探究的重點

(1)「庫德人」究竟在怎樣的意義上算是一個「民族」？試著從語言、宗教、生活樣式等方面來思考。

(2) 在您關心的其他地區，也能看到類似庫德人身上發生的事情嗎？

種族隔離

為何會採取極端的種族隔離體制？

永 原 陽 子

【關連項目：大英帝國下的南非、非洲殖民地統治與勞動遷徙、去殖民化下的非洲】

背 景

南非的殖民地化是從17世紀中葉荷蘭東印度公司相關人士定居下來開始。英國在邁入19世紀以後展開殖民，歷經1899～1902年的南非戰爭，於1910年建立了作為大英帝國自治領的南非聯邦。從這時候起，逐步推動關於勞動與居住的種族隔離。在第二次世界大戰之後，發展為全面的種族隔離體制「Apartheid」，否定了被分類在「白人」以外的所有人在政治、經濟、社會上的權利。在非洲幾乎所有殖民地都獲得獨立的時期，南非將種族歧視體制推行到極致，要到1990年代才終於走向瓦解。

論 點

1. 種族主義

直到1970年代左右為止，南非的實證史學（自由派史學）都從「種族」的觀點來解釋種族隔離政策。簡單來說，他們的理解是「以農業部門為基礎來開拓殖民地的**阿非利卡人**[1]，在征服的前線（邊疆）中，產生出對非洲人（黑人）的種族歧視意識，進而誕生種族隔離政策」。與此同時，強調以礦業為中心、作為近代產業部門推手的英裔殖民者具有「自由派」的性格。按照這種看法，由於資本主義經濟沒有獲得充分發展，阻礙了自由主義的貫徹，才會容許阿非利卡人的種族主義

自由派史觀雖然批判了阿非利卡人將自己描繪成英國帝國主義「犧牲者」的形象（民族主義史學），但雙方都重視兩個白人集團之間的對立。不過，也有自由派史學的研究注意到了英國殖民地主義中的種族主義，關注兩個白人集團統治下的非洲人社會實際的狀況。

2. 礦山革命與階級

邁入1970年代後，學習歐美史學的新潮流與新馬克思主義（Neo-Marxism）理論的年輕世代歷史學家，開始指出關注「種族」根基的「階級」之重要性，並批判自由派史學。根據這種稱為「修正主義」或「激進派史學」的立場，金礦業在19世紀末**礦山革命**[2]後成為經濟的中心，需要大量且薪資極度低廉的勞動力，這個具體情況產生了將非洲人隔離在僅勉強餬口的**居留地（黑人家園）**[3]，再逼迫他們前往礦山賺錢的體系。這種出外賺錢的勞動體系，和仰賴半奴隸式勞動的農業部門之間，建立起互補的關係，推進了經濟的資本主義化。因此，南非獨有的資本主義發展與種族主義密不可分。

從這個觀點來看，不僅是南非，現今的莫三比克、辛巴威、納米比亞

▷1　**阿非利卡人**
在荷蘭東印度公司統治之下（17世紀中葉到18世紀末）前來殖民的人們，英國人蔑稱他們為「布耳人」（意為「農民」）。但19世紀末以降，他們用語言作為團結的手段逐漸提高身為「阿非利卡人」的民族意識。

▷2　**礦山革命**（Mineral Revolution）
隨著1860年代後半發現鑽石礦、1880年代中期發現金礦，南非迅速推動工業化，整體社會經濟也以礦山為中心改頭換面。發現金礦的地帶稱為「蘭德」（Rand，Witwatersrand的簡稱）。

（Namibia）為首的鄰近南部非洲地區，作為輸出外出賺錢勞動者的地方，被納入了南非金礦地帶蘭德為中心的共通經濟結構之中。於此，也誕生了超越殖民地與帝國的框架，用「南部非洲地域史」來理解歷史的方法。

3. 社會史上的事實

直到今日，一般通論上的理解仍認為種族隔離政策是一個與「種族」和「階級」密不可分的架構，但是繼承激進派史學的研究對象和方法，與當初相比出現了很大的變化。早期的激進派史學有很強烈的傾向，將關心集中圍繞「種族」和「階級」關係的理論分析上，對於南非的經濟結構也一味從金礦業來解釋。相對於此，聚焦在其他各種產業部門的勞動者、農民、黑人家園居民、都市下層民眾、無名小卒與個人具體經驗上的社會史研究，現在則變得相當盛行。此外，也有研究設法掌握種族、族群集團內部的多樣性與矛盾，來探究被視為種族隔離統治基礎單位的集團，其建立的來龍去脈。推進上述發展的動力，能舉出1980年代以金山大學（University of the Witwatersrand）為據點舉辦的「歷史工作坊」（History Workshop）這個活動為例子。這個潮流除了「種族」和「階級」之外，自然而然也聚焦在「性別」這個關鍵因素上，從更多元的面向來描繪種族隔離的結構。比方說，從性別的角度來理解南非社會通過殖民地主義與種族隔離，在什麼時期發生了什麼變化，又有哪些維持不變的時候，就會產生很大的不同。

4. 國際關係

不管是重視「種族」還是「階級」，主要關心的對象都是國內的社會經濟，相對於此，也能從國際上的觀點來理解種族隔離。在殖民地獨立成為世界史新頁的時代中，種族隔離正式展開的背景則是冷戰的時代。南非作為反共產主義堡壘，透過武力干涉周邊各國，並且在以色列的協助下引進核子武器等問題，都是冷戰脈絡下的產物。這個觀點在思考1990年代初種族隔離體制瓦解的理由，能夠提供許多的啟示。

▷3　居留地（黑人家園，Homeland）：
1913年的「原住民土地法」，規定「原住民」可以買賣的土地，只有占全部領土1成左右的居留地。「原住民居留地」在種族隔離時代，發展成各個族群集團的「家園」，並作為全面的隔離制度徹底實施。

探究的重點

(1) 南非為何會由國家建構起極端的種族隔離體制，而且還一路持續到20世紀末為止？
(2) 南非的種族隔離體制，在非洲大陸的歷史中具有怎樣的意義？
(3) 種族隔離體制是怎樣瓦解的？

去殖民化下的非洲

英國為何撤退？

7

前川一郎

【關連項目：大英帝國下的南非、法國的非洲統治、種族隔離】

背景

　　撒哈拉以南非洲的英屬殖民地，在20世紀下半葉陸續獨立。從奴隸貿易的時代到帝國主義的時代，非洲為英國帶來了莫大的經濟利益。正因為如此，儘管第二次世界大戰後，世界上爭取獨立的聲勢日益高漲，英國也沒有立刻放開非洲。

　　然而，1957年迦納獨立為嚆矢，非洲的大英帝國在僅僅10年左右的時間就宣告瓦解。1960年是奈及利亞與索馬利蘭、1961年是獅子山與坦噶尼喀（Tanganyika）、1962年是烏干達、1963年是肯亞與桑吉巴、1964年是馬拉威與尚比亞，然後是坦尚尼亞（坦噶尼喀與桑吉巴合併）、1965年是甘比亞、1966年是波札那（Botswana）與賴索托、1968年是史瓦帝尼，各自達成獨立。另一方面，位在北非的埃及雖然早在1922年就已經獨立，但之後仍處於英國的強力影響之下，並與鄰國蘇丹進行共同統治。蘇丹也在**蘇伊士運河危機**[1]爆發的1956年宣告獨立。之後在1980年，冠上**羅茲**[2]之名的羅德西亞**共和國**[3]（1965年後實質上由白人政權統治），歷經迂迴曲折，終於宣布以辛巴威之名建國。至此，英國花費超過1世紀在非洲打造的殖民地帝國，其漫長的歷史就此劃上休止符。

論點

1. 促使非洲英屬殖民地獨立的複合因素

　　為什麼英國會在1960年代從非洲撤退？關於第二次世界大戰後帝國加速解體的趨勢，過去常歸因於英國流露出的自由主義等理由。在歷史研究中則主要分成以下立場來討論：①「本國因素論」主張英國的政策負責人放棄了失去經濟、戰略上角色的殖民地②「國際因素論」，認為英國在戰後國際秩序中喪失權威，帝國解體乃是必然③「周邊因素論」，重視殖民地獨立鬥爭的意義。對於非洲英屬殖民地的獨立，也大多是從以上立場來解釋。當然，舊殖民地會把重點放在③，英國則會看重①的立場，因此帝國解體的討論，常常會變成充滿火藥味的論爭。

　　但是，就如英國歷史學家達爾文（John Darwin）所指出，不管哪一種因素都留有反證的餘地，因此去殖民化，始終是一個主要的研究主題。最近，拜同時代官方文書陸續公開之賜，也持續從複合因素的立場來多方解析去殖民化的實際情況。

2. 發現在殖民地的獨立中擴張「非正式帝國」的英國

　　殖民地的獨立，伴隨的是嚴酷的政治對立與社會混亂。在肯亞獨立鬥爭中，當局對「茅

▷1　**蘇伊士運河危機**
第二次以阿戰爭。1956年，英、法、以色列三國共同入侵埃及，但面對美國主導的聯合國停戰決議案後就撤出埃及。

▷2　**羅茲**（Cecil John Rhodes）
南非開普敦殖民地的首相（1890～1896年在位），推進大英帝國在非洲擴張的政治家。將南部非洲各地納入英屬殖民地，並建設了羅德西亞（現在的尚比亞、辛巴威等）。

▷3　**共和國**
獨立後的各國，現在除了賴索托王國與史瓦濟尼王國（2018年以前稱為史瓦濟蘭王國）之外，都採用共和制（一部分是聯邦或聯合共和國）。

茅」鬥士的拷問與屠殺，不過是其中一例。但儘管如此，英國的去殖民化，和法國、葡萄牙的情況相比，一般說來混亂還算比較少。為什麼會這樣認為呢？

理由之一，可以從大英帝國本身歷史本身去探究。近年的研究認為帝國力量的泉源，是規定國際經濟秩序與國際規範等的全球性力量。雖然擁有殖民地是支撐這股力量的因素，但並非其泉源。英國的威信是來自在貿易和金融面上有壓倒性影響力的「**非正式帝國**」。舊英屬各國在獨立後也都加盟**大英國協**來接受開發上的援助，在英國的角度看來，這不過是將舊殖民地化為「非正式帝國」的一部分罷了。在盡可能維持「非正式帝國」的情況下，放掉所費不貲的「正式帝國」，反而是英國期望的結果。英國從非洲撤退的背後有一種獨特的統治邏輯在運作，將獨立和擴大「非正式帝國」這件事情結合在一起（稱為「去殖民化的帝國主義」）。

值得注意的是，這種「去殖民化的帝國主義」有20世紀下半葉的霸權國家美國從旁協助。已經無法單獨行使全球性力量的英國，絞盡腦汁去強化和為了從全球冷戰中勝出、重視西方同盟的美國之間的關係。不能夠忽略非洲的去殖民化，就是在這種全球性的歷史脈絡下進行。

3. 作為收割資源的沃土持續遭到剝削的非洲

不過，英國的「非正式帝國」就歷史上來說，主要是指南美、中國（清朝）還有中東。對英國而言，非洲的經濟價值除了奴隸貿易時代以外，實際上寥寥無幾。唯一的例外是第二次世界大戰之後的戰後復興期，英國在這個時期肆無忌憚地剝削非洲。英國除了開發原物料與食材等殖民地物產，為本國的經濟復興派上用場以外，也輸出到美元圈來瞄準外匯。1960年代，隨著戰後復興期告終，殖民地物產的國際價格一落千丈，開發殖民地的意義遭到懷疑，於是英國對非洲的援助也慢慢縮水。儘管如此，包含民間參與在內，英國仍然或明或暗地深深介入非洲的經濟。

非洲不管在獨立前後，都是作為收割資源的沃土持續遭到剝削。關於這方面的意義，有必要試著從世界史的視野來思考。說得更明確一點，不管是「去殖民化的帝國主義」還是「**新殖民主義**」，英國在這當中都發揮了不小的作用。

▷4　**茅茅**（Mau Mau）
在英國對肯亞的殖民統治中被趕出土地的非洲原住民，其中很多人被稱為「吉庫尤人」（Kikuyu）。以這些人為中心組織起來的反殖民運動，通稱為「茅茅」。

▷5　**非正式帝國**
（Informal Empire）
由英國歷史學家蓋勒格與羅賓遜（John Gallagher and Ronald Robinson）所提倡的概念。雖然不是正式殖民地，卻如同19世紀南美各國、中東、清朝等，在政治和經濟上從屬於英國的地區。

▷6　**大英國協**
除英國外，由加拿大和澳洲等「自治領」（白人自治殖民地）組成的大英國協（British Commonwealth of Nations），在1944年以降改稱「國協」（Commonwealth），對英國的向心力也明顯減弱。

▷7　**新殖民主義**
（Neocolonialism）
即使達到憲政獨立，舊殖民地依然受到舊宗主國在政治、經濟方面有形和無形的統治，為批判這種狀態的用語。

探究的重點

(1) 能夠從怎樣的觀點來說明非洲英屬殖民地的獨立？

(2) 大英帝國的邏輯對非洲的去殖民化產生了怎樣的影響？

現代非洲的衝突

⑧ 國際社會能有效干預嗎？　　　　　　　　　　　　　武內進一

【關連項目：無文字社會的歷史、去殖民化下的非洲】

背　景

　　非洲各國雖然就總體來說，自1960年代以降陸續獨立，但武力衝突漸漸變成嚴重的問題。這些幾乎都是國內衝突，1960年代從分離獨立運動演變成內戰的剛果民主共和國與奈及利亞，1970～1980年代受東西冷戰影響激化的安哥拉與莫三比克，還有獨立之後就持續內戰，最後南部分離獨立出去的蘇丹，各種例子不勝枚舉。冷戰終結後，國際社會積極介入地域衝突，光是在非洲，大規模的**聯合國維和部隊（PKO）**[1]就頻繁進駐剛果民主共和國東部、獅子山、索馬利亞、達佛地區（Darfur，蘇丹）、賴比瑞亞等。但實際成效卻眾說紛紜。近年來，認為「為了建立和平，解決地方層級的衝突也相當重要」的認識，也逐漸提高。

論　點

1. 圍繞國家的問題

　　非洲的衝突，常常動不動就當成「部族對立」下的產物來思考。在一場衝突裡，族群之間的對立變得明顯，人們也因此動員起來，而隸屬特定族群集團的人們只因為族群不同就相互殺戮，這種事情在現實中不斷上演。1994年在盧安達發生的圖西族大屠殺，就是其中極端的例子。

　　但是，並非因為族群差異而引發對立和衝突，而是族群差異在衝突中被訴諸政治，成為動員的手段，這才是正確的思考方式。包含盧安達在內，1990年代發生在非洲的國內衝突，大多是圍繞著「由誰掌握國家權力」展開的鬥爭。非洲的族群集團受到殖民地政策的強烈影響，甚至有些在這個時期才被創造出來。歐洲列強恣意分割下誕生的國家，本身從結構來看就蘊含著統治上的困難，而這正是非洲發生衝突的主因。

2. 衝突的性質變化

　　在2000年以降的非洲，可以觀察到衝突的性質變化。目標是奪取國家權力的激烈內戰減少，但與此同時，地方武裝勢力引發的**低強度衝突**[2]則不斷增加，在橫跨馬利、布吉納法索、尼日、奈及利亞北部等的**薩赫爾地區**[3]，以及剛果民主共和國東部、索馬利亞、中非，這樣的衝突持續了很長一段時間。

　　這種變化可以想成是許多因素組成的結果。隨著國際社會干預非洲的衝突，中央政府方面姑且獲得了穩定，但政府的統治能力相當有限，無法確保國家邊緣地帶仍能保持政治上的安定。另外，由於人口急遽增加與農業生產力停

滯，圍繞土地和水的地方衝突在農村地帶也愈來愈激烈。不僅如此，也有持續在衝突中尋求利益的集團，如薩赫爾地區的伊斯蘭激進主義勢力，與剛果民主共和國東部利用**衝突礦產**的勢力等，更容易讓低強度衝突發展成長期的衝突。

　　近年的非洲各國在新自由主義政策下，分成以外資流入為契機、達到高度經濟成長的國家，以及在治安層面堪憂、無緣享受成長果實的國家。後者（特別是在國家的邊陲地區）在地方上的低強度衝突有繼續延燒的傾向。

3. 國際社會的對應　　以1992年的聯合國秘書長報告《**和平議程**》為契機，聯合國開始積極解決地域衝突。在同時期爆發多起嚴重衝突的非洲，聯合國展開了為數眾多的維和活動（PKO）。不只是聯合國，非洲聯盟（AU）也積極展開維和活動，還有西非國家經濟共同體（ECOWAS）這類準地域機構軍事介入的例子。另外，高喊制止衝突的法國也軍事介入了西非薩赫爾地區與中非。非洲方面的特徵之一就是為了解決衝突，會有許多行動者介入干涉。

　　國際社會干涉的結果，其實眾說紛紜。談到1990年代展開的聯合國維和行動，初期的索馬利亞與盧安達明顯是失敗的例子，但賴比瑞亞與獅子山的維和行動可以說為建立和平貢獻良多。另一方面，近年來在剛果民主共和國東部與薩赫爾地區的干涉，則沒能有效達成解決衝突的目標。在這些地區，社會上不斷蔓延著圍繞土地所有與謀生手段（農業、畜牧）的緊張，導致衝突的因素層層疊疊交錯在一起。從近期衝突的例子顯示，想要在宏觀層面達到和平，緩解地方層級的緊張關係與解決衝突，都是不可或缺的。

▷4　**衝突礦產**（Conflict Minerals）
在非洲埋藏了許多稀有資源，每當發生衝突，武裝勢力就會利用這些資源來調度軍事資金，因此這些資源就稱為「衝突礦產」。獅子山內戰中的鑽石、剛果民主共和國內戰中的鉭與黃金都是著名的例子。

▷5　《**和平議程**》（An Agenda for Peace）
1992年時任聯合國秘書長包特羅斯－蓋里（Boutros Boutros-Ghali）向安理會提出的報告書。強調伴隨冷戰的終結，聯合國在解決衝突上扮演的角色愈來愈重要，可以說是讓建立和平的概念擴散開來的契機之一。

探究的重點

(1)在非洲，有哪些因素會導致衝突？

(2)衝突的特徵隨著時代的不同，會產生怎樣的變化？

(3)國際社會針對非洲的衝突，做了哪些干預？

印巴分離獨立

9

分離獨立在南亞史中的意義為何？

粟屋利江

【關連項目：甘地、印度社會與性別】

▷1　哈里發‧不合作運動

在甘地指導下，最早展開的全印度反英非暴力運動。想保全第一次世界大戰敗北的鄂圖曼帝國領土，以及哈里發地位的穆斯林，獲得甘地的支持，建立了印度教徒與穆斯林之間的合作。可是，後來甘地以農民引發的暴力事件為由，終止了該運動。

▷2　蒙巴頓（Louis Mountbatten）

1900～1979年，英國貴族出身的軍人、政治家。第二次世界大戰期間，擔任東南亞地區的盟軍總司令和日軍作戰。他被指派負責讓英國從印度殖民地撤退而前往當地赴任，是最後一位英國人印度總督。後來遭到愛爾蘭共和軍（IRA）炸死。

▷3　真納（Muhammad Ali Jinnah）

1876～1948年，政治家、法律家，被認為是巴基斯坦的建國之父。當初活躍於促成印度教徒與穆斯林的合作，但因為批判甘地的非暴力運動，而離開了國大黨。1934年以後成為穆斯林聯盟的領袖，主張「兩個民族」論，與國大黨對立。巴基斯坦首任總督。

＊　屬民

參照 IV-13 注3。

背景

第一次世界大戰後，隨著甘地以印度國大黨領袖身分登場，民族運動走向大眾化的局面。與此同時，國大黨和代表宗教上少數派的穆斯林利益的穆斯林聯盟（1906年創立）之間，在利害對立上壁壘分明。在**哈里發‧不合作運動**[1]（1919～1922年）失敗後，宗派暴動（communal violence）也變得愈來愈嚴重。基於1935年印度統治法的大選結果，國大黨大勝造成大敗的穆斯林聯盟危機感更加強烈。穆斯林聯盟在1940年3月，基於「穆斯林與印度教徒分別是由不同民族組成」的主張（兩個民族論），通過要求建立穆斯林國家的決議（又稱為《巴基斯坦決議》〔Pakistan resolution〕或《拉合爾決議》〔Lahore Resolution〕）。英國派出內閣使節團（1946年）等試圖調解雙方，卻宣告失敗。1947年6月，印度總督**蒙巴頓**[2]提出的印度分割案為穆斯林聯盟和國大黨所接受，1947年8月14、15日，巴基斯坦與印度各自獨立。印度教徒和錫克教徒從成為巴基斯坦領土的地區、穆斯林則從成為印度領土的地區，展開了跨越國界線的大遷徙。在這過程中，據說有100萬人喪失了性命，超過1000萬人失去了故鄉。

論點

1. 高階政治（high politics）層次的理解

目標是從英國殖民統治中解放的運動，為什麼最終不能建立一個完整的印度，而是走向分離獨立？過去的研究，都把這個問題和意圖在政治上分裂印度教徒與穆斯林的「分割統治」合在一起理解，一邊追溯英國慢慢讓印度菁英階層擴大自治的政策發展軌跡，一邊詳細分析國大黨與穆斯林聯盟等主要政治主體出現利害對立的經過。在這個過程中，討論造成分離獨立的「責任」歸屬。最初是從印度民族主義立場出發、將責任歸咎於**真納**[3]指導下執迷不悟的穆斯林聯盟的討論占了優勢，但賈拉爾（Ayesha Jalal）等修正主義史家則認為，巴基斯坦要求不過是為了迫使國大黨妥協的戰術，而批判了熱中集權國家的尼赫魯等人的對應。此外，也強調了「印度教徒」與「穆斯林」絕非內部統一的集團，根據地區的不同會存在相異的想法。

這種聚焦在政治菁英層次的分析，傾向於將宗教理解為政治領袖動員民眾的手段，但如果考慮到「巴基斯坦」這個目標，事實上是超越階層、面向眾多穆斯林的訴求，就有更進一步深入理解民眾層級宗教熱情的空間。致力於「從下而上的歷史」的**屬民**＊研究團體，透過描寫身為被動員客體的非菁英之歷史敘

述所提出的批判，高階政治分析究竟該如何回應，是個備受質疑的問題。

2. 非菁英與分離獨立──暴力與性別的理解　　1990年代以降，分離獨立研究不再問「為何」會發生，而是透過直接聽聞的紀錄、手記和文學作品等，闡明發生了「什麼」、這種經驗是如何被記憶和傳承下來的問題。特別是以一般民眾為主體的暴力問題，從宗教認同的建構這個角度出發，獲得了許多的關注。

分離獨立之際，大量女性淪為殺害、強暴與綁架的對象。雖然很難掌握正確的數字，但遭到綁架的女性根據估計高達7萬5000人。在多數的場合，加害者都是信仰不同宗教的男性。不僅如此，印巴兩國政府都把她們和國家的威信綁在一起，往往無視於她們的意志硬是奪回來。女性被賦予了象徵國家與宗教社群名譽的角色。這個例子就顯示了必須要有性別的視角。

根據階層與種姓的差異，也有不同的分離獨立經驗。研究指出擁有資產和人脈的人，相對來說比較容易遷徙，至於既貧窮又在種姓上遭到歧視的**達利特***（不可觸者）就得在難民營裡飽受歧視。

有必要納入較少受到分離獨立影響的南印度等地在地域上的差異，進行更微觀的驗證。

3. 所謂「長期分離獨立」的視角　　數量龐大的人們離鄉背井，為了在新的土地找回日常生活，長期東奔西走。旁遮普方面的人口移動雖然伴隨著嚴重的暴力，不過集中在短期間內結束，而且也採取了資產交換等政策。另一方面，孟加拉方面的遷徙則是長期持續的過程，每當印巴國內爆發宗派暴動時就會加速這個過程。思考這種難民的存在的時候，會發現有必要從長時段的視角來考慮分離獨立的意義。

此外，分離獨立並沒有解決獨立之前就已經相當嚴重的宗教對立。分離獨立反而造成印巴兩國時常陷入緊張的關係。從印度相關的角度來看，留在印度的穆斯林提供了印度教至上主義勢力攻擊的材料，認為他們是「巴基斯坦的爪牙」和「不愛國的人」。在這層含義上，分離獨立依然具有相當現代的意義。

＊　達利特
參照 IV-13 注4。

探究的重點

(1) 為什麼會發生以宗教相異為由的分離獨立？

(2) 分離獨立為今日南亞的政治和文化帶來了什麼影響？

印度的民族主義與地域主義

10 地域主義崛起的契機為何？ 志賀美和子

【關連項目：印度國民大會黨、印巴分離獨立】

背景

對獨立後的印度而言，實現國家整合與國民形成都是相當要緊的課題。作為達到這個目標的手段，在印度憲法（1950年施行）中規定了中央集權聯邦制（聯邦政府對於省政府有很強的權限）、印地語成為聯邦官方用語（不過直到1965年為止都允許並用英語）等事項。回應這種整合的方針，殖民地時代已經在各地出現的地域主義急速發展起來。1950年代，由於強制使用不過是地方語言之一的印地語而引發反彈，造成地域主義的崛起，以泰盧固語（Telugu）地域整合為目標的大安得拉（Andhra）運動，以及志在團結說馬拉提語（Marathi）的人的統一馬哈拉施特拉（Maharashtra）運動等氣勢高漲。這些運動隨著原本與語言分布無關的殖民地時期行政區（省）界線，調整為與言語分布一致的語言省而暫時告一段落，但即將邁向停止並用英語的1965年時，國大黨聯邦政府打出「以印地語為聯邦唯一共通語」的方針，結果重新點燃了各地的地域主義。在泰米爾語地區，高舉泰米爾民族主義的地方政黨在省議會選舉中擊敗國大黨，掌握馬德拉斯省（Madras）的政權，並將馬德拉斯省改名為泰米爾納德省（Tamil Nadu）。

伴隨著語言省的建立，也出現了為地域利害發聲、要求地方分權的地域政黨。出於不信任推動中央集權的聯邦政府，高喊分離獨立的組織也開始活躍。比方說1966年，重整為旁遮普語省分的旁遮普省，以該省占多數的錫克教徒為支持基礎的地域政黨——阿卡利黨（Akali Dal），要求推動中央集權的英迪拉・甘地國大黨聯邦政府，將權力轉移到省的手上。與此同時，一部分錫克教徒不滿於阿卡利黨的穩健作風，從1980年左右展開追求旁遮普分離獨立的恐怖行動。對此採取軍事鎮壓的英迪拉・甘地，最後作為報復遭到錫克教徒護衛暗殺。在喀什米爾地區與印度東北部，也相當盛行包含分離獨立要求在內的地域主義。就算是各省，要求地方分權的呼聲也很高。

論點

1. 巴基斯坦分離對印度民族主義產生的影響 研究指出多數穆斯林居住的地區作為巴勒斯坦分離獨立這件事情，不只衝擊了高喊印度教徒與穆斯林融合的國大黨領袖，也影響了印度國家整合和國民形成的樣貌。例如：獨立前讚揚地域語言力量的尼赫魯，就擔心已經用宗教分割了國家，如果再按照語言切割國土，恐怕將導致印度的解體，因此對於重新編組語言省抱持否定

的態度。採用印度最多人使用的印地語為聯邦官方用語，可以解釋成意圖創造國語的民族主義表現。另外，儘管採行了聯邦制，仍然給予中央政府較強權限的國家體制，也含有警戒地域主義，防止國家解體的意圖。但是這樣的整合取向反而引起了地域的不滿與反彈，也是事實。

2. 地域主義多樣性
地域主義的內部實際狀況相當多元，因此有研究指出相當重要的是要針對「是誰在什麼契機之下，做出怎樣要求」來分析各種案例。比方說，要求重新編組旁遮普語省的開端，是因為在整個印度裡屬於少數派，但聚居在同一個地區的錫克教徒，想要建立一個「錫克教徒占多數派的省分」。但是，印度聯邦政府為了對抗伊斯蘭國家巴基斯坦，採取政教分離作為國策，所以拒絕了這項要求。面對這種狀況，錫克教徒於是改弦易轍，在各地達到重組語言省的情況下，轉而要求建立旁遮普語省。換言之，要求建立旁遮普語省的地域主義，比起語言，宗教認同更是其原動力。只是，錫克教徒也不是團結一致支持強化旁遮普的自治權與分離。追求地方分權的阿卡利黨，其支持基礎為錫克教徒的富農階層（**賈特種姓**）；至於沒有擁有土地的錫克教「**不可觸者**」，則支持透過強權來推動大土地所有解體，以及土地重新分配的英迪拉・甘地國大黨聯邦政府。大學畢業的錫克教徒青年階層，則紛紛投身於尋求分離獨立的激進派，因為他們不滿於聯邦政府避開在與巴基斯坦對峙的國境旁遮普省開發工業，導致在農業部門之外都找不到工作。

3. 地域主義對國家整合和國民形成的影響
地域主義作為獨立後印度的重要課題，也就是國家整合和國民形成的絆腳石，推動整合的一方往往用否定的眼光來看待。可是如上所述，地域主義的實際狀況相當多元，既有傾向分離獨立的運動，也有像重新編組語言省這類未必稱得上要走向分離的運動。此外，和語言省的建立一同崛起的地域政黨，透過為地域利益發聲並提出要求，不斷在各地拓展勢力，導致中央政府也無法忽視他們的力量，不得不做出將權力下放到省等讓步。因此有研究先是評估了印度議會制民主主義和聯邦體制的機能，肯定了地域主義對印度多元國民形成發揮的作用。只是不能忽略的是在地域主義這種主張的背後，必定存在著遭到無視或排除在外的人們（比方說在語言省中說少數語言的人）。最後，不能忘記的是聯邦政府並非總是向地域做出讓步，也有鎮壓分離主義、地方分權運動的案例。

▷1　**賈特（Jat）種姓**
錫克教雖然高喊信徒平等、否定種姓，但因為有很多信徒是印度教皈依者的子孫，所以實際上還是存在種姓。賈特是住在北印度中央地帶的農業種姓，同胞意識很強，有抵抗蒙兀兒帝國和英國東印度公司的歷史。

*　**不可觸者**
參照 III-8 注3。

探究的重點

(1) 印度國家整合和國民形成有什麼樣的特徵與問題點？
(2) 地域主義是在什麼契機之下，由誰提出怎樣的主張？

印度的經濟發展

實際狀態是怎樣一回事？

杉本大三

【關連項目：殖民地統治下的印度經濟】

背 景

　　1970年代，韓國與臺灣等後來稱為亞洲「新興工業化國家」（NIEs）的國家和地域，因為高度成長而引人注目的同時，印度仍然為低度成長與貧困所苦。其中一個原因明顯和獨立以來建立的國家主導型計畫經濟體制脫不了關係。正因如此，印度政府在邁入1980年代後改弦易轍，轉換成漸進解除管制政策。這種政策的轉換發揮了效果，稍微加速了經濟成長，但同時也因為進口增加，導致經常收支赤字的膨脹與對外債務的擴大。緊接著1990年伊拉克入侵科威特，又讓這種狀況產生決定性的惡化。受到中東地區戰爭的影響，原油進口價格上漲，同時出外工作賺錢的勞動者匯回本國的錢也變少，這都讓印度陷入嚴重的國際收支危機。為了脫離這種險境，政府向國際貨幣基金組織（IMF）與世界銀行借款，但對方開出的融資條件是「實施總體經濟安定化與經濟自由化政策」。印度政府於是積極採納這些政策，比方說廢除了很多過去在開業和擴大業務上需要的許可證明，大幅緩和了政府的管制。同時，貿易和海外投資方面，原有的各種制度也跟著放寬限制。

　　隨著實施經濟自由化政策，印度的經濟成長率獲得了大幅上升。實質國民淨所得的成長率在1950～1970年代頂多是3.6%，在自由化緩慢進展的1980年代只有5.2%，但在1990年代以降已經提升到大約7%。股價上漲同樣明顯，代表性股價指數，也就是孟買證券交易所的SENSEX指數 [1]，從2003年1月到2019年9月，已經從3,250點上升到39,058點，上漲了12倍。經常收支雖然基本上仍維持赤字，但隨著對印度經濟成長的期待，超出其上的外國資本不斷流入，外匯存底也持續增加。獨立以來定期會發生的國際收支危機，自1990年代以降就沒有再發生了。

▷1　SENSEX（Sensitive Exchange Index）
位於孟買的孟買證券交易所的股價指數，基於30家主要掛牌上市公司的股價來計算。

論 點

1. 近年印度的經濟發展是「發育不良」嗎？

在經濟持續急遽成長的中國，是以製造業為中心來擴大非農業部門生產，同時增加就業，引發了農村到都市的劇烈人口移動。但是在印度，這樣的發展非常緩慢。

　　印度從事製造業者的比例現在約占12%，自1990年代起幾乎沒有任何變化。印度的資訊業雖然成為全世界關注的焦點，但創造就業的能力相當有限。只有建築業的就業比例穩定增加。由於非農業部門發展遲緩，從農村往都市的人口移動也相當緩慢。根據世界銀行的推算，印度的都市人口比率從1995～2018年

頂多自27%上升到34%而已，但中國在同一時間已經從31%上升到59%，幾乎成長了一倍。

另一方面，農業部門也持續縮水。在農村地帶，男性農業就業人口的比例從1993年的74%，降低到2017年的55%。隨著農業所得的停滯與農業機械化的進展，農業很難創造出新的就業機會。

近年印度經濟結構的特徵在於農業部門邁向縮減的過程，可是理應創造就業的非農業部門卻沒有良好發展。賓斯汪格—麥基澤（Hans P. Binswanger-Mkhize）評價印度經濟結構在經濟自由化後的變化，認為是「發育不良」（stunted）。姑且不論是否「發育不良」，印度經濟無庸置疑走的是一條與東亞、東南亞國家迥異的發展道路。阻礙非農業部門發展的關鍵因素，有基礎建設不足、問題叢生的勞動法規、勞動者教育與技術水準低落、農業部門不振讓農村購買力不足，導致工業製品的需求不足等各種說法，但沒有一個統一的定論。另外，儘管「發育不良」卻能維持某種程度經濟發展的原因，賓斯汪格—麥基澤則是注意到了農村地區各種農業以外的自營業發展。解開印度獨特經濟結構的特徵，以及經濟成長的源頭，都是相當重要的課題。

2. 印度的貧窮問題有辦法解決嗎？

許多從事農業為生的人，他們的生活在導入自由化政策之後仍然水深火熱。不管是製造業或是建築業，非農業部門的工作大多也處於低薪、不安定的狀態，沒有充分的社會保障。從這種狀況來看，印度的貧窮問題依然相當嚴重。雖然值得稱許的是在1990年代以降，貧窮人口比率逐漸降低，可是按照政府的推算，貧窮人口在2011年度仍有3億6000萬人，約占總人口的30%。

如同德雷茲（Jean Drèze）與沈恩（Amartya Sen）所指出，印度貧窮狀況的嚴重性，與其他國家相比便一目瞭然。扣除撒哈拉以南的非洲，印度與16個最貧窮國家相比，雖然人均GDP在所有國家當中居冠，但在教育、醫療、衛生等指標上遜於大多數的國家。德雷茲和沈恩主張政府應該在教育、糧食、就業、醫療等方面採取積極的支援策略。可是，對此也有意見認為這種政策很容易成為貪汙與浪費的溫床，所以應該採取活用市場機制的方法才對。探究印度貧窮的實際狀況和找出解決貧窮的對策，都是與印度經濟相關的基本課題。

探究的重點

(1) 什麼樣的產業帶動了印度經濟的發展？
(2) 印度有富裕的人，也有貧窮的人，他們分別從事著怎樣的工作，又過著怎樣的生活？

印度社會與性別

12

女性的生命如何受到不可視化？

井上貴子

【關連項目：印度國民大會黨、甘地】

背景

18世紀英國展開統治的過程中，自認為背負「文明化使命」，當成合理化殖民地統治理論的英國人，認為娑提（Sati，寡婦殉死）、童婚、殺害女嬰等關於婚姻與女性生命的習俗是「印度落後」的象徵。至於古代《摩奴法典》描述女性的一生「幼時從父、婚後從夫、年老從子」，強調是印度女性遭到壓迫的形象。邁入19世紀後，隨著宗教社會改革運動的盛行，即使是印度人之間也開始有愈來愈多人重新思考歧視女性的習俗，制定了禁止娑提和童婚的法律。這些討論幾乎都是以男性知識分子為主體在進行，女性自身的運動要等到20世紀以後才變得活躍。甘地主導的民族運動中就有很多女性參加，也陸陸續續設立了許多以普及女子教育、要求參政權和財產權等提升地位為目的的**女性團體**。擁有識字能力的女性將自己的主張書寫下來，但是這些女性自己書寫的作品和聲音在獨立後很長一段時間裡都遭到了不可視化。**嫁妝**殺人、**榮譽處決**、集體強暴、女嬰消失現象（因為偏好男嬰，所以選擇性墮掉女嬰）等性暴力，儘管三令五申進行立法，仍然只是換了一個樣貌之後又繼續發生。

論點

1. 女性問題的發現與民族主義者的歷史觀

在英國統治下，最早受到關注並法制化的女性問題是娑提。娑提是高階種姓的印度教徒之間行之有年的慣習，指的是寡婦在亡夫火葬之際，與遺體一起活生生接受火焚。這個詞彙的意思是「貞潔的妻子」與「好女人」，死後會當成「女神」來崇拜。1829年英國廢止娑提並訴諸法律，但這樣的行為完全可以從「將褐色皮膚女性從褐色皮膚男性手中救出的人是白人男性」這種脈絡來理解。對此，印度人男性則說「女性實際上是渴望殉死」，也就是將娑提當成是女性主體的行為。另一方面，致力於社會改革的民族主義者則引用古代的聖典與法典，主張娑提這種習俗並沒有宗教和文化上的根據。於是他們建立了一套史觀，讚揚女性地位崇高的古印度榮光，將之後地位低落歸因於伊斯蘭的統治。但是，在這當中遺漏的是死去女性本身的聲音與意識。女性的死在殖民主義者、當地保守印度人，以及民族主義知識分子之間的公開論述中，變成了測量「文明化程度」的指標。

2. 理想女性形象與種姓

印度教信仰著許多女神，好比毗濕奴與濕婆等男神的配偶神，都是富含慈愛之心且貞潔賢淑的妻子。另一方面，稱為夏克提（Shakti，能量、力量）的女性原理，則與地母神信仰密切結

▷1　**女性團體**
1927年，作為將印度各地陸續設立的女性運動團體團結起來的平台，建立了全印女性聯合會（All India Women's Conference, AIWC），成為女性運動的核心組織。這個組織在印度獨立後，也持續展開提升女性地位和人權等方面的活動。

▷2　**嫁妝**（dowry）
由新娘方隨著婚姻贈送新郎方的財產。近代以降，覺得要對得起教育、職業等新郎的價值，而向新娘方要求高額財產的例子愈來愈多，新娘遭受虐待或是殺害後偽裝成自殺的事件屢見不鮮，成為了社會問題。

▷3　**榮譽處決**
認為婚前和婚外交往、自由戀愛的女性，以及從旁協助的女性等，侮辱了家族與共同體的名譽，所以要將她們殺害來恢復名譽的行為。不限於伊斯蘭，也在其他宗教（如恢復種姓的名譽等）看到同樣的行為。

馬拉塔王國宰相馬達夫拉歐（Madhavrao，1761～1772
年在位）之妻拉瑪貝（Ramabai）的娑提（殉夫）（洛杉
磯郡立美術館〔Los Angeles County Museum of Art〕藏）。

合。象徵力量與強大的女神擁有很高的獨立性，是能驅除魔神、化解災厄，充
滿能量的存在。19世紀以降，這種女神作為理想的女性形象，不只是高階種姓
的男性，也為低階種姓所共有。「印度母親」的形象就是描繪成療癒獨立運動鬥
士的女神姿態。與此同時，獨立性高又強大的女神已經成為女性主義的象徵。

　　歸根究柢，維持種性制度方面，很重要的是管理女性的「性」（sexuality）。
娑提、女性隔離、禁止寡婦再婚等，主要都是意圖透過明確限制女性行動來維
持種姓「純正」的高階種姓慣習。相對於此，對低階種姓居多的農村貧窮階層
而言，女性是重要的勞動力，因此對於離婚、再婚都沒有什麼限制。可是，種
姓秩序在英國統治時期更進一步被固定下來，因此低階種姓為了提升地位，也
開始模仿高階種姓的慣習。於是嫁妝與嚴格的性規範就超越種姓的框架擴散出
去。

3. 賣春與宗教的關係　　19世紀末，隨著英國廢娼運動的展開，印度一種特
殊賣春途徑，會將少女奉獻給印度教寺院的習俗，成
為非難的對象。奉獻出去的少女被視為與神締結婚姻，為不會變成寡婦的「吉
利」存在。她們被統稱為「德瓦達斯」（Devadasi，侍奉神的女人），常常會在寺
院與筵席上表演音樂舞蹈，和人類男性在不介入婚姻的情況下發生性關係，也
能繼承財產。不斷推動將脫離貞女理想的德瓦達斯當成「妓女」、其習俗當成
「賣春」、收養機制當成「人口買賣」的改革與立法。男性民族主義者總是將寺
院與賣春切割，一邊擁護宗教，一邊非難賣春，然後又無視男人的離婚與再
婚，以及婚外性行為（買春）。另外，也有女性運動家推動廢娼運動，同時嚴加
批評性方面的雙重規範，可是她們同樣共有嚴格的性規範與賢妻良母的形象，
所以對德瓦達斯自身多樣的聲音充耳不聞，一味認為她們的存在是改革的對象。

探究的重點

(1) 英國的殖民地統治與女性問題之間有什麼樣的關係？

(2) 女性問題與印度教、種姓制度之間有什麼樣的關係？

(3) 為什麼暴力對待女性的習俗會以不同的形式，一直持續到今天？

近代印度綜藝的發展

⑬

音樂是怎樣被研究？

井上貴子

【關連項目：東方主義、印度國民大會黨】

▷1　音樂會議
許多音樂協會會主辦由研
究發表與音樂會組成的年
度大會。其先驅是1912年
起在南印度召開的7屆音樂
知識人協會（sangam），以
及1916年起在北印度召開
的5屆全印度音樂大會。
▷2　《戲劇論》（Natya
Shastra）
作為印度古典音樂、舞
蹈、戲劇理論的源頭，必
然會提及的最重要文獻。
在內容方面蒐羅了「綜藝」
的各種層面，包含戲劇種
類、劇情構成、條理脈
絡、登場人物、演技、演
員、劇場、舞蹈、音樂等。
▷3　拉格、塔拉（Raga,
Tala）
拉格通常是用上行與下行
的音列來表示，是一種整
合性的概念，包含抖音、
震音、強調等各種裝飾
性、具有特徵的樂句。塔
拉則是將1、2、3……這樣
一節一節的節拍加起來，
變成一個周期。從短周期
到長周期，共有很多種周
期，包含2＋3、4＋2＋2，
或是5＋5＋2＋2等。

背景

在音樂研究方面，西洋與印度的實質交流，從18世紀末起就變得相當興盛。1783年，以加爾各答高等法院法官身分前往印度就任的瓊斯，在隔年設立了研究亞洲文學、歷史、社會、科學的孟加拉亞洲協會（The Asiatic Society of Bengal），一方面修習梵語，翻譯《摩奴法典》等作品，同時也研究印度音樂。另一方面，在印度的英國人中，也有人把印度音樂的旋律用西洋風格改編來發表，這類樂曲統稱為「Hindostannie Air」。除此之外，透過軍樂隊與基督教會，印度人接觸西洋音樂的機會不斷增加，也出現了學會鋼琴與小提琴演奏的人。在南印度，傳統音樂的演奏開始使用小提琴，也有樂曲採用西洋旋律來創作。

19世紀末，比較音樂學這一學門成立，從理論來比較西洋與非西洋的音樂。隨著錄音技術的發達，將非西洋的音樂錄了下來，也陸續出版了用英語寫成的印度音樂研究專著。錄好的印度音樂被轉寫成五線譜，以供比較研究之用。隨著民族運動高漲，印度人開始研究自身的音樂傳統，用英語出版研究書籍、召開**音樂會議**^{▷1}，並且致力於統一音樂理論，以及設立保護培育綜藝的機構。

論點

1. 梵語文獻的記述

在印度雖然有很多梵語寫成的綜藝相關文獻，但這些文獻大多是由侍奉宮廷的婆羅門撰寫，其主要內容記述了整個綜藝在理論和技術上的層面，包括了後來整理成北印度的印度斯坦（Hindustani）音樂、與南印度的卡納提克（Carnatic）音樂兩大系統的古典音樂理論，以及舞蹈、戲劇等。瓊斯為首的西洋學者關注的是這些文獻中記載的音樂理論。當中特別是成書於3～5世紀，由婆羅多牟尼（Bharata Muni）所著的《戲劇論》^{▷2}，作為擁有悠久歷史音樂傳統的理論泉源，被認為是最權威的文獻。

主要是在宮廷與寺院中孕育出來的古典音樂理論，是以旋律的法則「**拉格**」和節奏的法則「**塔拉**」^{▷3}為基本。在音樂研究與會議中引發討論的問題是記述這些理論的梵語文獻，與富有地方色彩的音樂實踐之間，存在著難以整合、格格不入之處。主導音樂會議的印度人努力透過反覆的討論來得出統一的見解。今日流通的印度古典音樂教科書的內容，就是透過這種討論重新建構出來的產物，因此在近代印度音樂史研究中，關注這些討論的過程與意義也相當重要。

2. 民族主義與音樂研究的關係

古典音樂理論為人熱議的19世紀末到20世紀上半葉，也是推動從英國統治下獨立、民族主義高漲的時代。

南印度坦加武爾（Thanjavur）的舞蹈團（1830年左右）（中央為小提琴演奏者，維多利亞與亞伯特博物館〔Victoria and Albert Museum〕藏）。

音樂會議核心成員的印度人學者與音樂家，或多或少都與民族運動有所關連。也是在這時候奠定了將古代吠陀聖典詠唱，當成印度音樂起源的音樂史論述。他們認為北印度在中古融入了伊斯蘭文化的影響，南印度則直接繼承了印度教傳統，從而完成了兩大系統的古典音樂體系。如此這般，他們讚揚了體現「東洋」優越精神文化的印度音樂傳統，自豪於悠久歷史與完成度，能夠與「西洋」音樂傳統並駕齊驅，進而建立起一套復古主義的歷史觀。兼顧現實社會中富含地方色彩的音樂實踐，以及想從音樂根源尋求「一個印度」傾向，其實跟獨立印度建國理念的口號「異中求同」（Unity in Diversity）是一致的。

3. 與「西洋近代」的關係　雖然一般都認為「近代化」與「西洋化」之間密不可分，但印度音樂的變遷，可以看成是一邊對抗「西洋化」，一邊展開「近代化」的過程。與明治時期積極引進西洋音樂的日本不同，印度把心力投注在重整與「西洋」相異、屬於「東洋」優秀文化的自身音樂傳統上面。不過，就像南印度固定會使用小提琴、北印度用手風琴等，印度音樂也吸納了西洋樂器。另外，也整頓了音樂研究的方法與音樂文化的保護培育制度。過去的音樂是由師傅口頭傳授給弟子，大部分都是基於拉格與卡拉的即興演奏幾乎沒有寫下任何樂譜，不過從19世紀下半葉起就相當盛行出版樂譜。西洋為了傳達印度音樂的概要，也會使用五線譜，但印度古典音樂的教育中，不曾引進五線譜，而是使用改良的文字譜。隨著音樂會議的召開，各地都設立了保護培育音樂綜藝的機構，大學也設置了音樂系，在學校制度當中將音樂傳承下來。

探究的重點

(1) 印度的音樂傳統，與西洋相遇之後產生了怎樣的變化？

(2) 西洋的音樂學者，是如何記述印度傳統音樂？

種姓政治

(14) 為什麼種姓如此重要？

舟橋健太

【關連項目：印度的殖民地化、甘地】

背景

一聽到「種姓」，大概很多人都會想到是「在印度社會長期存在的身分制度」吧！不過，現在透過「種姓制度」這個名詞來認識的印度社會制度，有很大一部分是在近代英國殖民統治之下形塑出來。換句話說，可以想成是大英帝國為了統治印度這個殖民地所展開的各項政策，構成了現在認為的種姓制度。其中特別必須要考慮到的是「分割統治」帶來的強烈影響。

在殖民地統治中，會利用過去社會上既有的集合類別，將人們劃分開來，反映到政策上就是採取分割統治的方式，這會強烈引發類別的本質化、實體化，以及在當事人心中的內化。分割統治在印度的主要參考框架就是宗教與種姓。於是，按照宗教來分割，結果就是印度與巴基斯坦的分離獨立，而按照種姓施行的政策，就與「種姓政治」連結在一起。

論點

1. 種姓的多面性與影響

一言以蔽之，種姓是在政治、經濟、社會、宗教等層面規範人們的行為，對生活有莫大影響、最為關鍵的參考框架。換言之，對印度的人們而言，既是認同的基準，也是類別的主要框架。正因如此，**認同政治**[▷1]在印度也可以說就是「種姓政治」。主要在婚姻、共食、居住區域等習俗規範清楚可見的種姓框架與關係性，是透過各種政策大力形塑出來的產物。於此特別想舉出的是「**保留制度**[▷2]」的影響。

保留制度的對象雖然是社會、經濟上的「**落後階級**[▷3]」，卻是用種姓作為資格判定的標準，擴大並凸顯了種姓內部的差距問題，以及各種姓集團針對資格判定的主張。諷刺的是，各個種姓集團為了獲得保留制度的權益，紛紛強調自己的「落後性」，甚至到處遊說（只是需要注意的是，他們並非主張自己在宗教上居於下位，頂多是經濟上處於落後）。

2. 作為集結、主張關鍵的種姓

如此一來，印度獨立以後長期穩居政權寶座的並非回應多數人「廣而淺」要求的印度國大黨，而是能「精準、深入、篤實、正確」代表自己、回應要求、反映到政策上，「為我們發聲」的政黨。這樣的政黨幾乎毫無例外都是所謂的「種姓政黨」。換言之，種姓作為集結多數人的關鍵而重新受到重視，加上從政黨的角度來看，同種姓的人們便是穩固的支持清楚，是可以計算出來的票倉。

1980年代後半起特別活躍的「為我們發聲的政黨」，到了1990年代以降在各

地不斷加速擴張。這樣的活動在所謂下層的人們之間特別明顯，因為他們迄今為止都沒辦法為自己發聲。當中特別值得關注的動態，可以舉北印度「**不可觸者***」為主體建立和崛起的政黨，「大眾社會黨」（Bahujan Samaj Party, BSP）就是其中一個例子。

BSP在黨名中揭示的「Bahujan」，指的是「多數人、大眾」，其宗旨絕對不只有面向不可觸者。但是，實際上從該黨的創始者到核心人物，都出身於不可觸者的種姓，或者是說其中擁有勢力的一群人，所以就染上了強烈「不可觸者為中心」的政黨色彩。之後，在「為不可觸者發聲的政黨」旗幟之下集結了眾人的期待，從1990～2000年代不斷擴大勢力。

不過，這面旗幟也引發了支持者就僅限於不可觸者（尤其是特定不可接觸者種姓）的狀況。於此，在保留制度的利益基礎上，根據社會經濟狀況的差異，以及人口的規模，不可觸者（和下層）種姓之間再次出現了權力差異。這就導致了獲得政治權益的機會出現落差，導致基於種姓的不平等現象更加擴大。

3. 有可能達到超越種姓的團結嗎？ 這麼一來，與BSP最初設定的理念「為社會多數人發聲的政黨」相反，出現了種姓的局限性。為了打破這種狀況（以及印象），BSP在政黨策略上企圖拉攏婆羅門為首的高階種姓。可是這個策略反而讓原本身為穩固基礎的不可觸者離開，讓政黨的聲勢縮小。BSP的發展可以說清楚展現了種姓政黨的可能性與極限。

既然如此，那麼有可能達到超越種姓的團結？於此值得關心的是在2010年代反貪腐公民運動中誕生的「平民黨」（Aam Aadmi Party, AAP）。AAP獲得都市地區中間階層到下層「平民」的廣泛支持，他們在2010年代以降獲得了德里首都圈的政權。BSP和AAP今後的走向，可以作為思考印度人對「種姓」的認識，以及今後種姓政治趨勢的指標。

*　不可觸者
參照 III-8 注3。

探究的重點

(1)「種姓」在印度社會中是怎樣的事物？
(2)為何「種姓」會在政治領域受到重視？

東南亞的民族國家

關注的重點？該如何討論？

高木佑輔

【關連項目：東方主義、東南亞的民族主義、東南亞的政治與軍隊、開發獨裁】

背　景

　　在西歐各國，反覆發生的戰爭被認為是民族國家形成的契機。對此，東南亞各國建立民族國家的契機，則是殖民地統治。獨立後的東南亞各國領袖面對了一個課題，該如何承繼殖民地國家機構，並同時進行重組。許多獨立後的政府都致力於重組過去仰賴第一級產品生產及其出口的殖民地式經濟結構。冷戰之後加入西方陣營的東南亞各國，按照開發主義來重整國家，目標是透過積極引進外國資本來促進經濟成長。在冷戰後持續展開的全球化之下，之前屬於東方陣營的許多國家在內，都開始推動經濟自由化，甚至有一部分國家跟進了政治的民主化。

論　點

1. 對異質的關心——家產制國家論與其批判

　　東南亞各國在獨立後的主要政治課題，是經濟的去殖民化與國民形成。因此，即使在經濟運轉上也很重視政府的角色。同時，批判殖民地時期增加的中國人和印度人支配了經濟，也是很有影響力的論點，所以提倡由國家主導經濟重組的經濟民族主義就獲得了關注。經濟學者戈雷（Frank H. Golay）等人仔細檢討了東南亞各國的經濟民族主義，站在批判的立場認為經濟成長並沒有擴大經濟的大餅，反而是讓分配變得更加集中。

　　戈雷等人批判的背景是認為在無視市場機制的政府主導之下，經濟活動的擴大往往招致腐敗與貪汙。家產制國家論因為批判了少數菁英將國家財富私有化，強調其與根據法律來統治的近代國家之間的差異，而獲得了關注。所謂家產制國家（patrimonial state）是指公私領域相當曖昧，統治者幾乎像在自家一般執掌國家的體制。另外，強調少數菁英追求私人利益一面的寡頭政治論（oligarchy）也具有影響力。依循這樣的討論也出現了認為沒能滲透到社會勢力的東南亞民族國家是「弱小」國家的看法。

　　東南亞歷史學家伊萊托（Reynaldo C. Ileto）參考東方主義的理論，正面批判這種「弱小」國家的論點。根據伊萊托的說法，「弱小」國家強調歐美民族國家與東南亞（只是他主要關心的是菲律賓）民族國家之間的差異，其實反映了把後者當成與近代國家相異的他者來看待的東方主義。

　　雖然伊萊托自己展開了不該從國家論，而是應該著眼於社會層面的論述。批判伊萊托的席爾德（John Sidel）等政治學者則強調了制度扮演的角色。賽德

爾認為政治領袖能將國家財富私有化，並非起因於該國的政治文化，而是殖民地國家建設在制度上的遺產。他主張美國殖民統治時期的菲律賓，比起官僚機構，整治了重視選舉政治的美式風格政治制度。結果，接受選舉政治洗禮的政治家，遂凌駕於官僚政治之上。席德爾為了明白表現與過去研究之間的差異，不稱之為家產制國家，而是「掠奪國家」。

2. 對類型化的關心——開發國家、中間國家、掠奪國家　　政治學者唐納等人（Richard Doner）參考了以下國家的類型：由國家領袖引導經濟成長的開發國家、反之國家領袖將國民經濟資源據為己有的掠奪國家，以及不屬於兩者的中間國家，藉此來分類東北亞、東南亞國家的發展歷程。主張日本、韓國、臺灣和新加坡誕生了開發國家，新加坡以外的東南亞各國則屬於中間國家。他們將侵略的危險性等外部威脅、國內革命的威脅，以及財政上的制約三者具備的狀況，稱為「結構上的脆弱性」。政治領袖面對結構上的脆弱性，如果能讓自己倖存下來，就會促成開發國家，反之則會做出將援助據為己有等行為，導致掠奪國家的出現。假如結構上的脆弱程度不強，則會在不偏向開發國家或掠奪國家的中間國家裡，暗中摸索出一條道路。

3. 對變化的關心——所謂新興國家的視角　　如同在印尼加入 G20 這點所見，進入 21 世紀以後，許多東南亞國家達到持續性的經濟成長，不只「開發中國家」，更被認定為「新興國家」。在新興國家理論中，中央銀行或財政當局等的專家（**技術官僚**）帶來的穩定總體經濟管理、經濟特區促進的海外直接投資，以及零件等貿易在內的全球價值鏈等都受到矚目。這是因為人們愈來愈意識到專家知識對總體經濟的穩定至關重要，民間企業的活躍對成長也不可或缺，以及加入自由貿易體制對經濟成長的必要性，。

　　只是，即使面臨了全球化，民族國家的角色也並沒有消失。各國國內的調整在建立自由貿易協定（FTA）與經濟合作協定（EPA）上不可或缺。同時，經濟成長為各國首都帶來更多好處的結果，讓國內貧富差距變得肉眼可見。在全球經濟持續擴大的情況下，民族國家是否能融入更為開放的貿易體制，以及各國為了解決貧富差距採取的政策，都有必要根據各國不同的對應來進行考察。

▷1　**技術官僚**
受過經濟學、管理學、工學等專業領域的研究所教育，並活用於政策立案的專家。如果加上政府經濟機關的技術官僚，也有按照一定任期從民間雇用的例子。由於大多數技術官僚都在國外接受研究所教育，所以不只是專業知識，擁有國際上的人脈也是他們的強項。

探究的重點

(1) 東南亞民族國家理論是注意到了什麼而發展起來？

(2) 為了了解東南亞的民族國家，今後應該關注哪些現象？

東南亞的政治與軍隊

16 是安定關鍵，還是抵抗勢力？

中西嘉宏

【關連項目：東南亞的民族國家、開發獨裁、東南亞的民主化】

背景

　　東南亞國家除了泰國以外，主要都是在19～20世紀處於歐美列強的殖民地統治的情況下，建立起近代國家。近代國家最重要的任務是穩定治安和防衛國境。為了完成任務，創造了專門行使暴力的集團組織，也就是近代的軍隊和警察。軍隊靠著嚴格的指揮命令系統而具備強大的武力，所以東南亞各國的領袖往往會為了政治目的而利用軍隊，反之軍隊本身也會肩負起在政治上的角色。

論點

1. 軍隊是如何發展起來？

　　關於軍隊干政，很重要的是了解其歷史起源。軍隊干涉政治的動機與能力，受到個別國家與社會發展過程的強烈影響。

　　泰國雖然在1932年從絕對君主制轉為立憲制，但其契機就是軍隊中堅軍官參與其中的政變。印尼與緬甸在1942～1945年的日本占領期間，許多有志於獨立的年輕人加入了軍隊，後來也成為了獨立國家軍隊的核心分子。對他們而言，軍隊是獨立鬥爭的原動力，也是政治本身，因此與只專注在軍事上的專門職業主義理念完全無緣。這就成為印尼與緬甸軍事政權成立的基礎。其餘像是越南和寮國這類共產主義國家，共產黨發起的革命運動有一部分成為革命後的軍隊，所以參與政治也是理所當然。

　　理解這種軍隊在歷史上發揮的作用，以及軍隊領導人與成員共有的思想對軍隊政治行動帶來的影響，都相當重要。例如：麥柯伊（Alfred McCoy）以菲律賓的軍隊為對象，從歷史的角度分析軍官養成過程中培育出的同胞意識和規範。很期待這樣的研究今後能有更進一步的發展。另外，軍人這個特殊集團在各國作為社會集團的一面（性別與家族），也還稱不上有進行了充分的研究。

2. 內外的冷戰為軍隊干政，帶來了怎樣的影響？

　　在獨立後的東南亞各國，軍隊於應對外部威脅之餘，也必須投注心力來防範國內威脅。其中特別對許多國家構成威脅的對象，有得到國際支援、致力於革命的共產主義勢力，以及想盡辦法從中央政府分離獨立的民族武裝勢力等。為了應付這些國內的威脅，單靠軍隊能運用的軍事手段，能做到的還是有限。

　　1950年代末到1960年代在泰國、印尼、緬甸建立的軍事政權，都對文人政治家和政黨政治極度失望，並且有強烈的反共主義傾向。作為軍隊**反共主義**引[1]起的悲劇，1965年印尼的流產政變（**九三〇事件**）[2]為導火線，在全國引爆了軍

▷1　反共主義
認為共產主義是種危險思想，會威脅到秩序的看法。

▷2　九三〇事件
1965年6月30日深夜到隔天早上，印尼的翁東（Untung Syamsuri）中校組織部隊，殺害了6名陸軍幹部，並成立了「印度尼西亞革命委員會」。這起事件僅維持了2天就遭到鎮壓。

隊與民眾屠殺共產主義支持者（包含被旁人認為是支持者的人）的事件。

不僅如此，國際間的冷戰也助長了當時軍事政權的成立。美國為支持反共主義軍事政權，並沒有在國際上孤立泰國和印尼的軍事政權，反而讓他們在西方各國的援助下實現經濟發展。國內外的冷戰環境都助長了軍隊干政的一面。

3. 軍隊與政治的關係在民主制度下產生了怎樣的變化？　1980 年代開始，以南美與東歐為中心不斷在推動民主化。這波民主化浪潮（稱為「第三波民主化」）預期會也在亞洲降臨。由於民主化的條件包含了由文官來統制軍隊，所以認為冷戰時代的軍隊干政會從此消失。

確實，軍隊直接介入政治的情況減少，1990 年以後 30 年左右的時間，在東南亞發生的軍事政變只有 4 起，1997 年的柬埔寨、2006 和 2014 年的泰國，以及 2021 年的緬甸。至於軍隊長期干政的印尼從 1998 年民主化開始之後，已經不再認可對政治的公開干涉（稱為「雙重機能」）。

但是，現實並非如此單純。有人指出軍隊至今仍保有政治上的影響力，甚至還更加強大。泰國的軍隊現在依然負責調停政黨對立，並且是國王介入政治的手段。在印尼，軍隊利用民族主義和「反恐戰爭」等意識形態，意圖擴大自己的權限。在緬甸，軍隊握有修憲否決權，而且在制度上沒有軍隊的同意，就無法推行民主化。2021 年推倒文官政權的 **二一政變**〈3，就是軍隊獨斷的行動。

軍隊與冷戰後民主化的潮流相反，依然維持並擴大政治的影響力，是值得關注的焦點。

▷3　二一政變
在 2021 年 2 月 1 日發生了緬甸國軍囚禁最高領袖翁山蘇姬，掌握國家實權的事件。之後民眾紛紛起而抵抗，政變開始的 100 天內，約有 700 人在軍隊的鎮壓下犧牲。

探究的重點

(1) 為什麼會有國家出現軍事干政，其他國家則不會有類似的狀況發生？

(2) 在考量今後東南亞軍隊干政的情況是會增強，還是減弱的同時，有哪些重點值得留意？

開發獨裁

17

經濟發展與民主化可以兼顧嗎？

末廣 昭

【關連項目：東南亞的民族國家、東南亞的民主化】

背 景

開發獨裁（developmental dictatorship）這個名詞是出自在加州大學柏克萊分校教授「馬克思主義與法西斯主義」的葛瑞格（James Gregor）所寫的《義大利的法西斯主義與開發獨裁》（*Italian Fascism and Developmental Dictatorship*, 1979），但開發獨裁這個分析概念變得普及並固定下來，則是發生在東亞。1950年代末到1970年代，許多政權都把經濟發展（經濟開發）當成國家課題，為了能有效達到目標，不斷集中權力。國家與政府的範圍重疊，不局限於特定的民族與階層，而是高舉「國家開發」這個全體國民應共同努力的目標，這種政治體制稱為「開發國家」（developmental state），至於權力集中在特定政治領導者手上的體制，稱為開發獨裁。可以舉出泰國的沙立（Sarit Thanarat）與他儂（Thanom Kittikachorn）政權、韓國的朴正熙政權、臺灣的蔣介石和蔣經國父子政權、新加坡的李光耀政權、印尼的蘇哈托（Suharto）政權、菲律賓的馬可仕政權，以及馬來西亞的馬哈地（Mahathir Mohamad）政權等為例子。

論 點

1. 開發國家的起源──冷戰體制與成長意識形態　開發獨裁的概念，原本是起源於經濟工業化、社會近代化之後，應該同時並進的政治民主化沒有發生，反而是非民主的法西斯主義登場，針對為何如此而提出的疑問。與此同時，許多東亞的國家在第二次世界大戰後達到政治上的獨立，但是面對經濟民族主義政策（排除外國資本）失敗，以及共產主義崛起造成的危機，陸陸續續產生了將經濟政策列為優先，試圖維持政治權力的強權政權。鈴木佑司等人分析了蘇哈托政權，稱之為「壓迫的開發政治體制」（repressive developmentalist regime）。

相對於重視政治體制暴力性格的討論，末廣昭關注1950年代美蘇之間展開的競爭（太空競賽、經濟成長率、對開發中國家經濟援助），主張和社會主義體系對抗的美國，容許以亞洲為首的開發中國家，採取限制政治自由與市場機制的威權主義體制，這就是1950年代末以降出現「開發獨裁」的起源。此外，末廣也提到建立「開發國家」的條件，是冷戰體制中在政治方面要求對抗共產主義勢力，在經濟方面要求實現比社會主義國家更富裕的生活，兩相結合之下誕生的體制，並批判了過去只強調政治方面壓迫體制的討論。

2. 經濟發展與民主化的兩難

1979年經濟合作暨發展組織（OECD），發表了關於**新興工業國家（NICs）**[1]的報告。但是，1970年代的石油危機與資源民族主義，為南美（巴西、墨西哥）等地的NICs帶來經濟危機，到了1980年代以降，只有亞洲的NICs（韓國、香港、臺灣、新加坡）經濟持續成長。在這樣的狀況下，相對於歐美各國的討論認為經濟成長的前提是民主政治體制，則出現了經濟成長必須要有獨裁的政治領袖，以及實現經濟成長之後，政治體制中的獨裁要素就會自我「消融」的看法。亞洲政經學會（アジア政経学会）舉辦的第1屆國際研討會「亞洲經濟發展與民主化」（《アジア研究》1990年7月號）正是聚焦在這一點上面。

為了經濟發展，必須要有中央集權政治體制的討論，透過中國驚人的經濟成長作為實際案例，在開發中國家有很強的影響力。相對於主張排除政府規範，以市場機制來推動經濟的「華盛頓共識」（Washington Consensus），正面評價政治領袖與政黨（中國共產黨）主動性的「北京共識」（國家資本主義論）獲得愈來愈多的關心，與過去「容忍開發獨裁」的想法重疊在一起。

3. 後開發獨裁——新威權主義體制

「開發國家」的誕生，與冷戰體制固定下來有密切關係。反之，以柏林圍牆倒塌為契機終結的冷戰體制，意味著作為開發國家存在基礎的「對抗共產主義勢力」政治意識形態也跟著消失。事實上在東亞就陸續發生了民主化運動，如菲律賓放逐馬可仕的人民力量革命（People Power Revolution）、中國的天安門事件（1989年），以及泰國的「黑色五月事件」（Black May）。關於東南亞政治體制，曾經編纂《開發與政治——東協各國的開發體制》（開発と政治——ASEAN諸國の開発体制，1994年）這本優秀研究論著的岩崎育夫，就在2009年的著作中重新提起了「開發與民主化」的問題。

但是，在民主化運動獲致一定的成果，面對下一階段課題「民主鞏固」（consolidation of democracy）的東亞，出現了愈來愈多的反動。人稱「**新威權主義體制**」[2]的非民主的政治體制，出現在泰國、菲律賓、馬來西亞等國家。這種民主化的動搖在世界各地發生，根據法蘭茲等人的研究，2014年當時在世界上有59個國家（占全體的40%）是繼承了威權主義體制的國家。同時，中國、越南、緬甸、柬埔寨等國家人們受到「經濟成長第一主義」的想法所驅使。即使不是「開發」，仍然在亞洲許多國家內部看到由經濟成長意識形態支撐的政治體制。

▷1　**新興工業國家（NICs）**
OECD不只是從經濟持續成長，也以工業產品占出口比例、製造業占就業人口比例、人均國民所得水準為標準，選出了NCIs。

▷2　**新威權主義體制**
威權主義體制是林茲（Juan Linz）將西班牙法西斯主義的例子概念化，歐唐納（Guillermo O'Donnell）用來分析拉丁美洲政治的一種非民主政治體制。至於採行民主制度，卻實施壓迫性政治運作的情況，就稱為「新威權主義體制」。

探究的重點

(1) 依然存在著「經濟發展與民主化的兩難」嗎？

(2)「開發國家」的概念也適用於日本的經驗嗎？

東南亞國協與地域合作

⑱ 地域合作的架構是以什麼為目標？　　　　　　　鈴木早苗

【關連項目：東南亞的民族國家、東南亞的民主化】

背景

　　東南亞國協（東協，ASEAN）是1967年成立的地域性機構，現在除了東帝汶之外，東南亞各國都已經加盟。成立之初的會員國屬於冷戰西方陣營，不但和沒有加盟的其他東南亞國家關係十分緊張，會員國彼此之間也是各懷鬼胎。冷戰結束後，東協成為東南亞全部國家加盟的組織，現在東帝汶也正在申請中。冷戰時期，東協在應對越南入侵柬埔寨，以及促進加盟各國的經濟發展方面，為東南亞的和平繁榮有諸多貢獻，受到好評。與域外大國建立關係方面，東協也提供了重要的組織基礎。同時，隨著擴大會員國導致組織原則產生動搖，以及**亞洲金融風暴**催生出深化合作的必要性，因此東協各國在2003年達成共識，決定建立東協共同體。東協共同體是由政治安全保障共同體、經濟共同體、社會文化共同體三大支柱所組成，特別是為了經濟共同體做出的各種努力，作為深化經濟整合而獲得區域內外的關注。

▷1　**亞洲金融風暴**
1997年，以泰國為震央，波及到韓國、馬來西亞、印尼，導致各國貨幣暴跌的經濟危機。雖然機構投資家大量賣空亞洲貨幣被認為是直接原因，但背後潛藏著亞洲各國金融體系的脆弱性。

論點

1. 為了國民整合展開之地域合作與政治整合的將來

東協是由冷戰期間屬於西方陣營的國家所成立，因此有人認為東協其實是個反共組織。不過，對同意成立東協的東南亞各國而言，重要的是為了專注於各自的國民整合與國家建設，必須消除彼此之間的懷疑，建構起的良好關係。大多數國家的政策負責人，都苦於應付國內共產勢力，因此東協成立時，最重視的是不干涉彼此內政的原則（**不干涉原則**）。冷戰時期的東協至少在控制會員國之間對立方面，發揮了正面的作用。同時，隨著越南入侵柬埔寨導致東南亞地域秩序變得不穩定，會員國之間對威脅的認知出現了分歧，讓東協無法發揮充分的功能。儘管如此，這個問題促成了聯合國介入，而國際社會也開始認識到了東協。

▷2　**不干涉原則**
寫於《聯合國憲章》第2條第7項，關於不應干涉他國內政的原則。

　　冷戰結束後，一方面是敵對的越南等國加入了東協，另一方面是原本的會員國也有經歷民主化的國家，讓整個東協會員國的政治體制變得相當多元。隨著國際間愈來愈重視民主化與人權等規範，東協也揭示了推動民主主義等組織原則。不過，由於新加盟國的反對，東協依然維持不干涉原則，質問政治體制的態度也只停留在對外呼籲而已。這點就清楚展現在東協對緬甸民主化問題的態度上面。

2. 對經濟整合的關心：

東協成立後不久，就接受了聯合國關於經濟合作的提案，開始著手進行。但是，冷戰時期的經濟合作

因為各國在經濟利害上的對立，所以停滯不前。反而會員國達成了各自的經濟
發展，冷戰結束後的東南亞已經被視為經濟上繁榮的地區。。

　　東協的經濟合作有實質進展，是1992年就東協自由貿易區（AFTA）達成共
識以後的事情。儘管達成共識之際就懷疑是否有實際成效，後續也經歷了亞洲
金融風暴帶來的經濟打擊，東協自由貿易區還是降低了關稅，招攬域外的投資。

　　亞洲金融風暴讓東協各國切身感受到深化經濟整合的必要性。高舉建構東
協共同體旗號的東協國家而言，最優先的目標是在東協經濟共同體的名義下，
統一各式各樣的經濟政策，不只包含商品貿易，還有投資及服務貿易自由化、
廢除非關稅壁壘等。各國都期待透過東協這個組織為基礎推動的經濟整合，能
夠讓東南亞地區轉變成充滿魅力的市場和生產地區，藉此蒙受其惠。但原會員
國與新加盟國之間的經濟落差過大，新加盟國如何追上經濟整合的速度，也成
為了問題。

3. 與域外大國的相處之道　　東協在冷戰期間被捲入堪稱中蘇代理人戰爭的柬埔寨
衝突，在冷戰後則拉攏域外大國，以東協為中心，或
是沿襲東協各項制度，陸續建立諸多地域合作架構。包括亞太經濟合作
（APEC）、東協區域論壇（ARF）、東協＋3（日中韓）、東亞高峰會（EAS）等，
東協在這些架構的組織營運中都肩負重要的功能。不行使武力、不干涉內政、
和平解決衝突、非正式協商、共識決，上述規範和程序稱為「東協模式」
（ASEAN Way），是穩定東協會員國之間的關係，甚至是域外國家想要參與東協
主導的地域合作組織之際，重要的規則與原則。另外，東協也會與主要的域外
國簽訂自由貿易協定（ASEAN+1 FTA）。

　　與此同時，也出現了批判的聲音，認為東協集結中小型國家的這個架構，
並沒有足以控制域外國家的力量。會出現這種批判，是因為會員國的利害不一
致，導致東協無法對外發表統一的方針。就有看法認為，尤其是在中國成為糾
紛國的南海主權問題，會員國對中關係的利害分歧浮上檯面，導致東協無法有
效對中國施壓。

探究的重點

(1)東協對其會員國而言有怎樣的意義？

(2)與域外大國的關係方面，東協擁有怎樣的交涉力量？

東南亞的民主化

19

其性質與背景為何？

根本敬

【關連項目：東南亞的政治與軍隊、開發獨裁】

背景

　　東南亞各國從1960年代起，大多採取開發主義政策，以最大化經濟成長為目標，建構了一套由國家動員國民的強權體制。結果，冷戰時期屬於西方陣營的幾個國家達到工業化與高度成長，可是也擴大了國內的貧富差距與政治不公。這些國家內部的社會同時也從第一級產業轉換成以第二和第三級產業為中心（產業社會化），促成都市中間階層的崛起。接著受到1991年冷戰終結這個國際環境劇變的影響，壓迫的政治體制慢慢開始鬆動，國民輿論變得可以透過選舉，在政治上發揮影響力。但是，在「結束」開發主義後的東南亞，可以看到各國多樣的政治現實。不管是哪一個國家，都稱不上是成功轉換為民主的政治體制。

論點

1. 是「民主化」，還是「後開發主義」？

　　首先，1990年代前半以降的變化真的算是民主化嗎？還是走在各自複雜道路上的「後開發主義時代」？儘管雙方都認同開發主義是已經「結束」的歷史現象，可是關於之後的發展卻出現了分歧的看法，國家（不論成功或失敗）真的有積極邁向民主化的意思嗎？還是在混雜了各種邏輯與利害之下展開行動？

　　就算是「民主化」，和先進國家中一般的自由民主主義（經濟自由主義與政治自由主義的合體，以公正選舉為前提的議會制民主主義，尊重少數意見與社會上的自由權）這種「標準」相比，現代東南亞全部11個國家的政治體制都完全不符合。各國之間都有巨大的落差，因此具體比較研究是重要的課題。

2. 圍繞民主化的混亂──泰國、緬甸的事例

　　泰國雖是採行議會制的立憲君主制國家，但過去發生過好幾次軍事政變，軍隊至今也持續干政，加上國王藉由獨特的方式介入政治，由國王權威與軍隊權限為基礎的「泰式民主主義」在一定程度上已經固定下來。由於對此也出現反彈，民主化的理想狀態就成為國家不穩定的要素。在思考泰國民主化的時候，除了探究上述實際狀況之外，需要留意同樣位在東南亞的新加坡，官僚制也有效發揮作用，有必須去思考這些事情對政治產生了怎樣的影響。

　　自1948年獨立以後，緬甸嘗試讓議會制民主主義固定下來的努力宣告失敗，軍隊在1962年開始長期把持政治。雖然在2011年將權力移交給民主政府，可是基於2008年制定的現行憲法，國家要由文官和軍人體制共同組成，分別承擔不

同職責，而軍隊在國防、國內治安（警察）與國境管理方面具有排他性的權限。然而隨著2021年2月發生政變，緬甸再度倒退回軍政，軍隊不願意服從文官政府的態度受到了批判。該國自2016年起就因為**羅興亞難民問題**[1]飽受國際批判，在國內也圍繞著嚴重少數民族問題在內的聯邦制應有樣貌，不斷出現對立。

3. 中國的影響

對於打出「**一帶一路**」*外交政策的中國而言，位於「一路」上的東南亞是特別重要的地區之一。不能忽略中國從宣稱南海主權開始，透過經濟援助與進出口等經濟上的力量，強烈加諸於東南亞各國的影響。其中特別是柬埔寨，雖然為君主立憲制的議會制國家，但進入21世紀以後執政的人民黨，愈來愈傾向獨裁，同時在經濟上極度依賴愈來愈靠近的中國。這和中國在「拋開」民主化後急遽崛起為經濟大國，不能說毫無關係。很有可能是因為獲得中國莫大的援助，讓柬埔寨的決策者萌生出「即使不進行民主化，也有可能達到經濟成長」的念頭。「經濟成長與民主化之間的關係」這個歷久彌新的問題，應用到研究對中關係糾纏不清的東南亞各國的課題上，仍有其意義。此時，對於各國採取的對中政策，不能只從現況來分析，還必須回到其歷史背景，而過去東南亞與中國之間的關係史，也需要從新的視角來進行考察。

▷1　**羅興亞難民問題**
羅興亞是住在緬甸西部沿海地區若開邦（Rakhine）的穆斯林民族集團，自1970年代開始便受到緬甸的壓迫，爆發了許多次流亡到鄰國孟加拉的難民問題。特別是2016年以後，緬甸軍隊過度嚴苛的治安對策讓難民增加到100萬人，成為國際問題。

*　「一帶一路」
參照 V-24 注3。

探究的重點

(1) 以自由民主主義為標準，試著思考與東南亞各國的政治體制及其實際狀況之間，有哪些不同之處。

(2) 試著回顧歷史來比較泰國、緬甸、柬埔寨民主化陷入混亂的原因。

(3) 試著思考中國拋開民主化仍達到經濟成長這件事情，對東南亞各國產生了怎樣的影響？

中日戰爭的展開

戰爭為什麼會走向長期化？

關 智 英

【關連項目：中國民族主義的形成、日本占領東南亞、國共內戰】

背　景

　　中日戰爭的背景雖然是1931年9月的滿洲事變，與隔年3月滿洲國的成立，但其淵源可以追溯到日本社會從日俄戰爭以後，就認為滿洲是日本擁有權益的地區。面對在滿洲國成立後，意圖將勢力擴張到鄰近華北地區（華北分離）的日本，中國始終不曾放下戒心。在這樣的情況下，日本的**支那駐屯軍**在1937年7月於北平（現為北京）郊外的盧溝橋附近，與中國軍隊發生了衝突。一開始中日兩軍摸索就地解決的方法，日本政府也發表了不擴大衝突的方針。但是中日雙方隨後繼續投入兵力，蔣介石也發表了**「最後關頭」演說**來表明抗戰的覺悟。同年8月也在上海爆發了戰鬥，日軍雖然在中國軍隊的激烈抵抗下陷入苦戰，還是在12月占領了國民政府的首都南京。與此同時，國民政府遷都重慶繼續抗戰，中國共產黨也加入統一戰線來攜手合作。日本為了避免美國發動中立法案，所以不稱「戰爭」而稱「事變」，但還是發展為長期的戰鬥。日軍在1938年中占領了沿海的主要都市，並開始轟炸重慶（**重慶轟炸**）。同年12月，在國民政府中地位僅次於蔣介石的汪精衛（兆銘），響應日本的和平號召逃離重慶，1940年3月以「國民政府從重慶遷回南京」（還都）的姿態，建立新政權（汪政權）。這時候對蔣介石而言，是抗戰最艱苦的時期，但隨著1941年12月日本對英、美開戰，重慶國民政府遂以同盟國一員的身分，對日本發出宣戰布告。日本將中國戰線的兵力分到南方，發動建軍以來最大規模的地面作戰——大陸打通作戰（一號作戰），但中日之間仍然欠缺決定性的一擊，戰線陷於膠著。

論　點

1. 中日雙方過於樂觀的估計

　　中日戰爭長期化的其中一個原因，就是日軍出於滿洲事變的經驗，認為中國軍隊「稍微恫嚇就會屈服」（對支一擊論）。但是遠遠超出日方預料的是蔣介石投入了精銳部隊來抵抗。滿洲事變後，蔣介石雖然高舉「**安內攘外**」的口號，但還是推測不久的將來會發生對日戰爭，因此在日本攻擊之際就已經做好迎擊的覺悟。只是蔣介石也警戒著戰線拉長會讓共產黨崛起，所以將精銳部隊集結在上海，意圖在短期之內殲滅日軍。蔣介石心中的盤算是在國際都市上海進行抗戰，就能獲得各國的支援，進而導向勝利。

　　反之，日本的戰爭觀念認為只要攻陷城池（首都），戰爭就會結束。南京陷落後，近衛文麿內閣發表「爾後不以國民政府為對手」的聲明，期待取代國民

政府的新政權登場，但這種自斷與重慶進行外交談判管道的做法，讓早期就能結束戰爭的目標漸行漸遠。當然，日本在檯面下也透過複數管道和重慶方面交涉，雙方在防堵共產黨和駐兵權方面也能達到妥協，但是不論是哪次交涉，最後都牽扯到滿洲國的存在。對中國而言，滿洲國是日本策畫下建立的「偽國」，完全無法承認其存在。至於對日本而言，滿洲國則是遞交國書的友邦，要解散也有困難。就這樣，中日之間的和平直到日本宣布投降為止，都未能開花結果。

2. 日軍占領地

在戰線拉長的過程中，日軍必須面對的就是經營占領地的問題。日本在各個占領地成立了上海市大道政府、中華民國維新政府等政權，底下有不少和日本人合作的中國人在活動。抗戰方唾棄這些人為「漢奸」，他們到戰後也始終背負著這種評價。正因如此，過去幾乎不曾關注他們是抱持著怎樣的盤算參與占領地政權。可是在汪政權成立前後的時期，國際局勢是軸心國陣營占了上風，直到日本對英、美宣戰後戰局居於劣勢為止，戰爭的走向都不明朗。因此，以日本在東亞的影響力為前提，展望中國將來的樣貌，這樣的作為可以說是合理的判斷。汪政權成立之後，匯整了占領地的各個政權，而汪政權和重慶國民政府之間的角力也相當值得關注。如同汪政權**實施憲政**◁5後，觸發了重慶方面憲政運動的活躍，占領地的動向也會牽動抗戰方的舉動。在討論占領地政權的時候，不只是與日本的關係，也必須從合作者的主體性，以及作為中國其中一個政權的面向來探討。

3. 中國社會的變遷

長時間與日本這個外敵的對抗，讓「中國人」意識廣泛深植人心，也強化了中國的民族主義。隨著遷都重慶，都市地帶的知識分子移居內陸，讓過去一直被視為落後地區的內陸地帶獲得重視。此外，國民政府為了抗戰而必須廣泛團結社會上各個階層，所以在一定程度上需要採納反對國民黨獨裁的共產黨與民主派人士等國民黨以外的意向。作為諮詢機構而設立的國民參政會，可以說是戰爭帶來的成果。即便如此，中國的行政權力尚未滲透到社會末端與基層之中，徵兵和徵調物資都偏重特定地區，和當時的日本社會相比來得困難重重，而且往往採取暴力的手段。為此，基層社會不斷累積對國民政府的不滿。在這樣的狀況下，共產黨以農村地帶為中心擴大了勢力。中日戰爭以後，中國的國共內戰激化，共產黨高舉的階級鬥爭與土地革命邏輯，迅速滲透到社會之中，但其擴散的基礎在中日戰爭期間就已經萌芽。

▷5　**實施憲政**
國民政府在1936年5月發布了憲法草案（五五憲草），預定等國民大會審議通過後就要實施憲政，但因為中日戰爭而宣告中斷。對國民政府而言，實施憲政是個能擔保其正當性的重要政治課題。

探究的重點

(1) 中日戰爭為什麼會走向長期化？

(2) 協助日本的人是在怎樣的盤算下選擇與日本合作？

(3) 中日戰爭對中國社會及其後歷史，產生了怎樣的影響？

國共內戰

21

為何中國共產黨會獲得勝利？

杜崎群傑

【關連項目：中日戰爭的展開、中國社會主義的建立】

▷1　《雙十協定》
中日戰爭結束後的1945
年，在國民黨與共產黨之
間簽訂的協定，因為在10
月10日簽署而得名。正式
名稱是《政府與中共代表
會談紀要》。雙方在迴避內
戰、政治民主化、各黨派
平等與合法、軍隊國家化
等方面達成了共識。基於
這項協定，在之後召開了
政治協商會議。

背　景

　　第二次世界大戰結束後的1945年10月10日，國共兩黨簽訂了**《雙十協定》**[1]，意圖終結兩黨的分裂與對立，並在中國建立民主政權。但是，違背了大眾渴望和平的心意，1946年左右起國共內戰正式爆發。國民黨軍隊在內戰初期占了優勢，可是到了1947年下半年之後，共產黨的人民解放軍轉守為攻。到了1949年，內戰的勝負大致底定。同年10月1日，中華人民共和國發表建國宣言。那麼，為什麼共產黨能夠取得最後的勝利呢？

論　點

1. 過去的解釋

　　關於這個問題，過去都是採取「革命史觀」，也就是共產黨方面的歷史觀來解釋。簡單來說，共產黨比國民黨更能代表「民主」，在中國全境受到大眾的支持。此外，他們廣泛在農村推動土地改革，也獲得貧困農民的熱烈支持，得以進行軍事動員，進而贏過國民黨。前者的視角認為勝利的關鍵在於共產黨取得的正當性，後者則是看重共產黨的社會改革。但是，近年來的研究則提出了相異的解釋。

2. 士兵動員的問題

　　首先在土地改革方面，目前知道雖然確實有助於強化共產黨的統治，可是沒有按照原定計畫執行，實際上反而造成了秩序的瓦解。結果在被動員的人當中，比起真的有抱持著革命意識的人，大多數人是為了尋求更多的利益與「優待」。隨著土地改革等群眾運動的施行，懷有不知道什麼時候會遭到批鬥的恐懼，導致無法拒絕動員的要求，或是強制動員的例子都隨處可見。歸根究柢，土地改革由於耕地對人口的不足，很清楚看到就算徹底執行，也無法給予農民足夠的土地。在這層意義上，土地改革確實有間接的意義，但不能直接連結到內戰的勝利。再說，共產黨的軍隊是活用了與土地無緣、已經武裝化的既有武力，並且積極拉攏敵軍將士。因此，如今多少有必要重新檢討共產黨動員的實際情況。只是，同樣也明顯看到國民政府肆無忌憚地在「掠奪」底層社會。

3. 從國際關係的問題來看

　　當時世界正在走向冷戰。在這樣的局勢中，國民黨獲得美國、共產黨則獲得蘇聯的支援。只是，美國政府終究希望中國方面能展開和平交涉，也強烈懷疑國民黨與國民政府的統治能力。此外，美國輿論也和獨裁的國民政府保持距離。基於這些理由，美國始終只提供國民黨小規模的經濟援助，軍事上也只有間歇的支援。

另一方面，蘇聯在日本投降前就進駐中國的東北地區，將在當地接收的舊日本軍武器與裝備提供給共產黨。除此之外，共產黨以北朝鮮為戰略腹地，從蘇聯手中獲得糧食、衣物、石油、彈藥等物資。儘管東北聚集了舊滿洲國的資源，是戰略上的重要地區，但國民黨卻完全不能插手。國民政府就這樣喪失了取得重要設備和武器來源。

在思考共產黨勝利的關鍵上，這種國際環境也是重要的課題。

4. 從正當性的問題來看　　本來中日戰爭就重挫了國民黨主導的各項改革。同時，國民黨內部腐敗蔓延，國民政府在戰後混亂時期抑制通貨膨脹與失業的政策也宣告失敗。而且，國民政府為了確保內戰的預算，還採取赤字預算、濫發貨幣的手段，導致通貨膨脹一發不可收拾，信用也一落千丈。再說，集結各黨派來討論中國統一的政治協商會議，在決議的過程中針對邁向民主化的具體進程有諸多提案，但國民黨卻單方面作廢，逕行通過中華民國憲法，這也導致他們在政治上陷入孤立。當然這些都是共產黨所強調的面向，但國民政府最終嚴重削弱了自己的正當性，也無法動員厭惡內戰的一般大眾來投入戰爭。

對此，共產黨則與反對國內內戰、追求民主化的民主運動攜手合作，整合了批判國民政府的勢力。共產黨在戰爭期間基於統一戰線提出「聯合政府」的構想，結果成功拉攏了中間派。此外，也透過保護民間工商業，表明會追求其發展，獲得了原本在思想上定位為敵人的工商業者支持。共產黨直接看到了國民政府在經濟上的失策，了解到經濟政策的失敗，會大大損害自己的正當性。結果共產黨成功召開**中國人民政治協商會議**[2]，強化了自己的正當性。

在思考共產黨在國共內戰中勝出的關鍵時，這種正當性的問題也是重要的論點。

▷2　**中國人民政治協商會議**
由中國共產黨、各民主黨派、各團體、各界代表組成的全國統一戰線組織。直到1954年召開人民代表大會召開為止，中國人民政治協商會議都代行其職，作為代表全國國民意志的最高權力機構。在1949年通過了《中國人民政治協商會議共同綱領》，期盼能發揮「臨時憲法」的作用。

探究的重點

(1) 取代過去的邏輯，造成國民黨與共產黨命運分歧的關鍵是什麼？具體來說是如何直接導致勝敗的結果？

(2) 各自的現象對之後的中國（乃至於全世界）產生了怎樣的影響？

中國社會主義的建立

㉒ 是如何建構起來，又留下了什麼？

加島潤

【關連項目：國共內戰、文化大革命】

背景

社會主義主要是針對工業革命以降發生的種種社會問題，意圖不以個人，而是以集體的方式來解決的思想。同時，歷經1917年的俄國革命，以1922年成立的蘇聯為代表，社會主義也是20世紀實際存在的體制。雖然19世紀下半葉以降，中國如何接納社會主義這個問題是個重要的研究主題，於此僅討論作為體制的社會主義是如何建立。實際存在的社會主義體制，一般具有以下特徵：①生產工具的公有②基於計畫的資源分配③一黨壟斷政治權力。

社會主義體制在中國的建立，其開端是中國共產黨（以下簡稱為中共）在內戰中打敗中國國民黨，於1949年成立的中華人民共和國。但是，中共並不見得就在1949年馬上引進了社會主義體制。整個建立的過程曲折迂迴，對其後社會主義體制本身的樣貌也造成了影響

論點

1. 為什麼會建立？

中共的領導人在1949年這個時間點，認為中國是落後的農業國家，要成為像蘇聯那樣的社會主義國家，會是很久以後的事情。會出現這種看法，是根據馬克思主義歷史觀，各國社會將從原始共產主義、奴隸制、封建主義、資本主義，再發展到社會主義（接下來就是共產主義），所以資本主義尚未發達的中國，要轉換到社會主義還為時尚早。

這種看法產生重大轉變，官方正式提出要立刻轉移到社會主義，是中共最高領導人毛澤東於1953年發表的「**過渡時期總路線**」▷1。此後，中國急遽朝著建立社會主義體制來邁進，1953年第一次五年計畫開始了基於計畫的資源分配，1956年完成**社會主義改造**▷2後，基本上達成了生產工具的公有。

於此不免會產生疑問，為什麼毛澤東會突然提起要轉移到社會主義。關於這點，近年的研究認為是受到1950年韓戰爆發與中國參戰的強烈影響。換言之，這樣的看法認為在韓戰固定了東亞的冷戰結構，確定會發展成與美國長期對抗的情況下，毛澤東才會採取更容易動員資源到國防上的社會主義體制。

2. 為什麼會成為可能？

可是，儘管毛澤東做出了要轉移到社會主義的決斷，實際上要如何建構社會主義體制仍然是個問題。尤其是當初1949年允許存在的資本家，以及剛從1950年土地改革獲得自己土地的農民，能夠輕易接受這種劇烈轉變的方針嗎？

▷1　**過渡時期總路線**
1953年6月15日，毛澤東在中共中央政治局擴大會議中提出了轉移到社會主義的方針。他說黨的任務是在10～15年內，或者稍微長一點的時間內，完成基礎的國家工業化與社會主義改造。之後在1954年2月10日的中共第7屆中央委員會第4次全體會議上成為黨的正式方針。

▷2　**社會主義改造**
將私有的生產工具（為了生產使用的物質要素）公有化的政策，具體來說包括農業的集體化、私營工商企業的公私合營（半國營）化、手工業的合作經營化。特別是1955年後半到1956年時加速推動，比一開始「過渡時期總路線」預期還要早的時間之內就宣告完成。

關於這個問題，近年的研究注意到中國參加韓戰時展開的戰時動員，已經建立起一種近似社會主義體制的管制體制。比方說，在「物」和「錢」方面，早早就在戰時非常狀態的名義下強化了管制，民間企業也因為軍需的增加，成為政府和軍隊的承包商。也有人關注這種社會主義體制與戰時動員之間的親和性，指出中日戰爭以後中國總體戰態勢和社會主義體制的連續性。

更重要的是，中共透過「群眾運動」的方式進行的政治（＝人）管制。這種做法是由中共的末端領導者讓社會各集團內的群眾彼此互相批鬥，創造出「內部敵人」來提高政治凝聚力。1950年代前半，以肅清反革命運動及**三反五反運動** [3] 的形式展開，而這種方式後來也為1957年的反右派鬥爭，以及1966～1976年的文化大革命所承襲。因此，解開「群眾運動」的機制，可以說是了解中共政治統治形態的關鍵。

3. 帶來了怎樣的影響？

社會主義體制的建立為中國帶來了什麼？要正確回答這個問題，其實並不容易。首先最直接顯而易見的事實，是在政府主導的積極投資之下發展的重工業化，推動了一定程度的經濟成長。可是，1958～1960年大躍進政策失敗與文化大革命導致的政治混亂，嚴重損害了中國的社會經濟。此外，由於中國走在獨自的社會主義路線上，與美國及1960年代以後的蘇聯對立後，在國際上陷於孤立，所以很難從國際經濟關係方面獲得好處，如引進外國先進技術，或是接受外國資本等。

更值得關注的是，社會主義體制儘管1978年年底的改革開放政策後實質瓦解，其影響仍然一直持續下去。例如：即便現在不斷推進市場經濟化，政府仍然強硬介入土地市場，而且1958年確立的戶籍制度所造成的都市與農村分裂，至今仍舊存在。想徹底了解社會主義體制建立後在歷史上造成的衝擊，有必要去探討這些持續到改革開放以後的長期影響，不過這方面的研究還不夠充分。

▷3　**三反五反運動**
1951～1952年展開的「群眾運動」，「三反」是要反「三害」，國家機構與國營企業幹部的貪汙、浪費、官僚主義；「五反」則是要取締「五毒」，資本家的行賄、偷稅漏稅、偷工減料、盜騙國家財產與盜竊國家經濟情報。

探究的重點

(1) 試著分別從都市和農村的角度，思考社會主義體制建立帶來的影響。
(2) 中國現在碰到的問題，有哪些是源自於社會主義體制？

文化大革命

(23) 為什麼會發生文革？

金野 純

【關連項目：中國社會主義的建立】

背 景

　　文革雖然是始自1966年，在這之前發生的政治事件已經透露端倪。特別重要的是，1965年11月，吳晗（北京市副市長）與鄧拓（北京市黨委會書記）執筆的文章，暗中批判了毛澤東，結果遭到姚文元（《解放日報》編輯委員）與江青（毛澤東妻子）非難的事件。以這起事件為導火線，中國共產黨內的政治對立浮上檯面。

　　之後，在揮舞絕對權力的毛澤東主導下，1966年5月通過了「中國共產黨中央委員會通知」（通稱五一六通知）。在這項通知中，出現了「無產階級文化大革命」的說法，並呼籲批判「黨裡、政府裡、軍隊裡和文化領域各界裡的資產階級代表人物」。接著在同年8月，通過了「關於無產階級文化大革命的決定」（16條），開始批判「走資本主義道路的當權派」（走資派）。在這當中，透過對毛澤東宣示忠誠的政治家與紅衛兵[1]，殘酷肅清了眾多政治家與知識分子，就連劉少奇（國家主席）與鄧小平（中央書記處總書記）等最高幹部，也逃不過批判與暴力。

　　在1969年毛澤東的政敵幾乎都遭到肅清後，中央政府展開了收拾混亂的行動，於同年召開的第9屆全國代表大會上，一方面重新確認了毛澤東的權威，一方面也討論了如何重建陷於癱瘓的黨組織。同時身為軍方領袖並支持毛澤東的林彪就任為唯一的黨副主席，肩負恢復治安的重要角色，讓軍方在政治上崛起。但在1970年代，林彪政變未遂曝光，民眾也對無止盡的政治運動感到疲倦，懷疑和不滿文革的情緒於是蔓延開來。

論 點

1. 國際環境的重要性

　　關於文革，一般都是從權力鬥爭等中國國內政治史的角度來解釋，但同時不能忽略的是當時的國際環境。特別是1950年代後半以降的臺灣海峽危機與中蘇關係惡化而變得緊繃的國際關係，也讓中國國內政治陷入緊張。為了「防範帝國主義的侵略」，中共在1958年以降高舉「全民皆兵」，在中國全境的工廠、學校、政府機構和企業內建立了民兵組織。

　　近年的研究中，特別重視的是毛澤東對「修正主義[2]」的強迫觀念。毛澤東受到赫魯雪夫批判史達林的衝擊，認為蘇聯的路線變更是「修正主義」而保持警戒，並且在認識到社會主義國內也存在階級與階級鬥爭，以及社會主義與資

本主義之間鬥爭的情況下，開始主張有必要繼續革命。這正是發動文革的理論依據。故此，文革中有許多人被貼上「走資本主義道路」的標籤，成為殘酷肅清的對象。

2. 暴力

關於文革造成的犧牲者數量，不存在明確的統計數字。故此，迄今為止關於文革的暴力現象，有提出死亡人數為1000萬這個過度膨脹的數字，刻意強調旁若無人的紅衛兵恣意迫害人民的形象。不過，根據最近的研究結果顯示，這類一般的記述是有問題的。

魏昂德（Andrew G. Walder）等人的研究團隊，根據所有能夠入手的地方材料來收集犧牲者的數據，並考慮誤差來做統計上的處理。他們的研究成果顯示，文革的死亡人數約在110～160萬人之譜，遭迫害的人數則有2200～3000萬人。不僅如此，他們也指出大約74%的死者並非紅衛兵暴力的犧牲者，而是受到來自共產黨政權（包括地方政府、軍隊，以及治安維持組織）由上而下的暴力。

3. 對民族問題的關心

近年來，從民族的視角來理解文革的研究也漸漸增加。比方說楊海英的研究就指出文革時期內蒙古自治區的蒙古族人口有大約1500萬人，結果光是中國政府的官方說法，就有34萬6000人被冠上「反黨叛國集團」與「民族分裂主義者」的汙名，有大約2萬7900人遭到殺害。

然後，在文革中的1969年，內蒙古自治區東部的呼倫貝爾盟、哲里木盟、昭烏達盟，分別被編入黑龍江省、吉林省、遼寧省底下。這種從民族角度來看是「割裂自己土地」的作為，也是文革帶來的結果，同樣值得關注。

4. 制度的問題

過去的文革研究，以毛澤東與林彪這些政治行動者為核心的政治過程分析，以及聚焦在紅衛兵這種集體的社會學分析，累積了許多的成果。但是，近年來分析暴力的研究有飛躍性的成長，揭露了當時制度上的脆弱性，及其與文革之間的關連，因此制度面作為研究主題的重要性也跟著提高。特別是有很多研究指出文革期間陷於癱瘓的司法制度脆弱性與暴力之間的關係。例如：譚合成針對湖南省道縣大屠殺的個案研究，指出當時群眾組織取代司法活動的行為，嚴重到私設刑庭的程度，而這就是肆無忌憚的酷刑得以獲得正當性的關鍵。

探究的重點

(1) 可以如何來說明發生文革的原因？
(2) 文革對中國的政治與社會產生了怎樣的影響？
(3) 在思考當前中國的時候，文革具有怎樣的意義？

中國經濟的躍進

（24） 其原動力為何？　　　　　　　　　　　　　　　伊藤亞聖

【關連項目：中國社會主義的建立】

背 景

　　1978年12月中國共產黨第11屆中央委員會第3次全體會議（十一屆三中全會）以降，中國經濟實現了穩定的高度成長，人均所得水準與國家整體經濟規模都有大幅躍進。1978年，中國的人均GDP（換算成當年的美元）是156美元，比撒哈拉以南非洲的平均497美元還低。從1949年中華人民共和國成立，到1970年代為止的計畫經濟期間，不但經濟停擺，農民每人的農業生產力也相當低迷。1978年以降，中國推動漸進式市場化改革，1991～2014年這24年間，中國維持了年成長率7%以上的高度經濟成長，2010年超越日本，成為世界第二大的經濟體。2018年的時候，中國的人均GDP已經達到9771美元，在世界銀行基準中屬於中高所得國的水準。雖然成長率在2010年代開始走下坡，假設在2020年代能實現穩定成長，則有可能超越美國成為世界最大的經濟體。

論 點

1. 經濟成長的原動力為何？　　和計畫經濟時期相比，改革開放時期的中國用豐富的勞動力在國際分工中爭取到一席之地。計畫經濟時期受到韓戰與越戰等安全保障環境影響，他們不能仰賴西方各國的資本與技術。儘管在經濟上缺乏效率，他們還是致力在內陸地區分散建立重化學與軍事工業據點。對此，改革開放時期的重心則是設置在沿海地帶的經濟特區，接受外資企業的直接投資，從輕工業領域積極參與國際分工。故此，計畫經濟時期的戰略可以歸納為「否定**比較優勢**型戰略」，改革開放時期則是「追隨比較優勢型戰略」。

▷1　**比較優勢**
（ comparative advantage ）
這種看法認為有鑒於一國經濟資源的蘊藏狀況，各國專注在相對能發揮豐富資源的部門上，透過國際貿易來輸入和輸出財富，讓全體能獲得更高的利益和效用。

　　要達到這樣的戰略轉換，就必須進行制度改革。相較於東歐舊社會主義國家採用一口氣引進市場經濟一口氣的「大爆炸取徑」（big bang approach），中國則是選擇階段性的改革。十一屆三中全會之後，先是推動了個體經濟為主體的改革，讓人民公社的集體農業回歸到個別農戶經營，擴大國營企業自主權，並且允許非公有制企業。1992年10月，中國共產黨第14屆全國代表大會確立了「社會主義市場路線」，之後制定了現代的企業法、整頓股票市場與證券法，還有保護私有財產權等總體制度改革。結果就是公有制企業占工業生產的比率持續下降，民營經濟則被視為經濟成長的原動力。

　　在中國經濟的發展機制中，民營化、工業化、都市化、國際化等層面，都可以用發展經濟學的標準架構來解釋。同時，在出口型工業戰略與人口動態上

也明顯和東南各國有著共通性。在這之上，中國也有值得關注的獨特性，比方說國內地方官員的晉升機率，就按照管轄地區的經濟成長成果來決定，因此每個人都努力達到地方經濟成長的最大化。這種晉升競爭論和分散風險採取的外包制度所發揮的效果，都被清楚點了出來。

2. 成長會持續下去嗎？　　歷經高度成長的時代，中國在2008年的世界金融危機以後，透過4兆元的大規模景氣刺激政策，讓經濟成長率在一時之間提升，但之後就有下滑的傾向。不僅是國內投資效率的低落，景氣刺激政策也造成國有部門的肥大化，出現了所謂「國進民退」的說法，至於國外則將黨國一體的體制稱為「國家資本主義」。特別是指出國有企業部門調整過剩生產的能力，並且強化公司治理（corporate governance）。同時，有很多國家到達中等所得國家階段之後，就沒有辦法繼續維持經濟成長。根據這種國際經驗就有人提出「**中等收入陷阱**」▷2的看法。中國隨著少子高齡化，自生產年齡人口（15～64歲）在2010年迎向高峰以後，其危機感便表現在「未富先老」這句話。美中對立自2018年以來急遽升溫，不只是貿易層面，在技術競爭方面上也變得相當激烈。美國政府背後擔心中國在威權主義體制底下，於人工智慧等領域到達技術前緣的事實。

3. 中國會如何改變亞洲，乃至於整個世界？　　2013年以降，習近平政權提出稱為「**一帶一路**」▷3的大範圍開發構想，著重在中國與新興國家之間的基礎建設，來讓關係變得密切。中國政府主導了亞洲基礎建設投資銀行（亞投行，AIIB）為代表的新國際機構之設立，並利用大規模的展示會，持續整備政策對話的場合。從東南亞各國的反應來看，他們雖然期待強化對中關係帶來的經濟成長效果，但作為小國也很明顯避免過度依賴中國一個國家。非洲大陸與南亞對於中方提供的貸款與中國企業的建設能力，在當地有正面的評價，但同時出現了批判聲浪，認為讓當地政府陷入官方過度貸款的「債務陷阱」。2018年以來，中國和美國川普政權之間的摩擦變得更加明顯，圍繞中國的國際局勢也持續變化。中國靠著成為世界第二經濟大國的經濟力，如何改變亞洲，甚至是世界上的國際關係，持續受到矚目。

▷2 **中等收入陷阱**
第二次世界大戰後，雖然有很多國家達到中等所得的階段，卻很少能發展成高所得的國家，據此提出的假說。達到中等所得國家水準後，需要進一部更廣泛地整頓制度、培育人才，以及累積研究開發的能力。

▷3 **「一帶一路」**
最初是從中國經陸路通往歐洲的「絲綢之路經濟帶」，與海路前往歐洲的「21世紀海上絲路」所組成，其後轉變為囊括非洲在內的大範圍複合開發合作構想。

探究的重點

(1) 中國經濟達到中等所得國家階段以後，還能穩定成長嗎？
(2) 中國經濟的發展機制有哪些標準和異常的地方？
(3) 中國政府和企業在國外具體進行了怎樣的活動、當地又如何評價這些活動？

日文參考文獻

第I章

I-1　前田徹《メソポタミアの王・神・世界観──シュメール人の王権観》山川出版社，2003年。
　　　柴田大輔〈アシュリアにおける国家と神殿──理念と制度〉《宗教研究》89（2），2015年。
　　　柴田大輔、中町信孝編《イスラームは特殊か──西アジアの宗教と政治の系譜》勁草書房，2018年。

I-2　佐藤次高編《西アジア史I》山川出版社，2002年。
　　　蔀勇造《物語　アラビアの歴史》中央公論新社，2018年。

I-3　伊藤義教等《ヴェーダアヴェスター》筑摩書房，1967年。
　　　足利惇氏《ペルシア帝國》講談社，1977年。
　　　伊藤義教《ゾロアスター研究》岩波書店，1977年。
　　　メアリー・ボイス（Mary Boyce，山本由美子譯）《ゾロアスター教3500年の歴史》筑摩書房，1983年。
　　　岡田明憲《ゾロアスターの神秘思想》講談社，1988年。
　　　前田耕作《宗祖ゾロアスター》筑摩書房，1997年。

I-4　マーク・レーナー（Mark Lehner，内田杉彦譯）《図説ピラミッド大百科》東洋書林，2001年。
　　　近藤二郎《エジプトの考古学改訂版》同成社，2012年。
　　　大城道則《図説ピラミッドの歴史》河出書房新社，2014年。
　　　田中宏幸、大城道則《ミュオグラフィ──ピラミッドの謎を解く21世紀の鍵》丸善出版，2017年。
　　　大城道則、青山和夫、關雄二《世界のピラミッド大事典》柊風社，2018年。

I-5　大城道則《古代エジプト文明──世界史の源流》講談社，2012年。
　　　河合望《ツタンカーメン──少年王之謎》集英社，2012年。
　　　大城道則《ツタンカーメン──「悲劇の少年王」の知られざる実像》中央公論新社，2013年。

I-6　川田順造《無文字社會の歴史──西アフリカ・モシ族の事例を中心に》岩波書店，1976年。
　　　アフリカの歴史起草のたけのユネスコ国際学術委員會編《ユネスコ・アフリカの歴史》（全6巻）同朋舍出版，1988〜1992年。
　　　W・J・オング（W. J. Ong，桜井直文、林正寛、糟谷啓介譯）《声の文化と文字の文化》藤原書店，1991年。
　　　武内進一《現代アフリカの紛争と国家──ポストコロニアル家産制国家とルワンダ・ジェノサイド》明石書店，2002年。

I-7　モーティマー・ウィーラー（Mortimer Wheeler，曾野壽彦譯）《インダス文明》みすず書房，1966年。
　　　辛島昇、桑山正進、小西正捷、山崎元一《インダス文明──インド文化の源流をなすもの》日本放送出版協会，1980年。
　　　近藤英夫《インダスの考古学》同成社，2010年。
　　　長田俊樹《インダス文明の謎──古代文明神話を見直す》京都大学学術出版会，2013年。
　　　小茄子川歩《インダス文明の社会構造と都市の原理》同成社，2016年。

I-8　杉本直治郎《東南アジア史研究I》日本学術振興会，1956年。
　　　桃木至朗、樋口英夫、重枝豊《チャンパ──歴史・末裔・建築》めこん，1999年。

I-9　青山亨〈シンガサリ＝マジャパヒト王国〉石澤良昭編《東南アジア古代国家の成立と展開》（岩波講座東南アジア史　第2巻）岩波書店，2001年。

　　　青山亨〈インド化再考——東南アジアとインド文明との対話〉《総合文化研究》10，2007年。

　　　藤原貞朗《オリエンタリストの憂鬱》めこん，2008年。

I-10　ロタール・フォン・ファルケンハウゼン（Lothar von Falkenhausen，穴澤咊光譯）〈中国考古学の文献史学指向〉《古文化談義》第35集，1995年。

　　　岳南（朱建榮、加藤優子訳）《夏王朝は幻ではなかった——1200年溯った中国文明史の期限》柏書房，2005年。

　　　竹内康浩《中国王朝の起源を探る》山川出版社，2010年。

　　　渡邊英幸〈禹蹟から諸夏へ〉《古代「中華」概念の形成》岩波書店，2010年。

　　　飯島武次《中国夏王朝考古学研究》同成社，2012年。

I-11　貝塚茂樹《中国古代史学の発展》中央公論社，1986年。

　　　竹内康浩〈《春秋》から見た五等爵制——周初に於ける封建の問題〉《史学雑誌》100（2），1991年。

　　　吉本道雅〈春秋五等爵考〉《東方学》87，1994年。

　　　貝塚茂樹、伊藤道治《古代中国》講談社，2000年。

　　　小南一郎《古代中国　天命と青銅器》京都大学学術出版会，2006年。

　　　佐藤信彌《周——理想化された古代王朝》中央公論新社，2016年。

　　　吉本道雅〈周室東遷再考〉《京都大学文学部研究紀要》56，2017年。

　　　佐藤信彌《中国古代史研究の最前線》星海社，2018年。

I-12　小倉芳彦《中国古代政治思想研究——《左伝》研究ノート》青木書店，1970年。

　　　岡村秀典《中國古代王権と祭祀》学生社，2005年。

　　　平勢隆郎《都市国家から中華へ》（中国の歴史2）講談社，2005年（繁體中文版為《從城市國家到中華：殷周與春秋戰國時代》臺灣商務，2018）。

　　　夫馬進編《中國東アジア外交交流史の研究》京都大学学術出版会，2007年。

　　　費孝通編著（西澤治彦等譯）《中華民族の多元一体構造》風響社，2008年。

　　　渡邊英幸《古代「中華」観念の形成》岩波書店，2010年。

　　　葛兆光著，辻康吾監修（永田小繪譯）《中国再考——その領域・民族・文化》岩波書店，2014年。

　　　籾山明、ロタール・フォン・ファルケンハウゼン（Lothar von Falkenhausen）編《秦帝国の誕生——古代史研究のクロスロード》六一書房，2020年。

　　　王明珂《華夏邊緣——歷史記憶與族群認同》允晨文化實業，1997年。

I-13　栗原朋信《秦漢史の研究》吉川弘文館，1960年。

　　　宮崎市定〈史記李斯列伝を読む〉《宮崎市定全集5　史記》岩波書店，1991年。

　　　吉本道雅《史記の探る》東方書店，1996年。

　　　鶴間和幸《秦帝国の形成と地域》汲古書院，2013年。

　　　工藤元男編《睡虎地秦簡訳注》汲古書院，2018年。

　　　宮宅潔〈秦代徭役、兵役制度の再檢討〉《東方学報》京都94，2019年。

I-14　鎌田重雄《秦漢政治制度の研究》日本学術振興会，1962年。

　　　杉村伸二〈前漢景帝期国制転換の背景〉《東洋史研究》67（2），2008年。

　　　冨田健之《武帝》山川出版社，2016年。

　　　宮宅潔〈「中華帝国」の誕生〉《B. C. 220年——帝国と世界史の誕生》山川出版社，2018年（繁體中文版為《前220年・帝國與世界史的誕生》臺灣商務，2021）。

　　　松島隆真《漢帝国の成立》京都大学学術出版会，2018年。

I-15　栗原朋信《秦漢史の研究》吉川弘文館，1960年。

高倉洋彰《金印国家群の時代——東アジア世界と彌生社會》青木書店，1995年。

西嶋定生（李成市編）《古代東アジア世界と日本》岩波書店，2000年。

阿部幸信〈前漢時代における内外觀の變遷——印制の視点から〉《中国史学》18，2008年。

阿部幸信〈漢初の天下秩序に關する一考察〉《中央大學文学部紀要》〔史学〕62，2017年。

I-16　吉野正敏、安田喜憲編《歴史と気候》（講座文明と環境6）朝倉書店，1995年。

鶴間和幸《秦漢帝国へのアプローチ》山川出版社，1996年。

原宗子《環境から解く古代中国》大修館書店，2009年。

中尾正義編《オアシス地域の歴史と環境》勉誠出版，2011年。

村松弘一《中国古代環境史の研究》汲古書院，2016年。

I-17　堀敏一《均田制の研究——中国古代の土地政策と土地所有》岩波書店，1975年。

谷川道雄編《戦後日本の中国史論争》河合文化教育研究所，1993年。

渡邊信一郎〈北宋天聖令による唐開元二十五年令田令の復原並びに訳注〉《京都府立大学学術報
　　　告　人文、社會》58，2006年。

池田溫《唐史論攷——氏族制と均田制》汲古書院，2014年。

I-18　濱口重國《秦漢隋唐史の研究》上巻，東京大学出版会，1966年。

氣賀澤保規《府兵制の研究——府兵兵士とその社会》同朋舎，1999年。

渡邊信一郎《中國古代的財政と國家》汲古書院，2010年。

川本芳昭《東アジア古代における諸民族と国家》汲古書院，2015年。

平田陽一郎《隋唐帝国形成期における軍事と外交》汲古書院，2021年。

I-19　森安孝夫《シルクロードと唐帝国》講談社，2007年。

杉山正明《遊牧民から見た世界史　増補版》日本經濟新聞出版，2011年。

津田資久、井ノ口哲也編著《教養の中国史》ミネルヴァ書房，2018年。

窪添慶文《北魏史》東方書房，2020年。

I-20　荒川正晴《オアシス国家とキャラヴァン交易》山川出版社，2003年。

森部豐《安祿山》山川出版社，2013年。

森部豐編《ソグド人と東ユーラシアの文化交渉》勉誠出版，2014年。

エチエンヌ＝ドゥ＝ラ＝ヴェシェール（Étienne de la Vaissière，影山悦子譯）《ソグド商人の歴史》
　　　岩波書店，2019年。

I-21　武田幸男《高句麗史と東アジア——「廣開土王碑」研究序説》岩波書店，1989年。

田中俊明《大加耶連盟の興亡と「任那」——加耶琴だけが残った》吉川弘文館，1992年。

武田幸男《廣開土王碑との対話》白帝社，2007年。

田中俊明《古代の日本と加耶》山川出版社，2009年。

李成市〈表象としての廣開土王碑文〉《闘争の場としての古代史　東アジア史のゆくえ》岩波書
　　　店，2018年。

高田貫太《「異形」の古墳——朝鮮半島の前方後円墳》KADOKAWA，2019年。

I-22　池田溫〈唐朝処遇外族官制略考〉唐代史研究会編《隋唐帝国と東アジア世界》汲古書院，1979年。

北村秀人〈朝鮮における「律令制」の変質〉《東アジア世界における日本古代史講座》7，学生社，
　　　1982年。

堀敏一《律令制と東アジア世界》汲古書院，1994年。

礪波護《唐の行政機構と官僚》中央公論社，1998年。

西嶋定生（李成市編）《古代東アジア世界と日本》岩波書店，2000年。

濱田耕策《新羅国史の研究》吉川弘文館，2002年。

河野剛彦〈唐代の異民族授官における非実職官の授与について〉《学習院大学文学部研究年報》

63，2016 年。

古畑徹《渤海国とは何か》吉川弘文館，2018 年。

金子修一《古代東アジア世界史論考》八木書店，2019 年。

I-23　谷川道雄編《戦後日本の中国史論争》河合文化教育研究所，1993 年。

妹尾達彦〈世界史の時期区分と唐宋変革論〉《中央大学文学部紀要》216，2007 年。

內藤湖南《中国近世史》岩波書店，2015 年（初刊為 1947 年）。

宮崎市定《中国史》上、下，岩波書店，2015 年（初刊為 1977 年）。

岡本隆司《近代日本の中国観──石橋湛山、內藤湖南から谷川道雄まで》講談社，2018 年。

I-24　松田壽男《古代天山の歴史地理学的研究》早稲田大学出版部，1956 年（増補版 1970 年）。

間野英二《中央アジアの歴史》講談社，1977 年。

杉山正明《遊牧民から見た世界史──民族も國境もこえて》日本經濟新聞社，1997 年（増補版 2011 年）。

森安孝夫《シルクロードと唐帝国》講談社，2007 年（再版 2016 年）。

荒川正晴〈遊牧國家とオアシス国家の共生関係──西突厥と麴氏高昌国のケースから〉《東洋史研究》67（2），2008 年。

坂尻彰宏〈帰ってきた男──草原とオアシスのあいだ〉懷徳堂記念会編《世界史を書き直す　日本史を書き直す──阪大史学の挑戦》和泉書院，2008 年。

杉山清彦〈中央ユーラシア世界──方法から地域へ〉羽田正編《地域史と世界史》ミネルヴァ書房，2016 年。

I-25　杉山正明《モンゴル帝国と大元ウルス》京都大学学術出版会，2004 年。

森安孝夫《東西ウイグルと中央ユーラシア》名古屋大学出版会，2015 年。

白石典之《モンゴル帝国誕生──チャギス・カンの都を掘る》講談社，2017 年。

エチエンヌ＝ドゥ＝ラ＝ヴェシェール（Étienne de la Vaissière，影山悅子譯）《ソグド商人の歴史》岩波書店，2019 年。

I-26　高田時雄〈五姓を説く敦煌資料〉《国立民族学博物館研究報告別冊》14，1991 年。

武內紹人〈帰義軍期から西夏時代のチベット語文書とチベット語使用〉《東方学》104，2002 年。

吉田豐〈ソグド人と古代のチュルク族との関係に関する三つの覚え書き〉《京都大学文学部研究紀要》50，2011 年。

森安孝夫〈シルクロードのウイグル商人──ソグド商人とオルトク商人のあいだ〉森安孝夫《東西ウイグルと中央ユーラシア》名古屋大学出版会，2015 年。

松井太、荒川慎太郎編《敦煌石窟多言語資料集成》東京外国語大学アジア・アフリカ言語文化研究所，2017 年。

I-27　藤善真澄《隋唐時代的仏教と社会》白帝社，2004 年。

氣賀澤保規《絢爛たる世界帝国──隋唐時代》講談社，2005 年（繁體中文版為《絢爛的世界帝國：隋唐時代》臺灣商務，2017）。

曾布川寬、吉田豐編《ソグド人の美術と言語》臨川書店，2011 年。

三田村泰助《宦官──側近政治の構造》中央公論新社，2012 年。

三成美保、姫岡とし子、小濱正子編《歴史を読み替える　ジェンダー見た世界史》大月書店，2014 年。

劉淑芬《中古的佛教與社會》上海古籍出版社，2008 年。

I-28　加藤博《イスラム世界論》東京大学出版会，2002 年。

羽田正《イスラム世界の創造》東京大学出版会，2005 年（加上「補章」重新出版，為《「イスラム世界」とは何か──「新しい世界史」を描く》講談社学術文庫，後來在 2021 年刊行文庫本。

此外，在日本中東學會首頁的研究文獻資料庫中，也可以輸入本書標題來檢索書評。）

小杉泰《現代イスラム世界論》名古屋大学出版会，2006年。

清水和裕〈《イスラム世界論》再考——その背景にあるもの〉桃木至朗研究代表者《近代世界システム以前の諸地域システムと広域ネットワーク》科學研究費補助金研究成果報告書〔研究課題番号16320080〕，2007年。

小笠原弘幸〈イスラム世界という歴史的空間〉山下範久編著《教養としての世界史》東洋經濟新聞社，2019年。

I-29　池内恵〈イスラーム世界における政・教関係の二つの次元〉酒井啓子編《民族主義とイスラーム——宗教とナショナリズムの相克と調和》アジア經濟研究所，2001年。

鎌田繁〈イスラームの伝統的知の体系とその変容〉《アジア学の將來像》東京大学出版会，2003年。

佐藤次高《イスラームの国家と王権》岩波書店，2004年。

小杉泰《現代イスラーム世界論》名古屋大学出版会，2006年。

谷口淳一《聖なる学問・俗なる人生——中世のイスラーム学者》山川出版社，2011年。

柴田大輔、中町信孝編著《イスラームは特殊か——西アジアの宗教と政治の系譜》勁草書房，2018年。

I-30　小杉泰《ムハンマド——イスラームの源流をたずねて》山川出版社，2002年。

高野太輔《アラブ系譜体系の誕生と発展》山川出版社，2008年。

イブン・イスハーク（Ibn Ishaq）著、イブン・ヒシャーム（Ibn Hishām）編註（後藤明等譯）《預言者ムハンマド伝》岩波書店，2010～12年。

醫王秀行《預言者ムハンマドとアラブ社会》福村出版，2012年。

フレッド・マグロウ・ドナー（Fred McGraw Donner，後藤明監譯）《イスラームの誕生——信仰者からムスリムへ》慶應義塾大学出版会，2014年。

三浦徹編《750年——普遍世界の鼎立》山川出版社，2020年（繁體中文版為《750年・普遍世界的鼎立》臺灣商務，2021）。

I-31　ヒラール・サービー（Hilal al-Sabi'，谷口淳一、清水和裕監譯）《カリフ宮廷のしきたり》松香堂，2003年。

佐藤次高《イスラームの国家と王権》岩波書店，2004年。

アル＝マーワルディー（al-Māwardī，湯川武譯）《統治の諸規則》慶應義塾大学出版会，2006年。

龜谷學〈ウマイヤ朝期におけるカリフの称号——銘文、碑文、パピルス文書からの再檢討〉《日本中東学会年報》24，2008年。

ジョナサン・バーキー（Jonathan Berkey，野元晉、太田絵里奈譯）《イスラームの形成》慶應義塾大学出版会，2013年。

中田考《カリフ制再興——未完のプロジェクト、その歴史・理念・未来》書肆心水，2015年。

橋爪烈〈「正統カリフ」概念の淵源としてのタフディール——スンナ派政治思想の発生〉《歴史と地理》696，2016年。

清水和裕〈ムスリムにとってのイスラーム史〉《大学生・社会人のためのイスラーム講座》ナカニシャ出版，2018年。

I-32　嶋田襄平《イスラムの国家と社会》岩波書店，1975年。

高野太輔《マンスール——イスラーム帝国的創建者》山川出版社，2014年。

亀谷学〈イスラーム世界の出現〉三浦徹編《750年——普遍世界の鼎立》山川出版社，2020年（繁體中文版為〈伊斯蘭世界的出現〉《750年・普遍世界的鼎立》臺灣商務，2021）。

I-33　谷口淳一《聖なる学問、俗なる人生——中世のイスラーム学者》山川出版社，2011年。

秋葉淳、橋本伸也編《近代・イスラームの教育社会史——オスマン帝国からの展望》昭和堂，2014年。

小杉泰、林佳世子編《イスラーム　書物の歴史》名古屋大学出版会，2014年。

第II章

II-1　歴史学研究会編《世界史とは何か——多元的世界の接触の転機》東京大学出版会，1995年。

大川玲子《聖典「クルアーン」の思想——イスラームの世界観》講談社，2004年。

秋田茂、永原陽子、羽田正、南塚信吾、三宅明正、桃木至朗編著《「世界史」の世界史》ミネルヴァ書房，2016年。

大塚修《普遍史の変貌——ペルシア語文化圏における形成と展開》名古屋大学出版会，2017年。

II-2　清水宏祐〈セルジューク朝のスルターンたち——その支配の性格をめぐって〉前嶋信次等編《オリエント史講座5　スルタンの時代》学生社，1986年。

清水宏祐〈トゥグリル・ベクとカリフ・アルカーイムの外交交渉——文献史料と貨幣史料より見た稱號問題〉《東洋史研究》45（1），1986年。

II-3　田村愛理《世界史中のマイノリティ》山川出版社，1997年。

アズィズ・S・アティーヤ（Aziz S. Atiya，村山盛忠譯）《東方キリスト教の歴史》教文館，2014年。

三代川寛子編著《東方キリスト教諸教会——研究案内と基礎データ》明石書店，2017年。

II-4　余部福三《アラブとしてのスペイン》第三書館，1992年。

マリア・ロサ・メノカル（María Rosa Menocal，足立孝譯）《寛容の文化——ムスリム、ユダヤ人、キリスト教徒の中世スペイン》名古屋大学出版会，2005年。

關哲行、立石博高、中塚次郎編《世界歴史大系　スペイン史I　古代～近世》山川出版社，2008年。

II-5　佐藤次高、鈴木董編《都市の文明イスラーム》講談社，1993年。

堀川徹編《世界に広がるイスラーム》栄光教育文化研究所，1995年。

間野英二編《西アジア史》同朋舎，2000年。

永田雄三編《西アジア史II》山川出版社，2002年。

千葉敏之編《1187年——巨大信仰圏の出現》山川出版社，2019年（繁體中文版為《1187年・巨大信仰圈的出現》臺灣商務，2021）。

II-6　佐藤次高《中世イスラム国家とアラブ社会——イクター制の研究》山川出版社，1986年。

五十嵐大介《中世イスラーム国家の財政と寄進——後期マムルーク朝の研究》刀水書房，2011年。

佐藤次高《マムルーク——異教の世界からきたイスラムの支配者たち》新装版，東京大学出版会，2013年。

熊倉和歌子《中世エジプトの土地制度とナイル灌漑》東京大学出版会，2019年。

五十嵐大介〈マムルーク朝政治史と国家論に関する近年の研究動向——ファン・ステーンベルヘンの研究から〉《オリエント》63（2），2020年。

II-7　護雅夫〈古代チュルクの社会構造〉《古代トルコ民族史研究I》山川出版社，1967年。

梅村坦《内陸アジア史の展開》山川出版社，1997年。

松井太〈西ウイグル時代のウイグル文供出命令文書をめぐって〉《人文社会科学論叢》人文科学編24，2010年。

II-8　山崎利男〈インドにおける中世世界の成立〉《中世世界の成立》学生社，1982年。

三田昌彦〈カナウジの帝国〉〈補説11　古代から中世前期への展開をめぐる歴史観〉山崎元一、小西正捷編《世界歴史大系　南アジア史1　先史・古代》山川出版社，2007年。

II-9　ターバル（Romila Thapar，山崎元一、成澤光譯）《国家の起源と伝承》法政大学出版局，1986年。

辛島昇〈古代・中世タミル地方における王権と国家〉《南アジア世界・東南アジア世界の形成と展開──15世紀》（岩波講座　世界歴史6）岩波書店，1999年。

山崎元一、小西正捷編《世界歴史体系　南アジア史1　先史・古代》山川出版社，2007年。

II-10　稲葉穰〈ムスリム諸勢力の南アジア進出〉小谷汪之編《世界歴史体系　南アジア史2　中世・近世》山川出版社，2007年。

外川昌彦《聖者たちの国へベンガルの宗教文化誌》日本放送出版協会，2008年。

真下裕之〈イスラーム化の史実と伝説──南アジア史におけるイスラーム信仰戦士〉共生倫理研究会編《共生の人文学》神戸大学，2008年。

中里成章《インドのヒンドゥーとムスリム》山川出版社，2008年。

II-11　石橋良昭等編《東南アジア古代国家の成立と展開》（岩波講座　東南アジア史2）岩波書店，2001年。

II-12　石澤良昭《古代カンボジア史研究》国書刊行会，1982年。

ベルナール・フィリップ・グロリエ（Bernard Philippe Groslier，中島節子譯）《西歐がみたアンコール──水利都市アンコールの繁榮と沒落》連合出版，1997年。

ブリュノ・ダジャンス（Bruno Dagens，中島節子譯）《アンコール・ワットの時代──国のかたち、人々のくらし》連合出版，2008年。

石澤良昭《（新）古代カンボジア史研究》風響社，2013年。

II-13　斯波義信《宋代商業史研究》風間書房，1968年。

伊原弘《中国開封の生活と歳時──描かれた宋代の都市生活》山川出版社，1991年。

平田茂樹《宋代政治構造研究》汲古書院，2012年。

塚本麿允《北宋絵画史的成立》中央公論美術出版，2018年。

東京國立博物館、北京故宮博物院特別協力《決定版清明上河図》國書刊行會，2019年。

II-14　海老澤哲雄〈元朝の王族について〉《歴史教育》10（7），1962年。

曾我部靜雄〈宋の宗室〉《中国社会経済史の研究》吉川弘文館，1976年。

志茂碩敏《モンゴル帝国史研究序説──イル汗国の中核部族》東京大学出版会，1995年。

小川快之〈中国南宋の宗室応挙と地域社会について〉《年報地域文化研究》2，1998年。

舩田善之〈元朝治下の色目人について〉《史学雑誌》108（9），1999年。

古松崇志《草原の制覇──大モンゴルまで》岩波書店，2020年。

II-15　斯波義信《宋代商業史研究》風間書房，1968年。

日野開三郎《唐末五代初自衛義軍考》汲古書院取扱図書，1984年。

大澤正昭《主張する「愚民」たち──伝統中国の紛争と解決法》角川書店，1996年。

大澤正昭《唐宋變革期農業社会史研究》汲古書院，1996年。

平田茂樹《科挙と官僚制》山川出版社，1997年。

寺地遵《南宋初期政治史研究》溪水社，1998年。

柳田節子〈宋代の父老──宋朝専制権力の農民支配について〉《東洋学報》81（3），1999年。

伊原弘等編《知識人の諸相──中国宋代を基点として》勉誠出版，2001年。

井上徹等編《宋──明宗族の研究》汲古書院，2005年。

II-16　ニーダム（李約瑟，東畑精一、藪内清監修、坂本賢三等譯）《中国の科学と文明》（第10巻，土木工学，第11巻，航海技術）思索社，1979年、1981年。

星斌夫《大運河発展史──長江から黄河へ》平凡社，1982年。

松浦章《中国の海商と海賊》山川出版社，2003年。

杉山正明《クビライの挑戦──モンゴルによる世界史の大転回》講談社，2010年。

II-17　梅原郁譯注《名公書判清明集》同朋舎出版，1986年。

柳田節子《宋元郷村制の研究》創文社，1986年。

上田信《伝統中国——「盆地」「宗族」にみる明清時代》講談社，1995年。

大澤正昭編著《主張する「愚民」たち——伝統中国の紛争と解決法》角川書店，1996年。

夫馬進《中国善会善堂史研究》同朋舎出版，1997年。

小川快之《伝統中国の法と秩序——地域社会の視点から》汲古書院，2009年。

伊藤正彦《宋元郷村社会史論——明初里甲体制の形成過程》汲古書院，2010年。

II-18　愛宕松男《世界の歴史11　アジアの征服王朝》河出書房新社，1989年。

荒川慎太郎、澤本光弘、高井康典行、渡邊健哉編《契丹（遼）と10〜12世紀の東部ユーラシア》
　　　　勉誠出版，2013年。

古松崇志、臼杵勳、藤原崇人、武田和哉編《金・女真の歴史とユーラシア東方》勉誠出版，2019
　　　　年。

櫻井智美、飯山知保、森田憲司、渡邊健哉編《元朝の歴史——モンゴル帝国期の東ユーラシア》
　　　　勉誠出版，2021年。

II-19　島田虔次《中国における近代的思惟の挫折》平凡社，初版1949年。

岸本美緒《東アジアの「近世」》山川出版社，1998年。

中島樂章〈宋元明移行論をめぐって〉《中国——社会と文化》20，2005年。

ベネディクト・アンダーソン（Benedict Anderson，白石隆、白石さや譯）《定本　想像の共同体
　　　　——ナショナリズムの起源と流行》書籍工房早山，2007年。

高津孝編譯《中國学のパースペクティブ》勉誠出版，2010年。

小島毅監修《東アジア海域叢書》全17卷，汲古書院，2010年。

伊原弘等編《中国宋代の地域像》岩田書院，2013年。

宋代史研究會編《中国伝統社会への視角》汲古書院，2015年。

II-20　金文京《漢文と東アジア——訓読の文化圏》岩波書店，2010年。

舩田善之〈モンゴル語直訳体の漢語への影響——モンゴル帝国の言語政策と漢語世界〉《歴史学
　　　　研究》875，2011年。

河野貴美子、王勇編《東アジアの漢籍遺産——奈良を中心として》勉誠出版，2012年。

田中克彦《言語学者が語る漢字文明論》講談社，2017年。

II-21　島田虔次《中國に於ける近代思惟の挫折》筑摩書房，1949年。

島田虔次《朱子学と陽明学》岩波書店，1967年。

小島毅《宋学の形成と展開》創文社，1999年。

土田健次郎《道学の形成》創文社，2002年。

小島毅《朱子学と陽明学》筑摩書房，2013年。

梅村尚樹《宋代の学校——祭祀空間の変容と地域意識》山川出版社，2018年。

II-22　松本浩一《宋代の道教と民間信仰》汲古書院，2006年。

高橋文治《モンゴル時代道教文書の研究》汲古書院，2011年。

酒井忠夫《増補中国善書の研究》（上、下）国書刊行会，2012年。

横手裕《道教の歴史》山川出版社，2015年。

李世瑜（武內房司監譯）《中国近代の秘密結社》研文出版，2016年。

II-23　佐口透編《モンゴル帝国と西洋》平凡社，1970年。

ジャネット・アブー＝ルゴド（Janet Abu-Lughod，佐藤次高譯）《ヨーロッパ霸権以前》2卷，岩
　　　　波書店，2000年。

フォルカー・ライヒェルト（Folker Reichert，井本晌二、鈴木麻衣子譯）《世界の体験》法政大学
　　　　出版局，2005年。

小澤実〈モンゴル帝国期以降のヨーロッパとユーラシア世界の交渉〉《東洋史研究》71（3），2012年。

アズィズ・アティーヤ（Aziz Atiya，村山盛忠譯）《東方キリスト教の歴史》教文館，2014年。

高田英樹編譯《原典中世ヨーロッパ東方記》名古屋大學出版会，2019年。

小澤實〈中世グローバルヒストリーの潮流〉《史苑》80（2），2020年。

R・W・サザン（R. W. Southern，鈴木利章譯）《ヨーロッパとイスラーム世界》筑摩書房，2020年。

チャールズ・バーネット（Charles Burnett，阿部晃平、小澤實譯）〈12世紀ルネサンス〉《史苑》80（1），2020年。

II-24　奥村周司〈高麗における八関会的秩序と国際環境〉《朝鮮史研究会論文集》16，1979年。

山内弘一〈李朝初期に於ける対明自尊の意識〉《朝鮮学報》92，1979年。

奥村周司〈使節迎接礼より見た高麗の外交姿勢〉《史観》110，1984年。

奥村周司〈高麗の圜丘祀天礼と世界観〉武田幸男編《朝鮮社會の史的展開と東アジア》山川出版社，1997年。

李成市〈新羅僧・慈蔵の政治・外交上の役割〉《古代東アジアの民族と国家》岩波書店，1998年。

盧明鎬〈高麗時代の多元的天下観と海東天子〉（韓語）《韓国史研究》105，1999年。

酒寄雅志〈華夷思想の諸相〉《渤海と古代の日本》校倉書房，2002年。

山内弘一《朝鮮からみた華夷思想》山川出版社，2004年。

古松崇志〈10～13世紀多国並存のユーラシア（Eurasia）東方における国際関係〉《中國史学》21，2011年。

森平雅彦〈朝鮮中世の国家姿勢と対外関係〉森平雅彦等編《東アジア世界の交流と変容》九州大学出版会，2011年。

奥村周司〈高麗の国家祭祀から見えてくるもの——円丘祀と八関会に見る世界観〉《史滴》42，2020年。

II-25　佐藤長《古代チベット史研究》（上、下）東洋史研究会，1958～59年。

佐藤長《中古チベット史研究》同朋舎，1986年。

山口瑞鳳《チベット》（上、下）東京大学出版会，1987～88年。

森安孝夫《シルクロードと唐帝国》講談社，2007年。

岩尾一史、池田巧編《チベットの歴史と社会》（上、下）臨川書店，2021年。

II-26　篠田統《中国食物史》柴田書店，1974年。

張競《中華料理の文化史》筑摩書房，1997年。

中村喬《宋代の料理と食品》中国芸文研究会，2000年。

西澤治彦《中国食事文化の研究》風響社，2009年。

中林廣一《中国日常食史の研究》汲古書院，2012年。

II-27　藤田明良〈航海神——媽祖を中心とする東北アジアの神々〉桃木至朗、山內晉次、藤田加代子、蓮田隆志編《海域アジア研究入門》岩波書店，2008年。

山內晉次〈近世東アジア海域における航海信仰の諸相——朝鮮通信使と冊封琉球使の海神祭祀を中心に〉《待兼山論叢》42（文化動態論篇），2008年。

山內晉次〈東アジア海域論〉大津透等編《岩波講座日本歴史20　地域論（テーマ巻1）》岩波書店，2014年。

藤田明良〈東アジアの媽祖信仰と日本の船玉神信仰〉《国立歴史民俗博物館研究報告》223，2021年。

II-28　和田久德〈東南アジアにおける初期華僑社会（960～1279）〉《東洋学報》42（1），1959年。

フィリップ・カーティン（Philip Curtin，田村愛理、中堂幸政、山影進譯）《異文化間交易の世界

　　　史》NTT 出版，2002 年。

榎本涉《東アジア海域と日中交流——九〜十四世紀》吉川弘文館，2007 年。

榎本涉《僧侶と海商たちの東シナ海》講談社，2010 年。

ロビン・コーエン（Robin Cohen，駒井洋譯）《新版グローバル・ディアスポラ》明石書店，2012
　　　年。

羽田正編、小島毅監修《東アジア海域に漕ぎだす I　海か見た歴史》東京大学出版会，2013 年。

鈴木英明編著《東アジア海域から眺望する世界史——ネットワークと海域》明石書店，2019 年。

II-29　山本達郎《安南史研究》山川出版社，1950 年。

佐口透〈タタールの平和〉《岩波講座　世界歴史 9　中世 3》岩波書店，1970 年。

愛宕松男〈斡脱錢とその背景——十三世紀モンゴル＝元朝における銀の動向〉（上、下）《東洋史
　　　研究》32（1 − 2），1973 年。

マクニール（William McNeill，佐佐木昭夫譯）《疫病と世界史》新潮社，1985 年。

本田實信《モンゴル時代史研究》東京大学出版会，1991 年。

杉山正明《モンゴル帝国の興亡》（上）講談社現代新書，1996 年。

桃木至朗《中世大越国家の成立と変容》大阪大学出版会，2011 年。

村井章介《日本中世の異文化接触》東京大学出版会，2013 年。

四日市康博〈モンゴル帝国の覇権と解体過程，そのインパクト〉千葉敏之編《1348 年——気候不
　　　順と生存危機》山川出版社，近刊。

II-30　羽田正〈「牧地都市」と「墓廟都市」——東方イスラーム世界における遊牧政権と都市建設〉《東
　　　洋史研究》49（1），1990 年。

本田實信《モンゴル時代史研究》東京大学出版会，1991 年。

杉山正明等《中央ユーラシアの統合——9 − 16 世紀》（岩波講座　世界歴史 11）岩波書店，1997 年。

羽田正等《イスラーム・環インド洋世界—— 16 − 18 世紀》（岩波講座　世界歴史 14）岩波書店，
　　　2000 年。

岩武昭男《西のモンゴル帝国——イルハン朝》関西学院大学出版会，2001 年。

杉山正明、北川誠一《大モンゴルの時代》中央公論新社，2008 年。

II-31　ジャネット・アブー＝ルゴド（Janet Abu-Lughod，佐藤次高等譯）《ヨーロッパ霸権以前——もう
　　　ひとりの世界システム》（上、下）岩波書店，2001 年。

ウィリアム・マクニール（William McNeill，佐佐木昭夫譯）《疫病と世界史》（上、下）中央公論
　　　新社，2007 年。

四日市康博編《モノから見た海域アジア史——モンゴル〜宋元時代のアジアと日本の交流》九州
　　　大学出版会，2008 年。

イマニュエル・ウォーラーステイン（Immanuel Wallerstein，川北稔譯）《近代世界システム I —
　　　—農業資本主義と「ヨーロッパ世界経済」の成立》名古屋大学出版会，2013 年。

II-32　前田直典《元朝史の研究》東京大学出版会，1973 年。

宮澤知之《中国銅錢の世界》思文閣出版，2007 年。

四日市康博編著《モノから見た海域アジア史》九州大学出版会，2008 年。

黒田明伸《貨幣システムの世界史（増補新版）》岩波書店，2014 年。

森安孝夫《東西ウイグルと中央ユーラシア》名古屋大学出版会，2015 年。

II-33　遠藤光曉《元代音研究——《脈訣》ペルシア語訳による》（研究篇、資料篇）汲古書院，2016 年。

宮紀子《モンゴル時代の「知」の東西》（上、下）名古屋大学出版会，2018 年。

諫早庸一〈天文学から見たユーラシアの 13 − 14 世紀——文化の軸としてのナスィール・アッディ
　　　ーン・トゥースィー（1201 − 74 年）〉《史苑》79（2），2019 年。

時光《〈伊利汗中國科技珍寶書〉校注》北京大學出版社，2016年。

II-34　三上次男《陶磁の道》岩波書店，1969年。

謝明良〈黑石号沈沒船中の中国陶瓷器について〉《亞州古陶瓷研究I》亞州古陶瓷研究會，2004年。

アジア考古学四学会編集《陶磁器流通の考古学　日本出土の海外陶磁》高志書院，2013年。

森達也〈青花瓷器の誕生〉《染付——青繪の世界》愛知縣陶磁美術館，2017年。

東洋陶磁学会《東洋陶磁》（学会誌）

日本貿易陶磁研究会《貿易陶磁研究》（学会誌）

II-35　マルコ・ポーロ（Marco Polo，愛宕松男譯注）《東方見聞錄》平凡社，1970～1971年。

杉村棟編《世界美術大全集東洋編17 ——イスラーム》小学館，1999年。

第III章

III-1　小笠原弘幸〈オスマン朝起源論争史（1916 – 2005年）〉《オリエント》48（1），2005年。

小笠原弘幸《イスラーム世界における王朝起源論の生成と変容》刀水書房，2014年。

小笠原弘幸《オスマン帝国——繁榮と衰亡の600年史》中央公論新社，2018年。

III-2　羽田正等《イスラーム・環インド洋世界—— 16 – 18世紀》（岩波講座　世界歴史14）岩波書店，
　　　　2000年。

近藤信彰編《近世イスラーム国家史研究の現在》東京外大AA研，2015年。

林佳世子《オスマン帝国500年の平和》講談社，2016年。

III-3　櫻井啓子《シーア派——台頭するイスラーム少数派》中央公論新社，2006年。

守川知子《シーア派聖地参詣の研究》京都大学出版会，2007年。

デイヴィッド・ブロー（David Blow，角敦子譯）《アッバース大王——現代イランの基礎を築いた
　　　　苛烈なるシャー》中央公論新社，2012年。

III-4　新谷英治〈《キターブ・バフリエ》の全体像とオスマン朝の地中海世界〉《西南アジア研究》37，
　　　　1992年。

澤井一彰《オスマン帝国の食糧危機と穀物供給—— 16世紀後半の東地中海世界》山川出版社，
　　　　2015年。

堀井優〈16世紀後半・17世紀前半オスマン帝国——ヴェネツィア間条約規範の構造〉川分圭子、
　　　　玉木俊明編《商業と異文化の接触——中世後期から近代におけるヨーロッパ国際商業の生成
　　　　と展開》吉田書店，2017年。

澤井一彰〈オスマン帝国と地中海世界〉小林功、馬場多聞編《地中海世界の中世史》ミネルヴァ
　　　　書房，2021年。

III-5　家島彦一《海域から見た歴史——インド洋と地中海を結ぶ交流史》名古屋大学出版会，2006年。

S・スブラフマニヤム（Sanjay Subrahmanyam，三田昌彦、太田信宏譯）《接続された歴史——ヨー
　　　　ロッパとインド》名古屋大学出版会，2009年。

東洋文庫編《東インド会社とアジアの海賊》勉誠出版，2015年。

羽田正《東インド会社とアジアの海》講談社，2017年。

III-6　坂井信三《イスラームと商業の歴史人類学——西アフリカの交易と知識のネットワーク》世界思
　　　　想社，2003年。

苅谷康太《イスラームの宗教的・知的連関網——アラビア語著作から読み解く西アフリカ》東京
　　　　大学出版会，2012年。

III-7　小名康之〈ムガル帝国の支配体制——マンサブダーリー制〉《中世史講座　4中世の法と権力》学
　　　　生社，1985年。

真下裕之〈ムガル帝国におけるバフシ職について——大バフシ職の運用における人的要因〉《東

洋史研究》71（3），2012年。

真下裕之監修（二宮文子、真下裕之、和田郁子譯註）〈アブル・ファズル著《ア＝イーニ・アクバリー》訳注〉（1）～（9）《紀要》（神戸大学文学部）40～48，2013～2021年（継続中）。

III-8 　辛島昇編《インド史における村落共同体の研究》東京大学出版会，1976年。

小谷汪之《マルクスとアジア——アジア的生産様式論爭批判》青木書店，1979年。

小谷汪之《インドの中世社会——村・カースト・領主》岩波書店，1989年。

水島司《前近代南インドの社会構造と社会空間》東京大学出版会，2008年。

III-9 　Ｓ・スブラフマニヤム（Sanjay Subrahmanyam，三田昌彦、太田信宏譯）《接続された歴史——インドとヨーロッパ》名古屋大学出版会，2009年。

羽田正《東インド会社とアジアの海》（興亡の世界史15）講談社，2017年。

III-10　中里成章〈インドの殖民地化問題・再考〉《アジアとヨーロッパ》（岩波講座　世界歴史23）岩波書店，1999年。

藤井毅《歴史のなかのカースト——近代インドの「自画像」》岩波書店，2003年。

水島司《前近代南インドの社会構造と社会空間》東京大学出版会，2008年。

小谷汪之《インド社会・文化史論——「伝統」社会から植民地的近代へ》明石書店，2010年。

太田信宏〈支配と共存の論理——近世インドのにおける国家と社会〉田邊明生、杉原薫、脇村孝平編《現代インド1　多様性社会の挑戦》東京大学出版会，2015年。

III-11　村井章介《アジアのなかの中世日本》校倉書房，1988年。

村井章介《世界史のなかの戦国日本》筑摩書房，2012年。

大場康時、佐伯弘次、坪根伸也編《九州の中世1　島嶼と海の世界》高志書院，2020年。

III-12　田中健夫《倭寇》講談社，2012年（初刊1982年）。

村井章介〈倭寇とは誰か〉《日本中世境界史論》岩波書店，2013年（初刊2010年）。

黒嶋敏《海の武士団》講談社，2013年。

東京大学史料編纂所編《描かれた倭寇》吉川弘文館，2014年。

須田牧子編《「倭寇図卷」「抗倭図卷」をよむ》勉誠出版，2016年。

山崎岳〈倭寇とはなにか〉《世界史の研究》250，2017年。

山内譲《海賊の日本史》講談社，2018年。

III-13　豊見山和行編《琉球・沖縄史の世界》吉川弘文館，2003年。

豊見山和行《琉球王国の外交と王権》吉川弘文館，2004年。

渡邊美季《近世琉球と中日関係》吉川弘文館，2012年。

上里隆史《海の王国・琉球——「海域アジア」大交易時代の実像》ボーダーインク，2018年。

荒木和憲〈古琉球王権論——支配理念と「周縁」諸島〉《国立歴史民俗博物館研究報告》226，2021年。

III-14　大木昌〈東南アジア——一つの世界システム〉石井米雄編《東南アジアの歴史》（講座東南アジア学4）弘文堂，1991年。

弘末雅士〈第二章　交易の時代と近世国家の成立〉池端雪浦編《新版世界各国史6　東南アジアII島嶼部》山川出版社，1999年。

太田淳〈東南アジア女性はどう描かれてきたか——17～19世紀ジェンダー史研究の粗描〉永井萬里子、伏見岳志、太田淳、松井洋子、杉浦未樹編《女性から描く世界史——17～20世紀への新しいアプローチ》勉誠出版，2016年。

アンソニー・リード（Anthony Reid，太田淳、長田紀之監譯，青山和佳、今村真央、蓮田隆志譯）《世界史のなかの東南アジア——歴史を変える交差路》名古屋大学出版会，2021年。

III-15　アブドゥッラー（Abdullah bin Abdul al Kadir，中原道子譯）《アブドゥッラー物語》平凡社，1980

年。

立本成文《地域研究の問題と方法（増補改訂）》京都大学学術出版会，1999年。

III-16　永積昭《オランダ東インド会社》講談社，2000年。

羽田正《東インド会社とアジアの海》講談社，2017年。

III-17　櫻井由躬雄編《東南アジア近世国家群の展開》（岩波講座　東南アジア史4）岩波書店，2001年。

太田淳《近世東南アジア世界の変容──グローバル経済とジャワ島地域社会》名古屋大学出版会，2014年。

太田淳〈東南アジアの海賊と「華人の世紀」〉島田龍登編《1789年──自由を求める時代》山川出版社，2018年（繁體中文版為〈東南亞海盜與「華人世紀」〉《1789年・追求自由的時代》臺灣商務，2022）。

大橋厚子〈銀の流通に学ぶ19世紀前半の東南アジア諸国家の動向──域外貿易を重視した概説〉豐康康史、大橋厚子編《銀の流通と中国・東南アジア》山川出版社，2019年。

III-18　櫻井由躬雄編《東南アジア近世国家群の展開》（岩波講座　東南アジア史4）岩波書店，2001年。

梅棹忠夫《文明の生態史観ほか》中央公論新社，2002年。

ジェームズ・C・スコット（James C. Scott，佐藤仁監譯）《ゾミア──脱国家の世界史》みすず書房，2013年。

川口洋史《文書史料が語る近世末期タイ──ラタナコーシン朝前期の行政文書と政治》風響社，2013年。

クリスチャン・ダニエルス（Christian Daniels）編《東南アジア大陸部 山地民の歴史と文化》言叢社，2014年。

岡本隆司《世界史序説──アジアから一望する》筑摩書房，2018年。

III-19　黃仁宇（稲畑耕一郎等譯）《万暦十五年──1587「文明」的悲劇》東方書店，1989年。

吉田光男編《東アジア近世近代史研究》放送大学教育振興会，2017年（特別是夫馬進執筆的第2～6章）。

岸本美緒〈皇帝と官僚・紳士──明から清へ〉《明末清初中国と東アジア近世》岩波書店，2021年。

III-20　ボズラップ（Ester Boserup，安澤秀一、安澤みね譯）《農業成長の諸条件》ミネルヴァ書房，1975年。

熊代幸雄〈乾地農法における精耕細作の基礎〉熊代幸雄等編《中国農法の展開》アジア経済研究所，1977年。

宮嶋博史〈東アジア小農社会の形成〉溝口雄三等編《長期社会変動》東京大学出版会，1994年。

山本進《清代の市場構造と経済政策》名古屋大学出版会，2002年。

足立啓二《明清中国の経済構造》汲古書院，2012年。

井黑忍《分水と支配──金・モンゴル時代華北の水利と農業》早稲田大学出版部，2013年。

ポメランツ（Kenneth Pomeranz，川北稔監譯）《大分岐──中国、ヨーロッパ、そして近代世界経済の形成》名古屋大学出版会，2015年。

史志宏《清代農業的發展和不發展》社會科學文獻出版社，2017年。

III-21　矢澤利彥《中国とキリスト教──典礼問題》近藤出版社，1972年。

マッテーオ・リッチ、アルヴァーロ・セメード（Matteo Ricci, Alvaro Semedo，川名公平譯，矢澤利彥譯注）《中国キリスト教布教史》岩波書店，1982~83年。

新居洋子《イエズス会士と普遍の帝国──在華宣教師による文明の翻訳》名古屋大学出版会，2017年。

齋藤晃編《宣教と適応──グローバル・ミッションの近世》名古屋大学出版会，2020年。

III-22　張承志《回教から見た中国──民族・宗教・国家》中央公論社，1993年。

中国ムスリム研究会編《中国のムスリムを知るための60章》明石書店，2012年。

中西龍也《中華と対話するイスラーム──17－19世紀中国ムスリムの思想的営為》京都大学学術
　　　出版会，2013年。

III-23　稲葉岩吉《光海君時代の満鮮関係》大阪屋号書店，1933年。

岸本美緒《明清交替と江南社会》東京大学出版会，1999年。

辻大和《朝鮮王朝の対中貿易政策と明清交替》汲古書院，2018年。

鈴木開《明清交替と朝鮮外交》刀水書房，2021年。

韓明基《壬辰倭亂と韓中関係》歴史批評社，1999年。（韓語）

丘凡真《丙子胡亂、ホンタイジの戦争》カチ，2019年。（韓語）

許泰玖《丙子胡亂と礼、そして中華》松明出版，2019年。（韓語）

III-24　宮崎市定《雍正帝》中央公論社，1996年。

茂木敏夫《変容する近代東アジアの国際秩序》山川出版社，1997年。

岡洋樹〈東北アジアにおける遊牧民の地域論的位相〉岡洋樹、高倉浩樹編《東北アジア地域論の
　　　可能性》東北大学東北アジア研究センター，2002年。

岡田英弘編《清朝とは何か》藤原書店，2009年。

杉山清彦《大清帝国の形成と八旗制》名古屋大学出版会，2015年。

谷井陽子《八旗制度の研究》京都大学学術出版会，2015年。

岸本美緒《明末清初中国と東アジア近世》岩波書店，2021年。

III-25　濱下武志《近代中国の国際的契機》東京大学出版会，1990年。

岩井茂樹〈帝国と互市〉籠谷直人、脇村孝平編《帝国とアジア・ネットワーク》世界思想社，
　　　2009年。

岡本隆司〈「東アジア」と「ユーラシア」〉《歴史評論》799，2016年。

松方冬子〈總論〉松方冬子編《国書とむすぶ外交》東京大学出版会，2019年。

III-26　鈴木中正《チベットをめぐる中印関係史》一橋書房，1962年。

石濱裕美子《チベット仏教世界の歴史的研究》東方書店，2001年。

平野聰《清帝国とチベット問題──多民族統合の成立と瓦解》東京大学出版会，2004年。

村上信明《清朝の蒙古旗人──その実像と帝国統治における役割》風響社，2007年。

石濱裕美子《チベット仏教と清朝──菩薩王になった乾隆帝》早稲田大学出版会，2011年。

池尻陽子《清朝前期のチベット仏教政策──扎薩克喇嘛制度の成立と展開》汲古書院，2013年。

岩尾一史、池田巧編《チベットの歴史と社会》（上、下）臨川書店，2021年。

III-27　間野英二《中央アジアの歴史》講談社，1977年。

小松久男編《新版世界各国史4　中央ユーラシア史》山川出版社，2000年。

宮脇淳子《増補新版モンゴルの歴史──遊牧民の誕生からモンゴル国まで》刀水書房，2018年。

III-28　佐口透《ロシアとアジア草原》吉川弘文館，1996年。

野田仁《露清帝国とカザフ＝ハン国》東京大学出版会，2011年。

小沼孝博〈遊牧民とオアシスの民、そして交易──モグール・ウルスからジューンガルへ〉野田
　　　仁、小松久男編著《近代中央ユーラシアの眺望》山川出版社，2019年。

III-29　小松久男編《中央ユーラシア史》山川出版社，2000年。

濱田正美《中央アジアのイスラーム》山川出版社，2008年。

Ｖ・Ｖ・バルトリド（V. V. Barthold，小松久男監譯）《トルキスタン文化史1－2》平凡社，2011年。

第IV章

IV-1　鈴木董〈「近代軍」形成期のオスマン帝国における軍人と政治——1826－1908年〉《日本政治学会年報政治学》40，1989年。

　　　藤由順子〈コルマール・フォン・デア・コルツとオスマン帝国陸軍〉三宅正樹等編《ドイツ史と戦争——「軍事史」と「戦争史」》彩流社，2011年。

　　　小澤一郎〈19世紀末イランの兵員徴用と社会——イラン・イスラーム議会図書館所蔵《歩兵徴用簿》の検討から〉《オリエント》62（1），2019年。

IV-2　佐原徹哉《近代バルカン都市社会史——多元主義空間における宗教とエスニシティ》刀水書房，2003年。

　　　上野雅由樹〈研究動向——ミレット制研究とオスマン帝国下の非ムスリム共同体〉《史学雑誌》119（11），2010年。

　　　藤波伸嘉《オスマン帝国と立憲政——青年トルコ革命における政治、宗教、共同体》名古屋大学出版会，2011年。

　　　モーリー・グリーン（Molly Greene，秋山晋吾譯）《海賊と商人の地中海——マルタ騎士団とギリシア商人の近世海洋史》NTT出版，2014年。

IV-3　秋葉淳〈近代帝国としてのオスマン帝国——近年的研究動向から〉《歴史学研究》798，2005年。

　　　新井政美《オスマン帝国はなぜ崩壊したのか》青土社，2009年。

　　　佐佐木紳《オスマン憲政への道》東京大学出版会，2014年。

　　　佐佐木紳〈歴史のなかのギュルハーネ勅令〉《歴史評論》824，2018年。

IV-4　秋葉淳、橋本伸也編《近代・イスラームの教育社会史——オスマン帝国からの展望》昭和堂，2014年。

　　　池田嘉郎編《第一次世界大戦と帝国の遺産》山川出版社，2014年。

　　　岡本隆司編《宗主権の世界史——東西アジアの近代と翻訳概念》名古屋大学出版会，2014年。

　　　藤波伸嘉〈オスマン帝国の解体とヨーロッパ〉《アステイオン》80，2014年。

　　　宇山智彦編《ユーラシア近代帝国と現代世界》ミネルヴァ書房，2016年。

IV-5　加藤博《イスラーム世界の危機と改革》山川出版社，1997年。

　　　加藤博《ムハンンマド・アリー——近代エジプトを築いた開明的君主》山川出版社，2013年。

　　　長谷部史彦《オスマン帝国治下のアラブ社会》山川出版社，2017年。

IV-6　鈴木英明〈インド洋西海域と「近代」——奴隷の流通を事例にして〉《史学雑誌》116（7），2007年。

　　　鈴木英明〈インド洋西海域と大西洋における奴隷制・交易廃絶の展開〉島田龍登編《1789年——自由を求める時代》山川出版社，2018年（繁體中文版為〈印度洋西海域與大西洋奴隷制度／奴隷交易的廢除〉《1789年・追求自由的時代》臺灣商務，2022）。

　　　鈴木英明《解放しない人びと、解放されない人びと——奴隷廃止の世界史》東京大学出版会，2020年。

IV-7　市川承八郎《イギリス帝国主義と南アフリカ》晃洋書房，1982年。

　　　北川勝彦《南部アフリカ社会経済史研究》関西大学出版部，2001年。

　　　前川一郎《イギリス帝国と南アフリカ——南アフリカ連邦の形成　1899－1912》ミネルヴァ書房，2006年。

　　　キース・ブレッケンリッジ（Keith Breckenridge，堀内隆行譯）《生体認證国家——グローバルな監視政治と南アフリカの近現代》岩波書店，2017年。

　　　堀内隆行《異郷のイギリス——南アフリカのブリティッシュ・アイデンティティ》丸善出版，2018年。

IV-8　E・ホブズボウム、T・レンジャー編（E. Hobsbawm, T. Ranger，前川啓治、梶原景昭等譯）《創られた伝統》紀伊國屋書店，1992年。

淺田進史〈労働から見た帝国と植民地〉安孫子誠男、水島治郎編《労働——公共性と労働—福祉ネクサス》勁草書房，2010年。

網中昭世《植民地支配と開発——モザンビークと南アフリカ金鉱業》山川出版社，2014年。

平野千果子《フランス植民地主義と歴史認識》岩波書店，2014年。

小川了《第一次世界大戦と西アフリカ——フランスに命を捧がた黒人部隊「セネガル歩兵」》刀水書房，2015年。

鈴木英明《解放しない人びと、解放されない人びと——奴隷廃止の世界史》東京大学出版会，2020年。

IV-9　見市雅俊、齋藤修、脇村孝平、飯島渉編《疾病・開発・帝国医療——アジアにおける病気と医療の歴史学》東京大学出版会，2001年。

飯島渉《マラリアと帝国——植民地医学と東アジアの広域秩序》東京大学出版会，2005年。

小川真理子《病原菌と国家——ヴィクトリア時代の衛生、科学、政治》名古屋大学出版会，2016年。

磯部裕幸《アフリカ眠り病とドイツ植民地主義——熱帯医学による感染症制圧の夢と現実》みすず書房，2018年。

デイヴィッド・アーノルド（David Arnold，見市雅俊譯）《身体の植民地化——19世紀インドの国家医療と流行病》みすず書房，2019年。

IV-10　アジア経済研究所編《第三世界のマスメディア》明石書店，1995年。

溝邊泰雄〈19世紀後半イギリス領ゴールド・コーストの新聞事情〉《アフリカ研究》68，2006年。

澤田望〈新聞の世界的ネットワーク〉南塚信吾編《情報がつなぐ世界史》ミネルヴァ書房，2018年。

田中正隆《アフリカの聞き方、アフリカの語る方——メディアと公共性の民族性》風響社，2021年。

IV-11　クワメ・エンクルマ（Kwame Nkrumah，野間寛二郎譯）《アフリカは統一する》理論社，1963年。

小田英郎《アフリカ現代政治》東京大学出版会，1989年。

ボール・ギルロイ（Paul Gilroy，上野俊哉等譯）《ブラック・アトランティック——近代性と二重意識》月曜社，2006年。

IV-12　池田亮《植民地独立の起源——フランスのチュニジア・モロッコ政策》法政大学出版局，2013年。

平野千果子《フランス植民地主義と歴史認識》岩波書店，2014年。

平野千果子《アフリカを活用する——フランス植民地からみた第一次世界大戦》人文書院，2014年。

小川了《第一次大戦と西アフリカ——フランスに命を捧げた黒人部隊「セネガル歩兵」》刀水書房，2015年。

柳澤史明、吉澤英樹、江島泰子編著《混沌の共和国——「文明化の使命」の時代における渡世のディスクール》ナカニシヤ出版，2019年。

岩場由利子〈フランス植民地帝国の終焉とアフリカ援助政策——「共同体」（1958〜1960年）の動向を中心に〉《日仏歴史学会会報》第36号，2021年。

IV-13　長崎暢子《インド大反乱一八五七年》中央公論社，1981年。

長崎暢子〈インド大反乱と「国民」形成——サーヴァルカルの思想を中心に〉溝口雄三、濱下武志、平石直昭、宮嶋博史編《アジアから考える5　近代化像》東京大学出版会，1994年。

IV-14　小谷汪之《マルクスとアジア——アジア的生産様式論争批判》青木書店，1979年。

モンテスキュー（Montesquieu，野田良之等譯）《法の精神》（上、中、下）岩波書店，1989年。

エドワード・W・サイード（Edward W. Said，今澤紀子譯）《オリエンタリズム》（上、下）平凡社，1993年。

ガヤトリ・C・スピヴァク（Gayatri C. Spivak 上村忠男譯）《サバルタンは語ることができるか》みすず書房，1998年。

ルイ・デュモン（Louis Dumont，田中雅一、渡邊公三譯）《ホモ・ヒエラルキクス——カースト体系とその意味》みすず書房，2001年。

ペルニエ（Bernier，關美奈子譯）《ムガル帝国誌》岩波書店，2001年。

彌永信美《幻想の東洋——オリエンタリズムの系譜》（上、下）筑摩書房，2005年。

S・スブラフマニヤム（S. Subrahmanyam，三田昌彦、太田信宏譯）《接続された歴史——インドとヨーロッパ》名古屋大学出版会，2009年。

ホミ・K・バーバ（Homi K. Bhabha，本橋哲也等譯）《文化の場所——ポストコロニアリズムの位相》（新装版）法政大学出版局，2012年。

レオン・ポリアコフ（Léon Poliakov，アーリア主義研究会譯）《アーリア神話——ヨーロッパにおける人種主義と民族主義の源泉》（新装版）法政大学出版局，2014年。

IV-15　アンドレ・G・フランク（Andre G. Frank，大崎正治等譯）《世界資本主義と低開発——収奪の「中枢—衛星」構造》柘植書房，1976年。

杉原薫《アジア間貿易の形成と構造》ミネルヴァ書房，1996年。

脇村孝平《飢饉・疫病・植民地統治——開発の中の英領インド》名古屋大学出版会，2002年。

柳澤悠《現代インド経済——発展の淵源・軌跡・展望》名古屋大学出版会，2014年。

IV-16　加納啓良編《植民地経済の繁栄と凋落》（岩波講座　東南アジア史6）岩波書店，2001年。

加納啓良《図説「資源大国」東南アジア——世界経済を支える「光と陰」の歴史》洋泉社，2014年。

IV-17　坪内良博《小人口世界の人口誌——東南アジアの風土と社会》京都大学学術出版会，1998年。

加納啓良編《植民地経済の繁栄と凋落》（岩波講座　東南アジア史6）岩波書店，2001年。

坪内良博《東南アジア多民族社会の形成》京都大学学術出版会，2009年。

長田紀之《胎動する国境——英領ビルマの移民問題と都市統治》山川出版社，2016年。

篠崎香織《プラナカンの誕生——海峡植民地ペナンの華人と政治参加》九州大学出版会，2017年。

IV-18　杉原薫《アジア貿易の形成と構造》ミネルヴァ書房，1996年。

籠谷直人《アジア国際通商秩序と近代日本》名古屋大学出版会，2000年。

吉田和子《上海ネットワークと近代東アジア》東京大学出版会，2000年。

濱下武志、川勝平太編《アジア交易圏と日本工業化1500－1900》（新版）藤原書店，2001年。

籠谷直人、脇村孝平編《帝国とアジアネットワーク——長期の19世紀》世界思想社，2009年。

杉原薫《世界史のなかの東アジアの奇跡》名古屋大学出版会，2020年。

IV-19　永野善子《フィリピン経済史研究——糖業資本と地主制》勁草書房，1986年。

宮本謙介《インドネシア経済史研究——植民地社会の成立と構造》ミネルヴァ書房，1993年。

クリフォード・ギアツ（Clifford Geertz，池本幸生譯）《インボリューション——内に向かう発展》NTT出版，2001年。

トンチャイ・ウイニチャクン（Thongchai Winichakul，石井米雄譯）《地図がつくったタイ——国民国家誕生の歴史》明石書店，2003年。

笹川秀夫《アンコールの近代》中央公論新社，2006年。

アン・ローラ・ストーラー（Ann Laura Stoler，永渕康之、水谷智、吉田信譯）《肉体の知識と帝国の権力——人種と植民地支配における親密なるもの》以文社，2010年。

北原淳《タイ近代土地、森林政策史研究》晃洋書房，2012年。

岡田泰平《「恩恵の論理」と植民地——アメリカ植民地期フィリピンの教育とその遺制》法政大学出版局，2014年。

高田洋子《メコンデルタの大土地所有——無主の土地から多民族社会へ　フランス植民地主義の80年》京都大学学術出版会，2014年。

太田淳〈東南アジア女性はどう描かれてきたか——17〜19世紀ジェンダー史研究の粗描〉永井萬里子、伏見岳志、太田淳、松井洋子、杉浦未樹編《女性から描く世界史——17〜20世紀への新しいアプローチ》勉誠出版，2016年。

長田紀之《胎動する国境——英領ビルマの移民問題と都市統治》山川出版社，2016年。

IV-20　トンチャイ・ウイニチャクン（Thongchai Winichakul，石井米雄譯）《地図がつくったタイ——国民国家誕生の歴史》明石書店，2003年。

飯島明子、小泉順子編《タイ史》山川出版社，2020年。

IV-21　岡本隆司《近代中国と海関》名古屋大学出版会，1999年。

井上裕正《清代アヘン政策史の研究》京都大学学術出版会，2004年。

村上衛《海の近代中国——福建人の活動とイギリス・清朝》名古屋大学出版会，2013年。

豊岡康史、大橋厚子編《銀の流通と中国・東南アジア》山川出版社，2019年。

茅海建《天朝的崩潰——鴉片戰爭再研究》生活・讀書・新知三聯書店，1995年。

IV-22　小島晋治《太平天国運動と現代中国》研文出版，1993年。

菊池秀明《広西移民社会と太平天国》風響社，1998年。

小島晋治《洪秀全と太平天国》岩波書店，2001年。

菊池秀明《清代中国南部の社会変容と太平天国》汲古書院，2008年。

ジョナサン・D・スペンス（Jonathan D. Spence，佐藤公彦譯）《神の子　洪秀全——その太平天国の建設と滅亡》慶應義塾大学出版会，2011年。

倉田明子《中国近代開港場とキリスト教》東京大学出版会，2014年。

菊池秀明《太平天国》岩波書店，2020年。

IV-23　田保橋潔《近代日鮮関係の研究》（上、下）朝鮮總督府，1940年。

姜在彦《朝鮮の開化思想》岩波書店，1980年。

月脚達彦《朝鮮開化思想とナショナリズム》東京大学出版会，2009年。

月脚達彦《福澤諭吉と朝鮮問題》東京大学出版会，2014年。

趙景達《朝鮮の近代思想》有志舍，2019年。

IV-24　毛里和子《周縁からの中国——民族問題と国家》東京大学出版会，1998年。

松本ますみ《中国民族政策の研究——清末から1945年までの「民族論」を中心に》多賀出版，1999年。

アーネスト・ゲルナー（Ernest Gellner，加藤節監譯）《民族とナショナリズム》岩波書店，2000年。

吉澤誠一郎《愛国主義の創成——ナショナリズムから近代中国をみる》岩波書店，2003年。

毛里和子《日中関係——戦後から新時代へ》岩波書店，2006年。

飯島渉、久保亨、村田雄二郎編《中華世界と近代》（シリーズ20世紀中国史1）東京大学出版会，2009年。

汪錚（伊藤真譯）《中国の歴史認識はどう作られたのか》東洋経済新報社，2014年。

石島紀之《中国民衆にとっての日中戦争——飢え、社会改革、ナショナリズム》研文出版，2014年。

IV-25　市古宙三《近代中国の政治と社会》東京大学出版会，1971年。

小野川秀美、島田虔次編《辛亥革命の研究》筑摩書房，1978年。

宮崎滔天（島田虔次、近藤秀樹校注）《三十三年の夢》岩波書店，1993年。

田中比呂志《近代中国の政治統合と地域社会——立憲・地方自治・地域エリート》研文出版，2010年。

深町英夫《孫文——近代化の岐路》岩波書店，2016年。

IV-26　坂元ひろ子《中国民族主義の神話——人種・身体・ジェンダー》岩波書店，2004年。

森川裕貫〈「五四新文化運動」再考〉《中国研究月報》10月號，2020年。

王奇生〈新文化是如何「運動」起來的——以《新青年》為視點〉《近代史研究》2007年第1期。

桑兵〈「新文化運動」的緣起〉《澳門理工學報（人文社會科學版）》2015年第4期。

周月峰〈五四後「新文化運動」一詞的流行語早期含義演變〉《近代史研究》2007年第1期。

IV-27　吉田和子《上海ネットワークと近代アジア》東京大学出版会，2000年。

本野英一《伝統中国商業秩序の崩壊——不平等条約体制と「英語を話す中国人」》名古屋大学出版会，2004年。

富澤芳亞、久保亨、萩原充編《近代中国を生きた日系企業》大阪大学出版会，2011年。

吳承明編《帝國主義在舊中國的投資》人民出版社，1958年。

IV-28　高見澤磨、鈴木賢《中国にとって法とは何か——統治の道具から市民の権利へ》岩波書店，2010年。

久保茉莉子《中国の近代的刑事裁判——刑事司法改革からみる中国近代法史》東京大学出版会，2020年。

黃源盛《法律繼受與近代中國法》元照出版，2007年。

IV-29　森山茂德《日韓併合》吉川弘文館，1992年。

林廣茂《幻の三中井百貨店》晩聲社，2004年。

新城道彦《朝鮮王公族》中央公論新社，2015年。

木村光彦《日本統治下の朝鮮》中央公論新社，2018年。

IV-30　金子文夫《近代日本における対満洲投資の研究》近藤書店，1991年。

山本有造《日本植民地経済史研究》名古屋大学出版会，1992年。

堀和生《朝鮮工業化の史的分析》有斐閣，1995年。

安冨歩《「満洲国」の金融》創文社，1997年。

山本有造《「満洲国」経済史研究》名古屋大学出版会，2003年。

堀和生《東アジア資本主義史論 I》ミネルヴァ書房，2009年。

李昌玟《戦前期東アジアの情報化と経済発展——台湾と朝鮮における歴史の経験》東京大学出版会，2015年。

IV-31　小松久男《革命の中央アジア——あるジャディードの肖像》東京大学出版会，1996年。

Ｖ・Ｖ・バルトリド（V. V. Bartold，小松久男監譯）《トルキスタン文化史2》東洋文庫，2011年。

堀川徹等編《シャリーアとロシア帝国》臨川書店，2014年。

宇山智彦〈中央アジア——カザフ草原とトルキスタン〉小松久男等編《中央アジア研究入門》山川出版社，2018年。

野田仁、小松久男編著《近代中央ユーラシアの眺望》山川出版社，2019年。

IV-32　田中克彦《ノモンハン戦争——モンゴルと満洲国》岩波書店，2009年。

橘誠《ボグド・ハーン政権の研究——モンゴル建国史序説1911－1921》風間書房，2011年。

ボルジギン・フスレ《中国共産党、國民党の対モンゴル政策1945～49年——民族主義運動と国家建設との相克》風響社，2011年。

ガンバガナ《日本の対内モンゴル政策の研究——内モンゴル自治運動と日本外交1933－1945年》青山社，2016年。

IV-33　スミット・サルカール（Sumit Sarkar，長崎暢子等譯）《新しいインド近代史——下からの歴史の

　　　試み》I、II，研文出版，1993年。

　　　ラジニ・コタリ（Rajni Kothari，廣瀬崇子譯）《インド民主政治の転換——一党優位体制の崩壊》
　　　勁草書房，1999年。

　　　堀本武功、三輪博樹編《現代南アジアの政治》放送大学教育振興会，2012年。

　　　上田知亮《植民地インドのナショナリズムとイギリス帝国観——ガーンディ以前の自治構想》ミ
　　　ネルヴァ書房，2014年。

IV-34　長崎暢子〈ディアスポラとインド・ナショナリズム——サッティヤーグラハの誕生〉《インター
　　　カルチュラル》4，2006年。

　　　間永次郎《ガーディーの性とナショナリズム——「真理の実験」としての独立運動》東京大学出
　　　版会，2019年。

IV-35　ホセ・リサール（José Rizal，岩崎玄譯）《ノリ・メ・タンヘル——わが祖国に捧げる》井村文化
　　　事業社，1976年。

　　　エリック・ホブズボーム（Eric Hobsbawm，安川悦子、永田洋譯）《市民革命と産業革命——二重
　　　革命の時代》岩波書店，1986年。

　　　トンチャイ・ウィニッチャクン（Thongchai Winichakul，石井米雄譯）《地図がつくったタイ——
　　　国民国家誕生の歴史》明石書店，2003年。

　　　レイナルド・C・イレート（Reynaldo Ileto，川田牧人、宮脇聰史、高野邦夫譯）《キリスト受難詩
　　　と革命——1840－1910年のフィリピン民衆運動》法政大学出版局，2005年。

　　　ベネディクト・アンダーソン（Benedict Anderson，白石隆、白石さや譯）《定本　想像の共同
　　　体——ナショナリズムの起源と流行》書籍工房早山，2007年。

　　　ジョナサン・イスラエル（Jonathan Israel，森村敏己譯）《精神の革命——急進的啓蒙と近代民主
　　　主義の知的起源》みすず書房，2017年。

IV-36　戴國輝《華僑——「落葉帰根」から「落地生根」への苦悶と矛盾》研文出版，1980年。

　　　山本博之《脱植民地化とナショナリズム——英領北ボルネオにおける民族形成》東京大学出版
　　　会，2006年。

　　　篠崎香織《プラナカンの誕生——海峡植民地ペナンの華人と政治参加》九州大学出版会，2017年。

IV-37　倉澤愛子《日本占領下ジャワ農村の変容》草思社，1992年。

　　　池端雪浦編《日本占領下のフィリピン》岩波書店，1996年。

　　　倉澤愛子編《東南アジア史のなかの日本占領》早稲田大学出版部，1996年。

　　　明石陽至編《日本占領下のマラヤ・シンガポール》岩波書店，2001年。

　　　根本敬《抵抗と協力のはざま——近代ビルマ史のなかのイギリスと日本》岩波書店，2010年。

　　　中野聰《東南アジア占領と日本人——帝国・日本の解体》岩波書店，2012年。

　　　荒哲《日本占領下的レイテ島——抵抗と協力をめぐる戦時下フィリピン周縁社会》東京大学出版
　　　会，2021年。

第V章

V-1　　ライラ・アハメド（Leila Ahmed，林正雄等譯）《イスラームにおける女性とジェンダー》法政大
　　　学出版局，2000年。

　　　ライラ・アブー＝ルゴド（Lila Abu-Lughod，後藤絵美等譯）《「女性をつくりかえる」という思想》
　　　明石書店，2009年。

　　　長澤榮治監修、森田豐子、小野仁美編著《結婚と離婚》明石書店，2019年。

V-2　　バーナード・クリック（Bernard Crick，添谷育志、金田耕一譯）《1冊でわかるデモクラシー》岩
　　　波書店，2004年。

藤波伸嘉《オスマン帝国と立憲政——青年トルコ革命における政治、宗教、共同体》名古屋大学出版会，2011年。

竹下政孝、山内志朗編《イスラーム哲学とキリスト教　中世II　実践哲学》岩波書店，2012年。

新井政美編著《イスラムと近代化——共和国トルコの苦闘》講談社，2013年。

増澤知子（秋山淑子、中村圭志譯）《世界宗教の発明——ヨーロッパ普遍主義と多元主義の言説》みすず書房，2015年。

長縄宣博《イスラームとロシア——帝国・宗教・公共圏　1905－1917》名古屋大学出版会，2017年。

網谷龍介、上原良子、中田瑞穂編《戦後民主主義の青写真——ヨーロッパにおける統合とデモクラシー》ナカニシャ出版，2019年。

V-3　臼杵陽〈イスラエルにおける「修正主義」——「歴史家」にとっての戦争、イスラエル建国、そしてパレスチナ人〉《歴史学研究》712，1998年。

アヴィ・シュライム（Avi Shlaim，神尾賢二譯）《鉄の壁》緑風出版，2013年。

金城美幸〈破壊されたパレスチナ人村落史の構築——対抗言説としてのオーラルヒストリー〉《日本中東学会年報》30（1），2014年。

イラン・パペ（Ilan Pappé，田浪亞央譯）《パレスチナの民族浄化——イスラエル建国の暴力》法政大学出版局，2017年。

V-4　池内恵《シーア派とスンニ派》新潮社，2018年。

酒井啓子編《現代中東の宗派問題——政治対立の「宗派化」と「新冷戦」》晃洋書房，2019年。

山尾大〈宗派主義の拡大と後退の条件——イラク世論調査にみる政党支持構造分析から〉酒井啓子編《現代中東の宗派問題——政治対立の「宗派化」と「新冷戦」》晃洋書房，2019年。

山尾大《紛争のインパクトをはかる——世論調査と計量テキスト分析からみるイラクの国家と国民の再編》晃洋書房，2021年。

V-5　粕谷元〈トルコ共和国成立期の「国民（millet）」概念〉酒井啓子編《民族主義とイスラーム——宗教とナショナリズムの相克と調和》日本貿易振興会アジア経済研究所，2001年。

山口昭彦編《クルド人を知るための55章》明石書店，2019年。

V-6　峯陽一《南アフリカ——「虹の国」への歩み》岩波書店，1996年。

ロバート・ロス（Robert Ross，石鎚優譯）《南アフリカの歴史》創土社，2009年。

レナード・トンプソン（Leonard Thompson，宮本正興等譯）《南アフリカの歴史（最新版）》明石書店，2009年。

C・W・デキーウィト（C. W. de Kiewiet，野口建彦等譯）《南アフリカ社会経済史》文真堂，2010年。

V-7　前川一郎〈イギリス植民地問題終焉論と脱植民地化〉永原陽子編《「植民地責任」論——脱植民地化の比較史》青木書店，2009年。

半澤朝彦〈液状化する帝国史研究——非公式帝国論の射程〉木畑洋一、後藤春美編《帝国の長い影——20世紀国際秩序の変容》ミネルヴァ書房，2010年。

前川一郎〈アフリカからの撤退——イギリス開発援助政策の顛末〉《国際政治》173，2013年。

V-8　武内進一編《戦争と平和の間——紛争勃発後のアフリカと国際社会》アジア経済研究所，2008年。

武内進一《現代アフリカの紛争と国家——ポストコロニアル家産制国家とルワンダ・ジェノサイド》明石書店，2009年。

遠藤貢《崩壊国家と国際安全保障——ソマリアにみる新しな国家像の誕生》有斐閣，2015年。

落合雄彦編著《アフリカ安全保障論入門》晃洋書房，2019年。

V-9　アーイシャ・ジャラール（Ayesha Jalal，井上あえか譯）《パキスタン独立》勁草書房，1999年。

ウルワシー・ブターリア（Urvashi Butalia，藤岡恵美子譯）《沈黙の向こう側——インド・パキスタン分離独立と引き裂かれた人々の声》明石書店，2002年。

中谷哲彌《インド・パキスタン分離独立と難民——移動と再居住の民族誌》明石書店，2019年。

V-10　佐藤宏編《南アジア現代史と国民統合》アジア経済研究所，1988年。

孝忠延夫、淺野宜之《インドの憲法　21世紀「国民国家」の将来像》関西大学出版部，2006年。

ラーマチャンドラ・グハ（Ramachandra Guha，佐藤宏譯）《インド現代史》（上、下）明石書店，2012年。

志賀美和子〈地域主義政党は中央政府への参加を志向するか——ドラヴィダ主義政党の場合〉《アジア研究》62（4），2016年。

V-11　絵所秀紀《離陸したインド経済——開発の軌跡と展望》ミネルヴァ書房，2008年。

石上悦朗、佐藤隆廣編著《現代インド・南アジア経済論》ミネルヴァ書房，2011年。

柳澤悠《現代インド経済——発展の淵源・軌跡・展望》名古屋大学出版会，2014年。

アマルテイア・セン、ジャン・ドレーズ（Amartya Sen, Jean Drèze，湊一樹譯）《開発なき成長の限界——現代インドの貧困・格差・社會的分断》明石書店，2015年。

V-12　バーバー・パドマンジー、パンディター・ラマーバーイー（Baba Padmanji, Pandita Ramabai，小谷汪之、押川文子譯）《ヒンドゥー社会と女性解放——ヤムナーの旅・高位カーストのヒンドゥー婦人》明石書店，1996年。

ジョアンナ・リドル, ラーマ・ジョーシ（Joanna Liddle, Rama Joshi，重松伸司監譯）《インドのジェンダー・カースト・階級》明石書店，1996年。

ガヤトリ・C・スピヴァク（Gayatri C. Spivak，上村忠男譯）《サバルタンは語ることができるか》みすず書房，1998年。

粟屋利江、井上貴子編《インド　ジェンダー研究ハンドブック》東京外国語大学出版会，2018年。

V-13　B・C・デーヴァ（B. C. Deva，中川博志譯）《インド音楽序説》東方出版，1994年。

V・ラーガヴァン（V. Raghavan，井上貴子、田中多佳子譯）《楽聖たちの肖像——インド音楽史を彩る11人》穂高書店，2001年。

井上貴子《近代インドのおける音楽学と芸能の変容》青弓社，2006年。

田森雅一《近代インドにおける古典音楽の社会的世界とその変容——"音楽すること"の人類学的研究》三元社，2015年。

V-14　堀本武功〈独立後における「不可触民」の政治化〉内藤雅雄編《解放の思想と運動》明石書店，1994年。

押川文子〈独立後の「不可触民」——何がどこまで変わったか〉押川文子編《フィールドからの現状報告》明石書店，1995年。

三輪博樹〈インドにおけるカースト政治——「利益集団」としてのカースト〉堀本武功、廣瀬崇子編《現代南アジア3　民主主義へのとりくみ》東京大学出版会，2002年。

藤井毅《歴史のなかのカースト》岩波書店，2003年。

孝忠延夫《インド憲法とマイノリティ》法律文化社，2005年。

近藤則夫《現代インド政治》名古屋大学出版会，2015年。

V-15　東京大學社会科学研究所編《20世紀システム4　開発主義》東京大学出版会，1998年。

白石隆《海の帝国——アジアをとう考えるか》中央公論新社，2000年。

レオナルド・C・イレート等（Reynaldo C. Ileto，永野善子編、監譯）《フィリピン歴史研究と植民地言説》めこん，2004年。

伊藤亞聖《デジタル化する新興国——先進国に超えるか、監視社会の到来か》中央公論新社，2020年。

V-16 本名純《民主化のパラドックス――インドネシアにみるアジア政治の深層》岩波書店，2013年。

玉田芳史〈タイのクーデター――同期生から「東部の虎」へ〉酒井啓子編《途上国における軍・政治権力・市民社会》晃洋書房，2016年。

中西嘉宏〈政治と軍〉山本信人編《東南アジア地域研究入門3　政治》慶應義塾大学出版会，2017年。

倉澤愛子《インドネシア大虐殺――二つのクーデターと史上最大級の惨劇》中央公論新社，2020年。

中西嘉宏《ロヒンギャ危機――「民族浄化」の真相》中央公論新社，2021年。

V-17 鈴木佑司《東南アジアの危機の構造》勁草書房，1982年。

末廣昭〈アジア開発独裁論〉中兼和津次編《近代化と構造変動》（講座　現代アジア2）東京大学出版会，1994年。

東京大学社会科学研究所編《20世紀システム4　開発主義》東京大学出版会，1998年。

末廣昭《キャッチアップ型工業化論――アジア経済の軌跡と展望》名古屋大学出版会，2000年。

岩崎育夫《アジア政治とは何か――開発・民主化・民主主義再考》中央公論新社，2009年。

エリカ・フランツ（Erica Frantz，上谷直克、今井宏平、中井遼譯）〈権威主義――独裁政治の歴史と変貌〉白水社，2021。

V-18 山影進《ASEAN――シンボルからシステムへ》東京大学出版会，1991年。

黒柳米司編《「米中對峙」時代のASEAN――共同体への深化と対外関与の拡大》明石書店，2014年。

鈴木早苗編《ASEAN共同体――政治安全保障・経済・社会文化》アジア経済研究所，2016年。

V-19 末廣昭〈総説〉末廣昭責任編集《「開発」の時代と「模索」の時代》（岩波講座　東南アジア史9）岩波書店，2002年。

玉田芳史《民主化の虚像と実像――タイ現代政治変動のメカニズム》京都大学学術出版会，2003年。

山田紀彦編《独裁体制における議会と正当性――中国・ラオス・ベトナム・カンボジア》アジア経済研究所，2015年。

伊野憲治《ミャンマー民主化運動――学生たちの苦悩、アウンサンスーチーの理想、民のこころ》めこん，2018年。

山本博史編著《アジアのおける民主主義と経済発展》文真堂，2019年。

栗原浩英〈中国のインパクト〉桐山昇、栗原浩英、根本敬《東南アジアの歴史（新版）》有斐閣，2019年。

V-20 笹川裕史、奥村哲《銃後的中国社会――日中戦争下の総動員と農村》岩波書店，2007年。

波多野澄雄等編《決定版日中戦争》新潮社，2018年。

關智英《対日協力者の政治構想――日中戦争とその前後》名古屋大学出版会，2019年。

V-21 田中恭子《土地と権力――中国の農村革命》名古屋大学出版会，1996年。

姫田光義編《戦後中国国民政府史の研究》中央大学出版部，2001年。

高橋伸夫《党と農民――中国農民革命の再検討》研文出版，2006年。

川島真、服部龍二編《東アジア国際政治史》名古屋大学出版会，2007年。

久保亨、土田哲夫、高田幸男、井上久士《現代中国の歴史――兩岸三地のあゆみ》東京大学出版会，2008年。

笹川裕史《中華人民共和国誕生の社会史》講談社，2011年。

杜崎群傑《中国共産党による「人民代表会議」制度の創成と政治過程――権力と正統性をめぐって》御茶の水書房，2015年。

阿南友亮〈中国人民解放軍の形成過程と「中国革命」の再評価〉《現代中国研究》42，2019年。

V-22　鹽川伸明《現存した社会主義──リヴァイアサンの素顔》勁草書房，1999年。

奥村哲《中国の現代史──戦争と社会主義》青木書房，1999年。

泉谷陽子《中国建国初期の政治と経済──大衆運動と社会主義》御茶の水書房，2007年。

田原史起《二十世紀中国の革命と農村》山川出版社，2008年。

久保亨《中国近現代史4　社会主義への挑戦》岩波書店，2011年。

久保亨、加島潤、木越義則《統計でみる中国近現代経済史》東京大学出版会，2016年。

加島潤《社会主義体制下の上海経済──計画経済と公有化のインパクト》東京大学出版会，2018年。

V-23　陳東林等主編（加加美光行監修）《中国文化大革命事典》中国書店，1997年。

金野純《中国社会と大衆運動──毛沢東時代の政治権力と民衆》御茶の水書房，2008年。

楊海英《墓標なき草原──内モンゴルにおける文化大革命・虐殺の記録》（上、下）岩波書店，2009年。

ロデリック・マクファーカー、マイケル・シェーンハルス（Roderick MacFarquhar, Michael Schoenhals，朝倉和子譯）《毛沢東　最後の革命》（上、下）青灯社，2010年。

金野純〈文化大革命における政治と法〉愛知大学現代中国学会編《中国21》48，2018年。

V-24　林毅夫、蔡昉、李周《中国の経済発展》日本評論社，1997年。

白石隆、ハウ・カロライン《中国は東アジアをどう変えるか──21世紀の新地域システム》中央公論新社，2012年。

中兼和津次《開発経済学と現代中国》名古屋大学出版会，2012年。

丸川知雄、梶谷懐《超大国・中国のゆくえ4　経済大国化の軋みとインパクト》東京大学出版会，2015年。

加藤弘之《中国経済学入門──「曖昧な制度」はいかに機能しているか》名古屋大学出版会，2016年。

末廣昭、田島俊雄、丸川知雄《中国・新興国ネクサス──新たな世界経済循環》東京大学出版会，2018年。

蔡昉《現代中国経済入門──人口ボーナスから改革ボーナスへ》東京大学出版会，2019年。

外文參考文獻

第I章

I-1   Nicole Brisch (ed.), *Religion and Power: Divine Kingship in the Ancient World and Beyond*, Chicago, 2008.

Karen Radner and Eleanor Robson (eds.), *The Oxford Handbook of Cuneiform Culture*, Oxford, 2011.

Hans Neumann (ed.), *Wissenskultur im Alten Orient*, Wiesbaden, 2012.

Beate Pongratz-Leisten, *Religion and Ideology in Assyria*, Boston and Berlin, 2015.

I-2   Jan Retsö, *The Arabs in Antiquity*, London, 2003.

Greg Fisher (ed.), *Arabs and Empires before Islam*, Oxford, 2015.

I-3   Michel Stausberg, *Die Religion Zarathushtras: Geschichte - Gegenwart - Rituale*, 3 vols., Stuttgart, 2002-2004.

Prods Skjærvo, *The Spirit of Zoroastrianism*, New Haven, 2012.

Michael Stausberg, Yuhan Shrrab-Dinshaw Vevaina, and Anna Tessmann (eds.), *The Wiley Blackwell Companion to Zoroastrianism (Wiley Blackwell Companions to Religion)*, London, 2015.

I-6   Jan Vansina, *Oral Tradition as History*, Madison, 1985.

David Lee Schoenbrun, *A Green Place, A Good Place: Agrarian Change, Gender, and Social Identity in the Great Lakes Region to the 15th Century*, Portsmouth. Kampala, and Oxford, 1998.

Thomas Spear (ed.), *Oxford Encyclopedia of African Historiography: Methods and Sources*, 2 vols. New York, 2019.

I-7   Jonathan Mark Kenoyer, *Ancient Cities of the Indus Valley Civilization*, Karachi, 1998.

Gregory Louis. Possehl, *The Indus Civilization, A Contemporary Perspective*, New York, 2003.

Rita P. Wright, *The Ancient Indus: Urbanism, Economy, and Society*, Cambridge. 2010.

I-8   Georges Maspero, *Le royaume de Champa*, Paris and Brussels, 1928.

George Cœdés, *Les états hindouisés d'Indochine et d'Indonésie*, Paris, 1948.

Louis Malleret, *L'archéologie du Delta du Mékong*, 4 vols., Paris, 1959-1963.

Bennet Bronson, "Exchange at the Upstream and Downstream Ends: Notes toward a Functional Model of the Coastal State in Southeast Asia," Karl L. Hutterer (ed.), *Economic Exchange and Social Interaction in Southeast Asia: Perspectives from Prehistory, History and Ethnography*, Ann Arbor, 1977, pp. 39-52.

James C. M. Khoo (ed.), *Art & Archaeology of Fu Nan*, Bangkok, 2003.

Arlo Griffiths, Andrew Hardy, and Geoff Wade (eds), *Champa: Territories and Networks of a Southeast Asian Kingdom*, Paris, 2019.

I-9   George Codés, *The Indianized States of Southeast Asia*, Honolulu, 1968.

Hermann Kulke, *Kings and Cults: State Formation and Legitimation in India and Southeast Asia*, New Delhi, 1993.

Oliver William Wolters, *History, Culture, and Region in Southeast Asian Perspectives*, Rev. ed., Ithaca, 1999.

Victor Lieberman, *Strange Parallels: Southeast Asia in Global Context, c. 800-1830*, 2 vols. Cambridge, 2003-2009.

Sheldon Pollock, *The Language of the Gods in the World of Men: Sanskrit, Culture, and Power in Premodern India*, Berkeley, 2006.

Pierre-Yves Manguin, A. Mani, and Geoff Wade (eds.), *Early Interactions between South and Southeast Asia: Reflections on Cross-Cultural Exchange*, Singapore, 2011.

I-12   Nicola Di Cosmo, "Beasts and Birds: The Historical Context of Early Chinese Perceptions of the Northern Peoples," *Ancient China and its Enemies*, New York, 2002, pp. 93-127.

I-13   Gideon Shelach, "Collapse or Transformation? Anthropological and Archaeological Perspectives on the Fall of Qin," Yuri Pines, *et al.* (eds.), *Birth of an Empire*, Berkeley, 2014, pp. 113-138.

I-25   Étienne de la Vaissière, *Histoire des marchands sogdiens*, Paris, 2004.

I-26   Nicholas Sims-Williams and James Hamilton, *Documents turco-sogdiens du IXe-Xe siècle de Touen-houang*, London, 1990.

I-29   Ira M. Lapidus, "State and Religion in Islamic Societies," *Past & Present* Vol. 151 (1996), pp. 3-27.

I-30   Patricia Crone, *Meccan Trade and the Rise of Islam*, Princeton, 1987.

        Jonathan Andrew Cleveland Brown, *Muhammad: A Very Short Introduction*, Oxford, 2011.

        Stephen J. Shoemaker, *The Death of a Prophet: The End of Muhammad's Life and the Beginnings of Islam*, Philadelphia, 2012.

        Nicolai Sinai, *The Qur'an: A Historical-Critical Introduction*, Edinburgh, 2017.

I-31   Patricia Crone and Martin Hinds, *God's Caliph: Religious Authority in the First Centuries of Islam*, Cambridge, 1986.

        Hugh Kennedy, *Caliphate: The History of an Idea*, New York, 2016.

1-32   Muhammad 'Abd al-Hayy Shaban, *The 'Abbāsid Revolution*, Cambridge, 1970.

        Stephen Humphreys, *Islamic History: A Framework for Inquiry*, Princeton, 1991.

        Paul M. Cobb, "The Empire in Syria, 705-763," *The New Cambridge History of Islam*, Vol. I. Cambridge, 2010, pp. 226-268.

1-33   Jonathan Berkey, *The Transmission of Knowledge in Medieval Cairo: A Social History of Islamic Education*, Princeton, 1992.

        Maurice A. Pomerantz and Aram A. Shahin (eds.), *The Heritage of Arabo-Islamic Learning: Studies Presented to Wadad Kadi*, Leiden and Boston, 2016.

        Jonathan E. Brockopp, *Muhammad's Heirs: The Rise of Muslim Scholarly Communities, 622-950*, Cambridge, 2017.

第 II 章

II-1   Charles Melville, "From Adam to Abaqa: Qādī Baidāwī's Rearrangement of History," *Studia Iranica*, Vol. 30 (2001), pp. 67-86.

        Andrew C. S. Peacock, *Mediaeval Islamic Historiography and Political Legitimacy: Bal'ami's Tārīkhnāma*, London and New York, 2007.

        Sarah Bowen Savant, *The New Muslims of Post-conquest Iran: Tradition, Memory, and Conversion*, Cambridge, 2013.

II-2   Bernard Lewis, *The Political Language of Islam*, Chicago and London, 1988.

        Cliford Edmund Bosworth, "Sulṭān," *Encyclopaedia of Islam*, 2nd ed., Leiden, Vol. 9 (1997), pp. 849a-851a.

        Anthony Black, *The History of Islamic Political Thought: From the Prophet to the Present*, Edinburgh, 2001.

        C. E. Bosworth, "The Titulature of the Early Ghaznavids," *Oriens*, Vol. 15 (1962), pp. 210-233.

II-3   Robert G. Hoyland, *Seeing Islam as Others Saw It: A Survey and Evaluation of Christian, Jewish and Zoroastrian Writings on Early Islam*, Princeton, 1998.

        Jack Tannous, *The Making of the Medieval Middle East: Religion, Society, and Simple Believers*, Princeton, 2018.

        Nimrod Hurvitz, *et al.* (eds.), *Conversion to Islam in the Premodern Age: A Sourcebook*, Oakland. 2020.

II-4   Eric Calderwood, *Colonial al-Andalus: Spain and the Making of Modern Moroccan Culture*, Cambridge. Mass., 2018.

Maribel Fierro (ed.), *The Routledge Handbook of Muslim Iberia*, London, 2020.

James T. Monroe, *Islam and the Arabs in Spanish Scholarship: 16th Century to the Present*, Cambridge, Mass., 2021 (original ed., Leiden, 1970).

II-5   John Andrew Boyle, *The Cambridge History of Iran, Vol. 5: The Saljuq and Mongol Periods*, Cambridge, 1968.

Andrew C. S. Peacock, *The Great Seljuk Empire*, Edinburgh, 2015.

II-6   David Ayalon, "Mamlūk," *The Encyclopaedia of Islam*, 2nd ed., Leiden, Vol. 6 (1990), pp. 314-321.

Stuart J. Borsch, *The Black Death in Egypt and England: A Comparative Study*, Austin, 2005.

Koby Yosef, "Ikhwa, Muwākhūn and Khushdāshiyya in the Mamluk Sultanate," *Jerusalem Studies in Arabic and Islam*, Vol. 40 (2013), pp. 335-362.

II-7   Marcel Erdal, *A Grammar of Old Turkic*, Leiden and Boston, 2004.

II-8   Damodar Dharmanand Kosambi, *An Introduction to the Study of Indian History*, Revised 2nd ed., Bombay,1975.

Brajadulal Chattopadhyaya, *The Making of Early Medieval India*, Delhi, 1994.

Hermann Kulke (ed.), *The State in India, 1000-1700*, Delhi, 1995.

Dwijendra Narayan Jha (ed.), *The Feudal Order: State, Society and Ideology in Early Medieval India*, New Delhi, 2000.

Ram Sharan Sharma, *Indian Feudalism: c. AD 300-1200*, 3rd ed., Delhi, 2006. Kesavan Veluthat, *The Early Medieval in South India*, New Delhi, 2009.

Rajan Gurukkal, *Social Formations of Early South India*, New Delhi. 2010.

II-9   H. Kulke, *Kings and Cults: State Formation and Legitimation in India and Southeast Asia*, New Delhi, 1993.

Brajadulal Chattopadhyaya, *The Making of Early Medieval India*, Delhi, 1994.

Phillip B. Wagoner, ""Sultan among Hindu Kings": Dress, Titles, and the Islamicization of Hindu Culture at Vijayanagara," *The Journal of Asian Studies*, Vol. 55 (1996), pp. 851-880.

II-10   Richard Maxwell Eaton, *The Rise of Islam and the Bengal Frontier, 1204-1760*, Berkeley. 1993.

II-11   George Cœdès, *The Indianized States of Southeast Asia*, Honolulu, 1968.

Oliver William Wolters, *History, Culture, and Region in Southeast Asian Perspectives*, Rev. ed. Ithaca, 1999.

John Norman Miksic, and Geok Yian Goh, *Ancient Southeast Asia*, Abingdon, 2017.

II-12   George Cœdès, *The Indianized States of Southeast Asia*, Honolulu, 1968.

II-14   John W. Chaffee, *Branches of Heaven: A History of the Imperial Clan of Sung China*, Cambridge, Mass., 1999.

II-15   Robert Hymes, *Statesmen and Gentlemen: The Elite of Fu-chou, Chiang-hsi, in Northern and Southern Sung*, Cambridge, 1986.

II-19   Paul Jakov Smith and Richard von Glahn (eds.), *The Song-Yuan-Ming Transition in Chinese History*, Cambridge, Mass., 2003.

II-21   Peter K. Bol, *"This Culture of Ours": Intellectual Transitions in T'ang and Sung China*, Stanford, 1992.

II-22   David K. Jordan and Daniel L. Overmyer, *The Flying Pheonix: Aspect of Chinese Sectarianism in Taiwan*, Princeton, 1986.

Valerie Hansen, *Changing Gods in Medieval China, 1127-1276*, Princeton, 1990.

Daniel L. Overmyer, *Precious Volumes: An Introduction to Chinese Sectarian Scriptures from the Sixteenth and Seventeenth Centuries*, Cambridge, Mass., 1999.

II-23   Benjamin Z. Kedar and Merry E. Wiesner-Hanks (eds.), *The Cambridge World History, Vol. 5: Expanding Webs of Exchange and Conflict, 500 CE-1500 CE*, Cambridge. 2015.

Peter Jackson, *The Mongols and the West, 1221-1410*, 2nd ed., London, 2018,

Johannes Preiser-Kapeller, Lucian Reinfandt, and Yannis Stouratis (eds.), *Migration Histories of the Medieval Afrocurasian Transition Zone: Aspects of Mobility between Africa, Asia, and Europe 300-1500CE*, Turnhout, 2020.

II-25 Luciano Petech, *Central Tibet and the Mongols: The Yüan - Sa skya Period of Tibetan History*, Rome, 1990.

Olaf Czaja, *Medieval Rule in Tibet: The Rlangs Clan and the Political and Religious History of the Ruling House of Phag mo gru pa: With a Study of the Monastic Art of Gdan sa mthil*, 2vols., Wien, 2013.

Sam van Schaik, *Tibet: A History*, New Haven, 2011.

II-28 Abner Cohen, "Cultural Strategies in the Organization of Trading Diasporas," Claude Meillassoux (ed.), *The Development of Indigenous Trade and Markets in West Africa*, London, 1971, pp. 266-281.

Yasuhiro Yokkaichi, "Chinese and Muslim Diasporas and the Indian Ocean Trade Network under the Mongol Hegemony," Angela Schottenhammer (ed.), *The East Asian "Mediterranean": Maritime Crossroads of Culture, Commerce, and Human Migration*, Wiesbaden, 2008, pp. 73-102.

John W. Chaffee, *The Muslim Merchants of Premodern China: The History of a Maritime Asian Trade Diaspora, 750-1400*, Cambridge, 2018.

II-29 Robert P. Blake, "The Circulation of Silver in the Moslem East down to the Mongol Epoch," *Harvard Journal of Asiatic Studies*, Vol. 2, No. 3/4 (1937), pp. 291-328.

George Credès, *The Indianized States of South-East Asia*, Honolulu, 1968.

Nicola di Cosmo, "Black Sea Emporia and the Mongol Empire: A Reassessment of the Pax Mongolica," *Journal of the Economic and Social History of the Orient*, Vol. 53, No. 1/2 (2010) pp. 83-108.

II-30 Judith Pfeiffer (ed.), *Politics, Patronage and the Transmission of Knowledge in 13th-15th Century Tabriz*, Leiden, 2014.

Denise Aigle, *The Mongol Empire between Myth and Reality*, Leiden and Boston, 2015.

Devin DeWeese, "Islamization in the Mongol Empire," Nicola Di Cosmo *et al.* (eds.), *The Cambridge History of Inner Asia: The Chinggisid Age*, Cambridge, 2015, pp. 120-134.

II-31 Bruce Campbell, *The Great Transition: Climate, Disease and Society in the Late-Medieval World*, Cambridge, 2016.

Peter Jackson, *The Mongols and the Islamic World: From Conquest to Conversion*, New Haven, 2017.

Monica Green, "The Four Black Deaths," *The American Historical Review*, Vol. 125, No. 5 (2020), pp. 1600-1631.

II-32 Richard von Glahn, *Fountain of Fortune: Money and Monetary Policy in China 1000-1700*, Berkeley, 1996.

John S. Deyell, "Cowries and Coins: The Dual Monetary System of the Bengal Sultanate," *The Indian Economic and Social History Review*, Vol. 47, No. 1 (2010), pp. 63-106.

Bin Yang, *Cowrie Shells and Cowrie Money: A Global History*, London and New York, 2019.

II-33 Thomas T. Allsen, *Culture and Conquest in Mongol Eurasia*, New York, 2001.

Michal Biran, Jonathan Brack, and Francesca Fiaschetti (eds.), *Along the Silk Roads in Mongol Eurasia: Generals, Merchants, and Intellectuals*, Berkeley, 2020.

Paul D. Buell and Eugene N. Anderson, *Arabic Medicine in China: Tradition, Innovation, and Change*, Leiden, 2021.

II-35 Thomas T. Allsen, *Commodity and Exchange in the Mongol Empire*, Cambridge and New York, 1997.

Yuka Kadoi, *Islamic Chinoiserie: The Art of Mongol Iran*, Edinburgh, 2009.

Louise W. Mackie, *Symbols of Power: Luxury Textiles from Islamic Lands, 7th-21st Century*, Cleveland, 2015.

Cecilie Hollberg (ed.), *Textiles and Wealth in 14th Century Florence: Wool, Silk, Painting*, Firenze, 2017.

第III章

III-1　Mehmed Fuat Köprülü, *Les origines de l'empire ottoman*, Paris, 1935.

Paul Wittek, *The Rise of the Ottoman Empire*, London, 1938.

Cemal Kafadar, *Between Two Worlds: The Construction of the Ottoman State*, Berkeley. 1995.

Heath W. Lowry, *The Nature of the Early Ottoman State*, Albany, 2003.

III-2　Stephen Frederic Dale, *The Muslim Empires of the Ottomans, Safavids, and Mughals*, Cambridge, 2010.

A. Azfar Moin, *The Millennial Sovereign*, New York, 2012.

Hani Khafipour, *The Empires of the Near East and India*, New York, 2019.

III-3　Rula Jurdi Abisaab, *Converting Persia: Religion and Power in the Safavid Empire*, London and New York, 2004.

Juan Cole, *Sacred Space and Holy War: The Politics, Culture and History of Shi'ite Islam*, London, 2005.

III-4　Fernand Braudel, *La méditerranée et le monde méditerranéen à l'époque de Philippe II*, 2nd ed., 2 vols., Paris, 1966 （フェルナン・ブローデル〔濱名優美譯〕《地中海》全5卷，藤原書店，1992年）

Giancarlo Casale, *The Ottoman Age of Exploration*, New York 2010.

Molly Greene, *Catholic Pirates and Greek Merchants: A Maritime History of the Mediterranean*, Princeton. 2010. （モーリー・グリーン〔秋山晋吾譯〕《海賊と商人の地中海——マルタ騎士団とギリシア商人の近世海洋史》NTT出版，2014年）

III-5　Kirti N. Chaudhuri, *Trade and Civilisation in the Indian Ocean: An Economic History from the Rise of Islam to 1750*, Cambridge, 1985.

Sebouh David Aslanian, *From the Indian Ocean to the Mediterranean: The Global Trade Networks of Armenian Merchants from New Julfa*, Berkeley, 2011.

Scott Cameron Levi, *The Indian Diaspora in Central Asia and Its Trade, 1550-1900*, Leiden, 2002.

III-6　John Glover, *Sufism and Jihad in Modern Senegal: The Murid Order*, Rochester, 2007.

Paul E. Lovejoy, *Jihād in West Africa during the Age of Revolutions*, Athens, 2016.

III-7　M. Athar Ali, *The Apparatus of Empire: Awards of Ranks, Offices and Titles to the Mughal Nobility (1574-1658)*, Delhi, 1985.

Sanjay Subrahmanyam, "Introduction," Sanjay Subrahmanyam (ed.), *Money and the Market in India, 1100-1700,* Delhi, 1994, pp. 1-56

M. Athar Ali, *The Mughal Nobility under Aurangzeb*, Rev. ed., Delhi, 1997.

Muzaffar Alam and Sanjay Subrahmanyam, "Introduction," Muzaffar Alam and Sanjay Subrahmanyam (eds.), *The Mughal State, 1526-1750*, Delhi, 1998, pp. 1-71.

Irfan Habib, *The Agrarian System of Mughal India 1556-1707*, 3rd ed, New Delhi, 2014.

III-8　William Henricks Wiser, *The Hindu Jajmani System: A Socio-Economic System Interrelating Members of A Hindu Village Community in Services*, Lucknow, 1936.

Tapan Raychaudhuri and Irfan Habib (eds.), *The Cambridge Economic History of India,* Vol. I. e. 1200-c. 1750, Cambridge, 1982.

Susan Bayly, *The New Cambridge History of India IV-3: Caste, Society and Politics in India from the Eighteenth Century to the Modern Age*, Cambridge, 1999.

Nandita Prasad Sahai, *Politics of Patronage and Protest: The State, Society, and Artisans in Early Modern Rajasthan*, New Delhi, 2006.

III-9　Astin Das Gupta and M. N. Pearson (eds.), *India and the Indian Ocean, 1500-1800*, Calcutta, 1987.

Michael Pearson, *The Indian Ocean*, London and New York, 2003.

III-10　Christopher Alan Bayly, *Rulers, Townsmen and Bazaars: North Indian Society in the Age of British Expansion,*

1770-1870, Cambridge, 1983.

Burton Stein, "State Formation and Economy Reconsidered," *Modern Asian Studies*, Vol. 19, No. 3 (1985), pp. 387-413.

Eugene F. Irschick, *Dialogue and History: Constructing South India, 1795-1895*, Delhi, 1994.

Claude Markovits, *The Global World of Indian Merchants, 1750-1947: Traders of Sind from Bukhara to Panama*, Cambridge, 2000.

David Washbrook, "South India 1770-1840: The Colonial Transition," *Modern Asian Studies*, Vol. 38, No. 3 (2004), pp. 479-516.

III-14 Anthony Reid, *Southeast Asia in the Age of Commerce 1450-1680*, 2 vols., New Haven and London 1988-1993.（アンソニー・リード〔平野秀秋、田中優子譯〕《大航海時代の東南アジア——1460－1680年》Ⅰ・Ⅱ，法政大学出版局，2002年）

Anthony Reid, *A History of Southeast Asia: Critical Crossroads*, Chichester, 2015.

Victor Lieberman, *Strange Parallels: Southeast Asia in Global Context, c. 800-1830*, 2vols., Cambridge. 2003-2009.

Barbara Watson Andaya, *The Flaming Womb: Repositioning Women in Early Modern Southeast Asia*, Honolulu, 2006.

III-15 Anthony Milner, *Kerajaan: Malay Political Culture on the Eve of Colonial Rule*, Tucson, 1982.

Timothy P. Barnard (ed.), *Contesting Malayness: Malay Identity across Boundaries*, Singapore, 2004.

Kanji Nishio, "Political Strategy for Coexistence in Multi-Ethnic Societies: The Concept of Orang Melayu in the 18th Century Johor-Riau Sultanate," Yoneo Ishii (ed.), *The Changing Self Image of Southeast Asian Societies during the 19th and the 20th Centuries*, Tokyo, 2009, pp. 3-26.

A. Milner, *The Malays: The Peoples of South-East Asia and the Pacific*, Chichester, 2010.

III-16 Femme S. Gaastra, *The Dutch East India Company: Expansion and Decline*, Zutphen, 2003.

Ryuto Shimada, *The Intra-Asian Trade in Japanese Copper by the Dutch East India Company during the Eighteenth Century*, Leiden, 2006.

Els M. Jacobs, *Merchant in Asia: The Trade of the Dutch East India Company during the Eighteenth Century*, Leiden, 2006.

III-17 Anthony Reid (ed.), *The Last Stand of Asian Autonomies: Responses to Modernity in the Diverse States of Southeast Asia and Korea, 1750-1900*, Basingstoke and London, 1997.

Leonard Blussé, "The Chinese Century: The Eighteenth Century in the China Sea Region," *Archipel*, Vol. 58 (1999), pp. 107-129.

Eric Tagliacozzo and Wen-chin Chang (eds.), *Chinese Circulations: Capital, Commodities, and Networks in Southeast Asia*, Durham, 2011.

III-18 Victor Lieberman, *Strange Parallels: Southeast Asia in Global Context, c. 800-1830*, 2vols, Cambridge. 2003-2009.

III-20 Roy Bin Wong, *China Transformed*, Ithaca, 1997.

William Guanglin Liu, *The Chinese Market Economy, 1000-1500*, New York, 2015.

Taisu Zhang, *The Laws and Economics of Confucianism*, Cambridge, 2017.

III-21 Nicolas Standaert (ed.), *Handbook of Christianity in China: Volume 1: 635-1800,* Leiden, 2001.

Nicolas Standaert, *Chinese Voices in the Rites Controversy: Travelling Books, Community Networks, Intercultural Arguments*, Roma, 2012,

Eugenio Menegon, *Ancestors, Virgins, and Friars: Christianity as a Local Religion in Late Imperial China*, Cambridge, Mass., 2009.

III-22   Jonathan N. Lipman, *Familiar Strangers: A History of Muslims in Northwest China*, Seattle, 1997.

Sachiko Murata, *Chinese Gleams of Sufi Light: Wang Tai-yu's Great Learning of the Pure and Real and Liu Chih's Displaying the Concealment of the Real Realm (With a New Translation of Jami's Lawa'ih from the Persian by William C. Chittick)*, Albany, 2000.

Zvi Ben-Dor Benite, *The Dao of Muhammad: A Cultural History of Muslims in Late Imperial China*, Cambridge, Mass. and London, 2005.

David G. Atwill, *The Chinese Sultanate: Islam, Ethnicity, and the Panthay Rebellion in Southwest China*, 1856-1873, Stanford, 2005.

Sachiko Murata, *et al.*, *The Sage Learning of Liu Zhi: Islamic Thought in Confucian Terms*, Cambridge, Mass. and London, 2009.

III-24   Evelyn S. Rawski, "Reenvisioning the Qing: The Significance of the Qing Period in Chinese History," *Journal of Asian Studies*, Vol. 55, No. 4 (1996), pp. 829-850.

Hiroki Oka, "The Mongols and the Qing Dynasty: The North Asian Feature of Qing Rule over the Mongolia," Tadashi Yoshida and Hiroki Oka (eds.), *Facets of Transformation of the Northeast Asian Countries, Sendai*, 1998, pp. 129-151.

Mark C. Elliott, *The Manchu Way: The Eight Banners and Ethnic Identitiy in Late Imperial China*, Stanford, 2001.

III-25   John E. Wills, Jr. (ed.), *Past and Present in China's Foreign Policy: From "Tribute System" to "Peaceful Rise"*, Portland, 2011.

III-26   Luciano Petech, *China and Tibet in the Early 18th Century: History of the Establishment of Chinese Protectorate in Tibet*, Leiden, 1950.

Zahiruddin Ahmad, *Sino-Tibetan Relations in the Seventeenth Century*, Roma, 1970.

Peter Schwieger, *The Dalai Lama and the Emperor of China: A Political History of the Tibetan Institution of Reincarnation*, New York, 2015.

Yumiko Ishihama, Makoto Tachibana, Ryosuke Kobayashi, and Takehiko Inoue (eds.), *The Resurgence of "Buddhist Government": Tibetan-Mongolian Relations in the Modern World*, Osaka, 2019.

III-28   Audrey Burton, *The Bukharans: A Dynastic, Diplomatic and Commercial History, 1550-1702*, Richmond. 1997.

V. V. Trepavlov, *"Belyi tsar'": obraz monarkha i predstavleniia o poddanstve u narodov Rossii XV-XVIII vv.*, Moscow, 2007.

Scott Cameron Levi, *The Bukharan Crisis: A Connected History of 18th-century Central Asia*, Pittsburgh, 2020.

III-29   R. D. McChesney, *Central Asia: Foundations of Change*, Princeton, 1996.

Devin DeWeese, *Studies on Sufism in Central Asia*, Farnham, 2012.

第Ⅳ章

IV-1   Stephanie Cronin, *Armies and State-Building in the Modern Middle East: Politics, Nationalism and Military Reform*, London and New York, 2014.

Veysel Şimşek, "The First 'Little Mehmeds': Conscripts for the Ottoman Army, 1826-53," *Journal of Ottoman Studies*, Vol. 44 (2014), pp. 265-311.

IV-2   Molly Greene, *The Edinburgh History of the Greeks, 1453 to 1768*, Edinburgh, 2015.

Tom Papademetriou, *Render unto the Sultan: Power, Authority, and the Greek Orthodox Church in the Early Ottoman Centuries*, Oxford, 2015.

Hakan T. Karateke, H. Erdem Çipa, and Helga Anetshofer (eds.), *Disliking Others: Loathing, Hostility, and Distrust in Premodern Ottoman Lands*, Boston, 2018.

IV-3   Albert Hourani, "Ottoman Reforms and the Politics of Notables," William Roe Polk and Richard L. Chambers (eds.), *Beginnings of Modernization in the Middle East: The Nineteenth Century*, Chicago, 1968, pp. 41-68.

Butrus Abu-Manneh, "The Islamic Roots of the Gülhane Rescript," *Die Welt des Islams*, Vol. 34 (1994), pp. 173-203.

Selim Deringil, *The Well-Protected Domains: Ideology and the Legitimation of Power in the Ottoman Empire, 1876-1909*, London, 1998.

M. Şükrü Hanioğlu, *A Brief History of the Late Ottoman Empire*, Princeton, 2008.

Ali Yaycioglu, "Guarding Traditions and Laws-Disciplining Bodies and Souls: Tradition, Science, and Religion in the Age of Ottoman Reform," *Modern Asian Studies*, Vol. 52, Issue 5 (2018), pp. 1542-1603.

IV-4   Nobuyoshi Fujinami, "The Ottoman Empire and International Law," Tony Carty (ed.), *Oxford Bibliographies in International Law*, New York, 2021.

Dimitris Stamatopoulos, *Byzantium after the Nation: The Problem of Continuity in Balkan Historiographies*, Budapest, 2021

James L. Gelvin and Nile Green (eds.), *Global Muslims in the Age of Steam and Print*, Berkeley. 2014.

IV-5   Ehud R. Toledano, "Mehmet Ali Paşa or Muhammad Ali Basha?: An Historiographic Appraisal in the Wake of a Recent Book," *Middle Eastern Studies*, Vol. 21, No. 4 (1985), pp. 141-159.

Kenneth M. Cuno, *The Pasha's Peasants: Land, Society, and Economy in Lower Egypt, 1740-1858*, Cambridge, 1992.

Khaled Fahmy, *Mehmed Ali: From Ottoman Governor to Ruler of Egypt*, New York, 2009.

IV-6   Hideaki Suzuki (ed.), *Abolitions as a Global Experience*, Singapore, 2015.

Matthew S. Hopper, *Slaves of One Master: Globalization and Slavery in Arabia in the Age of Empire*, New Haven, 2015.

Hideaki Suzuki, *Slave Trade Profiteers in the Western Indian Ocean: Suppression and Resistance in the Nineteenth Century*, New York, 2017.

IV-8   Eric Hobsbawm and Terence Ranger (eds.), *The Invention of Tradition*, Cambridge, 1983.

David Killingray and Richard Rathbone (eds.), *Africa and the Second World War*, London, 1986.

Melvin Eugene Page (ed.), *Africa and the First World War*, London, 1987.

Judith Ann-Marie Byfield, Carolyn A. Brown, Timothy Parsons, and Ahmad Alawad Sikainga (eds.), *Africa and World War II*, Cambridge, 2015.

IV-10   Louise Manon Bourgault, *Mass Media in Sub-Saharan Africa*, Bloomington, 1995.

Richard Fardon and Graham Furniss (eds.), *African Broadcast Cultures: Radio in Transition*, Oxford and Westport, 2000.

Brian Larkin, *Signal and Noise: Media, Infrastructure, and Urban Culture in Nigeria*, Durham, 2008.

Derek R. Peterson, Emma Hunter, and Stephanie Newell (eds.), *African Print Cultures: Newspapers and Their Publics in the Twentieth Century*, Ann Arbor, 2016.

IV-11   James Smoot Coleman and Carl Gustav Rosberg Jr. (eds.), *Political Parties and National Integration in Tropical Africa*, Berkeley, 1964.

Jacob F. Ade Ajayi, *Christian Missions in Nigeria, 1841-1891: the Making of a New Élite*, London, 1965.

Victor Y. Mudimbe, *The Invention of Africa: Gnosis, Philosophy, and the Order of Knowledge*, Bloomington, 1988.

IV-12   Joe Lunn, *Memoirs of the Maelstrom: A Senegalese Oral History of the First World War*, Portsmouth, Oxford and Cape Town, 1999.

Marc Michel, *Les Africains et la Grande Guerre: l'appel à l'Afrique 1914-1918*, Paris, 2003.

Jacques Frémeaux, *De quoi fut fait l'empire: les guerres coloniales au XIXe siècle*, Paris, 2010.

IV-13   Sekhar Bandyopadhyay, *From Plassy to Partition: A History of Modern India*, New Delhi, 2004.

Biswamoy Pati (ed.), *The 1857 Rebellion*, New Delhi, 2007.

Biswamoy Pati (ed.), *The Great Rebellion of 1857 in India: Exploring Transgressions, Contests and Diversities*, Abingdon, 2010.

Sugata Bose and Ayesha Jalal, *Modern South Asia: History, Culture, Political Economy*, 4th ed., Abingdon, 2018.

IV-14   David Kopf, "Hermeneutics versus History," *Journal of Asian Studies*, Vol. 39, No. 3 (1980), pp. 495-506.

Ronald Inden, *Imagining India*, Oxford, 1990.

Carol A. Breckenridge and Peter van der Veer (eds.), *Orientalism and the Postcolonial Predicament: Perspectives on South Asia*, Philadelphia, 1993.

Thomas R. Trautmann, *Aryans and British India*, Berkeley, 1997.

IV-15   Romesh Dutt, *The Economic History of India under Early British Rule*, Vol. 1, London, 1901.

Dadabhai Naoroji, *Poverty and Un-British Rule in India*, Delhi, 1962.

Angus Maddison, *Statistics on World Population, GDP and Per Capita GDP, 1-2008 AD*, March 2010, Groningen Growth & Development Centre, http://www.ggdc.net/maddison/oriindex.htm（2019年 9月30日閲覧）

Tirthankar Roy, *The Economic History of India 1857-1947*, 3rd ed., Delhi, 2011.

Stephen Broadberry, Johann Custodis, and Bishnupriya Gupta, "India and the Great Divergence: An Anglo-Indian Comparison of GDP per Capita, 1600-1871," *Explorations in Economic History*, Vol. 55 (2015), pp. 58-75.

IV-16   Desmond J. Muzaffar Tate, *The Making of Modern South-East Asia* Vol. 2: *The Western Impact: Economic and Social Change*, Kuala Lumpur, 1979.

J. Thomas Lindblad, *Foreign Investment in Southeast Asia in the Twentieth Century*, London, 1998.

IV-17   Carl A. Trocki, *Opium and Empire: Chinese Society in Colonial Singapore 1800-1910*, Ithaca, 1990.

IV-18   Atsushi Kobayashi, "The Role of Singapore in the Growth of Intra-Southeast Asian Trade. c. 1820s-1852," *Southeast Asian Studies*, Vol. 2, No. 3 (2013), pp. 443-474.

IV-19   Tran Nhung Tuyet, "Beyond the Myth of Equality: Daughters' Inheritance Rights in the Lê Code," Nhung Tuyet Tran and Anthony J. S. Reid (eds.), *Viet Nam: Borderless Histories*, Madison, 2006.

Tran Nhung Tuyet, "Gender, Property, and the 'Autonomy Thesis' in Southeast Asia: The Endowment of Local Succession in Early Modern Vietnam," *The Journal of Asian Studies*, Vol. 67, No. 1 (2008), pp. 43-72.

Yoko Hayami, *et al.* (eds.), *The Family in Flux in Southeast Asia: Institution, Ideology, Practice*, Kyoto, 2012.

Miyazawa Chihiro, "Rethinking Vietnamese Women's Property Rights and the Role of Ancestor Worship in Premodern Society: Beyond the Dichotomies," Kato Atsufumi (ed.), *Weaving Women's Spheres in Vietnam: The Agency of Women in Family, Religion and Community*, Leiden and Boston, 2016, pp. 57-80.

IV-20   William Alfred Rae Wood, *A History of Siam: From the Earliest Times to the A.D. 1781, with a Supplement Dealing with More Recent Events*, Bangkok, 1924.

Luang Vichitr Vadakarn, *Thailand's Case*, Bangkok, 1941.

David K. Wyatt, *The Politics of Reform in Thailand: Education in the Reign of King Chulalongkorn*, New Haven, 1969.

Tej Bunnag, *The Provincial Administration of Siam, 1892-1915: The Ministry of the Interior under Prince Damrong Rajanubhab*, Kuala Lumpur and New York, 1977.

Benedict Richard O'Gorman Anderson, "Studies of the Thai State: The State of Thai Studies," Eliezer Ben-zvi Ayal (ed.), *The Study of Thailand: Analyses of Knowledge, Approaches and Prospects in Anthropology, Art History, Economics, History, and Political Science*, Athens, 1978, pp. 193-247.

Rachel V. Harrison and Peter A. Jackson (eds.), *The Ambiguous Allure of the West: Traces of the Colonial in Thailand*, Hong Kong and Ithaca, 2010.

IV-21   Hosea Ballou Morse, *The International Relations of the Chinese Empire*, 3 vols., London, New York, Bombay and Calcutta, 1910-1918.

John King Fairbank, *Trade and Diplomacy on the China Coast: The Opening of the Treaty Ports, 1842-1854*, Cambridge, Mass., 1953.

Lin Man-Houng, *China Upside Down: Currency, Society, and Ideologies, 1808-1856*, Cambridge, Mass., 2006.

IV-24   Yongnian Zheng, *Discovering Chinese Nationalism in China: Modernization, Identity, and International Relations*, Cambridge, 1999.

Henrietta Harrison, *The Making of the Republican Citizen: Political Ceremonies and Symbols in China, 1911-1929*, Oxford, 2000,

Hans J. van de Ven, *War and Nationalism in China 1925-1945*, London and New York, 2003.

IV-25   Joseph W. Esherick, *Reform and Revolution in China: The 1911 Revolution in Hunan and Hubei*, Berkeley, 1976.

Mary Backus Rankin, *Elite Activism and Political Transformation in China: Zhejiang Province, 1865-1911*, Stanford, 1986.

Edward J. M. Rhoads, *Manchus & Han: Ethnic Relations and Political Power in Late Qing and Early Republican China, 1861-1928*, Seattle, 2000.

IV-26   Chow Tse-tsung, *The May Fourth Movement: Intellectual Revolution in Modern China*, Cambridge, Mass., 1960.

IV-27   Sherman Cochran, *Big Business in China: Sino-foreign Rivalry in the Cigarette Industry, 1890-1930*, Cambridge, Mass., 1980.

Tim Wright, *Coal Mining in China's Economy and Society 1895-1937*, Cambridge, 1984.

Sherman Cochran, *Encountering Chinese Networks: Western, Japanese, and Chinese Corporations in China, 1880-1937*, Berkeley, 2000.

IV-28   Philip C. C. Huang, *Code, Custome, and Legal Practice in China: The Qing and the Republic Compared*, Stanford, 2001.

Frank Dikötter, *Crime, Punishment and the Prison in Modern China*, London, 2002.

Xiaoqun Xu, *Trial of Modernity: Judicial Reform in Early Twentieth Century China 1901-1937*, Stanford, 2008.

IV-29   Gi-Wook Shin and Michael Robinson (eds.), *Colonial Modernity in Korea*, Cambridge, Mass., 1999.

IV-31   Alexander Morrison, "Metropole, Colony, and Imperial Citizenship in the Russian Empire," *Kritika: Explorations in Russian and Eurasian History*, Vol. 13, No. 2 (2012), pp. 327-364.

Adeeb Khalid, *Making Uzbekistan: Nation, Empire, and Revolution in the Early USSR*, Ithaca, 2015.

Artemy M. Kalinovsky, *Laboratory of Socialist Development: Cold War Politics and Decolonization in Soviet Tajikistan*, Ithaca, 2018.

IV-32   Thomas E. Ewing, *Between the Hammer and the Anvil?: Chinese and Russian Policies in Outer Mongolia 1911-*

1921, Bloomington, 1980.

Christopher Pratt Atwood, *Young Mongols and Vigilantes in Inner Mongolia's Interregnum Decades, 1911-1931*, Leiden, 2002.

Liu Xiaoyuan, *Reins of Liberation: An Entangled History of Mongolian Independence, Chinese Territoriality, and Great Power Hegemony, 1911-1950*, Stanford, 2006.

IV-33   John L. Hill (ed.), *The Congress and Indian Nationalism: Historical Perspectives*, London, 2017.

IV-34   Bal Ram Nanda, *Gandhi and His Critics*, New Delhi, 1985.

J. Brown and M. Prozesky (eds.), *Gandhi and South Africa: Principles and Politics*, Pietermaritzburg, 1996.

Vinay Lal, "The Gandhi Everyone Loves to Hate," *Economic and Political Weekly*, Vol. 43, No. 40 (2008), pp. 55-64.

Ajay Skaria, *Unconditional Equality: Gandhi's Religion of Resistance*, Minneapolis. 2016.

IV-35   Nobuto Yamamoto, *Censorship in Colonial Indonesia, 1901-1942*, Leiden, 2019.

IV-36   Wang Gungwu, "The Study of Chinese Identities in Southeast Asia," Jennifer W. Cushman and Wang Gungwu (eds.), *Changing Identities of the Southeast Asian Chinese since World War II*, Hong Kong, 1988.

IV-37   Alfred William McCoy (ed.), *Southeast Asia under Japanese Occupation*, New Haven, 1980.

第Ｖ章

V-1   Judith Tucker, *Women in Nineteenth-Century Egypt*, Cambridge, 1985.

Leslie Peirce, *The Imperial Harem: Women and Sovereignty in the Ottoman Empire*, New York and Oxford, 1993.

Afsaneh Najmabadi, *Women with Mustaches and Men without Beards: Gender and Sexual Anxieties of Iranian Modernity*, Berkeley, 2005.

Kenneth M. Cuno, *Modernizing Marriage: Family, Ideology, and Law in Nineteenth- and Early Twentieth-Century Egypt*, Syracuse, 2015.

V-2   Linda T. Darling, *A History of Social Justice and Political Power in the Middle East: The Circle of Justice from Mesopotamia to Globalization*, London, 2013.

Egdūnas Račius and Antonina Zhelyazkova (eds.), *Islamic Leadership in the European Lands of the Former Ottoman and Russian Empires: Legacy, Challenges and Change*, Leiden, 2018.

Ahmad S. Dallal, *Islam without Europe: Traditions of Reform in Eighteenth-Century Islamic Thought*, Chapel Hill, 2018.

V-3   Laurence Jay Silberstein, *The Posizionism Debates: Knowledge and Power in Israeli Culture*, New York London, 1999.

Walid Khalidi (ed.), *All That Remains: The Palestinian Villages Occupied and Depopulated by Israel in 1948*, Washington, D. C. 2006.

Ilan Pappé, *Out of the Frame: The Struggle for Academic Freedom in Israel*, London, 2010.

Ahmad H. Saʿdi and Lila Abu-Lughod (eds.), *Nakba: Palestine, 1948, and the Claims of Memory*, New York. 2017.

V-4   Nader Hasheemi and Dany Postel (eds.), *Sectarianization: Mapping the New Politics of the Middle East*, London, 2017.

V-5   Garnik Asatrian, "Prolegomena to the Study of the Kurds," *Iran and the Caucasus*, Vol. 13 (2009), pp. 1-58.

Martin van Bruinessen, *Agha, Shaikh and State: The Social and Political Structures of Kurdistan*, London, 1992.

Janet Klein, "Kurdish Nationalists and Non-Nationalist Kurdists: Rethinking Minority Nationalism and the Dissolution of the Ottoman Empire, 1908-1909," *Nations and Nationalism*, Vol. 13. No. 1 (2007), pp. 135-153.

Hakan Özoğlu, *Kurdish Notables and the Ottoman State: Evolving Identities, Competing Loyalties, and Shifting Boundaries*, Albany, 2004.

V-6　　Shula Marks and Stanley Trapido (eds.), *The Politics of Race, Class and Nationalism in Twentieth Century South Africa*, London and New York, 1987.

Christopher Saunders, *The Making of the South African Past: Major Historians on Race and Class*, Cape Town, 1988.

Iris Berger, *South Africa in World History*, New York, 2009.

V-7　　John Darwin, *Britain and Decolonisation: The Retreat from Empire in the Post-war World*, Basingstoke, 1988.

William Roger Louis and Ronald Robinson, "The Imperialism of Decolonization," *The Journal of Imperial and Commonwealth History*, Vol. 22, No. 3 (1994), pp. 462-511.

Lawrence J. Butler and Sarah Stockwell (eds.), *The Wind of Change: Harold Macmillan and British Decolonization*, Basingstoke, 2013.

Martin Thomas and Andrew S. Thompson (eds.), *The Oxford Handbook of the Ends of Empire*, Oxford, 2018.

Anthony G. Hopkins, *Africa, Empire and World Disorder: Historical Essays*, London and New York, 2020,

V-8　　Séverine Autesserre, *The Trouble with the Congo: Local Violence and the Failure of International Peacebuilding*, Cambridge, 2010.

V-9　　Joya Chatterji, *Bengal Divided: Hindu Nationalism and Partition, 1932-1947*, Cambridge, 1994.

Mushirul Hasan (ed.), *India Partitioned: The Other Face of Freedom*, 2 vols. Rev. and Enl. ed., New Delhi, 1997.

Gyanendra Pandey, *Remembering Partition: Violence, Nationalism and History in India*, Cambridge, 2001.

Vazira Fazila-Yacoobali Zamindar, *The Long Partition and the Making of Modern South Asia: Refugees, Boundaries, Histories*, New York, 2007.

V-10　Ramachandra Guha, *India after Gandhi: The History of the World's Largest Democracy*, London, 2007.（ラーマチャンドラ・グハ〔佐藤宏譯〕《インド現代史　1947-2007》上、下，明石書店，2012 年）

M. S. S. Pandian, *Brahmin and Non-Brahmin: Genealogies of the Tamil Political Present*, Delhi, 2007.

V-11　Hans P. Binswanger-Mkhize, "The Stunted Structural Transformation of the Indian Economy: Agriculture, Manufacturing and the Rural Non-Farm Sector," *Economic and Political Weekly*, Vol. 48. Nos. 26 & 27 (2013), pp. 5-13.

V-12　Susie J. Tharu and Ke Lalitha (eds.), *Women Writing in India*, 2 vols., Delhi, 1991-1993.

Kumkum Sangari and Sudesh Vaid (eds.), Recasting Women: Essays in Colonial History, Delhi, 1989.

V-13　Janaki Bakhle, *Two Men and Music: Nationalism in the Making of an Indian Classical Tradition*, Delhi, 2005.

Gerry Farrell, *Indian Music and the West*, Oxford, 1997.

V-14　Rajni Kothari (ed.), *Caste in Indian Politics*, Hyderabad, 1995.

Sudha Pai, *Dalit Assertion and the Unfinished Democratic Revolution: The Bahujan Samaj Party in Uttar Pradesh*, New Delhi, 2002,

Nicholas B. Dirks, *Castes of Mind: Colonialism and the Making of Modern India*, Delhi, 2004.

V-15　Frank H. Golay (ed.), *Underdevelopment and Economic Nationalism in Southeast Asia*, Ithaca, 1969.

John Sidel, *Capital, Coercion, and Crime: Bossism in the Philippines*, Stanford, 1999.

Richard F. Doner, Bryan K. Ritchie, and Dan Slater, "Systemic Vulnerability and the Origins of the Developmental States: Northeast and Southeast Asia in Comparative Perspective," *International*

Organization, Vol. 59, No. 2 (2005), pp. 327-361.

Yusuke Takagi, Veerayooth Kanchoochat, and Tetsushi Sonobe (eds.), *Developmental State Building: The Politics of Emerging Economies*, Singapore, 2019.

V-16   Alfred William McCoy, *Closer than Brothers: Manhood at the Philippine Military Academy*, New Heaven, 1999.

V-17   James Gregor, *Italian Fascism and Developmental Dictatorship*, Princeton, 1979.

Robert Wade, *Governing the Market: Economic Theory and the Role of Government in East Asian Industrialization*, Princeton, 1990.

Andrew Macintyre (ed.), *Business and Government in Industrializing Asia*, St. Lenards, 1994.

Meredith Woo-Cummings (ed.), *The Developmental State*, Ithaca, 1999.

V-18   Michael Leifer, *ASEAN and the Security of South-East Asia*, London, 1989.

Amitav Acharya, *Constructing a Security Community in Southeast Asia*, London, 2001.

V-19   Robert H. Taylor, *The State in Myanmar*, London, 2009.

Jeff Kingston (ed.), *Asian Nationalism Reconsidered*, London, 2016.

V-20   Timothy Brook, *Collaboration: Japanese Agents and Local Elites in Wartime China*, Cambridge, Mass, 2005.

Hans van de Ven, *China at War: Triumph and Tragedy in the Emergence of the New China 1937-1952*, London, 2017.

Yun Xia, *Down With Traitors: Justice and Nationalism in Wartime China*, Seattle, 2017.

V-21   Suzanne Pepper, *Civil War in China: The Political Struggle, 1945-1949*, 2nd ed, Lanham, 1999.

Steven L. Levine, *Anvil of Victory: The Communist Revolution in Manchuria, 1945-1948*, New York, 1987.

V-22   Chris Bramall, *In Praise of Maoist Economic Planning: Living Standards and Economic Development in Sichuan since 1931*, Oxford, 1993.

Yasheng Huang, *Capitalism with Chinese Characteristics: Entrepreneurship and the State*, New York, 2008.

Michael Ellman, *Socialist Planning*, 3rd ed., Cambridge, 2014.

V-23   Yang Su, *Collective Killings in Rural China during the Cultural Revolution*, New York, 2011.

Andrew George Walder, *China under Mao: A Revolution Derailed*, Cambridge, Mass, 2015.

Tan Hecheng, *The Killing Wind: A Chinese County's Descent into Madness during the Cultural Revolution*, New York, 2017.

V-24   Yasheng Huang, *Capitalism with Chinese Characteristics: Entrepreneurship and the State*, New York, 2008.

Fang Cai, *China's Economic Growth Prospects: From Demographic Dividend to Reform Dividend*, Cheltenham and Northampton, 2016.

Barry Naughton, *The Chinese Economy: Adaptation and Growth*, 2nd ed. Cambridge, Mass, 2018.

執筆者簡介（所屬、專長、執筆順序，◎為監修、＊為編著）

◎吉澤誠一郎　（參照封面折口監修介紹）

＊宮宅　潔　（參照封面折口編著介紹）

　柴田大輔　（筑波大學人文社會系教授，楔形文字學、古代西亞史）

　蔀　勇造　（東京大學榮譽教授，阿拉伯古代史、東西海上交通史）

　青木　健　（靜岡文化藝術大學文化藝術研究中心教授，祆教研究）

　大城道則　（駒澤大學文學部教授，古代埃及史）

＊石川博樹　（參照封面折口編著介紹）

　小茄子川步　（人類文化研究機構總合人類文化研究推進中心研究員，京都大學研究所亞非地域研究研究科客座副教授，考古學）

　山形真理子　（立教大學學校暨社會教育講座學藝員課程特聘教授，東南亞考古學）

　青山　亨　（東京外國語大學研究所總合國際學研究院教授，東南亞前近代史）

　佐藤信彌　（立命館大學白川靜紀念東洋文字文化研究所客座研究員，中國古代史）

　水野　卓　（愛媛大學法文學部副教授，中國古代史）

　渡邊英幸　（愛知教育大學人文社會科學系副教授，中國古代史）

　杉村伸二　（福岡教育大學教育學部教授，中國古代史）

　阿部幸信　（中央大學文學部教授，中國古代史）

　村松弘一　（淑德大學人文學部歷史學科教授，中國古代史）

　佐川英治　（東京大學研究所人文社會系研究科教授，中國古代史）

　平田陽一郎　（沼津工業高等專門學校教養科教授，中國前近代史）

　松下憲一　（愛知學院大學文學部教授，中國魏晉南北朝史）

　森部　豐　（關西大學文學部教授，中國唐五代史、東部歐亞史）

　井上直樹　（京都府立大學文學部副教授，朝鮮古代史）

　赤羽目匡由　（東京都立大學研究所人文科學研究科副教授，朝鮮古代史）

　丸橋充拓　（島根大學人文社會科學系教授，中國隋唐史）

　赤木崇敏　（東京女子大學現代教養學部副教授，內亞史、敦煌暨吐魯番學）

　鈴木宏節　（神戶女子大學文學部副教授，內亞史、古代突厥民族史）

　坂尻彰宏　（大阪大學全學教育推進機構副教授，內亞史，敦煌學）

　中田美繪　（京都產業大學文化學部副教授，中國唐代史）

　森本一夫　（東京大學東洋文化研究所教授，伊斯蘭史）

　中町信孝　（甲南大學文學部教授，西亞中古史）

　龜谷　學　（弘前大學人文社會科學部副教授，中古中東史）

　橋爪　烈　（千葉科學大學危機管理學部專任講師，阿拉伯暨伊斯蘭史）

　森山央朗　（同志社大學神學部教授，古典期伊斯蘭史）

* 小笠原弘幸　　（參照封面折口編著介紹）

大塚　修　　（東京大學研究所總合文化研究科副教授，伊斯蘭時代西亞史）

辻明日香　　（川村學園女子大學文學部副教授，西亞史）

佐藤健太郎　　（北海道大學研究所文學研究院教授，馬格里布暨安達魯斯史）

五十嵐大介　　（早稻田大學文學學術院教授，中古阿拉伯暨伊斯蘭史）

笠井幸代　　（波鴻魯爾大學，宗教學講座，Wissenschaftliche Mitarbeiterin, ERC-project, "BuddhistRoad"，古代突厥文獻學、古代回鶻宗教史）

古井龍介　　（東京大學東洋文化研究所教授，南亞古代暨中古早期史）

三田昌彥　　（名古屋大學研究所人文學研究科助理教授，南亞中古史）

二宮文子　　（青山學院大學文學部教授，南亞前近代史）

山崎美保　　（東京外國語大學兼任講師，爪哇古代史）

田畑幸嗣　　（早稻田大學文學學術院教授，東南亞考古學）

久保田和男　　（長野工業高等專門學校一般科教授，東亞史）

牛根靖裕　　（立命館大學授業擔當講師，蒙古帝國史、元朝史）

山根直生　　（福岡大學人文學部教授，中國唐宋時代史）

矢澤知行　　（近畿大學國際學部教授，中國元代史、蒙古時代史）

小川快之　　（國士館大學文學部教授，東洋文庫研究員，宋～清代社會、文化、法制史）

櫻井智美　　（明治大學文學部副教授，中國宋元史、蒙古帝國史）

小二田章　　（早稻田大學文學學術院講師，近世中國史、中國地方誌編纂、東亞地方史誌編纂）

梅村尚樹　　（北海道大學研究所文學研究院副教授，中國近世史）

酒井規史　　（慶應義塾大學商學部副教授，中國道教史）

小澤　實　　（立教大學文學部教授，西洋中古史）

森平雅彥　　（九州大學研究所人文科學研究院教授，朝鮮史）

山本明志　　（大阪國際大學基幹教育機構副教授，西藏史、蒙古時代史）

鹽　卓悟　　（京都產業大學附屬高等學校專任講師，中國飲食文化史、日中文化交流史）

山內晉次　　（神戶女子大學文學部教授，前近代海域亞洲史、日本古代、中古國際交流史）

向　正樹　　（同志社大學全球地域文化學部副教授，蒙古帝國史、海域亞洲史）

* 四日市康博　　（參照封面折口編著介紹）

渡部良子　　（東京大學兼任講師，中古伊朗史）

諫早庸一　　（北海道大學斯拉夫暨歐亞研究中心助理教授，蒙古帝國史）

安木新一郎　　（函館大學商學部副教授，貨幣史、複雜系經濟學）

森　達也　　（沖繩縣立藝術大學美術工藝學部教授，陶瓷考古學）

本間美紀　　（早稻田大學研究所文學研究科博士後期課程，伊斯蘭美術史）

* 太田　淳　　（參照封面折口編著介紹）

近藤信彰　　（東京外國語大學亞非語言文化研究所教授，伊朗近世暨近代史）

守川知子　（東京大學研究所人文社會系研究科副教授，西亞史）

澤井一彰　（關西大學文學部教授，鄂圖曼帝國社會經濟史、環境歷史學）

大東敬典　（東京大學史料編纂所助理教授，印度洋史）

苅谷康太　（東京大學研究所總合文化研究科副教授，西非暨伊斯蘭史）

真下裕之　（神戶大學研究所人文學研究科教授，南亞近世史）

小川道大　（東京大學東洋文化研究所副教授，南亞社會經濟史）

和田郁子　（岡山大學學術研究院社會文化科學學域副教授，南亞近世史，印度洋海域史）

＊太田信宏　（參照封面折口編著介紹）

關　周一　（宮崎大學教育學部教授，日本中古史）

須田牧子　（東京大學史料編纂所副教授，日本中古史）

麻生伸一　（沖繩縣立藝術大學全學教育中心副教授，琉球史）

弘末雅士　（立教大學榮譽教授，東洋文庫研究員，海域東南亞史）

西尾寬治　（防衛大學校人文社會科學群教授，馬來西亞暨印尼近世史）

島田龍登　（東京大學研究所人文社會系研究科副教授，東南亞史、海域亞洲史）

蓮田隆志　（立命館亞洲太平洋大學亞洲太平洋學部副教授，近世越南史）

城地　孝　（同志社大學文學部副教授，中國明清史）

田口宏二朗　（大阪大學研究所文學研究科教授，中國近世暨近代史）

新居洋子　（大東文化大學文學部副教授，東西交涉史）

中西龍也　（京都大學人文科學研究所副教授，中國穆斯林暨伊斯蘭史）

鈴木　開　（明治大學文學部專任講師，朝鮮近世史）

杉山清彥　（東京大學研究所總合文化研究科教授，大清帝國史）

岡本隆司　（京都府立大學文學部教授，近代亞洲史）

小林亮介　（九州大學研究所比較社會文化研究院副教授，西藏近代史）

赤坂恒明　（內蒙古大學蒙古歷史學系特聘研究員（教授），蒙古帝國為中心的內陸歐亞史）

野田　仁　（東京外國語大學亞非語言文化研究所副教授，中亞史）

木村　曉　（東京外國語大學研究所總合國際學研究院講師，中亞近世暨近代史）

小澤一郎　（立命館大學文學部副教授，近代伊朗史）

上野雅由樹　（大阪公立大學研究所文學研究科副教授，鄂圖曼帝國史）

秋葉　淳　（東京大學東洋文化研究所教授，鄂圖曼帝國史）

藤波伸嘉　（津田塾大學學藝學部副教授，近代鄂圖曼史）

勝沼　聰　（慶應義塾大學文學部副教授，埃及近代史）

鈴木英明　（國立民族學博物館全球現象研究部副教授，印度洋海域史）

堀內隆行　（金澤大學歷史語言文化學系教授，南非史、大英帝國史）

網中昭世　（亞洲經濟研究所研究員，地域研究（非洲））

磯部裕幸　（中央大學文學部教授，德意志近現代史、殖民主義史）

澤田　望　（駒澤大學總合教育研究部副教授，英屬西非史）

溝邊泰雄　（明治大學國際日本學部教授，非洲學、日非關係史）

平野千果子　（武藏大學人文學部教授，法國殖民地史）

井坂理穗　（東京大學研究所總合文化研究科教授，南亞近代史）

富澤かな　（靜岡縣立大學國際關係學部副教授，宗教學）

神田さやこ　（慶應義塾大學經濟學部教授，南亞社會經濟史）

加納啓良　（東京大學榮譽教授，東南亞經濟史）

小林篤史　（京都大學東南亞地域研究研究所助理教授，亞洲近代經濟史）

小泉順子　（京都大學東南亞地域研究研究所教授，泰國近代史）

村上　衛　（京都大學人文科學研究所副教授，中國近代社會經濟史）

倉田明子　（東京外國語大學總合國際學研究院副教授，中國近代史）

月腳達彥　（東京大學研究所總合文化研究科教授，朝鮮近代史）

小野寺史郎　（京都大學研究所人類暨環境學研究科副教授，中國近現代史）

森川裕貫　（關西學院大學文學部教授，中國近現代史）

富澤芳亞　（島根大學學術研究院教育學系教授，中國近現代史）

久保茉莉子　（埼玉大學教養學部副教授，中國近現代史）

永島廣紀　（九州大學韓國研究中心教授，朝鮮近代史、日韓關係史）

湊　照宏　（立教大學經濟學部教授，臺灣經濟史）

長繩宣博　（北海道大學斯拉夫暨歐亞研究中心教授，中央歐亞近現代史）

橘　誠　（下關市立大學教養教職機構教授，蒙古近現代史）

上田知亮　（東洋大學法學部副教授，近現代印度政治）

間永次郎　（滋賀縣立大學人類文化學部講師，南亞社會思想史）

山本信人　（慶應義塾大學法學部教授，東南亞政治史）

貞好康志　（神戶大學研究所國際文化學研究科教授，東南亞近現代史）

中野　聰　（一橋大學校長，國際關係史（美菲日關係史））

阿部尚史　（御茶水女子大學文教育學部副教授，伊朗史）

錦田愛子　（慶應義塾大學法學部副教授，中東地域研究）

山尾　大　（九州大學研究所比較社會文化研究院副教授，比較政治學、中東地域研究、伊拉克政治）

齋藤久美子　（聖心女子大學現代教養學部副教授，鄂圖曼帝國史）

永原陽子　（京都大學榮譽教授，南部非洲史）

前川一郎　（立命館大學全球教養學部教授，大英帝國史，殖民地主義史）

武內進一　（東京外國語大學現代非洲地域研究中心教授，亞洲經濟研究所上席主任調查研究員，非洲研究、國際關係論）

粟屋利江　（東京外國語大學研究所總合國際學研究院教授，南亞近代史）

志賀美和子　（專修大學文學部教授，印度近現代史）

杉本大三　（名城大學經濟學部教授，印度農業論）

井上貴子　（大東文化大學國際關係學部教授，印度綜藝史）

舟橋健太　（龍谷大學社會學部副教授，南亞地域研究，文化人類學）

高木佑輔　（政策研究研究所大學副教授，東南亞政治）

中西嘉宏　（京都大學東南亞地域研究研究所副教授，緬甸政治、比較政治學）

末廣　昭　（東京大學榮譽教授，亞洲經濟論、地域研究（泰國））

鈴木早苗　（東京大學研究所總合文化研究科副教授，東南亞國際關係）

根本　敬　（上智大學總合全球學部教授，緬甸近現代史）

關　智英　（津田塾大學學藝學部副教授，中國近現代史）

杜崎群傑　（中央大學經濟學部副教授，中國近現代政治史）

加島　潤　（慶應義塾大學經濟學部教授，中國近現代經濟史）

金野　純　（學習院女子大學國際文化交流學部教授，中國現代史）

伊藤亞聖　（東京大學社會科學研究所副教授，中國經濟）

論點.東洋史學：一本掌握！橫跨歐亞非大陸的歷史學關鍵課題 / 石川博樹，太田淳，太田信宏，小笠原弘幸，宮宅潔，四日市康博等編著；鄭天恩譯. -- 初版 . -- 新北市：臺灣商務印書館股份有限公司，2023.07
　面；　公分
譯自：論点.東洋史　：アジア.アフリカへの問い158
ISBN 978-957-05-3507-5(平裝)

1.CST: 歷史 2.CST: 東亞

730.1　　　　　　　　　　　　　　112008224

歷史‧世界史

論點‧東洋史學
一本掌握！橫跨歐亞非大陸的歷史學關鍵課題
東洋史学：アジア‧アフリカへの問い158

作　　者一吉澤誠一郎監修，石川博樹、太田淳、太田信宏、小笠原弘幸、宮宅潔、四日市康博等編著
譯　　者一鄭天恩
發 行 人一王春申
審書顧問一陳建守
總 編 輯一張曉蕊
責任編輯一徐　鉞
版　　權一翁靜如
封面設計一萬勝安
版型設計一菩薩蠻

營　　業一王建棠
資訊行銷一劉艾琳、謝宜華
出版發行一臺灣商務印書館股份有限公司
231023 新北市新店區民權路 108-3 號 5 樓（同門市地址）
電話：（02）8667-3712　傳真：（02）8667-3709
讀者服務專線：0800056196
郵撥：0000165-1
E-mail：ecptw@cptw.com.tw
網路書店網址：www.cptw.com.tw
Facebook：facebook.com.tw/ecptw

Original Japanese title: RONTEN TOYO SHIGAKU
Copyright© Seiichiro Yoshizawa, Hiroki Ishikawa, Atsushi Ota,
Nobuhiro Ota, Hiroyuki Ogasawara, Kiyoshi Miyake, Yasuhiro Yokkaichi 2021
Original Japanese edition published by Minerva Shobo Ltd.
Traditional Chinese translation rights arranged with Minerva Shobo Ltd.
through The English Agency (Japan) Ltd. and AMANN CO., LTD.
Complex Chinese Language Translation copyright © 2023 by The Commercial Press, Ltd.
ALL RIGHTS RESERVED

局版北市業字第 993 號
初　　版：2023 年 07 月
印刷廠：鴻霖印刷傳媒股份有限公司
定　　價：新台幣 760 元
法律顧問一何一芃律師事務所
有著作權‧翻印必究
如有破損或裝訂錯誤，請寄回本公司更換